✦ 이 책에 대한 찬사 ✦

애들은 어른 말을 지독하게 안 듣고, 젊은이들은 어른의 조언을 꼰대질로만 치부한다. 시큰둥한 청소년들을 가슴 설레게 할 일, 시니컬한 젊은이들을 가슴 뜨거워지게 만드는 일만큼 보람 있는 일도 없는데, 세상에서 가장 어려운 일이기도 하다. 왜냐고? 우리가 청소년과 젊은이들을 몰라도 너무 몰라서!

누구나 그 시기를 거쳐왔음에도 불구하고, 우리는 왜 그들의 마음을 잘 모르는 걸까? 그저 경험만 했을 뿐, 과학적이고 체계적으로 젊은이들의 마음을 설명해 준 사람이 없어서다. 텍사스대 심리학과 교수 데이비드 예거는 이 어려운 일을 해낸다. 10세부터 25세까지 청소년과 젊은이들에 관한 최신 뇌과학과 심리학을 바탕으로 '좋은 어른의 진심을 젊은이들에게 잘 전하는 비법'을 전수한다. 놀랍게도, 이 책에는 청소년들에게 열정을 갖게 하는 법, 젊은이들에게 성취동기를 부여하는 방법이 친절하게 담겨 있다. 그동안 우리가 무지와 오해로 젊은이들에 대해 너무나 몰랐던 거였다.

젊은이들의 가슴은 뜨거워지고 어른들의 머리는 냉철하게 만드는 책! 세상 모든 부모와 선생님, 인생 선배와 직장 상사가 읽어야 할 책이다. 젊은이들을 아끼는 따뜻한 어른들이 읽어야 할 필독서!

정재승 KAIST 뇌인지과학과 교수, 《열두 발자국》 저자

이 멋진 책은 수많은 사람의 인생을 바꿀 것이다. 교사, 부모, 관리자 모두가 청소년들을 이해하기 힘들어한다. 그들이 무엇을 원하는지, 무엇이 그들의 성장에 도움이 될지, 무엇이 그들과 함께 보내는 시간을 보람 있게 해줄지 알기란 쉽지 않다. 슈퍼스타 연구자 데이비드 예거는 과학 연구와 현실 세계 전문가 양자 모두가 검증한 대답을 제시한다. 이 책은 지난 10년 동안 나온 가장 흥미진진하고 중요한 책 중 한 권이다.

캐럴 드웩 스탠퍼드대 심리학 교수, 《마인드셋》 저자

청소년과 관계 맺기의 어려움을 다룬 책은 많지만 이 책은 독보적이다. 선구적인 과학 연구를 근거로 쓴 이 책은 유려하고, 이해하기 쉽고, 따뜻한 글로 실천 가능한 조언과 현실적인 이야기를 들려준다. 청소년들에게 현명한 영향력을 미치고 싶은 사람이라면 누구나 꼭 읽어야 할 책이다.

앤절라 더크워스 펜실베이니아대 심리학 교수, 《그릿》 저자

청소년들이 잠재력을 발휘할 수 있도록 돕고자 애쓰는 모든 부모, 상사, 코치, 교사에게 귀중한 자원이 될 책이다. 데이비드 예거는 학생들이 더 높은 목표를 세우고, 더 오래 인내하며, 더 많이 성취하도록 영감을 주는 실험을 설계하는 일을 해왔다. 흥미진진하고 데이터가 풍부한 이 책에는 독자를 더 훌륭한 동기부여자로 바꿔줄 실용적인 통찰이 가득하다.

애덤 그랜트 작가, 《싱크 어게인》 저자

이 책은 10세부터 25세에 이르는 연령대가 왜 그토록 정서적으로 불안하고 때때로 위험천만한 동시에 놀라운 잠재력이 넘치는 시기인지 이해하고 싶은 사람들의 필독서다. 10대 자녀를 둔 나에게 이 책은 아들의 여정을 바라보는 귀중하고 새로운 시각을 선사했다. 미래를 고민하는 독자로서, 이 책에서 새로운 희망을 보았다.

폴 터프 《아이는 어떻게 성공하는가》 저자

이 책은 인생을 바꿀 만한 책이다. 증거에 기초한 수많은 조언으로 꽉 찬 이 책은 양육 방법을 바꾸고 다음 세대와 관계 맺는 법에 관한 사고방식을 바꿀 것이다. 청소년을 상대하는 사람이라면 누구나 읽어야 할 책이다.

로리 산토스 예일대 심리학과 교수

오늘날 비즈니스 리더들이 말하는 가장 큰 문제는 Z세대 관리의 어려움이다. 이 문제에 대해 너무 많은 이야기들이 쏟아져서 오히려 제대로 보기가 어렵다. 데이비드 예거는 과학과 경영 이론을 바탕으로 이 잡음을 잘라내고, 실용적이고 맞춤화된 조언을 제공한다.

〈파이낸셜 타임스〉

어른의 영향력

10 to 25

The Science of Motivating Young People

10 TO 25: The Science of Motivating Young People

어른의 영향력

데이비드 예거 지음 | 이은경 옮김

10세에서 25세까지,
젊은 세대를 변화시키는 동기부여의 새로운 과학

어크로스

차례

무엇이 청소년들을 움직이게 하는가

영향력은 어떻게 지속되는가

청소년의 뇌가 원하는 피드백

X세대와 밀레니얼세대, 베이비붐세대에 이르는 윗세대들이 '요즘 애들'은 구제불능이라고 이야기하는 모습을 흔히 본다.[1] 발달심리학자로서 18년, 부모로서 13년을 보내는 동안 나는 아이들의 경기를 보던 관람석, 자문을 제공하던 대기업의 이사회실, 학교 휴게실 등에서 이런 이야기를 들었다. "도통 관심이 없어요", "생각이 너무 달라요", "특권의식이 강하죠", "너무 예민해요." 하지만 윗세대들이 현재 10세부터 25세 사이인 다음 세대가 무심함이나 분노, 걱정, 불안한 마음에서 벗어나고 의욕과 열정에 가득 차서 세상에 공헌하겠다는 생각을 가질 수 있도록 소통하는 세상을 상상해보자.

이런 세상에서는 젊은 직원들이 의욕에 넘쳐 스스로 알아서 일할 테니 관리자의 업무는 더 쉬울 것이다. 부모들은 자녀가 10대 청소년이 된다고 해서 걱정할 필요는 없으니 더욱 행복할 것이다. 교육자들은 스트레스에 시달리거나 의욕 없는 젊은 세대에게 다가갈 수 있으므로 성취감은 커지고 지칠 일은 줄어들 것이다. 그리고 우리 모두가 힘들이지 않고도 세대 간의 간극을 메울 수 있을 것이다.

나는 훌륭한 관리자, 부모, 교육자, 코치의 삶에서 이런 세상을 목격했고, 그들의 행동과 화법을 연구했다. 그들이 유능한 이유를 알고 싶어서 가설과 실험, 데이터, 결과에 이르는 과학적 방법을 동원했으며, 그 결과를 널리 알리고자 이 책을 썼다. 이 책은 10세부터 25세 사이의 청소년들과 좀 더 바람직하게 상호작용하고 싶은 사람들을 위한 안내서로, 다음 세대와 충돌하지 않고 그들에게 영감을 불어넣는 방법을 알려준다.

이 책은 10년 전에 했던 단순한 관찰에서 비롯되었다. 바로 청소년들의 건강과 행복을 증진하고자 했던 수많은 프로그램들이 충격적일 정도로 효과가 없다는 사실이었다. 예를 들어 1980년대 중반 미국 연방정부는 담배, 마약, 술을 권유받았을 때 '그냥 거절하라'고 장려하는 '아니라고 해Just Say No'라는 캠페인을 시작했다.[2] 이 캠페인은 10대들의 약물남용을 억제하는 데 실패했을 뿐만 아니라 오히려 흡연과 다른 약물의 유혹을 '키웠다'는 연구 결과도 있다.[3] 다음으로 미국 정부는 약물남용 저항 교육인 D.A.R.E.Drug Abuse Resistance Education 프로그램을 시도했다.[4] 제복을 착용한 경찰관들이 교실로 찾아가 모든 불법 약물에 무관용 원칙을 적용한다는 강의를 하고 형광펜, 힙색, 범퍼 스티커, 티셔츠 같은 기념품도 나눠 주었다. 가장 많을 때는 미국 학군 중 75퍼센트가 이 프로그램을 사용했다.[5]

무엇이 문제였을까? 이 방법은 효과가 없었다. D.A.R.E. 프로그램이 학생들의 약물 사용 가능성을 '높인다'는 연구 결과도 있을 정도다.[6] 2007년에 미국심리과학협회는 D.A.R.E.가 해를 끼칠 가능성이 있는 청소년 프로그램 목록에 올랐다[7]고 경고했다. 그럼에도 불구하고 내 아이들이 다니는 학교를 포함해 미국의 대다수 학교에서 계속해서 D.A.R.E.를 사용했다.

연구 문헌을 파면 팔수록 비슷한 경우를 더 많이 발견했다. 나는 학교폭력[8]이나 10대 비만[9]을 줄이려는 시도, 청소년 정신 건강[10]을 개선하려는 프로그램, 더 건강한 소셜 미디어 사용[11]을 촉진하려는 노력을 살펴보았다. 전문가들이 홍보하는 프로그램들이 효과를 내는 경우는 드물었다. 놀랍게도 같거나 유사한 프로그램이 어린아이들에게는 제법 효과가 있었다. 나는 의문이 들었다. 왜 사춘기가 시작되는 순간, 어른들이 청소년들에게 긍정적인 영향을 미치는 능력이 갑자기 사라질까?

프로그램에서만 나타나는 문제가 아니었다. 관리자도, 부모도, 교육자도, 코치도 중요한 순간에 청소년에게 어떤 말을 해야 할지 알고 있다는 사람은 거의 없었다. 청소년들은 수수께끼 그 자체였다. 안타깝게도 대부분의 사람들이 받은 조언은 도움이 되지 않았다. 사람들은 자신이 무능하고 형편없다고 느끼며, 심지어 화가 난다고 말했다. 이런 명백하고 뚜렷한 좌절감 때문에 청소년들은 한층 더 귀 기울이려고 하지 않았다. 세계 곳곳에서 이 사이클이 계속 반복되었고, 청소년도 어른들도 지치고 말았다. 다음의 짧은 이야기 두 편이 이 사실을 잘 보여준다.

피드백에 실패하는 이유

어느 날 나는 오랜 친구인 알렉스 스위니 박사와 커피를 마시고 있었다. 스위니는 고등학생 때부터 사람들이 자신의 말에 귀 기울이게 하는 재주가 있었다. 미국 명문 의과대학을 졸업한 후에는 일류 병원 전임의가 되었고, 현재 명문 의대에서 이비인후과 교수로 재직 중이다. 스위니는 청력을 복구하는 인공 와우 이식수술을 많이 한다. 말 그대로 성경에 나오는 기적을 행하는 셈이다. 그런 그도 고민이 있다며 나에게 조언을 구했다. 스위니는 20대 초반의 의대생과 레지던트 들을 지도했는데, 제자들이 실수했을 때는 평가를 다르게 하거나 다른 사람의 의견을 구해야 한다는 등의 명확하고 직접적인 피드백을 줬다. 하지만 레지던트들은 다음번에도 똑같은 실수를 했다. 마치 스위니가 아무 말도 하지 않았다는 듯이 계속 같은 실수를 저질렀다. 이유를 알 수 없었던 그는 "정말 짜증나는 일이야"[12]라고 말했다. 온종일 환자들이 '들을' 수 있게 도와주었지만, 레지던트들이 '귀 기울이게' 할 수는 없었던 것이다.

비슷한 사례가 또 있다. 이 책을 쓸 때 나는 유명한 패션 액세서리 대기업에서 일하는 신임 관리자와 그의 직속 부하인 23세 직원을 1년 동안 추적조사하고 있었다.[13] 유행에 민감한 젊은 세대는 패션 업계에 꼭 필요한 인재다. 관리자의 성공은 젊은 직원이 의견을 솔직하게 제시할 용기를 갖고 있는지에 달려 있다고 해도 과언이 아니지만, 그 직원은 그러지 않았다. 관리자는 온갖 경영 서적을 읽고, 경영대학원 교수들의 인스타그램 피드를 낱낱이 구독했으며, 팟캐

스트를 모조리 찾아 들었다. 직원의 경력에도 신경을 썼는데 이 같은 일반적인 통념은 좀처럼 통하지 않았다. 어느 날 고위 경영진 회의에서 관리자는 표적고객 집단에 속하는 젊은 직원에게 의견을 구하고자 쉬운 질문을 던졌다. 직원은 엉뚱한 답변을 내놓았고 고위 경영진은 실망했다. 회의를 마치고 나왔을 때 관리자는 직원에게 승진 가도에 들어설 기회를 놓쳤다고 말했다. 직원은 울음을 터트렸고, 관리자는 몹시 화가 났다. 알고 보니 그 젊은 직원은 마치 관리자가 자신을 믿지 않는 것처럼 부당하게 비난하고 고의로 곤란한 질문을 던졌다고 생각한 것이었다. 직원은 관리자가 실패를 추궁받지 않기 위해 상사들에게 자신에 대한 나쁜 인상을 심어주려 했다고 믿었다. 두 사람 사이에는 간극이 있었다. 관리자는 직원의 경력을 쌓아주려고 애썼지만, 직원은 공개적으로 수치심을 느꼈고 도움도 받지 못했다. 결국 아무도 원하는 것을 얻지 못했다. 한 달 후 직원은 회사를 그만뒀다.

스위니와 신임 관리자는 모두 '멘토의 딜레마mentor's dilemma'에 빠졌다. 멘토의 딜레마란 누군가가 한 일을 비판하면서도 동기를 부여하는 것이 무척 어려움을 일컫는 말이다. 비판은 젊은 사람의 자신감을 짓밟기 마련이기 때문이다. 지도하는 사람은 나쁜 선택지 사이에 끼여 있는 듯한 느낌을 받으니 진퇴양난이다. 아랫사람의 부진한 실적을 감수하거나(대신 상냥하게 대할 수 있다) 높은 실적을 요구하는(대신 냉정하게 굴게 된다) 선택지 중에 골라야 한다. 둘 다 바람직하지는 않다. 아랫세대와 윗세대 모두 성장을 염두에 두고 소통을 시작했건만, 상호작용을 끝낼 무렵에는 양쪽 다 불만이나 불쾌감을 느끼는 경우가 너무 많다.

멘토의 딜레마는 스탠퍼드대학교의 심리학과 교수 제프리 코헨이 처음 발견했다.[14] 코헨은 학부생들이 제출하는 글쓰기 과제나 발표에 엄격하고 비판적인 피드백을 주는 대학교수들을 연구하다가 의아한 경향을 발견했다. 학생들이 처음 제출한 과제에 첨삭 지도를 받은 후에도 거의 고치지 않은 채로 다시 제출했던 것이다. 교수들은 '많은 시간을 투자해 피드백을 줬건만 시간 낭비였어. 하나도 안 고쳤잖아. 이게 다 무슨 소용이야?'라고 생각하면서(스위니가 의대생들에게 그랬던 것처럼) 불만을 품고 의기소침했다.

코치들은 선수들이 직접적인 피드백을 받고도 기술을 고치지 않을 때, 로펌의 파트너급 변호사들은 소속 변호사가 쓴 준비서면을 수정할 때, 제품디자이너들은 후배 디자이너의 업무를 검토할 때, 부모들은 하라고 한 일을 아이들이 하지 않을 때 이 같은 딜레마에 직면한다. 각각의 경우에서 리더는 상냥하게 대할지 모질게 굴지 고민하며 갈팡질팡한다. 어느 쪽을 선택하든 상황은 바라는 대로 흘러가지 않는다.

멘토의 딜레마를 어떻게 해결할 수 있을까? 많은 사람들이 칭찬 샌드위치를 신봉한다. 칭찬 샌드위치란 아랫사람에 대한 비판적 피드백을 온화한 칭찬 사이에 끼워서 전달하는 기법이다. 예를 들어 "열정적인 모습이 보기 좋네요(긍정적). 결과물은 수준 이하라서 개선이 필요합니다(부정적). 그래도 좋은 자세를 보여줘서 고마워요(긍정적)"라고 말하는 식이다. 사람들이 칭찬 샌드위치를 선호하는 이유는 어렵지 않게 알 수 있다. 칭찬이 2개니까 살벌할 정도로 솔직한 부정적인 말보다 긍정적인 말이 2배로 많다. 단순히 더하기 빼기로만 보면 이 상호작용은 긍정적인 셈이다. 싫을 이유가 있겠는가?

하지만 여기에 문제가 있다. 청소년들은 칭찬 샌드위치를 좋아하지 않는다는 것이다. 그들은 상사나 코치, 부모, 교사가 긍정적인 사람인지 아닌지 곰곰이 생각하지 않기 때문이다. 연구 결과에 따르면, 젊은 사람들은 권위 있는 인물에게 비판받을 때 좀 더 심오하고 실존적인 의문을 품는다. '내 인생을 좌우할 힘을 가진 이 사람이 내가 무능하다고 생각하나?' 비판을 있는 그대로, 즉 목표에 좀 더 잘 도달하게 도와주는 유익한 조언으로 받아들이게 하려면 먼저 안전하다고 느낄 수 있게 해야 한다. 칭찬 샌드위치는 안전을 확보하려는 시도이지만, 문제는 그 칭찬이 하찮은 사항이라는 점이다. 개인적 또는 직업적 성공과 무관한 사소한 부분은 칭찬해봐야 청소년들이 느끼는 가장 큰 두려움을 해소할 수 없다. 오히려 리더가 자신을 무능하다고 생각할 것이라는 두려움만 더욱 확고해진다. 리더는 자기가 한 일을 조금도 칭찬하지 않는 데다가, 심지어 아랫사람을 공허한 칭찬으로 달래려는 뻔한 시도가 효과 있을 것이라고 생각한다는 식이다. 듣는 사람은 비판에만 집착하면서 이를 인신공격으로 받아들인다.[15]

칭찬 샌드위치와 같은 통념이 효과가 없는데도 사라지지 않는 사실을 고려하면, 청소년들에게 동기를 부여하는 체계적인 과학은 꼭 필요하다. 이 책에서는 상식과 헛소리가 어떻게 다른지 구별하고자 수행한, 철저한 실험들을 소개하겠다.

현명한 피드백 연구

2014년 나는 제프리 코헨(및 여러 학자들)과 함께 멘토의 딜레마를 해결하는 간단하지만 효과적인 방법을 도출할 과학 실험을 발표했다.[16] 바로 '현명한 피드백wise feedback'이라는 방법이다. 이 실험에서는 강사들에게 비판적인 피드백을 하되, 그런 피드백을 주는 이유를 명확하고 투명하게 진술하도록 했다. 즉 학생이 제대로 지원을 받으면 높은 기준을 충족할 수 있다는 믿음을 전하게 했다. 이른바 '현명한 피드백'은 불가능한 기준에 매달리고 싶지도 않고 무시당하고 싶지도 않은, '청소년의 곤경'에 현명하게 대응하는 방법이다.

우리는 사회 수업을 듣는 중학교 1학년생들을 대상으로 현명한 피드백을 실험했다. 학생들이 자기만의 영웅을 주제로 5개 단락 길이의 작문 초안을 작성하면, 교사들은 과제물에 '여기에는 쉼표를 넣어야 한다, 이 아이디어를 더 자세히 설명하라, 이 문장을 고쳐 써라'와 같이 비판적인 논평과 제안을 첨삭했다. 연구 팀은 학생들에게 과제물을 돌려주기 전에 교사가 손으로 쓴 메모를 첨부했는데, 메모는 처치 메모와 통제 메모 2가지였다. (메모를 작성한 교사들은 어떤 학생이 어떤 메모를 받는지, 연구 팀이 무엇을 시험하려고 했는지 알지 못했다.)

학생들 중 무작위로 절반을 뽑아 현명한 피드백이 적힌 처치 메모를 건넸다. '이런 지적을 하는 이유는 선생님의 기준이 무척 높고 학생이 그 기준을 충족할 수 있다고 생각하기 때문이다'라는 내용이었다. 나머지 절반은 '학생의 과제물에 피드백을 주려고 이런 지적을 했다'는 두루뭉술한 통제집단 메모를 받았으며, 그 메모에는 피드백을 주는 명확한 이유가 없었다. 교사들은 누가 어떤 메모를 받았는지 볼 수 없도록 학생들의 과제물을 밀봉한 폴더에 넣어 돌려주었다. 그런 다음 학생들에게 일주일 동안 기한을 주고 과제물을 수정하거나 수정하지 않을 선택권을 줬다.

우리는 현명한 피드백을 받은 처치집단의 학생들이 더 열심히 과제를 수정할 동기를 얻기를 바랐는데, 그렇게 기대하고 있었음에도 처치집단이 보인 열렬한 반응에는 깜짝 놀랄 수밖에 없었다. 현명한 피드백을 받은 학생들이 과제물을 수정할 가능성은 2배로 높았다. 통제집단에 속한 학생들 중 40퍼센트가 과제물을 고친 반면, 처치집단에 속한 학생들 중에는 80퍼센트가 과제물을 수정했던 것이다. 다음 해에도 같은 교사의 수업을 듣는 신입생을 대상으로 연구를 진행하면서 모든 학생들에게 과제물을 수정하게 했다. 우리는 학생들이 현명한 피드백을 받으면 더 열심히 노력하려는 동기를 얻는지 알고 싶었고, 이번에도 효과가 있었다. 현명한 피드백 처치 메모를 받은 학생들은 교사가 제안한 수정 사항을 2배 넘게 받아들였다. 통제집단 평균은 2.2개였던 반면, 처치집단 평균은 5.5개였다(그림 1).

게다가 현명한 피드백 연구는 더 공평한 결과로 이어졌다. 현명한 피드백을 받은 모든 학생이 혜택을 누렸지만, 그중에서도 소수집단에 속한 학생들(이 경우 흑인 학생들)이 가장 많은 혜택을 얻었다. 현명한 피드백은 학생들이 수정하려는 의욕에서 나타나는 인종 간 차이를 크게 줄여주었다.

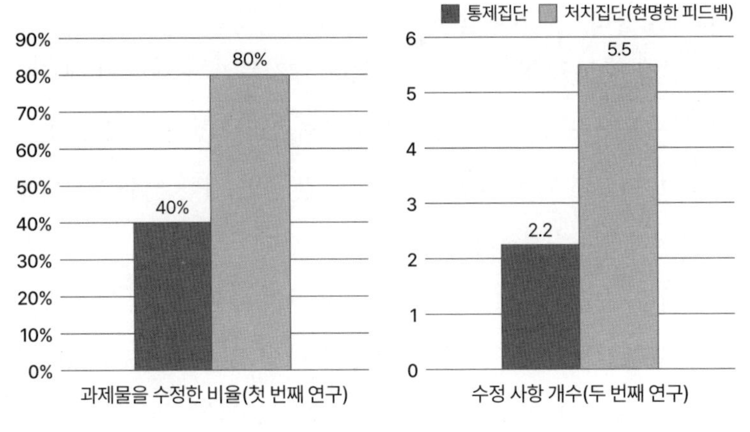

그림 1. 현명한 피드백이 학생들의 과제물 수정 여부에 미치는 영향

여기서 우리는 교훈을 얻을 수 있다. 당신이 청소년들에게 높은 기준을 제시하는 '동시에' 그들이 그 기준을 달성할 수 있다고 믿는다는 점을 명확히 밝히면, 이는 그들을 진지하게 대하는 것이므로 존중하는 행동에 해당된다. 청소년들은 존중받을 때 의욕을 느끼며 능력을 발휘해 도전에 응한다. 더 나아가 당신은 '모든' 학생들에게 동기를 부여해 더욱 공평한 결과를 볼 수 있다.

이 책에서 나는 현명한 피드백 같은 사례를 많이 소개할 것이다. 이는 젊은 사람들과 관계를 맺고 그들에게 동기를 부여하는 간단하고도 효과적인 방법이다. 이런 방법들이 다양한 사람들에게 긍정적인 영향을 미친다는 것은 과학적으로 증명된 사실이다. 앞으로 소개하겠지만 이 방법들은 성별, 인종, 민족, 국가, 종교 집단에 상관없이 효과가 있었다. 이유는 간단하다. 이런 방법들에는 어른의 세계에서 자기 자리를 마련하고자 고군분투하는 청소년의 마음이 정확히 반영되어 있다.

이 책에서 소개하는 과학에 기초한 전략을 적용하려면 생각할 시간이 조금 필요하긴 하지만 그리 오래는 아니다. 실험에서 사용된 현명한 피드백 처치 메모는 아주 짤막했으며, 누구나 접근할 수 있는 방법이었다.

몇 년 전 내가 알렉스 스위니 박사에게 현명한 피드백 연구를 알려줬을 때,[17] 그는 제자들이 귀 기울여 듣지 않는 이유를 깨달을 수 있었다. 제자들은 겁을 먹고 있었다. 스위니가 준 비판적인 피드백을 '더 좋은' 의사로 만들려고 애쓰는 신호로 보지 않고, 자신들이 좋은 의사가 아니라는 신호로 받아들였다. 스위니는 접근방식을 바꾸었다. 그는 레지던트들이 발전할 수 있다고 생각하며 그들의 잠재력을 진지하게 여기기 때문에 비판적인 피드백을 주는 것이라고 설명하기 시작했다. 우리 실험에 참여한 중학생들과 마찬가지로, 스위니가 지도하는 젊은 레지던트들도 이에 반응했다. 레지던트들은 스위니의 피드백에 부응해서 좀 더 열린 마음으로 의료 기술을 향상하고자 했고 좀 더 기꺼이 비판을 받아들였다. 현재 스위니는 의과대학에서 최정상급 외과 팀을 이끌고 있다. 그는 뛰어난 의료 성과를 내는 '동시에' 의사들을 훈련하고 최고의 직원들을 유지하는 바람직한 사고방식을 가진 것으로도 유명하다.

10세부터 25세 사이의 뇌가 원하는 것

10세를 다루는 가장 좋은 방법은 25세를 대하는 최선의 방법과는 아무 상관이 없으리라 생각할 수 있다. 10세 아이들은 대체로 사춘기 징후가 겉으로 드러나지 않는다.[18] 반면에 25세면 7년 차 군인일 수도 있다. 하지만 겉모습이 전부는 아니다. 사실 10세부터 25세 사이 연령대에는 신경생물학 및 동기부여 측면에서 숨겨진 유사성이 있다.[19]

10세 무렵이면 성인기를 준비하는 생물학적 알람시계인 사춘기 성숙의 시작에 접어든다. 사춘기에는 호르몬, 뇌, 신체, 사회생활에 연쇄적인 변화를 일으키기 시작하는데, 이 모든 변화의 목표는 집단 생존에 기여할 수 있는 성인으로 성장하는 것이다. 신경과학자들은 이러한 연쇄적인 변화가 20대 중반까지 계속 영향을 미친다는 것을 알고 있다. 뇌의 연결 구조는 24~25세까지 여전히 주변 환경에 영향을 받는다.[20] 그렇다고 20대의 뇌가 구제불능 수준으로 미성숙하다는 의미는 아니다. 단지 그때까지는 뇌가 완전히 고착되지 않고 여전히 적응하는 단계라는 뜻이다. 현재 세계경제가 기술교육을 점점 더 중시하면서[21] 성인으로서 안정적인 경력을 쌓기 시작하는 연령대가 더 늦어지고 있다는 사실을 감안하면 이를 쉽게 수긍할 수 있다. 젊은 성인들의 뇌가 환경에 계속 적응해나가는 이유는 그렇게 해야 자기 자신(및 사회)의 생존에 유리하기 때문이다. 이것은 10세부터 25세 사이 청소년들의 뇌와 동기부여 기제에 일반 통념보다 훨씬 공통점이 많다는 뜻이다. 다양한 상황에서 교훈을 얻어 다음 세대와 원만하게 상호작용하고 그 과정에서 삶이 더욱 수월해지는 일반원칙을 배울 수 있다는 점에서 이는 희소식이다.

10세를 시작으로 적어도 20대 중반까지 계속해서 동기부여에 영향을 미치는 중요한 변화는 무엇일까? 바로 '지위와 존중'[22]의 느낌을 경험하려는 동기다. 신경과학자들은 사춘기를 겪으면서 뇌가 사회적 지위와 존중에 민감해진다고 밝혔다. 때로는 몸이 사춘기의 주요 징후를 보이기도 전에 뇌가 먼저 사회적으로 보상받는 경험을 갈구한다. 사춘기 시작(구체적으로 생식기관 성숙을 유도하고 테스토스테론과 에스트로겐 같은 성선호르몬이 분비되는 시기)은 뇌의 보상 추구 영역(도파민 수용 뉴런이 풍부한 측좌핵 같은 영역 등)에 강력한 영향을 미친다.[23] 이때 우리 뇌는 자부심, 감탄, 존중 같은 경험을 갈망하고 굴욕이나 수치처럼 사회적으로 고통스러운 경험을 혐오한다. 사춘기 시작 무렵부터 사회에서 성인의 역할을 맡을 때까지 우리는 문화인류학자들이 말하는 '획득한 명성earned prestige'처럼[24] 더욱 심오하고 의미 있는 존중을 경험하고 싶다는 욕망을 키워나간다.

청소년들이 관리자, 부모, 교육자, 코치 등 사회적으로 영향력 있는 사람들과 상호작용할 때마다 지위와 존중이 전면에 등장한다. 청소년들은 지위 차이에 민감하기 때문에 윗세대가 입을 열 때마다 행간을 예민하게 읽고 단어에 숨은 뜻을 해석하려고 애쓰면서, 자기를 무시하는지 아니면 존중하는지 알아내려고 한다. 그러다 보니 윗세대가 전달하고 싶은 내용과 청소년들의 해석 사이에는 자주 단절이 생긴다. 현명한 피드백 연구의 통제집단과 스위니가 레지던트들과 겪은 경험에서도 이런 단절이 일어났다. 청소년들은 좋은 의도에서 나온 비판적인 피드백을 받았지만, 그것을 '너는 그다지 훌륭하지 않아. 나는 너를 깔보고 있어'라는 의미로 받아들였다. 청소년들은 윗세대가 한 말을 다른 의도로 받아들인다. 이런 곡해를 두고 싸우다 보면 세대 갈등에 불이 붙는다.

내가 2010년대 중반에 공동연구자인 론 달, 캐럴 드웩과 함께 처음으로 제안한 이 '지위와 존중 가설status-and-respect hypothesis'은 사춘기를 당연히 불만을 느끼는 발달단계로 보는 사회적 통념과 상반된다.[25] 지위와 존중 가설은 청소년들이 그저 충족되지 않는 다른 욕구를 갖고 있을 뿐이라고 본다. 우리는 아기가 울고 떼쓴다고 해서 유아기가 본질적으로 나쁜 시기라고 여기지는 않는다. 오히려 잘 성장하고 튼튼해지려면 반드시 수면욕과 식욕을 충족해야 하는 발달단계라고 이해한다. 아기가 배고파하거나 피곤해하면 먹이거나 재운다. 아기가 잘 먹고 잘 자야 하듯이 청소년은 지위와 존중을 바라는 것이다. 이런 핵심 욕구를 채워주면 더욱 바람직한 동기부여와 행동을 유도할 수 있다. 청소년들의 발달 욕구를 채우면 어른들의 신경을 긁는 요즘 애들의 행동을 예방할 수 있다. 만약 윗세대가 이러한 욕구를 이해한다면, 청소년들을 지원하는 부모, 교사, 관리자, 코치로서 우리는 모두 청소년들이 이룬 성취를 자랑스러워하게 될 것이다. 또한 청소년들이 유능한 사회 구성원이 될 것이라고 확신하고, 골머리를 앓는 시간도 줄어들 것이다.

현명한 피드백 연구는 멘토의 딜레마를 해결하는 방법을 제시했다. 바로 청소년들에게 지위와 존중을 부여하는 것이다. 하지만 단 한 문장을 시험했기에 부족한 부분도 있었다. 나는 리더들이 어떻게 일회성 메모에서 벗어나 높은 기준과 높은 지원을 갖춘 온전한 관계, 나아가 전체 문화를 일굴 수 있을지 궁금했다. 실험실에서 나와 현실 세계 전문가들과 대화를 나누기 시작하면서, 나는 청소년들의 삶에 실질적인 변화를 가져오는 현명한 피드백 같은 전략들을 보기 시작했다. 미국프로농구협회(NBA) 리그는 이런 모습을 볼 수 있었던 가장 뜻밖의 장소 중 하나였다.

자존심 강한 선수를 바꾼 NBA 코치의 비결

NBA 팀이 아마추어 선수 선발 1라운드에서 19세 신인 선수를 선발할 때 지명받은 선수는, 대체로 자신감과 자부심에 차 있으며 당연히 수백만 달러를 현금으로 챙긴다. 이러한 자신감은 선발 직후 팀의 슈팅 코치에게 슛 자세를 바꿔야 한다는 말을 들으면서 위협받는다. 그 슛이야말로 애초에 선수 지명을 받게 된 요건이기 때문이다. 그렇다 보니 '그러니까 팀은 내가 그리 훌륭한 건 아니라고 생각하나?'와 같은 심각한 의문이 꼬리를 문다. 심지어 '괜히 슈팅 방식을 건드렸다가 더 나빠져서 벤치 신세가 되거나 잘리면 어떻게 하지?' 같은 생각까지 한다. 이러한 질문에 대한 답에는 공개 망신부터 파산에 이르기까지 엄청난 결과가 따르기 때문에 NBA 코치들은 멘토의 딜레마에 직면한다. 코치들이 어떤 선수의 슛을 지적하면, 그 선수는 방어적인 태도를 보이면서 변화를 거부할 수 있다. 그렇다고 해서 슛을 지적하지 않으면, 선수는 잠재력을 제대로 발휘하지 못할 것이고 결국 선수와 코치는 모두 해고될 수 있다.

처음에 나는 프로스포츠의 코치가 이런 멘토의 딜레마를 제대로 풀어낼 해결책을 내놓았다는 데 깜짝 놀랐다. 사람들이 생각하는 유능한 코치의 전형은 소리를 지르고, 입에 거품을 물면서 성질을 내는 모습이다. 불가능할 정도로 높은 기준을 강요하고, 간담이 서늘할 정도로 선수들을 겁주며, 의지를 꺾은 다음 고분고분해지도록 다시 일으켜 세운다. 엄청난 돈이 걸린 치열한 NBA 세계에서 프로 코치들에게 어리석은 짓을 묵인할 시간은 없다. '심장이 멎을 듯'하고 '오금이 저리게' 한다[26]는 가장 강력한 평판을 가진 NBA 코치는 아마 샌안토니오 스퍼스의 그렉 포포비치 감독일 것이다. 하지만 실제로 포포비치 감독이 이끄는 스퍼스는 그런 고정관념과는 전혀 다른 조직이다. 스퍼스가 기대하는 수준이 유난히 높은 것은 사실이지만, 포포비치의 코치진 역시 선수들을 지원한다. 그들은 서로 싸우면서도 상호 간의 애정만은 의심하지 않는 가족과 같다. 스퍼스가 우승을 두 차례 거두며 NBA를 지배하던 15년 동안, 포포비치의 코치진 중에 현명한 피드백을 몸소 보여준 사람이 있었다. 그의 이름은 칩 엥겔랜드다.

칩 엥겔랜드라는 이름이 당신에게는 낯설겠지만, 선수와 스포츠 기자 들은 그를 '천재'[27], '자기 분야의 거장'[28], '구루'[29], '슛 닥터'[30], '이름만으로도 알아볼 수 있는'[31] '전설'[32]로 설명한다. 엥겔랜드는 듀크대학교의 마이크 슈셉스키 감독이 처음으로 연맹 챔피언십 우승을 거머쥐었을 때 팀의 주장을 맡고 있었다. 국제 프로선수로 경력이 끝나갈 무렵, 엥겔랜드는 인기 있지만 깐깐하기도 한 청소년

슈팅 캠프를 개최하면서 코치 일을 시작했다.[33] 입소문이 난 그는 NBA 스타인 그랜트 힐, 스티브 커, 셰인 베티에와 함께 일하게 되었다.[34] 엥겔랜드가 몇몇 NBA 팀에서 코치진으로 일한 지 2년이 지났을 때, 그렉 포포비치와 샌안토니오 스퍼스가 그를 전임 슈팅 코치로 영입했다. 스퍼스에서 일하는 17년 동안 엥겔랜드는 NBA의 전설인 토니 파커와 카와이 레너드를 비롯한 수많은 선수의 슛을 개선했고, 두 차례의 NBA 챔피언십 우승을 도왔다. 파커가 엥겔랜드와 일하기 전에 포포비치는 파커가 슛을 날릴 때마다 '턴오버잖아'라고 생각했다. 몇 년 동안 엥겔랜드의 코칭을 받은 파커는 명예의 전당에 이름을 올렸다. "그는 최고예요."[35] 그랜트 힐이 엥겔랜드에 대해 말했다. "그래서 최고의 팀이 그를 코치로 모시는 거예요." 현재 엥겔랜드는 오클라호마시티 선더에서 일하고 있다. 엥겔랜드에게 2년 동안 코칭을 받은 선더는 3점 슛을 20퍼센트 끌어올리고 전체 승리 기록을 2배로 높였다. 엥겔랜드는 1인 '머니볼' 전략을 구사했다.[36] 단장이 평범한 점프슛으로 저평가된 선수들을 영입한 다음에 엥겔랜드에게 1년 정도 맡기면, 그들은 최우수선수가 되거나 트레이드 자산이 되었다. 엥겔랜드가 가는 곳마다 팀의 성공이 뒤따랐다.

엥겔랜드가 인정사정없이 선수들의 결점에만 초점을 맞추었을까? 선수들의 슛을 분해해서 밑바닥부터 다시 만들려고 했을까? 늘 진지하기만 하고, 절대 만족하지 않았을까? 전혀 그렇지 않았다. 자유투 성공률이 60퍼센트 중반 수준에서 80퍼센트 근처로 뛰어오른 선더의 한 선수는 엥겔랜드를 이렇게 묘사했다.[37]

> 그를 설명하기는 좀 어려워요. 마치 마법을 부리는 것 같거든요. 지금껏 제가 경험한 그 어떤 코치들과도 달라요. 다들 "이런 식으로 슛을 하라니까"라고 말했거든요. …엥겔랜드는 제 슛 자세를 완전히 바꾸거나 많이 바꾸려고 하지 않았어요. 그냥 사소한 부분들을 바꾸려고 했을 뿐이죠.

1990년대 후반, 스티브 커는 마이클 조던이 이끄는 시카고 불스에서 예리한 슛을 날리는 베테랑 선수였지만, 정확도가 떨어지고 있었다. 엥겔랜드는 커가 슛을 던질 때 검지가 아니라 중지로 공을 밀어낸다는 점을 알아차리도록 도와줬다.[38] 그래서 슛이 불안정하게 흔들린 것이었다. 머지않아 커는 다시 예전처럼 3점 슛을 꽂아 넣을 수 있었다.

카와이 레너드가 슛을 던지는 릴리즈 포인트를 수정해서 슈퍼스타로 등극했을 때 엥겔랜드는 이렇게 말했다. "레너드의 슛을 완전히 바꿀 필요는 없다고 생각했어요. 조율만 해도 훌륭한 슛, 적어도 아주 좋은 슛을 날릴 수 있을 것 같았죠."[39] 레너드가 선발되었을 때, 아무도 그에게 조율이 필요하다고 생각하지 않았다. 다들 그가 슈팅 방법을 완전히 바꿔야 한다고 생각했다(아니면 벤치 신세가 되든가). 하지만 엥겔랜드의 관점은 달랐다. 그는 깐깐했지만(레너드에게 어깨 위로 공을 던지지 못하게 했다), 그를 절대 무시하지 않았고 심리적으로 지지해주려고 주의를 기울였다. 레너드는 이제 명예의 전당을 바라보는 선수다.

전 NBA 및 NCAA 챔피언이자 듀크대학교 농구선수였던 셰인 베티에는 엥겔랜드에게 현명한 피드백을 받은 일을 설명했다.[40] 어느 여름, 베티에는 듀크 청소년 농구 캠프에서 연습 중이었고 엥겔랜드도 그곳에 있었다. 엥겔랜드가 베티에에게 연습을 도와주겠다고 제안했다. 연습이 끝난 후에 엥겔랜드는 이렇게 말했다. "슛이 좋아. 넌 훌륭한 슈터야." 당시 NBA 신인 선발 전문가들은 베티에의 슛이 NBA에서도 통할지 의심하고 있었던 터라 베티에는 그 말에 감동을 받았다. 엥겔랜드는 베티에의 잠재력을 알아봤지만, 몇 가지만 조정하면 더욱 좋아질 수 있다고도 생각했다. 금방 유대감이 생겼다. "엥겔랜드 덕분에 내가 NBA 선수가 될 수 있다고 믿게 됐어요. 그래서 슛을 연습할 자신감이 생겼죠." 베티에가 말했다.

어떻게 그럴 수 있었을까? 엥겔랜드는 칭찬 샌드위치로 베티에에게 헛바람을 넣지 않았다. 그는 기준을 높여서 서서히 훈련 강도를 올리는 세션을 만들었다. 그러면서 베티에에게 스크린을 하든, 패스를 받든, 드리블하다가 슛을 날리든 간에 정확히 같은 자세를 유지하라고 했다. 엥겔랜드의 목표는 슈팅 기회에 따라 결과가 달라지게 하는 베티에의 불필요한 동작을 없애는 것이었다. 그는 공을 쥘 때의 검지 위치나, 슈팅할 때 공을 제어하기 위해 펼치는 엄지의 범위 같은 소소한 부분들을 거침없이 바꿨다.

그는 점점 더 어려워지는 경기 같은 상황에서 새로운 기법을 연습할 필요에도 가차 없었는데, 그러는 동안에도 지원을 아끼지 않았다. 베티에가 그다지 훌륭하지 않은 슛을 날린 후에도 그는 "잠깐만, 대체 뭐 하는 거야? 이렇게 하라니까!"라고 소리 지르지 않았다. 대신 이렇게 물었다. "기분이 어땠어?" 엥겔랜드는 선수들의 자율성을 존중했고, 그들이 생각하기를 바랐다. 경기에 나갈 사람은 자신이 아니라 선수들이기 때문이었다. 엥겔랜드는 종종 선수들에게 이렇게 말한다. "이봐, 이건 내 대본이 아니라 네 거야. 네가 쓰는 거라고. 나는 그저 네가 어떻게 고치고 싶은지 찾도록 도와줄 뿐이야."

슈팅을 바꾸는 것은 스트레스가 심하고 들쭉날쭉하며 답답한 과정일 때가 많았다. 엥겔랜드는 선수들이 그만두도록 내버려두지 않았다. 그는 선수들이 불안해 하지 않도록 확실히 지원했다. 스퍼스의 토니 파커와 함께 일하기 시작했을 때, 엥겔랜드는 이렇게 말했다. "나는 좋을 때든 나쁠 때든, 어디에서나 네 곁에 있을 거야. 당장 성과가 나타나지 않는다고 해서 널 내치지는 않을 거야." 그 후 10년 동안 그는 파커의 슛을 분석했고, 슛은 점점 더 좋아졌다. 엥겔랜드는 높은 기대로 선수들을 대했지만 그 과정을 함께하면서 그들을 지원했다. 선수들이 슛을 바꾸는 데 필요한 어마어마한 신뢰를 그에게 보낸 이유였다.

마침내 베티에는 슛을 개선했고 NBA에서 10년이라는 긴 경력을 쌓았다. 그 정점은 2013년 NBA 결승전 승부를 가른 7차전에서 보여준 출중한 경기력이었다. 베티에는 3점 슛 6개를 넣으며 엥겔랜드 소속 팀인 샌안토니오 스퍼스를 꺾고 마이애미 히트에 NBA 챔피언십을 안겼다. "그는 슈팅 코치 그 이상이에요." 베티에가 말했다. "농구계의 심리학자죠."

엥겔랜드를 만난 후, 나는 그 말에 동의했다. "멘토의 딜레마에 무척 공감했어요." 엥겔랜드가 말했다.[41] "젊은 선수들이 위협을 느끼지 않고 피드백을 받아들이도록 코치로서 끊임없이 노력하고 있습니다." 그는 또 이렇게 설명했다. "근본적으로 도전과 안전 사이에서 균형을 잡아야 하는 문제죠." 도전(더 높은 기준)은 선수들이 취약한 영역에서 성장하도록 돕는 반면, 안전(지원)은 그들이 안전지대에서 벗어나더라도 정서적으로나 신체적으로 해를 입지 않는다는 신뢰감을 준다.

엥겔랜드는 청소년 선수들에게도 같은 접근방식(높은 기준, 높은 지원)을 적용했다. 여기에서 10세부터 25세의 최적 전략과 유사한 점이 드러난다. 청소년 여름 농구 캠프에서 엥겔랜드는 아이들이 훈련을 '하기'를 기대하는 데 그치지 않고 '이끌기'를 기대했다. 2주 차에 접어들자, 코치들이 아니라 선수들이 훈련을 이끌었다. 선수들은 정확성과 적시성에 대한 캠프의 기준을 지켰고, 비판적인 피드백을 제공했으며, 서로 책임을 졌다. 엥겔랜드는 선수들에게 점프슛 그 이상을 가르치고자 했다. 그는 선수들이 캠프를 떠난 후에도 오랫동안 발전을 도울 수 있는 자기만의 '머릿속 코치'를 갖게 해주고 싶었다.

엥겔랜드는 중대한 시간 제약이 있는 압박감이 심한 상황에서도 현명한 피드백에 상응하는 훈련이 효과를 발휘할 수 있음을 보여주었다. 물론 선수들에게 캠프를 운영하는 방법을 가르치기까지는 계획이 필요했지만, 2주 차는 그를 비롯한 공동 리더들에게 훨씬 수월했다. 사실 이 책을 준비하는 과정에서 내가 본 숙련된 관리자, 교육자, 부모 밑에는 대체로 독립적이고, 회복력 있으며, 주도적인 청소년들이 있었다. 그들은 반복해서 지시하지 않아도 자기가 할 일을 알아서 했다. 덕분에 어른들은 장기적으로 시간을 아끼고 불만도 덜었다. 리더들은 다음 세대에 동기를 부여하는 과학과 기술을 활용했을 때 효과적이라고 느끼는 '동시에' 다른 사람들을 돕는다는 만족감을 얻었다. 덕분에 그들의 삶은 더 수월하고 충실해졌다. 또한 살아온 날들을 되돌아봤을 때 개인적으로 성공하고, 타인에게도 의미 있게 공헌했으니, 이는 모두에게 이익이었다.

또 다른 피트와 레오나를 찾아서

2019년 7월, 텍사스주 러프킨에 있는 오래된 사무실에서 열린 피트 섬너스의 추도식에 150여 명이 참석했다.[42] 사람들은 피트가 얼마나 친절하고 유머 감각이 뛰어났는지 말했고, 직원들은 그가 만든 일자리와 쌓아 올린 경력에 대해 이야기했다. 또한 이런 피트의 공적이 만들어지지 않을 뻔했던 80년 전 사연에 대해서도 이야기를 나누었다.

1939년 11월의 어느 금요일, 피트는 소지품을 모조리 차에 싣고는 집을 향해 차를 몰았다. 당시 피트는 열여덟 살이었고, 라이스 대학교에서 기계공학을 공부하는 학생이었는데, 그날 아침 학교를 그만두기로 결정했던 것이다.

석 달 전만 해도 피트는 자신감과 자부심에 가득 차 있었고, 확신이 넘치다 못해 자만할 정도였다. 고등학교에 다닐 때는 미식축구 선수였으며, 졸업생 중 3등을 차지한 우등생이기도 했다. 하지만 대학교에서는 달랐다. 예비 성적을 확인한 피트는 충격을 받았다.

전체 6개 과목 중 5개 과목에서 낙제했기 때문이었다. 그는 자신이 그 대학에 다닐 자격이 있는지 의심스러웠다. 분노와 낙담, 스트레스와 불안에 시달리던 피트는 포기할 수밖에 없다고 생각했다.

그날 차를 몰고 집으로 돌아가면서 피트는 어머니 레오나에게 자퇴 결정을 어떻게 전해야 할지 고민했고, 어머니가 어떤 반응을 보일지 생각했다. 단호하지만 사랑이 넘치는 레오나는 대공황 시기에 가정을 이끌었는데, 다정하면서도 호락호락하지 않은 태도로 휴스턴 독립 학군에서 가장 사랑받는 교사가 되기도 했다. 하지만 몇 년 전 석면 공장에서 일한 이후 만성 호흡기 질환이 발병해 건강이 좋지 않았다. 피트는 자신이 대학에 맞지 않는다고 설명하면 어머니가 반박하지는 않을 것이라고 생각했다.

피트는 금요일 밤 농장에 도착했고, 다음 날 아침 깜짝 놀랐다. 훗날 그는 구술사 인터뷰에서 이렇게 말했다. "어머니는 그동안 아프셨지만 그날에는 저를 설득할 힘을 내셨습니다."

레오나는 지능이 관건이 아니라고 말했다. 피트가 느끼는 두려움을 무시하지 않았지만 변명을 받아들이지도 않은 그녀는 피트에게 잠재력이 있으니 견뎌내라고 요구했다. 그러면서도 피트가 도움을 받을 수 있도록 협력했다. 피트가 자기 관리에 힘들어 한다는 사실을 안 레오나는 휴스턴에 사는 자신의 친구 집에서 하숙할 수 있도록 주선했다. 친구는 피트가 규칙적으로 생활하고 끼니를 챙겨 먹도록 돌봐주기로 했다. 해질 무렵, 피트는 차를 몰고 대학교로 돌아갔다.

그 운명적인 날은 피트의 인생 궤적에서 전환점이 됐고, 80년 후

추도식에서는 그 점이 고스란히 드러났다. 피트는 대학교로 돌아가 공부에 전념했고, 아내가 될 오팔을 만났다. 두 사람은 75년 동안 결혼생활을 이어나가며 대가족을 꾸렸다. 피트는 1943년에 대학을 졸업한 후 제2차 세계대전 태평양 전구에 배치됐다. 겨우 22세였던 피트는 공학 학위를 살려 티니안섬에서 연합군 승리에 중요한 역할을 했던 B-29 폭격기단의 정비 부대를 이끌었다. 레오나가 피트의 대학 자퇴를 허락했다면, 그는 그런 일을 하지 못했을 것이다.

전쟁이 끝난 후, 피트는 러프킨 지역 가정과 사무실에 에어컨을 공급하는 작은 사업을 시작했다. 그는 에어컨이 없던 시절에 텍사스주 동부의 생활이 어땠는지 자주 이야기했다.[43] 공기는 참을 수 없을 정도로 뜨겁고 후텁지근했고, 남자들은 하루에도 셔츠를 여러 번 갈아입었다. 자려면 창문을 열고 바람이 불어오기를 바라야 했는데, 창문을 열면 모기떼가 몰려왔다. 매일같이 바람과 모기떼 사이에서 갈등해야 했다. 피트가 운영하는 회사의 기술자들이 집이나 사무실에 중앙 에어컨을 연결하는 것은 혁명과도 같은 일이었다. 피트는 텍사스주 동부에 사는 수많은 사람들에게 편안함을 선사한 것을 자랑스러워했다. 이 모든 것은 레오나가 엄격하지만 애정을 담아서 피트가 엔지니어가 되는 길을 계속 걷게 했기 때문이었다.

피트의 가장 큰 공적은 아마도 직원들에게 해준 일들이었을 것이다.[44] 심부름꾼이던 팅커는 아무 기술도 없는 10대였지만 나중에는 사업의 공동 소유주가 됐다. 지미라는 직원은 우울증을 겪었는데, 피트는 지미를 참을성 있게 대했고 신뢰할 수 없다는 이유로 해고하지도 않았다. 만약 해고당했더라면 지미는 급격히 나빠졌을 것이다. 지미가 회복된 이후 피트는 그에게 많은 기대를 걸었고, 지미는 피트에게 진심으로 감사했다.

피트는 고등학교를 막 졸업한 17세의 재니스를 비서로 채용해 책임과 배울 기회를 줬다. 40년 후 은퇴할 때 재니스는 회사 경영을 관리하고 있었다. 추도식에서 재니스는 자신이 받지 못한 것을 피트 덕분에 자녀들에게 줄 수 있었다고 말했는데, 그것은 바로 대학 교육이었다. 자녀 중 한 명은 의사가, 다른 한 명은 변호사가 됐다. "피트가 제게 해준 일 덕분에 우리 아이들도 다른 사람들을 도울 수 있게 됐어요." 피트는 레오나가 자신을 대했듯이 직원들을 대했고, 직원들에게 높은 기대를 거는 동시에 지원해줬다. 레오나가 피트의 인생을 바꿨듯, 피트도 직원들의 삶을 바꿨다.

피트와 레오나의 이야기는 단순한 대학 중퇴 결정보다 더 큰 의미를 갖는다. 이는 청소년들이 중요한 갈림길에 서 있을 때 자신과 지역사회에 더 나은 미래를 가져다주는 길로 인도하기 위해 어른들이 무엇을 할 수 있는지 보여주는 사례다.

내가 피트의 이야기에 끌린 데는 개인적인 이유도 있다. 피트는 나의 할아버지이고, 레오나는 증조할머니다. 레오나는 1941년에 세상을 떠났기에 만난 적이 없지만, 나는 그녀가 물려준 전통의 산물이다. 증조할머니 덕분에 할아버지는 할머니를 만났고, 할머니는 어머니를 낳았다. 나와 성향이 비슷한 어머니는 내게 커다란 영향을 미쳤다.

자라면서 이런 이야기들을 자주 들었지만, 제대로 이해하지는 못했다. 우리는 웃으면서 레오나가 피트에게 너무 엄했다고 이야기했는데, 레오나가 높은 기대 수준을 얼마나 혹독하게 강요했는지에 초점을 맞추면서 그녀가 보낸 지원을 과소평가했다. 최근에야 깨달았는데, 레오나의 행동이 지닌 진정한 의미를 알아차리지 못했다는 점에서 우리 문화의 심오한 특징을 알 수 있다. 우리 사회는 청소년들과 상호작용하는 방식으로 엄격 또는 상냥, 무례 또는 친절, 권위주의 또는 관용 등 양자택일만 있다고 생각하는 경향이 있다. 상반되는 성격을 둘 다 조금씩 적용할 수 있다는 사실은 좀처럼 깨닫지 못한다. 예를 들어 현명한 피드백 메모처럼 높은 기대와 높은 지원을 '동시에' 적용할 수 있는데, 그런 사실을 깨닫지 못한 까닭에 우리는 레오나가 했던 일 중 절반만 따라 하곤 한다. 말하자면 아들을 쫓아내거나, 공짜로 거처를 제공하며 오냐오냐하거나 둘 중 하나만 하는 것이다. 그렇게 반만 맞추다 보니 청소년들과의 의사소통이 원활하지 못하고 청소년들이 잠재력을 제대로 발휘하게 하는 데 방해가 된다. 그야말로 짜증나는 순환이다. 어떻게 하면 이런 악순환에서 벗어날 수 있을까?

추도식 날, 피트의 사무실에서 재니스와 이야기를 나누다가 나는 레오나와 피트 같은 사람들을 찾아내기로 결심했고, 그들의 비밀을 연구하고 싶어졌다. 이후 직장, 가정, 학교, 학술지를 샅샅이 뒤졌다. 최고의 관리자, 부모, 교육자는 어떻게 청소년들의 사기를 꺾지 않으면서 그들에게서 최대한의 성과를 이끌어내 최고가 되도록 독려했을까? 이 책은 그 과정에서 배운 사실을 기록한 결과물이다.

나 역시 다른 어른들처럼 배우는 중이라서 이 정보가 필요했다. 나는 연구실에서 청소년들을 지도한다. 아이 넷을 둔 부모인데, 첫째는 이제 막 10대에 접어들었다. 야구와 농구도 가르친다. 예전에는 중학생들을, 지금은 대학생들을 가르친다. 나는 이 책에서 소개하는 모든 아이디어를 시도했는데, 완벽하게 수행했다고 말할 수는 없지만, 제대로 했을 때 그럴 만한 가치가 있었다고는 장담할 수 있다.

이 여정을 함께하는 우리에게는 청소년들과 효과적으로 상호작용하는 방법을 알려주는 현실적이고 실용적인 지식이 필요하다. 그래서 각 장마다 아이디어를 받아들이고 실천하는 방법에 관한 질문과 제안을 제시해 책의 끝부분에 실었다.

청소년들에게 동기를 부여하고 영향을 미치는, 멋지고 성가시고 의욕이 넘치는 세상에 대해 계속해서 배워나가려는 모든 이들을 두 팔 벌려 환영한다.

1부

10세부터 25세까지,
젊은 세대는 무엇이 다른가

1장

어른들이 잘못 알고 있는 것

청소년 대상 캠페인은 왜 효과가 없을까

노스캐롤라이나주에 있는 이 병실은 원래 시한부 선고를 받은 환자들이 입원하는 곳이지만 2013년 9월 8일에는 잠시 촬영 스튜디오로 바뀌었다. 테리 홀이라는 여성이 임종을 앞두고 남기는 조언을 기록하고자 미국 질병통제예방센터가 방문했기 때문이었다.[1] 암 환자인 홀은 영상을 찍고 이틀 후 세상을 떠났다. 2000년에 뺨 안쪽에서 작은 상처를 발견했는데 조직검사 결과 종양이었고, 이미 목까지 퍼진 상태였다. 이후 13년 동안 방사선요법, 화학요법, 턱과 후두(성대) 부분을 제거하는 수술을 받았으며, 말을 하려면 인공 후두의 힘을 빌려야 했다. 홀은 거칠고 헐떡이는 듯한 합성 음성으로 세상 사람들에게 마지막 교훈을 남겼다.

테리 홀이 암에 걸리게 된 원인은 담배 중독이었다. 성인 흡연자 중 90퍼센트가 그렇듯이,[2] 홀도 18세가 되기 전에 흡연을 시작했다.

"열세 살 때 처음으로 담배를 피워봤고, 열일곱 살 때 본격적으로 피우기 시작했어요." 1964년 미국 공중보건위생국은 〈흡연과 건강〉이라는 중대 보고서를 발표했다.[3] 이 보고서는 흡연이 전 세계적으로 암 및 암 관련 사망을 유발하는 주요 원인이라는 사실을 세간에 알렸다. 담배 회사들은 전투에서 졌지만 전쟁에서는 이기고 있었다. 그들은 흡연이 멋있다는 이미지를 만들고자 엄청난 돈을 투자했다.[4] 광고에는 늘 손에 담배를 들고 황야를 누비는 강인한 카우보이 말보로 맨(말보로 담배 광고에 등장하는 인물 – 옮긴이)과 상류 사회에서 아름다운 여성과 담배 연기에 둘러싸여 살아가는 세련되고 '매력 넘치는 캐릭터' 조 카멜(카멜 담배 광고에 나오는 사람 모습을 한 낙타 캐릭터 – 옮긴이)이 있었다. 미국 정부가 나서서 흡연이 '위험'하다고 말하자, 담배 회사들이 처한 상황은 오히려 나아졌다. 청소년들이 흡연을 권위에 저항하고 또래에게 선망을 받는 방법으로 여기게 되었기 때문이었다.

1977년 고등학교 2학년이었던 테리 홀은 항상 파티에 초대받는 인기 치어리더였다. 친구들은 담배를 피웠고, 홀도 친구들과 어울리고 싶은 마음에 담배를 피우기 시작했다. "흡연이 멋있어 보였어요." 그녀는 질병통제예방센터가 제작한 동영상에서 말했다. 홀은 수십 년 동안 매일 두 갑씩 담배를 피웠고 결국 후두 제거 수술을 받았다. 죽음을 눈앞에 둔 홀은 말했다. "손주들이 결혼하는 모습을 못 본다는 게 두려워요." 이어서 "이것(거친 합성 목소리)이 손자가 아는 유일한 목소리죠. 손자에게 자장가를 불러주지 못한 게 아쉬워요"라고 한탄했다. 그러면서도 홀은 결의에 차 있었다. 미래 세대는 달라지기를 바랐다. 혹은 자기 이야기를 들은 누구라도 청소년들이 자기와 같은 처지가 되지 않도록 막아줄 좋은 방법을 제시해주기를 기대하고 기도했다.

1998년 담배 산업에 불리한 중대한 법적 결정(미국 46개 주정부와 주요 담배 회사 간에 이뤄진 합의로 담배 회사들이 흡연의 위험성을 인정하고 담배 마케팅을 줄이며 배상금을 내기로 한 협약 – 옮긴이)이 내려진 이후로[5] 정부는 텔레비전, 신문, 잡지, 광고판, 라디오에 금연 광고를 게재하라고 담배 회사들을 압박했다. 청소년들에게 담배를 피우게 할 방법을 찾아내서 떼돈을 벌던 광고대행사들이 난데없이 정반대의 일을 맡게 됐다.[6] 어떤 광고는 '생각해, 담배 피우지 마'라는 슬로건을 내걸었다. '청소년이라면 흡연은 미친 짓이야'라는 슬로건도 있었다. 이 광고를 보는 청소년이 늘어날수록 담배를 덜 피울 것이라고 다들 예상했지만 현실은 달랐다. 한 연구에서 이런 담배 회사 캠페인을 평가한 결과, '생각해, 담배 피우지 마'와 '흡연은 미친 짓'이라는 광고를 본 청소년들은 '한층 더' 흡연이 멋있고 권위에 저항하는 행위라고 생각하게 됐고, 담배 회사에 대해 느끼는 호감도가 '상승'했으며, 담배 회사가 건강을 챙겨줄 것이라고 '더욱' 믿었다.[7] 심지어 흡연 방지 캠페인을 본 청소년들이 '오히려 흡연을 시도'하는 사태가 벌어졌다. 공중보건 전문가들은 당황했고, 담배 회사들은 계속해서 돈을 벌었다.

실패로 끝난 사업은 흡연 방지 프로그램에 그치지 않는다. 청소년을 대상으로 실시하는 비만 방지 프로그램 참가자가 해당 프로그램에 참여하지 않은 이들보다 체중이 '증가'하는 경우는 아주 흔하다.[8] 중고등학생을 대상으로 실시하는 학교폭력 방지 프로그램은 학교폭력을 '증가'시키는 경향을 나타낸다.[9] 어른들은 이 연령층을 대상으로 자살이나 학교폭력 같은 극단적인 사건을 예방하고 싶어 하지만, 많은 프로그램들은 역효과를 내거나 아무런 도움이 되지 않는다.[10]

테리 홀처럼 막을 수 있었던 어린 시절의 선택 때문에 오랫동안 고통받는 수많은 사람들을 돕고자 한다면, 우리 사회가 청소년들을 이해하지도, 청소년들에게 영향을 미치지도 못하고 있다는 심각한 문제에 직면해야 한다. 우리 사회가 청소년을 대상으로 실시하는 수많은 프로그램이 대실패로 끝난다는 사실은, 기성세대가 청소년을 바라보는 근본적인 시각을 좀 더 깊이 있게 검토할 필요가 있다는 징후다. 우리는 청소년들을 위해 어려운 질문을 던져야 한다. 만약 이 문제가 청소년들보다는 기성세대나, 기성세대가 다음 세대를 대하는 방식과 관련이 있다면 어떻게 해야 할까?

들은 척도 안 하는 아이들

스티븐 알렉산더 박사는 미국 청소년 신장이식 센터 랭킹 1위인 스탠퍼드대학교 신장내과에서 수십 년 동안 소아청소년과 교수로 일했다.[11] 얼마 전 나는 알렉산더 박사에게서 일하면서 마주치는 무척 흥미진진한 난제들을 들었다.[12]

신장은 몸속에 있는 독소를 여과하고, 이렇게 걸러진 독소는 보통

소변으로 배출된다. 신장이 제 기능을 상실하면 투석기로 체액을 걸러야 한다. 그러려면 한 번에 3시간 30분이 걸리는 고통스러운 치료를 일주일에 세 차례 견뎌야 한다. 투석 전날은 몸속에 노폐물이 가득 차기 때문에 몸이 붓고 숨이 찬다. 투석 날은 노폐물이 몇 리터나 몸 밖으로 빠져나가는 통증에 시달린다. 신장이식을 받으면 마침내 투석기의 굴레에서 벗어나 거의 정상적인 생활을 할 수 있다.[13]

알렉산더 박사가 신장내과에서 일하기 시작한 1976년에는 이식 수술이 아직 생소한 치료법이었다. 어린이와 청소년은 이식받은 신장을 좀처럼 오래 유지하지 못했다. 당시에는 이식 후 3년 이상 생존하는 어린이의 비율은 30퍼센트 미만이었다.[14] 현재는 3년 후 생존율이 95퍼센트에 가깝다.[15] 의료 전문가들은 새로운 수술 기법과 의약품을 개발하는 데 수십억 달러를 들였다. 장기를 수혜자에게 전달할 때까지 이식할 수 있는 상태로 유지하기 위해 기반 시설을 구축했고, 세계 정상급 외과의사들을 길러냈다. 그중에서도 가장 중요한 발견은 수혜자의 몸이 이식받은 신장을 거부하지 않게 하는 아주 효과적인 약물이었다. 면역억제제라고 하는 이 약물은 다른 사람에게 받은 새로운 신장을 면역계가 공격하지 않도록 막아준다.[16] 한 사람의 몸에서 장기를 떼어내 도움이 필요한 아이의 몸에 꿰매어 넣는 기적은 이제 일상이 됐다.

하지만 매년 알렉산더 박사의 환자 중 수십 명이 이식받은 신장을 잃곤 한다. 그 이유는 쉽게 진단할 수 있지만 해결하기는 어렵다. '의사라도 10세부터 25세 사이의 환자들에게 면역억제제를 제때 먹일 수는 없기 때문'이다.

"나는 정말 알기 쉽게, 최대한 명확하게 말했다고 생각해요. 그런데도 2주 후에 보면 환자들이 약을 완전히 엉뚱하게 먹고 있어요." 한 의사는 화를 내며 이렇게 말했다.[17]

"청소년들에게 약을 제대로 먹게 할 수 있다면, 외과의사들은 신장이식 생존율 100퍼센트라는 기록을 세울 수 있을 겁니다." 알렉산더 박사가 말했다.[18] 실제로 지금까지 미국에서 실시한 모든 이식수술을 대상으로 한 연구를 보면, 부모가 직접 약을 챙겨 먹이는 10세 미만 어린이의 신장 거부율은 거의 0에 가깝다. 하지만 조금씩 더 많은 자유와 자율성을 누리게 되는 10세부터 17세까지는 매년 거부율이 조금씩 올라간다. 거부율은 25세까지 계속 높아지다가 이때부터 급격히 낮아지기 시작한다. 따라서 10세부터 25세까지가 문제다.

예전에 스탠퍼드대학병원 소아신장내과에서 일하는 간호사에게 이런 이야기를 들었다.[19] 혈액검사 결과에서 문제가 나타난 환자의 부모에게 전화를 걸었을 때의 일이었다. "혈액검사 결과, 아드님의 혈액 속에 약 성분이 전혀 없고 거부 증상이 나타나고 있다고 합니다. 약을 먹고 있는 게 확실한가요?" 전화기 너머로 엄마가 아들에게 "너, 약 먹고 있지?"라고 묻는 소리와 아들이 짜증난다는 듯 큰 소리로 "당연하죠, 엄마!" 하는 소리가 들렸다. 간호사는 약이 효과를 나타내기 전에 대사가 완료되는 희귀질환을 앓고 있지 않는 한, 약을 먹는데도 혈액에서 약 성분이 전혀 검출되지 않는 것은 생물학적으로 불가능하다고 차분하게 설명했다. 둘 중 어느 경우든 환자는 즉시 내원해 자세한 검사를 받아야 했다. 통화를 중단하고 한참 기다린 끝에 엄마가 이렇게 말했다. "다시 물어보니 아들이 약을 먹지 않았다고 하네요. 지금부터 먹을 거예요. 전화해주셔서 감사합니다."

부모는 자녀를 안쓰럽게 여길지 몰라도 신장은 그렇지 않다. 면역억제제를 먹지 않으면 인체는 하루도 못 가 거부 반응을 보이기 시작한다. 알렉산더 박사는 이렇게 설명했다. "신장이식은 가차 없어요. 면역억제제를 반드시 매일 복용해야 합니다." 며칠이 지나면 몸이 이식된 신장을 거부한다. 그러면 몇 년 동안 혹은 영원히 투석을 받아야 한다.

이 문제로 골머리를 앓는 사람은 알렉산더 박사뿐만이 아니다. 실제로 신장, 간, 심장, 줄기세포 등 이식수술을 받은 모든 청소년과 청년 중 35~45퍼센트는 약을 처방대로 복용하는 일을 소홀히 한다.[20] 수술 기술과 약은 발전했지만, 시간이 지나도 이 문제는 나아지지 않았다. 최근 한 저명한 의사는 소아 신장이식의 전체 역사를 검토한 후 암울한 결론에 도달했다.[21] "우리는 복약 준수 문제를 해결하는 데 40년 전보다 조금도 나아지지 않은 듯합니다. …이 문제는 이식 환자 생존에 여전히 치명적이고 극복하기 어려운 해악입니다." 10세부터 25세라는 결정적 시기를 지나는 청소년들의 행동을 바꾸는 문제에서 의학은 아직 해결책을 내놓지 못했다. 대체 무엇이 문제일까?

'생각해, 담배 피우지 마'와 '흡연은 미친 짓'이라는 금연 캠페인의 결점을 곰곰이 생각해보면 한 가지 단서를 얻을 수 있다. 두 캠페인 모두 청소년들에게 이래라저래라 한다(예를 들어 '담배 피우지 마'

는 명령문이기도 하다). 이는 청소년들이 신경생물학적 수준에서 느끼고 싶어 하는 감정과 좀처럼 맞지 않는다. 마찬가지로 이식 교육과정에서도 뭔가를 시키고, 시키고, 또 시킨다. 의사와 간호사, 약사는 청소년 환자 및 부모와 세 차례에 걸쳐 각각 대화를 나눈다. 권위 있는 인물들이 면역억제제를 복용하지 않으면 어떤 결과가 나타나는지 설명하고, 마치 이해력 시험이라도 보듯이 청소년들에게 모든 주의 사항을 복창하게 한다. 청소년들은 듣고 복종해야 한다.

"청소년들에게 말하는 방법을 배운 적이 없잖아요." 한 경험 많은 의사는 이렇게 말했다.[22] "의사는 과학적인 정보를 전달하는 훈련을 받지만, 인간이 정보에 따라 행동하는 것을 방해하는 요소가 무엇인지에는 주의를 기울이지 않습니다. 그렇다 보니 의사가 하는 말은 죄다 '이렇게 하지 않으면 약을 늘려야 합니다'라는 협박처럼 들리기 마련이죠." 실제로 한 이식 수여자가 전문가 학회에서 의사와 간호사 들에게 기조연설을 한 적이 있다.[23] 그는 이렇게 말했다. "의사들은 제게 공포 전략을 많이 시도했습니다만, 효과가 없었습니다." 그는 첫 번째로 이식받은 신장을 잃었고, 학회 당시 두 번째로 신장을 이식받은 상태였다.

이식 교육과정에서 이뤄지는 대화가 너무 제한적이어서 무례하다고 느끼는 청소년들이 많다. 약이 환자에게 어떤 영향을 미치는지 제대로 다루지 못하기 때문이다. 한 이식 수여자가 말했다.[24] "저는 약이 싫었습니다. 약을 대수롭지 않게 여겼던 것 같아요." 또 다른 환자는 "사람들은 약을 하루에 두 번씩 복용하기가 얼마나 힘든지 잘 몰라요"라고 했다.[25]

면역억제제 복용에는 설사, 체중증가, 감각마비, 구취 등을 비롯한 여러 부작용이 따른다.[26] 한 환자는 "약을 먹었더니 털이 많이 났어요. 늑대인간 같아졌고 일자 눈썹이 됐죠"라고 했고, 또 다른 환자는 "뚱뚱해진 것 같아요. 여자애들 앞에서 셔츠를 벗을 수가 없어요"라 말했다.[27] 게다가 의사는 술을 마시지 말라고 한다. 이런 부작용이 젊은이들이 그리는 사교 생활 계획과 어떻게 충돌할지 생각해 보자. 클립보드를 들고 흰색 가운을 입은 신장 전문의는 잔말 말고 새로운 삶을 받아들이라고 말한다. 소화장애, 손발 저림, 고약한 입냄새에 시달리는 데다가, 파티를 즐길 수 없고 셔츠를 벗고 수영하기도 부끄러운 과체중의 털북숭이라는 새로운 삶 말이다. 약을 먹지 않고 그에 따르는 부작용을 겪지 않으면 청소년 환자는 잠깐이나마 자신이 남과 다르다는 사실을 잊을 수 있다. 복약 중단은 그들이 잠시나마 평범하게 친구들과 어울릴 수 있다고 느끼는 길을 열어준다.

말하자면 면역억제제 자체가 사회적 생존을 잠재적으로 위협한다. 아마 귀 기울여 듣는 청소년도 있을 것이다. 대부분은 적당히 고개를 끄덕이며 듣고 있는 듯한 몸짓을 하지만, 그냥 듣는 척에 불과하다. 그들의 뉴런은 정보를 처리하지 않는다. 이것이 바로 표준 환자 교육과정으로는 청소년들이 약을 꼬박꼬박 먹을 수 있도록 습관과 일상을 조정해야 한다고 설득하기가 어려운 이유다.

지난 40년 동안 소아 장기이식이 기적이 아닌 일상적인 수술이 되도록 만들고자 수십억 달러를 쏟아부었지만, 여전히 해결되지 않은 가장 큰 수수께끼가 신장 기능이나 면역체계와는 아무런 관련이 없는 이유도 여기에 있다. 관건은 청소년 행동 변화라는 복잡한 세계를 헤쳐나가는 것이다.

스탠퍼드대학교 심장이식 전문의 데이비드 로젠탈 박사는 10대 환자들을 보면서 느낀 점을 이렇게 말했다.[28] "나와 환자들은 서로 다른 세상에 살고 있나 봐요. 환자들이 무슨 생각을 하는지 도통 모르겠어요." 마찬가지로 스티븐 알렉산더 박사는 "청소년들이 무엇을 필요로 하는지 이해하고 그들에게 필요한 것을 제공해야 합니다. 그렇지 않으면 큰 대가를 치러야 할 거예요"라고 경고했다.

신경생물학적 무능 모델

'생각해, 담배 피우지 마'나 장기이식 클리닉에서 일반적으로 실시하는 환자교육 방식처럼 청소년들에게 동기를 부여하고 영향을 미치려는 시도가 실패하는 원인은 '신경생물학적 무능 모델neurobiological-incompetence model'에서 비롯된다. 이 모델은 청소년이 결함이 있고 생각이 부족해서 자신의 행동이 미래에 미칠 결과를 미처 이해하지 못한다고 간주한다. 따라서 청소년은 더 현명한 어른에게 무엇을 생각하고 어떻게 해야 하는지 거듭해서 배워야 한다고 본다. 예를 들어 '생각해, 담배 피우지 마'라는 슬로건은 현명하고 똑똑하고 책임감 있는 성인 공중보건 전문가가 내리는 명령으로, 지금 현재 청소년들이 생각하고 있지 않다는 속뜻을 내포한다.

지난 20년 동안 청소년 연구 분야에서 혁명적 변화가 일어났다. 이 혁명은 신경생물학적 무능 모델에 맞서 청소년들은 '관리해야 할 문제가 아니라 키워야 할 자원'이라고 주장한다. 주요 보고서 2편에서 이 새로운 과학적 합의를 자세히 서술하는데, 그중 1편은 2019년 미국 국립과학공학한림원에서 내놓은 〈청소년기의 약속〉이라는 보고서다.[29] 비슷한 시기에 UCLA 청소년발달센터와 프레임워크연구소가 좀 더 이해하기 쉬운 요약본을 내놓았다.[30] 이 두 보고서는 25명이 넘는 뛰어난 신경과학자, 호르몬 전문가, 심리학자, 인류학자 등에게서 통찰력을 이끌어낸 것이다.

UCLA 보고서는 걱정이나 짜증을 유발하는 10세부터 25세 사이 청소년의 행동 대부분이 그들이 원래 무능하기 때문에 일어나는 것이 아니라는 점을 자세히 설명했다. 사실 그런 행동은 이 연령 집단이 세상에서 사회적으로 성공할 수 있는 방법을 배우려는 시도에서 비롯된다. 사회적 성공이란 대개 또래집단과 주변 어른들의 눈에 사회적 지위를 갖춘 듯 보인다는 뜻이다. 다시 말해 청소년들은 '또래와 멘토에게 지위와 존중'을 바라며, 이는 유의미한 공헌을 함으로써 획득한 것이어야 한다.[31] 따라서 청소년의 관점과 그들이 무엇을 진정으로 원하는지 이해할 수만 있다면, 흡연이나 불량한 식습관, 학교폭력 같은 문제 행동으로 이어지는 동기부여를 조직과 가족, 학교, 사회에 중요한 공헌을 하는 쪽으로 전환할 수 있다.

캘리포니아대학교 버클리캠퍼스의 의대 교수이자 신경과학 연구자이고 청소년발달센터 공동 설립자인 론 달 박사가 보고서의 주요 내용을 설명할 때 즐겨 들려주는 이야기가 있다.[32] 달라이 라마와 티베트 불교 전통을 연구하는 학자들을 비롯한 다양한 교육학자들과 토론했던 이야기다. 달이 사춘기와 지위 및 존중을 얻으려는 청소년들의 동기 증가를 밝힌 과학적 사실에서 이끌어낸 통찰을 소개했을 때, 교육학자들 사이에서 웃음소리가 들렸다고 한다. 통역사에게 묻자, 학자들은 청소년들이 지위와 존중을 얻으려고 노력하는 재미난 사례를 자주 본다고 대답했다. 불교 사원에서 명성과 존경을 얻는 가장 좋은 방법은 친절과 연민, 공감을 보여주는 것인데, 덕분에 청소년들은 이러한 가치에서 서로를 능가하려고 노력하게 되었단다. 아이들이 서로 상대방보다 더 자애심을 베풀겠다며 "먼저 들어가! 아니, 네가 먼저 들어가!"라고 다투어 말하는 모습이 눈에 선하다. 이는 청소년들이 지위와 존중이라는 문화적 가치를 알아차리고 타인을 위해 봉사하는 기품 있는 삶을 살아가는 사례다. 그들은 집단의 가치를 고려해 자신을 차별화하고 공동체의 존경을 받아 명성을 획득하고자 하는 고유한 동기를 갖고 있다. 이 사례는 사춘기가 파괴적이기는커녕 유익하다는 사실을 보여준다. 사춘기는 자신이 속한 집단의 구성원에게 공헌하려는 청소년들의 욕구를 부채질한다. "어른들이 사춘기를 겁내서는 안 됩니다. 청소년들이 사춘기를 유익하게 활용하는 법을 배우도록 도와야죠"라고 달은 말했다.

흥미롭게도 이러한 새로운 과학적 합의를 가장 잘 보여주는 예는 흡연 행동을 바꾼 공중보건 정책으로는 유일한, '진실' 캠페인이다.

10대들의 일탈 행동에 숨은 의미

1998년 어느 봄날, 공중보건 기관 회의에서 보수파와 개혁파가 맞섰다.[33] 훗날 미국에서 가장 끈질기게 이어진 공중보건 위기 중 하나를 근본적으로 개선하게 된 이 회의를 소집한 주체는 플로리다주 공무원들이었다. 회의 목적은 수백만 달러 규모의 청소년 흡연 감소 캠페인을 담당할 광고대행사 선정이었다. 캠페인 자금은 플로리다주가 담배 회사를 상대로 벌인 집단소송 합의에서 나왔다.[34] 암에 걸린 흡연자를 치료하고자 정부가 지출한 비용을 상쇄하는 배상금이었다.

회의실 한쪽에는 정부 역학자 집단이 앉아 있었다. 역학자란 질병 확산 방지를 전문으로 연구하는 과학자들이다. 보수파인 정부 역학자 집단은 캠페인을 따낸 광고대행사가 10대 흡연을 막기 위해 질병통제예방센터가 정한 이른바 '승인 전략'을 고수하도록 유도하고자 했다. 테이블 맞은편에는 당시 캠페인을 수주하려 했던 신생 광고대행사 크리스핀포터플러스보거스키의 광고 기획 총괄 관리자 알렉스 보거스키가 앉아 있었다. 30대 중반의 보거스키는 장난스러운 미소를 짓고 있었고, 반짝이는 눈빛은 엉뚱한 아이디어를 품고 있다는 인상을 줬다. 보거스키 옆에 앉은 예술 감독들은 모두 20대 초반이었다.

질병통제예방센터의 승인 전략은 무엇이었을까? 이 전략은 10대들에게 다음 3가지 메시지를 전달하고자 했다. (1) 흡연은 암을 유발한다. (2) 흡연은 치아를 누렇게 만든다. (3) 흡연은 섹시하지 않다.

질병통제예방센터는 보거스키의 광고가 이 정보를 가능한 한 많은 10대들에게 주입하기를 바랐다.

이 승인 전략은 고전경제학적 사고에 뿌리를 둔 역학자들이 청소년들의 행동을 지나치게 합리적으로 생각한 결과였다. 고전경제학 모델에서는 사람들이 결과가 발생할 가능성과 시간 범위, 상대 비용과 이익을 저울질함으로써 결정을 내린다고 본다. 즉 10대들이 흡연으로 단기적 이익(예: 니코틴의 흥분 효과)을 얻을 가능성이 거의 확실하지만 장기적 비용(예: 암)이 발생할 가능성은 매우 낮다고 생각한다면, 흡연을 선택하는 경향을 나타낸다고 본다. 이런 관점에서 볼 때 적절한 공중보건 대응은 (1) 장기적 비용을 부각(예: 흡연자는 반드시 암에 걸릴 것이다)하고 (2) 10대의 외모 변화(누런 치아)나 사회생활(성적 매력 저하) 같은 단기적 비용을 강조하는 것이었다.

보거스키는 이러한 대응이 분명히 실패할 것이라고 생각했다. 몇 주 전 그는 질병통제예방센터의 승인 전략을 시험하고자 젊은 예술 감독들을 스케이트장과 쇼핑몰로 보냈다.[35] 그들이 대화를 나눈 10대 중 100퍼센트가 불붙인 담배를 손에 든 채로 흡연이 어떻게 폐기종과 암을 유발하는지 유창하게 설명할 수 있었다. 그들에게는 설명해줄 사람이 필요하지 않았다. 그들이 치아 변색을 걱정했을까? 아마도 50대였더라면 그랬을 것이다! 하지만 지금은 아니었다. 게다가 10대들은 흡연이 섹스를 아주 많이 할 수 있는 중요한 이유라고 여겼다. 흡연이 그들의 삶을 멋지게 만들었다! 이 조사 결과를 본 보거스키는 질병통제예방센터의 승인 전략을 담은 광고를 수백만 명이 보더라도 10대들의 흡연을 막지 못할 것이라고 확신했다. 그런 광고는 10대들이 이미 참인지 거짓인지 알고 있는 정보를 전달할 뿐이며, 불필요할 뿐만 아니라 모욕적이기도 할 것이었다. 10대들에게 그들이 이미 알고 있다고 생각하는 내용을 말하면(특히 어른이 '자기 이익을 위해' 말하는 경우), 그들은 자신들의 자율성과 능력이 모욕당했다고 받아들일 게 뻔했다.[36] 그것은 무례한 행동이었다.

회의실에서 보거스키는 할 말을 신중하게 골랐다. 보거스키의 회사는 이 일을 따내야 하는 상황이었다. 그 광고대행사는 소규모였지만 재능이 있었고, 고만고만한 회사의 산악용 바이크나 신발 광고에서 벗어나려던 시기였다. 플로리다주가 진행하는 10대 금연 캠페인은 수백만 달러짜리 타개책이 될 잠재력이 있었다. 하지만 승인 전략이 보거스키의 계획에 어깃장을 놓고 있었다. 그 승인 전략은 몰개성한 데다 해롭기까지 했다. 보거스키는 공무원들에게 이렇게 말했다. "이 전략은 담배 회사들의 배신입니다. 흡연을 늘리려고 나를 뒷구멍으로 고용하는 셈이죠." 그가 이렇게 말한 이유는 담배 협약에 '담배를 피우지 말라고' 10대들을 설득하는 데 배상금을 써야 한다는 규정이 있기 때문이었다. 보거스키는 승인 전략이 10대 청소년 수백만 명의 흡연을 '늘리고' 담배 회사의 주머니에 다시 돈을 집어넣게 될 것이라고 생각했다. 보거스키는 말했다. "여러분이 합의금을 그렇게 쓰고자 한다면, 저는 그 일에 동참하고 싶지 않습니다."

보거스키가 이렇게 말한 이유는 질병통제예방센터의 승인 전략에서 미묘하지만 치명적인 결함을 발견했기 때문이었다. 보거스키가 판단하는 한, 승인 전략은 청소년들이 원하는 정보가 아니었다.

일반적으로 광고 회사 임원들이 첫 번째로 떠올리는 질문은 사람들이 이미 그 제품을 원하는가 아니면 그렇지 않는가이다. 광고 회사 임원 대부분의 포트폴리오에서 자동차, 맥주, 패스트푸드가 가장 수익성 높은 품목인 데는 그럴 만한 이유가 있다. 이것은 사람들이 이미 원하는 제품이다. 광고 회사는 사람들에게 그런 제품을 구매하도록 허락만 하면 되고, 그러면 모두가 돈을 번다.[37] 반면에 사람들에게 건강상 예방 조치를 장려하는 광고 캠페인은 대체로 성공을 거두기 어렵다.[38] 이유는 단순하다. 사람들이 건강상 예방 조치를 실천하고 싶어 하지 않기 때문이다. 질병통제예방센터의 승인 전략은 10대들에게 자제력을 발휘해 원하는 것을 거부하라고 권장하는 것이었다. 보거스키와 유능한 광고 회사 임원들은 금욕 전략이 사람들의 욕망을 추구하도록 허락하는 전략과 맞붙으면 백전백패라는 사실을 잘 알았다.

보거스키는 10대들이 흡연으로 얻고자 하는 것이 무엇인지 질병통제예방센터 전문가들은 전혀 알지 못한다고 짐작했다. 그들은 10대들에게 흡연을 대체할 수 있는 것을 어떻게 제공해야 하는지 전혀 모르는 듯했다. 그래서 보거스키는 이렇게 물었다. "여러분 중에 10대들에게 왜 담배를 피우는지, 흡연으로 무엇을 얻었는지 물어본 분이 있나요?" 그들은 침묵했다. 보거스키는 실망했지만 그 이유는 알 수 있었다.

"그들은 10대들이 멍청하다고 생각했습니다." 보거스키가 내게 말했다. 질병통제예방센터 전문가들은 당시 공중보건 전문가 대부분이 그랬듯이 신경생물학적 무능 모델을 지지했다. 이 모델에서는 젊은 사람들이 장기적인 이익 대신에 장기적인 해악(예: 암)을 선택하는 유일한 이유가 무능한 의사결정에 있다고 본다. 이런 관점에서는 10대의 뇌가 근시안적이어서 장기적인 위험을 정확하게 가늠할 수 없다고 본다. 그들이 '왜' 비합리적인 선택을 했는지는 중요하지 않았으며, 정신적 효용 극대화를 잘못 계산했다는 사실만이 중요했다. 이 모델에 따르면, 새로운 광고 캠페인에는 어른들이 등장해서 어떤 선택을 해야 할지 말해줘야 했다.

보거스키의 출발 가정은 달랐다. 그는 근본적으로 10대들이 똑똑하다고 생각했다. 보거스키는 10대들이 담배를 피우는 이유가 단지 담배 회사들이 10대들이 관심을 기울이는 문제에 대한 해결책으로 흡연을 제시했기 때문이라고 생각했다. 그의 논리를 뒷받침하는 핵심적인 사실은 당시 미국인 중 약 30퍼센트가 흡연을 했고, 그중 약 90퍼센트가 테리 홀과 마찬가지로 10대 때 흡연을 시작했다는 점이었다. 게다가 성인들은 대부분 담배를 끊고 싶어 했지만 중독되어 끊을 수가 없었다. 이를 근거로 보거스키 팀은 흡연이 성인의 필요가 아니라 '청소년'의 고유한 필요를 충족한다는 결론을 내렸다. 어쨌든 성인들은 대부분 흡연을 하고 싶어 하지 않았다.

청소년의 필요는 무엇이었을까? 보거스키가 분석한 바에 따르면, 흡연은 청소년들이 자신이 성인과 다름없다고 선언하는 공개적이고 가시적인 방법이었다. 누군가가 모든 결정을 대신해주는 나이에서 벗어나 스스로 책임지는 나이로 접어들면서, 10대 흡연자들은 주변 사람들에게 '내 몸에 대한 결정은 스스로 내려'라고 말하고 싶어 했다. 담배 회사들은 이 점을 온전히 이해하고 있었다. 담배 회사들은 흡연이 자신의 생살여탈권을 스스로 쥐고 있다는 사실을 세상에 보여주는 행위임을 알고 이를 뒷받침하는 마케팅 연구를 활용했다. 따라서 흡연은 성인들에게 부여된 지위와 권리를 갖고 있다는 의미였다. 10대들은 담배를 피우면 먼 미래에 죽을 수 있다는 사실에 스스로 멍청하다고 느끼지 않았다. 오히려 자결권을 수호하는 용기 있는 사람이 된 것 같다고 느꼈다.

인류학자들이 말하길, 우리 조상들은 청소년기를 마치고 성인이 될 때 자신이 속한 공동체 앞에서 성인이 됐음을 알리는 통과의례를 치르곤 했다.[39] 현대 사회에서는 일부 종교적, 문화적 전통을 제외하면 이런 성인식이 거의 사라졌다.[40] 그렇다고 해서 인류가 진화하는 동안 성인식이 채워줬던 근본적인 필요가 사라졌다는 뜻은 아니다. 흡연이 그 공백을 메웠다. "담배는 성인으로서 지위를 증명하고 싶어 하는 10대의 욕구를 가장 잘 채워주는 제품이었습니다." 보거스키는 말했다. "그 사실을 깨닫고 나니 도리어 '10대 흡연율이 100퍼센트가 아닌 이유는 무엇일까?'라는 의문이 들었죠."

이는 전통적인 흡연 예방 전략이 전혀 효과가 없었던 이유를 설명하는 데 도움이 된다. 아기에게 배고픔이나 수면욕을 참으라고 말할 수 없듯이, 청소년에게 중요한 사람들 앞에서 자신의 능력과 지위를 보여주고 싶은 중대한 욕구를 무시하라고 말할 수는 없다. 문제 행동을 예방하고 싶다면, 그 행동의 기저에 깔린 필요를 충족하는 대체재를 제시해야 한다. 질병통제예방센터 전문가들은 이런 사실을 깨닫지 못했다. 그들은 단순한 합리적 행위자 모델에 눈이 멀어 있었다.

보거스키는 새로운 접근방법을 개발했다. 그는 10대들을 꼬드겨 치명적 중독에 빠뜨리려는 탐욕스럽고 이기적인 기업 세력에 맞서 싸우라고 청소년들에게 용기를 북돋웠다. 2001년 크리스핀포터플러스보거스키 회장 제프리 힉스는 한 기사에서 이렇게 썼다.[41] "담배에 대한 태도를 바꾸려고 할 때, 대안을 제시하지 않는 한 반항의 도구를 빼앗을 수 없을 것이라고 추측했다. 담배 산업의 이중성과 조작을 공격하는 것은 '진실'의 반항이 되었다." 그날 마이애미에서 보거스키는 드라마 〈매드맨〉에 나오는 한 장면처럼 멋진 광고 시리즈를 발표했다. 그가 발표한 '진실' 캠페인은 청소년들이 담배 회사의 거짓말을 폭로하고, 선을 행하는 세력이 되고자 열정적인 변화 주체로 행동하는 모습을 묘사했다.[42] 고전경제학의 합리적 행위자 모델에 사로잡힌 질병통제예방센터 관료들은 시큰둥한 반응을 보였다. "그게 효과가 있을지 어떻게 아시죠?" 그들이 물었다. 보거스키는 이렇게 대답했다. "이 캠페인이 효과가 있을 것이라고 장담할 수는 없지만, 지금 여러분이 계획하고 있는 모든 전략이 역효과를 낼 것이라고는 확신할 수 있습니다." 그는 광고를 따냈다.

보거스키가 초기에 제작한 '진실' 광고 중에는 담배 회사 임원들이 병원 복도에서 테리처럼 임종을 앞둔 고객을 끈질기게 따라다니며 감사 인사를 하는 모습이 나오는 편이 있었다.[43] 광고에 등장하는 임원들이 큰 소리로 말했다. "고객님을 대체하기 위해서 우리가 무엇을 해야 할까요?" 그러고 나서 임원들은 대기실에 있는 한 10대 소녀를 간절하고 소름 끼치게 돌아봤다. 또 다른 광고는 이렇게 물었다. "51세 임원과 10대들 사이에는 어떤 관계가 있을까요?"

중년 임원들로 가득 찬 이사회실로 전환된 다음 장면에서는 "10대들은 우리의 유일한 대체재 공급처입니다"라고 말했다. 초기 평가 결과, 보거스키의 플로리다주 '진실' 광고 덕분에 중학생 흡연율은 19퍼센트, 고등학생 흡연율은 8퍼센트 감소했다.[44]

플로리다주 소송이 합의로 끝난 지 1년 후, 50개 주 모두가 담배 기본정산협약에 서명했다.[45] 이 협약으로 지속적인 금연 광고를 지원하는 수십억 달러의 기금이 조성됐고, '진실' 광고는 영구적인 캠페인으로 제도화됐다. 얼마 지나지 않아 크리스핀포터플러스보거스키는 MTV와 슈퍼볼 기간에 내보낼 전국 광고를 제작했다. 이때 협약에 새로운 조건이 추가됐다. 광고에서 담배 회사 임원을 직접 공격할 수 없다는 조항이었다. 보거스키는 창의적인 재능을 마음껏 발휘해 후속 광고들을 내놓았다. 한 광고에서는 유명 담배 회사의 본사 고층 건물 앞에 모인 청소년 1200명을 보여줬다.[46] 마침 때맞춰 청소년들이 바닥에 쓰러졌다. 카메라가 미동도 하지 않는 사람들을 비췄다. 침묵이 흐른 후 한 청소년이 '담배는 하루에 1200명을 죽입니다'라고 쓴 표지판을 휙 들어 올렸다. 그는 담배 회사들에게 "하루 쉬세요"라고 말했다.

'진실' 캠페인은 천재적인 기획이었다. 이 캠페인은 담배를 피우라고 10대들을 꼬드기는 마케팅 전략을 역으로 이용했다. 이제 담배를 피우지 않겠다는 10대의 거부는 어른들이 하라는 대로 고분고분하게 따른다는 뜻이 아니었다. 오히려 그들이 어른 같은 지위에 걸맞은 반항적이고 자율적인 사람임을 세상에 보여줬다.[47] 그들은 담배를 거부함으로써 부당함에 맞서 싸울 수 있었고, 그들을 인정한 수많은 또래가 이구동성으로 내는 목소리에 힘을 보태어 취약한 사람들을 보호할 수 있게 되었다. 이 캠페인은 소속감, 유대감, 지위, 존중을 바라는 청소년들의 근본적인 욕구를 건강하지 못한 행동(흡연)이 아니라 건강한 행동(금연)으로 채웠다.

'진실' 광고가 '생각해, 담배 피우지 마' 광고와 달리 어떤 식으로 청소년들을 존중한다는 신호를 보내는지 생각해보자. '생각해, 담배 피우지 마' 광고는 명확하게 생각하지 못하는 청소년의 무능력이 문제라는 모욕적인 함의를 담고 있다. 반면에 '진실' 광고는 기득권층이 막아주지 못한 조종에 맞서 싸울 수 있을 만큼 명확하게 생각할 수 있는 유일한 주체로 청소년들을 묘사했다. 방관하는 성인들은 매년 테리 같은 사람 수천 명을 죽이는 담배 회사들이 저지르는 끔찍한 계획에 가담하고 있다.

전국으로 방영된 '진실' 캠페인을 평가한 연구자들은 놀라운 결과를 발견했다.[48] 광고가 나올 때마다 10대들이 흡연을 시도하거나 흡연을 계속하고 싶다고 느끼는 욕구가 줄어들었다. 결정적으로 이 캠페인 덕분에 청소년들은 흡연이 멋있지 않다고 생각하게 됐다. 지금껏 이 목적을 달성한 유일한 접근법이었다. 이러한 태도 변화로 공중보건 통계도 개선됐다. '진실' 캠페인을 시작하면서 10대 흡연율은 매년 감소해 약 28퍼센트에서 6퍼센트 이하로 떨어졌다.[49] 더는 10대 흡연이 공중보건상 문제가 되지 않는 수준이다. 지금까지도 공중보건 전문가들은 '진실' 캠페인이 1970년대 안전벨트 광고와 더불어 미국 역사상 가장 성공한 공중보건 캠페인이라고 생각한다.[50]

'진실' 캠페인 이야기에서 우리는 어떤 교훈을 얻을 수 있을까? 이 캠페인은 우리가 지위와 존중에 이르는 길을 제시하면 청소년들이 장기적으로 건강에 이익이 되는 선택을 할 수 있음을 보여준다. "청소년들은 바보가 아닙니다." 현재 '진실' 캠페인을 책임지고 있는 CEO가 말했다.[51] "그들은 자신에게 무엇이 가치 있는지 판단합니다. 따라서 그들의 관점에서 볼 때 금연이 가치 있는 결정으로 보이게끔 만드는 것이 우리가 할 일입니다." 청소년들이 지위나 존중보다 장기적인 자기 이익에 관심을 기울이도록 이끌기보다는, 그들이 이미 가치 있게 여기는 사회적 보상과 부합하는 선택지를 제시하는 방법을 파악하는 데 더 많은 시간을 투자해야 한다.[52]

'진실' 캠페인은 어른이 청소년을 대할 때 발생하는 다른 문제들, 심지어 복약 준수도 비슷한 방법으로 해결할 수 있다는 가능성을 보여준다. 부모, 교육자, 관리자인 어른들은 안전을 무시하고, 숙제를 하지 않고, 직장에서 주도적으로 일하지 않는 젊은이들을 보며 끊임없이 좌절한다. 하지만 우리가 다른 방식을 선택할 수 있다면 어떨까? 이 질문에 대한 답은 청소년 연구 분야에서 일어난 혁명적 발견에서 얻을 수 있다.

청소년 뇌 연구에 대한 잘못된 해석

론 달 박사는 청소년 연구 분야를 선도하는 인물 중 한 명이다. 그는 50대 중반이지만 젊은 마음으로 행동한다. 자신이 연구하는 청소년들처럼 에너지가 넘치고, 아무도 건드리지 않을 중대한 질문을 대담하게 제기한다. 달 박사는 수십 년 동안 청소년의 뇌가 어떻게 작동하는지 연구해왔다. 그러면서도 신경과학, 발정기 동물 연구, 산업화 이전 사회에서 청소년의 문화인류학, 행동 실험에 이르기까지 다양한 분야를 넘나들었다. 다방면에 걸쳐 주도적으로 연구하는 달의 방식은 젊은 시절 경험에서 비롯된 결과이기도 하다.[53] 그는 펜실베이니아주 주요 도시들에서 160킬로미터 이상 떨어진 케인 지역의 노동자계급 가정에서 자랐다. 동생은 중독이라는 비극적인 길을 걸었지만 달 박사는 그러지 않았다. 그는 이것이 고등학교 시절 인문학 교사였던 알린 히스에게 영향을 받은 덕분이라고 말한다. 히스는 높은 기준을 요구하고 달과 열띤 논쟁을 벌이면서도 항상 그를 보살피고 현명한 피드백을 주고받았다. 히스는 90대에 세상을 떠날 때까지 30년 동안 달에게 편지를 썼다. 편지는 과학의 경계를 넘어 더욱 폭넓게 생각하고, 인간다움이 무엇을 의미하는지 밝힐 심오한 질문을 던지라고 격려하는 내용이었다. 청소년들이 히스 같은 멘토에게 어떤 식으로 영감과 힘을 얻을 수 있는지 아는 달은 청소년을 부정적이고 무능하게 보는 관점을 싫어한다.

달 박사는 좀 더 정확하고 낙관적인 청소년 연구를 전파하기 위해 UCLA의 아드리아나 갈반 교수를 비롯한 여러 동료들과 공동으로 청소년발달센터를 설립했다. (나는 이 센터의 과학운영위원회 위원이다.) 달과 갈반을 비롯한 청소년발달센터 소속 과학자들은 왜 신경생물학적 무능 모델이 잘못되었는지 설명하는 임무를 맡고 있다. 또한 청소년에 관한 좀 더 정확한 관점을 이용해 더욱 바람직한 사회를 만드는 법도 밝히고자 한다.

무능 모델은 청소년들의 뇌가 지금 자신이 하는 행동이 미래에 불러올 결과를 정확하게 평가할 수 없다고 설명한다. 즉 충동적인 행동이 어떻게 나중에 건강 악화로 이어질 수 있는지 판단할 수 없다고 본다. 이 모델에서는 청소년들의 전전두피질이 미숙하다고 판단한다. 이는 계획을 통제하는 뇌 영역이다. 게다가 그들의 뇌에는 충동적인 행동을 부추기고 나중에 일어날 결과는 개의치 않고 눈앞의 쾌락에 뛰어들거나 당장의 고통을 회피하게끔 유도하는 호르몬이 넘친다고 본다. 무능 모델에 따르면 청소년들의 미약한 전전두피질은 보상에 대한 욕구에 대적할 수 없다. 이 모델에서는 청소년들이 '브레이크가 없고(충동을 멈출 수 있는 논리적인 뇌가 부족함)' '연료가 꽉 찬(호르몬이 유발하는 보상을 원하는 신경 충동을 가지고 있음)' 차를 운전하고 있다는 비유를 즐겨 사용한다. 이처럼 전전두피질이 미숙한 청소년들에게 미래에 영향을 미칠 수 있는 중대한 결정을 내리라고 요구하는 것은 현명하지 못하다고 주장한다.

무능 모델은 고대에서 그 뿌리를 찾아볼 수 있다. 플라톤은 기원전 4세기의 책인《파이드로스》에서 청소년이 성숙한 성인으로 변화하는 과정은 페가수스처럼 날개 달린 힘센 말 두 마리를 길들이려고 고군분투하는 전차 마부의 일과 같다고 썼다.[54] 이 비유에서 전차 마부는 인간의 이성이나 논리를 의미하고, 다루기 힘든 말은 열정을 나타낸다. 플라톤은 인간이 젊은 시절의 열정을 단련하고 억압하는 법을 배워야만 승천할 수 있고, 무엇이 진실하고 좋고 아름다운지 볼 수 있다고 주장했다. 이런 플라톤 주장의 기본 개념이 오랜 세월 동안 전해 내려오다가 신경과학자들이 채택하기에 이르렀다. 21세기에 들어서면서 전전두피질이 전차 마부 자리를 차지했고, 변연계는 길들여야 할 다루기 힘든 말들을 상징하게 됐다. "전전두피질은 청소년들의 발달 목표가 됐어요." 갈반이 말했다.

이런 지적 역사에서는 맥아더 재단의 청소년 발달 및 청소년 사법 네트워크가 중요한 역할을 했다.[55] 1995년에 시작해 2017년까지 운영된 이 단체는 유망한 신경과학자, 발달과학자, 법학자들이 모인 네트워크였다. 그들은 고귀한 목적을 위해 모였는데, 바로 18세 미만의 청소년들이 저지른 중범죄에 사형이나 가석방 없는 종신형처럼 혹독하고 가혹한 선고를 내리는 추세를 바꾸려는 취지였다. 이런 선고의 기저에는 청소년의 뇌가 성인이 된 후에도 계속 성숙해나가지 않을 것이라는 가정이 깔려 있었다. 맥아더 재단 네트워크는 청소년의 뇌가 아직 발달하는 중이며, 10대들에게 돌이킬 수 없는 처벌(예: 사형이나 가석방 없는 종신형)을 적용해서는 안 된다고 주장했다.[56] 그런 처벌은 자신의 행동을 전적으로 책임져야 하는 사람들에게는 적용되지 말아야 하기 때문이다. 맥아더 재단 네트워크의 연구는 "충동 조절, 계획 수립, 위험 회피 등 고차원적 집행 기능이 미처 다 발달하지 않은 청소년의 미성숙함"이 감정적이고 충동적인 보상에 민감한 뇌 영역과 대적할 수 없다고 설명했다. 맥아더 재단 네트워크의 연구를 요약한 2012년 대법원 법정 조언자 의견서[57]는 청소년은 "성숙한 자기 통제가 상대적으로 부족"하다고 설명하고 "경험을 바탕으로 충동에 저항하는 능력이… 18세나 19세 이전에 완전히 형성되기를 기대하는 것은 현재 증거로 볼 때 희망

사항으로 보인다"고 결론지었다.[58] 맥아더 재단 네트워크는 이런 증거를 제시하면서 청소년에게 사형과 가석방 없는 종신형을 선고하는 연방 정책을 바꾸도록 대법원에 압력을 행사하는 데 성공했다. 첫 번째 사례는 2005년(로퍼 대 시몬스[59]), 다음은 2010년(그레이엄 대 플로리다[60]), 그다음은 2012년(밀러 대 앨라배마[61])이었다. 이렇게 신경생물학적 무능 모델은 좋은 목적으로 사용될 수 있었지만, 그것으로 끝은 아니었다.

청소년 뇌에 대한 맥아더 네트워크의 견해는 곧 청소년 형사 선고라는 좁은 사용 사례를 넘어 퍼져나갔다. 이 견해가 청소년의 온갖 의사결정 과정에 적용됐다. 나와 대화를 나눴던 한 신장이식 전문의는 맥아더 재단 연구를 다룬 발표를 들은 후,[62] 청소년에게 전전두피질을 이용해 면역억제제 복용을 기억하라고 시키는 것은 "삼두근이 없는 사람에게 팔굽혀펴기를 시키는 것과 같아서 불가능해요"라고 결론지었다. 법적 맥락 밖에서 무능 모델은 청소년의 판단은 신뢰할 수 없으니 그들을 통제하라고 권고한다. 그 신장이식 전문의는 청소년 환자들의 전전두피질에서 부족한 부분을 메우려면 뇌에 약을 먹으라고 알려주는 칩을 심고, 약을 먹지 않으면 충격을 줘야 한다고 농담했다.[63] 이것이 무능 모델의 논리적 결론이다.

맥아더 네트워크의 무능 모델을 뒷받침하는 확실한 증거가 있을까? 이 주장을 뒷받침하는 핵심 연구를 실시한 사람은 다름 아닌 아드리아나 갈반이었다. 2006년에 발표한 이 유명한 연구에서 갈반과 동료들은 어린이, 청소년, 성인 36명이 도박을 하면서 작거나, 중간이거나, 큰 금전 보상을 받을 때 일어나는 뇌 활동을 스캔했다.[64] 큰 보상을 받았을 때 청소년 뇌의 보상 민감도 영역은 다른 연령 집단보다 더 밝게 빛났다. 반면 미래 계획에 관여하는 뇌 영역(전전두피질)은 그와 같은 활성화를 나타내지 않았다. 이 발견은 이 분야에서 전설적인 지위를 얻었다. 연구 결과는 청소년 뇌가 보상 욕구에 사로잡혀 뇌의 이성적이고 온화한 영역에 손상을 초래하는 성숙 불균형을 보여주는 듯했다. 갈반은 연구 결과를 고수하지만 관련 분야가 그 결과를 정확하게 해석했다고는 생각하지 않는다. 그녀의 연구는 사춘기에 접어든 청소년의 전두엽이 잘려나갔다는 뜻이 아니었다. "당연한 말이지만 청소년들에게도 전전두피질이 있습니다." 갈반이 말했다.[65] 전전두피질은 목표 지향적인 행동을 할 수 있도록 돕는다. "그리고 청소년들은 목표 지향적 행동을 아주 잘합니다."

청소년들은 복잡한 일을 수없이 많이 수행한다. 미적분을 배우고, 엘리트 운동선수가 되어 올림픽에 출전하고, 좋아하는 상대를 꼬드기는 법도 알아내고, 성인보다 몇 달 또는 몇 년 일찍 새로운 트렌드나 기술, 프로그래밍 언어를 습득한다. 이런 기술을 수행하려면 전전두피질을 써야 한다. 심지어 '일탈'에도 계획이 필요하다. 몰래 빠져나가거나, 하우스 파티를 계획하거나, 부모에게 뭔가를 숨길 계획을 세운 적이 있는가? 이럴 때의 10대들은 전장을 지휘하는 장군과 다르지 않다. 마찬가지로 담배를 피우는 10대들은 많은 장애물을 극복해야 한다. 담배를 피우려면 잊지 않고 라이터를 챙겨야 한다. 21세인 지인에게 담배를 사 달라고 설득해야 하고, 증거를 숨겨야 하며, 옷에 담배 냄새가 배지 않게 해야 하는 등 할 일이 많다. 전전두피질이 제대로 기능하지 않으면 좋든 나쁘든 간에 이런 성취는 불가능할 것이다.

갈반은 새로운 실험에서 유인 구조가 적절하다면 청소년들은 성인보다 목표 지향적인 행동을 '더 잘할' 때가 많다고 설명했다.[66] "청소년들이 항상 어른들이 원하는 방식으로 전전두피질을 사용하지는 않습니다." 갈반은 설명했다. "동기유발 우선순위가 다르기 때문이죠." 구체적으로 청소년들은 또래와 어른들로부터 받는 사회적 보상, 즉 지위와 존중 같은 경험을 중요하게 여긴다. 청소년들은 사회적 지위와 존중이 위협받는다고 느낄 때나 사회적으로 가치 있는 사람처럼 느낄 수 있는 길을 발견할 때, 성인보다 더 빨리 관심을 돌린다.[67] 새로운 연구들은 보상에 대한 시야를 넓힌 덕분에 이런 발견을 할 수 있었다. 2000년대 초에 갈반이 실시했던 것과 같은 기초 연구에서는 실험 참가자가 인간일 때 금전적인 도박을 보상으로 제시했다. 실험 대상이 쥐나 햄스터일 때는 설탕물이나 코카인처럼 쾌락적인 보상을 사용했다. 쾌락적인 보상은 자부심, 소속감, 수치심, 굴욕감 같은 복잡한 사회적 감정과 매우 다르다. 갈반의 제자들을 비롯한 신경과학자들이 사회적 보상을 실험하기 시작하자, 훨씬 더 복잡한 증거 패턴이 나타나기 시작했다.[68] 결국 이런 실험은 적절한 동기를 부여받은 청소년들이 나타내는 중요한 전전두피질 능력을 증명했다.

부모 잔소리 연구

20대 초반인 케빈은 신장이식수술을 두 차례 받았다.[69] 매일 하루에 두 번씩 약을 먹어야 하는 청소년 시절이 어땠는지 물었을 때 케빈은 곧장 엄마가 소리 지르던 기억이 대부분이라고 말했다. 안 그래도 죄책감에 시달리던 그는 그런 잔소리가 달갑지 않았다. 이모가 자신에게 신장을 기증했다는 사실이 불편했고 값비싼 약이 홀어머니에게 경제적 부담을 줄까 봐 걱정했다. 이미 죄책감을 느끼고 있는데 엄마에게 또 잔소리를 들었을 때, 케빈은 "마치 비난처럼, 날 믿지 못하는 것처럼 느껴졌어요"라고 말했다. 그런 말이 독립적인 사람이 되도록, 약을 먹도록 동기를 부여했을까? "전혀요." 케빈은 말했다.

케빈의 경험은 2014년 론 달이 제니퍼 실크가 이끄는 피츠버그 대학교 연구 팀과 함께 발표한 연구 결과와 일치했다.[70] 이 획기적인 연구는 단순하지만 심오한 질문에 대한 답을 제시했다. 바로 '부모에게 잔소리를 들었을 때 10대의 뇌에서는 어떤 일이 일어나는가?'라는 질문이었다.

실크의 연구 팀은 9세부터 17세 사이의 건강한 소년 소녀 수십 명을 실험실로 데려와서 기능적 자기공명영상장치(fMRI)로 뇌를 촬영했다. fMRI는 특정 시간에 어떤 뇌 영역이 일하고 어떤 부분은 잠자코 있는지 감지할 수 있는 장치다. 연구를 시작하기 일주일 전, 실험 참가자의 어머니들은 "너에게 불만스러운 점은…"으로 시작하는 문장을 완성해서 목소리를 녹음했다. 연구자들은 fMRI로 실험 참가자들의 뇌를 촬영하는 동안 각자의 어머니가 녹음한 내용을 실험 참가자들에게 들려줬다. 다음은 그중 하나다.[71]

너에게 불만스러운 점은 사소한 일에 화를 낸다는 거야. 엄마가 아래 층에서 신발을 가지고 올라가라고 말할 때가 있잖아, 그러면 넌 신발을 집어 들고 위층까지 올라가서 방에 놓아야 한다는 것 때문에 화를 내지. 네 방이 조금 지저분하니 쓸고 먼지만 털면 될 것 같다고 말해도 화를 내. 언니들 셋이 네가 내키지 않는 일을 하자고 하면, 넌 화를 내고 하기 싫다고 하지. 넌 걸핏하면 화를 내는데, 화를 좀 가라앉힐 필요가 있어.

당신이 10대라고 상상해보자. 그런 다음 이 내용을 소리 내서 읽어보자. 호르몬은 격렬하게 날뛰고, 엄마는 끊임없이 잔소리하는 상황이다. 그러더니 당신에게 "화를 좀 가라앉힐 필요가 있어"라고 말한다. 당신은 기분이 어떨까? 아마도 화가 나고, 무시당했다고 느끼며, 언짢을 것이다. 이 내용은 당신이 느끼는 대로 느껴서는 안 된다고 말하면서 당신의 감정을 깎아내린다. 어머니 또한 당신을 시키는 대로 해야 하는 어린아이처럼 대하면서 자율성을 위협한다. 청소년들은 그런 기분을 느끼기 싫어하는 것이다.[72]

뇌 활성화 데이터는 어떻게 나타났을까? 실크와 달의 연구 팀은 부모의 잔소리를 듣는 동안 강렬한 감정을 느끼는 것과 관련된 뇌 영역이 활성화(렌즈핵과 후뇌섬엽에서 혈류량이 증가했음)된다는 사실을 발견했다. 이는 청소년들이 화가 났음을 보여주는 신경학적 특징이다. 사고와 계획을 담당하는 뇌 영역(배외측 전전두피질)과 화자의 말을 듣고 그 의미를 추론하는 것과 관련된 뇌 영역(측두두정접합)은 어땠을까? 완벽한 세상에서는 그런 영역이 더 밝게 빛날 것이

감정적 네트워크

비판 > 중립

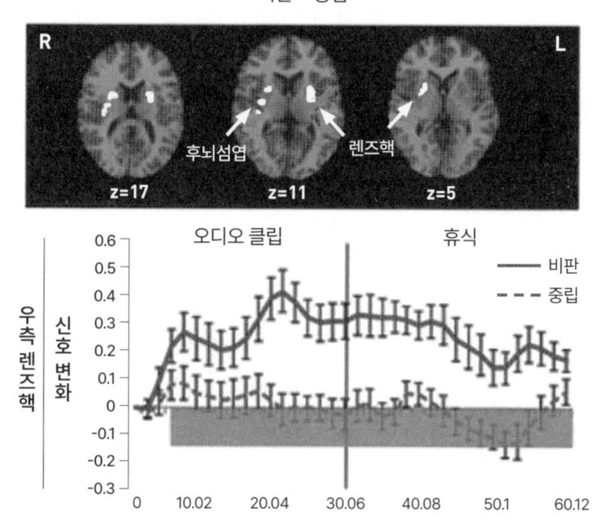

인지 조절 네트워크

비판 < 중립

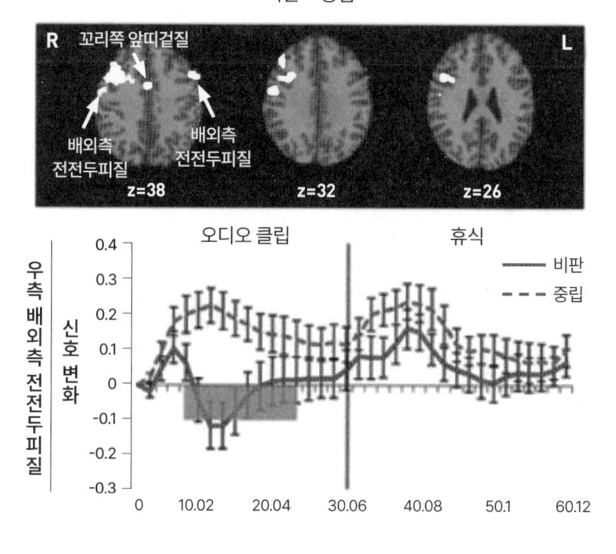

그림 1-1. 부모 잔소리 연구 결과

다. 이는 실험 참가자들이 비판을 귀 기울여 듣고 그 내용을 처리한 다음, 어떻게 반응할지 계획하고 있다는 신호다. 하지만 실제로 일어난 일은 정반대였다. 뇌의 계획 영역에서 활성이 급격하게 낮아졌다. 이는 부모의 말대로 할 계획이 없음을 암시한다. '마음 읽기' 영역도 활성이 낮게 나타났다. 이는 청소년들이 부모가 무엇을 원하는지 이해하려고 하지 않는다는 것을 암시한다. 따라서 부모의 잔소리는 경청하거나 변화할 계획은커녕 분노와 좌절만 불러일으킨다.

흥미롭게도 연구 팀은 같은 연구에서 청소년들에게 어머니가 더 중립적인 말투로 말하는 내용도 들려줬다. 비난도 폄하도 통제하려는 요구도 없었다. 중립적인 말투를 들었을 때 청소년들의 뇌 스캔 결과는 양호했다. 그들은 정보를 받아들였고, 사고와 계획을 관장하는 뇌 영역이 작동했다. 즉 어머니가 중립적인 어조로 말할 때 청소년들의 뇌는 제대로 작동했다. 이는 청소년들의 뇌가 생물학적으로 결핍되었는지를 보여주는 데이터가 아니다. 그보다는 어른들이 자신에게 무례하게 말하는지 여부에 청소년들이 얼마나 민감하게 반응하는지를 확인할 수 있는 결과다.

무능 모델 뒤집기

실크와 달의 부모 잔소리 연구는 신경생물학적 무능 모델의 기반에 흥미로운 틈을 제공했다. 10대들이 무능해 보이는 행태는 어쩌면 생물학적으로 합리적인 사고 능력이 부족하기 때문이 아니라 어른들이 하는 말에 10대들이 반응하는 방식 때문일 수도 있었다. 하지만 무능 모델을 완전히 뒤집으려면 더 많은 증거가 필요하다.

2010년부터 2012년까지 "이것(무능 모델)이 정설이 될 수는 없을 것 같다는 느낌이 들기 시작했어요"라고 갈반은 말했다. 갈반은 뇌를 이해하는 새로운 기술을 사용한 연구에서 누락되었던 증거를 찾았다고 설명했다.[73] 이 기술은 뇌의 '연결성', 즉 뇌의 한 부분이 다른 부분에 영향을 미치는 정도를 조사했다. 오래된 연구에서 fMRI 스캔은 활성화 여부, 즉 사람들이 이런저런 상황에서 전전두피질이나 보상 체계를 더 많이 사용하는지 여부만을 평가할 수 있었다. 이 방법은 성숙해지기가 '불가능한' 청소년과, 성숙한 방식으로 생각하려는 '동기가 없는' 청소년을 구별할 수 없다. 그러나 발달한 기술을 적용한 새로운 연구들은(처음에는 동물의 뇌,[74] 나중에는 인간의 뇌를[75] 대상으로 실시했음) 동기 및 보상 체계 네트워크가 전전두피질의 계획 네트워크와 어떻게 상호작용하는지를 보여주기 시작했다. 알고 보니 이 뇌 영역들은 플라톤의 《파이드로스》에 나오는 전차 마부 비유가 예측한 것과 정반대 방식으로 서로 대화하고 있었다.[76]

새로운 증거들은 논리와 추론을 담당하는 뇌 영역(전전두피질)이 정서적이고 열정적인 뇌 영역(기댐핵을 비롯한 변연계)에 더 이성적으로 사고하는 방법을 가르치지 않는다는 점을 증명했다. 오히려 정서 영역이 교사 역할을 하고, 전전두 영역은 학생 역할을 했다. "정서는 학습 도구예요." 갈반은 설명했다. "정서는 무엇을 피해야 하고 무엇에 접근해야 하는지를 가르쳐줍니다. 정서가 뇌의 추론 영역보다 덜 중요한 게 아니라는 점을 확실히 해야 해요."

특히 청소년의 전전두 영역 및 기억과 관련된 영역(해마 등)은 그들의 문화에서 사회적으로 인정받고 성공한 사람처럼 느끼는 방법을 배우는 데 초점을 맞추고 있다. 이 사실을 보여주는 증거는 청소년들이 성숙한 성인의 뇌가 지니는 모든 특징을 보여줄 수 있다고 증명하는 연구에서 나왔다. 다른 사람을 돕거나 또래들 앞에서 멋있어 보이는 것과 같은 사회적 보상을 받고자 할 때 청소년은 계획을 세우고, 다양한 선택지를 저울질하고, 복잡한 가치 계산을 정확하게 수행할 수 있다.[77] 사실 에릭 에릭슨과 같은 심리학자들은 신경학적 증거가 없을 때에도 거의 1세기 동안 청소년기의 핵심 과제가 공동체에 기여할 수 있는 독립적인 사회적 행위자가 되는 것이라고 주장해왔다.[78] 이 발달 과정의 가장 두드러진 효과 중 하나는 청소년들이 사회적 지위와 존중에 무척 민감해진다는 점이다.[79]

이것이 인류의 진화사에서 어떻게 보였을지[80] 생각해보자. 우리 조상들은 어떻게 살아남았을까? 초원에서 살아가는 청소년에게 생존과 번식 가능성을 위협하는 가장 큰 위험 요소는 단연 집단에서 배제되는 것이었다. 집단은 함께 사냥하거나 아이들을 돌보거나 다른 자원을 획득할 수 있는 가치 있는 기여자들만 일원으로 받아들였다. 진화 과정에서 우리 조상들이 공동체 안에서 무엇이 지위와 존중을 주는지에 세심한 주의를 기울이지 않았다면 추방될 위험에 처했을 것이고, 추방은 결국 죽음을 의미했다.[81] 결과적으로 신경생물학적 무능의 문제처럼 보이는 것은 사실 '동기유발 우선순위motivational prioritization'의 문제라는 뜻이다. 청소년들은 눈앞의 사회적 지위와 존중을 챙기고 보호하는 데 상당한 인지 자원을 사용한다. 만약 어른들에게 얻는 정보가 청소년들이 갈망하는 지위와 존중을 빼앗아 사회적 생존을 위협한다면, 그 정보를 무시할 가능성이 높다. 그들이 미성숙하기 때문이 아니다. 그것이 생존법을 배우는 과정의 일부이기 때문이다.

사춘기는 이러한 과정을 주도한다. 우리 몸은 성적 성숙을 준비하기 시작하면서 혈류 전체에 테스토스테론을 대량으로 분비하는데, 이는 여러 신경 체계에 영향을 미친다.[82] "남녀를 불문하고 테스토스테론이 급증하면서 사회적 지위와 존중과 관련된 신호에 아주 예민하게 반응하게 됩니다." 달은 말했다. "테스토스테론은 뇌의 보상 체계를 촉진합니다." 갈반이 덧붙였다. 물론 나이에 상관없이 무시당하면 불쾌한 기분을 느낀다. 하지만 달은 사춘기가 되면 "사회적 가치를 획득하는 중요성이 더욱 커집니다. 존경받거나 존중받거나 사랑받을 때 더욱더 짜릿하고 강렬한 기분을 느끼죠. 반대로 폄하와 무시를 받으면 훨씬 고통스럽습니다"라고 설명했다.

10세부터 25세 사이의 청소년과 시간을 보내봤다면 이런 과민 증상을 직접 겪은 적이 있을 것이다. 이 시기에는 청소년들이 주의를 기울이는 것과 그들에게 의미 있는 대상이 급격하게 바뀐다. 네 살배기 아들에게는 코트를 입으라고 해도 "나도 알거든, 아빠!"라고 소리를 지르지 않는다. 11세인 내 딸은 소리를 지른다.

달은 사람들이 사춘기 호르몬, 특히 테스토스테론을 더는 두려워하지 않기를 바란다. 셰익스피어의 희곡《겨울 이야기》에 등장하는 현명한 양치기는 "10세에서 23세 사이에는 나이가 없으면 좋으련만. 아니면 그 시간 동안 잠이나 자든가"라고 말했다.[83] 모든 청소년들이 "임신이나 시키고, 노인들을 괴롭히고, 도둑질과 싸움질"을 하기 때문이다. 많이 들어본 소리 같은가? 달은 사춘기의 평판을 되돌리고 싶어 한다. 그는 청소년들이 테스토스테론 과다분비로 사회적 지위와 존중에 과민 반응을 보이는 현상이 설계 결함은 아니라고 생각한다. 그냥 특성일 뿐이다. 이 특성은 청소년들이 사회적 가치를 획득하고 기여하는 방법을 찾으면서 사회적으로 배우고 탐구하도록 동기를 부여하는 데 도움이 된다. 이는 아마도 복잡하고 예측할 수 없는 사회집단을 헤쳐나가는 법을 배우는 것처럼 인류 역사 전반에 걸쳐 생존을 도왔을 것이다.《겨울 이야기》에서 말하듯이 청소년들을 그냥 재우기만 한다면, 그들이 어떻게 어엿한 성인이 되는 법을 배우겠는가? 그렇게 하면 사회적, 문화적 학습의 중요한 측면과, 특히 성장에 꼭 필요한 시행착오를 통한 학습을 놓치게 될 것이다.

달은 이 점을 확실히 설명하고자 새에 관한 연구를 언급했다.[84] 연구자들이 발정기 및 이와 관련된 테스토스테론의 변화를 차단하면, 새들은 짝을 유혹하는 노래를 부르는 법을 배우는 고된 과정을 거치지 않는다. 그런 다음에 홀로 죽는다. 달은 사춘기가 생존을 위협하지 않는다고 믿는다. 사춘기는 생존 수단이다.

갈반과 달은 맥아더 네트워크가 기여한 바를 인정하지만 신경생물학적 무능 모델을 널리 퍼뜨린 점은 도가 지나쳤다고 생각했다. 사춘기 때문에 청소년들이 성숙한 의사결정을 할 수 없다고 맥아더 네트워크가 굳이 말할 필요는 없었다. 아마 이 문제의 진실에 더 가까운 주장(청소년에게는 그 나름의 동기유발 우선순위가 있으며, 이는 나이가 들면서 바뀌기 마련이다)도 유죄판결을 받은 청소년들에게 더 인도적인 형량을 선고하도록 촉구한다는 소중한 정책 목표를 달성하는 데 효과적이었을 것이다.

'청소년의 곤경'이란 무엇인가

사회가 청소년들이 처한 상황의 힘을 인식하지 못하면 신경생물학적 무능 모델을 그대로 적용하게 된다. 그러면 '생각해, 담배 피우지 마'나 고리타분한 이식 환자교육 모델과 같은 비효율적인 해결책이 나온다. 말하고, 말하고 또 말한다. 비난하고 창피를 준다. 나는 이런 짓을 '어른의 잘난 척'이라고 부르는데, 보거스키는 '우는 소리'라고 표현한다. 그러나 청소년이 처한 곤경을 이해하면 그들에게 더 많은 연민을 느낄 수 있다. 그런 연민을 느끼면, 보거스키가 '진실' 캠페인으로 해냈듯이 더욱 효과적인 해결책을 생각해내는 데 도움이 된다.

청소년들이 처한 강력한 상황이란 무엇일까? 나는 이를 가리켜 '청소년의 곤경adolescent predicament'이라고 부른다. 간단히 말해서, 지위와 존중을 바라는 청소년들의 신경생물학적 요구와, 현재의 상황(예: 관계, 역할, 직업)에서 손에 넣을 수 있는 지위나 존중의 수준이 서로 불일치하는 상황이다. 이런 곤경은 어른들이 청소년들에게 사회적 생존(및 장기적 웰빙을 그르칠 위험)과 사회적 해악(및 장기적 웰빙 증가) 중 하나를 선택하도록 강요할 때 발생한다. 많은 요인이 청소년의 곤경을 유발한다. 부모에게 잔소리를 들을 때나 글쓰기 과제에 비판적인 피드백을 받았을 때, 성과 평가에서 직장 상사에게 질책을 받는다고 느낄 때, 의사가 얕보는 투로 말할 때 곤경에 빠진다. 이 모든 사례에서 청소년과 권위 있는 인물 사이에는 힘의 불균형이 존재한다. 사춘기가 시작되면서 생물학적으로는 어엿한 성인처럼 대우받는 데 익숙해지지만, 어쩐 일인지 이렇게 성인으로 대우받는 지위를 위협하는 난관은 또 생기기 마련이다. 이런 곤경은 상급 학교로 진학할 때뿐 아니라 역할 변화를 경험할 때, 짊어지는 기대와 직무 내용이 바뀔 때와 같이 지위가 위태로울 때마다 발생한다.

청소년의 곤경은 사춘기가 끝난 후 20대까지 이어질 수 있다. 우리 사회가 고급 전문 기술을 점점 더 많이 요구하게 되면서[85] 청소년들이 오랫동안 대기 상태에 묶여 있기 때문이다. 조숙한 청소년은 13세만 되어도 생물학적으로 생식이 가능한 상태이지만, 대개는 생물학적으로 성숙한 나이의 2배인 26세는 되어야 적당한 보수를 받는 정규직 일자리를 가질 수 있다. 지위와 존중을 받기까지 긴 시간을 기다려야 하는 셈이고, 그러는 동안 청소년의 마음속에서는 사회적 지위에 대한 심각한 의문이 생길 수 있다. 이런 곤경 때문에 20세를 훌쩍 넘기고 나서도 윗세대 관점에서 볼 때 미성숙한 행동을 선택하곤 한다. 이로 인해 10세와 25세는 신경 구조가 서로 다른데도 놀라울 정도로 비슷한 동기유발 우선순위를 나타낸다. 따라서 20대 직원들도 생물학적 수준에서 느끼고 싶은 감정과 주변이 자신을 대하는 방식 사이의 격차를 경험할 수 있다. 그 격차가 벌어질 때 청소년들은 자신의 평판을 형성할 힘을 가진 사람들에게 존중받고 있다고 느끼는지에 훨씬 더 주의를 기울이는 경향을 나타낸다.

이것은 UCLA 보고서에서 10세와 25세의 뇌가 여러 측면에서 명백하게 차이가 있는데도 여전히 비슷하다고 말한 이유이다.[86] 두 집단 모두 청소년의 곤경에 직면한다. 그들이 경험하는 곤경의 구체적인 세부 사항은 다를 수 있다. 더 어린 집단이 친구들 앞에서 창피를 당할까 봐 걱정한다면, 더 나이 많은 집단은 첫 직장 상사 앞에서 부족한 모습을 보일까 봐 애를 태운다. 하지만 근본적인 원리는 동일하다.

무엇보다도 UCLA 보고서는 25세가 미성숙하고 어린애 취급을 받아야 한다고 결론짓지 않는다. 오히려 정반대다. 이 보고서는 25세들이 조직의 성공에 기여하는 중요한 구성원으로서 진지한 대우를 받고 싶어 하고, 10세들도 마찬가지라고 말한다.

청소년의 곤경은 신장이식 환자들이 면역억제제를 복용하지 않는 이유와 같은 복잡한 문제를 이해하는 데 도움이 된다. 또한 사춘기 호르몬을 적대시하기보다는 이를 활용하는 새로운 해결책을 제시할 수도 있다. 청소년의 곤경에서 발생하는 격차를 좁히기 위해 우리는 지위나 존중을 부여하는 경험을 늘릴 수 있다. 내가 베지마이트라는 영양보충제를 이용해서 실시했던 연구를 살펴보자.

베지마이트 연구

제1차 세계대전 당시 세계 곳곳에 발생한 온갖 혼란과 파괴에 비하면 사소해 보이는 일이지만, 호주에서는 마마이트 공급이 중단되

는 사태가 벌어진 적이 있었다.[87]

'냄비'를 뜻하는 프랑스어에서 이름을 딴 마마이트는 맥주 효모를 농축한 짙은 갈색의 끈적끈적한 식용 페이스트이다. 짜고 강한 맛이 독특한데, 1900년대 초 영국 스태퍼드셔의 양조장에서 효모 부산물을 수익화하며 개발됐고, 나중에 비타민 B 복합체가 풍부한 것으로 밝혀지면서 영국군 식량으로 자리 잡았다.

대영제국에 속했던 호주에는 영국 정착민과 퇴역 군인들이 많이 이주해서 마마이트에 대한 수요가 있었다. 하지만 전쟁과 장기적인 국제무역의 붕괴가 겹치면서 원래의 제조업체가 더는 호주에 마마이트를 공급할 수 없었다. 1922년 멜버른의 사업가 프레드 워커는 식품 화학자 시릴 칼리스터를 고용해 호주에서 대체품으로 베지마이트를 개발했다. 지금도 베지마이트를 고향의 맛으로 여기는 호주인들이 많다.

하지만 호주인이 아닌 사람들에게 베지마이트의 맛은 역겨움을 유발한다. 맛만 조금 봐도 헛구역질을 하면서 "세상에, 내가 방금 뭘 먹었지?"라고 외칠 정도다. 베지마이트가 담긴 숟가락이 혀에 닿는 순간에 짓는 표정을 사진으로 찍은 다음, 어떤 감정이라도 알아차릴 수 있는 심리학자에게 보여준다면, 혐오감의 명백한 징후를 알아차릴 수 있을 것이다. 뺨 근육이 올라가고, 눈이 가늘어지며, 코를 찡그리고 입술을 벌리면서 얼굴을 찌푸릴 것이다(그림 1-2 참조). 호주인이 아닌 사람들에게 베지마이트는 상상할 수 없을 정도로 불쾌한 맛이라서, 스탠퍼드대학교의 유명한 철학과 교수 데이비드 루이스가 1988년에 '베지마이트의 원리'라는 용어를 만들었을 정도

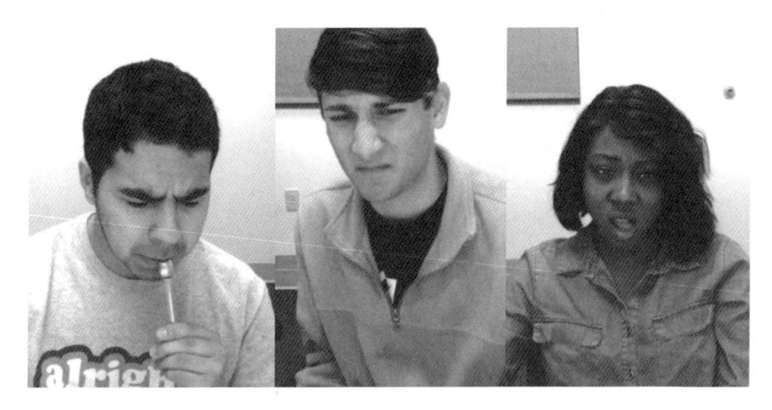

그림 1-2. 베지마이트 한 숟가락에 혐오감을 느낀 비호주인 연구 참가자들

다.[88] 이는 어떤 것들은 도저히 말로는 설명할 수 없을 만큼 불쾌해서 경험해야만 이해할 수 있는 상태를 일컫는다.

지난 세기 베지마이트는 여러모로 영향력을 행사했다. 영양보충제이자 10대들에게는 모험거리였고, 진지한 철학 연구의 상징이 되기도 했다. 개인적으로 가장 중요하게 생각하는 점은, 존중받는다는 느낌이 어떻게 청소년들이 약을 먹도록 이끌 수 있는지 알아보는 과학 실험에서 베지마이트가 주역을 담당했다는 사실이었다. 우리는 베지마이트를 이용해 어른들이 청소년들을 지도할 때 사용하는 언어와 먹기 싫은 약을 꾸준히 복용하는 것 사이의 연관성을 직접 시험했다.[89]

먹고 싶어 하는 사람은 아무도 없지만, 먹으면 나중에 몸에 이로울 것이라는 2가지 사실을 종합해보면, 베지마이트 먹기는 어른들이 아이들에게 건강을 위해 시키는 거의 모든 일의 대표 격이다. '정크푸드를 피하라, 충분한 수면을 취하라, 삼항식 인수분해를 공부해라, 비판적인 피드백에서 배워라, 무엇보다도 면역억제제를 복용해라' 같은 것들 말이다. 그렇기 때문에 베지마이트를 이용해서 신장이식 환자의 복약 미준수 같은 문제를 안전하게 연구할 수 있었다. 거부반응억제제를 복용하지 않았을 때와 달리, 베지마이트는 복용하지 않는다고 해도 건강에 실질적인 영향을 미치지 않는다. 그래서 청소년의 곤경(권위자가 지위와 존중을 얼마나 보여주는지에 따라 청소년이 어떻게 행동할지를 결정하는 상황)을 잘 보여줄 수 있는 대용품으로 쓸 수 있었다.

우리는 18~25세의 청소년 184명에게 소량의 베지마이트를 주었다. 그들은 베지마이트를 먹어본 후 맛이 역겹다는 사실을 알게 됐다(그림 1-2 참조). 그다음에는 의료 전문가가 청소년들에게 건강도 챙기고 영양학에 기여도 할 겸 베지마이트를 더 많이(한 숟가락 가득) 먹으라고 지시했다.

우리는 참가자들을 무작위로 절반으로 나눠서 각 집단에 서로 다른 지시사항을 줬다. 한 집단에게는 의료 전문가가 베지마이트를 섭취하겠는가 정중하게 물어보았다(그림 1-3의 왼쪽 참조). 다른 집단에게는 무례하게 요구했다(그림 1-3의 오른쪽 참조).

우리는 무례한 지시사항을 작성할 때 의료 전문가의 도움을 받아 평소 그들이 환자들에게 말하는 식으로 들리게끔 했다. 화자는 자신을 권위자로 상정("내가 의학 및 질병에 대해 알고 있는 지식에 근거하여")하고 환자에게 무엇을 해야 하는지("이 약을 섭취해야 한다") 말했다. '해야 한다'는 말이 핵심이었다.[90] 이는 '당신이 개인적으로 어떤 일을 겪고 있든 간에, 당신이 해야 할 최선의 행동이 무엇인지는 내

	정중한 지시사항	무례한 지시사항
	안녕하세요. 제 이름은 …이고 의대에서 기초과학 공부를 마친 2학년생입니다. 저는 …을 하려고 이 자리에 섰습니다.	
1. 지시하지 말고 질문한다.	이 약의 복용을 **고려할 수 있을지 질문**한다.	이 약을 **복용해야 한다고 지시**한다.
2. 그들의 지위를 존중하고, 자신의 지위는 언급하지 않는다.	**참가자께서 대학생**이니까 이 약을 복용하면 도움이 되는 이유를 과학적으로 설명드리는 것이 좋을 것 같습니다.	**제가** 의학과 질병에 대해 **아는 지식으로 미뤄볼 때,** 이 약을 복용하는 것이 현명합니다.
	이 약에 쓴맛이 있어서 복용하기가 불쾌하다는 의견이 있었습니다.	
3. 인정하고 설명하되 폄하하지 않는다.	그런 다소간의 불쾌감은 다른 사람들을 돕기 위해 본인의 역할을 다하는 것이라고 생각해 주시면 **도움이 될 것 같습니다.**	**그런 불쾌감은 무시하려고 노력하세요.**
4. 주체성을 전제한다.	**이 요청을 고려해**주셔서 감사합니다.	**협조에 미리** 감사드립니다.

그림 1-3. 베지마이트 연구에서 사용한 정중한 지시사항과 무례한 지시사항

가 알고 있다'는 뜻을 내포한다. 이 지시문은 '생각해, 담배 피우지 마' 캠페인처럼 청소년들에게 주체성이 부족하다고 가정한다. 더욱이 화자가 환자 감정의 중요성을 폄하(베지마이트의 역겨운 맛을 '무시하려고 노력'하라)한다.

그림 1-3 왼쪽의 지시사항은 좀 더 정중한 표현을 선택했다. 차이점이 느껴지는가? 우리는 이 지시사항을 작성할 때 4가지 원칙에 따랐다. 첫째, 지시하지 말고 질문한다.[91] 이 원칙은 청소년들을 성인처럼 대우함으로써 그들을 존중한다. 어른들은 질문을 받고 아이들은 지시를 받는다. 둘째, 화자의 권위에 호소하기보다 청소년

의 지위를 존중하는 방법을 찾는다. 예를 들어 그들의 능력과 전문성을 언급한다. 정중하게 말하려면 '내가 너보다 더 잘 안다'는 태도를 피해야 한다.[92] 실제로 의료 전문가라면 약에 대해서는 더 많이 알고 있겠지만, 청소년들의 감정이나 복약을 방해하는 장벽에 대해서는 잘 모른다. 셋째, 청소년들이 겪었을 부정적 경험을 인정한다.[93] 그들의 감정을 실제적이고 정당한 것으로 대한다. 그런 다음 앞으로 나아갈 길을 찾는다. 예를 들어 부정적 감정은 그들이 해볼 가치가 있는 일을 시도하고 있다는 신호라고 말할 수 있다. 넷째, 주체성을 전제한다. 청소년들이 스스로 결정을 내릴 수 있다는 사실을 인정하고, 그들이 건강하고 긍정적인 선택을 하도록 응원한다는 점을 분명히 밝힌다.[94] 청소년들의 행동이 어떻게 더 광범위한 결과를 초래할 수 있는지 언급하는 것(예: 남을 돕기 위해 '자기 역할을 다한다'[95])도 주체성을 전제하는 행동이다.

참가자들에게 2가지 방법 중 하나에 따라 베지마이트를 복용하도록 지시하고 나서, 우리는 그들이 선택하도록 내버려두었다. 결과는 어땠을까? 정중한 지시사항 집단에 속한 청소년들의 66퍼센트가 베지마이트를 먹은 반면, 무례한 지시사항을 들은 집단에서는 47퍼센트에 그쳤다. 이는 엄청난 차이이다. 우리의 연구 참가자 대부분이 베지마이트를 역겹다고 생각하고 먹고 싶어 하지 않았다. 하지만 정중한 질문을 받았을 때 거의 3분의 2가 베지마이트를 먹었다. 거절한다고 한들 아무런 불이익이 없었음에도 말이다.

이는 단지 연구일 뿐, 진리는 아니다. 우리는 정중한 언어가 청소년들이 이식받은 신장을 보존하는 데 도움이 되는지 아직 증명하지 못했다. 하지만 베지마이트 연구는 중요한 시사점을 제공한다. 너무 많은 청소년이 담배를 피우거나, 약을 먹지 않거나, 어리석은 선택을 한다는 데이터를 볼 때 '요즘 애들'이 무책임하게 행동한다고 비난해서는 안 된다. 그 대신에 청소년의 곤경을 올바로 이해하려고 노력해야 한다. 청소년들은 어른들에게, 자신들에게도 어른을 대할 때와 똑같이 존엄성과 존중을 갖춰달라는 의사를 전달하고 있다.

사춘기 호르몬 다시 생각하기

베지마이트 연구에서는 사춘기 호르몬인 테스토스테론에 대한 론 달의 가설도 시험했다.[96] 우리는 테스토스테론이 급증하는 청소년들은 근본적으로 미성숙하고 비합리적이라고 주장하는 신경생물학적 무능 모델의 기본 가정에 한계가 있음을 증명하고자 이 실험을 했다. 테스토스테론이 단지 사람들을 존중에 좀 더 민감하게 만들 뿐임을 보여줄 수 있다면 무능 모델을 뒤집을 수 있었다.

베지마이트 연구에서 우리는 두 지시사항 집단을 각각 반으로 나눴고, 따라서 총 집단 수는 4개였다. 각 지시사항 집단의 절반은 베지마이트 지시를 받기 전에 테스토스테론을 투여받았고, 나머지 절반은 플라세보(테스토스테론이라고 들었지만 실제로는 아무 효과도 없는 약)를 투여받았다.[97] 피험자들이 투여받은 테스토스테론은 알레르기 흡입기처럼 코에 분사하는 형태였고, 몇 시간 만에 사라져서 장기적인 효과를 남기지 않았다. 하지만 일시적으로는 사춘기 호르몬이 넘쳐나는 10대처럼 고조된 상태가 된다. 특히 우리는 테스토스테론 수치를 측정했을 때 낮게 나타난 18~25세의 젊은 성인들에게 테스토스테론을 분사했다. 당시 그들은 테스토스테론을 투여받지 않았다면 지위와 존중에 그다지 예민하게 반응하지 않았을 사람들이다. 우리는 테스토스테론 수치가 낮은 젊은 성인들에게 테스토스테론을 주입했을 때, 그들이 10대들처럼 무례함에 더 부정적으로 반응하고 존중에 더 긍정적으로 대응하는지 알고 싶었다.

결과는 놀라웠다. 그림 1-4를 보자. 테스토스테론 수치가 낮은 청소년들에게 테스토스테론이 없는 플라세보를 투여했을 때(왼쪽 막대그래프)는 정중한 지시사항과 무례한 지시사항의 차이가 크게 벌어지지 않았다. 하지만 코에 테스토스테론을 분사한 집단에서는 지시사항들 사이에서 큰 차이가 나타났다(오른쪽 막대그래프). 테스토스테론을 투여받은 청소년 중 무례한 지시사항을 따르는 비율은 3분의 1도 채 되지 않았다(32퍼센트). 하지만 정중하게 요청했을 때 테스토스테론을 투여받은 청소년들은 어떤 집단보다도 기꺼이 지시사항에 따랐고(68퍼센트), 두 집단은 2배 이상 차이가 났다.

베지마이트 연구는 호르몬 민감성에 따른 청소년의 반항이 필연적이지 않다는 사실을 보여줬다. 오히려 반항은 청소년들이 느끼고 싶은 감정(존중)과 윗세대가 느끼게 하는 감정(무례)이 엇갈릴 때 발생하는 청소년의 곤경에 대한 반응이다. 청소년들은 자율성을 주장함으로써 존중의 격차를 좁히려고 한다. 하지만 청소년들이 이런 위치에 놓여야 할 이유는 전혀 없다. 지위와 존중을 바라는 청소년

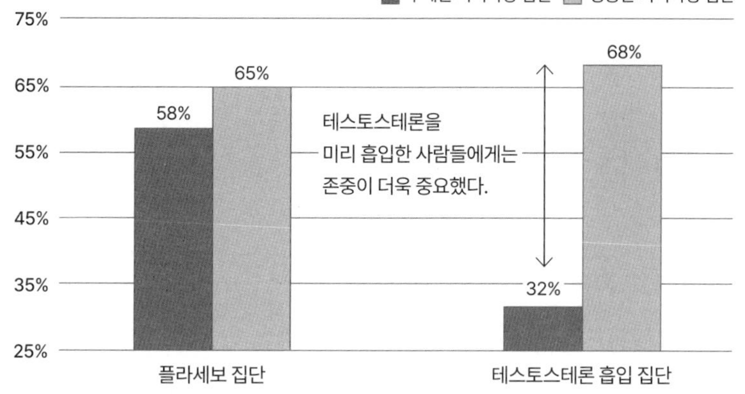

그림 1-4. 존중은 호르몬의 힘을 이용해 건강한 행동을 촉진했다.

의 욕구를 채울 수 있도록 어른들이 말과 행동을 활용한다면, 청소년들의 건전한 자율성을 격려할 수 있을 것이다.

당연한 말이지만, 무례한 언어가 청소년들이 약을 먹지 않는 '유일한' 이유라는 뜻은 아니다. 하지만 지위와 존중을 바라는 청소년들의 욕구를 이용하는 것이 그들의 관심을 끌고 웰빙에 좋은 행동에 초점을 맞추게 하는 유망한 방법이다. 우리가 쓰는 말을 조금 바꾸기만 해도 호르몬이 폭발하는 청소년들이 현명한 선택을 할 가능성이 2배로 높아진다면, 우리 삶이 얼마나 더 좋아질지 상상해보자.

버키스트 팀의 해법

스티븐 알렉산더 박사는 청소년 신경과학 분야에서 최근에 일어난 과학 혁명을 들어본 적이 없었다. 내용을 들은 알렉산더는 맥아더 네트워크가 널리 알린 무능 모델이 전부가 아니라는 사실에 놀라워했다. 그러더니 만약 약 먹는 일에 대한 인식을 안 먹으면 혼나는 일에서 자신이 존중받는다고 느끼는 일로 바꾸면 어떻게 될까라는 질문을 던졌다. 이는 약을 안 먹는 일을 '보거스키식'으로 해결하는 법을 묻는 것과 다름없었다.

홍미롭게도 알렉산더 박사의 질문에 대한 답은 스탠퍼드대학교 간이식 클리닉에서 찾을 수 있었다. 그곳은 미국에서 10대가 이식받은 장기를 유지하는 비율이 가장 높은 곳 중 하나다.[98] 빌 버퀴스트 박사 팀은 다른 클리닉과 마찬가지로 청소년 환자들을 철저히 교육하면서도 한발 더 나아간다. "약을 먹지 않는 원인에는 사회적인 측면도 있습니다." 버퀴스트 박사는 인정했다.[99] 그는 장기이식 수혜자들에게 그들만의 '특별한 재능'을 알려준다. 수혜자들은 약을 먹을 때마다 자신에게 간을 기증한 사람을 기억하고 그 삶을 기리고 있다. 또한 그들이 집중치료실에서 벗어나 평범한 삶으로 돌아갈 수 있도록 많은 희생을 치른 의료 전문가의 일을 존중하고 있다. 버퀴스트는 환자들에게 죄책감이나 수치심을 주지 않는다. 그는 환자들에게 더 좋은 세상을 만드는 가치 있고 고결한 사람이라는 정체성을 부여한다. 버퀴스트 팀은 약물복용 결정을 단기적인 사회적 행복과 장기적인 신체적 행복을 견주는 일에서 청소년이 '지금 당장' 사회적으로 가치 있는 사람이라고 느끼게 하는 일로 바꾼다.

이 목적을 달성하고자 버퀴스트의 간이식 팀은 환자들에게 말하는 '방식'에 세심하게 주의를 기울인다. 그들은 부모 잔소리 연구나 베지마이트 연구에서 확실하게 드러난 함정을 피한다. 버퀴스트의 팀은 부모가 없는 곳에서 청소년 환자들을 직접 교육한다. 따라서 의사가 환자 앞에서 부모를 상대로 자녀가 부모 말을 듣게 하는 법을 이야기하는 곤란한 상황을 피할 수 있다. 또한 버퀴스트 팀은 이식 환자들을 여름 캠프에 초대해 그들이 공동체의 일원이라고 느끼게 한다. 마지막으로 버퀴스트 팀은 환자들과 의사소통할 때 매우 정중한 접근방식을 취한다. 나는 이 방식을 '협력적 문제해결'이라고 부른다.

그들은 이렇게 말한다. "약을 먹어서 이 재능을 존중하는 데 방해가 되는 것은 무엇일까요? 그런 것들을 이야기하고 해결책을 찾아봅시다." 그들은 직설적이고 명확하다. 호락호락한 사람들은 아니지만, 청소년이 느끼는 감정이나 장벽을 절대로 무시하거나 깎아내리지 않는다. 그들은 베지마이트 연구의 정중한 지시를 모방한다. 말투는 거들먹거리지 않고 협력적이다. 그들은 정중하고 효과적이며 상대방에게 힘을 부여하는 태도를 드러낸다.

버퀴스트 팀은 엄하지만 지원을 아끼지 않는다. 그들은 청소년들을 진지하게 대하고, 어린아이로 취급하거나 깔보지 않는다. 또한 청소년의 곤경을 이해한다. 버퀴스트 팀은 청소년들이 처한 제약에 귀를 기울이고, 그들이 병약하거나 비이성적이라는 듯이 행동하지 않는다. 그리고 이런 접근방식은 효과가 있다.

청소년들과 이런 종류의 상호작용을 성공적으로 이끌어내는 어른을 가리킬 때 내가 즐겨 쓰는 단어가 있다. 바로 '멘토'이다. 버퀴스트 팀은 그렇게 생각하지 않을 수도 있지만, 나는 그들이 멘토라고 생각한다. 다른 훌륭한 멘토와 마찬가지로 그들은 의사소통 방식을 청소년의 요구에 맞추고, 청소년들이 장기적으로 성공할 수 있도록 뒷받침한다.[100] 멘토가 되는 것은 쉽지 않지만, 청소년의 곤경에 적절히 대응하고 사회적 지위와 존중을 바라는 청소년들의 욕구를 채우는 방식으로 의사소통한다면 누구나 멘토의 역할을 할 수 있다.

2장

멘토 마인드셋, 그들이 원하는 어른의 조건

지위 게임

7월 말 해 질 무렵, 10대 소년 소녀 10여 명이 무더운 동네 광장에 모였다. 소년들은 몸을 푸는 척 우쭐대거나 과시하고 위협했으며, 주먹을 휘두르거나 주먹질하는 척하며 움찔거렸다. 그들은 〈필사의 도전〉[1]이나 〈탑건〉[2]에 나오는 전투기 조종사들처럼 지위의 꼭대기 자리를 차지하려고 다퉜다.

광장 가장자리에는 멜빈이라는 외톨이 소년이 머뭇거리며 서 있었다.[3] 그는 갈팡질팡하고 있었다. 자신만만하게 광장을 누비고 싶었지만, 지뢰를 밟는 듯한 기분이 들어서 두려웠다. 멜빈이 그런 걱정을 하는 것도 무리는 아니었다. 그는 서열이 높은 소년들이 노리기 쉬운 표적이었다. 곱슬머리에다 말랐고 단정했다. 게다가 가장 친한 친구는 엄마였다. 멜빈은 친구들 사이에서 서열이 가장 낮았다. 그는 단체 줄넘기에 뛰어들 용기를 내지 못한 아이처럼 멀리서 지위 다툼을 지켜봤다.

멜빈은 이 일로 힘들어 했다. 평범한 어른들 눈에는 10대들이 벌이는 서열 정리가 시시해 보이지만, 라츠나 레디 박사 같은 인류학자는 이를 다르게 본다. 레디는 서열 정리가 생존에 필수적인 것이라고 말한다.[4] 서열 정리를 하지 않는다면 누가 위험하고, 누가 협력하는지, 누구와 친하게 지내고 누구를 피해야 하는지 어떻게 배울 수 있을까? 달리 어떤 방법으로 자신이 집단에 기여할 수 있다는 신호를 보낼까? 어린아이들에게 놀이가 유익하듯이 청소년에게는 서열 정리가 유익하다.

하지만 짚고 넘어가야 할 문제가 있다. 서열 정리는 미묘할 수 있다. 그 차이를 이해하려면 자세히 들여다봐야 한다. 마이클 루이스는 1980년대 뉴욕시 금융계에 발을 들인 22~24세의 수습사원 체험기를《라이어스 포커》에서 생생하게 그리면서 그런 환경에서 벌어지는 지위 경쟁을 설명했다.[5] 루이스는 채권 거래소가 "성질 급한 덩치 큰 남자들이 폭발을 기다리는 지뢰밭이었다. …따라야 할 자잘한 규칙들이 수없이 많았지만, 수습사원들은 아무것도 몰랐기에 그 장소의 리듬에 도저히 맞출 수 없었다"고 썼다. 그들은 끊임없이 조롱당하거나, 나아가 무시당할 위험에 처해 있었다(그러다가 결국 해고당했다). 멜빈의 임무는 1980년대 신입 채권 중개인의 임무와 비슷했다. 그는 기회가 있을 때마다 자기를 괴롭히는 알파와, 일단 능력을 입증하면 자기를 받아줄 알파가 어떻게 다른지 구별해야 했다. 이것을 배우려면 방관자로 남을 수 없었고, 그 무리에 뛰어들어야 했다. 방관자로 오래 머물수록 상황은 더욱 나빠질 것이었다.

몇 주 전 멜빈의 친구가 그 무리에 들어가려고 하다가 힘센 녀석에게 두들겨 맞았다. 나중에 다른 친구도 시도했는데, 무시당하다가 곧 물러섰다. 이유는 모르겠지만, 그날 오후 멜빈은 운이 좋았다. 무리 안에서 이미 지위가 확고한 연장자 덱스터가 그에게 주목했던 것이다. 덱스터는 서열 윗자리를 확보한 데서 비롯되는 무심한 자신감을 가지고 있었다. 덱스터는 멜빈에게 자기를 따라다니며 실전에 끼게 했다. 덱스터가 딱히 다정한 스타일은 아니었지만, 멜빈이 무리에 있도록 두고 보면서, 힘세고 나이가 많은 녀석들의 화를 돋울 법한 행동을 하지 않게끔 슬그머니 이끌었다. 이것이 멜빈에게 필요한 모든 기회를 제공했다고 레디는 설명했다.[6] 덱스터는 멜빈을 서열 다툼 현장의 코피 터지는 구역에서 데려와 우승팀 벤치에 앉혔고, 멜빈은 사회적 지위라는 지뢰를 보면서 그것을 피하거나 해체하는 방법을 덱스터에게 배웠다. 덱스터라는 멘토를 얻은 덕분에 멜빈은 마치 기계처럼 사회 학습을 해냈다. 그 과정에서 덱스터는 무엇을 얻었을까? 그는 그다지 공들이지 않고도 협력자를 얻을 수 있었다.

몇 년 후 다시 멜빈을 찾은 레디는 그가 변한 모습에 깜짝 놀랐다. 그는 자신만만하고 존중받았으며, 강하고 적응력이 뛰어났다. 지나치게 공격적이지도, 만만하지도 않았다. 그는 지위의 피라미드를 오르는 법을 배웠고, 어느 때보다 잘 지내고 있었다. “그가 정말 자랑스러웠어요.” 레디는 멜빈을 잘 몰랐지만 내게 이렇게 말했다.

덱스터가 멜빈을 위해 한 일은 가장 기본적이고 원초적인 형태의 ‘멘토링’이었다. 내가 ‘가장 원초적’이라고 말하는 이유는 멜빈과 덱스터가 침팬지이기 때문이다. 그들은 우간다 키발레 국립공원 속 울창한 우림에 산다.[7] 라츠나 레디와 애런 샌델 같은 인류학자들은 그곳에서 멘토링을 비롯한 여러 사회관계 형태의 진화적 근원에 대해 놀라운 발견을 하고 있다. 레디와 샌델은 호모 사피엔스와 가장 가까운 유인원인 침팬지가 소년기에서 청년기로 넘어가는 중요한 전환기에 생존을 위해 덱스터 같은 멘토에 의존한다는 사실을 밝혀 인류학계를 깜짝 놀라게 했다.

찬찬히 생각해보자. 침팬지 멘토.

이 발견에는 심오한 의미가 있다. 이것은 멘토링이 밀레니얼 세대가 Z세대를 달래려고 발명한 터무니없는 신문물이라는, 일부 집단에 널리 퍼진 생각과 모순된다. 사실 멘토십은 최근에 생겨난 역할이 아니다. 멘토십은 진화 과정에서 우리 조상들이 생존하고 번영할 수 있도록 도와줬다.

물론 인간은 침팬지가 할 수 없는 멘토십의 형태를 사용한다. 인간 멘토는 함께 문제를 해결하는 데 시간을 더 많이 쓴다. 멘토는 멘티가 마음의 짐을 털어내는 동안 끈기 있게 경청한다. 반면에 침팬지 멘토는 감정을 이야기하거나 멘티에게 업무 처리하는 법을 직접 가르치는 데 많은 시간을 쓰지 않는다. 하지만 침팬지가 행하는 간접적인 멘토링 형태를 보면 인간 행동을 이해하는 강력하고 새로운 관점을 얻을 수 있다. 덱스터는 사회적 지위를 이용하여 멜빈을 보호하고 무리에서 편히 지낼 수 있게 해주었고, 그 덕분에 또래와 가까워진 멜빈은 사회적 성공의 미묘한 점을 이해할 수 있었다. 다른 사람들이 집단에 머무를 권리를 지켜주는 것은 자신의 지위와 특권을 이용하는 바람직한 방법인 듯하다.

멜빈과 덱스터의 이야기는 멘토링에 따르는 문화적 편견을 지우는 데 도움이 된다. 미국국립과학원이 2019년에 내놓은 보고서는 모든 멘토링 수단을 권력자나 지위가 확고한 사람이 자신의 자원과 행동을 청소년에게 장기적으로 가장 이익이 되도록 조정하는 것으로 본다.[8] 이것은 멘토링에 관한 일반적인 생각과 다르다. 보통은 멘토링이라고 하면 직장에서 신입 직원에게 멘토 역할을 할 때처럼 공식적인 직무상 의무라고 생각한다. 또는 빅 브라더스 빅 시스터스(일대일 멘토링 관계를 제공하는 미국의 비영리단체 – 옮긴이) 같은 자원봉사 활동을 떠올린다. 이러한 역할에 끌리지 않는 사람이라면 "아, 멘토링은 나랑 안 맞아요"라고 말하기 쉽다.

레디의 침팬지 멘토링 연구가 알려주듯, 《오디세이아》에서 지혜의 여신 아테나가 변신한 모습이었던 멘토르(오디세우스가 트로이 전쟁에 나가면서 집안일을 일임한 친구로, 그의 이름에서 멘토라는 말이 나왔다 – 옮긴이)와 같아야 멘토가 될 수 있는 것은 아니다.[9] 일상 속에서 이루어지는 멘토링은 격식에 얽매이지 않으며, 멘토의 역할을 하는 사람이 자신의 지위를 이용해서 자기보다 어린 사람이 청소년의 곤경을 해결할 수 있도록 돕는 것을 의미한다. 지위와 존중을 얻으려고 노력하는 청소년을 지원하는 것이다. 이런 멘토링은 현재 청소년이 처한 낮은 지위를 극복하고 집단 내에서 존중받는 기여자가 되기 위해 필요한 요건을 갖추도록 돕는다. 그것이 아마도 멘토링이 진화 과정에서 우리 조상들의 생존에 그토록 중요했던 이유일 것이다.

신입 직원은 무엇을 불안해 할까

대규모 기술 기업인 서비스나우에서 관리자로 일하는 스테프 오카모토가 팀의 프레젠테이션 자료를 고위 임원에게 이메일로 보내려고 할 때였다.[10] 오랫동안 화려한 경력을 쌓은 오카모토에게 이 일은 수없이 해본 평범한 업무였는데, 그의 직속 부하이자 첫 직장에서의 근무가 5개월 된 23세의 멜라니 웰치에게는 짧은 직장 생활에서도 가장 신경이 곤두선 순간이었다.[11] 프레젠테이션 자료에는 회사 전략에 쓸 정보를 제공하고자 설문조사와 인터뷰 등 온갖 데이터를 몇 달 동안 요약한 웰치의 업무가 고스란히 담겨 있었다. 오카모토가 보내기 버튼을 클릭하면 고위 임원들은 웰치가 한 업무가 조금이라도 쓸 만한지, 그녀가 이 회사에 어울리는 인재인지 아닌지 알게 될 것이었다. 웰치의 머릿속은 정신없이 돌아갔다. 실수라도 했으면 어떻게 하지? 임원들이 내 업무에 의문을 제기할까? 그런 의문은 평판에 어떤 영향을 미칠까? 웰치는 회사에서 쌓은 실적이 없으니 그 순간이 자신을 정의할 것이라고 생각했다.

우리 문화가 젊은 세대에 대해 품고 있는 지배적인 이야기, 즉 요즘 애들은 근시안적이고 연약하며 신경생물학적으로 무능하다는 (1장 참조) 의견에 따르면, 웰치는 과민 반응을 보이고 있었다. '누가 Z세대 아니랄까 봐 예민하기는'이라고 생각하는 사람들도 있을 것이다. 하지만 웰치의 배경을 조금이라도 알고 있다면, 그런 태도가 얼마나 진실과 동떨어져 있는지 깨달을 것이다.

대학 시절 웰치는 우등생이자 운동선수였다.[12] 그것도 그냥 평범한 선수가 아니었다. 보스턴칼리지 여자 라크로스 팀에서 3년 동안 선발로 활약하며 수비를 굳건히 맡을 정도였다. 웰치가 선수 생활을 하는 동안 보스턴칼리지는 매년 라크로스 대회를 휩쓸며 6년 연속 전국 선수권 대회에 출전했으며, 대학 운동부 중에서 가장 성공한 팀으로 손꼽혔다.[13] 오카모토가 임원들에게 그 중대한 이메일을 보내기 9개월 전, 웰치가 뛰던 보스턴칼리지 팀은 시러큐스대학교와 결승 진출권을 다투는 경기를 했다. 4쿼터를 11분 남기고 두 골 차로 뒤진 보스턴칼리지는 시러큐스대학교에 추가 득점을 허락한다면 역전할 가능성이 거의 없는 상황이었다.[14] 시러큐스대학교 선수가 아무런 방어도 받지 않고 공을 잡자, 웰치가 즉시 상대 선수를 막아섰다. 잠시 후, 보스턴칼리지가 공을 넘겨받아 빠르게 공격했다. 보스턴칼리지는 남은 시간에 세 골을 넣어 시러큐스를 꺾고 결승전에 진출했다. 모두의 주목을 받은 웰치의 차단 수비가 경기의 흐름을 바꿨던 것이다.

20대인 멜라니 웰치는 압박감에 풀이 죽는 사람이 아니었다. 라크로스 경기장에서 웰치는 어려운 상황에서도 결코 물러서지 않았다. 불리한 상황에 직면해 강력한 적수와 맞부딪쳤을 때도 그랬다. 명문 학교에서 우수한 성적을 유지하면서도 라크로스에서 최고의 기량을 발휘하며 키운 웰치의 힘과 회복력이 회사에 발을 들이는 순간 사라졌을 리는 없었다.

그렇다면 웰치는 왜 업무 이메일에 그토록 불안해 했을까? 청소년의 곤경(1장 참조) 때문이었다. 대기업 신입 사원인 웰치는 보이고 싶은 모습(오카모토 팀과 회사에 기여하는 유용하고 훌륭한 팀원)과 현재 모습(아직 검증되지 않은 신입 사원)이 일치하지 않는 경험을 하고 있었다. 이런 청소년의 곤경에 몰린 웰치는 사회적 지위에 대한 걱정을 전면에 드러냈다. 라크로스 경기장이나 대학 강의실에서 이룬 과거의 성공은 이런 곤경에서 웰치를 보호하지 못했다. 회사가 입사 전에 라크로스 경기에서 역전승을 이끌었는지 여부로 웰치를 평가하지는 않을 것이기 때문이다. 대단히 재능 있고 자신감 넘치는 젊은 슈퍼스타들도 특히 과도기에는 자신의 위치와 잠재력에 대해 합리적인 의구심을 갖곤 한다. 실제로 자신에게 권력을 행사하는 사람들에게 감명을 줄 만한 새로운 평판을 얻어야 하는 직책이나 역할을 맡은 사람이라면 누구나 웰치처럼 사회적 지위에 신경 쓸 것이다.

웰치 같은 젊은 직원들이 청소년의 곤경에 직면할 때, 오카모토 같은 관리자들은 멘토의 딜레마를 겪는다.[15] 관리자들은 엄격해야(직속 부하의 자신감을 떨어뜨릴 위험이 있다) 할까, 지지해야(업무의 질을 타협해야 한다) 할까? 신경생물학적 무능 모델 사고방식에 갇힌 관리자들은 청소년의 곤경을 모른 채 이 딜레마를 해결하고자 한다. 그렇다 보니 웰치 같은 젊은 직원들을 제대로 관리하지 못한다.

관리자들 중에는 '고성과자라면 어떤 지원도 필요하지 않을 것'이라고 생각하는 이들이 있다. 나는 이런 경향을 '강요자 마인드셋 enforcer mindset'이라고 부른다. 이런 마인드셋을 지닌 관리자는 높은 기준을 강요하는 데 집중할 뿐, 젊은 직원이 그 기준을 충족하도록 잠재력을 뒷받침하는 데는 관심이 없다.

반면에 '그렇게 예민한 사람이라면 압박감을 감당할 수 없을 것'

이라고 생각하는 관리자들도 있다. 이런 경향은 '보호자 마인드셋 protector mindset'이라고 부른다. 이런 마인드셋을 지닌 관리자는 기대치를 낮춰 젊은 직원이 괴로워하지 않도록 보호하는 데 초점을 맞춘다.

강요자 마인드셋도 보호자 마인드셋도 웰치가 바라는 바와는 들어맞지 않는다. 웰치는 고성과자가 되고 싶었지만 인정받고 싶기도 했다. 웰치는 상사에게 존중받을 정도로 일을 잘하고 싶었고, 그 목표에 얼마나 가까이 다가갔는지 피드백을 받고 싶었다. 피드백을 주고받지 않은 채 알아서 하라고 내버려두면 이런 바람을 채울 수 없다. 기대치를 낮추는 것도 마찬가지다.

다행히도 스테프 오카모토는 무능 모델을 믿지 않는다.[16] 오카모토는 제대로 관리받은 젊은 직원들은 중요한(때로는 놀라운) 기여를 할 수 있다는 생각에 깊이 공감한다. 이런 이유로 오카모토는 '멘토 마인드셋mentor mindset'을 활용하곤 한다. 멘토 마인드셋이란 젊은 세대에게 높은 기준을 요구하는 동시에 그런 높은 기준을 맞추는 데 필요한 지원도 제공하는 방식이다. 결국 오카모토는 멘토 마인드셋을 발휘해 웰치가 불안을 느끼던 순간을 자부심과 가치를 느끼는 순간으로 바꿔놓았다.

오카모토의 멘토 마인드셋은 어떤 식이었을까? 첫째, 업무에 대단히 높은 기준을 적용했다. 오카모토가 웰치에게 맡긴 프로젝트는 잡무가 아니었다. 서비스나우에서 오카모토가 진행하는 신규 전략 안건이 고위 경영진의 지지를 얻으려면 꼭 필요한 업무였다. 오카모토는 업무의 질에 지극히 신경 쓰고 있었지만 자기가 나서서 일을 대신하는 법은 없었다. 오카모토는 웰치가 자기 일에 책임을 질

것이라고, 업무에 진지하게 임하고 좋은 결과를 내리라 믿었다. 웰치가 초안이나 아이디어를 공유했을 때 오카모토는 비판적인 시각에서 이런 식으로 말했다. “음, 이것을 다른 방식으로 시도하면 어떻게 될까요?” 재실행을 고려하기에 지나치게 부담스럽거나 사소한 지적은 없었다. 오카모토의 기대 덕분에 웰치는 흔히 있는 비판을 예상하고 피할 수 있었다. 나아가 그 업무는 연습이 아니라 실제 프로젝트였으므로 높은 기준을 충족했을 때 웰치는 진정한 성취감을 느꼈다.

둘째, 오카모토는 지원을 아끼지 않았다. 오카모토는 웰치가 가라앉는지 아니면 헤엄치는지 두고 보는 대신 구명보트 역할을 했다. 문제가 생겼을 때 기꺼이 화상회의에 응했고, 신속하게 문제를 해결할 수 있도록 회의 일정을 변경하기도 했다. 웰치가 특정 고위 임원을 대상으로 프레젠테이션을 하는 방법에 관해 다른 사람에게 의견을 구하고자 했을 때, 오카모토는 최근 경영진을 대상으로 중대한 프레젠테이션을 해낸 동료들에게 비판적 피드백을 받게끔 주선했다. 오카모토는 웰치가 일을 잘하고 있다고 끊임없이 긍정했지만 그저 응원하는 데 그치지 않았다. 인맥을 동원하고 시간을 투자해서 웰치가 중요한 자리에 참석할 권리를 지켜줬다. 오카모토가 ‘보내기’ 버튼을 클릭했을 때 웰치는 긴장했지만, 오카모토는 그렇지 않았다. 오카모토는 경영진이 최종 결과물을 보고 나면 웰치를 좋게 평가할 것이라고 확신했다.

오카모토가 옳았다. 부사장은 프레젠테이션을 마음에 들어 했고 감명받았다. 그 프레젠테이션은 이미 회사 전략에 영향을 미치고 있다. 오카모토는 웰치가 모든 공로를 인정받도록 배려했다.

나는 다음 날 웰치와 이야기를 나눴다. 그녀는 입사 이래 최고의 날이었다고 말했다.

"오카모토는 제게 많은 것을 기대해요. 동시에 격려도 해주시죠. 정규직으로 취업한 첫 직장이라서 지금은 그런 격려가 꼭 필요해요." 충분히 그럴 법하다. 라크로스 경기를 할 때 웰치는 즉각적인 피드백을 받았다. 상대방 선수의 득점을 막거나 막지 못하거나 둘 중 하나였다. 직장에서는 그런 피드백이 드물어서 자기가 일을 잘하고 있는지, 팀의 존중을 받을 가치가 있는지 알기 어렵다. 오카모토가 높은 기준을 제시한 후 지원을 아끼지 않은 덕분에, 웰치는 매일같이 비판적이면서도 도움이 되는 피드백을 받을 수 있었다. 이것은 결국 웰치에게 유능한 기여자라는 평판을 가져다주었다. 오카모토는 웰치에게 지위와 존중을 '부여'하지 않았다. 멘토 마인드셋을 활용해서 웰치가 이를 '획득'할 수 있는 길을 열어줬다.

강요자, 보호자, 그리고 멘토

2014년에 높은 기준과 높은 지원을 결합하는 것이 중요하다고 증명한 현명한 피드백 연구를 발표한 직후, 나는 문제점을 발견했다.[17] 문제는 과학 관련 측면이 아니었다(우리는 결과를 재현했다). 사람들이 연구를 해석하는 방식이 문제였다. 현명한 피드백을 가리켜 복잡한 문제를 간단하고 적은 비용으로 해결하는 방법이라고 설명하는 사람들이 점점 늘어났던 것이다. 대니얼 코일은《최고의 팀은 무엇이 다른가》에서 현명한 피드백을 '마법의 피드백'이라고 칭했다.[18] 나는 이런 오해가 신경이 쓰였다. 현명한 피드백의 비결은 메모에 적힌 내용 자체가 아니었기 때문이다. 청소년들이 취약한 시기에 누릴 수 있는 존엄성과 존중이 핵심이었다. 그것은 마법이 아니라 인간의 조건이었다. 나는 기업들이 현명한 피드백을 포스트잇에 인쇄해 판매하면서 성취 격차를 마법처럼 없앨 수 있다고 주장할까 봐 걱정하기 시작했다.

텍사스대학교 오스틴캠퍼스의 수학과 교수 유리 트레이스만이 강의하는 미적분학 교실을 참관한 직후에 이런 걱정은 사명으로 바뀌었다.[19] 트레이스만은 아주 뛰어난 수학 교육자다. 나는 종신 교수로 승진한 직후에 강의 방식에 도움을 얻고자 트레이스만의 수업을 참관했다. 트레이스만의 강의는 내게 깊이 영향을 미쳤다. 트레이스만은 현명한 피드백을 몸소 실천하는 사람이었다.[20] 하지만 학생들에게 포스트잇과 미분방정식을 주고는 알아서 하도록 내버려두지 않았다. 그는 배경에 상관없이 모든 학생이 미적분학을 숙달하고 전문 수학자나 공학자, 과학자가 될 수 있도록 도와주는 정교한 지원 시스템을 갖추고 있었다. 트레이스만을 보면서 나는 상아탑에 있는 우리가 자신의 영역에서 실력을 발휘하는 전문가들을 관찰할 때 얼마나 배울 점이 많은지 깨달았다. 더 많은 사례를 접하고 싶어서 스테프 오카모토도 만났다. 당시 오카모토가 마이크로소프트 내부 기준으로 최고의 관리자였기 때문이다. 그 후 NBA 최고의 슈팅 코치인 칩 엥겔랜드를 만났다. 또, 미국 최고의 중등학교 교사

중 한 명, 천체물리학자를 위한 최고의 박사 멘토, 대단히 유능한 양육 코치를 비롯해 수많은 전문가도 만났다.

몇 년 동안 이런 리더들을 관찰하고 인터뷰하면서 그들이 자기 분야의 평범한 동료들과 다른 점을 발견할 수 있었다. 바로 멘토 마인드셋이었다. 멘토 마인드셋은 현명한 피드백의 교훈과도 일맥상통하지만 한층 더 심오하고 세심하다. 이를 가리켜 마인드셋이라고 부르는 이유는 그것이 세계관이자 일련의 행동으로 이뤄지기 때문이다. 멘토 마인드셋은 단순히 말에 그치지 않고 구체적인 행동도 포함했다. 게다가 이런 멘토 마인드셋을 지닌 리더들은 강요자와 보호자 마인드셋을 지닌 동료들보다 훨씬 더 유능했다.

강요자, 보호자, 멘토 마인드셋을 이해하는 가장 간단한 방법은 그림 2-1에 제시한 프레임워크를 검토하는 것이다. 첫 번째로 주목할 점은 리더들이 젊은 사람들에게 접근하는 방식을 체계화하는 축은 하나(엄격함)가 아니라는 점이다. 엄격하지 않은 호구(보호자)나 엄격한 독재자(강요자) 중 하나가 되어야 하는 것이 아니다. 사실 축은 '2개'다. 높은 기준과 높은 지원을 '동시에' 적용하면 멘토가 될 수 있다.

그림 2-1에서 보듯이 2개의 축이 수직으로 교차하는 사분면을 생각해보자. 한 축은 기준(엄격함 또는 기대)이고 다른 한 축은 지원(사회적, 감정적, 물질적 지원)을 나타낸다. 높은 기준과 낮은 지원은 강요자 마인드셋이고, 높은 지원과 낮은 기준은 보호자 마인드셋이다. 높은 기준과 높은 지원은 멘토 마인드셋이다. (왼쪽 하단인 제3사분면은 '무관심한 마인드셋'이다. 이런 무관심한 사람들은 개입해야 할 때가 되

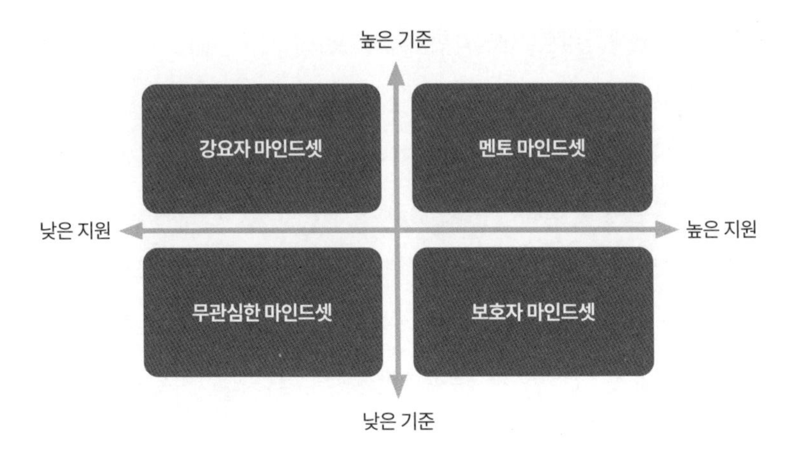

그림 2-1. 멘토 마인드셋 프레임워크

면 강요자나 보호자 사분면에 들어가기 마련이므로 굳이 설명할 필요가 없다.)

수많은 관리자, 부모, 교육자와 대화를 나누면서 나는 궁금해졌다. 왜 사람들은 강요자와 보호자 마인드셋에 기댈까? 이러한 차선의 리더십 유형은 타당한 두려움과 걱정에서 비롯되기 때문이다. 강요자 유형은 미성숙하고 반항적인 청소년들이 사회에 심각한 피해를 끼칠 수 있다고 걱정한다. 청소년들에게는 책임과 규율, 기준이 필요하다고 본다. '뛰어난 인재가 되려면 그 정도는 감수해야지.' 어른들은 생각한다. '나는 청소년들이 최대한의 성과를 올릴 수 있도록 다그칠 수도 있고 그냥 방치할 수도 있어.' 애초에 이런 가정에서 시작한다면 강요자들이 스스로 청소년들과 사회에 최선인 일을 하고 있다고 여기는 것도 무리는 아니다. 하지만 안타깝게도 지원은 하지 않으면서 기준만 강요하다 보면 청소년들, 그중에서도 가장 취약한 청소년들을 혹사하거나 저버리게 될 때가 너무 많다.

보호자 유형은 청소년들이 달성하기 어려워 보이는 기준을 강요하는 것은 잔인한 일이라고 생각한다. 마치 초등학교 5학년에게 미적분학을 모른다고 낙제점을 주는 것과 마찬가지라고 본다. 과도한 요구를 하는 걸까 봐 두려워한다. '청소년들은 성숙하지 못하니 지나친 기대를 거는 것은 옳지 않아.' 청소년들을 아끼니까 무엇이든 다 해줘야 한다고 여긴다. '성과보다는 그 사람 자체에게 더 신경을 써야지.' 그러면서 정당한 성취보다 자존감 향상을 우선시한다. 이러한 접근법은 보통 배려심에서 비롯되지만 청소년들을 성장하도록 밀어붙이지는 못한다. 게다가 이는 청소년들이 무능하다는 믿음에서 비롯되므로 무례해 보이기 쉽다.

세 번째 방법인 멘토 마인드셋은 높은 기준과 높은 지원을 동시에 적용한다. 높은 기준을 유지하면 질서를 유지하는 데 도움이 될 수 있고, 두려워하는 청소년들이 혼란에 빠지지 않게 막을 수 있다. 동시에 높은 수준의 지원은 우리가 청소년들을 얼마나 아끼는지를 알려준다. 청소년들을 진지하게 대하고 그들이 유능하다는 평판을 얻는 데 필요한 지원을 제공함으로써 지위와 존중을 얻을 길을 열어준다. 이로써 청소년들은 자존감 부풀리기보다 훨씬 더 간절하게 여기는 명성을 획득한다. 그러면 청소년의 곤경을 해결해나갈 수 있다. 앞으로 살펴보겠지만 멘토 마인드셋이 가장 폭넓은 청소년 집단에게 가장 효과적인 리더십 방식임이 수십 년에 걸친 과학 연구로 밝혀졌다.

다행히 보호자와 강요자 마인드셋을 사용하는 사람들에게도 희망이 있다. 양자 모두 절반은 갖췄다. 강요자는 기준을 갖췄다. 훌륭하다! 이제 지원을 추가해보자. 보호자는 지원을 갖췄다. 대단하다! 이제 기준을 추가해보자. 자기 자신이나 다른 사람을 바꾸고 싶다면 비난하거나 망신을 줘서는 안 된다. 마인드셋을 조금만 바꾸면 더욱 유능한 리더가 될 수 있다.

상자 2-1. 중학생이 요약한 3가지 마인드셋

딸아이 스칼렛이 중학교 1학년일 때, 어느 날 내게 물었다.

"아빠는 어떤 중학교 선생님이셨어요?"

"그게 무슨 뜻이야?"

나는 바로 그 주제에 대한 책을 쓰고 있다는 사실을 숨긴 채 대답했다. 정말 놀랍게도 스칼렛은 이 책에서 제시하는 3가지 마인드셋을 그대로 설명했다.

"아무도 좋아하지 않는 엄격한 선생님이셨나요? 너무 엄격해서 아무것도 배울 수 없는 그런 선생님이요. 말을 걸기도 어렵고 도와주지도 않고요. 그런 선생님이 하는 말은 그냥 성적 잘 받고 야단맞지 않으려고 듣는 거예요."

바로 강요자 마인드셋이다!

"아니면 수업 시간에 학생들이 떠들어도 신경 쓰지 않고 내버려두면서 성적은 잘 주는 선생님이었나요?"

보호자 마인드셋!

"아니면 아무도 좋아하지 않는 과목이라도 아이들이 그 과목을 좋아하게 만드는 선생님이셨나요? 학생들이 열심히 공부하고 싶어서 조용히 하고, 자유는 누리지만 지나치지는 않고, 선생님의 규칙이 타당하다고 생각해서 아이들이 무시하지 않는 그런 선생님이요. 말하자면 다들 좋아하는 훌륭한 선생님?"

멘토 마인드셋에 대한 설명 그 자체다!

스칼렛은 이 책의 내용을 아주 자연스럽게 몇 단락으로 요약해냈다. 나는 대답하지 않고 물었다.

"스칼렛, 그 기준은 직접 만들었니? 아니면 어디서 읽었어?"

"그냥 머릿속에서 만들었어요."

나는 스칼렛의 말에 안심했다. 그 순간 나는 내가 관찰한 3가지 마인드셋(강요자, 보호자, 멘토)이 청소년들이 세상을 이해하는 방식의 기초라는 사실을 깨달았다.

'강요자', '보호자', '멘토' 마인드셋이라는 용어는 새로운 것이지만, 그 개념 자체는 80년이 넘는 기간 동안 연구 대상이었다.[21] 하지만 관련 연구 문헌을 살펴보면서 나는 골치 아픈 문제에 직면했다. 관리자, 부모, 교육자 등 하위 분야마다 나름의 용어와 지적 역사가 있었지만, 유사점을 파악한 사람은 아무도 없었다. 관리자를 위한 본보기가 있었고, 10대 자녀를 둔 부모와 교사를 위한 본보기도 있었다. 분명히 겹치는 부분이 있을 것이었다. 청소년들이 집에서 학교로, 학교에서 직장으로, 직장에서 집으로 오갈 때 신경생물학은 변하지 않는다. 하지만 연구 문헌은 이런 다양한 맥락을 연결하지 않았다.

이처럼 단절된 과학 문헌이 문제였다. 이는 한 역할을 수행하는 방법에 관한 지식을 다른 역할을 맡은 사람과 나누지 않는다는 뜻이었고, 그것은 안타까운 일이었다. 예를 들어, 관리자와 부모가 훌륭한 교육자에게 얼마나 많은 것을 배울 수 있는지 생각해보자. 교사는 매년, 매 학기마다 새로운 학생들을 만나 문화를 다시 만들고, 대개 1년에 100명이 넘는 학생을 가르친다. 그들은 관계가 어떤 식으로 전개되는지 자주 관찰한다. 덕분에 시행착오를 겪으며 무엇이 효과적인지 배울 기회가 많다. 반면에 부모는 보통 자녀를 두세 명 정도 키운다. 그렇다 보니 관계를 다시 시작한다는 느낌은 좀처럼 받기 힘들다. 신임 관리자에게 딸린 직속 부하 직원은 몇 명뿐이다. 지금까지는 교육자와 관리자, 부모와 관련된 연구의 핵심 용어를 상호 참조할 수 있는 방법이 없었기에 나는 이 작업을 하고자 한다. 즉 관리자, 부모, 교육자를 다룬 지적 역사를 청소년들의 신경생물학적 현실(지위와 존중을 바라는 욕구)에 기초한 일관성 있는 이야기로 엮어볼 생각이다.

3가지 마인드셋의 역사

쿠르트 레빈은 유대인 과학자로 제2차 세계대전 이전에 나치 독일에서 도망쳐야 했다.[22] 그는 미국으로 건너와 아이오와대학교에 자리를 잡았고, 그곳에서 사회심리학 분야를 개척했다. 레빈은 반유대주의 차별을 겪으면서 자유와 민주주의를 장려하는 리더십 스타일에 오랫동안 관심을 가졌다. 1939년, 레빈은 획기적인 실험을 발표했다.[23]

레빈의 실험은 의외의 환경에서 리더십 스타일을 대조했는데, 바로 10대 초반 소년들이 참가하는 방과 후 미술 공예 동아리에서였다. 레빈의 연구에 참여한 소년들은 서로 다른 세 유형의 성인 리더 중 한 명을 배정받았다. 첫 번째 집단은 강요자 마인드셋을 지닌 리더를 배정받았다(레빈은 이를 '권위적'이라고 칭했다). 이 리더는 요구하고, 소리를 지르고, 수치심을 주고, 회유하고, 무안하게 하고, 재촉했다. 두 번째 집단은 보호자 마인드셋을 지닌 리더를 배정받았다(레빈의 표현으로는 '자유방임적'이었다). 이 상냥하고 친절한 리더는 좀처럼 기대하지 않고, 체계를 제시하지 않았으며, 만사에 태연하게 행동했다. 세 번째 집단의 리더는 멘토 마인드셋을 지녔다(레빈은 '민주적'이라고 칭했다). 이 리더는 학생들에게 열심히 노력해서 성취하라는 기대를 걸었고, 정서적으로나 물질적으로 지원했다. 이 리더는 소크라테스식 질문법을 사용해서 학생들이 작품을 개선해나가도록 다정하게 이끌었다. 그는 소년들에게 어떻게 작품을 만들어야 할지 일일이 지시하지 않았고, 작품이 제대로 나오지 않으면 칭찬하지 않았다. 결정적으로, 레빈은 성인 리더들이 주마다 서로 다른 역할을 맡도록 했다. 이로써 리더의 성격뿐만 아니라 리더십 스타일을 더욱 정확하게 평가할 수 있었다.

어떤 결과가 나왔을까? 몇 주 후, 강요자 마인드셋 동아리는 "따분하고 생기 없고 고분고분하고 억눌리고 무관심했으며, 웃음이나 농담, 자유로운 움직임은 좀처럼 없었다."[24] 아이들은 시키는 대로 성실하게 미술 작품을 만들었지만 강요자 마인드셋 동아리를 싫어했다. 멘토 마인드셋 동아리는 어땠을까? "[멘토 마인드셋] 동아리에서 일어난 상호작용은 좀 더 즉흥적이고, 사실에 충실했으며, 상냥했습니다. 리더와 나눈 관계는 자유로웠고 '평등을 기반'으로 이루

어졌습니다." 레빈은 설명했다.[25]

레빈은 어떤 동아리가 더 내재화된 동기를 만들어냈는지 조사했다. 조사는 집단의 리더가 학생들을 대상으로 동아리 해체 여부를 투표에 부치는 방식으로 이뤄졌다. 강요자 마인드셋 집단에 속한 학생들은 투표로 즉시 활동 중단을 결정했다. 학생들은 작품을 하나씩 바닥에 내던지고 망가뜨리려고 했다. 그들은 마치 종업식 날처럼 들떠 있었다. 레빈은 학생들이 휴지를 들고 "방 안에서 서로를 미친 듯이 쫓아다녔습니다"라고 말했다.[26] "좀 더 명확히 말하자면 이 [강요자 마인드셋] 분위기에서 내놓은 결과물은 자랑스럽게 소유하기보다는 저돌적으로 공격하는 대상이 된 것 같았습니다." 기대치가 낮은 보호자 마인드셋 집단은 어떨까? 학생들은 많은 작품을 만들지도 않았고, 기껏 만든 작품도 버렸다. 그들 역시 투표로 동아리 해체를 결정했다. 멘토 마인드셋 집단은 어땠을까? 이 동아리에 속한 학생들은 미술 작품을 만드는 데 노력을 기울였고, 수준 높은 작품도 제법 많았다. 그들은 자기가 내놓은 작품을 자랑스러워했기에 굳이 할 필요가 없어도 계속 노력하고 싶어 했다.

아이들은 어떤 리더를 가장 좋아했을까? 아이들의 95퍼센트가 싫어한다고 말한 강요자 마인드셋 리더가 가장 '미움받는' 리더로 꼽혔다. 하지만 보호자 마인드셋 리더를 좋아하는 아이도 거의 없었다. 보호자 마인드셋 집단에 속한 아이들은 "선생님이 엄격하지 않았어요"라거나 "우리 마음대로 할 수 있었어요"라고 인정했다.[27] 하지만 "선생님이 우리에게 해주는 게 너무 없었어요"라고도 평했다. 보호자 마인드셋 리더는 학생들이 원하는 만큼 강하게 밀어붙이지 않았다. 처음에는 규칙이 없어서 즐거웠지만, 궁극적으로 학생들은 체계와 관심을 갈망했다.

높은 기대와 높은 지원을 모두 갖춘 멘토 마인드셋 리더는 어땠을까? 학생들은 그가 '딱 맞는 조합'이라고 결론지었다.[28] "선생님은 좋은 분이었고, 우리와 함께 작업했어요. 게다가 우리와 같은 생각을 하셨어요." "선생님은 늘 우리에게 많은 과제를 내주셨지만 꼰대처럼 굴지 않았죠. 다들 선생님을 좋아했어요." 아이들은 입을 모아 말했다.

몇십 년 후 다이애나 바움린드는 레빈의 리더십 스타일이 양육에도 적용된다는 사실을 보여줬다.[29] 바움린드는 1955년 지도교수 허버트 코피 밑에서 박사학위를 받았다.[30] 코피는 1930년대에 아이오와대학교에서 레빈에게 배운 학생 중 한 명이었다. 바움린드는 부모들이 레빈의 실험 속 리더들과 마찬가지로 그림 2-1에서 제시한 2가지 차원에서 차이를 나타내는 경향을 발견했다. 즉 요구가 많은 정도(높은 기준)와 따뜻한 정도(반응과 지원을 얼마나 보여주는지)가 저마다 달랐다.

바움린드는 요구가 아주 많지만 지원은 하지 않는 부모들을 '권위적'이라고 칭했는데, 이는 강요자 마인드셋과 비슷하다. 요구는 많지 않으면서 무척 따뜻한 부모들도 많이 봤으며, 그들은 '허용적'이라고 칭했다. 이 집단은 보호자 마인드셋과 비슷했다. 바움린드는 수십 년에 걸친 연구로 강요자 부모와 보호자 부모 밑에서 자란 아이들이 모두 잘 적응하지 못할 가능성이 크다는 사실을 증명했다. 이 둘 외에도 세 번째 집단이 있었다. 가장 잘 적응하는 아이를 키운 부모들은 요구와 따뜻함 모두에서 높은 점수를 기록했다. 이들을 가리켜 '권위 있는' 부모라고 불렀다. 이런 양육 태도는 멘토 마인드셋과 비슷했다(그림 2-2 참조). 심리학자 엘리너 매코비는 낮은 기준, 낮은 따뜻함 스타일에 '방임적'이라는 이름을 붙여 부모의 양육 태도를 4가지 유형으로 완성했다.[31] 나는 이 유형을 '무관심'이라고 부른다.

최근에 나는 요즘의 강요자와 보호자 양육 방식이 어떤 모습인지 밝히고자 부모와 청소년 들에게 바움린드의 양육 태도를 간단히 설명하는 소규모 연구를 수행했다.[32] 설명을 마친 다음에는 자신의 삶에서 이런 태도들을 봤던 때를 말해달라고 요청했다.

17세인 샘은 아버지가 강요자 접근방식을 보인다고 말했다. "무슨 일이 있어도 제가 모든 수업에서 A$^+$만 받기를 기대하세요." 샘은 학교에서 좋은 성적을 받으려고 가능한 모든 자원을 활용하고 있었지만 결코 완벽하지는 않았다. 샘이 대학교에서 미적분학과 물리학 같은 강의도 듣고 있었기 때문이다. 샘의 아버지는 샘이 전념하지 않는다고 말했다. 아버지는 샘에게 "알아서 생각해봐"라고 했다. 아무런 격려도 받지 못한 샘은 감당하기 힘들어 했다. "아버지가 제시하는 높은 기준에 따라가지 못하다 보니 스트레스가 심해요." 샘은 외로움과 무력감을 느끼기 시작했다.

또 다른 예를 들어보자. 얼리셔의 부모는 아이가 운동이나 게임, 심지어 친구 사귀기에 이르기까지 새로운 일을 시도하다가 힘들어하는 모습을 볼 때면 당장 그녀를 감싸고 들었다. 그들은 얼리셔에게 이렇게 말했다. "괜찮아, 너무 힘들면 안 해도 돼." 얼리셔는 자신이 조금이라도 좌절을 드러냈을 때 부모의 얼굴에 드리우는 두려움과 불안을 봤다. 부모는 얼리셔가 스스로를 지킬 수 있을 정도로 성장할 때까지 그녀를 보호하고자 하는 순수한 욕구에서 움직였다. 하지만 그들이 얼리셔를 그만 감싸고돌기로 정했던 나이는 14세, 15세, 16세, 17세로 계속 늘어났다. "편하기도 했죠. 동시에 한편으로는 정말 겁이 났어요. 나 자신이 독립하거나 세상 밖으로 나갈 준비가 전혀 되지 않는 느낌이었거든요."

나중에 바움린드는 자신의 연구를 심각하게 잘못 해석하고 있는 사람이 많다는 사실을 깨달았다. 그가 말한 '권위 있는(멘토 마인드셋)' 양육 방식은 레빈이 말한 민주적 리더십에 뿌리를 두고 있었다. 따라서 사람들은 이상적인 리더십 스타일이란 청소년들이 끊임없이 토론하고 집단 의제를 합의 투표로 결정할 수 있도록 모든 통제권을 넘겨주는 방식이라고 생각했다. 이를 가리켜 '민주적'이라고 칭한 것은 레빈의 실수였다. 바움린드는 '권위 있는(멘토 마인드셋)' 리더들이 남들 눈에 상당히 엄격하고 요구가 많은 듯 보일 때가 많다는 점을 분명히 밝히느라 많은 시간을 써야 했다.[33] 심지어 이런 리더들은 지침을 정해놓고 청소년들에게 따를 것을 기대하기도 한다. 핵심은 그들이 항상 청소년들이 높은 기준을 충족할 수 있게끔 충분히 뒷받침한다는 사실이다.

양육 전문가 베키 케네디 박사는《아이도 부모도 기분 좋은 원칙 연결 육아》에서 이런 감정을 표현했다.[34] "나는 확고한 경계와 따뜻한 유대감을 함께 적용해서 당장 아이들에게 필요한 것을 주고 앞으로 회복력을 키워주는 방식으로 양육할 수 있다." 케네디는 높은 기준 유지(스크린 타임을 엄격하게 제한하거나 아이들이 보호자가 없는 파티에 가지 못하도록 금지하는 것)가 기준에 대한 아이들의 감정(소외당하거나 친구들의 거부에 직면할까 봐 두려운 마음)과 완전히 별개라는 점을 깨닫는 것이 관건이라고 말한다. 기준과 지원은 양자택일의 대상이 아니다. 2가지를 한꺼번에 달성할 수 있다.

바움린드의 연구가 주목을 받기 시작했을 무렵, 완전히 다른 분야의 학자가 교수법이라는 맥락에서 완전히 다른 방법을 활용해 동일한 기본 원칙을 독자적으로 발견했다. 로잘리 왁스 박사는 20세기 중반에 활동한 저명한 문화인류학자였는데,[35] 시카고대학교에서 박사학위 논문을 완성한 후 왁스의 빛나는 경력은 성차별로 금이 갔다.[36] 대학교 측은 남편이 급여를 받는 경우 여성은 급여를 받을 수 없다는 규칙을 들먹이며 왁스에게 급여를 지급하지 않았던 것이다.[37] (왁스의 남편은 시카고대학교 교수였다.) 이런 편견을 겪은 왁스는 남들을 돕는 데 적극적으로 나섰고, 결국에는 사우스다코타주 파인리지 인디언 보호구역의 끔찍한 교육 환경을 연구하기에 이르렀다.[38] 왁스는 그곳에서 가장 일반적인 교육 접근법이 강요자 마인드셋임을 발견했다. 강요자 교사들은 원주민 문화를 해치는 한이 있더라도 미국 주류 문화의 지적 역사와 문화적 이념을 지키는 것이 자신들의 의무라고 여겼다. 왁스는 원주민 학생들이 이런 냉정한 기대를 싫어했고, 이에 반항했다고 설명했다. 그들은 아무것도 하지 않는 '침묵의 교실'을 만들었다.

왁스 박사는 따뜻하고 친절하지만 기대치가 낮은 몇몇 교사들을 관찰했다. 그들은 보호자 마인드셋을 지녔다. 이 교사들은 심술궂지는 않았지만 학생들의 잠재력을 부정적으로 평가했다. 그들은 원주민 학생들의 지성이 '빈약하고 하찮고 제멋대로'라서 오로지 단순 암기만 할 수 있다는 듯이 행동했다. 학생들이 깊이 있는 사고를 하지 않으며 실력도 늘지 않는다고 여겼다.

한편 왁스는 경이로움, 학습과 더불어 규율과 근면까지 갖춘 교실을 만들어낸 몇몇 교사들도 발견했다.

> 멋진 교실을 꾸려 학생들에게 많은 것을 가르치는 교사가 몇 명 있었다. 이런 교사들은 배경이나 성격이 놀라울 정도로 특이해서 설명하기가 어렵고 개중에 몇몇은 '진짜 기인'이다. 그들은 대체로 학생들을 존중한다는 점에서 다른 평범한 교사들과 다르다. 이는 그런 교사들이 학생들을 이미 존중받을 자격을 갖춘 사람으로 대했다는 뜻이다. 이 교사들은… 헛소리를 용납하지 않는다. …모두가 무척 공정하고, 수줍음 많은 학생이 반 친구들 앞에서 수치심을 느낄 법한 상황을 피하는 데 매우 능숙하다. 또한 학업을 대단히 강조하는 경향이 있다.

나중에 저자들은 왁스가 언급한 슈퍼 교사들에게 '따뜻한 요구자'라는 이름을 붙였다.[39] 그들은 '존중'을 요구하는 동시에 상대를 존중했고, 학생들의 복지를 배려한다는 점에서 따뜻했다. 이런 태도는 멘토 마인드셋과 매우 유사하다. 왁스의 연구에서 이 교사들이 아메리카 원주민 학생들을 존중한 까닭은 그들이 가치 있는 공헌을 하고 있으며 진지하게 대우해야 한다고 믿기 때문이었다. 일반적으로 교사처럼 권력을 가진 사람이 표현하는 존중은, 특히 청소년의 곤경을 경험하고 지위와 존중을 갈망하는 청소년들에게 깊은 인상을 남긴다. 멘토 마인드셋을 지닌 어른들은 정중한 관계의 토대를 마련한다. 그런 다음 청소년들을 진지하게 대하고, 잠재 능력을 발휘하기를 기대하면서 필요한 지원을 제공한다. 그러면 청소년들은 올바른 일을 하려는 동기를 부여받는다.

최근에는 비즈니스 리더들이 리더십 유형을 연구하기 시작했는데, 이 역시 레빈, 바움린드, 왁스가 내놓은 연구 결과와 비슷하다. 유명 작가인 킴 스콧은 관리자들이 직속 부하들에게 피드백을 주는 방법을 다양한 유형으로 제시했다. 이 유형은 멘토 마인드셋, 강요자 마인드셋, 보호자 마인드셋과 무척이나 비슷하다.[40] 스콧에 따르면, '완전한 솔직함'을 실천하는 관리자들은 직속 부하들에게 솔직하고 비판적인 피드백을 주고, 긍정적인 의도를 투명하게 드러내도록 명확히 진술한다. 이는 멘토 마인드셋과 비슷하다. 스콧은 이것을 '불쾌한 공격(강요자 마인드셋과 유사)' 및 '파괴적 공감(보호자 마인드셋과 유사)'과 대비한다. 스콧은 이런 피드백 유형이 성과 관리 면담과 같은 자리에서 직원들의 사기에 강력한 영향을 미칠 수 있다고 주장한다. 나도 이에 동의한다.

수학 낙제생을 물리 우등생으로 만든 교사

서지오 에스트라다는 텍사스주 엘패소의 리버사이드고등학교에서 학생들을 가르친다.[41] 나는 텍사스주 전역의 고등학교에서 대학 수준의 엄밀한 수업을 제공하는 약 1100명의 교사들에 관한 자료를 분석해 에스트라다를 발견했다.[42] 우리는 통계 모델을 이용해 가장 놀라운 성공을 거둔 교사 40여 명을 찾아냈는데, 여기서 말하는 가장 놀라운 성공이란 통계 모델은 학생들이 잘하지 못할 것이라 예측했으나 어떤 이유인지는 몰라도 실제로는 성적이 좋았다는 뜻이다. 우리는 이런 교사들을 '밝은 점'이라고 불렀다.[43] 그들은 많은 사람이 포기한 곳에서도 멘토 마인드셋을 지속적으로 적용하여 남다른 성과를 이룰 수 있다는 증거가 되었다. 우리는 이 밝은 점 교사들을 사흘 동안 소집하여 그들이 무엇을 하고 어떻게 가르치는지 연구했다. 이 슈퍼 교사 집단에서도 에스트라다는 두드러졌다. 그는 학생의 배경과 상관없이 모든 학생들에게서 최고의 성과를 이끌어냈다. 표준화된 시험에 따르면 대학에 진학할 준비가 된 학생이 2퍼센트에 불과한 학교에서 에스트라다의 학생들은 매년 95퍼센트가 대학 수준의 물리 시험에 합격했다.[44]

에스트라다가 하지 '않는' 일은 학생들을 지도하거나 도와주지도 않으면서 불가능한 성적 기준만을 강요하는 것이다. 수학 교사인 동료 트리머와 정반대다.

트리머는 수학을 좋아하며 스스로 그 분야의 게이트키퍼라고 생각한다. 그는 기본 개념을 이해하지 못하는 학생들을 좀처럼 기다려주지 않는다. "내가 너에게 수학을 설명할 수는 있지만, 너 대신에 이해해줄 수는 없어." 트리머는 입버릇처럼 말한다. 이런 생각은 학생들이 자신을 따르지 않고, 무시하고, 아무것도 배우려고 하지 않는 버릇없고 동기 수준이 낮은 아이들이라는 믿음에서 비롯됐다.

트리머의 수업은 순응 훈련이다. 그는 학생들을 두렵게 만들고, 무례나 불복종의 징후가 조금만 보여도 엄격한 규율로 위협한다. 게으르다는 낌새가 보이면 공개적으로 망신을 준다. '나는 가르치고, 너는 듣는다'가 사회적 계약이다. 트리머는 강요자 그 자체다. 학생 대부분이 낙제하고, 그나마 합격하는 학생들도 내용을 숙달하는 것이 아니라 내용을 암기(대체로 금세 잊는다)할 뿐이다. 트리머의 학생들 중 대학 수준의 교육을 받을 준비가 된 학생은 거의 없다.

같은 학군 내 에스트라다의 동료 교사들은 이와 정반대인 경우가 많다. 그들은 기준을 강요하지 않는다. AP Advanced Placement(고등학생에게 대학 과목을 미리 학습할 기회를 주고 대학 이수 학점으로 인정하는 제도 – 옮긴이) 대비반 영어 교사들을 예로 들어보자. 이들의 수업은 학생들이 AP 과정을 잘 밟을 수 있도록 준비하는 과정이므로 '진짜'를 넣어 부른다. "걔들은 '진짜' AP 대비 과정 학생이라고 할 수 없어요." 교사들이 말했다. 그들은 교육 행정관들이 단순히 학교 평가를 좋게 하려고 자격 미달인 학생들을 상급 수업에 넣는다는 불만을 드러냈다. 교사들이 보기에 학생들은 너무 유약하고 뒤처져서 높은 기준을 적용할 수 없었다. 학생들이 그렇게 난해한 대학 대비 시험을 치면 '불합격해서 자신감을 잃을 것'이라고 생각했다. 그래서 교사들은 학생들에게 시험을 칠 때 상투적인 표현으로 글을 쓰거나 사실을 있는 그대로 암기하라고 하는 등, 비판적인 사고를 훨씬 덜 요구하는 방법으로 되돌아갔다. 하지만 학생들을 보호할 목적으로 기준을 낮추는 방식은 트리머의 강요 전략과 거의 같은 결과를 낳았다. 즉 무관심한 학습 태도와 수준 낮은 학습이 이어지다가 결국

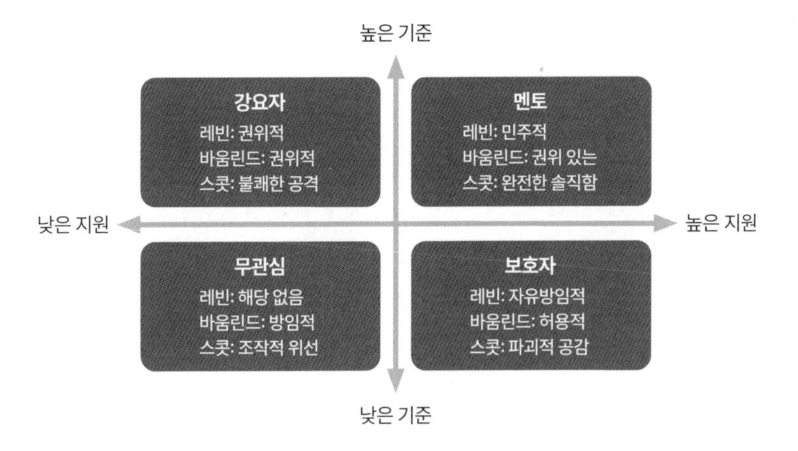

그림 2-2. 멘토 마인드셋 프레임워크와 이전 프레임워크 비교

은 낙제로 귀결됐다. 리버사이드고등학교에 다니는 이본이라는 학생은 이렇게 말했다.[45] "우리 영어 선생님은 우리가 아무것도 할 수 없다고 생각해요. 그래서 가르치려고 하지도 않아요. 그냥 우리에게 연습문제지를 주고 암기하라고 말할 뿐이에요." 영어 교사들은 보호자 마인드셋을 사용했다.

에스트라다는 어떻게 할까? 그는 높은 기준, 높은 지원이라는 멘토 마인드셋을 사용한다. 그의 물리 수업은 호락호락하지 않다. 대단히 어려운 개념들을 다룬다. 에스트라다는 학생들이 그런 개념을 완전히 깨우치기를 기대한다. 하지만 동시에 지원을 아끼지 않는다. 실험과 활동을 직접 해보는 수업 시간은 흥미진진하다. 그가 내는 시험은 매우 어렵지만 학생들은 재시험을 치러서 점수를 만회할 수 있다. 그는 학생들이 틀린 문제를 복습할 수 있도록 시간을 내준다. 학생들이 수업 시간 전이나 쉬는 시간에 찾아와 도움을 구하면 에스트라다는 칭찬을 퍼붓는다. "셀레나는 오늘 최고였어요. 일부러 저를 찾아와서 놓친 문제들을 이야기했거든요. 눈부시게 발전하고 있어요." 에스트라다는 신속하고 정확한 답을 내놓을 때보다 실수를 해결할 용기를 낼 때 더 열렬하게 칭찬한다.

2021~2022년에 에스트라다와 트리머는 문제 학생인 데이비드를 가르쳤다. 데이비드는 낙제했던 트리머의 수학 수업을 재수강하고 있었다. 그는 수업을 방해하고 시키는 대로 하지 않았다. 8월 말에 트리머의 수업에서 데이비드의 성적은 하위 13퍼센트였다. 연초의 성적 대부분이 수업 중에 하는 간단한 과제가 차지한다는 사실을 고려할 때, 이는 창의력과 의지력이 필요한 수준의 낙제점이었다. 어느 날 트리머가 에스트라다의 교실에 와서 데이비드는 문제아라고 경고했다. 에스트라다는 혼란스러웠다. "내 수업에서 데이비드는 아주 잘하고 있어요." 에스트라다가 말했다. 데이비드는 상위 15퍼센트에 속했다. 내가 에스트라다와 이야기를 나눈 날 아침, 데이비드가 과제를 제출하지 않아서 죄송하다며 그를 찾아왔고, 점심시간에는 과제를 제출했다. "우리 수업에서는 데이비드가 문제를 일으킨 적이 없습니다." 사실 에스트라다는 리버사이드고등학교에 근무하는 동안 한 번도 학생을 교장실에 보낸 적이 없다. 트리머의 수업이 통제집단이라면, 데이비드와 함께 이룬 에스트라다의 성공은 처치집단의 결과물이다. 에스트라다는 같은 학교에서 같은 학생들을 대상으로 다른 교사와 다른 멘토 마인드셋 접근법을 적용함으로써 놀라운 학습 성과와 성장을 이끌어냈다.

멘토 마인드셋은 무엇이 다른가

리더십, 양육, 교습 스타일을 다룬 흥미진진한 연구를 접하면서 내가 느낀 불만 사항은 크게 3가지였다. 첫째, 대체로 같은 결론에 이르는 다양한 문헌에서 사용하는 어휘에 일관성이 부족했다. 그래서 나는 그림 2-2에 정리된 틀을 제시했다. 둘째, 연구 문헌들은 멘토 마인드셋이 더 효과적인 이유를 명확히 밝히지 않았다. 나는 청소년들의 신경생물학적 현실을 밝히는 새로운 과학, 즉 지위와 존중을 바라는 욕구와 청소년들을 이끄는 가장 좋은 방법에 관한 아이디어를 연결해야 했다. 셋째, 연구 문헌들은 멘토 마인드셋 접근법이 어디에서 비롯됐는지, 왜 사람들이 효과적이지 않은 강요자 혹은 보호자 마인드셋 접근법을 고수하는지 제시하지 않았다. 이러한 지식은 리더를 강요자나 보호자에서 멘토 마인드셋 집단으로 바꾸는 방법을 알아내는 데 무척이나 중요할 터였다. 나는 이 3가지 문제를 해결함으로써 관련 연구 분야에 기여하고자 했다.[46]

멘토 마인드셋이 교육, 양육, 경영에서 효과적인 이유는 청소년의 곤경을 해결하는 방법을 제공한다는 데 있다. 청소년들은 그냥 주어진 신분을 가질 때 사회적 지위를 획득하는 것이 아니다. 그들은 '명성을 획득'함으로써 사회적 지위를 얻는다.[47] 이것은 또래나 리더처럼 사회적으로 영향력 있는 사람들에게 자신의 가치를 증명받았을 때에야 비로소 얻을 수 있는 독특한 존중이다.

볼리비아의 아마존 지역에 사는 토착민인 치마네 부족 언어로 존중받는다는 말은 '칭찬받을 가치가 있다'는 뜻이다.[48] 따라서 청소년들이 존중을 원한다는 말은 그들이 의견을 신경 쓰는 사람들에게 존경받고 싶어 한다는 뜻이다. 청소년들은 집단의 다른 구성원들에게 자신의 기술을 보여줌으로써 이러한 존중을 얻는다. 인류가 진화하는 과정에서 이것은 청소년들이 식량 채집이나 사냥, 어린아이 돌보기, 침략자로부터 부족을 보호하는 데 성공했고, 부족의 다른 구성원들이 이를 알아차렸다는 뜻이었다. 그렇다면 유능한 멘토는 무엇을 했을까? 뉴질랜드 마오리족에는 이를 표현하는 '와카마나whakamana'라는 멋진 용어가 있다.[49] 이는 '명성을 부여하다, 권위를 부여하다, 확정하다, 가능하게 하다, 권한을 부여하다, 정당화하다, 권력을 위임하다, 입증하다'라는 뜻이다. ('마나'는 '권력'을 뜻하고 '와카'는 '주다'라는 뜻이다.) '와카마나'는 리더가 청소년의 곤경을 해결하고 지위와 존중에 대한 청소년들의 민감성을 충족하기 위해 해야 할 일이다.

유능한 멘토는 젊은 세대들이 가치 있는 사회집단에서 지위를 얻으려면 무엇이 중요한지 배우고 획득할 기회를 만들어준다. 이번 장 첫머리에서 소개했듯이, 오카모토는 웰치에게 중요한 프로젝트를 맡기고, 이를 잘 해낼 수 있도록 도와주고, 경영진 앞에서 그녀의 공로를 인정하면서 바로 이 기회를 만들어줬다. 침팬지 멘토링과 마찬가지로 오카모토는 웰치가 중요한 자리에 참석하고 긍정적인 평판을 얻을 수 있는 권리를 지켜줬다. 에스트라다가 물리를 가르치는 학생들에게 어려운 실천 과제를 완수하도록 요구할 때도 마찬가지였다. 동시에 그는 학생들이 과제를 완전히 익힐 때까지 지원했다. 멘토는 보호자와 달리 청소년들을 대신해서 하지 않고, 강요자와 달리 불가능한 기준을 들이밀지도 않는다. 대신 그들은 청소년들이 존중받을 만한 평판을 얻을 수 있는 방법을 찾는다.

심리학자이자 하버드대학교 인간진화생물학과 교수인 조지프 헨릭은 명성이 집단에 필요하고 가치 있는 사람이라는 평판에서 비롯된다고 설명한다.[50] 명성이 제공하는 지위로 가는 길은 지배가 제공하는 길과 다르다.[51] 지배는 힘을 과시하는 것이다. 지배가 부여하는 지위는 사람들이 어쩔 수 없이 귀 기울여서 생기는 것이다. 반면에 명성은 당신이 보여주는 행동과 기술이 이끌어낸 결과다. 명성이 부여하는 지위는 당신의 능력과 지식을 신뢰하는 사람들이 기꺼이 당신이 하는 말에 귀를 기울여서 생겨난다. 강요자 마인드셋은 지배에 의존한다. 청소년들은 가혹한 결과가 두려워 마지못해 따르지만, 리더가 통제의 고삐를 푸는 즉시 따르지 않는다.[52] 레빈의 실험에서 권위적 리더가 가르친 집단의 학생들이 바로 이렇게 했다. 멘토 마인드셋은 명성에 기초한 리더십을 적용한다. 청소년들은 더 나은 평판을 얻을 수 있다는 흥미로운 전망 때문에 기꺼이 리더를 따른다. (보호자 마인드셋을 적용할 때 청소년들은 어른이 하는 말에 아예 귀 기울이지 않는다.)

명성을 얻을 수 있다는 전망이 왜 강력한 동기부여 요인이 될까? 모든 사람이 집단을 지배하려는 힘이나 욕망을 가지고 있지는 않으므로 이것이 항상 지위를 얻는 실행 가능한 방법이 되지는 않는다. 하지만 명성은 어떨까? 명성은 보편적인 선택지다. 명성은 손에 넣을 수 있다. 누구나 어떤 식으로든 집단에 기여하는 기술을 배우고 익힐 수 있다.[53] 청소년들은 그렇게 할 때 놀라울 정도로 자존감을 느낀다. 노력하지 않고 거저 얻은 것이 아니라 '명성을 획득'했다는 느낌은 세상에서 가장 기분 좋은 감정 중 하나다. 특히 청소년의 곤경에 빠져 있을 때는 더욱 그렇다. 프레젠테이션이 좋은 반응을 얻은 날이 입사 이래 가장 행복한 날이었다고 웰치가 말한 이유도 여기에 있다.

멘토 마인드셋을 지닌 리더는 청소년들이 명성을 얻고 지위와 존중을 바라는 욕구를 채울 짜릿한 기회를 제공함으로써 멋진 기분을 느끼게 해준다.[54] 청소년들은 그런 멋진 기분을 계속 느끼고 싶다면(동시에 굴욕감을 피하려면) 멘토 마인드셋 리더를 따라야 한다는 사실을 곧 알게 된다. 강요자나 보호자 마인드셋을 지닌 리더는 청소년들을 모욕하고 비난하고 판단하고 평가하고 통제함으로써 명성을 얻을 기회를 빼앗는다. 그러면 의욕이 꺾이기 마련이다. 그 결과는 로잘리 왁스가 원주민 보호구역에서 본, 수동적인 태도이거나 적극적인 10대 반항이었다.

한 문장이 불러오는 놀라운 변화

아래의 문장을 읽고 빈칸을 채워보자.[55]

> 청소년들이 ______(이)라는 점을 고려할 때 그들에게 동기를 부여하는 가장 좋은 방법은 ______하는 것이다.

첫 번째 빈칸을 '게으르고 근시안적이며 특권의식에 사로잡힌 지나치게 예민한 겁쟁이들'로 채웠다고 가정해보자. 두 번째 빈칸은 어떻게 채우겠는가? 성인 수백 명에게 이 질문을 해보니, 대부분이 '나쁜 행동이 불러올 결과로 위협'하거나 '바람직한 행동에 따르는 보상으로 꾀어낸다'고 말했다. '스스로 현명한 결정을 내릴 수 있는 책임감 있는 어른으로 대한다'고 말하지 않았다. 이제 첫 번째 빈칸을 '적절한 지원과 격려를 받으면 놀라운 끈기와 회복력을 발휘하고 성취할 수 있다'로 채웠다고 생각해보자. 전혀 다른 행동들이 떠오를 것이다.

이 연습은 리더십 스타일을 형성하는 데 있어 '믿음'이 얼마나 중요한지 보여준다. 부정적인 믿음에는 부정적인 행동이 따르고, 긍정적인 믿음에는 긍정적인 행동이 따른다. 이 간단한 사실은 문헌에 나타나는 '서로 다른 리더십 스타일들은 어디에서 비롯되는가?'라는 중요한 의문에 대답하는 데 도움이 된다.

마인드셋은 바꿀 수 있다

다양한 리더십 스타일은 성격 특질처럼 개인별 선호에 따라 다르므로 바꿀 수 없는 것이라고 오랫동안 여겨졌다. 예를 들어 권위적 성격을 다룬 연구를 보면, 어떤 사람들은 강요자가 될 수밖에 없고, 어떤 이들은 허용적인 보호자가 될 수밖에 없으며, 이는 어쩔 수 없는 일이라고 했다.[56] 하지만 내가 캐럴 드웩과 함께 실시한 연구 결과는 그렇지 않았다.[57] 다양한 리더십 스타일은 바뀌지 않는 특성이나 고착된 어린 시절의 경험에서만 나오는 것이 아니었다. 사람들의 믿음에서도 비롯되었다. 믿음은 바꿀 수 있으므로 청소년들을 이끌고 그들에게 영감을 주는 방식도 바꿀 수 있었다. 이것이 내가 '스타일'이 아니라 '마인드셋'을 다루는 가장 큰 이유다. 마인드셋은 행동을 형성하고, 구체적이고 기본적이며, 바꿀 수 있는 믿음에서 비롯되는 세계관이다. 믿음은 리더십 스타일의 전제다. 나는 이를 과학 연구에서 봤을 뿐만 아니라 직접 경험한 적도 있다.

과학자가 되기 전인 20대 초반, 나는 칠레 탈레간테에 있는 보육원에서 일했다. 하루에 12~15시간씩 일하면서 2~18세 아이들을 대상으로 주간 보호와 교육 프로그램을 운영했다. 나는 아이들을 훈육하기 위해서가 아니라 사랑하고 지원하기 위해 일한다고 생각했다. '힘든 일을 많이 겪은 아이들이니 나까지 나서서 혼내거나 이래라저래라 할 필요는 없겠지'라고 생각했다. 어느 날 아침 우리는 장난감을 모조리 꺼내 거대한 장애물 코스를 만들었고, 1시간 동안 정신없이 즐겁게 놀았다. 점심시간이 되었을 때 아무도 치우려 하지 않았다. 나는 그냥 넘어가줬다. 아이들은 점심을 먹으러 갔고 나는 남아서 청소했다. 그때부터 아이들은 나를 만만하게 대했다. 나는 집단 책임에 높은 기대를 걸지 않았고, 아이들은 그 점을 이용했다. 돌이켜 보면 나는 자산 중심 관점이 아닌 결핍 중심 관점을 가지고 있었다. 나는 보육원 아이들이 기대를 받을 때 무엇을 할 수 있는지가 아니라, 사랑이나 안정적인 가정처럼 그들에게 부족한 점을 중심으로 생각했다. 이런 결핍 중심 믿음 때문에 보호자 마인드셋을 가지게 됐고, 아이들이 불쾌해 하지 않도록 보호하려고 애썼다.

40대 여성인 카르멘 이모도 그곳에서 일했다. (보육원에서는 직원을 삼촌이나 이모라고 불렀다.) 경험이 풍부한 카르멘 이모는 아이들을 잘 다뤘다. 아이들은 규칙을 어기지 않았고, 청소를 했으며, 싸우지도 않았다. 카르멘 이모는 목소리를 높이는 법이 없었지만, 아이들은 그녀를 잘 따랐다. 나는 서너 살쯤 먹은 아이들이 카르멘 이모의 다리를 껴안던 모습을 생생하게 기억한다.

어느 날, 카르멘 이모가 나를 따로 불러 말했다. "데이비드 삼촌, 나는 '이렇게' 해요." 그러더니 왼손을 쫙 폈고, 그다음에는 오른손을 펴 왼손 위에 수직으로 세웠다. 그녀는 자신이 아이들에게 바른 생활을 하게 한다는 점을 내게 보여줬다. "하지만 나는 아이들을 사랑해요." 그녀는 내게 단호하면서도 다정하게 대하라고 말했다. 즉 내게 높은 기준과 높은 지원을 요구했다. 바로 멘토 마인드셋이었다.

몇 년 후 나는 오클라호마주 털사에서 중학교 영어 교사로 일하게 되었다. 학생의 절반 정도는 근처 농가의 자녀였고, 나머지 절반은 최근에 멕시코에서 온 이민자였다. 학생들의 영어 실력은 제각각이었다. 나는 카르멘 이모가 알려준 "나는 이렇게 해요"를 마음속으로 되뇌었다. 나는 아이들을 아꼈으므로 바른 생활을 보여주고 이를 지키도록 할 생각이었다. 여전히 아이들이 겪는 어려움(빈곤이나 낮은 가족 교육 수준)에 지나치게 집중했지만, 이번에는 내 마음속에 다른 문화적 역할모델이 있었다. 나는 영화 〈위험한 아이들Dangerous Minds〉[58]이나 〈스탠드 업Stand and Deliver〉[59]처럼 가난한 학교에서 학생들을 엄격하고 깐깐하게 대하는 교사들을 떠올렸다. 물렁하던 예전과는 다른 방향으로 나아갔다.

나는 일요일마다 과제를 채점했고, 학생들이 높은 기준을 충족하기를 기대했다. 아이들에게 피드백도 많이 줬다. 학생이 낸 과제가 B⁺를 받을 수 있는 모든 조건을 충족했더라도, 어떻게 하면 더 힘 있고, 독특하고, 나아가 출판할 수 있는 글을 쓸 수 있을지 지적했다. 그렇게 하면 학생들이 나를 좋아할 것이라고 생각했다. 나는 학생을 어린아이가 아니라 지적인 토론을 할 수 있는 어른으로 대했다. 심지어 아이들이 과제를 수정해줘서 고맙다는 인사를 전해줄 것이라는 꿈마저 꾸고 있었다. 나는 완전히 틀렸다. 빨간 잉크가 뚝뚝 떨어질 듯한 과제를 돌려받았을 때 학생들은 어떤 기분을 느꼈을까? 아이들은 싫어했으며, 화를 냈고, 심지어 상처를 받았다. 과제를 수정하는 학생은 절반에 그쳤고, 나머지 절반은 자기 점수에 만족할 뿐이었다. 내가 쓴 지적을 거들떠보지도 않았다. 현명한 피드백에 관한 제프리 코헨의 획기적인 연구를 알기 한참 전인 그때, 나는 전형적인 멘토의 딜레마에 빠져 헤어 나오지 못하고 있었다.[60]

내 의도와 학생들의 인식은 일치하지 않았다. 나는 학생들의 실력을 향상시키려고 노력했으며, 과제를 수정하지 않는 아이들을 보면서 배울 생각이 없는 모양이라고 생각했다. 하지만 학생들의 인식은 달랐다. 그들은 내가 자기를 싫어하고 그들이 제출한 과제를 탐탁지 않아 하며, 결코 만족하지 못하는 얼간이라고 생각했다. 우리는 서로를 오해했다. 우리 모두가 소통에 실패한 채 좌절했다.

최선을 다하려고 열심히 노력하는 사람이라도 신경생물학적 무능 모델을 고수하다 보면 강요자나 보호자 마인드셋에 빠지기 쉽다. 나는 선의에서 강요자와 보호자 마인드셋에 빠지는 사람이 많을 거라고 생각한다. 자녀를 사랑하는 마음에 엄격하게 대하거나 무르게 대하는 것이다. 내가 보육원 아이들을 결핍 중심의 관점으로 대했을 때 그랬듯이, 도움이 되지 않는 이런 마인드셋은 경멸이나 무관심이 아니라 잘못된 믿음에서 비롯된다. 잘못된 믿음이 우리를 옭아매는 세계관을 만들어 멘토 마인드셋이라는 대안을 좀처럼 보지 못하게 한다.

그림 2-3에 제시한 의사결정 트리는 강요자와 보호자 마인드셋이 신경생물학적 무능 모델에서 어떻게 자라나는지 보여준다. 청소년들이 무능하다고 믿으면 '엄격할 것인가, 상냥할 것인가'라는 양자택일 선택지만 남게 되어 훈련 교관이 되거나 호구가 된다. 자립과 자존감 중 하나를 우선시하게 된다.

때로는 같은 사람이 이 의사결정 트리에서 다른 결정을 내리기도 한다. 나 자신을 포함해 대부분의 사람들은 강요자와 보호자 사이를 왔다 갔다 한다. 처음에는 보호자 마인드셋을 적용해 상냥하게 대하는데, 그러다 보면 청소년들은 함부로 대하기 시작한다. 그러면 강요자 마인드셋을 발동해서 상대방을 무시하며 자기 의지를 강요한다. 그러고 나면 미안한 기분이 들어서 다시 보호자 마인드셋으로 돌아간다. 이런 순환을 좋아하는 사람은 아무도 없지만, 출발점이 신경생물학적 무능 모델이면 여기에서 빠져나오기가 어렵다. 훌륭한 멘토들조차 때때로 빠져든다. 그들에게도 보호자와 강요자가 되는 순간이 있다.

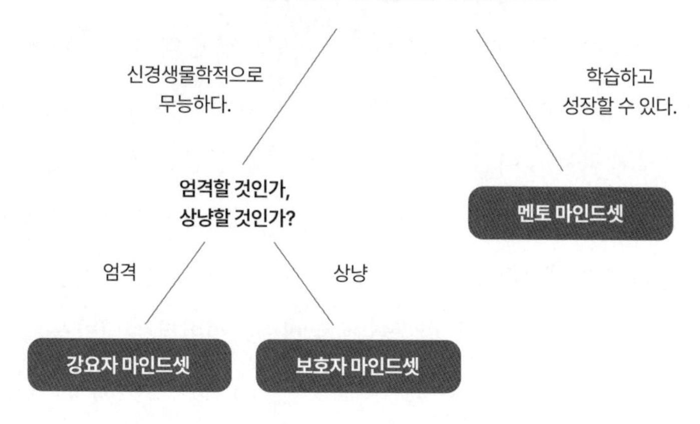

그림 2-3. 3가지 마인드셋과 의사결정 트리

청소년 연구에서 혁명을 일으켰던 과학자들이 그랬듯이, 우리도 신경생물학적 무능 모델을 거부할 수 있다. 청소년들의 결핍이 아니라 강점과 자산에 초점을 맞출 수 있기 때문이다. 이렇게 하면 멘토 마인드셋이 저절로 모습을 드러낸다. 강요자는 높은 기준을 기반으로 더 많은 지원을 추가할 수 있고, 보호자는 보살핌과 관심을 기반으로 더 높은 기준을 추가할 수 있다. 둘 다 절반은 옳다. 따라서 둘 다 한 가지 요소만 더 추가하면 온전히 바로잡을 수 있다.

심지어 아이에 따라서 다른 마인드셋이 발동하기도 한다. 20대 초반인 두 아들을 둔 한 어머니는 큰아들을 생각하면 제대로 되는 일이 없을 것 같다고 걱정하면서 최악의 상황을 떠올린다고 말했다. 그녀는 보호자 마인드셋으로 큰아들의 문제를 해결하려고 한다. 그녀의 작은아들은 독립적이고 회복력이 있으며 좀처럼 당황하지 않는다. 덕분에 그녀는 좀 더 자연스럽게 멘토 마인드셋을 취할 수 있

	강요자 마인드셋	보호자 마인드셋	멘토 마인드셋
청소년에 대한 '믿음'	청소년은 미숙하므로 그들 자신과 타인에게 위험하다.	청소년은 미숙하므로 어려운 일을 맞닥뜨리면 연약하고 취약해진다.	청소년은 적절하게 지원해주면 눈부신 성과를 이룰 준비가 된 인재다.
청소년을 대하는 어른의 '역할'	높은 기준을 강요하고 그 기준을 충족하지 못하면 벌칙을 부과한다.	청소년이 불쾌감을 느끼지 않도록 보호한다(높은 기준을 들이밀면서 스트레스를 주지 않는다).	동맹을 형성해, 높고 개인적으로 중요한 기준을 충족하도록 지원한다.
청소년의 실패를 '해석'하는 방식	실패는 나태함이나 부주의함, 능력 부족을 나타내는 징후다.	실패하면 쇠약해지므로 피해야 한다.	실패란 높은 기준을 충족하는 데 필요한 지원(사회적, 정서적, 물질적)을 제대로 제공받지 못했다는 뜻이다.
청소년의 실패를 대하는 '반응'	나는 내 할 일을 했으나 그들은 하지 않았다. 벌칙을 주고 스스로 개선하기를 기대한다.	동정심을 보여주되(때로는 변명거리도 제공) 개선하라고 압박하지 않는다.	긍정적인 의도를 전제로 개선하는 데 필요한 자원을 찾고자 협력한다.

표 2-1. 3가지 마인드셋: 세계관이 어떻게 행동으로 연결되는가

다. 작은아들이 당면한 안전에 대해서는 크게 걱정하지 않는다. 이 엄마는 두 아들에게 멘토 마인드셋을 사용하려고 노력하고 있지만, 이는 각자에게 서로 다른 접근법을 취해야 한다는 뜻이다. 큰아들을 대할 때는 그의 능력을 더 인정해야 하고, 작은아들을 대할 때는 강요자 영역으로 들어가지 않도록 계속해서 적절하게 지원해야 한다. 멘토 마인드셋으로 가는 길은 아이에 따라 다르기도 하다.

표 2-1을 보자. 이 표는 '믿음'에 초점을 맞출 때 레빈과 바움린

드, 스콧의 스타일이 어디에서 비롯되는가라는 퍼즐을 어떻게 풀 수 있는지 보여준다. 3가지 다른 마인드셋은 핵심 신념에서 생겨나 서로 어느 정도 관련이 있는 세계관으로 이어지고, 이는 결국 청소년들과 상호작용하는 패턴을 형성한다. 한 가지 생각은 다른 생각으로, 다른 생각은 행동으로 흐른다. 이것이 마인드셋의 힘이다.

서로 다른 마인드셋이 '세계관'이라는 개념은(표 2-1의 두 번째 줄 이하는 첫 번째 줄의 '믿음'에서 비롯된다는 점에서) 우리가 강요자에서 멘토로, 또는 보호자에서 멘토로 어떻게 바뀌어나갈 수 있는지 제시하므로 중요하다. 우리는 다른 신념(신경생물학적 '유능'에 대한 믿음)을 채택할 수 있다. 그렇게 하면 멘토 마인드셋은 자연스럽게 우리의 해석과 행동으로 흘러들어가기 시작한다.

3장

‘요즘 애들’은 왜 다가가기 어려울까

CEO의 커다란 착각

홀푸드의 CEO이자 창업자인 존 매키는 홀푸드를 아마존에 137억 달러에 매각한 지 몇 년 후, 불만을 토로하는 순회공연이라고 할 법한 인터뷰를 여럿 했다.[1] 그는 다음 세대를 아주 신랄하고 여과 없이 비판했는데, 바로 계산대와 창고에서 일하는 16세부터 25세 사이의 청소년들이었다. 매키는 그들의 노동을 기반으로 부를 쌓았으며, 홀푸드는 청소년을 채용하고 고용을 유지하느라 무척 애를 먹었다. 그들에게 높은 임금과 의미 있는 일자리를 제공한다고 생각했던 매키는 무척이나 당황했다. 게다가 홀푸드의 철학은 환경의 지속가능성과 제품의 윤리적 조달 등 다음 세대가 중요하게 여기는 여러 가치관과 일치했던 것이다. 심지어 매키는 Z세대 직원들의 관심을 끌 법한 ‘깨어 있는 자본주의conscious capitalism’라는 용어까지 만들었다.[2] “우리는 직원을 고용하느라 안간힘을 쓰고 있습니다." 매키는 한탄했다.[3] "젊은 세대를 이해할 수가 없어요. 일을 하고 싶지 않은 모양이에요."

홀푸드 직원들과 인터뷰를 한 후, 나는 매키가 한 가지는 정확히 알고 있다는 것을 깨달았다.[4] 그가 청소년들을 이해하지 못한다는 것 말이다.

구직 사이트 인디드에서 미국 슈퍼마켓들을 단순 비교 해보면, 홀푸드는 같은 업종에서 가장 낮은 평가를 받은 업체에 속한다.[5] 소매업 종사자 중 약 24퍼센트가 홀푸드에 가장 낮은 평점(5점 만점에 1점)을 줬다. 몇몇 경쟁업체와 비교할 때 홀푸드는 부정적인 평가를 2배 더 많이 받았다. 한 전직 소매업 종사자는 업체 평가에서 "어떤 직원도 존중하지 않고, 말 그대로 직원이 살든 죽든 신경 쓰지 않는다"고 말했다. 대체 무슨 일이 벌어지고 있는 것일까?

매키가 〈리즌TV〉와 나눈 인터뷰에 따르면, 그를 비롯한 베이비붐세대는 노동시장에서 일을 시작했을 때 적어도 처음 10년 동안은 자기가 하는 일을 싫어할 것으로 예상했다. 임금은 고통을 상쇄하는 보상이었다. 매키는 사람들이 직장에서 의미나 목적, 성취감을 기대해야 한다고 생각하지 않았다. 그것은 돈을 쓰면서 얻거나, 만사가 잘 풀리면 30대나 되어서야 얻는 것이었다. 관리자와 젊은 직원 간의 관계는 업무 관계였다. 따라서 매키의 세계관에서는 의미와 목적, 성취감이란 나이가 들어서야 찾는 가치였다.[6] 젊을 때는 이상적이지 않은 노동 조건을 견뎌야 했다.

이런 매키의 태도는 지위와 존중을 바라는 10대와 젊은 성인들의 발달 욕구를 무시하는 것이다. 매키가 '요즘 애들'의 직업윤리가 하락한 탓이라고 생각했던 사태는 사실 홀푸드가 젊은 직원들을 대하는 방식의 결과일 가능성이 높다. 매키는 젊은 세대에게 금전은 자존감의 대체물이 될 수 없다는 사실을 모르는 것 같았다. 그는 우리 문화의 신경생물학적 무능 모델이 어떻게 리더들을 당황하게 하고 직원들을 분개하게 할 수 있는지를 아주 잘 보여줬다. 청소년들에게 동기를 부여하는 데 확실한 금전적 이해관계를 가진 CEO들조차도 그랬다.

만약 우리 사회가 매키와 같은 문제를 해결해 소매업 일자리가 무례하며 막다른 골목이 되어버리는 것을 막을 수 있다면, 그 업계와 노동력을 변화시킬 수 있을 것이다. 미국 성인 중 약 68퍼센트는 대학 교육을 받지 않았고, 그중 다수가 소매업에 종사한다.[7] 우리 경제 사회에 미래가 없다고 느끼고, 자존감을 회복하기 위해서라면 더욱 파괴적인 수단을 사용할 수 있다고 느끼는 청소년이 많다는 뜻이다.

매키의 불만은 '세대 격차generational divide'라고 하는 더욱 광범위한 문제를 보여주는 사례다. 윗세대는 자신들이 청소년들의 요구에 끊임없이 부응하고 있으면서도 충분하지 않다는 이유로 모욕이나 비난을 받는다고 느낀다.

예를 들어 어떤 부모는 자녀의 감정 기복이 너무 심해 기겁할 때가 있다고 말한다. 한 어머니는 10대 자녀에게 신발을 신거나 코트를 챙기라고 알려줬더니 이래라저래라 잔소리한다는 이유로 소리를 질렀다고 말했다. 교육자들은 청소년들이 수업 참석, 과제 제출, 시험 통과처럼 최소한의 기준을 충족하라는 요구조차도 모욕으로 여긴다고 말했다. 관리자들은 그날 논란이 된 사회문제에 올바른 용어를 사용했다고 생각했건만, 23세인 직원에게 편견덩어리라는 말을 들었다고 했다. 청소년들이 언제 변덕을 부릴지 몰라 두려워서 어른들이 입을 다물다 보면, 결국에는 더 많은 오해를 사고 언성을 높일 일이 생긴다. 이 사이클은 계속 반복될 운명인 것만 같고, 반복될 때마다 삶은 더욱 팍팍해진다.

손가락질하고 비난하고 모욕하는 사이클은 사실 우리가 간절히 피하고 싶어 하는 일이므로 그만큼 더 화가 나기 마련이다. 부모는 자녀가 청소년기에 접어들 때 실존적 위기를 겪는데, 나도 이 사실을 알게 된 지 2, 3년 정도밖에 되지 않았다. 예전에 우리 아이들은 책을 읽고, 자전거를 타며, 자기 나이에 맞게 행동했다. 엄마 아빠가 농담하면 웃었고, 대체로 얌전하게 행동했다. 그러다가 사춘기가 찾아왔고, 갑자기 외계인처럼 행동하기 시작했다. 게다가 무례하고 감사할 줄 모르는 아이로 키웠다고 흉을 볼 법한 다른 부모가 보는 앞에서 유난히 버릇없게 행동했다. 우리는 수치스러웠고 기운이 빠졌다.

마찬가지로 교육자들은 대개 아이들을 돕고 싶어서 교직을 선택한다. 교육자로서 상상했던 삶과 정반대인 날들이 펼쳐질 때, 그들은 직업을 잘못 선택한 것이 아닐까 하는 의문을 품기 시작한다.

이것이 우리의 운명일까? 아니면 어떻게든 바꿔나갈 수 있을까?

세대 격차의 기원

각 세대는 세대 격차가 자기가 살아가는 시기에 국한해서 나타나고 그 시대를 보여주는 문제로 여기곤 한다. 우리는 현재 느끼는 불만을 소셜 미디어나 스마트폰처럼 피상적인 원인 탓으로 돌리고, 더 근본적인 문제를 해결하려고 들지 않는다. 사실, 세대 간 충돌은 인류 역사 전반에 걸쳐 거의 모든 '기득권' 세대와 '신진' 세대 사이에서 반복된 현상이다.

기원전 4세기에 그리스 철학자 아리스토텔레스는《수사학》이라는 책에서 청소년들을 다음과 같이 비난했다.[8]

> 청소년들은 원래 욕망에 이끌리기 쉽고, 언제든지 자기가 품은 욕망을 행동에 옮길 태세를 갖추고 있다. 게다가 그런 욕망은 변덕스럽고 격렬한 데다가 덧없기까지 하다. …청소년들은 열정적이고, 화를 잘 내며, 충동에 휩쓸리기 쉽다. 야망에 차서 모욕을 참지 못하고, 단순히 상처를 견딘다는 생각에 분개한다. …마지막으로 그들은 경박함, 그것도 오만불손함을 훈련한 듯한 경박함을 좋아한다.

한참 후인 1937년, 저명한 심리치료사 안나 프로이트(지그문트 프로이트의 딸)는 이렇게 썼다.[9]

> 청소년들은 자신을 우주의 중심이자 유일한 관심사로 여기며 지나치게 자기중심적이다. …그들은 열렬하게 애정 관계를 맺지만, 처음

> 시작할 때만큼이나 갑작스럽게 그 관계를 끊는다. …스스로 선택한 리더를 향한 맹목적인 복종과 모든 권위에 대항하는 지독한 반항 사이를 왔다 갔다 한다. 청소년들은 이기적이고 물질만능주의의 면모를 보이는 동시에 고상한 이상주의로 가득 차 있다. 때때로 거칠고 배려 없이 행동하지만, 그들 자신은 지극히 예민하다. 그들의 기분은 속 편한 낙관주의와 더할 나위 없이 암울한 비관주의 사이를 오간다.

다음 세대가 성장할 때 윗세대는 마치 어렸을 적 감각을 까맣게 잊은 듯 다음 세대를 내려다본다. 어른들은 대부분 자신이 젊은 시절에 저지른 무분별한 행동을 떠올릴 때 장난기와 웃음으로 얼버무린다. 그러다가도 요즘 세대가 비슷한 행동을 하면 '요즘 애들'은 도덕성이 퇴보했다며 호들갑을 떤다.

이처럼 다음 세대를 보며 도덕성이 퇴보했다고 느끼는 현상이 대부분 인지적 착각임을 보여주는 새로운 연구가 나왔다.[10] 하버드대학교 사회심리학자 애덤 마스트로이안니 박사와 대니얼 길버트 박사는 1949년부터 2019년까지 미국 성인들에게 각 세대의 도덕성에 대해 묻는 여론조사 질문에 대한 응답을 분석했다. 윗세대는 자기 세대가 지닌 도덕적 가치가 다음 세대에 결여되어 있다고 생각하지만, 자기 세대가 젊은 시절에 실수를 저질렀다고는 하지 않았다. 응답자의 나이가 많을수록 젊은 세대가 사회의 도덕적 구조를 망가뜨리고 있다고 확신했다.

이처럼 도덕성이 퇴보했다고 착각하는 윗세대들은 청소년들이 자기가 걸어온 길을 그대로 따르도록 하기만 하면(문화나 기술의 진보를 되돌리는 방법 등을 동원해서) 우리 사회가 도덕적으로 빛나던 시절로 되돌아갈 수 있다고 생각하기 쉽다. 하지만 세대별 해결책에 초점을 맞추면, 윗세대가 청소년들과 갈등을 빚는 근본 원인을 보기 어렵다.

1987년에 나온 기발한 학술논문에서 대니얼 랩슬리 박사와 로버트 인라이트 박사는 1880년대로 거슬러 올라가면서 청소년에 대해서 쓴 공개 저작물을 비교했다.[11] 공황기나 경기 침체기에 어른들은 무능 모델을 지지했다. 아마도 일자리와 지위를 얻기 위해 어른들과 경쟁하는 청소년들을 폄하할 목적이었을 것이다. 전쟁 중에는 어땠을까? 랩슬리는 "청소년들을 강인하고 어른스럽게 그리는 묘사가 많았다"고 썼다. 청소년들이 공장에서 일하고, 전쟁터에서 싸우며, 의연하게 버티기를 바랐기 때문이었다.

예를 들어 베트남 전쟁에 참전한 청소년들에 관한 슬로건에 영향을 받은 미국은 18세 이상의 시민들에게 투표할 권리를 부여하는 수정헌법 제26조를 가결했다. 1968년에 린든 존슨 대통령은 이렇게 말했다.[12]

> 젊은 국가로서 우리 역사를 통틀어, 청소년들은 18세가 되면 어른들과 똑같이 가족부양 책임과 시민의 의무를 짊어져야 했습니다. …교육과 경험, 자국 및 전 세계 사회문제 체험과 같은 판단 기준으로 미뤄볼 때, 18세인 젊은 미국인들이 투표권을 행사할 준비가 되어 있다는 현실을 더는 무시할 수 없습니다.

수정헌법이 통과된 이후, 무능 모델은 린든 존슨 대통령의 진보 사상과 함께 쇠퇴했다.

시대마다 청소년들을 바라보는 태도가 바뀐다는 사실은, 신경생물학적 무능 모델과 그것이 초래하는 곤경이 확고한 진실이 아님을 보여줬다. 신경생물학적 무능 모델은 성인들이 통제력을 되찾을 필요가 있을 때 사회가 사용하는 도구이다. 다행히도 우리는 청소년들을 다른 시각에서 바라볼 수 있고, 세대 격차를 메울 새로운 해결책도 찾을 수 있다.

의미를 둘러싼 전쟁

인간은 의미의 영역에서 살아간다. 우리는 순수한 환경을 경험하는 것이 아니라 항상 그 중요성을 경험한다.[13]

— 알프레드 아들러, 《다시 일어서는 용기》(1931)

스탠퍼드대학교의 심리학자 제프리 코헨이 멘토 마인드셋의 대표적인 실천법(높은 기준과 높은 지원을 제공하는 현명한 피드백)을 발견했을 때, 그는 공동연구자인 클로드 스틸과 함께 이른바 '불신의 장벽barrier of mistrust'을 극복하고자 애쓰고 있었다.[14] 불신의 장벽은 어떤 상황에서 권력이 없는 사람이 자신의 지위나 존중을 위협받을 때 생긴다. 이런 일이 발생하면 그들은 의심을 품게 한 사람이 행한 행동의 이유를 매우 이롭지 못하며 적대적인 것으로 짐작하기 쉽다.

지위가 위태롭다고 느끼는 상황에서 그들은 단어를 낱낱이 분석해 숨은 의미를 찾아낸다. 칭찬 샌드위치를 받은 학생은 '선생님이 내 노력은 칭찬했지만, 아이디어는 칭찬하지 않았어. 내가 공부에 소질이 없다는 뜻일까?'라고 생각한다. 회사원이라면 '사람들이 나에게 발표를 더 잘해야 한다던데, 내가 무능해서 이 회사에 어울리지 않는다는 뜻일까?'라고 생각한다. 이처럼 불신의 장벽이 있는 상황에서는 지위가 높은 사람이 지위가 낮은 사람과 난감한 대화를 하게 되면, 소통의 붕괴로 이어질 수 있다. 특히 과거에 부당한 대우를 받은 경험이 있어서 자신이 형편없는 취급을 받을 수 있다고 의심할 만한 타당한 이유가 있는 사람들에게 이런 일이 일어나기 쉽다. 불신의 장벽이 존재하기 때문에 대화에서 작고 사소해 보이는 세부사항들이 엄청난 비중을 차지할 수 있고, 동기부여에도 강력한 영향을 미칠 수 있다.

과제에 대한 비판을 예로 들어보자. 그것은 객관적으로 봤을 때 나쁜 일이 아니다. 사람에 따라서는 객관적으로 바람직하다고 주장할 수도 있다. 마치 좋은 코치처럼 전문가가 시간을 들여서 초보자의 발전을 돕기 위해 조언하는 과정이기 때문이다. 하지만 지위에 민감한 학생은 비판 뒤에 가려진 무례의 징후를 탐색한다. 기본 가정을 바꿀 만한 타당한 이유가 주어지지 않는 한, 자신이 무시와 경멸을 당하고 있다는 최악의 의미를 짐작한다. 현명한 피드백 메모는 이 문제를 해결하고자 고안한 방법이었다. 이 메모는 비판적인 피드백 뒤에 숨은 긍정적인 의도를 학생들이 알 수 있도록 분명히 밝혔다. 이 메모는 불신의 장벽을 깼다.

불신의 장벽은 세대 격차를 설명하는 데 도움이 된다. 이것은 '의미를 둘러싼 전쟁'이다. 불신의 장벽이 있기에 청소년들은 윗세대가 하는 말의 행간을 미묘하게 읽고, 말에 숨은 함의를 해석하려고 애쓰면서 어른들이 자신을 무시하는지 아닌지 판단하려고 노력한다. 청소년들은 '실제로 한 말'보다 '말하지 않은' 부분에 더 집중한다. 엄마가 10대 자녀에게 "이 닦았어?" 하고 물으면 아이는 그 물음을 '네가 너무 무능해서 양치질처럼 간단한 것도 기억하지 못할 것 같아'라고 해석한다. 물론 엄마는 그런 말을 입에 담은 적이 없다. 이런 해석을 놓고 보면 화를 내는 것도 당연하다. 무능하다는 말을 들으면 굴욕적인 기분이 들기 마련이다. 하지만 엄마는 그런 말을 한 적이 없다. 마찬가지로 고위 경영진 회의에서 관리자가 젊은 직원에게 사전에 합의하지 않은 말을 하라고 요청하면, 직원은 그 행동을 '내가 너보다 얼마나 더 똑똑한지 모두에게 보여줄 거야'라는 의미로 해석할 수 있다. 정작 관리자는 그런 말을 하거나 그런 의도를 품은 적이 없더라도 말이다.

권력을 가진 어른들이 말할 때 전달하려는 바와 청소년들이 듣는 어른들의 말 사이에는 여전히 단절이 있다. 어른들은 청소년들을 위해 온갖 노력을 기울이고 있건만 그들이 알아주지 않는다고 생각한다. 청소년들은 어른들이 자신들을 존중하지 않고 무시하고 있다고 생각한다. 청소년들은 어른들의 조언을 거부하고, 어른들은 그런 이유로 청소년들의 도덕성 퇴보를 지적한다.

어른과 청소년 '양자' 모두가 의미를 둘러싼 전쟁에서 승리할 수 있을까? 멘토 마인드셋이 있다면 가능하다.

멘토링의 정의

앞에서 언급했듯이, 미국국립과학원은 '멘토십'을 다음과 같이 정의한다.[15]

> 멘토십이란 개개인이 장기간에 걸쳐 협력하면서 개인적 및 직업적 성장과 발전, 성공을 지원하는 전문적 동맹을 뜻한다.

이 정의와 그것이 멘토 마인드셋에 대한 이해를 어떻게 확장시키는지와 관련해 주목할 점은 3가지다. 먼저 '동맹alliance'이라는 단어를 생각해보자. 동맹에서 쌍방(멘토와 멘티)은 각자 독립적인 목표와 역할, 정체성을 유지한다. 멘토십은 한 당사자(관리자나 교사)가 힘이 약한 상대방(직원이나 학생)을 지배하는 '정복conquest'이 아니다. 이것은 집행자 마인드셋의 의도이다. 예를 들어 스테프 오카모토(2장 참조)처럼 멘토 마인드셋을 지닌 관리자는 직원들에게 '자신'이 정한 목표를 따르도록 강제하지 않는다. 팀 전체가 함께 원대한 목표를 세우고 달성한다. 오카모토와 멘티들은 동맹을 형성한다.

둘째, 멘토는 미래의 성장을 전제로 한다. 오카모토의 직속 부하들은 그녀가 그들을 지금 현재 모습이 아니라 '앞으로 될 수 있는 모습'으로 봤다고 말했다. 멘토는 멘티가 높은 기준을 충족하기를 바라지만, 그 목표를 달성하려면 시간과 발전이 필요하다는 사실을 이해한다.

셋째, 멘토는 물질적(시간, 인력, 조언)으로나 심리적(누군가를 숫자나 책무가 아니라 '한 인간'으로 보는 것)으로 지원한다. 이러한 멘토링의 정의는 어떻게 멘토 마인드셋을 활용해서 쌍방 모두가 의미를 둘러싼 전쟁에서 승리하도록 도울 수 있는지 보여준다.

휴전이 아니라 조약

멘토 마인드셋에 '동맹' 형성이 따른다면, 의미를 둘러싼 세대 간 전쟁에 대한 자연스러운 반응은 '휴전truce'이 아니라 '조약treaty' 체결을 노리는 것이다. 휴전할 때는 보통 정복하는 승자와 항복하는 패자가 있다. 이 경우에는 보통 힘의 과시로 인해 한쪽의 의미가 반대쪽을 이긴다. 조약이 이보다 훨씬 더 낫다. 조약을 맺을 때는 양측이 각자의 필요를 평가한다. 잠재적으로 이해관계가 상충할 가능성이 있지만 쌍방이 모두 번영하려면 무엇이 필요한지 인식하고, 양측이 조건에 대해 상호 합의해야 한다. 그런 다음 필요에 따라 재협상해야 하므로 의사소통 수단을 열어두어야 한다.

젊은 직원과 신뢰를 쌓는 가장 좋은 방식

홀푸드의 전 CEO 존 매키와 정반대인 사람은 누구일까? 올레라는 사람이 있다.[16] 30대 후반인 올레는 대학 졸업자도 아니지만 노르웨이의 오브스 슈퍼마켓 체인에서 가장 실적이 좋은 지점을 관리하고 있다. 그가 관리한 후로 그 지점은 다른 매장보다 고객 수가 훨씬 작은데도 총 이윤이 중간 수준에서 전국 3위로 올라갔다. 그는 매키와 달리 10대들이 게으르다고 생각하지 않았고, 그런 경우가 생기더라도 재빠르게 대처했다. 올레, 부지점장 2명(흥미롭게도 두 사람 모두 전직 교도관이다), 일선 직원들과 대대적으로 실시한 인터뷰에서 나는 언제나 거리낌 없이 피드백을 요청하는, 열정과 회복력을 갖춘 젊은 직원들을 만났다. 멍하니 고객을 방치하는 직원은 아무도 없었다. 몰래 창고로 숨어들어가 담배를 피우거나 낮잠을 자는 직원도 없었다. 올레는 의미를 둘러싼 조약을 맺음으로써 독자적인 직업윤리를 만들었다. 덕분에 그의 지점은 누구나 일하고 싶어 하는 직장인 동시에, 인상적인 수익을 올리는 점포가 됐다.

올레의 지점에서 일하는 23세 직원은 이 점을 강조했다. 고등학교 졸업 직후 이 지점에서 일하기 시작했을 때, 이 직원은 타성에 젖고 편법을 쓰는 선배 직원과 같은 조였다. 선배는 휴게실에 숨어 있거나 업무 지시를 받을 때까지 마냥 기다리는 등의 나쁜 습관을 그에게 가르쳤다. 어느 날 올레는 그 신입 직원을 사무실로 불러서 따끔하게 꾸짖었다. 올레는 그 직원이 슈퍼마켓의 기준에 맞추지 못하고 있으며, 태도를 개선할 필요가 있다고 말했다. 나는 그 젊은 직원에게 기분이 상했다거나 그만두겠다고 위협했는지 물어보았다. 현명한 피드백 연구에서는 통제집단이 그런 맥락의 반응을 나타냈었다('들어가며' 참조). 그 젊은 직원은 나를 황당하다는 듯 쳐다보더니, 올레의 말이 옳았다고 말했다. 그녀는 자신의 잠재력을 제대로 발휘하지 못하고 있었지만, 그러길 원했다. 올레 역시 그 직원이 매장 관리자가 될 수 있는 자질을 갖추고 있다고 확실히 말해주었다. 지금 그 직원은 열정적이고 주도적으로 일한다. 승진하기 위해 관리자 옆에서 열심히 배우고 있고, 올레가 등록해준 리더십 아카데미에도 참석하고 있다. 올레가 제시한 높은 기준은 말싸움을 유발하지 않았다. 그가 '나는 당신과 당신의 앞날을 걱정하기 때문에 이처럼 높은 기준을 제시하고 있다'는 명확한 의미를 전달했기 때문이었다. "근본적으로 신뢰가 중요합니다." 올레가 말했다. 그렇다면 올레는 어떻게 신뢰를 쌓았을까? "제가 매장에서 직원들이 최선을 다하기를 바란다는 것은 모두가 알고 있어요." 그는 무전기로 그날의 판매 실적을 직원들에게 전달할 때도 의미를 명확하게 제시했다. "여러분에게 관심을 가지고 있기 때문에 이런 기준을 제시하는 것입니다." 이것이 슈퍼마켓 버전의 멘토 마인드셋이다.

올레의 성공은 노르웨이 사회주의 문화의 부산물일까? 그렇지 않다. 그와 비슷한 다른 나라의 슈퍼마켓들도 젊은 직원들에게 동기부여하는 일을 홀푸드보다 훨씬 잘 해내고 있기 때문이다. 미국 동부에 있는 식료품점 체인인 웨그먼스의 철학은 다음과 같다.[17] "웨그먼스에는 매일 배우고 성장할 기회가 있습니다. 좋은 사람들이 함께 모여 공통의 목표를 향해 노력하면 무엇이든 성취할 수 있기 때문입니다." 마치 현명한 피드백 같은 말이지만 그것에 그치지 않는다. 인디드에서 웨그먼스가 별점 1개 또는 2개를 받은 비율은 홀푸드의 절반 수준이다.[18] 일선 노동자들은 웨그먼스가 "직원을 한 인간으로 존중"하고 "여태껏 일한 직장 중 최고"이며 "시간 가는 줄 모르고 일할 수 있는 곳"이라고 말했다. 그 이유는 무엇일까? 웨그먼스 경영 철학이 말했듯이 "훌륭한 동료들과 친절한 관리자들이 넘치고, 직원 처우가 대단히 좋으며, 사람을 존중하는 것에 대해 많은 것을 가르쳐주었기" 때문이다.

매키의 세계관에서는 직원의 시간에 대가를 지불하므로 직원을 한 사람으로서 존중할 필요가 없다. 열심히 일하지 않는 직원은 계약을 위반하는 셈이다. 이것이 매키가 실행하고자 하는 공정한 경제적 교환이다. 하지만 웨그먼스의 세계관에서는 쌍방의 요구가 존중받는다. 먼저 사람과 목적을 존중한다. 그러면 사람들은 기꺼이 열심히 일한다. 웨그먼스가 〈포브스〉가 선정한 소매업계 최고 고용주 목록에서 1위를 차지했고, 홀푸드는 순위권에 들어가지도 못한 이유를 여기에서 찾을 수 있을 것이다.[19]

사회문제를 두고 세대 갈등이 생기는 이유

의미를 둘러싼 세대 간 차이는 특히 민감한 사회문제를 바라보는 시선에서 전면에 나타난다. LGBTQ+ 청년 및 그들과 상호작용하는 성인의 건강한 발달을 연구하는 저명한 사회학자 겸 심리학자인 스티븐 러셀은 이런 현상을 자주 접한다. 러셀은 섹슈얼리티sexuality와 젠더gender를 설명하는 용어와 두문자어(축약어)가 너무 빨리 바뀌다 보니 잘못 말할까 봐 두렵다고 토로하는 성인들을 자주 만난다. 러셀에 따르면 어른들은 레즈비언, 게이, 퀴어 중 어떤 용어를 써야 할지, 플러스를 붙여야 할지 말아야 할지, 문자들을 어떤 순서로 써야 할지 잘 알지 못한다. 뭔가 잘못 말했다가는 편견덩어리로 낙인 찍힐까 봐 걱정하는 것이다. 그러다 보니 아예 입을 다물게 된다. 공교롭게도 청소년들은 어른들의 침묵을 편견과 비협조로 해석하고 한층 더 상처받는다. 이럴 때 어른들은 무력감을 느낀다. 사실 이성애자인 시스젠더들만 이런 문제에 직면하는 것이 아니다. 스스로 퀴어라고 밝힌 LGBTQ+ 청년 지원센터 정규직 직원인 20대 중반 청년들을 인터뷰할 때도 같은 이야기를 들었다. 그들은 10대들이 최신 용어를 사용하고 있으면 자기 자신이나 비슷한 정체성을 언급할 때조차도 제대로 이해하기가 어렵다고 말했다.

멜리사 토머스-헌트 박사는 CEO와 고위 경영진 사이에서도 인종이나 민족성에 대해 이야기하기를 주저하는 경향이 있다는 사실을 발견했다.[20] 버지니아대학교 경영학과의 토머스-헌트 교수는 이전에 에어비앤비에서 글로벌 다양성 및 소속감 담당 책임자로 일했다. 그녀는 특히 2020년 조지 플로이드가 살해당한 이후로 고용주들이 어찌할 바를 몰라 갑갑해 한다고 말했다. 인종이나 민족성에 관련된 부당함을 조금이라도 언급하면 청소년들(및 정치인들)이 뭐라도 꼬투리를 잡으려 들기 때문이었다. 충분히 단호하지 않다거나, 지나치게 강압적이라거나, 뉘앙스가 부적절하다는 식이었다. 또한 고용주들은 한번 입장을 밝히면 문제나 사건이 생길 때마다 성명을 내야 할까 봐 걱정한다. 그랬다가는 20대들을 달래기 위해 한없이 언론보도 자료를 작성해야 한다.

한편 토머스-헌트 박사는 고용주들은 대개 제대로 이해하고자 하는 강력한 경제적 유인을 갖는다고 말했다. 특히 기술과 엔지니어링 분야는 젊은 인재를 유치하려는 경쟁이 치열하고, 홍보에 문제가 있는 기업은 젊은 인재를 채용하기가 더 힘들기 때문이다.

이런 갈등은 해결하기 어렵지 않다. 토머스-헌트 박사는 에어비앤비와 같은 고용주들이 소수집단에 대해 불평하는 대신, 소수집단의 목소리를 귀 기울여 기꺼이 듣고, 배우고 변화하려는 의지를 보였을 때 의미 있는 대화를 나누는 데 성공했다는 사실을 발견했다. 왜 이 방법이 효과가 있었을까?

2012년 스탠퍼드대학교 사회심리학자 프리얀카 카는 이 갈등을 이해하는 데 도움이 되는 흥미로운 일련의 실험을 발표했다.[21] 실험 결과, 세상에는 편견이 있는 사람과 없는 사람으로 나눌 수 있다고 믿는 사람들이 있다는 사실이 밝혀졌다. 그들은 편견이 고정된 특질(편견에 관한 고정 마인드셋)이라고 생각했다. 반면에 다른 집단의 경험을 배우는 방법 등으로 시간이 지나면서 편견을 줄이는 법을 배울 수 있다고 믿는 이들도 있었다. 그들은 편견을 바꿀 수 있다고 여겼다(편견에 관한 성장 마인드셋).

카는 편견이 고정된 특질이라고 생각하는 연구 참가자들은 집단 관계에서 작은 실수만 저질러도 주의자(예: 인종차별주의자, 성차별주의자)로 낙인 찍힐 거라 여기는 경향이 있다는 것을 발견했다. 그래서 편견이 고정된 특질이라고 믿는 사람들은 그런 부분이 드러날지도 모른다는 생각에 집단 간 대화를 피했다. 반면에 교육으로 편견을 줄일 수 있다고 생각하는 참가자들은 다른 집단 출신자와 나누는 대화에 더 개방적이었다. 그들은 지금 당장 지식이 부족하다고 해서 고정될 것이라고 걱정하지 않았다.

카의 연구는 의미를 둘러싼 싸움이 세대 격차에 어떻게 영향을 미치고 그것을 해결하는 방법은 무엇인지 이해하는 데 도움이 된다. 청소년들은 종종 편견이 고정된 특질이라고 생각하는 카의 실험 참가자처럼 행동한다. 그들은 아주 적은 정보를 바탕으로 어른들을 성차별주의자, 인종차별주의자, 동성애혐오자 등으로 엄격하게 분류한다. 물론 그럴 만한 이유가 있을 때도 있다. 청소년의 곤경에 처한 젊은이들은 불신의 장벽에서 비롯되는 지위 위협을 시도 때도 없이 감지한다. 그런 민감성 때문에 많은 청소년들이 더는 상처받지 않도록 세상 사람들을 해로운/나쁜/위험한 사람과 유익한/좋은/안전한 사람으로 재빠르게 분류한다. 하지만 이런 불신의 장벽은 청소년들이 해결하고 싶어 하는 문제 그 자체를 악화시킬 수 있다. 불신의 장벽 때문에 어른들은 주의자로 낙인찍힐까 봐 두려워 침묵을 지킨다. 나아가 어른들은 자신이 집단 간 차이에 관해 다소 부적절할 말이나 행동을 할 때 받는 벌(예: 예약 취소)이 저지른 죄에 비해 과도하다고 느낀다. 그러면 어른들은 청소년들을 미숙하고 불평불만이 많은 겁쟁이라고 무시하게 된다. 양쪽 모두 상대방에게 꼬리표를 붙이고, 어느 쪽도 상대방에게 배우지 않는 것이다.

휴전이 아니라 진정한 조약이라는 비유를 다시 떠올려보자. 상대방이 근본적으로 악하고 신뢰할 수 없다고 믿을 때, 사람들은 조약에 서명하는 일을 달가워하지 않는다(폭력으로 위협하지 않으면 불가능할 수도 있다). 따라서 세대 간에 조약을 맺으려면 먼저 양쪽 모두가 고정된 꼬리표를 붙이는 경향을 버려야 하고, 서로에게 배우려는 진지한 욕구를 가져야 한다. 토머스-헌트가 말했듯이 성공한 기업들은 그렇게 했다.

마지막으로 이 원칙을 마음에 새긴 한 조직의 놀라운 사례 연구를 소개하겠다.

성소수자 청소년들에게 일어난 일

지금까지 다양한 젠더와 성 정체성을 둘러싼 세대 간 전쟁을 완화하는 데 성공한 사람에는 누가 있을까? LGBTQ+ 청소년과 그 부모를 위한 방과 후 프로그램 및 치료를 제공하는 인서클이라는 단체가 있다.[22]

인서클은 유타주 솔트레이크시티의 모르몬교 교회 인근에서 시작되었다. 안타깝게도 유타주에서는 자살이 청소년들의 주요 사망 원인에 해당된다.[23] LGBTQ+ 청소년들은 자살을 고려할 가능성이 3배나 높다.[24] 이처럼 자살률이 높다 보니 젠더와 섹슈얼리티 다양성에 반대하는 경향이 있는 보수적인 모르몬교도 부모들조차 LGBTQ+ 정체성에 대해 어떻게 말해야 할지를 두고 깊이 고민한다. 특히 자신의 자녀와 관련된 문제라면 더욱 그렇다. 그들은 상상을 초월하는 대참사를 막을 유일한 방법은 말조심을 하는 것이라고 생각한다. 하지만 그들은 이로 인해 무력함을 느끼고, 상황을 악화시키지는 않을지 걱정한다. 그래서 아무 말도 하지 않는 경우가 많다. 불신의 장벽 때문에 LGBTQ+ 청소년들은 부모들이 어떻게 생각할지 상상하고, 그런 상상은 종종 최악의 상황으로 치닫는다.

스티븐 러셀은 이런 악순환이 어떻게 죽음으로 이어지는지 설명해줬다. 그는 LGBTQ+ 청소년의 자살을 경험한 공동체들로부터 종종 자문을 의뢰받는다. 어느 날 러셀은 자살로 아이를 잃은 어머니와 패널이 되어 토론을 하게 됐다. 아이는 부모님이 절대 자기를 받아주지 않을 것이라고 생각한다는 유서를 남겼다. 어머니는 눈물을 흘리며 자신은 그런 말을 한 적이 없다고 주장했다. 어쩌면 요즘 LGBTQ+ 등장인물이 나오는 시트콤이 너무 많다는 말을 무심코 했을 수도 있지만, 어머니는 혐오 발언을 한 기억은 없다고 말했다. 하지만 어머니는 딸과 직접 대화를 나눈 적도 없었다. 그러니 딸은 엄마가 어떻게 생각하는지 추측해야 했다. 불신의 장벽을 극복할 다른 정보가 없었던 상태에서 딸아이는 어머니가 무심코 던진 말에 최악의 사태를 추정했고, 절망에 빠졌던 것이다.

유타주 종교계에서는 섹스와 섹슈얼리티에 관한 언급을 많이 하기 때문에 상황이 한층 더 나쁠 수 있다.[25] 인서클의 직원들은 청소년 대부분이 모르몬교회에게 사악하고 수치스러운 존재로 비난받는다고 말했다.[26] 가족이나 교회 지도자들이 그들을 비난하지 않을 때도 그들은 교회가 자신의 퀴어 정체성을 받아들인 부모를 파문할지도 모른다는 죄책감을 강하게 느낀다고 말했다. 사랑하는 부모에게서 영생을 박탈하는 셈이기 때문이었다. 이는 청소년이 짊어지기에는 벅찬 부담이며, 우울증과 자살 충동을 유발할 수도 있다.

인서클은 6년 동안 청소년 수천 명을 지원하면서 놀랍게도 단 한 명의 아이도 자살로 잃지 않았다.[27] 그렇다면 분명 세대 격차를 극복하는 올바른 조치를 시행하고 있을 텐데, 과연 그들은 무엇을 하고 있을까?

인서클의 모토는 '편 가르기 없이 오직 사랑뿐'이다. 인서클은 LGBTQ+ 청소년들이 부모를 괴물 같은 편견덩어리로 생각하게끔 부추기지 않는다. 또한 부모들에게 종교적 견해를 포기하라고 말하지도 않고, 인터넷에서 젠더 정체성 용어 목록을 찾아 되새기라고 요구하지도 않는다. 인서클은 공통의 목표와 가치에 초점을 맞춘다. 부모는 자녀가 죽지 않기를 바라고, 자녀는 자살 충동을 느끼지 않기를 바란다. 그러니 집단치료와 개인치료를 하면서 의미를 둘러싼 싸움을 끝낼 '조약'을 찾는 데 초점을 맞춘다. 인서클 직원들은 갈등의 원인이 대체로 '말하지 않은' 무언가의 의미에서 비롯되며, 명확하게 말한 내용에서 비롯되는 일은 좀처럼 없다는 사실을 이해하도록 도와준다.

인서클은 부모가 아이의 성정체성 자체를 두려워하는 일은 별로 없다는 점을 발견했다. 부모는 그런 정체성이 자녀의 미래에 어떤 '의미'를 지닐지를 두려워했다. 신중한 질의응답을 거친 끝에 인서클의 모르몬교 부모 대부분은 결국 자녀가 성적으로 문란한 성인이 될까 봐 걱정한다고 인정했다. 따라서 부모가 느끼는 걱정의 근원에는 자녀가 헌신적인 관계와 가족을 꾸리는 즐거움을 누리지 못하고, 부모가 자녀에게 심어주고자 했던 도덕적인 성품이 결여될지도 모른다는 우려가 있었다. 이 부모들은 자녀들, 특히 최근에 커밍아웃한 청소년들이 부모가 바라는 바를 정확히 그대로 그려본다는 사실에 놀랐다. 즉, 그들 역시 자신들이 어른이 된 후 헌신적이고 애정 넘치는 관계를 사람들과 장기적으로 맺으면서 어떤 사람으로 살아가고 싶은지를 자주 생각했다.

"우리 문화는 섹슈얼리티와 문란함을 완전히 동일시합니다." 러셀이 말했다. 러셀의 연구는 "청소년들이 커밍아웃을 처음 할 때는 보통 섹스에 대해서 특별히 관심이 있는 상태가 아니다. 그들은 섹스가 아니라 사랑에 관해 생각한다"고 밝혔다.[28] 부모 또한 대개 사랑에 대해 생각하며, 구체적으로는 자녀가 누군가에게 조건 없이 사랑받기를 바란다. 부모는 '네가 문란하지 않으면 좋겠어'라는 의미로 말하지만, 자녀는 '우리는 네 사랑을 받아들이지 않을 거야'라는 의미로 듣는다.

인서클은 바람직한 데이트 규칙을 설정하는 등 양측이 서로를 이해하고, 긴장을 낮추며, 공동으로 문제를 해결하도록 도왔다. 부모는 도덕적 가치를 전달하고 높은 행동 기준을 유지하는 책임을 포기하지 않고도 자녀의 성정체성을 받아들일 수 있음을 깨달았다. 자녀는 부모가 개인적 경계를 설정하고 책임과 성실성을 기대하면서도 조건 없이 자신을 받아들여줄 수 있다는 것을 배웠다.

인서클의 사례는 멘토 마인드셋을 아주 잘 보여준다. 부모들은 높은 행동 기준을 유지하며 좋은 부모가 되겠다는 자신들의 비전을 실현하는 동시에, 자녀를 아끼고 존중하며 존엄성을 지킬 것이라는 분명한 신호를 보낼 수 있었다. 흥미롭게도 인서클이 나서서 장려한 적은 없지만, 시간이 지날수록 아주 독실한 부모들에게서도 독단적이고 비판적인 경향이 현저히 줄어드는 현상이 나타났다. 이러한 태도 변화는 자녀들에게 희망을 심어주었고, 절망과 자살 충동을 줄여주었다. 이 부모들은 편견이 바뀔 수 있다는 카의 믿음을 지지하는 살아 숨 쉬는 증거라고 할 수 있다. 그 결과 양쪽 모두에게 꼭 필요한, 솔직한 대화에 좀 더 마음을 열 수 있었다.

4장

영향력 있는 어른들이 청소년을 대하는 방식

멘토 마인드셋은 타고나는 것일까?

스테프 오카모토는 1960년대 후반에 워싱턴주 롱뷰의 작은 공장 마을에서 태어났다.[1] "부모님은 대학 등록금을 내줄 돈이 없었어요. 사람들은 우리 가족을 가난뱅이라고 불렀죠." 오카모토는 현재 서비스나우의 탁월 경영 책임자다. 그전에는 마이크로소프트에서 23년간 근무했고, 그중 마지막 7년은 글로벌 학습 개발 부문에서 관리자 능력 팀의 책임자로 일했다. 즉, 세계에서 가장 수익성이 높은 기업 중 하나를 운영하던 관리자를 3만 명 넘게 교육했던 것이다. 앞으로 살펴보겠지만, 그녀는 경영 분야에서 멘토 마인드셋을 보여주는 본보기다.

1991년에 태어난 서지오 에스트라다는 텍사스주 엘패소에서 자랐다.[2] 부모는 멕시코 이주민으로 에스트라다가 어릴 때 이혼했고, 이후 어머니가 그를 키웠다. 어머니는 중학교도 마치지 못한 사람이었다. 에스트라다는 어머니, 남동생과 함께 여성 보호소에서 살다가 나중에 어머니의 친구 집으로 이사했다. 그는 리버사이드고등학교를 2009년에 졸업했다. 대학교를 졸업한 후에는 리버사이드고등학교로 돌아와 대학 수준의 물리 수업을 가르쳤다. 오카모토와 마찬가지로, 에스트라다는 교육 분야에서 멘토 마인드셋을 보여주는 본보기다.

오카모토와 에스트라다는 무척 비슷한 유년기를 보냈지만, 전혀 다른 직업을 가졌다. 하지만 두 사람의 멘토 마인드셋에는 공통점이 많다. 모두 기준이 무척 높다. 또한 관대하고, 사람을 먼저 생각하며, 존중을 지향하는 지원을 제공한다.

"부하 직원들은 사람이지 생산성이 높은 로봇이 아니에요." 오카모토가 말했다.

"나는 수업을 하는 것이 아니라 사람을 가르칩니다." 에스트라다는 우리가 만난 첫날에 이렇게 말했다.

오카모토와 에스트라다를 만난 후 나는 이런 의문이 생겼다. 그들은 그런 재능을 그냥 타고났을까? 즉 멘토 마인드셋의 롤모델들은 애초에 그런 마음으로 태어난 것일까?

두 사람을 좀 더 잘 알게 되면서 나는 답을 알게 됐다. 그들은 재능을 타고난 것이 아니며, 그들 또한 멘토 마인드셋을 사용하는 법을 배워야 했다. 그들의 이야기를 보면, 선의를 지닌 좋은 사람들조차도 우리 문화에 스며 있는 잘못된 믿음 때문에 보호자 및 강요자 마인드셋에 빠질 수 있다는 사실을 알 수 있다. 또한 어떻게 하면, 우리에게 도움이 되지 않는 그런 믿음에서 벗어나 멘토 마인드셋을 사용하는 법을 배울 수 있는지 알 수 있다. 그 과정에서 우리는 자기 자신의 삶과 청소년들의 삶을 훨씬 수월하게 이끌 수 있는 방법을 배울 수 있다.

마이크로소프트의 전설이 된 관리자

고등학교에 다닐 때 스테프 오카모토는 배구 팀 주장이었다. 그녀는 주니어 올림픽에 출전한 소프트볼 팀에서 활동했다. 졸업할 때는 성적도 반에서 상위 5퍼센트 안에 들었다. "교육만이 나를 구해줄 유일한 수단임을 알았어요. 하지만 대학에 대해서 뭐라도 알려주거나 어떤 식으로든 나를 이끌어주는 상담사는 없었죠." 오카모토가 대학에 가고 싶다고 말했을 때, 모든 사람이(심지어 코치들도) 이렇게 말했다. "넌 언젠가 여기로 돌아올 거야." 하지만 오카모토는 굴하지 않았다.

오카모토는 워싱턴대학교의 학비를 감당할 수 없어서 집 근처에 있는 로어컬럼비아칼리지에서 학업 장학금과 배구 장학금을 받으면서 다녔다. 이 대학교는 졸업할 때까지 다니는 학생이 극소수였다. 그곳에서 오카모토는 준학사 학위를 받았는데, 가족 중에서 대학 학위를 받은 사람은 그녀가 처음이었다.

그다음에 오카모토는 심리학과 학사학위를 받기 위해 워싱턴대학교로 편입했고, 45분 거리에 있는 이모네에서 살았다. 오전에 수업을 2과목 듣고 1시간을 운전해 사무용품점으로 가서 가게 문을 닫을 때까지 계산원으로 일했다. 그런 다음 차를 몰고 다시 학교로 돌아가 야간 수업을 듣거나 연구실에서 자원봉사를 한 다음, 한밤중에야 집으로 돌아갔다. 연구실 일은 이학사 학위를 받기 위해 채워야 하는 요건이었다.

하지만 오카모토의 첫 번째 일자리는 과학 분야가 아니었다. 그녀는 시애틀에 있는 여행서적 출판사에 일자리를 얻었다. 어느 날 회사에서 미시간으로 이사하지 않으면 퇴사해야 한다는 말을 들은 그녀는 마이크로소프트에서 일하는 친구에게 의견을 물었다. 친구는 오카모토가 소프트웨어 테스트를 아주 잘할 것 같다고 말했다. 테스터가 하는 업무는 사용자들을 대신해 미리 버그를 발견하는 일이었다. 오카모토는 여행서적 출판사에서 일한 경험 덕분에 다른 사람들의 마음속으로 들어가 초보자의 눈으로 새롭고 다른 것을 이해하는 방식을 능숙하게 파악했다. 덕분에 초보자가 설계가 형편없는 소프트웨어를 써보려고 하다가 어떤 식으로 실패할지를 손쉽게 발견했다.

오카모토는 무엇을 알아야 할지를 스스로 터득했다. 당시는 1990년대였으므로 그녀는 인터넷 사용법을 책으로 배워야 했다. 야간 수업도 들었다. 얼마 지나지 않아 오카모토는 마이크로소프트가 소프트웨어 테스트 외주를 맡기는 업체인 ST 랩스에 취직했고, 4년 동안 마이크로소프트 윈도우 운영체제 개발자들을 훈련시키는 소프트웨어를 시험했다. 1999년에는 그 팀을 이끌게 됐다. 2000년, 마이크로소프트는 테스트와 그 결과 발표를 직접 관리하기로 결정했고, 그 일환으로 ST 랩스에서 가장 뛰어난 인재들을 고용했는데, 오카모토도 그 안에 포함되었다.

오카모토가 마이크로소프트에 입사했을 때는 CEO인 스티브 발머가 유해한 기업문화를 만들어낸 이후였다.[3] 발머의 후임으로 마이크로소프트 CEO를 맡은 사티아 나델라가 《히트 리프레시》라는 책에서 밝혔듯이, 당시 직원들은 회의에서 "정말 멍청한 질문이군!"이라는 말을 듣는 데 익숙했다.[4] 다들 "비웃음을 당할까 봐 두려워"했고, "회의실에서 제일 똑똑한 사람으로 보이지 않을까 봐" 걱정했다. 나델라는 이런 상황과 자기 자신의 철학을 "마이크로소프트에는 무엇이든 배울 인재가 필요했는데, 무엇이든 아는 체하는 사람만 많았다"는 말로 요약했다.

발머가 이끌던 마이크로소프트의 마인드셋은 '탁자 뒤엎기'라는 두 단어로 요약할 수 있다. 발머 재임 당시에는 젊은 직원이 실수했을 때 임원이 말 그대로 탁자를 뒤엎고 소리를 지른 적이 한두 번이 아니었다. '탁자 뒤엎기'는 마이크로소프트의 유해한 문화를 나타내는 속어가 되었다. "회의에서 얻어맞을 것 같아서 우는 사람이 생겼어요. 정말로 두려운 분위기였어요." 한 노련한 관리자가 말했다.[5] "고위 경영진은 젊은 직원들을 깔보는 듯한 질문을 퍼붓곤 했습니다." 또 다른 관리자는 이렇게 말했다.[6] "그런 일이 한 번만 있었을까요? 아뇨, 항상 일어났어요." 이런 폭력적인 문화 때문에, 특히 갓 취직해서 유능해지고 싶어 하는 젊은 엔지니어들이 위험을 감수하는 일에 좀처럼 적극적이지 않게 됐다.

발머가 재임하는 동안 마이크로소프트의 문화가 젊은 인재들을 몰아내고 남아 있는 인재들도 제 기량을 펼칠 수 없도록 유도한 탓에 수익성은 떨어질 수밖에 없었다.[7] 마이크로소프트는 시가총액 기준 세계 최대 기업으로 밀레니엄을 맞이했는데, 스티브 발머가 빌 게이츠에 이어 CEO에 취임한 2000년 이후로 곧 '잃어버린 10년'이 시작됐다.[8] 그동안 애플과 구글을 비롯한 다른 기업들이 빠르게 추월했다. 2012년에는 애플의 단일 제품(아이폰)이 마이크로소프트 제품 전체보다 더 많은 수익을 창출했다.[9] 마이크로소프트는 패배하고 있었다.[10] 발머의 문화를 못 견디고 떠난 정상급 엔지니어 다수가 구글로 이직했으며, 구글로 간 그들은 의미 있는 프로젝트를 맡아 가치 있는 기여를 할 수 있었다. 게다가 무료 점심을 즐겼고 배구를 했으며 온종일 스쿠터를 탈 수 있었다.

오카모토는 마이크로소프트의 케케묵은 탁자 뒤집기 문화를 싫어했다. "젊은 엔지니어들과 프로젝트 매니저들은 임원들에게 발표해야 할 때면 겁에 질려 벌벌 떨었어요. 직원이 완벽하게 해내지 못하면 임원들은 바보가 된 듯한 기분이 들 만큼 면박을 줬어요. 사석에서도 피드백을 요청했다가는 멍청이가 된 기분을 맛봐야 했죠. 임원들은 그런 식으로 발머의 '높은 기대치'를 떠받들었어요. 신입 직원이 프레젠테이션을 한 다음에 다시는 나타나지 않는 경우도 있었습니다." 남은 직원들은 회의에서 좀처럼 입을 열지 않았다.

발머의 강요자 마인드셋 문화에 중대한 영향을 미친 요소는 '스택 랭킹stack ranking'이라는 성과관리 정책이었다.[11] 스택 랭킹 체계에서 관리자들은 각 직원의 성과를 3가지 분류 중 하나로 순위를 매겼다(기대치 초과, 충족, 미달).[12] 문제는 스택 랭킹이 신제품 출시나 새로운 알고리즘 발견 등 객관적인 달성 수준을 기준으로 계산하는 체계가 아니었다는 점이다. 발머의 정책은 강제적인 상대평가였다. 각 스택은 직원 20~60명으로 구성되었고, 그중 10퍼센트 정도는 다른 스택에서 높은 순위에 오른 직원들보다 객관적으로 더 높은 성과를 냈더라도 저성과자로 분류됐다.[13] 저성과자들은 상여금을 받지 못했고, 낮은 등급을 2회 받으면 해고당했다. '등급 평가 후 해고rank and yank'라는 체계였다.[14]

오카모토는 스택 랭킹을 경멸했다. 그녀의 팀이 다른 팀들보다 높은 성과를 낼 때가 많다 보니 팀에서 가장 성과가 낮은 팀원이라도 다른 스택의 고성과자보다 대체로 더 성과가 높았다. 그런데도 여전히 순위는 자기가 속한 스택 내에서 매겨졌다. 오카모토는 그저 그런 스택에 속한 직원들에게 부당하게 유리한 상대평가 체계 때문에 자신이 키우고 뒷받침한 유능한 직원을 해고하는 것은 비효율적이고 잔인하다고 생각했다.

많은 젊은 엔지니어들이 스택 랭킹은 불공평할 뿐만 아니라 어리석은 제도라고 평했다. 스택 랭킹은 같은 팀원의 업무를 방해하려는 동기를 유발했다. "스택 랭킹은 사람들이 진정으로 공동체를 원하는 상황에서도 내부 경쟁을 불러일으킵니다." 전 마이크로소프트 부사장이 〈배니티 페어〉와의 인터뷰에서 말했다.[15] 스택 랭킹은 마이크로소프트에서 시대에 뒤떨어지고 유해한 문화가 영영 사라지지 않는 원인이었다.

마이크로소프트는 어째서 이 전형적인 강요자 마인드셋 정책을 채택하게 됐을까? 스택 랭킹은 '깐깐한 리더라는 신화'에서 생겨났다.[16] 게으름뱅이에게 운동장 돌기를 시키는 미식축구 코치, 학생들의 기강을 잡겠다며 야구 방망이를 들고 복도를 돌아다니는 고등학교 교장, 이론 화학의 권위를 지키겠다며 수강생 절반에게 낙제점을 주는 교수, 완벽한 제품을 만들겠다며 모든 직원의 영혼을 짓밟는 기술직 임원, 손에서 피가 날 정도로 연습하기 전까지는 만족하지 못하는 음악 강사를 상상해보라.

발머가 전설로 여겼던 깐깐한 리더는 1980년대부터 1990년대까지 제너럴 일렉트릭GE CEO로 맹위를 떨친 잭 웰치였다.[17] 웰치는 등급 평가 후 해고 체계를 발명한 장본인이다. 저서《잭 웰치: 끝없는 도전과 용기》에서 웰치는 강요자 마인드셋을 설명했다. 그는 '직원을 A, B, C 등급으로 구분 짓기'를 목표로 삼았다.[18] 웰치가 A등급으로 판단한 직원은 B등급보다 2~3배 더 많은 상여금을 받을 자격이 있었다. C등급으로 평가한 직원은 아무것도 받을 자격이 없었으며, 해고 대상이었다. 웰치는 "고함을 많이 질렀고 공감 능력이 부족"했다.[19]

웰치의 임기 초반에 GE는 몸집을 불렸고 돈은 줄줄 새어나갔다.[20] 인원 삭감이 필요했으므로, 한동안은 등급 평가 후 해고 정책이 타당했을 것이다.[21] 하지만 웰치는 필요할 때마다 그 가혹한 정책을 계속 실시했다. 그는 까다로운 기준을 유지하면서도 지원의 필요성은 알아차리지 못했다. 웰치는 20여 년 동안 10만 명이 넘는 직원을 해고했고, 많은 일자리를 해외로 옮기면서 제2차 세계대전 이후 미국에서 계층 상승을 활발하게 만들었던 노동자계급 경제의 파괴를 가속화했다.[22]

〈뉴욕타임스〉 기자 데이비드 겔레스는 웰치를 다룬《자본주의를 무너뜨린 사나이The Man Who Broke Capitalism》라는 책에서 등급 평가 후 해고 정책이 비용을 줄이고 주가를 단기적으로는 끌어올렸지만, 장기적으로는 나쁜 정책이었다고 지적했다.[23] 발머가 나중에 마이크로소프트에서 그랬던 것처럼 웰치는 인재를 몰아내고 혁신을 억눌렀다. (GE는 작은 기업 3개로 분할됐고,[24] 그 세 기업의 가치를 다 합쳐도 2000년 GE 시가총액 최고액보다 훨씬 낮다.) 그런데도 모방자들은 주로 1990년대 GE의 주식시장 추세에 관심을 가졌다. 그들은 웰치의 불가능한 기준과 무자비한 해고가 미국 자본주의 피라미드의 정점으로 올라가는 데 꼭 필요한 요소라고 결론지었다. 웰치는 극히 일부분인 A급 직원을 제외하면 조금도 지원을 고려하지 않았다.

등급 평가 후 해고 정책은 오늘날까지도 이어지는 신화적인 돈벌이 지위를 차지했다. 몰락한 스타트업 위워크의 전 CEO이자 잭 웰치의 제자인 애덤 뉴먼은 잉여 현금이 수십억 달러에 달할 때도 등급 평가 후 해고 정책을 적용한 것으로 유명했다.[25] 뉴먼이 유발한 유해한 직장 문화는 위워크가 2019년에 기업공개를 시도한 이후 대대적으로 붕괴한 원인 중 하나였다.[26]

보잉의 CEO 데이브 칼훈은 예전에 잭 웰치 밑에서 GE 항공 사업부를 이끌었다. 2023년 초 미국 경제가 침체되면서 칼훈은 보잉이 스택 랭킹 체제로 돌아갈 것이라고 발표했다.[27] 관리자들은 직원 중 약 10퍼센트에게 기대에 미치지 못했다고 말할 수밖에 없었다. 다들 몇 달 전만 해도 기대치를 충족했다고 평가받았던 직원들이었다. 하지만 그것은 잘못된 기준이었다. "저는 정당하지 않게 낮은 평가를 받은 직원들에게 새빨간 거짓말을 해야 했습니다." 한 관리자가 말했다. '마이크로소프트 퇴사자들'이 모인 페이스북 그룹에서는 발머 밑에서 일했던 한 베테랑 직원이 "분명히 좋은 결과를 가져올 것이라고 믿어요"라며 비꼬았다.[28] 1년 후 알래스카항공 1282편이 비행하는 중에 비상 탈출구가 뜯겨나가면서 칼훈과 보잉사 엔지니어들은 맹비난을 받았다.[29] 칼훈은 곧 CEO 자리에서 물러났다.

발머가 마이크로소프트 CEO로 취임했을 당시, 웰치의 영향력과 깐깐한 리더라는 신화는 그 어느 때보다도 강했다. 경영 이론가 더글러스 맥그리거가 〈기업의 인간적 측면〉이라는 논문에서 'X 이론'이라고 불렀던 강력한 데다 사회에 만연한 이데올로기가 그 신화를 지탱했다.[30] 오카모토는 평생 X 이론과 싸웠다. (맥그리거는 좀 더 구체적인 이름이 불러일으킬 논쟁을 피하고 싶다는 이유로 X 이론이라는 이름을 선택했다.)

X 이론은 신경생물학적 무능 모델의 경영 버전이다(1장 참조). X 이론에 의하면, 사람들(특히 젊고 미성숙한 사람들)은 근본적으로 게으르고 이기적이며, 물질적 보상(예: 돈)을 획득할 거라는 유혹이나 보상을 잃게 된다는 위협(예: 임금 삭감이나 해고)으로만 동기를 부여할 수 있다. 최고의 보상은 정상에 올랐을 때 주어지므로 이를 위해 노력하도록 등급을 매기는 것이다. 그리고 그 시스템에 반응하지 않는 직원은 해고해야 한다. 이 접근법은 강요자 마인드셋을 보여주는 전형이다. 요즘 잣대로 보면 발머 시대에 있었던 마이크로소프트의 등급 평가 후 해고 정책이 야만적으로 들릴 수 있지만, 그것은 업계의 깐깐한 리더들이 오랫동안 믿어온 X 이론의 논리적 확장판

일 뿐이었다.

X 이론은 스택 랭킹과 탁자 뒤엎기 같은 강요자 마인드셋 방식을 강화하는 순환을 유발한다. 발머가 재임하는 동안 스택 랭킹은 마이크로소프트의 직원들이 최선을 다해 일하도록 동기를 부여하는데 실패했다. 관리자들은 저성과 직원들을 낮은 등급으로 평가했고, 결국 그들 중 대다수를 해고했다. 이 체계가 평정하지 못한 몇몇 사람들은 보상을 받았다. 그들은 스스로가 다른 사람들보다 더 낫고 똑똑하다고 생각하면서 스택 랭킹이 게으른 사람들을 제거하고 뛰어난 직원에게 보상하는 임무를 다했다고 생각했다. 애초에 존재할 필요가 없는 동기부여 문제를 굳이 만들어서 엄청난 재능을 낭비하고 있다는 사실은 깨닫지 못했다.

부모들 사이에서 비슷한 역동이 작동하는 모습도 쉽게 상상할 수 있다. X 이론을 지지하는 부모가 수학 숙제를 하기 싫어하는 10대 자녀를 어떻게 대할지 생각해보자. 만약 부모가 10대들은 게으르다고 믿는다면 통제 도구를 사용할 가능성이 더 높다. 즉 복종하지 않으면 처벌하겠다고 위협(호통, 꾸지람, 비난, 모욕, 외출 금지)하거나 순응할 때 보상(미끼, 약속, 통금 시간 완화, 낮은 기대치)할 것이다. 이런 전술은 10대 자녀에게 자기주도적으로 공부하려는 동기를 부여하지 않는다. 따라서 부모는 자녀가 게으르다는 증거를 더 많이 확보하게 되고, 이는 한층 더 확고한 강요자 역동을 만들어내며, 이러한 반복적인 순환 속에서 X 이론은 강화된다.

오카모토가 처음 관리직으로 승진했을 당시, 마이크로소프트에는 이런 강요자 마인드셋 문화가 퍼져 있었다. 오카모토는 X 이론을 거부했고, 그 대신 맥그리거가 1957년에 발표한 논문에서 언급한 Y 이론을 지지했다.

Y 이론에 따르면, 사람들은 본래 이기적이거나 게으르지 않으며, 물질적 보상과 처벌에 따라 휘둘리지도 않는다. 관리가 어설프면 그렇게 보일 수도 있지만, 그것이 본성은 아니다. 오히려 인간은 심리학자 에이브러햄 매슬로 박사가 말한 상위 욕구, 즉 사회적 연결, 사회적 지위/명성, 의미/목적으로 동기를 부여받을 수 있다.[31] 그런 수단으로 동기를 부여받을 때 사람들은 지속적인 지시나 감독 없이도 능동적이고 독립적으로 일할 수 있다. 그러면 노동자의 생산성이 증가하고 관리자의 일도 수월해진다. 직원들을 끊임없이 감시할 필요가 없기 때문이다.

맥그리거의 Y 이론은 저성과의 원인을 다양하게 설명하고 고성과를 촉진하는 여러 방법을 제시한다. 고차원적인 욕구가 위협받으면 성과가 나빠지기 쉽다. 따라서 Y 이론은 관리자가 존중, 존엄성, 의미 있는 평판을 바라는 직원들의 근본 욕구를 해소할 수 있도록 도와야 한다고 본다.

오카모토는 X 이론을 믿고 스택 랭킹을 시행하며 탁자를 뒤엎는, 마이크로소프트에 흔하디 흔한 강요자 마인드셋 관리자들과 달라지기로 맹세했다. 그녀는 비인간적인 문화 속에서 조금이나마 인류애를 대변하기로 결심했던 것이다.

오카모토의 의도는 순수했지만, 이를 실행하기는 쉽지 않았다. 그로 인해 부하 직원들은 심각한 문제를 겪었다. 사전 교육을 충분히 받지 못한 채로 관리자가 된 오카모토는 X 이론을 거부하긴 했지만, 안타깝게도 Y 이론에 대한 이해 역시 겉핥기 수준이었다. 그래서 업무에 보호자 마인드셋을 적용하게 됐다. 오카모토는 부하 직원들의 자아와 자존감을 지켜줘야 한다고 생각해 난감한 대화를 피하기에 이르렀다.

초보 관리자 시절에 오카모토는 젊은 부하 직원들을 감독 대상이 아니라 친구처럼 대하는 실수를 저질렀다. 높은 지원은 제공했지만 기준은 충분히 제시하지 않았던 것이다. 특히 자신이 직원들에게 제공하는 업무상 피드백이 너무 개인적으로 느껴질까 봐 걱정했다. 젊은 동료들을 공격하는 일만큼은 절대 하고 싶지 않았고, 그러다 보니 직원들의 성과를 비판하지 않게 됐다. 하지만 스택 랭킹은 엄연히 건재했으므로 성과 평가 시기가 다가오면 그녀의 부하 직원 중에서도 가장 낮은 성과 범주에 들어가는 직원들이 생겼다. 그동안 오카모토는 그들과 난처한 대화를 하기를 꺼렸었고, 이제는 그들을 도울 수 있는 시간도 없었다. 그 결과 그녀는 자신이 마음 깊이 아끼는 부하들의 상여금과 경력, 직업 안정성까지 위협하기에 이르렀다.

오카모토는 부하 직원이 문제를 해결하도록 도울 때도 처음에는 꽤 실수를 저질렀다. 일대일 회의에서 팀원이 다른 관리자나 팀원에 대해 불만을 말하는 경우가 있었는데, 오카모토가 타고난 보호 본능을 발휘해 대신해서 나섰던 것이다. 하지만 그런 방법으로는 문제를 해결하기는커녕 오히려 상황이 악화되기 일쑤였다. 보호자 마인드셋이 발동하는 순간이었다. 마음속 깊은 곳에서는 부하 직원들이 과연 문제를 해결할 수 있을지 의심하고 있었던 것이다. 오카모토는 직원들의 능력을 존중해야 했으므로 접근방식을 바꿨다. 부하 직원이 불만을 제기할 때 단지 불평불만을 털어놓을 사람이 필요한 건지, 아니면 개입해주기를 바라는지 물었다. 후자의 경우라면 개입 방식에 동의하는지도 확인했다.

오카모토 역시 우리 대부분과 마찬가지로 Y 이론을 재해석해서 더 심오한 함의를 보는 법을 배워야 했다. 직원들에게 도전을 촉구하는 '동시에' 지위, 존중, 존엄성을 바라는 요구에 대처하는 방법을 익혀야 했다. 관리자들은 젊은 직원들의 능력을 진지하게 받아들이면서 그들이 필요한 자원에 접근할 수 있도록 도와주는 대화를 나눌 때 이를 실현할 수 있다.

마침내 오카모토는 '협력적 문제해결collaborative troubleshooting'이라는 성과관리 대화법을 만들었다. 이는 사람들이 자신의 한계에 맞서거나 한계를 극복하는 것을 편히 할 수 있는, 실수 및 잘못에 대한 대응 방법이다.

오카모토가 스택 랭킹의 최저 범주에 속한 직원의 성과를 평가하면서 협력적 문제해결법을 어떻게 사용했는지 보여주는 예시는 다음과 같다.[32]

> 성과 평가가 끝났습니다. 유감스럽지만 평가 결과가 최저 범주로 나왔어요. 불쾌한 기분은 이해합니다. 하지만 분명히 말해두고 싶어요. 이번에 평가한 성과가 당신의 경력을 반영한다고 생각하지는 않습니다. 당신의 잠재력을 알고 있으니까요. 6개월 후에는 당신에게 저성과자라는 낙인이 찍히지 않으면 좋겠어요. 분위기를 반전시켜서 당

신이 고성과자라는 걸 보여주기 바랍니다. 그 목표를 달성하기 위해 앞으로 6개월 동안 무엇을 할 수 있을지 아이디어를 몇 가지 생각해 놓았습니다. 하지만 먼저 당신의 의견을 듣고 싶습니다. 어떻게 하면 중대한 프로젝트를 맡을 수 있는 위치에 도달할 수 있을지 생각해보셨나요? 어떻게 하면 중요한 사람들에게 좋은 인상을 줘서 높은 성과를 내는 사람이라는 평판을 회복할 수 있을까요? 일단 그것을 파악하고 나면 목표를 달성하기 위한 계획을 세울 수 있습니다.

이는 가장 기본적인 멘토링이다. 오카모토는 개인의 성장을 지원하는 동시에 높은 기준을 충족하도록 협력했다.

오카모토가 어떤 말을 하지 않았는지에 주목하자. 그녀는 저성과자를 강요자 마인드셋으로 비난하지 않았다. 또한 보호자 마인드셋을 발동해서 '맡은 일이 너무 많아서 저성과자가 됐으니 기대치를 낮추거나 당신이 할 일을 대신해주겠다'고도 하지 않았다. 오카모토는 기대치를 높였고, 의미 있는 지원을 제공했다. 그녀는 자신이 공모자이자 협력적인 문제해결자가 되겠다고 제안했다. 부하 직원이 지닌 직원으로서의 전반적인 가치를 판단하지 않았다.

마이크로소프트에서 쌓은 경험은 오카모토가 유능한 관리자로 성장하는 계기가 됐다. 다른 관리자들은 오카모토가 특히 부하 직원의 성장에 관한 한 얼마나 엄격하고 때로는 맹렬해질 수 있는지 알아차렸다. 젊은 직원들은 그녀를 좋아했다. 20대 초중반에 오카모토에게 멘토링을 받은 덕분에 성공적인 경력을 쌓았다고 말하는 이들이 수십 명에 달했다. 오카모토의 링크드인 페이지는 과거 부하 직원들이 자발적으로 보낸 러브레터 게시판처럼 보였다. 그녀의 부하 직원들은 꾸준하게 승진했다. 예를 들어 부하 직원이었던 살로니 샤는 현재 마이크로소프트에서 인사 부문 전체의 관리 전략을 수립하는 고위직을 맡고 있다. (오카모토와 대화를 나눈 이후, 나는 양육에 협력적 문제해결 방법을 시도했다. 내용은 상자 4-1과 같다.)

상자 4-1. 양육에 협력적 문제해결 방법 시도하기

나는 오카모토의 협력적 문제해결 방법을 딸에게 시도했다. 스칼렛은 중학년 1학년 영어 수업 시간에 발표할 8분짜리 TED식 강연을 준비해야 했다. 그 또래 아이들이 으레 그렇듯 스칼렛도 발표 이틀 전까지 미뤘다가 발표문을 쓰기 시작했는데, 그날은 매우 정신이 없어 보였다.

만약 내가 강요자였다면 "자업자득이야"라고 말했을 것이다. 과제를 미뤘으니 낮은 점수를 받는 게 마땅했다. 만약 내가 보호자였다면 "아빠가 불러줄 테니까 받아써서 수정해"라고 했을 것이다.

그 대신에 나는 오카모토의 멘토 마인드셋을 활용했다. "글쎄, 지금까지 쓴 개요를 이야기해볼까? 일단 네가 초안을 작성하면 같이 살펴보자. 그다음에 문제를 전부 고쳐나갈 거야. 그렇게 하고 나면 훨씬 더 좋아질 거야. 그러면 앞으로 자기가 쓴 글을 어떻게 수정해야 할지 알게 될 거야." 그러자 더는 문제가 그렇게 크게 느껴지지 않았다. 스칼렛의 어깨에서 긴장이 풀렸고, 아이는 심호흡을 하더니 연필을 쥐었다. "좋아요. 일단 초안부터 쓰고 나서 같이 고쳐봐요."

저녁 시간을 조금 빼앗겼지만 그럴 만한 가치가 있었다. 며칠 후, 스칼렛은 프레젠테이션을 완벽하게 마무리했고, 매우 자랑스러워했다. "저한테 딱 적당한 난이도였어요." 이번에도 멘토 마인드셋이 적중했다!

2014년 마이크로소프트 CEO로 취임한 사티아 나델라는 기업문화를 X 이론에서 정통 Y 이론으로 바꿨다. 나델라와 그의 동료 캐슬린 호건은 스택 랭킹을 없애고 '커넥트Connect'라는 좀 더 인도적인 성과평가 체계를 도입했다.

오카모토는 나델라와 호건의 팀이 발머가 만든 유해한 문화를 없애도록 돕고 싶었으며, Y 이론을 회사 전체에 퍼뜨리고 싶었다. 그러려면 인사 팀으로 옮겨야 했다. 그녀는 인사팀 경험이 없었지만, 그런 이유로 멈춘 적은 한 번도 없었다.

오카모토는 스스로 행운을 개척하기로 했다. 엔지니어링 그룹 안에서 차세대 관리자를 훈련하고자 관리자 지망생 포럼을 시작했다. 포럼에서는 '비판적인 대화에서의 용기(그녀 자신도 처음에 힘겨워했던 주제)', '직원의 경력개발계획 코칭 방법', '성장 마인드셋: 진정한 잠재력을 발휘하는 팀 구축하기'와 같은 주제를 다뤘다. 포럼은 대성공을 거뒀고, 핵심 부서에서 뛰어난 관리자가 되려면 꼭 거쳐야 할 코스가 됐다.

오카모토는 인사팀으로 이동을 신청하고 아이디어를 확장하려고 했다가 거절당했지만, 곧 인사팀이 제대로 된 판단을 내린 후 그녀를 영입했다. 얼마 지나지 않아 오카모토의 작지만 영향력 있는 팀은 19만 명에 달하는 회사의 글로벌 인력을 대상으로 모든 신입사원 연수와 관리자 연수를 이끌었다. 연수 프로그램은 '모델, 코치, 관심'이라는 3가지 부분으로 구성됐다.[33] 오카모토는 최종 프로그램에 '관심'이 반드시 들어가도록 애썼다.

곧이어 칭찬이 쏟아졌다.[34] 나델라가 이끈 하향식 문화 변화와 오카모토가 이끈 상향식 리더십 덕분에 2023년 마이크로소프트는 스태티스타와 〈타임〉이 선정한 '세계에서 가장 일하기 좋은 회사'로 꼽혔다.[35] 직원의 95퍼센트가 그곳에서 일하는 것을 자랑스럽게 생각한다고 말했다. 발머의 '잃어버린 10년'과는 전혀 달랐다.

그 직후 기술기업 서비스나우가 오카모토의 성과에 주목하고 적극적으로 그녀를 영입했다. 이제 오카모토는 그곳에서 회사의 관리자 육성과 평가 전략을 주도하고 있다.

어느 교사의 성장기

서지오 에스트라다는 리버사이드고등학교에 다닐 때 모든 과목, 특히 수학과 과학에서 뛰어난 우등생이었다.[36] "당시에는 고정 마인드셋을 갖고 있었던 것 같아요." 그는 솔직히 인정했다. 그는 경쟁심이 무척 강해서 고등학교 때 사귀었던 재스민이 모든 면에서 자신보다 더 뛰어난 듯해서 신경을 많이 썼다. 재스민은 SAT 점수와 학교 성적이 더 높았고 연설, 토론, 연극에도 뛰어났다. 그녀는 졸업생 대표였지만, 에스트라다는 아니었다. 재스민이 어떤 일에서 에스트라다를 이기면, 그는 며칠씩 토라졌다. 지금 두 사람은 부부이며, 에스트라다의 고정 마인드셋은 존재하지 않는다. 하지만 에스트라다는 지금도 보드게임에서만큼은 재스민에게 지고 싶어 하지 않는다.

에스트라다의 고정 마인드셋이 바뀌기 시작한 것은 낸시 아로요의 AP 미적분학 수업을 들을 때였다. 아로요는 리버사이드고등학교의 수학과 학과장이었다. 그녀는 수학 및 과학 분야에서 최우수 교사로 선정되어 대통령상을 수상했는데, 이는 미국 국립과학재단(NSF)에서 교사에게 수여하는 가장 영예로운 상이다. 에스트라다와 재스민은 아로요가 허튼수작을 용납하지 않았다고 말했다. 그녀의 수업은 엄격했다.

학기의 중반이었던 어느 날, 에스트라다는 AP 시험에서 5점 만점에 2점을 받았다. 낙제 점수였다. 아로요는 그를 쳐다보며 말했다. "에스트라다, 대체 왜 슬퍼하고 놀라는 거니? 넌 노력하지 않잖아. 숙제도 당일 아침에 대충 해서 내잖아." 아로요는 에스트라다에게 잠재력이 큰 학생이지만, 단지 열심히 하지 않을 뿐이라고 말했다. 에스트라다는 그 말에 놀랐지만 기분이 나쁘지는 않았다. 그녀의 말이 옳았다. 그는 게으름을 피우고 능력에만 의존했다. "아로요는 〈스탠드 업〉에 나오는 제이미 에스칼란테처럼 인생을 바꾸는 선생님이었어요. 에스트라다 인생의 전환점이었죠." 재스민이 말했다. 아로요는 학생들에게 영감을 주기 위해 매년 〈스탠드 업〉을 보여주기도 했는데, 그것은 에스트라다에게 효과가 있었다. 아로요 선생님과 운명적인 대화를 나눈 지 몇 달 후 에스트라다는 AP 미적분학 시험에서 4점(높은 점수)을 받았다. 에스트라다는 열심히 노력해야 잘할 수 있는 학생들을 더는 과소평가하지 않았다. 아로요의 멘토 마인드셋 덕분에 에스트라다는 성장 마인드셋을 갖게 됐다.

에스트라다도 오카모토와 마찬가지로 대학에 지원하라는 조언을 전혀 받지 못해서 예일대학교 신입생 모집 담당자가 리버사이드

고등학교에 왔던 2학년 때 처음으로 구체적인 계획을 세우기 시작했다. 담당자는 에스트라다의 시험 점수와 학교 성적을 보더니 지원해도 좋다고 말했다. 들뜬 에스트라다는 학비가 얼마인지 확인했다. 안타깝게도 그에게 장학금에 대해 이야기해준 사람은 아무도 없었다. 그는 예일대학교에 지원하지 않았다.

재스민은 대학에 대한 정보가 더 많았다. 그녀는 텍사스 A&M대학교에 가고 싶었는데, 이 대학은 텍사스 주민에게 합리적인 등록금으로 우수한 교육 프로그램을 제공했다. 에스트라다는 자신의 성적과 등수 정도면 학비를 낼 필요가 없다는 사실을 알게 됐다. 그는 텍사스 A&M대학교에 지원했고 우등생 프로그램에 합격했다. "저는 충동적으로 결정을 내렸어요. 캠퍼스에 가본 적도 없었고요. 아는 거라고는 재스민이 좋은 학교라고 생각한다는 사실뿐이었죠." 재스민의 어머니는 그 소식을 달가워하지 않았다. "딸아이를 남자친구와 같은 대학에 보낼 수는 없었어요." 재스민은 장학금을 받고 뉴멕시코대학교에 입학했다.

에스트라다가 A&M 우등생 프로그램에서 보낸 첫해는 힘에 겨웠다. 다른 우등생들은 명문 고등학교 출신이었다. 에스트라다는 같은 점수를 받기 위해 2배 더 열심히 노력해야 했고, 부단히 노력한 끝에 좋은 성적을 받기 시작했다. 1년 후 재스민은 A&M대학교로 편입했으며, 두 사람은 곧 결혼해 아이를 갖게 되었다. 보육비가 비쌌기 때문에 에스트라다와 재스민은 번갈아서 아기를 돌보고, 일하고, 수업에 들어갔다. 에스트라다는 자존심은 덮어두고 어떻게 생계를 꾸릴지 생각하기 시작했다.

2학년 때 에스트라다는 수업이 끝나면 어디서든 할 수 있는 일을 맡았다. 애플의 고객서비스 전화 응대 업무였다. 야간과 주말 시간에는 아이폰을 변기에 빠뜨렸고 보험에 가입하지 않았지만 무료로 교체받고 싶다고 말하는 고객 전화에 응했다. 휴대폰에 저장된 사진이 지워졌는데 클라우드에 로그인할 수 없다는 전화도 받았다. "그들은 화가 나서 전화기에 대고 소리를 질렀어요. 하지만 제 철학은 이랬어요. '그들에게는 그저 말을 들어주는 사람이 필요할 뿐이다, 결과가 나쁘더라도 이해받았다고 느낀다면 받아들일 것이다'라고요." 에스트라다는 고객들에게 절대 굴복하지 않았다. 아이폰을 무상으로 교체해주지 않았던 것이다! 그런데도 고객들은 항상 인정받고 존중받았다고 느꼈다. 그들은 여전히 애플의 제품을 쓰고 싶어 했다. 어떻게 그렇게 할 수 있었을까?

에스트라다는 문제가 애플의 잘못이 아니더라도 일단 고객에게 양해를 구했다. 그것이 애플의 정책이었다. 그다음에는 고객이 했던 말을 다른 어휘를 써서 반복했다. 고객에게 자신이 그들의 말을 듣고 있다는 것을 알게 하려고 반복한 것이었다. "가장 힘든 일은 고객들이 어떻게 느끼는지 시간을 들여 이해하는 것이었어요. 고객이 험한 소리를 하는 와중에 상황을 해결할 수 있는 유일한 방법은 자신들이 이해받는다고 느끼게 하는 것뿐이었죠. 그러려면 고객의 말을 아주 잘 들어야 했어요."

마지막으로 그는 '협력적으로 문제를 해결'했다. 에스트라다는 고객과 '함께' 애썼다. 그는 그들에게 문제가 생긴 이유를 알려주고 앞으로 그 문제를 피하는 방법을 가르쳐주었다. 무엇을 클릭해야 잃어버린 사진을 클라우드에서 복구할 수 있는지 말하는 데 그치지 않았다. 그는 고객이 또래친구나 동료인 것처럼 참을성 있게 설명했고, 사람들은 평생 친구라도 얻은 듯한 기분으로 전화를 끊었다. 마치 심리치료를 받은 것 같았다. 에스트라다의 멘토 마인드셋과 협력적 문제해결 방식은 애플의 고객서비스 교육 프로그램 속에서 태어났다.

그때까지 에스트라다는 교사가 될 생각을 한 번도 해본 적이 없었다. 반면 재스민은 교사가 되고 싶었다. 리버사이드에서 재스민은 특별 교사 양성 과정을 밟았고, 그 덕분에 대학교를 졸업한 후에 리버사이드로 돌아와 교직에 종사할 수 있었다.

에스트라다는 완전히 다른 길을 걸었다. 그는 텍사스 A&M대학교에 입학할 때 FBI나 CIA 같은 조직에서 일하겠다는 목표를 세웠고, 심리학과 러시아어도 전공했다. 그는 인간 행동과 외국어를 통달하면 그런 조직에서 일하는 데 유리할 것이라고 생각했다. 하지만 3학년 때 자신의 눈에 희귀 질환이 있다는 것을 알게 되었다. 각막이 얇아지고 있어서 결국 시력을 잃을 것이라고 했다. FBI나 CIA 현장에서 일하는 것은 불가능할 것이었다.

에스트라다는 진로를 바꿔 의대에 진학하기로 했다. 러시아어를 그만두고 신경과학을 선택했으며, 과학 강의를 최대한 많이 들었다. 성적은 우수했고, 새로운 계획은 순조롭게 진행되었다.

4학년 때는 학생들이 의학계에 종사하는 A&M 졸업생들과 동행하며 배울 수 있는 프로그램에 등록했다. 그는 의사 3명을 그림자처럼 따라다녔는데, 그중 두 사람은 한참 후에야 돈을 벌고 일을 즐기기 시작했다고 말했다. 이른바 '워라밸'도 좋지 않았다. 세 번째 의사는 자기가 하는 일도, 그 일을 해서 번 돈도 좋아하지 않았다. 에스트라다는 당장 어린 아들을 부양하고 재스민과 인생을 즐길 생각이었기 때문에 결국 의대에 진학하지 않기로 했다.

에스트라다는 위기에서 벗어난 듯한 기분이었다. 하지만 당시에 그는 이미 5년째 대학교에 다니고 있었고, 전공은 그가 그리던 미래로 이어지지 않았다. 재스민은 아이를 데리고 엘패소로 돌아가 가족과 가까운 곳에 살면서 리버사이드에서 학생들을 가르칠 준비를 하며 이미 경력을 쌓기 시작했다. "저는 길을 잃고 혼란스러웠어요. 그것도 황무지에서요. 공황 상태에 빠졌죠."

졸업 후 에스트라다는 엘패소의 버라이즌 콜센터에서 일자리를 얻었다. 예전에 애플에서 일했을 때 즐거웠고, 위기에 처한 사람들을 돕는 데 보람을 느꼈기 때문에 집 근처에서 조금 더 많은 돈을 벌기 위해 그 일을 할 생각이었다. 나중에는 회사에서 승진도 할 수 있고 고객서비스 분야에서 관리자가 될 수도 있을 것이라고 생각했다. 하지만 곧 에스트라다는 버라이즌에서 착취당하고 있다고 느꼈다. 급여도 적었고 기술 문제로 전화한 고객들에게 상품 구매를 권하도록 압박하는 일도 해야 했다. 그것은 사람들을 돕는 일이 아니었다. 에스트라다는 그런 점이 싫어서 그만뒀다. 이제 재스민과 아이는 공립학교 교사 월급으로 살아야 했고, 에스트라다는 미래를 낙관했던 시절이 그리웠다.

재스민은 그가 두려움에서 벗어나도록 설득했다. "당신에게는 훌륭한 과학 교사가 되기 위한 가장 중요한 자질이 2가지 있어. 과학을 잘 알고 있고, 사람들의 말을 잘 듣고 그들이 문제를 해결하도록 돕는 데 뛰어나잖아." 그녀는 그가 과학 수업에서 뛰어나게 활약하거나 애플에서 사람들을 도울 때 자신감과 생기가 넘쳤고 살아 있다고 느꼈다는 것을 알았다. 재스민은 엄청나게 복잡한 로그인과 장치 사용법을 능숙하게 해내도록 노인을 돕는 것은 17세 아이들이 복잡한 물리학 개념을 이해하도록 돕는 일과 크게 다르지 않다고 말했다. 재스민은 에스트라다가 뛰어난 교사가 될 것이라고 생각했다.

부임 첫해, 에스트라다는 뛰어난 교사가 아니었다.

버라이즌을 그만둔 다음 해 봄에 에스트라다는 온라인 수업을 통해 교원 자격증을 취득했다. 가치 있어 보이는 것은 전혀 배우지 못한 상태였다. "한 일이라고는 닥치는 대로 외우고, 간단한 퀴즈 문제를 푸는 것뿐이었어요."

가을에 그는 리버사이드고등학교에서 일반 물리 3과목, 생물학 2과목, 공학 1과목을 가르쳤다. 그는 애플 콜센터에서 습득한 기술을 사용했고, 학생들은 그를 좋아했다. 학년이 시작되고 2개월 후, AP 물리학 수업을 듣는 학생들이 해당 교사에게 반발하는 일이 있었다. 그들은 6년 전 에스트라다가 그랬듯이 리버사이드고등학교에서 가장 성적이 좋은 학생들이었는데, 교사에게서 아무것도 배우지 못했던 것이다. 그들은 에스트라다의 공학 수업(그들도 이 수업을 들었다)에서 에스트라다의 일반 물리 수업(AP가 아닌)을 듣는 학생들에게 물리학을 배워야 할 정도였다. AP 시험은 4월로 다가오고 있었고 수업 시간은 부족했다. 후에 전액 장학금을 받고 예일대학교에 진학한 라울이라는 학생은 에스트라다가 훌륭한 교사라는 것을 알아챘다. 라울은 교장실에 가서 에스트라다가 AP 물리학 수업을 맡게 해달라고 요청했다. 그래서 교습법은 거의 배운 적 없고 물리 수업을 2과목 들어봤을 뿐인 에스트라다가 준비가 덜 된 학생들에게 일반적인 기간보다 2개월 짧은 시간 동안 1년 교과과정에 해당하는 대학 수준의 물리학을 가르치게 됐다.

에스트라다가 AP 물리학 수업을 맡는다는 것은 너무나 큰 도박이었다. 몇 년 동안 황무지에서 길을 잃고 가족을 부양할 방법을 고민하던 그가 자신의 능력과 제 갈 길을 가고 있다는 것을 증명할 기회였다. 그는 정규직이 되어야 했다. 교사로서 잘 풀려야 했던 것이다.

에스트라다는 학생들에게도 관심을 많이 기울였다. 그도 6년 전에 같은 책상에 앉아 있었으며, 학생들과 마찬가지로 학업 진로를 택할 때 지침을 거의 받지 못했다. 이제 그가 학생들의 삶을 바꿀 차례였다.

절박한 심정이었다. 에스트라다는 학생들이 AP 시험에 통과할 수 있도록 대비시켜야 했고, 합격하려면 3점 이상을 받아야 했다. 그는 어떻게 효과적인 교습법을 배울 수 있었을까?

일단은 그는 재스민에게 기댔다. 재스민은 그들이 가장 좋아했던 교사 아로요를 떠올렸다. "'아로요를 온전히' 따라 한다면? 에스트라다는 아로요가 만만하지 않고, 깐깐하며, 엄격했다고 기억했다. 그녀는 학생들을 앞으로 나아가게 했다. 문제를 많이 내주고, 매일 공부하도록 다그쳤다. 에스트라다는 전력을 다해 아로요를 따라 하기로 했다.

다음으로 에스트라다는 교장에게 시내에서 가장 뛰어난 AP 물리학 교사를 따라 할 수 있을지 물어봤다. 수업을 참관하고 수업 내용을 따라 할 계획이었다. 그에게는 여유가 없었다.

교장은 에스트라다를 오스카에게 데려갔다.[37] 오스카는 엘패소에서 가장 부유하고 성적이 좋은 학교에서 교사로 일하고 있었다. AP 시험에서 5점 만점에 5점을 받는 학생이 학군 내에서 가장 많은 반이 오스카가 가르치는 반이었다. "AP 물리학을 가르칠 때 중요한 점은 2가지입니다." 오스카가 첫날 에스트라다에게 말했다. 첫째, 수업을 초고속으로 진행해야 한다. 둘째, 최우수 학생들만 가르쳐야 한다. 속도를 늦추면서 모든 학생을 가르치려고 하면, 최상위권 학생들에게 필요한 내용을 전부 다룰 수 없어서 결국 이들에게 피해를 주게 된다. 어차피 하위권 학생들은 이해하지 못하므로 굳이 가르칠 필요가 없다.

에스트라다는 오스카의 수업을 참관하면서 고개를 끄덕이며 열심히 필기했다. "특히 눈에 띈 점은 그가 학생들에게 열의를 다하는 모습이었어요." 어느 날은 수업 시간에 물리 실험을 했는데, 그때 한 학생이 실수를 했다. "오스카가 학생 얼굴에 대고 소리를 지르더군요. '왜 그런 짓을 하는 거야? 다섯 번이나 했잖아. 어떻게 이런 실수를 할 수 있지?'" 오스카는 마이크로소프트에서 탁자를 뒤엎는 상사들처럼 화를 냈다. "저는 '세상에, 이 학군에서 따라 해야 할 기준으로 보여주는 교사가 오스카구나'라고 생각했어요." 에스트라다는 오스카를 온전히 따라 할 준비를 마치지 못한 채 교실로 돌아왔다. 하지만 엄격하게 행동하겠다는 결심은 굳게 다졌다.

“그해 저는 마감일을 아주 엄격하게 지켰어요. 가라앉든 헤엄치든 알아서 하라고 했죠. 엄격한 것도 좋고, 어려운 것도 좋았죠. 학생들을 압박해야 한다고 생각했어요.” 그는 아로요와 오스카를 따라 하려고 했다. 숙제를 많이 내줬는데, 주 5일 동안 매일 어려운 문제를 2개씩 내줬다. 잘 따라가는 학생들도 한 문제를 푸는 데 30~45분이 걸렸다. 대부분은 따라가지도 못했다. 에스트라다는 제출 시간이 지나면 과제를 받아주지 않았다. 학생들은 나중에 개념을 이해하더라도 숙제나 시험을 재검토할 수 없었다. 채점도 가혹했다. “모든 것이 정말이지 부담스러웠죠.” 에스트라다가 회상했다. 학생 대부분이 C, D, F를 받았다. 에스트라다는 계속 앞으로 나아갔으며, 오스카가 말한 조언을 떠올렸다. ‘수업을 빨리 진행하라. 최상위권을 가르쳐라. 학생들이 수업을 진지하게 받아들이게 하라.’ 그는 학생들이 개념을 이해하지 못하더라도 매일 진도를 나갔다. 학생들은 점점 더 뒤처졌다. “학생들이 잘할 수 있도록 능력을 키우는 데 초점을 맞추지 않았어요. 미친 듯이 진도를 나가는 데 초점을 맞췄죠.” 몇몇을 제외하고는 이 수업에서 A학점을 받기란 점점 더 불가능해 보였다. 학생들은 부정행위를 저지르기 시작했다. 부정행위가 너무 많았다. 에스트라다는 자기 노선을 고수했고, 학생들이 더 열심히 공부해야 한다고 생각했다. 그는 아로요의 수업에서 경험한 일들을 떠올렸다. 그에게 아로요의 질책이 필요했듯이, 학생들에게도 그런 것이 필요하다고 여겼다.

AP 시험이 다가오면서 에스트라다는 학생들이 자기 덕분에 시험에 합격했다고 생각해주기를 바랐다. 하지만 그가 학생들에게 매우 높은 수준(AP 교사 대부분보다도 높은)을 요구했는데도 학생들은 내용을 제대로 이해하지 못했다. 그는 학생들의 사기를 북돋우기 위해 수업 분위기를 밝게 유지하려고 애썼고, 학생들과 농담도 주고받았다. 학생들에게 엄격하게 대하는 만큼 다정한 태도로 상쇄하고 있다고 확신했다. 에스트라다는 앞으로 수업을 들을 학생들을 위해 수업에 관해 편지를 써달라고 학생들에게 부탁했다. 성적은 낮았지만 학생들의 지지를 얻고 싶었고, 마음속으로는 자신이 아로요의 환생일지도 모른다고 생각했다. 곧 그는 자신이 얼마나 틀렸는지 알게 됐다. "애덤이라는 학생이 있었어요. 저는 우리 사이가 좋다고 생각했지요. 하지만 애덤은 편지에 제 수업이 싫었다고 썼더군요. 모두에게 제 수업을 듣지 말라고 했어요. 착하고 똑똑한 아이였고, 거짓말을 할 이유도 없었죠. 정말 충격이었어요. 제 수업에 대한 애덤의 평가는 결코 잊지 못할 거예요." 에스트라다는 그때 자신감을 잃었다고 했다.

학생들은 왜 에스트라다의 수업을 싫어했을까? 무엇을 하든 성공하지 못했기 때문이었다. 학생들은 스트레스와 압박감, 무력감을 느꼈고, 높은 기준 때문에 의욕은커녕 오히려 패배감을 느꼈다. 에스트라다는 개인적인 책임감을 심어주는 자신이 '올해의 교사' 감이라고 생각했지만, 학생들은 C학점을 받았으며 그를 싫어했다.

그의 접근법이 왜 실패했는지 잘 보여주는 예는 물리 실험 수업에서 찾을 수 있었다. 에스트라다는 학생들을 몇 그룹으로 나눈 후 장난감 자동차와 트랙을 주면서 "마찰력을 찾아봐"라고 말하고는 팔짱을 끼고 자리를 떴다. 그는 의기양양했다. '학생들은 비판적이고 독립적으로 생각하고 있어. 도와줄 필요는 없어.' 학생들은 손을 들고 자세히 설명해 달라고 요청했지만, 그는 힌트만 슬쩍 주고 웃으면서 자리를 뜨며 생각했다. '나는 좋은 교사야.' 실제로 학생들은 망연자실한 채 그 자리에 앉아서 좌절하고 동요했다. 그들은 실험을 수행하는 데 필요한 지식을 전혀 갖추고 있지 않았으며, 성적에서 실험이 차지하는 비중이 크고, 나중에 답을 알아내더라도 점수를 되돌릴 기회가 없을 것임을 알고 있었다. 에스트라다의 학생들은 수업을 싫어했을 뿐만 아니라 수업 내용을 익히지도 못했다. 그 해는 다른 어느 해보다도 더 많은 학생이 AP 시험에서 떨어졌다. 에스트라다는 지금까지도 그들의 불합격을 곱씹곤 한다.

에스트라다의 의도는 긍정적이었건만 왜 일이 제대로 풀리지 않았던 것일까? 에스트라다는 우리 모두에게 일어날 수 있는 일련의 오해로 강요자 마인드셋에 빠져 있었다.

'증거 A: 아로요.' 아로요를 따라 하라고 했던 재스민의 제안은 옳았지만, 에스트라다는 중요한 사실 2가지를 완전히 잊고 있었다. 첫째, 아로요는 방대한 내용을 다루고 많은 과제를 내줬지만 이는 아로요가 미적분학을 연강으로 가르칠 수 있었기 때문이었다. 아로요의 수업 시간은 90분이었지만 에스트라다의 수업 시간은 45분이었다. 시간이 2배나 많았다. 시간은 도움이 되는 자원이다. 아로요는 그 자원을 활용해 학생들을 만나고, 과제를 검토하고, 공부 분량을 감당할 수 있도록 조절했다. 즉 높은 기준에 걸맞은 높은 지원을 제공했던 것이다. 에스트라다는 아로요만큼 기대하면서도 아로요의 절반만큼만 지원했다. 그것은 강요자 마인드셋이다.

둘째, 아로요는 수학과 학과장이었다. 그녀는 중학교 3학년부터 고등학교 2학년까지 교과과정을 재정비해서 학생들이 고등학교 3학년 때 AP 미적분학을 배울 수 있도록 준비했다. 학생들이 아로요의 수업에 들어왔을 무렵에는 이미 기초를 충분히 습득한 상태였다. 아로요가 뛰라고 다그치기 전에 학생들은 걷는 법을 배워왔는데, 에스트라다는 이 점을 간과했다. 그는 중학교 3학년부터 고등학교 2학년까지 멘토 마인드셋이 없는 교사에게 배웠을 법한 학생들을 가르치면서 기본적인 지식을 다루지 않고도 단 1년 만에 학생들을 한계까지 밀어붙일 수 있다고 생각했다.

'증거 B: 오스카(AP 물리학 교사).' 오스카의 학생들은 수업 방식 덕분이 아니라 그런 방식에도 '불구하고' 시험에 합격했던 것이었다. 그들이 시험에 합격한 까닭은 오스카의 교습 방식에 있지 않았다. 오스카는 자원이 풍부한 학교에서 학생들을 가르쳤고, 그의 학생들은 충분히 준비한 상태로 수업에 들어왔다. 오스카가 다그치더라도 학생들은 엔지니어이거나 대학에서 물리학을 전공한 부모에게 개념을 설명해 달라고 할 수 있었다. 혹은 과외 교사를 고용할 여유가 있는 가정들이었다. 게다가 오스카는 첫 번째 중간고사를 본 다음에 합격할 수 없을 것 같은 학생들을 AP 물리학 수업에서 배제했다. 그것은 효과적인 교수법이 아니라 선택편향이다. 에스트라다에게 오스카를 모방하라고 한 것은 저지르기 쉬운 오류였다. 마치 스티브 잡스나 일론 머스크 같은 CEO들을 조사해 그들이 부하 직원을 무시하거나 감정적으로 학대했기 때문에 성공했다고 결론 내리는 것과 같았다. 그런 CEO들은 적의 덕분이 아니라 적의에도 '불구하고' 성공한 것이다.

게다가 오스카의 명성은 최상위 학생들이 탁월한 성적을 내게끔 하는 데에만 몰두한 결과였다. 실력이 아슬아슬한 학생들이 간신히 시험에 합격하는 데에는 관심이 없었다. 또한 AP 점수와 상관없이 모든 학생이 대학에서 과학을 전공할 수 있도록 도와주려는 노력도 하지 않았다. 오스카는 학생 대부분을 마치 존재하지 않는 듯이 취급했다. 소수 특권층 학생들을 제외한 다른 학생들에게는 도움이 되지 않는 방식이었다. 부자 동네의 학교에 다니는 가장 부유하고 잘 준비한 학생들 사이에서 최고점을 받은 학생들만 골라서 본다면, 오스카 같은 교사가 훌륭해 보이기 마련이다. 겉보기와 달리 오스카가 거둔 성공은 잘못된 신호였다. 따라서 그의 교습 방식을 모방해서는 안 되었다.

확실한 재능을 가진 훌륭한 교사가 되겠다는 강한 결의에 차 있던 에스트라다가 어째서 아로요를 기억하고 오스카를 관찰하는 과정에서 잘못된 방향으로 나아가게 됐을까? 그것은 '깐깐한 리더'라는 신화 때문이었다.

교육 분야에서 깐깐한 리더의 신화는 영화 〈스탠드 업〉의 주인공 제이미 에스칼란테에게서 가장 큰 영감을 받았다.[38] 제이미 에스칼란테는 실제로 미국 최고의 교사 중 한 명이었다. 에스칼란테는 에스트라다처럼 가난한 라틴계 학생들을 주로 가르쳤다. 그는 그들이 대학 수준의 과정에 합격할 수 있도록 도와줬는데, 그가 가르친 우등생들이 일류 대학에 진학하는 경우도 흔했다. 1970년대 후반과 1980년대에 캘리포니아대학교 버클리캠퍼스에서 유명한 미적분학 워크숍을 개최했던 유리 트레이스만은 에스칼란테의 제자들을 많이 가르쳤다(11장 참조).[39] "그들은 내 수업을 듣는 다른 라틴계 학생들과 눈에 띄게 달랐습니다." 트레이스만이 말했다. 에스칼란테가 거둔 성공 자체는 사실이었으나, 어떻게 성공했는지에 대한 이야기는 거짓이었다.

〈스탠드 업〉에서 에스칼란테는 학년 초에 중학교 1학년 수준의 수학(기초 대수학)을 배우는 학생들을 맡아서 학년 말에는 미적분학까지 가르친다. 6년 동안 진행할 수학 진도를 1년 만에 다 나간다. 이를 설명하고자 영화는 '학생들은 기대에 부응하는 수준까지 성장한다'는 에스칼란테의 철학에 주로 초점을 맞춘다.[40] 영화 속에 드러난 에스칼란테의 접근법은 지원이 아니라 온통 기대뿐이다. 강요자 마인드셋이다. 영화 속 에스칼란테는 가차 없다. 에스트라다가 부임 첫해에 그랬듯 과제를 늦게 제출하면 어떤 변명도 전혀 받아들이지 않는다. 게다가 성격도 무자비해서 여학생들에게는 만약 실패하면 "임신한 채 맨발로 부엌에 서 있게 될 것"이라고 말하곤 한다.[41]

〈스탠드 업〉의 대성공은 미셸 파이퍼 주연의 〈위험한 아이들〉[42]이나 힐러리 스왱크 주연의 〈프리 라이터스 다이어리〉[43] 등 다른 영화에도 영감을 줬다. 〈프리 라이터스 다이어리〉에서는 스왱크가 맡은 인물이 과제를 수행하지 못한 학생을 질책하면서 "이게 무슨 짓인지 아니? 나한테 욕하는 거야!"라고 말한다.

지난 40년 동안, 교사 지망생들이 마음에 새길 교훈은 확실했다. 오합지졸 청소년들을 괴롭히고 싶다면, 그들이 어떻게 느끼는지와 상관없이 특별히 높은 기대 수준을 유지해야 한다는 것이다. 이 같은 깐깐한 리더 신화는 강요자 마인드셋을 정당화한다.

1988년에 개봉한 이래로, 미국 전역의 저소득 공립학교에서는 유색인종 학생들에게 동기를 부여할 목적으로 〈스탠드 업〉을 셀 수 없이 많이 상영했다. 애드리애나 헬다이즈는 에스칼란테가 실제로 근무했던 학교와 가까운 남부 캘리포니아에서 자란 젊은 라틴계 기자다. 헬다이즈는 '제발 〈스탠드 업〉 이야기 좀 그만하세요'라는 제목의 기사에서 어쩌다가 교사들이 과제를 채점해야 하고 수업을 하고 싶지 않은 날이면 이 영화를 틀어주기에 이르렀는지 설명했다.[44]

경험도 훈련도 없는 상태로 1년 차 교사가 됐을 때 에스트라다는 이 영화를 수십 번 봤다. 깐깐한 교사 신화는 그가 아로요의 수업에서 배운 교훈을 떠올리는 방식에 영향을 미쳤을 것이다. 하지만 중요한 요소가 빠진 상태였다. 바로 에스칼란테(그리고 아로요)가 요구한 수준에 걸맞은 높은 지원이었다.

실제로 에스칼란테는 프로그램을 혼자 운영하지 않고 대단히 재능 있는 수학 교사 2명과 함께 했다.[45] 슈퍼 교사 1명이 아니라 슈퍼 교사 팀이었다. 또한 그들의 프로그램은 1년 안에 기초 대수학부터 미적분학까지 진도를 나간 적이 없었다. 그들은 3, 4년에 걸쳐서 진도를 나갔고(물론 이것 역시 대단한 성과다), 에스트라다의 AP 미적분학 교사였던 아로요 선생님처럼 대체로 평범한 방식으로 관리했다. 그들은 전체 수학 영역을 전 과정에 걸쳐 복잡한 전제조건 체계를 갖추도록 재구성했고, 덕분에 졸업반이 되면 에스칼란테는 학생들을 한계까지 밀어붙일 수 있었다. 관건은 결코 교사 한 사람의 순수한 의지나 무자비한 힘이 아니었다는 것이다. 아로요가 에스칼란테처럼 가르쳤다는 재스민의 말은 옳았지만, 〈스탠드 업〉에 묘사된 이유 때문은 아니었다.

무엇보다도 에스칼란테 팀은 학생들에게 탁월할 것을 즉각적으로 요구하지는 않았다. 그들은 지원을 아끼지 않았고, 중학교 2학년 여름부터는 수상 경력이 있는 교사가 8주간 여름 집중 프로그램을 진행하기도 했다.[46] 졸업한 우등생을 유급 과외 교사로 섭외했고, 명문대에 재학 중인 동문을 초청해 미적분학을 잘하는 비결을 들을 수 있게 했다. 등교 시간 이전(오전 7시부터)과 방과 후(오후 7시까지)에는 개인 교습을 실시했다. 중학교 1, 2학년 수학 교사의 연수 수준을 높였다. 게다가 대단히 협력적인 교장 헨리 그라디야는 에스칼란테가 직원을 고용해서(엄선한 슈퍼 교사를 9명까지 신규 채용했다) 전체 수학 과정을 재구성할 수 있도록 허가했다.

에스칼란테의 프로그램이 최고조에 달했을 때, 로스앤젤레스에서 가장 가난한 학교 중 하나에서 AP 미적분학을 배우는 학생 수가 100명을 넘었다. 하지만 그것은 미친 듯한 한 명이 불합리할 정도로 높은 기준을 들이미는 현실 왜곡의 장 때문이 아니었다.[47] 요구 수준에 걸맞은 지원을 제공한 덕분이었다. 에스칼란테 팀은 강요자 마인드셋이 아니라 멘토 마인드셋 덕분에 성공할 수 있었다.

우리 사회가 〈스탠드 업〉과 같은 영화에서 잘못된 교훈을 배웠듯이 에스트라다도 아로요와 오스카에게 잘못된 교훈을 배웠다. 다른 수많은 교사, 부모, 관리자도 잭 웰치를 비롯한 X 이론가들에게 이와 비슷한 잘못된 교훈을 배웠다. 이러한 문화적 역할모델들을 보면서 우리는 높은 기대치를 강요하는 것이 청소년의 능력을 오랫동안 경시한 문제를 해결하는 방법이라고 생각하게 된다. 이런 역할 모델들을 따라 하다가 그들(및 자기 자신)의 무능함에 실망하고 마는 것이다.

사회학자 어빙 고프먼은 1956년에 발표한 영향력 있는 저서《자아 연출의 사회학》에서 학생들 앞에서 가르치는 일 같은 일상적인 사회적 행동을 연극 공연에서 펼치는 연기에 비교했다.[48] 고프먼은 우리가 '무대 위'에 있을 때 '우리 자신'이 아니라 역할을 연기하는 배우, 정확히는 역할을 자기가 이해한 대로 연기하는 배우가 된다고 주장했다. 이러한 역할을 어떻게 이해하는지(예를 들어 엄하거나 관대, 따뜻하거나 쌀쌀)는 마음속 '대본'에 따라 달라진다. 고프먼은 대본이 과거의 경험을 바탕으로 각각의 역할을 연기하는 방식을 정한다고 정의했다. 고프만은 논문에서 역할에 관한 전문지식이나 직접 경험이 부족할수록 고정관념에 더 많이 의존한다고 평가했다.

문화적 대본은 직접경험이 부족할 때 그 빈칸을 채우는 데 도움을 준다. 예를 들어, 유럽 대학생들은 미국을 주제로 파티를 열고 싶을 때 야구 모자를 뒤집어쓰고 빨간색 일회용 컵으로 술을 마신다.[49] 이러한 모습은 미국의 10대들이 등장하는 영화에서 가장 자주 나오는데, 유럽의 파티 참석자들은 그런 영화를 보고는 '미국을 연기'한다.

1년 차 교사 때 에스트라다처럼 경험이 부족한 교사들이 저소득층 청소년들을 가르치는 경우, 특히 절박할 때면 '에스칼란테를 연기'하기 쉽다. '아이들의 잠재력을 최대한 끌어내는 슈퍼스타 교사가 되고 싶다면, 〈프리 라이터스 다이어리〉에 나오는 힐러리 스왱크를 따라 해야 해.' 에스트라다는 난해한 물리학 실험을 내주고는 도와주지도 않은 채 학생들에게 스스로 답을 찾으라고 말했다. 연구자와 모범 교사 모두가 멘토 마인드셋의 중요성을 지적해왔지만, 이런 강요자 마인드셋은 언제든 지속될 수 있다. 깐깐한 리더라는 신화는 눈앞의 사실을 왜곡하면서도 안정감 있는 대본을 제공하기 때문이다.

학생의 관점을 이해하면 이 문제에서 벗어날 수 있다. 멘토 마인드셋에서 볼 때 학생의 관점은 사소한 불평이나 특권의식에서 비롯된 요구사항이 아니며, 어른들이 진지하게 받아들여야 하는 유용한 정보원이다. 청소년들은 어른이 멘토 마인드셋을 익히도록 도와줄 수 있다. 에스트라다가 1년 차 말에 애덤에게 받은 피드백 편지는 학생들에 대한 자신의 가정은 물론 교육 철학 자체를 재평가하는 계기가 됐다. 애덤은 열심히 일하는 것을 좋아하는 똑똑하고 착한 아이였다. 그의 평범한 성적과 수업에 대한 반감을 10대의 게으름, 반항, 무능함 탓으로 돌릴 수는 없었다. X 이론은 만족스러운 설명을 제공하지 못했다. 에스트라다는 애덤의 비판을 진지하게 받아들여야 한다는 사실을 깨달았다. 따라서 애덤은 에스트라다가 깐깐한 리더 신화에서 벗어나 오늘날과 같은 멘토 마인드셋의 본보기가 될 수 있도록 도운 셈이다.

에스트라다는 기억하는 것이 아니라 실제로 한 것을 모방하기 시작했다. 아로요는 왁스의 연구(2장 참조)에 등장했던 보호 구역의 따뜻한 요구자 교사들처럼 1년에 걸쳐 에스트라다와 정중한 관계를 맺었다. 아로요는 시간을 내서 그에게 개념을 설명했으며, 혼자서 더 열심히 하라고 강요하지 않았다. 성적을 징벌 도구로 사용하지도 않았다. 오히려 일시적인 척도로 활용했다. 점수가 낮다고 해서 멍청하다는 뜻은 아니며, 학생들이 저지르는 실수는 협력적으로 문제를 해결할 기회를 제공한다. 이런 깨달음을 얻은 에스트라다는 행동 계획을 세웠고, 아로요와 같은 기대를 유지하면서 학생들을 지원하는 방식을 철저히 재검토하기로 했다.

에스트라다의 생활은 영화 〈록키〉에 나오는 훈련 장면 같아졌다. 그는 교사 대상 AP 여름 강습에 다녔고, 실험을 여러 부분으로 나눠 기초 지식을 가르쳐야 한다는 사실을 배웠다. 마찰에 대한 장난감 자동차 실험을 반복했지만, 그전에 가설을 세우는 법, 그것을 시험 가능한 예측으로 바꾸는 방법, 신뢰할 수 있는 관찰을 수행하는 방법과 결론을 확인하기 위해 직관과 자료를 사용하는 방법 등 핵심적인 요소를 가르치는 몇 가지 실험도 추가했다. 그는 여전히 학생들이 스스로 생각하기를 기대했지만, 휴식 시간과 방과 후에 학생들의 학습 상태를 검토할 시간을 냈다.

몇 년 지나지 않아 에스트라다는 텍사스주에서 가장 효과적이고 공정하게 능력을 고취시키는 교사가 됐다. 그의 수업은 전반적으로 탁월하고 훌륭한 수업이었다. 에스트라다는 훨씬 많은 학생들이 대학 수준의 물리학 시험에 합격할 수 있도록 도왔다. 리버사이드고등학교는 곧 온램스OnRamps라는 프로그램을 채택했는데, 이는 텍사스주 전역의 공립 고등학교 교사들이 가르치는 대학 과정을 제공했다.[50] 온램스에서 에스트라다가 가르치는 고등학생들은 텍사스대학교 오스틴캠퍼스의 물리학 교수들이 실제로 채점하는 대학 수준의 시험을 치렀다. 매년 그의 학생들 중 90퍼센트 이상이 이 엄격한 대학 수준의 물리학 과정에 합격했다. 아로요와 달리 에스트라다는 오직 정규 수업만으로 이런 결과를 냈다.

에스트라다는 효과적인 실천법(2부 참조)을 다양하게 활용해 교습 능력을 키웠다. 그중에서도 나는 그가 어떻게 오카모토의 경영 방식과 놀라울 정도로 유사한 협력적 문제해결 접근법을 독자적으로 개발했는지에 초점을 맞추고자 한다.

나는 보통 금요일에 수업이 없는 시간을 틈타 에스트라다와 인터뷰를 나눴는데, 그럴 때면 가끔씩 학생들이 숙제를 도와달라고 찾아왔다. 어느 날 졸업반 학생이 찾아왔을 때, 에스트라다는 학생에게 "오늘 시험 어떨 것 같아?"라고 물었다. "많이 떨려요. 준비가 좀 부족한 것 같아요." 학생이 말하자, "그렇구나. 어떻게 될지 우리 한번 두고 보자. 나중에 찾아와서 같이 해결해. 시험 잘 봐"라고 했다. 그의 말은 협력적 문제해결을 잘 보여주는 사례였다.

에스트라다가 학생과 함께한다는 사실을 보여줬다는 점에서 이는 '협력적'이었다. 그는 '-하자'와 '우리'라는 말을 썼다. 생각할 책임은 학생에게 있지만, 마냥 혼자서 하도록 방치하는 대신 자신도 학생과 함께한다는 뜻을 내비쳤다.

다음으로, '문제해결'은 흑백논리 언어를 피한다. 그는 "네가 우등생인지 아닌지, 뭔가를 배웠는지 아닌지 곧 알게 될 거야"라고 말하지 않았다. 그저 나중에 무엇이 부족한지 확인이 필요할 것 같다고 제안할 뿐이었다. 나중에 무슨 일이 일어났을까? 그 학생은 C학점을 받아서 찾아왔고, 채점을 다시 한 끝에 B⁺를 받았다. 그리고 더 많은 노력을 기울여서 최종시험에서 통과했다.

많은 리버사이드 학생들이 에스트라다의 협력적 문제해결 방식과는 정반대인 방식을 경험하고 있었다. 어느 날 에스트라다와 이야기를 나누고 있을 때 2학년생인 산티아고가 찾아왔다.[51] 내가 산티아고에게 다른 교사는 어떤 식으로 하는지 물었더니 이렇게 알려주었다.

영어 교사가 산티아고에게 논쟁의 양쪽 입장을 고려해 설득하는 글을 써오라는 과제를 냈을 때였다. 산티아고는 한쪽 면은 생각해냈지만 반대 입장은 떠올리기가 힘들었다. 그래서 글의 절반은 설득력이 있었고, 나머지 절반은 형편없었다. 산티아고는 수업을 마친 뒤 교사에게 도움을 청했다. "나머지 절반은 선생님이 도와주실 수 있나요?" 산티아고가 말하자 교사는 고개를 저었다. "주의를 기울여야지. 너는 주의를 기울이지 않기 때문에 그러는 거야." 교사는 산티아고가 보여준 과제를 돌려주면서 스스로 완성하라고 했다. "다 쓴 다음에 다시 가져와." 교사는 아무런 도움도 주지 않고 잡다한 과제만 줬다. 높은 기준을 들이밀면서 지원은 하지 않았던 것이다. 협력적이지 않았으며, 이는 문제해결이 아니었다. '비난하고, 창피를 주고, 모욕'했다. 강요자 마인드셋이다.

"예거 박사님, 영어 선생님은 제가 왜 그런 말을 하는지 이해하려고 하지도 않았어요."

산티아고는 울먹이면서 말했다.

"그게 무슨 뜻이니?"

"사실 저에게는 주의력결핍 과잉행동장애가 있어요. 사람들이 하는 말의 절반만 이해해요. 수업이 끝나고 나머지 절반에 대한 도움을 받고 싶어서 선생님을 찾아간 거였어요. 선생님은 제가 주의를 기울이려고 하지 않는다고 말했어요. 그렇게 도움을 구하는 게 주의를 기울이고 싶어 한다는 증거인데 말이죠. 그런데 선생님이 그 일로 저를 혼냈어요." 그는 상처받은 동시에 반항했고 분개했다. 산티아고는 그 상황이 얼마나 부당한지 내가 이해해주기를 바랐다. 그는 존중받지 못하고 폄하된다고 느꼈으며, 의욕을 잃었다. "선생님은 아마 제게 책임감을 가르치려 했겠죠. 하지만 이건 아닌 것 같아요." 산티아고가 말했다.

에스트라다의 멘토 마인드셋 관점에서 보면 이 상황은 완전히 달라진다. 에스트라다의 수업에서 과제는 그날 학생이 무엇을 할 수 있는지를 반영하며, 학생의 능력을 전반적으로 측정하는 수단이 아니다. 에스트라다의 임무는 학생들의 혼란을 해결하고 학생들이 막다른 길에서 벗어나 더 높은 기준을 충족할 수 있도록 돕는 것이다. 그는 단 한 번의 실패로 학생들을 판단하지 않는다. "너는 단순한 숫자 그 이상의 존재야." 그는 끊임없이 말했고, 그것은 효과가 있었다. 한 학생이 말했다. "에스트라다 선생님 수업에서는 질문하면서 멍청하다고 느낄 때가 없어요. 반 친구들도 다들 잘 도와줘요. 선생님이 누구도 다른 사람보다 못하다고 느끼는 일이 없도록 신경 쓰기 때문인 것 같아요."

2부

무엇이 청소년들을 움직이게 하는가

5장

투명성: 좋은 피드백은 의도를 드러낸다

투명성이 부족하면 불신과 깊은 불안감이 생겨난다.[1]

— 달라이 라마 14세

이제 당신은 멘토 마인드셋을 갖췄다. 높은 기준을 유지하고 도우려는 의욕도 강하다. 하지만 과연 주변 청소년도 그 사실을 알고 있을까? 당신의 리더십이 그들의 잠재력을 이끌어내는 데 어떻게 도움이 될 수 있는지 정작 당사자들이 모른다면, 당신의 행동은 그들에게 좀처럼 충분히 동기를 부여하지 못할 것이다. 멘토 마인드셋 행동을 투명하게 드러내면 차이를 만들어내고, 누구라도 당장 투명해질 수 있다. 무엇을 왜 하고 있는지 설명만 하면 되기 때문이다.

말하지 않으면 모른다

신임 교사

지금은 앤드루도 공립학교 교장이지만, 오래전 미숙하고 자신이 없었던 1년 차 교사 시절에는 교장을 무서워했다.[2] 교장은 무뚝뚝하고 인상이 좋지 않았다. 그는 2주에 한 번씩 교실로 찾아와 앤드루가 가르치는 모습을 지켜봤는데, 뒷문으로 슬쩍 들어와 자리에 앉아서 메모만 했다. 얼굴에는 웃음기가 없었다. 20분쯤 그렇게 있다가 말 한마디 없이 자리를 떴다. 교장이 방문하면 앤드루는 불안했다. '왜 오시는 거지? 내가 잘하지 못한다고 생각하시나?' 앤드루는 심사받는 듯한 기분을 느꼈다.

그러던 어느 날, 교장이 앤드루를 불렀다. 그는 예리하고 유용한 조언을 건넸지만, 앤드루는 여전히 교장의 속내를 짐작할 수 없었다. 앤드루는 경계를 늦추지 않았고, 그러다 보니 피드백 내용도 온전히 실행하지 못했다.

몇 년 후 교장이 은퇴했다. 은퇴식에서는 동료들이 일어나 건배를 제의했는데, 한 명씩 돌아가며 교장을 엄격한 기준과 공감 어린 관심을 두루 갖춘 분이라고 칭송했다. 그제야 앤드루는 교장이 자기를 평가하려고 교실로 찾아온 것이 아니라는 사실을 깨달았다. 교장은 그저 자신이 수업 세부 내용에 얼마나 관심을 기울이는지 보여줬을 뿐이었다. 귀중한 시간을 내서 교실을 방문함으로써 앤드루의 성장에 신경 쓰고 있다는 사실을 보여주었고, 앤드루가 그것을 알 것이라고 가정했지만 사실 앤드루는 짐작조차 못했다.

의사소통이 부족했던 탓에 앤드루는 오랫동안 자신은 아득하게 높은 교장의 기준을 결코 충족시키지 못할 것이라고 여기며 좌절하고 의기소침해 했다. 결국에는 교장의 멘토십에 고마움을 느꼈지만 동시에 그동안 쓸데없이 정신력을 낭비했다는 생각에 억울했다. 이

제 교장이 된 앤드루는 교사를 관찰할 때마다 멘토 마인드셋 접근법을 투명하게 드러내려고 주의를 기울인다.

신임 변호사

제인은 대형 로펌에 근무하는 유능한 중견 변호사다.[3] 아직 파트너 변호사가 되지는 못했지만, 중요 준비서면 작성과 주니어 변호사 감독을 책임지고 있다.

최근 제인에게 문제가 생겼는데, 부하 직원인 주니어 변호사가 비판적인 피드백을 받아들이지 못하는 것이었다. 제인은 그 주니어 변호사가 쓴 준비서면 초안에 항상, 거의 처음부터 다시 써야 할 정도로 의견을 남겼고, 이를 본 부하는 상처를 받았다. 부하는 동료들과 인사 팀, 다른 시니어 변호사들에게 불만을 호소할 뿐, 정작 준비서면은 고치려고 하지 않았다. 제인은 까칠하게 구는 부하를 어느 정도는 이해했다. 법조계 문화는 지독하기로 악명 높은데, 이 업계에는 천재와 바보라는 평가만 있다. 시니어 파트너 변호사가 원하는 대로 작성하면 천재이고, 그렇지 못하면 바보이다. 그 주니어 변호사는 명문대와 일류 로스쿨을 수월하게 졸업했다. 그렇게 들어온 직장에서 중요한 업무를 맡은 후 상사에게 솔직한 피드백을 받은 그녀는 스스로 바보 같다고 느꼈고, 이 사실을 감당할 수가 없었다. 그래서 비판을 진지하게 받아들이는 대신 제인이 자신을 싫어한다고 믿었다.

"내가 비판하면 그녀는, 내가 자기를 절대 파트너 변호사가 될 수 없는 사람으로 생각한다고 해석해요. 하지만 문제는 그녀의 능력이 아니라 그녀가 피드백을 받아들이지 못한다는 점이에요. 그게 제일 큰 위험 신호죠." 제인은 주니어 변호사가 '정말이지 좋은 사람'이라고 생각한다며 진심으로 당황해 했다. 제인은 그런 감상을 전달하려고 노력했다. 밤에 경영 관련 서적을 읽었고, 아주 긍정적으로 들리게 말하려고 애썼다. 하지만 아무런 소용이 없었다. 몇 달 후 제인은 피드백을 아예 중단했다. 괴로운 감정노동을 계속하느니 부하 직원이 자기가 훌륭한 변호사라고 생각하게 내버려둔 채 중요한 사건은 주지 않기로 했다. "스스로 자기 무덤을 판 셈이에요." 그 주니어 변호사는 승진하지 못했고, 로펌은 채용 실패로 수십만 달러를 날렸다.

이런 문제들의 공통점은 무엇일까?

교사-교장 문제와 주니어-시니어 변호사 문제는 둘 다 멘토의 딜레마에 속한다. 또한 이에 대한 근본적인 해결책도 동일하다. 바로 '투명성'을 갖추는 것이다.

두 경우 모두 멘토는 멘티에게 관심을 쏟고 멘티가 높은 기준을 충족하도록 돕고자 피드백 형태로 지원을 제공했다. 시작은 바람직했다. 멘토들은 올바른 마인드셋을 갖고 있었다. 하지만 두 경우 모두 멘티와 의사소통이 원활하지 않았기 때문에, 멘티들은 위협을 느꼈다. 결국 상처와 불신으로 치달았다. 각자가 '자신이 의미하는 바를 좀 더 투명하게 털어놓았더라면' 이 문제를 해결할 수 있었을 것이다. 세대 격차의 근원이 의미를 둘러싼 싸움이라는 점을 고려하면, 멘토 마인드셋을 실천할 때 그 의미를 아주 명확히 밝힐 필요가 있다.

의미를 명확히 밝히는 것이 얼마나 중요한지는 이와 완전히 다른 맥락에서 실시한 흥미로운 연구에서도 볼 수 있다. 바로 경찰관이 시민과 길에서 이야기를 나누는 상황이다.

투명성 치안 프로젝트

카일 돕슨은 버지니아대학교 공공정책과 조교수다. 2021년에 돕슨은 에모리대학교 경영대학원 조교수 앤드리아 디트만과 함께 획기적인 연구를 수행했다.[4] (나도 이 연구에 협력했다.) 지역 치안에 초점을 맞춰 수행한 단순하면서도 심오한 이 연구는 투명성의 힘을 설득력 있게 보여준다.

지역 치안 업무를 담당하는 경찰관들에게는 단순히 범죄를 수사하는 데 그치지 않고, 해당 지역을 숙지하고 주민과 함께 문제를 적극적으로 해결하도록 장려한다.[5] 공격적인 불심검문보다는 이처럼 적극적이고 긍정적인 접근방법을 취할 때, 경찰관은 지역사회 내에서 신뢰를 높일 수 있다. 하지만 지역 치안을 평가한 여러 실험에서 대체로 신뢰하기 어렵고 거의 효과가 없다는 결과가 나왔다.[6] 시민들은 계속 위협을 받는 경우가 많았고, 범죄율은 여전히 높았다. 게다가 돕슨과 디트만이 찾아본 바로는 아무도 그 이유를 설명하지 못했다.

위협 사이클

돕슨과 디트만이 지역 치안이라는 난제를 파헤치기로 처음 결심했던 때 두 사람은 노스웨스턴대학교 경영대학원에 재학 중이었다.[7] 그들은 처음부터 모든 경찰관이 나쁘다거나 신뢰할 수 없다고 판단하지 않았고, 경찰관에게 아무런 책임이 없다고 여기지도 않았다. 일단은 경찰관이 기울이는 선의의 노력이 무슨 이유에서인지 결실을 맺지 못하고 있다고 추측했다.

돕슨과 디트만은 이유를 찾고자 일리노이주 에번스턴과 시카고 지역 순찰대 소속 경찰관들과 함께 순찰차 뒷좌석에 타 그들의 행동을 지켜보았다. 사무실에서 문서를 들여다보는 범죄학자나 정책 입안자에게는 똑똑히 보이지 않았겠지만, 돕슨과 디트만은 즉시 문제를 발견했다. 경찰관이 거리에서 시민들에게 다가가 말을 걸자 사람들이 겁을 먹었던 것이다. 그들은 말을 얼버무리고 짧은 답변만 하면서 최대한 빨리 대화를 끝내려고 했다. 때로는 그런 기색을 눈치챈 경찰관들이 형사처럼 범죄 혐의를 캐내려 하기도 했다. 이런 역기능적 상호작용은 위협, 의혹, 심문이 반복되는 사이클을 유발하고, 이 사이클은 경찰관들이 쌓고자 하는 신뢰 그 자체를 갉아먹는다.

어느 날, 경찰관 2명이 돕슨과 디트만에게 지역 주민들과 친해질 것이라고 자랑했다. 그들은 공원에 소풍 나온 가족에게 걸어갔는데, 전원이 흑인이었다. 둘 다 백인인 경찰관들은 자신만만한 기세로 질문 공세를 퍼부었다. "여기서 뭐 하세요? 뭐 드세요? 근처에 사세요? 다음에 어디 가실 거예요?" 실컷 질문한 경찰관들은 순찰

차로 돌아와 서로 잘했다며 하이파이브를 했다. 흑인인 돕슨이 슬그머니 뒤로 돌아나가 그 가족에게 방금 나눈 대화가 어땠는지 물었다. 그들은 마음이 편하지 않았다고 말했다. 침해당하는 기분과 위협감을 느꼈고, 체포당할 위기였다가 다행히 빠져나온 기분이라고 했다. 그들은 왜 그토록 불안해 했을까? 경찰관, 특히 시카고 경찰관들이 불필요하게 구속하거나, 범죄를 저지르지 않은 민간인의 신체에 위해를 가해 권력을 남용한 사례가 있다는 점을 너무나 잘 알고 있었기 때문이었다.

제복을 입고 무장한 채 근무 중인 여성 경찰관이 길에서 21세 여성과 나눈 대화를 녹취한 기록에서도 이런 역기능적 사이클을 찾아볼 수 있다.[8]

경찰관 잠시 말씀 나눌 수 있을까요?

시민 네.

경찰관 저는 ○○ 경찰서에 근무하는 경찰관 ○○입니다. 선생님 성함은 어떻게 되십니까?

시민 ○○입니다.

경찰관 ○○ 님? 음, 학생이세요?

시민 네.

경찰관 네, 잠시 앉아서 이야기 좀 나눌 수 있을까요?

시민 네.

경찰관 좋아요.

시민 **무슨 일이 있었나요?**

경찰관 아뇨, 아닙니다. 그냥 이야기하고 싶어서요.

시민 아….

경찰관 그냥 인사하고 싶었습니다.

시민 **무슨 일이 있었나요?**

경찰관 그런 일 없어요. 아무 일도 없습니다. 아니에요. 그냥 이야기하고 인사하고 싶어서요.

시민 안녕하세요.

이 대화가 어떻게 보이는가? 대부분이 어색하다고 하며, 청소년들이라면 소름 돋는다고 말한다. 젊은 시민이 느끼는 두려움에도 주목하자. 그녀는 무슨 일(범죄)이 일어났는지 두 번 물었다(굵은 글씨로 강조한 부분). 나중에 경찰관과 인터뷰를 나눈 돕슨은 이 경찰관이 시민을 안심시키고 즐거운 대화를 나누려고 했다는 점을 확실히 알고 있다. 무엇이 잘못됐을까?

투명성 관찰

1년 동안 순찰차에 동승하면서 돕슨은 위협 사이클을 간단하고 능숙하게 해결하는 몇몇 경찰관들을 발견했다.[9] 그들은 길에서 시민에게 접근할 때마다 지역에 대해서 알고 도움을 주고 싶으니 몇 가지 질문을 해도 되겠냐고 명확하게 설명했다. (실제로도 그럴 의도였다.) 그들은 선한 의도를 먼저 밝혔다. 그것뿐이었다. 놀랍게도 그 경찰관들은 즐겁게 대화를 나눴고, 때로는 사람들이 겪고 있는 문제를 해결하도록 도왔다. 주민들이 경찰을 불신하는 경우가 많은 저소득층 주택 프로젝트에서 대화를 나눈 다음에는 한 시민이 "'그게' 경찰이 할 일이지!"라고 외치는 소리가 들린 적도 있었다.

돕슨은 이 해결책을 '투명성 진술transparency statement'이라고 불렀다.[10] 이는 잠재적으로 위협이 될 수 있는 소통을 시작할 때마다 의도를 간결하고 명확하게 밝히는 행동이다. 어떤 면에서 이는 현명한 피드백 메모와 같은 기능을 한다. 포스트잇 메모 연구에서 현명한 피드백은 비판적인 피드백을 받은 학생이 위협을 덜 느끼도록 도왔다. 교사들은 학생들을 책망하거나 비난할 생각이 아니라 성장하도록 뒷받침하고자 한다는 의도를 분명히 밝혔다. 학생들은 심사, 평가, 모욕을 받는다고 느낄 때가 많으므로 교사들이 의도를 분명하게 말해주기를 바란다. 돕슨은 지역 치안을 수행하는 경찰관들이 이 같은 불안감을 극복해야 한다는 사실을 깨달았다. 일반적으로 사람들은 무기를 소지한 경찰관이 심문하면 위협을 느끼고, 불신의 장벽을 세운다. 그다음에는 최악의 사태를 상정한다. 다만 달리 생각할 명백한 이유를 알게 된다면 이야기는 달라진다. 그제야 비로소 새롭고 다른 이야기를 받아들이는 것이다.

투명성 실험

돕슨과 디트만, 그리고 나는 이렇게 얻은 흥미로운 관찰 내용을 엄밀한 실험으로 검증해보기로 했다. 우리는 치안유지 종사자와 가장 자주 마주치는 연령대인 18~25세의 청소년들을 모집해 '실생활 상호작용'에 관한 실험에 참여시켰다. 실험 참가자들에게 경찰관과 소통하게 될 것이라고 말하지는 않았다. 우리는 사전 답사로 그 지역에서 사람들이 경찰관과 자주 마주치는 여러 장소를 파악한 뒤 몇몇 장소에 참가자들을 앉혔다. 참가자들은 스트레스 측정 장치를 손목에 착용했고, 대화를 녹음할 수 있도록 초소형 마이크도 숨겨 뒀다. 잠시 후에 돕슨은 미리 준비한 대로 제복을 착용하고 무장한 경찰관을 청소년들에게 접근시켜 심문하게 했다.

돕슨은 통제집단인 경찰관 절반에게는 평소처럼 시민들과 소통하도록 지시했다. (앞서의 녹취 기록은 통제집단의 예시다.) 처치집단인 나머지 절반에게는 "안녕하세요! 저는 경찰관 ○○입니다. 별일 없나요? 지역에 대해 좀 더 알아가고자 순찰 중입니다. 잠시 말씀 좀 나눌 수 있을까요?"와 같이 짧은 투명성 진술로 말문을 열도록 지시했다. 연구 설정은 그림 5-1과 같다.

투명성 진술이 정말 효과가 있었을까? 실험 전, 돕슨에게 협력한 경찰관들은 효과가 없을 것이라고 말했다. 그들은 말하지 않아도 지역사회를 알아가려고 하는 의도(사람들을 괴롭히려는 것이 아니라)가 명백히 드러난다고 생각했다. 경찰관 신분증에는 '당신과 당신의 가족, 지역사회를 안전하게 보호하는 경찰'이라고 적혀 있으니 굳이 달리 생각할 이유가 무엇이겠는가? 하지만 시민이 불신의 장벽을 쌓고 상호작용에 나선다면, 경찰관들의 긍정적인 의도가 그리 명확하게 보이지 않을 수도 있다.

통제 조건에서 스트레스 측정 장치는 사람들이 위협을 느낀다고 표시했다. 땀에서 나오는 전기 신호로 사람들이 투쟁-도피 상태에 들어서서 도망치려고 한다는 사실을 알 수 있었다.[11] 또한 우리는 복잡한 통계 기법을 활용해서 사람들이 하는 말을 분석했다. 통제

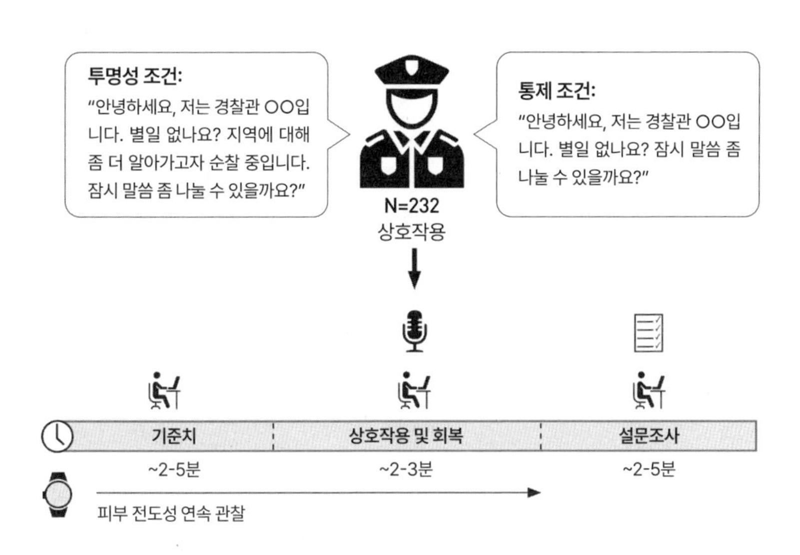

그림 5-1. 돕슨의 투명성 실험 절차

조건에서 사람들은 짧고 얼버무리며 딱딱한 말을 사용했다. 이는 모두 위협을 느끼고 있으며 최대한 빨리 대화를 끝내고 싶다는 징후다. 연구 종료 시 실시한 설문조사에서 통제집단 중 70퍼센트가 위협을 느꼈다고 대답했다.

투명성 조건에서는 어땠을까? 짤막한 투명성 진술로 말문을 열자 경찰관과 청소년들의 상호작용이 달라졌다. 스트레스-생리 신호는 참가자들이 정서적으로 관여되고 있음을 알렸다. 언어 분석 결과, 투명성 집단에서는 긍정적인 단어를 더 많이 사용했다. 경찰관과 참가자들은 좀 더 복잡한 대화를 주고받았다(결과적으로 대화를 나눈 시간이 2배였다). 양측이 적대 관계가 아니라 친구 사이처럼 좀 더 편안한 말투로 대화했다.

다음은 투명성 집단에 속한 경찰관과 시민(둘 다 여성)이 나눈 대화를 녹취한 기록이다. (투명성 진술을 하고 나서 몇 분이 지난 뒤 끝 무렵에 나눈 대화를 발췌했다.)

[투명성 진술을 하고 몇 분이 지난 뒤]

시민 여름 내내 이곳에 근무하세요?

경찰관 네, 1년 365일 내내 여기 있는 기분이에요.

시민 그러면 다시 만날 수도 있겠네요. 저도 어찌 된 일인지 매일같이 늘 여기에 있거든요. 밤낮없이 일해요.

경찰관 [웃음] 네, 그러면 들러서 인사할게요. 그러고 싶어요.

시민 그러세요. 안내 데스크에 있으니 그냥 오세요.

경찰관 일은 할 만한가요?

시민 그냥 견디는 거죠, 솔직히.

경찰관 그렇군요. 슬쩍 들여다볼게요.

시민 아뇨, 꼭 들르세요. 반드시 들르셔야 해요. 전 늘 안내 데스크에 있어요.

경찰관 네, 그럴게요. 다음에 들를게요. 저는 내일 근무해요. 내일 일하세요?

시민 네, 내일 일해요.

경찰관 인사하러 갈게요.

시민 네, 그냥 와서 인사하세요. 좋아요.

경찰관 대화해서 즐거웠어요.

시민 만나서 반가웠어요. 나중에 또 봬요.

어떤 차이를 눈치챘는가? 사람들은 대부분 경찰관과 시민이 편안하게 대화를 주고받는다는 사실을 알아차린다. 이 연구를 하기 전, 저 시민은 경찰관을 믿지 않는다고 말했다. 하지만 투명성 진술로 놀라운 변화가 일어났다. 그녀가 경찰관에게 직장에 들르라고 권한 것이다!

'아, 두 번째 녹취록의 경찰관이 첫 번째 녹취록의 경찰관보다 더 좋은 사람이었나 보네'라고 생각하는 사람도 있을 것이다. 하지만 사실 '양쪽 녹취록의 경찰관은 같은 사람'이었다. 두 번째 대화에서는 경찰관이 대화를 시작하려는 이유를 짤막하게 덧붙였을 뿐이다. 그 외에는 똑같았다.

그다음으로 자주 듣는 반론은 "음, 경찰관이 시민의 경계를 풀려고 친절한 척 굴면서 이용하려고 하면 어쩌죠?"라는 말이다. 물론 현실 세계에서 그런 일이 일어날 수도 있다. 하지만 이 경우에 경찰관은 연구를 실시하기 전에 지역사회 시민들과 좋은 관계를 맺고 싶다고 말했다. 통제집단에서 그녀의 노력은 실패로 끝났지만 투명성 진술을 추가하면서 목표를 달성하는 데 성공했다. 일반적으로 투명성은 사람들을 조종하려고 할 때가 아니라 긍정적인 관계를 형성한다는 목표를 달성하고자 할 때 제대로 효과를 발휘한다.

투명성 진술은 원하는 대로 바꿔서 쓸 수 있다는 점에 주목하자. 이 한 문장을 모든 상황에 쓸 수 있는 것은 아니다. 돕슨은 이 연구를 할 때 경찰관들에게 상호작용을 할 때마다 상황에 맞게 진술문을 적절히 수정할 수 있도록 허용했다. 투명성 진술은 표현이 달라지더라도 (1) 재빨리 신뢰를 구축할 수 있도록 상호작용을 시작할 때 언급하고, (2) 선한 의도를 명확하게 밝히며, (3) 경찰 역할에 관한 추상적인 내용이 아니라 경찰관 자신의 의도와 행동을 언급하는 한 효과가 있었다. "경찰관들은 지역사회를 알아가고자 이곳에 나와 있습니다"가 아니라 "'저'는 지역사회를 알아가고자 나왔습니다"라고 말해야 했다.

치안계의 에스트라다

돕슨은 집념이 강한 과학자다. 투명성 실험을 마친 후 그는 더 많은 경찰관이 투명성 교육을 받을 수 있는 방법을 궁리하기 시작했고, 일단 경찰 내에서 협력자를 찾았다. 오스틴 경찰서에서 지역의 치안유지 활동에 종사하는 제러미 보해넌이라는 경찰관이었다. 보해넌은 30대 중반의 흑인으로, 지역사회에서 자신이 맡은 역할을 진지하게 고민한다. 그는 공평하고 공정하며 형사 사법에서 발생하는 인종차별적 분열에 반대한다.

돕슨은 내가 서지오 에스트라다를 찾을 때 썼던 방법과 비슷한 방법으로 경찰 통계를 분석해서 보해넌을 찾았다. 보해넌은 민간인과 상호작용하는 과정에서 체포로 이어진 비율이 가장 낮은 경찰관이었다. 그는 동료들 중에는 상호작용 중 체포하는 것을 바람직하지 않다고 생각하는 이들도 있다고 말했다. 일반적으로는 체포 건수가 경찰관의 성공을 측정하는 기준이 된다. 보해넌은 그런 태도가 강요자 마인드셋, 즉 근본적으로 청소년들은 관리해야 할 위험요인이기 때문에 많이 체포할수록 사회가 더 좋아진다는 믿음에서 비롯된다고 보았다. 보해넌은 그렇게 생각하지 않는다. 그는 많은 청소년이 실수로 힘든 상황에 처하고, 경찰이 개입하면서 상황이 악화되기도 한다고 생각한다. 경찰관을 만난 청소년들이 엉겁결에 도망치거나 수상하게 행동할 때도 있지만, 경찰관이 적절한 방법으로 상호작용을 시작한다면(예를 들어 멘토 같은 접근법으로 투명하게) 많은 범죄 행위를 미연에 방지할 수 있다고 생각하는 것이다.

보해넌 같은 경찰관이 생각하는 투명한 멘토 마인드셋 접근법이란 무엇일까? 어느 금요일, 돕슨과 나는 보해넌과 서지오 에스트라다를 맥줏집에서 만나 이에 대해 이야기했다.[12] 보해넌은 어떤 흑인 청소년이 편의점에서 서성이고 있다는 신고를 받고 파트너와 함께 출동했던 일을 이야기했다. 계산원은 들치기나 무장 강도일까 봐 긴급히 신고했다. 이 경찰관들은 어떻게 대응했을까? 그들은 안전을 최우선으로 생각해 용의자를 최대한 빨리 꼼짝하지 못하게 만들라고 교육받았다. 전형적인 경찰관이었다면 가게에 들어서자마자 "무릎 꿇어!"라거나 "엎드려!"라고 외쳤을 것이다. 혹은 용의자 뒤로 접근해 잽싸게 수갑을 채울 수도 있다. 일단 수갑을 채워서 위협하지 못하게 한 다음 "가게에서 뭘 하고 있었습니까?" 같은 질문을 하면서 들치기 혐의를 심문하는 것이다. 보해넌의 파트너는 보해넌이 훈련받을 때 주입받은 강요자 마인드셋 접근법을 취할 것이라 예상했다.

하지만 보해넌은 전혀 다르게 접근했다. 그는 청소년과 눈을 맞춘 채 천천히 다가갔다. 무기를 만지거나 꺼내 들지 않았다. 그러면서 자신의 의도를 설명했다. "신고 전화를 받고 왔어요. 하지만 죄를 물으려는 건 아니에요. 무엇이 필요한지 알려주면 도와주고 싶어요. 괜찮다면 무슨 일인지 말해줄래요? 그러면 도움을 줄 수 있을지 알 수 있을 것 같아요." 보해넌이 하지 않은 말에 주목하자. 그는 "들치기했어?"라거나 "가게를 털 생각이야?"처럼 청소년이 심하게 경계할 만한 질문을 하지 않았다. 그 청소년이 결백했더라도 경찰관들이 자신에게 없는 죄를 뒤집어씌울까 봐 무서워서 도망칠 수도 있었다. 그가 도망갔다면 경찰관들은 총을 쏘거나 체포했을 것이다. 하지만 보해넌이 건넨 투명성 진술에 청소년은 안심했다.

다음에 무슨 일이 일어났을까? 그 청소년은 시내버스를 타고 집으로 돌아가려고 했다고 말했다. 그날 오후에 엄마 심부름을 하느라 무료 스쿨버스를 놓쳤기 때문이었다. 시내버스를 타려고 편의점까지 걸어왔는데 돈이 없어서 버스비 1달러 50센트를 대신 내줄 사람을 기다리고 있었다. 그가 어슬렁거리고 있었던 것은 사실이지만 그건 달리 어떻게 해야 할지 몰라서였다. 보해넌은 이야기를 열심히 듣고 나서 말했다. "알았어요. 고맙습니다. 신고 전화를 받았기 때문에 일단 주머니를 확인해야 하지만, 확인이 끝나면 집으로 갈 방법을 찾아보겠습니다." 당연하게도 주머니는 비어 있었다. 훔친 물건도, 무기도 없었다. 보해넌이 상황을 해결하도록 도와주겠다고 분명하게 밝힌 덕분에 그 청소년은 아무런 거리낌 없이 몸수색에 응했다. 그다음에 일어난 일에 보해넌의 파트너는 깜짝 놀랐다. 보해넌이 경찰차로 학생을 집까지 태워다 줬던 것이다. 아이는 차에서 내리면서 말했다. "지금까지 저에게 이렇게 정중하게 대해주신 경찰은 없었어요. 감사합니다."

돕슨의 투명성 연구에서 얻은 교훈

권력 불균형. 투명성 진술은 권력이 불균형한 동시에 분쟁이나 부당한 대우 이력이 있었던 경우 특히 중요하게 다루어진다. 불신의 장벽이 생기는 상황이기 때문이다. 치안 사례에서 경찰관은 치명적인 무력을 행사할 권한을 갖는다. 시민의 생명이 경찰관의 손에 달렸다고 해도 과언이 아니므로 위해로부터 완전히 안전하다고 여길 만한 충분한 이유가 있지 않은 한, 시민은 위협을 느끼고 경계하기 마련이다. 안타깝게도 여론조사에 따르면 경찰에 대한 신뢰는 사상 최저로 떨어져 있다.[13] 이런 상황을 고려하면 경찰관들은 상호작용할 때마다 투명성 진술을 활용해 분위기를 쇄신할 필요가 있다.

마찬가지로 앤드루가 초임 교사였던 시절에 수업을 참관하던 교장이 의도를 투명하게 밝혔더라면 좋았을 것이다. 교장과 신임 교사 사이에는 권력 불균형이 존재한다. 교장은 신임 교사를 해고(또는 보상)할 권한을 갖고 있다. 게다가 교사들은 대체로 관리자들을 신뢰하지 않는데, 관리자들은 교실에서 일상적으로 학생들과 교류하지 않기 때문이다. 교장이 수업을 참관하려고 교실에 들어서면, 교사는 교장이 권력을 이용해 교사를 평가하거나 때에 따라서는 질책할 것이라고 당연히 의심하게 된다. 투명성 진술은 그런 가능성을 배제하고 좀 더 신뢰할 수 있는 상호작용의 장을 마련할 수 있다.

시니어 변호사 제인에게도 같은 논리를 적용할 수 있다. 제인은 주니어 변호사보다 더 큰 권한을 가졌다. 주니어 변호사를 채용하거나 해고할 수는 없지만, 주니어 변호사가 일을 잘 못하면 파트너 변호사들에게 말할 수 있기 때문이다. 제인이 부정적으로 보고하면 주니어 변호사는 중요한 사건에서 배제되거나 해고당할 수 있다. 로펌에서는 천재 아니면 바보라는 양극단의 유해한 문화가 만연해 있다. 제인이 자신의 피드백이 모욕할 뜻이 '아님'을 분명하게 밝히지 않는 한, 주니어 변호사가 부정적이고 비판적인 피드백을 '넌 바보야'라는 의미를 담은 암호문으로 여길 여지는 충분하다.

즉 추가적인 정보가 없는 상황에서 취약하고 지위가 불확실한 하급자가 상급자에게 평판이나 신체에 위해를 받을 것으로 의심할 만한 정당한 이유가 있을 경우, 투명성 진술이 필요하다.[14]

타이밍. 돕슨의 경찰 연구는 초기 불신이 향후 갈등이나 회피를 발생시킨다는 교훈도 준다. 경찰관은 투명성으로 위협과 불신의 사이클을 깰 수 있었기 때문에 단기간에 양질의 관계를 형성했다. 돕슨은 타이밍이 얼마나 중요한지 증명하고자 경찰관과 시민의 상호작용 녹취록을 좀 더 자세히 분석했다.[15] 경찰관이 3분 동안 대화를 나눈 후에 투명성 진술을 한 경우는 이미 너무 늦었다. 사람들은 "아, 3분 동안 생명에 위협을 느꼈지만 지금이라도 무슨 일인지 설명해줬으니 괜찮아요"라고 말하지 않았다. 대화를 시작한 직후에 투명성 진술을 들어야 했다.

주변 청소년들에게 다가가려는 어른들은 투명성 진술을 어떻게 만들 수 있을까? 우리는 그 답을 찾고자 지난 몇 년 동안 에스트라다와 함께 협력했고, '수업 첫날 발언' 연구라는 새로운 실험에서 그 해답을 찾았다.

높은 기준을 수용하게 만드는 메시지

투명성을 배우는 에스트라다

에스트라다도 어느 날 갑자기 멘토 마인드셋 장인이 된 것은 아니었다. 그가 내세우는 유별나게 높은 기준(학생들을 이해력 한계까지 몰아붙이고, 주도적으로 학습하고 실수를 고치도록 요구함)을 본 일부 학생들은 그가 심술궂다고 생각했다. 리버사이드고등학교의 '다른' 교사들은 그렇게 기대치가 높지 않았기 때문이다. 학생을 잃지 않으려면 에스트라다는 높은 기준을 적용하는 이유와, 기준을 충족하려면 어떻게 해야 할지를 알리는 지원 메시지를 학생들에게 전할 방법을 배워야 했다. 그는 수업 첫날부터 이런 메시지를 전했고, 1년 내내 계속했다. 에스트라다는 2021~2022년에 대학 수준의 물리학 수업을 들은 학생인 라구나스를 보면서 이 습관을 몸에 익혔다.

미아 라구나스는 우등생이었다.[16] 그녀는 어렸을 때 가족과 멕시코에서 엘패소로 이사했는데, 가족 중에 대학에 간 사람은 아무도 없었다. 라구나스는 좋은 성적을 받아서 부모의 희생에 보답하려고 무척 애썼다. 하지만 에스트라다의 수업에서 "처음 두 달은 정말이지 힘들었어요"라고 말했다. "공부하면서 그 수업을 들을 때만큼 어려웠던 적은 없었어요." 다른 수업과 달리 에스트라다의 수업에서 라구나스는 주로 B나 C를 받았고 더 나쁠 때도 있었다. 코로나19 이후 대면 수업을 시작한 첫해에 그녀는 적응에 어려움을 겪었다. "온라인 수업을 듣는 동안에는 뇌가 25퍼센트밖에 작동하지 않는 것 같았어요." 그렇게 작동하는 뇌는 멘토 마인드셋으로 무장한 에스트라다의 높은 기대치와 정면으로 충돌했다. “길을 잃은 것만 같았죠.” 그녀는 처음에 그 수업을 싫어했다.

애덤의 강의 평가(4장 참조)를 본 이후로 에스트라다는 학생들에게 귀를 기울이고 자기 자신을 비판적으로 보는 법을 배웠으며, 접근법도 바꾸기로 했다. 내 연구 팀과 협력하면서 에스트라다는 자신의 교육 철학을 투명하고 간결하게 밝히는 연설문을 썼다. 에스트라다의 수업이 다른 수업들과 다른 이유를 추측하도록 내버려두는 대신, 우리는 그의 멘토 마인드셋을 아주 분명하게 보여줬다.

에스트라다는 학생들이 궁금해 하는 핵심 질문 5가지를 중심으로 연설문을 구성했다.

1. **이 수업에서 배우는 내용은 어떤 수준인가요?** 에스트라다는 먼저 학습은 원래 만만하지 않다는 점을 설명했다. 누구나 만점을 받을 수 있는 수업은 아니다. 처음에는 열심히 공부해야겠지만 노력은 결실을 맺을 것이다. “수업이 끝날 무렵이면 예전에는 풀 수 없을 것 같았던 문제들도 감당할 법하게 느껴질 거야.”
2. **이 수업에서 실수하면 어떻게 되나요?** 학생들은 자기가 실수를 저지르면 교사들이 무시한다고 생각한다. 에스트라다는 분명하게 밝혀야 했다. “이 수업에서는 누구나 실수를 저질러. 그리고 우리는 실수가 나올 때마다 배우는 기회로 삼을 거야. 여러분이 실수하는 건 내가 더 좋은 교사가 되도록 돕는 셈이지.”
3. **질문해도 되나요?** 학생들은 대부분 반 친구들 앞에서 무식함이 드러날까 봐 두려워서 좀처럼 손을 들지 않는다. 에스트라다는 “질문

은 절대 시간 낭비가 아니야. 주위 눈치를 보면서 '왜 아무도 질문을 안 하지?'라고 생각하지 마. 장담컨대 그런 의문을 가지는 사람은 너 혼자가 아니야." 에스트라다는 질문하는 학생들을 칭찬함으로써 질문을 하게 만든다. "질문할 만큼 용기 있는 사람이 너뿐인가 봐."

4. **왜 과제를 그렇게 여러 번 다시 해야 하나요?** 에스트라다는 처음 받은 과제 점수를 고칠 기회를 준다. 학생들이 잘못 이해한 부분을 바로잡기를 바라기 때문이다. "학습에서 실수 분석은 같은 실수를 반복하지 않기 위한 중요한 단계거든. 그래서 우리 수업에서는 어떤 과제라도 다시 해서 제출할 수 있어."
5. **시험 점수는 무엇을 의미하나요?** 에스트라다는 학생들이 시험이란 자신이 우등생인지 열등생인지 판가름할 기회라고 생각하면서 수업에 들어온다는 것을 알고 있다. "시험은 확인하는 도구야. 시험이 미래나 잠재력, 심지어 그 순간에 무엇을 정말로 알고 있는지를 결정하지는 않을 거야. 너는 단순한 숫자 그 이상의 존재니까."

에스트라다는 수업에서 이렇게 말할 뿐만 아니라 이 연설문을 인쇄해서 틈날 때마다 다시 읽는다. 새로운 수업을 시작할 때와 중요한 시험 전후로 이를 언급한다.

가을 학기를 마칠 무렵, 라구나스를 비롯한 에스트라다 반의 다른 학생들이 태도를 바꾸기 시작했다. 그들은 에스트라다의 멘토 마인드셋 접근법을 고마워하게 됐다. 라구나스가 말했다. "늘 있는 일이지만 시험을 망치면 선생님은 그 점수를 그대로 주는 대신 상담 시간에 불러서 '그래, 어떤 실수를 했는지 살펴보고, 왜 그런 실수를 하게 됐는지 찾아본 후 고치도록 하자'고 말씀하세요." '협력적 문제해결'이다! "이제는 우리를 학생으로 아껴주는 선생님들에게 감사해요. 에스트라다 선생님은 우리에게 신경 써주셨고, 성공할 수 있는 도구와 자원을 주셨죠. 그래서 수업을 끝까지 들을 수 있었어요."

에스트라다의 멘토십 덕분에 라구나스는 미국 항공우주국의 여름 인턴사원으로 근무했고, 1년 후에는 퀘스트브리지 장학생으로 선발돼 전액 장학금을 받고 보스턴칼리지에 들어갔다. 이제 그녀는 가족 중 처음으로 대학생이 됐다.

메시지와 기회

캐머런 헥트 박사는 수상 경력이 있는 학자로, 캐럴 드웩과 주디 해러케비치 같은 일류 심리학자들 밑에서 연구했다.[17] 헥트와 나는 10대 청소년 수천 명을 대상으로 에스트라다의 투명성 연설에 관한 실험을 실시했다.

헥트는 이런 연설 유형에 꼭 필요한 요소 2가지를 발견했다.[18] 하나는 멘토 마인드셋 '메시지', 즉 신념에 대한 진술이다. 에스트라다는 실수에서 배운다면 모든 학생이 물리를 깊이 있게 이해할 수 있을 거라고 믿는다고 말한다. 투명성 연설에 꼭 필요한 두 번째 요소는 '기회'에 관한 언급이다. 즉 학생들에게 성장하고 발전할 수 있는 가능성이 있고 그 가능성을 이룰 구조적 지원책이 있다고 말해야 한다. 에스트라다는 정정 정책을 실시했다. 누구나 모든 시험, 퀴즈, 과제를 고칠 수 있도록 했고, 수업이 없는 시간에는 학생들과 함께 과제 검토를 도왔다. 헥트는 메시지를 전달한 다음에 꼭 기회를 줘야 한다는 사실을 발견했다. 그렇게 하지 않으면 위선적인 말이나 다름없기 때문이다. '누구나 발전할 수 있습니다!'라고 말하면서 학기초에 실수하면 한 학기 내내 낙제생을 면할 수 없는 채점 정책을 적용하는 교사는 거짓말쟁이처럼 보일 것이다. 게다가 10대 청소년들은 이런 위선을 귀신같이 감지한다.

이 두 갈래 접근법은 스테프 오카모토가 서비스나우와 마이크로소프트에서 관리자로 일할 때 관찰한 사항과 일치한다(2장과 4장 참조). 오카모토는 직속 부하들에게 더 높은 성과 목표를 달성할 수 있다고 생각하기 때문에 비판적인 피드백을 제공한다고 투명하게 설명했다. 기회는 인센티브와 상여금 체계다. 만약 사람들이 성장했다고 칭찬은 받았지만 첫 번째 시도에서 거둔 절대적 성과에 대해서만 보상을 받는다면 이견이 생기기 마련이다. 멘토 마인드셋을 투명하게 드러내고자 한다면 '메시지'와 '기회'가 모두 중요하다는 점을 기억해야 한다.

반복의 중요성

매년 3000명에 가까운 대학교 신입생에게 화학 입문 수업을 가르치는 스테이시 스팍스 박사는 수업을 시작할 때 자신의 신념에 대한 명확한 메시지("이 수업에서는 모두가 높은 기준을 충족할 수 있습니다")와 성장 기회("헷갈리거나 실수한 부분이 있으면 교수실로 와서 이야기하세요")를 밝힌다. 첫 번째 시험이 다가왔는데, 학생들은 교수실로 찾아가지 않았고 질문도 하지 않았다. 그들은 교수가 의대생에게만 그렇게 말한 거라고 생각했던 것이다.

스팍스는 이 문제로 내게 고민을 털어놨다. 우리는 멘토 마인드셋에 대한 메시지를 한 차례 밝힌 것만으로는 충분하지 않다는 사실을 깨달았다. 어려운 시험을 앞뒀을 때처럼 힘겨운 순간마다 메시지를 반복해야 했다. 학생들은 그럴 때 자기 자신을 가장 많이 의심하고 취약해져서, 교수들이 학생들에게 관심이 없으며 천재 아니면 바보로 분류하고 싶어 할 뿐이라는 해묵은 기본 가정에 다시 빠진다. 때맞춰 투명성 진술을 반복해야 학생들이 멘토 마인드셋의 의도를 다시 확신할 수 있다. 스팍스 교수가 멘토 마인드셋에 대한 메시지를 재차 투명하게 밝힌 후에야(처음에 생각했던 것보다 훨씬 더 자주) 교수실로 찾아오는 학생들이 점점 늘어나고 학생들의 성적도 향상됐다.

6장

질문: 지시하지 않는다

나는 그에게 묻기만 할 뿐 가르치지 않을 것이고,
그는 궁금한 점을 내게 물을 것입니다.[1]

— 플라톤의 《메논》 중에서 소크라테스의 발언

부모들이 흔히 겪는 딜레마

케이트의 이야기

시카고에 사는 케이트는 아들 둘을 키우는 엄마다.[2] 어느 날 밤, 당시 고등학교 2학년이었던 큰아들 재러드가 술에 취해서 집으로 돌아왔다. 이 모습을 본 케이트는 소리를 지르며 꾸짖었다. "대체 무슨 생각이야? 어디에 있었어? 네가 이렇게 행동하면 엄마가 얼마나 화가 나는지 몰라? 가족들이 얼마나 걱정했는지 모르겠어? 외출 금지 받고 싶어?" 케이트는 양방향 대화가 아니라 심문을 하다시피 하며 몰아갔다. 다음에 무슨 일이 일어났을까? 재러드는 어머니에게 술에 대해 솔직히 털어놓을 수 없다는 것을 깨달았고, 점점 더 능숙하게 숨기게 됐다. 어머니 몰래 나돌아 다니자 중독은 더욱 심해졌다. 몇 년 후, 재러드는 성적이 너무 나빠서 대학교를 그만두었다.

게리의 이야기

게리는 10대 딸인 샬럿과 단 둘이 살고 있다.[3] 아내는 집을 나간 후 연락을 끊었고, 샬럿은 오랫동안 섭식장애, 자해, 불안감, 우울증에 시달렸다. 샬럿은 점점 더 많은 시간을 온라인에서 보냈고, 얼마 전부터는 캐나다에 사는 연상의 남자와 사귀기 시작했다. 게리는 그 관계를 걱정했고, 샬럿이 좀 더 가까이에 사는 사람과 사귀기를 바랐다. 게리는 어떻게 했을까? 사실 아무것도 하지 않았다. 연애 이야기를 꺼냈다가 샬럿과 싸우게 될까 봐 두려웠기 때문이다. 엄마가 집을 나간 지금, 샬럿의 주변 어른 중에서는 게리가 유일한 아군이었다. 싸움을 했다가는 부녀 관계가 위태로워질 것이었다. 게리는 딸이 엄마, 아빠, 남자친구와의 관계를 한꺼번에 잃는 일이 없기를 바랐기 때문에 보호자 마인드셋을 채택하고 그 주제를 아예 피했다. 그 후 몇 달 동안 게리는 샬럿이 잠을 못 자고, 직접 얼굴을 맞댈 수 있는 친구를 더 많이 잃고, 좋아하던 필드하키에 관심을 덜 보이고, 더욱 우울해지는 모습을 지켜봤다. 고립감과 고독에 시달리던 샬럿은 자신의 감정을 '이해해주는 유일한 사람'인 캐나다인 남자친구와 밤늦게까지 점점 더 많은 시간을 보냈다.

로레나 세이델

케이트와 게리의 이야기에는 중요한 공통점이 있다. 둘 다 멘토의 딜레마를 보여주는 사례라는 점이다. 부모라면 으레 그렇듯이 케이트와 게리도 자녀의 선택을 비판해야 할지, 자녀와 좋은 관계를 유지하는 데 집중해야 할지 갈팡질팡한다. 흥미롭게도 이런 공통점은 멘토 마인드셋이 양쪽 상황 모두에 도움이 될 수 있다는 것을 뜻한다. 실제로 케이트와 게리는 멘토 마인드셋 전문가인 양육 코치에게 앞으로 무엇을 해야 할지 배웠다.

케이트와 게리의 양육 코치 로레나 세이델은 자녀교육계의 서지오 에스트라다와 같다. 세이델은 미국에서 가장 인기 있는 양육 코치 중 한 명이다. 문을 쾅 닫는 소리, "엄마(또는 아빠) 미워", 비난, 죄책감, 당혹함이 없는 가정을 간절하게 원하는 사람은 세이델에게 전화한다.

세이델은 브라질에서 태어났는데, 어머니는 강요자 마인드셋을 가진 사람이었다.[4] 세이델이 가장 선명하게 기억하는 어린 시절의 순간은 오빠와 함께 놀다가 비싼 물건을 망가뜨렸을 때였다. 어머니는 심하게 야단친 후, 경의와 존중을 나타내는 표시로 아이들에게 자신의 발에 입을 맞추게 했다. 그때 세이델은 어머니 같은 사람이 되지 않겠다고 맹세했다.

25년 후, 세이델은 코네티컷주에 살고 있었다. 그녀는 어린아이 2명을 키우는 어머니였고, 유능한 교사였으며, 석사학위를 취득한 전문가였다. 그때까지 그녀는 양육이 식은 죽 먹기이며, 스스로 전문가라고 생각했다. 그러나 아이들이 규칙을 어긴 어느 날, 그녀는 폭발하고 말았다. "엄마 말을 잘 들어야지!" 세이델은 소리를 질렀다. 분노의 폭풍이 잦아들었을 때, 그녀는 잔해를 살펴보았다. 눈물, 두려움, 굴욕. 그녀는 엄마와 똑같은 사람이 되어 있었다! 그날 그녀는 새롭게 맹세했다. 어렸을 때 무엇을 배웠는지 알아내고 부모가 되어 배운 것을 잊기로 했다. 마인드셋을 바꾸는 법을 배워야 했다. 10년 후, 그녀는 이 일에 성공했고 자신이 깨달은 통찰을 다른 사람들과 나누는 사명을 실천하고 있다.

과학자로서 나는 양육 전문가를 비롯해 다음 세대에 대한 비밀 지식을 파는 사람들을 대체로 의심한다. 다이어트는 과학이 아니라 유행과 모순에 휘둘리는 것으로 악명 높다. 하지만 때로는 양육이 다이어트보다 더 최악인 영역처럼 느껴진다. 멘토 마인드셋 양육에 관한 진짜 상식과 가짜 상식의 차이를 어떻게 구분할 수 있을까?

지난 3년 동안 나는 3가지 이유로 세이델의 조언을 확신하게 되었다. 첫째, 나는 세이델의 조언을 받은 가정을 보면서 부러움을 느꼈다. 의뢰인은 내 아이들처럼 활기 넘치고 까다로운 아이 넷을 키웠지만, 그 집 아이들은 적극적인 도움과 정중한 자립심을 모범적으로 보여줬다. 둘째, 세이델의 조언은 멘토 마인드셋 본보기이자 수십 년간의 연구 결과와 잘 들어맞는다. 세이델의 철학은 유행에 따른 것이 아니다. 바움린드(2장 참조)가 수십 년 동안 멘토 마인드셋(권위 있는) 부모들에 대해 언급한 내용의 좀 더 실용적인 버전이다. 세이델은 강력한 아이디어들을 합리적인 틀로 정리한 새로운 방법을 제시하는데, 이는 바쁘고 스트레스에 시달리는 부모도 충분히 실행할 수 있다. 셋째, 나는 내 아이들에게 세이델의 조언을 시도했고, 상당한 도움을 받았다. 물론 나를 포함한 부모 대부분이 양육 코치에게 큰 돈을 쓸 여유가 없다. 여기서는 누구나 이 정보에 접근할 수 있도록 세이델이 제시하는 방법의 원리를 밝히고자 한다.

케이트의 강요자 마인드셋과 게리의 보호자 마인드셋에 대해 세이델은 뭐라고 말했을까? 그녀는 그들이 자녀에게 보이는 반응이 분명히 애정에서 나오기는 했지만 단기적인 전략일 수밖에 없는 이유를 설명하는 것부터 시작했다.

예를 들어 케이트는 알코올의 위험성을 봤고, 문제의 싹을 자르고 싶었다. 아들이 집안의 규칙을 노골적으로 무시하는 태도에도 화가 났다. 케이트는 아들에게 존중의 중요성을 가르치고 싶었지만, 강요자 마인드셋으로 접근한 탓에 잘못된 교훈을 가르치고 말았다. 걸리지만 않으면 그만이라는 생각이었다. 강요자 마인드셋은 장기적으로 역효과를 일으켰다.

게리는 딸이 양친을 모두 잃는(한 명은 물리적으로, 다른 한 명은 정서적으로) 고통을 겪지 않도록 보호하고자 곤란한 대화를 피했다. 하지만 이런 단기 전략은 딸아이가 외로움이나 버림받은 느낌이라는 심각한 문제에 대처하는 데 전혀 도움을 주지 못했다.

세이델은 이런 단기 전략에 의존하는 부모들이 좋은 부모처럼 보이고 싶은 절박함에 어떻게 굴복하게 되는지, 이런 절박함이 어떻게 강요자나 보호자 마인드셋으로 이어질 수 있는지 충분히 이해한다. 자녀가 음주나 불건전한 교제, 나아가 자해나 섭식장애, 자살 충동 등에 휘말리면, 부모는 그런 감당할 수 없는 아이를 키우는 스스로가 형편없는 부모라고 느끼게 마련이다.

게다가 우리는 나쁜 행실에 지나치게 엄격하거나(케이트의 경우) 지나치게 무르다는(게리의 경우) 이유로 우리를 '공공연한' 실패자로 판단하는, 눈에 보이지 않는 청중을 두려워한다. 우리는 아이를 임신했다는 사실을 안 순간부터 이런 상상 속 배심원을 내면화한다. 양육 판단은 임신 중 고급 비타민과 싸구려 비타민 중 무엇을 복용할지 선택하는 문제부터 시작해 유모차에 들어 있는 플라스틱의 양이나 자녀가 진학할 대학에 이르기까지 매 발달단계마다 계속 이어진다.

세이델은 부모가 강요자 및 보호자 마인드셋으로 문제를 서둘러 해결하려는 이유는 자신이 아이들에게 신경 쓴다는 신호를 상상 속 배심원에게 보내려는 데 있다고 본다. 우리는 자녀가 건강하게 발달하는 데 실제로 무엇이 '필요한지' 고려하기보다는, 자녀의 행동이 부모인 우리에게 무엇을 '의미하는지'를 상상 속 청중의 눈으로 보는 데 집착한다.

물론 청중은 '상상 속'의 존재이다. 따라서 부모들은 실제로 들은 내용이 아니라 남들이 무슨 생각을 할지 '추측'한 내용에 집착하는 경우가 많다. "문제 그 자체는 절대 문제가 아닙니다." 세이델은 의뢰인들에게 즐겨 말한다. "우리가 '그 문제를 어떻게 생각'하는지가 문제예요." 다른 부모들이 우리를 비난하는 것이 문제라고 생각하는 경우 문제를 최대한 빨리 해결하려는 유혹에 빠지기 쉽다.

기묘한 아이러니지만 세이델은 부모도 10대처럼 행동할 때가 많다고 여긴다. 우리는 같은 부모들 앞에서 체면을 차리고 싶어서 충동적으로 강요자나 보호자 마인드셋으로 반응하곤 한다. 자녀들이 자기가 파티에 참석하지 않거나 위험한 행동을 할 때 '그들의' 또래가 자신을 어떻게 생각할지 상상하면서 크나큰 위험을 무릅쓰는 것과 똑같다.

세이델은 대체로 우리는 상황 그 자체가 아니라 상황의 '의미'를 두고 다툰다고 설명한다. 말하자면 의미를 둘러싼 전쟁의 한 형태다(3장 참조). 상황은 청소년들에게 필요한 것을 얻지 못한다는 의미인 데 반해, 부모에게는 자신이 자녀에게 무시당하는 유형의 인간이라는 의미가 된다. 그러는 와중에 그 누구도 근본적인 갈등을 해결하려고 하지 않는다.

이 문제는 이해하기는 쉽지만 극복하기는 어렵다. 예를 들어보자. 12세와 14세인 세이델의 자녀는 아이들이 다들 그렇듯이 가끔씩 집에서 큰 소리로 말다툼을 벌인다. 세이델은 이런 다툼에 크게 신경 쓰지 않지만, 아이들이 공공장소에서 싸우면 창피하다. 어느 날 오후, 아이들이 혼잡한 전철에서 싸우자, 세이델은 너무 창피한 나머지 당황하고 말았다. 그녀는 강요자 마인드셋으로 한 아이에게 더는 제멋대로 굴지 말라고 했고, 다른 아이에게는 과잉 반응을 멈추라고 했다. 그만해! 그만해! 그만해! 스탠퍼드대학교에서 정서를 연구하는 심리학자 제임스 그로스는 이 전략을 '억압suppression'이라고 부른다.[5] 세이델은 아이들이 싸우는 바람에 본인이 불편하다는 이유로 아이들에게 감정을 억압하라고 말했던 것이다. 억압은 전형적인 강요자 마인드셋 전술이며, 이는 자녀가 느끼는 정서가 부당하므로 그냥 그만두라고 말하면 된다는 생각에서 비롯된다. 순간적으로 정신을 차린 세이델은 옛 기억을 떠올렸다. 어느새 세이델은 다시 자기 어머니처럼 행동하고 있었던 것이다!

다른 방법을 시도하기로 결심한 세이델은 목소리를 낮추고 아이들에게 말했다. "지금은 엄마도 어떻게 해야 할지 모르겠어. 해결책을 찾으려면 너희 도움이 필요해. 엄마는 지금 불편하고 창피해. 여기 있는 사람들이 전부 내가 좋은 엄마가 아니라고 생각하는 것 같고, 너희가 모든 시선을 다 끌고 있는 것 같아. 너희는 지금 누구 말이 맞는지 밝히는 게 중요하다고 생각하는 모양이지만, 엄마한테는 전철에 타고 있는 다른 승객들을 배려하는 게 더 중요해. 어떻게 해야 좋을지 도와주겠니?" 세이델은 분노나 비꼬는 기색 없이 곤혹스럽고 호기심 어린 목소리로 말했다. "우리가 다 같이 힘을 합쳐서 다들 원하는 바를 얻으면 좋겠어. 좋은 생각 있니?" 세이델은 아이들에게 '자기 자신'의 감정을 솔직하게 털어놓은 다음 '그들'의 행동에 대해서 '물어봤다'. 아이들에게 협력적 문제해결 방식에 동참하도록 한 것이다. 이제는 조약을 함께 작성할 시간이었다. 그들은 모욕, 비난, 처벌, 미끼의 길로 들어서지 않고 갈등을 해결하는 방법을 알아냈다.

'질문', 특히 공동 문제해결이나 협력적 문제해결 방식으로 이끄는 질문을 하면, 우선순위의 불일치를 이해하기 위해 서로 협력해야 한다는 사실을 청소년들에게 보여줄 수 있다. 또한 질문은 우리가 부모로서 자녀에게 그저 복종하고 감정을 억압하라고 요구하는 것이 아니라는 정중한 신호가 된다. 자녀의 관점을 정당화하고 함께 문제를 해결하려는 의지가 우리에게 있음을 보여주는 것이다. 요컨대 세이델은 '지시보다는 질문이 바람직하다'는 사실을 직접 보여준다.

질문은 무엇을 해결해줄 수 있나

전설적인 NBA 코치인 칩 엥겔랜드는 선수가 훈련 중에 슛을 실패했을 때 뭐라고 말할까? 그는 "틀렸어, 멈춰, 이렇게 해!"라고 소리 지르지 않는다. "어떤 느낌이었어?"라고 묻고 대답을 기다린다.

서지오 에스트라다는 학생이 물리 문제를 풀다가 틀렸을 때 어떻게 할까? 그는 "힘을 곱하는 걸 깜빡해서 이 문제를 틀린 거야"라고 말하지 않는다. "어떻게 이 답을 구했는지 말해볼래?"라고 묻는다. 그런 다음 학생의 이해를 바탕으로 협력적 문제해결을 시작한다.

스테프 오카모토는 낮은 평가를 받을 듯한 직원에게 뭐라고 말할까? 그녀는 "당신은 전부 잘못하고 있어요"라고 딱 잘라 말하지 않는다. "같이 문제를 해결할 수 있도록 어디에서 막혔고, 지금까지 뭘 시도해봤는지 알려줄래요?"라고 묻는다. 그런 다음에 곤란한 문제를 해결해준다.

나는 '지시'보다 '질문'이 멘토 마인드셋을 실천하는 핵심을 이룬다는 사실을 몇 번이고 실감했다. 이 사실을 떠올리면 지금껏 내가 만났던 최고의 관리자인 제니퍼 우가 생각난다.

제니퍼 우는 현재 실리콘밸리에서 가장 영향력 있는 교육 기술 분야 벤처투자자 중 한 명이다.[6] 그녀는 리치캐피털에서 가치가 수억 달러에 달하는 포트폴리오를 관리한다. 15년 전에 우는 샌프란시스코만 지역에서 자금 부족에 시달리면서도 교육 형평성을 추구하는 비영리단체인 파트너스인스쿨이노베이션에서 일했다. 나는 그곳에서 인턴으로 근무했는데, 제니퍼 우가 관리자였던 그 여름은 내 인생에서 가장 생산적인 시간이었다.

제니퍼 우가 그토록 훌륭했던 이유는 무엇이었을까? 그녀가 하지 않았던 일은 이런 것들이다. 우는 매일 아침에 나타나 하루 일정을 어떻게 짜야 할지 지시하지 않았다(그녀가 능숙한 프로젝트 매니저였음에도 말이다). 또한 내가 하고 싶은 일을 내 멋대로 하도록 내버려두지도 않았다. 그랬다면 대참사가 벌어졌을 것이다. 박사과정을 밟는 25세 학생이었던 나는 대체로 내 시간을 마음대로 쓸 수 있었고, 체계를 세워야 한다는 의무는 없었다. 나는 비효율적이고 비현실적이었다. 일일이 돌봐줄 관리자가 필요하지는 않았지만 팀 마감일에 맞추려면 도움이 필요했다. 제니퍼 우는 내가 인턴으로 근무하는 12주 동안 매일 아침 15분씩 시간을 내서 우선순위를 정하는 데 도움을 주기로 했다. 우리 회의는 대체로 이런 식으로 진행됐다.

우 자, 예거 씨. 오늘은 무슨 일을 할 계획인가요?

[나는 비현실적인 데다 3주일은 걸릴 법한 일을 설명한다.]

우 그러면 그중에서 지금 해야 할 가장 중요한 부분은 무엇이죠?

[나는 지금까지 말했던 것 중에서 중요한 부분은 없고, 다른 일이 더 중요하다고 말한다.]

우 좋아요. 그러면 지금 얘기한 더 중요한 일을 하려고 할 때 필요한 자원은 확보했나요?

[나는 필요한 것을 조금도 갖고 있지 않다고 말한다.]

우 흥미롭네요. 예거 씨에게 필요한 걸 내가 준다고 치고, 예거 씨가 중요한 프로젝트로 향한 첫걸음을 뗀다고 하면 오늘은 얼마나 많은 일을 할 수 있을까요?

[마침내 나는 모든 요소를 취합하고, 업무를 완료하는 데 필요한 체계적이고 합리적인 계획을 세운다.]

우 일단 그렇게 해보고 나중에 같이 확인해봐요. 만약 일을 하다가 막히면 계속해나가는 데 필요한 것을 제공할 수 있을지 알아볼게요.

나는 매일 오후 3시경이면 그날의 업무 목록 전체와 그 밖의 업무들까지 꼬박꼬박 달성했으며, 그리 큰 스트레스를 받지 않고도 프로젝트를 일정보다 몇 주 앞서서 끝냈다. 게다가 제니퍼 우가 하는 질문을 스스로에게 던지는 법을 배웠다. 그녀는 내게 '머릿속 관리자'라는 오래가는 선물을 줬다.

제니퍼 우의 방법은 왜 효과가 있었을까? 앞서 소개한 우의 질문을 다시 살펴보자. 질문에는 호기심과 진정성이 담겨 있고, 비판하거나 거들먹거리는 뉘앙스는 없다. 제니퍼 우는 내가 하는 말을 온전히 이해할 때까지 내 답변을 바탕으로 질문했다. 게다가 그녀는 호락호락한 사람이 아니어서 깐깐하게 굴기도 했다. 내가 비현실적인 말을 할 때면 눈을 가늘게 뜨고 딴청을 피웠지만 적개심을 드러낸 적은 없었다. 그녀의 태도를 보면 대체 무슨 수로 그 모든 일을 8시간 내에 해낼 계획인지 알고 싶을 뿐이라는 걸 분명히 알 수 있었다. 제니퍼 우가 던지는 도전적인 질문을 들으면서 그녀가 나를 진지하게 대한다는 느낌을 받았으며, 내 능력을 경시한다기보다는, 내 안에 확고한 계획을 세울 능력이 있는 듯한 기분이 들었다. 나는 그녀에게 깊은 인상을 심어주고 싶었으므로 이런 질문에 의욕을 느꼈다.

이런 유형의 질문하기는 멘토 마인드셋을 실천하는 방법에 해당된다. 제니퍼 우는 높은 기준(내 생각을 논리적으로 설명하기를 기대했다)과 높은 지원(일방적으로 판단하지 않으면서 응답했고, 내가 현실적인 계획을 세울 때까지 같이 문제를 해결하면서 내 생각을 이해하고자 노력했다)을 보여줬다.

제니퍼 우의 멘토 마인드셋 질문이 요즘 같은 때에 특히 중요한 이유는 무엇일까? 코로나19 팬데믹 기간과 그 이후로 수많은 신규 졸업생들이 대학에서 자신의 시간을 온전히 홀로 관리하며 몇 년을 보낸 후, 주로 재택근무 형태로 취직했다. 그들에게는 멘토 마인드셋 관리자가 필요했지만, 그런 관리자를 만나는 경우는 좀처럼 없었다.

이 책을 쓰기 위해 Z세대 직원 수십 명과 인터뷰를 나누는 동안, 나는 관리자들의 무관심한 마인드셋에 대해 들을 수 있었다. 신입사원들은 관리자들이 몇 달 동안 그들을 방치하다가 성과가 저조하다는 이유로 해고했다고 말했다. 극단적인 강요자 마인드셋을 실천하는 관리자들이 많았던 것이다. 심지어는 근무 태만자를 가려내려면 직원의 생산성을 추적해야 한다며, 감시 카메라가 포함된 소프트웨어를 의무적으로 사용하게 하기도 했다. 일론 머스크 같은 CEO들은 재택근무 직원들은 일하는 척할 뿐이라고 조롱했다.[7]

이른바 게으르다는 청소년들 중에 단지 제니퍼 우 같은 관리자가 필요할 뿐인 사람이 얼마나 될까? 멘토가 하루에 15분씩(혹은 일주일에 15분만이라도) 시간을 제대로 활용하는 방법에 대해 진심 어린 질문을 해준다면 누구라도 의욕을 느낄 수 있을 것이다. 반면에 의미 있는 시간이나 관심을 조금도 주지 않는 관리자가 상사라면 사기가 떨어지기 마련이다. 신입 사원이 제니퍼 우의 멘토링을 받는다면, 기업은 얼마나 많은 돈을 절약할 수 있고 젊은 직원들은 얼마나 더 존중받는다고 느낄 수 있을까? 아마도 그들은 더 효율적으로 일하고 기대 이상의 성과를 내면서 그 직장에 계속 다니고 싶어 할 것이다.

세이델은 석사학위를 받기 위해 학교로 돌아가면서 지난 100년간 발표되었던 양육에 관한 이론을 공부했다. 1927년에 알프레드 아들러가 내놓은 개인심리학,[8] 1978년에 메리 에인스워스가 발표한 애착 이론,[9] 1981년에 제인 넬슨이 제시한 긍정 훈육,[10] 2000년에 마틴 셀리그만이 창시한 긍정심리학[11] 등 양육 이론들은 끝도 없이 이어졌다.

세이델은 양육 연구의 역사를 살펴보면서 눈에 띄는 점을 2가지 발견했다. 첫째, 거의 모든 전문가가 '자녀의 행동 이면에 숨은 근본적인 원인을 이해하고 대처하자. 행동 그 자체에 반응하는 데 그치지 말라'는 말을 조금씩 바꿔서 했다. 둘째, 부모는 좀처럼 그렇게 하지 않는다. 또, 세이델은 긍정적인 육아나 중독 증상에는 공통점이 많다는 사실을 발견했다. 둘 다 끊임없이 반복한다는 점이었다.

100년 동안의 양육 연구에서는 중요한 이론들이 제시되었지만, 복잡한 우리 일상생활에 적용하기에는 좌절감을 느끼게 할 정도로 죄다 어려운 방법들이다. 20세기 아동심리학자들이 내놓은 중대한 이론적 통찰은 마카로니가 가스레인지 위에서 타고, 정비사가 대문을 두드리고, 네 아이가 아이패드를 두고 싸우는 와중에 발견된 사실이 아니었다. 그들은 책으로 둘러싸인 조용한 사무실에서 깨달음을 얻었다. 그러다 보니 양육 조언 역시 관심과 인내심이 넘치고, 시간 제약을 받지 않으며, 논리적이고 순종적인 자녀를 가진 가상의 부모에게 맞춘 비현실적인 경향을 보인다. 부모들은 대부분 이런 현실 속에서 살아가지 않는데도 말이다.

나는 세이델처럼 과학적 증거를 들어 '어떻게 하면 이것을 실제로 사용할 수 있을까? 어떻게 하면 다른 부모들이 이것을 사용하게 할 수 있을까?'라고 궁리하는 사람들의 전문성을 존경한다. 세이델은 많은 가정에서 시간을 보낸다. 그녀는 의뢰인인 부모들이 상담 시간에 묘사하는 모습이 아니라 그들이 가장 솔직하고 취약할 때의 모습을 보며 조언한다. 그녀는 질문이 효과적인 멘토 마인드셋 실천법이라고 확신하는데, 아주 다양한 형태의 가정에서 질문이 발휘하는 효과를 직접 목격했기 때문이다.

세이델은 부모에게 효과적으로 질문하는 방법을 어떻게 지도할까? 그녀는 먼저 부모의 마인드셋에 초점을 맞춘다. 내가 이 책의 전제를 말하기도 전에 세이델은 이렇게 말했다. "우리는 친절하고 단호해지는 법을 압니다. 태어날 때부터 둘 중 하나죠. 상냥했다가 심술부리다가 이랬다저랬다 해요. 하지만 친절하면서도 동시에 단호한 최적의 균형을 찾기란 쉽지 않아요." 세이델은 부모가 강요자나 보호자가 되기 쉽다는 사실을 알고 있었다. 상황이 평온할 때 부모는 자녀가 요구하는 대로 맞춰준다. 아이들에게 꼬박꼬박 친절하게 대해주면서 한 번 부탁했을 때 귀 기울여 듣고 고마운 마음을 표현해주기를 기대한다. 이럴 때 부모는 보호자다. 그러다가 어떤 행동을 바꿔야 할 때면(바지를 입어야 하거나 얌전하게 행동해야 할 때) 한 번 부탁하고, 두 번 부탁한다. 다음으로 경고하고, 두 번째로 경고한다. 세 번째로 부탁한다. 그리고 무시당한다. 그러고 나면 폭발한다. 소리를 지르고 위협하고 비난하고 모욕한다. 특권을 빼앗고, 전자기기들을 전부 치운다. 그러다가 죄책감을 느껴서 다시 상냥하게 행동한다. 보호자였다가 강요자였다가 다시 보호자로 돌아가는 것이다.

때로는 부모가 함께 문제를 일으키기도 한다. 한 부모는 강요자, 다른 부모는 보호자인 경우다. 둘이서 짝을 지어 상냥했다가 심술부리다가 이랬다저랬다 한다.

세이델은 이런 변덕스러운 태도에서 벗어나려면 마인드셋을 전환해야 한다고 생각한다. 이런 부모들이 좋은 부모와 나쁜 부모라는 양분법, 즉 양육의 고정 마인드셋에 갇혀 있기 때문이라고 보기 때문이다. 부모는 '세미나에도 가고 책도 읽었지만 여전히 아이들에게 화를 내게 돼. 아무래도 나는 나쁜 부모인 것 같아'라고 생각한다. 그러면서 보호자 마인드셋으로 되돌아간다. 하지만 보호자 마인드셋으로 응석을 받아주다 보면 자녀는 자기 주도적으로 행동하는 법을 배우기 어렵다. 결국 예전에 했던 행동을 반복하며 강요자로 분노를 폭발하고, 더 심한 죄책감을 느낀다.

세이델은 '다시 하기'라는 간단하지만 심오한 개념으로 이런 반복 순환에서 부모들을 해방시키고자 한다. 부모들에게 보호자나 강요자 상태에 빠진 다음에도 다시 시도할 수 있다고 가르친다. 한 번 나쁜 부모가 됐다고 해서 계속 나쁜 부모인 것은 아니다. 아이의 방에 가서, 가족의 기준을 지키지 못한 아이가 그렇게 하도록 돕지 못한 점을 사과할 수 있다. 아이의 행복과 가족의 안녕에 마음을 쓰고 있으니 아이에게 무엇이 필요한지 알아내려고 애써야 했다고 설명할 수 있다. 부모가 이런 식으로 접근하면 자녀에게 지나치게 많은 통제권을 넘기는 셈일까? 그렇지 않다. 엄격하지만 애정 어린 멘토 마인드셋으로 대화를 주도하기 때문이다.

세이델은 다시 하기를 시도할 때 '이해를 동반하는 진정성 있는 질문'을 하도록 가르친다. 예를 들어 "네가 오빠가 싫다고 소리 질렀잖니? 우리 집에서는 그런 행동을 하지 않으면 좋겠지만 너도 뭔가 중요한 이유가 있어서 그랬을 거라고 생각해. 그때 너한테 뭐가 '정말로' 필요했는지 알려줄래? 그러면 다음에는 너를 제대로 도와줄 수 있을 거야" 같은 식이다. 이런 움직임은 협력적 문제해결과 조약 작성으로 나아가는 문을 열어준다.

때로는 아이가 막무가내로 반응하기도 한다. "오빠가 너무 싫어서 괴로워했으면 좋겠어요"라고 말할 수도 있다. 그런 반응에는 "다른 이유는 없었을까?"라고 대응할 수 있다. 아이들은 보통 일어난 일 자체가 아니라 그것이 '의미'하는 바에 대해서 화를 낸다는 점에서 이런 대응은 중요하다. 예를 들어 남매가 다투기 시작한 이유가 불공평 때문이었다고 하자. 이는 부모가 한 아이(주의를 돌려야 하는 아이)에게 다른 아이(좀 더 자기 주도적인 아이)보다 더 관대하게 스크린 타임 등을 적용한 탓일 수도 있다. 이때 부모는 "네가 뭘 원하는지 알겠어. 내가 어떻게 해주면 좋겠어?"라고 물을 수 있다. 그 순간 아이는 부모가 자기 말을 들어주고, 인정해주고, 지지해준다고 느낀다. 동시에 아이는 생각해야 한다. 세이델은 다음에는 자녀가 이 과정을 주도할 수 있게 미래를 계획하도록 가르친다. "다음에는 싸우는 대신에 네가 뭘 원하는지 빨리 알아낼 수 있게 하려면 뭐라고 말하면 좋을까? 네가 상처받지 않게 말하고 싶으니까 어떤 말을 듣고 싶은지 말해줄래?" 이제 부모와 자녀는 "엄마(또는 아빠) 미워"를 건너뛰고 곧장 문제해결로 갈 수 있는 지름길을 확보했다. 이 전략은 "그만해"라고 말하는 가부장적 접근법보다 더 효과적이다.

다시 한번 강조하지만 세이델의 질문법에는 심오한 데가 있다. 세이델은 부모가 화가 머리끝까지 난 상태에서 느닷없이 메리 포핀스(소설《메리 포핀스》에 등장하는 좋은 보모의 대명사와 같은 인물 – 옮긴이)와 애티커스 핀치(소설《앵무새 죽이기》에 등장하는 도덕적 청렴과 공정을 대표하는 인물 – 옮긴이)를 조합한 인물로 바뀔 수 있다고 가정하지 않는다. 그녀는 부모들 대부분, 심지어 훌륭한 부모에게도 나쁜 본능이 있기 마련이고, 강요자나 보호자 마인드셋을 사용하는 경향이 있다고 생각한다. 이는 그들이 성장한 문화가 이 나쁜 2가지 선택지를 제공했기 때문이다. 따라서 부모라면 누구나 '다시 하기' 전략을 사용해야 한다. 다시 하기는 다음번 위기를 좀 더 효율적으로 해결하기 위한 토대를 마련한다. 다시 하기를 충분히 하고 나면 아이도 부모가 무슨 말을 하려는지 알아차리기 시작한다. 이 전술로 모든 충돌을 막을 수는 없지만 좀 더 수월하게 긴장을 완화할 수 있다.

요즘 세이델은 딸들이 말다툼을 벌이는 소리가 들릴 때면 이렇게 말한다. "얘들아, 엄마가 뭐라고 물어볼 것 같아?" 침묵과 한숨, 툴툴거리는 소리가 이어진 다음 딸들은 "우리가 정말로 필요한 것을 두고 싸우고 있는지… 둘 다 필요한 것을 얻을 방법을 찾을 수 있는지 물을 거예요. …그다음에는 우리 집에서는 각자 자신의 문제를 정중하게 해결해야 한다고 하시겠죠. …엄마는 우리를 사랑하고 우리가 커서 독립한 후에 어엿한 성인이 되기를 바라시니까요." "맞아." 세이델이 대답한다. "그러면 대화로 그 방법을 찾아볼 수 있을까?" "좋아요!" 딸들은 이렇게 외치며 자리를 뜬다. 예전에는 45분 정도는 진이 빠지고 이후로 몇 시간 동안 어쩌다가 저렇게 험악한 아이들로 키웠는지 자책했던 일이 순식간에 끝나는 것이다. 간단한 질문으로 장기적으로 훨씬 많은 시간과 수고를 아끼게 됐다.

"심판 보는 데 지쳤어요." 세이델이 말했다. 예전에는 아이들이 싸우면 장난감 같은 것을 빼앗곤 했다. 하지만 그런 마인드셋은 맞지 않았다. 그녀는 아이들이 회복탄력성과 책임감 같은 기술을 배울 기회를 빼앗고 있었던 것이다. "다시는 싸움에서 심판을 보지 않기로 했어요." 멘토 마인드셋으로 전환하고 질문을 던지기(주로 다시 하기를 실행하는 동안)로 한 그 결심 덕분에 시간과 골칫거리를 아낄 수 있었다. 그렇게 깨달음을 얻은 세이델은 부모에게 갈등이 생겼을 때 '지시하지 말고 질문'하라고 지도하기에 이르렀다.

질문하기가 대단히 효과적인 방법인데도 많은 사람이 본능적으로 정반대 접근법을 추구한다. 그 이유는 바로 '지시 충동' 때문이다.

지시 충동에 사로잡힌 어른들

지시 충동이란 청소년들에게 정확히 무엇을 해야 하는지 지시하는 경향을 일컫는다. 이 충동은 선의에서 비롯되지만, 청소년들을 존중하는 방식이라고는 할 수 없다. 그런 식으로 청소년들을 존중하지 못하면 청소년의 곤경에 빠지는 것에 박차를 가하고 세대 격차는 벌어지게 된다.

지시 충동은 어디에서 비롯될까? 정보를 제공하는 것은 효율적이다. 청소년에게 필요한 전문지식이나 지혜를 가지고 있는 어른이라면 질문으로 청소년의 이해도를 서서히 높이기보다는 직접 지시함으로써 자신의 정보를 빠르게 전달할 수 있다. 또한 정보 제공은 예의 바른 행동이기도 하다. 누군가가 어떤 일에 대해서 혼란스러워 하거나 전혀 모르거나 잘못 알고 있거나 곤란해 하고 있을 때 우리는 필요한 정보를 서둘러 전달한다. 예를 들어 외지인이 차를 세우고 길을 물으면, 사람들은 대부분 길 찾는 법을 말해준다. 아이가 분수 계산법을 물을 때도 대부분 그 방법을 설명해줄 것이다. 굳이 답을 알려주지 않는 것은 괴롭히려는 듯이 보일 수 있다. 반면, 사람들에게 도움이 되는 정보를 제공하면 기분이 좋다.

명확한 지시는 많은 상황에서 효과적이지만, 지시가 언제나 선행이라고 생각한다면 이는 자기 자신을 속이는 것이나 다름없다. 생각해보자. '지시하면' 대체로 기분이 좋지만 '지시를 받으면' 기분이 나쁠 때가 많다. 개인적인 선택 영역에서 누군가가 이래라저래라 지시할 때면 특히 그렇다.

어떤 사람이 당신에게 누구와 친하게 지내라거나, 어떤 농담을 하라거나, 어떤 옷차림을 하라고 지시한다면 기분이 어떨까? 많은 사람이 무시당하거나 존중받지 못한다고 느낄 것이다. 청소년들에게 어른의 뜻을 강요하는 것은, 자신들의 문화 속에서 의미 있고 존중받을 만한 역할을 할 방법을 찾아내는 주체적인 학습자가 되려는 욕구를 그들에게서 빼앗는 셈이 된다. 청소년들은 자기가 속한 환경에서 지위와 존중을 획득하고 유지하는 방법, 즉 명성을 획득하는 방법을 '스스로' 배워야 하기 때문이다.

'지시를 받으면' 그 기반이 무너진다. 아이에게 자전거 타는 법을 말로 가르칠 수 없듯이 무엇을 하면 사람들의 존중을 얻을 수 있는지도 '지시'할 수 없다. 자전거 위에서 균형을 잡으려면 작은 근육들을 조정해나가야 하듯이, 지위와 존중 역시 수많은 사소한 상호작용 속에서 경험하고 조정해야 한다. 많은 경우에 지시는 청소년들에게서 귀중한 학습과 경험을 박탈한다. 나아가 지시는 무례하게 느껴지므로 의욕을 떨어뜨리기 쉽다.

케이트의 지시 충동은 친구들 사이에서 사회적 지위를 얻고 싶은 욕구 등, 재러드가 파티로 채우고자 했던 욕구를 충족할 다른 방법을 찾는 데 도움이 되지 않았다. 부모가 우는 아기의 식욕이나 수면욕이 사라지기를 바랄 수 없듯이, 10대 청소년이 친구들과 어울리려는 욕구가 사라지기를 바랄 수도 없다. 케이트는 지시할 뿐 질문하지 않았다. 따라서 아들의 욕구가 어떤 식으로 행동을 부추기는지 알아내지 못했고, 그로 인해 아들의 행동은 더 나빠졌다.

지시 충동을 어떻게 극복할 수 있을까?

세이델은 청소년들을 안전하게 지키고자 지식을 전달하려는 욕구 등 이런 지시 충동이 어디에서 비롯되는지 인식해야 한다고 생각한다. 그녀는 그 욕구 자체는 바람직하고, 계속해서 지니고 있어야 한다고 말한다. 그다음에 어른들은 그런 욕구를 충족할 다른 방법, 청소년의 욕구에 좀 더 부합하는 방법을 선택해야 한다. 바로 '질문하기'이다.

'지시' 대신 '질문'을 할 때 어른들은 정보 제공이라는 같은 목표를 간접적으로 달성할 수 있다. 이렇게 하면 청소년들이 도우려는 어른의 욕구를 통제하려는 욕구로 해석할 가능성이 낮아지고, 어른의 (간접적) 제안에 좀 더 마음을 열게 된다. 처음에는 질문하기가 어색하게 느껴지지만(지시 충동에 어긋나므로) 결국에는 자연스러워진다. 실제로 내가 대화를 나눈 멘토 마인드셋 본보기 대부분은 자신이 얼마나 자주 질문하는지조차 깨닫지 못했다.

그런 습관을 자연스럽게 기르려면, 청소년들을 효과적으로 사로잡는 질문법을 배워야 한다.

목적이 있는 질문하기

질문, 다른 말로 의문문에는 여러 목적이 있다.

질문의 가장 명백한 기능은 정보 교환이다. 지식이 풍부한 응답자는 무지한 질문자를 교육한다. 질문을 사회적 목적으로 사용할 때는 비밀스러운 이중 역할이 수행된다. 질문은 상대방을 어리둥절하게 하거나 비하할 수 있고, 반대로 무지한 사람을 치켜세울 수도 있다. 질문은 사람을 괴롭히거나 추궁할 수 있고, 주체성과 권력을 부여해 의미 있는 관계의 기반을 형성할 수도 있다.

이처럼 다양하고 사회적인 질문의 목적은 플라톤이 쓴 유명한 철학서 《메논》에 잘 나타나 있다.[12] 그 대화에서 메논이라고 하는 오만하고 뭐든 다 아는 체하는 인물이 소크라테스에게 "미덕(그리스어로 아레테aretê)[13]은 '가르치는' 것(즉 선생이 전하는 것)일까 '획득하는' 것(즉 경험으로 배우는 것)일까?"라는 난제를 던진다. 이 질문을 들은 소크라테스는 1만 단어 정도를 말하는 동안 이 질문에 대답하지 않는다. 그 대신 콧대 높은 메논이 곤혹스러워 할 정도로 계속 질문했고, 결국 메논은 미덕이 무엇인지도 모른다고 인정했다. 소크라테스의 목적은 메논의 무지를 밝히는 동시에 넌지시 자신의 지혜를 높이는 것이었다. 소크라테스는 질문을 메논의 콧대를 꺾는다는 사회적 목적으로 사용했다.

플라톤의 《메논》은 질문의 좀 더 상냥한 목적도 보여준다. 가장 인상적인 대목에서 소크라테스는 교육을 받지 않은 하인이 기하학 정리의 복잡한 증명을 이해할 때까지 계속 질문한다. 소크라테스는 우리 모두가 자기 안에 이미 지식을 가지고 있으며, 적절한 경험(이 경우에는 유도 질문)을 하면 자산을 바탕으로 더 똑똑해질 수 있다는 사실을 보여주고자 했다. "그의 안에는 항상 진실한 생각이 있었습니다." 소크라테스가 말했다.[14] "그에게 질문함으로써 그 생각을 지식으로 일깨우기만 하면 됩니다." 소크라테스의 질문은 제대로 평가받지 못한 지식을 드러내 하인의 지위를 높였다.

플라톤은 소크라테스가 메논의 질문에 "미덕은 우리가 이미 지니고 있는 지식에 경험이 합쳐진 데서 비롯되며, 훌륭한 교사나 멘토가 이를 이끌어낼 수 있다"고 대답하도록 쓸 수도 있었을 것이다. 그러면 같은 교훈을 훨씬 짧게 표현할 수 있지만 플라톤은 이를 대화의 형식으로 써서 질문이라는 '경험'이 어떻게 더 깊은 배움으로 이어지는지 보여줬다. 그는 청중에게 지식을 구성하는 '방법'을 보여주면서 청중의 지시 충동을 떨쳐냈다. 그에 반해 '그' 지식이 구성되었다고 하는 선언은 효과가 없다. 일반적으로 사람들은 지시 충동에 지나치게 사로잡혀 있다. 따라서 《메논》에서 질문하기는 '말하기'보다 '보여주기'가 더 낫다는 진리를 잘 보여주는 사례라고 할 수 있다.

모든 질문이 똑같이 만들어지는 것은 아니다. 인기 있는 일부 심리학 분야에서는 질문하기 같은 실천법을 지나치게 단순화해 일률적인 버전으로 만들어 퍼트리는 경향이 있다.[15] 하지만 내가 자주 하는 말을 기억하자. 대부분의 상식은 알고 보면 널리 퍼진 헛소리다.

케이트를 생각해보자. 아들이 파티에서 술에 취해 돌아왔을 때 케이트는 분명히 질문을 했지만 멘토 마인드셋에서 비롯된 질문은 아니었다. "대체 무슨 생각이야?"는 질문이지만 진정한 질문이 아니다. '너는 생각하지 않는 멍청이야. 네가 무슨 변명을 하든 상관없어. 어차피 넌 잘못했을 테고 넌 내 말을 들어야 하니까'라는 뜻이다. 청소년들은 어른들이 한 말이 아니라 그 말의 의미에 반응한다.

5장에서 등장한 돕슨 연구에서 경찰관에게 질문 공세를 받은 10대들을 생각해보자. 사람들에게 현재, 과거, 미래에 대한 질문을 퍼붓는 행동은 일반적으로 경찰이 지역사회에 호감을 얻을 법한 방법이 아니다. 오히려 일반 시민들은 위협을 느낀다.

질문하기라는 퍼즐을 풀려면 수십 년 동안 언어학 분야에서 진행한 믿을 만한 연구를 살펴볼 필요가 있다. 언어학이라는 광범위하고 다양한 분야는 특별한 힘을 지닌 질문 유형을 찾아냈다. 바로 '이해를 동반하는 진정한 질문'이다.

'이해를 동반하는 진정한 질문'의 효과

'진정한 질문'을 할 때 질문하는 사람은 대답을 모르고 정당하게 그 대답을 알고 싶어 한다.[16] 케이트가 아들에게 "대체 무슨 생각이야?"라고 소리쳤을 때 이는 진정한 질문이 아니었다. 그녀는 자기가 대답을 안다고 생각했고('너는 생각하지 않아') 아들의 대답에 관심이 없었기 때문이다. 좀 더 진정한 질문이라면 아들에게 자신이 생각하는 바를 설명해 달라고 요청했을 것이다.

'이해를 동반하는' 질문이란, 응답자가 제공하는 정보에 질문자가 영향을 받거나 이를 받아들인다는 뜻이다.[17] 질문자는 대화, 나아가 응답자의 요구에 맞춰서 질문을 조정한다. 이해를 동반하는 진정한 질문은 협력적 문제해결을 개시할 수 있다. 예를 들어 케이트가 10대 아들에게 "오늘밤에 꼭 친구들과 함께 있고 싶었다는 건 알겠지만, 그때 왜 가족의 규칙을 어기면서까지 친구들과 함께 있고 싶다고 생각했는지 설명해주겠니?"라고 물었다면, 이는 이해를 동반하는 진정한 질문이었을 것이다. 효과를 극대화하려면 케이트는 또래집단 내에서 지위와 존중에 대한 진지한 대화를 시작하는 출발점으로 그 질문을 사용할 수 있었다.

이해를 동반하는 진정한 질문이 효과적인 이유는 '관계'를 구축한다는 데 있다.[18] 스탠퍼드대학교 교수인 도라 뎀스키 같은 언어학자들은 이해를 동반하는 진정한 질문이 공통점과 협력 의식을 이끌어낸다고 지적한다.[19] 청소년들은 자신이 어떻게 대우받고 있는지 이해하고자 끊임없이 노력하므로, 이런 질문은 무척 중요하다. 질문을 받을 때 청소년은 '이 질문자는 나를 공격하려는 걸까, 아니면 동등한 입장에서 서로 협력하고 싶은 걸까?'를 궁금해한다. 이해를 동반하는 진정한 질문은 후자를 암시하므로 더욱 바람직한 관계를 구축할 토대가 된다.

진정한 질문은 '인지'에도 유익한 영향을 미친다.[20] 청소년들은 진정한 질문에 대답하려면 더 열심히 생각해야 한다. 머리를 쓰면 더 많이 배우고 생각을 정리하는 데 도움이 된다.

이 2가지 이점이 서로 맞물려 돌아간다는 데 주목하자. 진정한 질문은 신뢰를 쌓고, 신뢰가 쌓이면 청소년들은 깊이 생각해야 하는 도전을 받아들일 수 있을 정도로 안전하다고 느낀다. 이는 이해를 동반하는 진정한 질문이 멘토 마인드셋을 실천하는 방법인 이유를 설명하는 데 도움이 된다. 이해를 동반하는 진정한 질문은 높은 지원을 제공하므로(청소년들에게 틀렸다고 말함으로써 지위를 곧장 의심하거나 위협하지 않으므로) 청소년들이 높은 기준을 충족할 수 있기 때문이다(청소년들에게 독창적인 사고를 요구하므로).

이해를 동반하는 진정한 질문은 리더가 세대 격차를 메우는 데 어떻게 도움이 될까? 질문하기는 의미를 둘러싼 전쟁에서 조약(휴전이 아니라)을 협상하는 시작점이다. 성공적인 조약은 각 당사자가 무엇을 요구하는지 이해한 다음에야 작성할 수 있다. 질문은 그런 이해를 드러내지만 지시는 그렇지 않다. '지시'할 때 우리는 의미를 정복하기 시작한다. '내 의미는 중요하고 당신의 의미는 중요하지 않다'고 말하는 셈이다. 지시할 때 우리는 자녀에게 순응과 반항 중 하나를 선택하게 하며, 협상을 시작하지 않고 최후통첩을 보낸다. 자녀가 최후통첩을 존중하지 않으면 이는 실패로 끝난다. 우리가 등을 돌리자마자 아이들은 자기가 원하는 대로 할 것이고, 그러면 자기 자신을 해치거나 우리에게 굴욕감을 주기도 한다. 따라서 쌍방이 수긍할 수 있는 조약을 협상해야 한다. 이해를 동반하는 진정한 질문하기는 쌍방이 성공적으로 협상하도록 이끌어주는 꼭 필요한 과정이다.

이것이 협상 전문가가 질문을 잘하는 이유다. 한때 세계에서 가장 유능한 인질 협상가였던 크리스 보스가 이를 잘 보여주는 사례다.[21] 보스는 인기 저서《우리는 어떻게 마음을 움직이는가》와 훌륭한 마스터클래스 동영상에서 여러 비결을 소개했다.[22]

보스가 소개한 가장 흥미로운 기법은 '미러링mirroring'이다.[23] 누군가에게 미러링을 시도할 때는 상대방이 한 말 중에서 마지막 세 마디 정도를 질문으로 바꿔서 반복한다. (예를 들어 지금 나를 미러링한다면 "질문으로 바꿔서 반복한다고요?"라고 말하는 것이다.) 보스의 미러링은 가장 순수하고 단순한 형태의 이해를 동반하는 진정한 질문이다.

딱히 노력할 필요도 없으며, 그냥 들은 말을 반복하기만 하면 된다. 따라서 정신없거나 기진맥진한 협상 당사자에게도 효과를 발휘한다. 또한 미러링은 '나는 당신이 한 말을 빼놓지 않고 들었고, 방금 당신에게 반복해서 들려줬으니 증명한 셈입니다'라는 뜻을 전달하며 관계를 구축한다고 보스는 말한다.[24] 게다가 상대방은 자기 입장을 설명해야 하니 생각을 해야 한다. 미러링은 누구라도 할 수 있는 간단한 멘토 마인드셋 실천법이다.

미러링이 효과를 발휘하는 이유는 1972년에 사회언어학자 게일 제퍼슨이 설명한 의사소통의 기본 원리에서 찾아볼 수 있다.[25] 제퍼슨은 '반복(단어나 구절을 상대방에게 미러링하는 것)'을 들은 상대방이 이를 수정이나 해명을 요구하는 말로 해석하는 경향을 발견했다. 제퍼슨은 어린이 2명이 서로 이야기하는 예를 제시했다. 숫자 세기를 배우는 중인 첫 번째 아이가 "육, 십일, 팔, 구…"라고 말한다. 실수를 알아차린 두 번째 아이는 그냥 "십일?"이라고 말한다. 이는 첫 번째 아이에게 "칠, 팔, 구…"라고 수정하기를 재촉하는 의미다. 질문 형식으로 바꾼 반복은 실수에 주의를 기울이도록 유도하는 간접적이면서 절묘한 방법이다.

보스는 미러링을 사용해서 상대방이 자신의 선호를 어떤 식으로 잘못 이해하고 있는지 이야기하도록 유도한다. 그렇게 이야기하다 보면 상대방은 협상에서 정말로 무엇을 원하는지 드러내므로 보스는 상대방이 받아들일 만한 거래를 제시할 수 있다. 보스는 상대방이 한 말을 반복함으로써 이전에 했던 설명이 충분히 자세하지 않았다는 점을 넌지시 암시하는데, 그렇게 하면 직접적인 요청을 피하면서도 상대방이 말을 더 많이 하도록 유도할 수 있다. 보스는 협상에서 대립하는 양측은 이해관계가 서로 다른 경우가 많기 때문에 미러링이 유용하다고 생각한다. 이런 상황에서는 더 많은 정보를 달라고 상대방에게 요구한다 해도 순순히 응할 가능성이 낮다.

예를 들어 부모가 "왜 그렇게 친구들이랑 노는 데 집착해?"라고 말한다고 해보자. 이 말은 분명히 모욕적인 의미를 담고 있다. 자녀는 "무슨 자격으로 내 우선순위에 간섭해요?"라고 대꾸할 수 있다. 그보다는 자녀가 한 말을 그대로 미러링하면 부모는 해명하라고 직접 강요하는 상황을 피할 수 있다. 자녀가 미러링 이면에 숨은 질문('왜 …라고 말했어?')을 알아차릴 것이기 때문이다. 부모가 미러링을 하면 자녀는 좀 더 명확하게 의사소통하자는 미묘한 기대를 알아차린다. 그럴 때 자녀는 부모에게 장단을 맞춰 협상에 필요한 필수 정보를 공유한다.

미러링 기법은 청소년이 어떤 생각을 하는지 어른이 오해할 위험이 있을 때 세대 격차를 극복하도록 도와줄 수 있다. 어머니와 10대 딸이 협상하는 예시를 살펴보자.[26]

10대 딸 엄마, 왜 파티에 안 보내줘요? 친구들이랑 같이 놀고 싶어요!

엄마 [미러링] 친구들이랑 같이 놀고 싶다고?

10대 딸 네, 친구들이 나만 빼고 재밌는 거 할까 봐 걱정된다고요. 그러면 다음번엔 나만 따돌림당할 거예요!

이 대화를 시작하기 전에 엄마는 딸이 파티에서 뭔가 위험한 짓을 하고 싶어 한다고 생각했을 것이다. 지나치게 들뜨거나, 무책임한 행동을 하거나, 술을 마시고 싶어 한다고 의심했을지도 모른다. 하지만 미러링 질문으로 얼마나 많은 정보를 알게 됐는지 보자! 엄마가 미러링을 하자 딸은 소외될까 봐 두려운 마음fear of missing out, FOMO(소외불안증후군)을 털어놓았다. 딸은 친구들이 멋진 시간을 보내면서 수많은 추억을 쌓은 다음, 자기만 빼고 그런 기억을 되새길까 봐 걱정했다. 사회적 죽음을 두려워하던 딸은 파티 참석 여부가 생사를 가르는 최후통첩이라도 되는 듯 느꼈다. 어머니는 질문으로 협상하기에 좋은 정보를 얻었다. 다음에는 딸의 급성 소외불안증후군의 근원을 다루려고 할 수도 있다. 혹은 시간을 정해놓고 파티에 다녀오라고 하거나 그날 밤에 친구들을 집으로 초대하는 등 타협안을 제안할 수도 있다. 단 한 번의 미러링으로 어머니는 협상에서 유리한 위치를 차지했고, 딸은 자기가 하는 말을 엄마가 들어주고, 자신을 소중하게 여기고 존중한다고 느꼈다.

질문은 양육 이외의 상황에서도 효과를 나타낸다. 내적동기라는 개념을 창시한 스탠퍼드대학교 심리학과 교수 마크 레퍼는 1990년대 중반 전문 가정교사들을 대상으로 한 흥미진진한 관찰 결과를 내놓았다.[27] 전문 가정교사들은 이해를 동반하는 진정한 질문을 2가지 방식으로 활용했다. 첫째, 그들은 언제나 수업을 시작할 때 학생이 어떻게 지내는지, 무엇을 하고 있는지 질문했다. 초보자들이 보기에 이런 잡담은 시간 낭비처럼 느껴지지만, 전문 가정교사는 학생들을 독려하기 이전에 신뢰 관계부터 확립해야 한다는 점을 알고 있었다. 이해를 동반하는 진정한 질문은 관계를 정립하는 데 도움이 되기 때문이다.

둘째, 전문 가정교사들은 학생들의 착오를 협력적 문제해결로 풀어나가고자 질문했다. 가정교사들은 결코 학생들의 실수를 직접 지적하지 않았다. 그들은 "그 문제 틀렸어, 다시 풀어봐"라고 말하지 않았다. 대신에 학생이 문제를 풀다가 틀리면 "음, 그렇게 하면 풀릴까?" 같은 식으로 간접적으로 물었다. 그런 질문을 들은 학생들은 스스로 공식이나 계산을 다시 시도했다. 혹은 "흥미롭네. 그게 정답일까?" 같은 말을 하기도 했다. 이 질문은 "틀렸어, 다시 풀어봐"라는 말과 똑같은 의도를 전달했다. 학생들은 자기가 뭔가 실수했다는 사실을 명확하게 이해했지만 불쾌감을 느끼지는 않았다. 또한 이 방법은 학생들이 스스로 생각하도록 해 '머릿속 코치'를 개발하는 데 도움이 됐다. 가정교사들은 대부분 학생 개개인을 일주일에 1시간씩만 가르치지만, 학생들은 오랜 시간 혼자서 공부한다. 가정교사가 학생들을 위해 모든 것을 해줄 수는 없다. 따라서 가정교사가 학생들에게 스스로 활용할 수 있는 기술을 심어줘야 자기 일을 제대로 하는 셈이다.

학교의 교사 평가에서도 마찬가지로 질문이 학습을 촉진한다는 결과가 나왔다. 1990년대 중반, 위스콘신대학교 매디슨캠퍼스의 연구자 마틴 니스트랜드와 애덤 개머런은 2년 동안 연간 4회씩 영어/어학 수업 110여 건을 관찰했다.[28] 그들은 수백 시간의 영상을 조사해 교사들이 학생의 의견을 바탕으로 질문하고 학생들을 진지하게 대하는 데 얼마나 많은 시간을 투자하는지 추적했다. 교사가 학생들에게 이런 질문을 많이 할수록 학생들은 더 많이 배울 수 있었다. 하지만 니스트랜드의 연구는 실험이 아니었다.

2023년에 발표된 실험에서 도라 뎀스키 연구 팀은 교사들에게 자연어 처리 기술을 접목해 간단한 통계를 제공하는 온라인 도구를 사용하도록 무작위로 배정했다.[29] 그 통계란 수업 시간 중에 이해를 동반하는 진정한 질문을 하는 데 쓴 시간의 비율이었다. 이 도구를 사용하면서 교사는 질문을 더 많이 하게 됐고, 학생들은 더 많이 배웠다. 뎀스키의 실험은 이해를 동반하는 진정한 질문과 학생의 학습 사이에 인과관계가 발생할 수 있음을 증명했다.

질문으로 학생을 지원하는 방법

멘토 마인드셋 본보기인 서지오 에스트라다가 학생들을 가르치는 모습을 보면, 질문하기가 얼마나 큰 힘을 발휘하는지 알 수 있다. 나는 에스트라다가 학생들에게 정보를 전달하는 대신 질문하는 모습을 많이 봤다.[30] 그는 학생들이 "이게 맞아요?"라고 물을 때 즉답하지 않는 대신에 학생들에게 어떻게 생각하는지 되묻는다. 심지어 스트레스에 시달려서 한계에 도달한 학생과 이야기할 때도 그렇게 했다.

어느 날 저녁, 물리 수업을 듣는 진지하고 예민한 학생이 리마인드로 에스트라다에게 연락했다. 리마인드는 보안이 철저한 온라인 숙제 도구다.

"너무 혼란스럽고 헷갈려요. 이 문제가 하나도 이해가 안 가요.

눈물 나요." 학생이 메시지를 보냈다.

"그래, 지금까지 한 걸 보여줘 봐." 에스트라다가 대답했다. 학생이 문제 풀이 과정을 캡처해서 업로드하자 내용을 본 에스트라다가 메시지를 보냈다. "첫 부분은 이해한 것 같고, 이렇게 [물리학 개념을 설명] 해보면 어떻게 될까?"

마지막 메시지를 보내고 약 15분이 흐른 후 답변이 왔다. "됐어요, 이제 알겠어요. 이해했어요. 정말 감사합니다. 아까는 막막했는데 이제 괜찮아요."

대단한 자제력이다! 에스트라다는 도대체 무슨 수로 한밤중에 울면서 연락한 학생이 한 질문에 대답하지 않고 버텼을까? 어떻게 그냥 알려주는 대신 질문했을까?

"저는 물리학에서 가장 어려운 개념도 이해할 수 있다는 사실을 알 기회를 학생에게서 결코 빼앗지 않을 겁니다." 에스트라다가 설명했다.

에스트라다의 사례를 보면 이해를 동반하는 진정한 질문이 누구라도 할 수 있는 손쉬운 실천법임을 알 수 있다. 그가 학생에게 한 대응에는 시간과 노력이 거의 들지 않았다. 아내와 함께 소파에 앉아 영화를 보면서 휴대전화로 질문을 입력했을 뿐이었다. 하지만 심리적 효과라는 측면에서 봤을 때 에스트라다의 지원은 대단했다. 밤새 불안에 시달리면서, 선생님을 실망시키고 대학 수준의 수업에서 낙제할까 봐 걱정했을지도 모르는 학생이 자신감에 차서 차분하게 잠자리에 들 수 있었던 것이다. 질문하기는 투명성과 마찬가지로 멘토 마인드셋이 작지만 강력한 행동에 좌우될 때가 많다는 사실을 보여준다.

스테프 오카모토 같은 관리자들도 이해를 동반하는 진정한 질문을 사용한다.

오카모토의 전 직속 부하인 살로니 샤는 마이크로소프트에 입사한 지 얼마 되지 않았을 때 오카모토와 나눴던 대화를 들려줬다.[31] 샤에게 큰 기대를 걸었던 오카모토는 신입 직원이 담당하기에는 제법 중요한 일을 시켰다. 당시 연간 8000명에 달했던 마이크로소프트 신입 사원 전원의 연수 과정을 감독하는 일이었다. 오카모토는 성취욕이 강한 샤가 대규모 조직의 세부 계획을 실행하는 업무로는 만족하지 못할 것임을 파악했다. 함께 일하기 시작한 지 한 달쯤 지났을 때 오카모토는 샤에게 어떤 야심찬 프로젝트를 하고 싶은지 물었다. 처음에 샤는 당황했다. 이미 회사 전체에 이익을 가져다줄 업무를 훌륭히 해내고 있고, 뛰어난 성과 평가를 받게 될 것이라고 생각했기 때문이었다. 오카모토는 물론 지금은 그렇지만 샤는 더 많은 일을 할 수 있고, 머지않아 지금 하고 있는 업무에 싫증을 느끼게 될 것이라고 설명했다. 오카모토가 물었다. "성과 평가에서 무엇을 자랑하고 싶어요? 어떤 기술을 익히고 싶은가요? 어떤 기술을 기반으로 하고 싶어요?"

몇 차례 협상한 끝에 그들은 마이크로소프트가 모든 신입 사원의 연수 과정을 좀 더 잘 추적할 수 있는 새로운 데이터 대시보드를 개발했다. 살로니 샤가 리더가 되어 개발한 새로운 도구 덕분에 직원 관리 과정을 획기적으로 바꾸고 비용을 절약할 수 있었다. 더 중요한 점은 샤가 이전에 교사로 일하면서 데이터 대시보드를 만들었던 경험을 바탕으로 이 프로젝트를 진행했다는 사실이었다. 또한 소프트웨어 개발 프로젝트를 이끄는 귀중하고 새로운 경험도 할 수 있었다. 나중에 오카모토는 샤가 새로운 도구를 고위 관리직들에게 발표하고 그 공을 인정받을 수 있도록 지원했다.

이 경우에 질문이 얼마나 중요한 역할을 했는지 생각해보자. 만약 오카모토가 단순히 "이미 맡은 일이 많지만 더 많은 일을 시킬 겁니다"라고 '지시'했다면, 샤는 추가되는 책임이 지나치게 무겁고 부당하다고 느꼈을 수도 있다. 하지만 오카모토가 '질문'한 덕분에 두 사람은 샤의 관심사와 경험을 토대로 함께 새로운 프로젝트를 설계할 수 있었고, 목표에 맞춰서 조정했다. 이로써 샤는 명성을 획득할 기회를 얻을 수 있었다. 질문은 오카모토의 정중한 멘토 마인드셋의 핵심이었다.

조직심리학자 에드거 샤인 박사와 피터 샤인은 오카모토의 질문 접근법을 '겸손한 질문humble inquiry'이라고 부른다.[32] ('공손한 질문respectful inquiry'이라고 부르는 학자들도 있다.[33]) 샤인은 겸손한 질문을 "상대방의 발언을 이끌어내고, 자신이 답을 모르는 질문을 하고, 상대방에 대한 호기심과 관심을 바탕으로 관계를 맺는 기교"라고 정의한다.[34] 성공한 관리자들은 대체로 이런 질문 접근법을 실천한다.

자녀에게 질문하기 전에 알아야 할 것

로레나 세이델은 자녀와 갈등을 빚을 때 부모가 따라야 할 간단

1. 어떤 상황에 대한 케케묵고 나쁜 의미에 관한 질문	
질문: 이 일이 너에게 어떤 의미야?	전형적인 대답: 엄만(혹은 아빠) 내가 나쁘다고 생각하시죠. / 엄마(혹은 아빠)가 나빠요. / 걔들이 나빠요. (지나친 일반화)
질문: 그런 의미에 대해 어떤 기분이 들어?	전형적인 대답: 기분이 더 나빠져요.
질문: 그게 네가 이루려는 목표에 도움이 돼?	전형적인 대답: 아뇨, 내가 원하는 걸 방해해요.

2. 어떤 상황에 대한 좀 더 바람직한 대안적 의미에 관한 질문	
질문: 이 일에 달리 어떤 의미가 있을까?	전형적인 대답: 저를 사랑하셔서 안 된다고 하시는 거겠죠. / 서로 오해가 있었던 것 같아요. (긍정적인 재평가)
질문: 그렇게 생각하면 어떤 기분이 들어?	전형적인 대답: 훨씬 기분이 좋아요. / 긍정적인 기분이 들어요.
질문: 그러면 네가 이루려는 목표에 도움이 될 것 같아?	전형적인 대답: 네, 동기부여가 될 것 같아요.

표 6-1. 위기 상황에서 부모가 자녀에게 사용하는 질문 루틴

하지만 멋진 루틴을 가르친다.[35] 세이델은 의미를 둘러싼 전쟁에서 조약을 함께 작성하기 위한 질문 가이드(6항목)를 제공하는데, 이 가이드는 임상심리학 조언(예: 인지행동치료와 동기부여 인터뷰)을 반영하고 있으며, 자녀의 마음이 상했을 때 어떤 부모라도 사용할 수 있을 정도로 간단하다. 표 6-1을 참조하자.

첫 번째 표의 질문 3가지는 자녀에게 자신이 사물을 바라보는 방식이 문제를 일으킨다는 사실을 인식하도록 도와주고, 두 번째 표의 질문 3가지는 사물을 바라보는 좀 더 바람직하고 동기를 부여하는 방식을 찾아낼 수 있도록 도와준다. 세이델은 사물을 바라보는 관점을 바꾸면 문제를 해결하는 데 도움이 된다는 사실을 알아냈

다. 사람들은 어떤 상황의 실제가 아니라 그 의미에 반응하는 경향을 나타내기 때문이다. 즉 '상황이 객관적으로 끔찍하기 때문에 속상한 거야'라고 생각하며, '내가 상황을 보는 방식이 문제라서 속이 상하지만, 상황을 다르게 볼 수 있다면 내 목표를 달성하는 데 도움이 될 거야'라고 생각하는 경우는 드물다. 하지만 세이델이 제시하는 가이드 질문을 사용하면 청소년들이 그 순간에 도움이 될 뿐만 아니라 앞으로도 좀 더 낙관적이고 문제해결을 지향하는 방식으로 생각하는 능력도 갖출 수 있다.

앞에서 말했지만 나는 양육 조언을 대체로 잘 믿지 않아서 직접 시도해보기로 했고, 셋째 아이인 잭잭을 피험자로 골랐다. 상자 6-1을 참조하자.

상자 6-1. 세이델의 질문 루틴 적용하기

픽사 애니메이션 <인크레더블>에 등장하는 사랑스러운 캐릭터 잭잭과 이름이 같은 셋째 아이는 대체로 사랑스럽지만(애칭은 '잭'이다), 가끔씩 기분이 상하면 불을 뿜는 야수로 돌변한다. 세이델과 인터뷰를 나눈 다음 날, 나는 6세인 잭을 데리고 시내에 있는 공원에 갔다. 다 놀고 나오려고 할 때, 잭은 장난감을 사 달라고 했다. "절대 안 돼." 나는 잭에게 말했다. "방금 세상에서 제일 좋은 장난감을 가지고 놀았잖아. 모래밭에서 미끄럼틀 타고 놀았어." "장난감 갖고 싶어요!" 잭이 소리를 질렀다. 잭은 또래에 비해 유난히 목청이 우렁찬 편이었다.

그날 내 상상 속의 청중은 엄청나게 많았다. 모든 양육 본능이 '당장 애를 들쳐 매고 화장실로 가서 울음을 그칠 때까지 숨겨둬'라거나 '그냥 그 망할 장난감을 사 줘!'라고 말했다. 위선자가 된 듯한 기분이 들기는 했지만 일단 세이델을 흉내 내보기로 했다.

나: 잭잭, 정말 화가 많이 났구나. 아빠가 장난감은 안 된다고 말하면 그게 무슨 뜻인 것 같아?

잭: 아빠가 나를 미워한다는 뜻이죠!

나: 음, 그렇구나. 다른 뜻은 없을까?

잭: 아빠가 나쁜 아빠라는 뜻이에요!

[지켜보던 사람 중 10여 명은 아동보호 서비스 전화번호를 검색하는 것 같다.]

나: 그래, 그게 아빠가 안 된다고 말하는 이유라고 생각하면 어떤 기분이 들어?

잭: 하나뿐인 아빠가 나를 사랑하지 않아서 슬퍼요!

나: 와, 그렇게 생각하면 네 목표를 이룰 수 있어? 그러니까 더 행복해져?

잭: 음…. [목소리가 작아진다.]

[아! 잭이 예상하지 못한 질문이었다!]

나: 질문 하나 할게. 아빠가 궁금해서 그래. 다른 이유가 있지는 않을까? 아빠가 장난감을 사 주지 않는 다른 이유 말이야. 그러니까 아빠가 너를 사랑하지 않는다는 뜻 말고 다른 이유?

잭: 글쎄요. …[긴 침묵]…어쩌면 내가 이미 가진 것에 감사하는 착하고 고마워할 줄 아는 사람이 되기를 바랄지도 모르죠. …아니면 내가 장난감을 금방 망가뜨릴 수도 있고요. …더는 플라스틱 쓰레기를 늘리고 싶지 않을 수도 있겠네요….

[예전에 분명히 내가 이런 말로 야단친 적이 있기는 하지만, 갑자기 잭의 입에서 이런 말이 나온다고?]

나: 흥미롭네. 그 말이 사실이라면 기분이 어떨 것 같아?

잭: 아빠가 나를 너무 사랑해서 내가 어떤 어른이 될지 신경 쓴다는 말이겠죠. …또 지구가 깨끗하기를 바라서 환경에 관심을 가진다는 뜻이기도 하고요.

나: 우와, 그게 사실이라면 네 목표를 이룰 수 있을까? 네가 더 행복해지는 데 도움이 될까?

잭: 네, 아빠가 늘 나를 보살펴주는 좋은 사람인 걸 알면 기분이 좋을 거예요.

[세이델 승리! 믿기 힘들지만 효과가 있었다. 5점 만점 후기를 써야겠다.]

나: 좋아! 아이스크림 먹을래?

잭: 네!

가끔은 자녀가 아니라 부모에게 진정한 질문을 할 필요가 있을 때도 있다. 왜 그럴까? 세대 격차를 일으키는 의미를 둘러싼 전쟁에서 부모도 오해할 수 있기 때문이다. 자녀가 행동을 바꿀 수 있도록 도우려면 부모도 세상을 보는 새로운 방식을 익힐 필요가 있다.

캘리포니아대학교 샌타바버라캠퍼스 심리학과 교수 대프니 버겐탈 박사가 실시한 연구는 이 점을 단적으로 보여준다. 2002년에 발표한 버겐탈의 연구는 유아 학대에 빠질 위험이 높은 초보 부모에게 초점을 맞췄다. 버겐탈은 이런 부모들을 세 집단으로 나눴다. 아무런 치료를 받지 않은 통제집단, 매년 의료 전문가의 방문을 약 17회 받는 표준 치료 집단, 표준 치료와 더불어 방문하는 의료 전문가에게 이해를 동반하는 진정한 질문을 하도록 훈련받은 강화 방문 집단이었다.

버겐탈은 문제가 발생했을 때 부모가 자기 자신이나 자녀의 행동에서 의미를 찾아내는 새로운 방법을 제안할 질문 모음을 고안해냈다. 예를 들어 아이가 심하게 울 경우 엄마들은 '내가 나쁜 엄마라서' 또는 '아기가 화가 나서' 그렇게 운다고 생각하곤 한다. 자신이 나쁜 엄마라서 그렇다고 생각하는 경우에는 절망하게 된다. 아기가 화가 나서 그렇다고 생각하는 경우라면 자기도 아기에게 화를 내다가 방치하거나 학대하기에 이른다. 강화 방문 집단의 경우에는 특별 훈련을 받은 의료 전문가들이 가정 방문을 하는 동안 아기가 문제 행동을 하는 좀 더 나은 이유를 부모가 떠올릴 때까지 계속 질문했다. 마침내 부모가 '아기가 피곤해서', '아기 배 속에 가스가 차서', '부모가 아기에게 재빨리 반응하지 않아서'와 같은 이유를 내놓으면, 의료 전문가들은 그 이유를 바탕으로 부모가 다음번에 더 잘 대처하기 위한 계획을 세울 때까지 상담을 이어갔다. 가정 방문을 할 때마다 이런 협력적 문제해결이 이어졌다. 1년 후 연구자들이 피험자들의 가정을 방문했을 때, 통제집단과 표준 치료 집단에서 유아 학대가 발생한 비율은 23퍼센트에서 26퍼센트로 심각한 수준이었다. 강화 방문 집단에서 학대가 발생한 비율은 4퍼센트에 그쳤다. 이해를 동반하는 진정한 질문이 현격한 차이를 만들어냈던 것이다.

부모에게 적절한 질문을 하는 것이 10대 자살도 예방할 수 있을까? 유타주 솔트레이크시티에 있는 LGBTQ+ 방과 후 센터인 인서클 상담사들이 바로 그 일을 해냈다(3장 참조).

인서클의 고위 관리직 한 명은 이렇게 말했다.[36] "우리는 누구보다도 신앙심 깊은 부모가 정문으로 들어와 '우리 아이를 맡기고 싶습니다'라고 말해주기를 바랍니다." 인서클 팀은 이 목적을 달성하고자 지시가 아니라 질문부터 시작한다. "우리는 '자녀가 게이라고 해서 제정신이 아니라고 생각하다니 정말 어리석군요' 같은 말을 하지 않아요." 한 상담사가 말했다. 대신에 그들은 가족, 서로 사랑하는 마음, 행복한 관계의 중요성이라는 공통 기반을 다지는 질문부터 시작한다. 이런 가치의 중요성에 동의하는 것은 인서클이 자녀에게 반反가족 정서를 주입하고자 한다고 의심하는 부모에게 무척이나 도움이 된다. 상담사들은 회의적인 부모에게 설교를 늘어놓지 않는다. "저는 누가 저에게 뭘 믿어야 한다고 말하는 게 싫어요." 한 상담사가 말했다. 부모들이 어떤 식으로 생각해야 하는지 듣고 싶어 하지 않는 것과 마찬가지다. "그러니 상대방에게 질문할 여지를 주는 방법만이 효과가 있어요."

상담사는 부모에게 "자녀가 게이[혹은 트랜스젠더, 논바이너리 등]라는 사실은 당신에게 어떤 의미인가요?"라고 묻는다. 보통 부모들은 극단적인 대답을 내놓는다. 그런 성정체성은 영생을 누릴 수 없다는 뜻이라거나 '그냥 잘못'이라고 말한다. 하지만 인서클 팀은 버겐탈 연구에서 그랬듯이 계속 질문한다. 판단을 내보이지 않고 호기심만 드러내며, 미러링을 사용하는 것이다. 종국에는 "자녀가 게이라서 두려운 게 뭔가요?" 같은 질문을 한다. 이 질문을 할 즈음이면 보통 부모가 마음을 연 상태다. 그들은 "결혼해서 가정을 꾸리지 못할 테니 영영 행복할 수 없을 거예요"라거나 "15년 동안 아이를 키우느라 애썼는데 전부 잘못해서 허사가 된 것 같아요. 아이가 도덕적이지 않으니까요" 같은 말을 한다. 부모라면 다들 두려워할 만한 일이다.

그다음에 인서클 팀은 진정성을 유지하면서 의미를 바꾸는 질문을 사용하며 세이델 가이드의 두 번째 단계에 들어간다. 상담사가 묻는다. "좋아요, [게이/트랜스젠더/논바이너리] 자녀가 행복한 미래를 상상할 수 있을까요? 그런 미래는 어떤 모습일까요?" 보통 부모는 자녀가 애정과 헌신이 충만한 관계를 맺고, 부모가 자신을 받아들일 것이라고 확신하는 모습을 떠올린다. 모르몬교 가정에서 성장한 한 인서클 상담사는 이렇게 말했다. "최고의 부모는 조건 없는 사랑이 넘치는 건전한 환경에서 책임감을 갖고 경계를 설정합니다." 인서클의 사내 격언은 심리적으로 현명한 동시에 심오하다. "'자신'만의 이유에 따라 [자녀를 사랑한다는] 옳은 일을 하자."

주체성을 발휘하도록 이끄는 질문

게리의 이야기 2부

샬럿은 캐나다인 남자친구와 온라인 채팅을 하느라 점점 더 밤늦은 시간까지 깨어 있었다.[37] 과제를 빼먹는 일이 점점 잦아졌고, 필드하키 연습을 빼먹는 날이 늘어났으며, 심지어 자느라 학교에 가지 않기도 했다. 심각한 문제가 생길 듯한 느낌이 들었다. 필드하키를 그만두고 대학 장학금을 받을 기회를 잃게 될까? 수업에 낙제하게 될까? 게리의 본능은 이 문제를 회피하라고 말했지만, 게리는 그 본능이 틀렸다고 느꼈다. 그는 로레나 세이델에게 도움을 요청했다.

세이델은 게리에게 딸이 이 관계에 푹 빠져 있는 이유가 무엇이라고 생각하는지 물었다. 게리는 샬럿이 사회적으로 불안해 하기 때문에 이 일대일 온라인 관계가 안전하고 편안하다고 느낀다는 사실을 깨달았다. 이 관계는 받아들여짐을 느낄 수 있는 손쉬운 방법이었다. 샬럿의 행동이 합리적인 이유에서 비롯됐다는 사실을 이해한 게리는 모욕, 비난, 호통, 지시 같은 방법으로는 문제가 해결되지 않을 것임을 알아차렸다. 받아들여지고 싶다는 욕구를 부정하라는 요구로는 샬럿을 설득할 수 없었다. 그것은 강요자 전술이다. 그런 식으로는 사회불안을 해소할 수 없다. 게리는 다른 방법을 찾아야 했다.

세이델과 게리는 샬럿에게 2가지를 말할 계획이었다. 우선 게리는 온라인 연애의 좋은 점을 전부 인정해야 했다. 샬럿이 음주 운전자와 데이트를 하거나 성병에 걸릴 걱정을 할 필요는 없었기 때문이다. "네가 파티에 집착하거나 술을 마시지 않아서 다행이야. 정말 책임감 강한 아이야." 부녀가 마침내 대화를 하게 됐을 때 게리가 말했다. 이런 식으로 운을 뗀 덕분에 샬럿은 방어적인 태도를 취하지 않았다.

두 번째는 게리가 질문을 하는 단계였다. 남자친구와 헤어지라고 직접 명령하기보다는 샬럿의 건강과 행복을 강조하면서 협력적으로 문제를 해결해나가야 했다. "아빠가 정말 많이 사랑하는 거 알지?" 게리가 샬럿에게 말했다. "널 정말 사랑하니까 네가 잠도 잘 자고, 성적도 올리고, 필드하키도 즐기기를 바라는 거야. 온라인 관계도 좋지만 현실에서도 친구들을 사귀고 관계를 맺으면 좋겠어. 아빠는 네가 친구들과 멀어질까 봐 걱정이란다. 아빠도 네가 행복할 거라고 안심할 수 있고 너도 만족할 만한 해결책이 무엇일지 얘기해볼 수 있을까?" 대화를 시작할 때 게리는 그다지 자신이 없었지만, 놀랍게도 대화는 너무너무 잘 풀렸다. 두 사람은 샬럿에게 적합한 스크린 타임과 친구들과 만나서 보내는 시간에 대한 가이드라인을 협력해서 결정했다.

어떻게 됐을까? 6개월 후에 샬럿은 온라인 남자친구와 헤어지고 주변의 좋은 사람과 사귀기 시작했다. 그뿐만 아니라 인간관계에서 더욱 유능해지고 책임감이 강해졌다. 스스로 주체성을 발휘하는 사람이 됐기 때문이었다. 게다가 게리가 안심할 만한 통금 시간 규칙도 정했다.

두 사람의 진전 과정은 휴전 협정이 아니라 조약 공동 작성을 아주 잘 보여주는 사례다. 누구의 의도도 지배적이지 않았다. 보스의 말을 빌리자면, 질문이란 '상대방이 당신 생각대로 하게 만드는 기술'의 핵심이었다.

케이트의 이야기 2부

케이트는 문제는 이제 시작일 뿐이라는 사실을 알고 있었다. 재러드보다 몇 살 어린 작은아들 데이미언은 곧 고등학교에 들어갈 나이였다. 케이트는 세이델에게 코칭을 의뢰했다. 두 사람은 재러드의 사례를 공유하고 향후에 더 잘 대응할 수 있도록 계획을 세웠다. 아니나 다를까, 몇 년 후에 데이미언은 형이 하던 행동을 되풀이

했다. 이번에는 부모가 만반의 태세를 갖추고 있었다. "그래, 우리는 잘할 수 있어." 케이트의 남편이 말했다. "데이미언이 우리 집에 있는 동안 이런 일이 일어나서 다행이야." 나를 포함한 부모 대부분이 고삐 풀린 10대 자녀가 파티에서 술에 취해 집으로 돌아오는 끔찍한 경우를 걱정하면서 살아간다. 하지만 케이트 부부는 그 기회를 즐겼다. 왜 그랬을까? 그들은 데이미언이 나중에 성공할 수 있도록 멘토 마인드셋으로 이끌었기 때문이다. 그들은 이해를 동반하는 진정한 질문을 활용해 협력적 문제해결 방식으로 이 일을 해냈다.

케이트와 남편은 술에 취해 들어온 데이미언을 일단 재웠다. 다음 날 아침에 예전이라면 두 달 동안 외출을 금지할 일이고, 그 통보만으로 대화를 끝냈을 것이라는 말로 대화를 시작했다. 하지만 케이트 부부가 그렇게 했더라면 데이미언은 그 상황에 다르게 대처하는 데 도움이 되는 기술을 전혀 배우지 못했을 것이다. 두 사람은 데이미언을 너무 사랑해서 계속 그런 식으로 행동하도록 방관할 수는 없으니 앞으로 두 달 동안 계속해서 대화를 나눌 것이라고 말했다. "그 일에 대해서 이야기하느니 차라리 외출 금지가 낫다고 생각할 수도 있겠지." 두 사람은 데이미언에게 말했다. 데이미언은 자기 자신에게 솔직해져야 했고, 이는 불편한 일이었다. 하지만 케이트 부부는 데이미언이 하는 말을 귀 기울여 듣고 해결책을 찾고자 노력하겠다고 약속했다. 이후 보름 동안 데이미언은 부모에게 마음을 터놓고 솔직하게 이야기하면서 밖에 나가 술을 마시고 통금 시간을 어기면서 무엇을 이루려고 했는지 묻는 질문에 답하는 시간을 가졌다.

이렇게 거듭해서 대화를 나눈 덕분에 케이트와 남편은 파티를 즐기는 데이미언의 행동이 바람직한 특성에서 비롯됐다는 점을 알게 됐다. 데이미언은 친구들과 어울리면서 활기를 얻는 사교적인 성격이어서, 친구들이 자기가 없는데도 재미있게 놀고 더는 자기를 초대할 필요가 없다고 생각하게 될까 봐 걱정했다. 데이미언에게 파티 불참이란 오랜 세월에 걸쳐 서서히 사회적 죽음에 이르는 길의 시작이며, 결국 평생 의지할 사람이 아무도 남지 않는다는 '의미'였다. "청소년에게 파티에 가고 싶다는 생각을 하지 말라는 말은 어린 아이에게 장난감을 가지고 놀 생각을 하지 말라고 말하는 것과 다름없어요." 케이트가 말했다. 이를 이해한 케이트 부부는 전형적인 좋은 경찰/나쁜 경찰, 보호자/강요자 역동에 빠지지 않았다. 그 대신에 데이미언이 가족의 규칙을 지키면서 사교 욕구를 채울 다른 방법을 찾을 수 있도록 이끌어줄 '멘토'가 되고자 했다.

먼저 케이트 부부는 데이미언의 사교성을 칭찬했다. 그들은 1년 전에 데이미언이 송년회에 갔다가 자살 충동을 느끼는 소녀와 이야기를 나눴던 일을 언급했다. 데이미언이 한 소녀와 이야기를 나누면서 자살 충동을 멈추게 한 적이 있었다. 소녀의 어머니는 케이트에게 전화를 걸어 딸을 살릴 수 있게 도와줘서 고맙다는 인사를 건넸다. 그래서 케이트는 데이미언의 사교성을 부끄럽게 여기거나 탓하지 않았고, 이를 존중하고 높이 샀다.

다음으로 케이트 부부는 협력적 문제해결 방식을 사용하기 시작했다. 그들은 데이미언이 다시 엄마 아빠의 신뢰를 회복했으면 좋겠다고 말했다. "네가 몰래 빠져나가서 죽을 위험에 처할까 봐 걱정하는 일 없이 잠자리에 들 수 있으면 좋겠구나. 그런 스트레스와 두려움은 감당할 수가 없어. 너도 우리 신뢰를 얻어서 좀 더 자유를 누릴 수 있기를 바라겠지. 엄마 아빠는 이 문제를 해결할 때까지 필요한 만큼 너와 대화를 나누고 너를 이해하려고 해." 그들은 데이미언이 만취해서 들어온 지 하루 이틀이 지난 뒤에 그날 밤에 무슨 일이 있었는지 이야기하면서 문제해결에 나섰다. 데이미언은 어째서 그렇게 빨리 취했을까? 그들은 진정한 질문으로 새로운 사실을 알게 되었다. 그날 저녁 데이미언은 배낭에 탄산주를 가득 채워서 파티에 갔다. 평소에는 바지에 몇 캔만 넣어갈 수 있었지만, 그날 밤에는 배낭이 있어서 훨씬 많이 가져갔고, 쉽사리 과음하게 됐다. 그들은 다시는 배낭을 가져가지 말라는 해결책을 내놓았다. 그 밖에도 일상적이고 실행 가능해서 데이미언도 할 수 있겠다고 승낙한 여러 원칙을 생각해냈다. 몇 주 후에 데이미언이 다시 친구들과 어울리기 시작했을 때 케이트 부부는 계속해서 규칙과 기대치를 알려주고 재협상했다. 그들은 전에 없이 허심탄회한 대화를 나누기 시작했다. 데이미언은 더는 숨거나 거짓말하거나 몰래 나돌아 다니지 않았고, 정보를 공유하기 시작했다. 이후로 고등학교에 다니는 동안 별다른 문제를 일으키지 않았다. 그는 행복하고 건강하고 성숙한 아이로 자랐다. 이런 멘토링 접근방법 덕분에 데이미언은 또래 대부분보다 아무런 제한 없는 대학 생활에 훨씬 더 잘 대비할 수 있었다.

데이미언의 형인 재러드는 어떻게 됐을까? 세이델은 케이트가 다시 시도할 기회가 있음을 깨닫도록 도왔고, 케이트는 그 기회를 잡았다. 코로나19 팬데믹 기간 중 재러드가 본가로 돌아왔을 때, 케이트는 비난하거나 모욕하거나 소리 지르거나 지시하지 않았고, 재러드의 계획과 무엇이 문제였나에 관한 진정한 질문을 던지며 오래 대화했다. 지금 그들은 과거 어느 때보다도 사이가 좋다.

"재러드가 집으로 돌아와서 정말 다행이에요." 케이트가 말했다. "험난한 고등학교 시절에는 부모 자식 관계가 얼어붙는데, 자식이 성인이 된 다음에는 편안한 환경에서 함께 살 기회도 별로 없잖아요." 그들은 치유할 시간을 얻을 수 있었다. 케이트가 새로 찾은 멘토 마인드셋이 모든 것을 바꿔놓았던 것이다.

7장

스트레스: 자원이 되게 만드는 법

스트레스를 받는 경험은 당장은 불쾌하게 느껴지지만,
어떤 일을 정말로 잘하게 된 사람이라면
누구나 그런 경험을 겪고서 지금의 위치에 이르게 된 것이다.[1]

— 시너지 마인드셋 개입법

스트레스에 대한 오래된 믿음

지난 10년 동안 스트레스를 다루는 과학에 혁명이 일어나면서, 우리 대부분이 스트레스에 대해 잘못 생각하며 말하고 있다는 사실이 드러났다.[2] 예전의 사고방식과 새로운 사고방식을 살펴보기 위해 2022년 봄에 하위라는 학부생이 대학교수에게 보낸, 다음의 이메일을 살펴보자.[3]

> 어머니가 9개월에 걸친 암 투병 끝에 지난 주말에 돌아가셨습니다. 가족들은 다들 힘들어 하고 어머니는 이제 막 떠나보낸 상황에서 집에 돌아와 보니, 제 정신 상태가 그 어느 때보다도 좋지 않은 것 같습니다. 어머니는 제 인생에서 가장 가까운 사람이었습니다. 적어도 이번 주, 어쩌면 그 이후로도 한동안 수업에 출석할 정신적 여유가 없을

> 것 같습니다. 제가 속한 팀에는 상황을 알렸고 팀원들은 이해해줬습니다. 일일 과제(어젯밤이 기한이었던 과제를 포함해)를 하나도 할 수 없을 것 같습니다만, 이로 인해 제 학점에 부정적인 영향이 미치지 않기를 진심으로 바랍니다. 부디 이해해주세요.

이런 이메일을 받았다면, 당신은 어떻게 회신할 것 같은가? 당연히 가장 먼저 하워가 겪고 있을 감당하기 힘든 슬픔과 상실을 인정해야 한다. 하지만 우리에게는 마감 기한, 기대치, 성적과 관련된 공적인 역할도 있다. 학생이라면 언제든 수업과 관계 없는 무수한 외부 스트레스 원을 경험하게 된다. 사랑하는 사람을 잃는 일은 그중에서도 가장 드물고 극단적인 경험이다. 하워처럼 인생 전반의 슬픔을 경험하는 가운데 학업 관련 스트레스 원에 관한 책임을 다하려면 어떻게 균형을 잡아야 할까?

이런 문제에 있어 사람들은 대체로 선택지가 2가지라고 생각한다. 하워에게 수업은 걱정하지 말라고 말해서 스트레스를 줄여야 할까? 이 선택지는 연민을 잘 드러내지만, 스트레스 상황이 발생할 때마다 학생들에게 책임을 면제해준다면 혼란을 초래할 수 있다. 아니면 하워에게 과제를 제출하도록 책임을 지워야 할까? 이런 난감한 딜레마에 빠졌을 때 우리는 청소년의 스트레스를 완화해주거나(동시에 학습과 성장을 저해) 진로를 따라 나아가도록 돕는(동시에 정신 건강 악화) 선택지 중에서 하나를 선택해야 한다고 느낀다. 둘 다 동시에 할 수는 없을 것만 같다.

어른들은 청소년에게 힘든 일이 일어나는 경우 외에도 각종 심각한 외부 스트레스 원으로 이런 딜레마에 점점 더 자주 직면하게 된다. 2020년 가을 이후로 나를 비롯한 우리 대학의 교수들은 전도유망한 학생의 진로를 어긋나게 할 수 있을 만한, 학업과 무관한 스트레스 문제를 호소하는 이메일을 받는 빈도가 3배 이상 증가했다.[4]

이런 추세는 우리 학교 학생들에게만 국한되지 않는다. 미국의 정신 건강을 대상으로 실시한 과학 조사에 따르면 대침체가 시작된 해인 2008년 이후로 매년 청소년의 정신 건강 문제가 증가하고 있다.[5] 코로나19 팬데믹이 시작된 지 2년 만에 임상적으로 심각한 불안의 비율이 또다시 300퍼센트 증가했다.[6] 이는 깜짝 놀랄 만한 증가 추세다. 세일즈포스가 후원한 국제 설문조사에서는 학생 중 76퍼센트가 행복한 삶을 최우선 관심사로 꼽았다.[7] 미국교육위원회가 실시한 조사에서도 대학 교직원 중 73퍼센트가 행복한 삶을 가장 시급한 문제로 꼽았다.[8]

스테프 오카모토는 마이크로소프트 관리자들 사이에서도 비슷한 우려가 퍼지고 있다고 설명했다.[9] 젊은 직원들이 스트레스나 정신 건강 문제로 마감일이나 업무, 근무시간 조정을 요청하는 이메일을 관리자들에게 보내는 빈도가 급증했기 때문이다. 오카모토는 마이크로소프트의 여러 관리자들이 이에 적절히 대응하는 데 어려움을 겪었고, 이로 인해 긴급 관리자 연수를 실시해야 했다고 이야기했다.

심지어 노련한 심리학자들도 하위와 같은 문제에 대처하는 데 어려움을 겪는다. 나는 박사학위 소지 수준의 대규모 사회심리학자 집단을 대상으로 강연을 하다가 그 사실을 알게 됐다.[10] 이 전문가들은 인간 정서와 사회적 관계의 세부 요소들을 오랫동안 연구했고, 나는 그들이라면 하위에게 뭐라고 말했을 것 같은지 물었다. 그들은 예외 없이 다음과 같은 대답을 내놓았다. '수업에 대해서는 걱정하지 마세요. 가족과 정신 건강에만 집중해요. 불완전 이수를 신청하고 나중에 마쳐요.' 이해한다. 무난한 대답이다. 하지만 하위와, 하위가 이루고자 하는 것을 조금이라도 안다면 이는 절대 정답이 아니라는 사실을 깨닫게 될 것이다. 나는 1년 후에 하위를 인터뷰하면서 교수들의 답변 중 어떤 점이 고마웠고 어떤 점은 그렇지 않았는지 물었고, 앞서 언급한 사회심리학자들의 반응은 달갑지 않았을 것이라고 하위가 대답했으므로 이 점은 장담할 수 있다.[11]

홍미롭게도 스트레스에 관한 사람들의 생각은 인생을 바꿀 정도로 극심한 스트레스 원에서 소외감, 비판, 따돌림 같은 일상 스트레스 원으로 옮겨가더라도 똑같이 틀렸을 수 있다. 우리 사회에 널리 퍼진 스트레스에 관한 상식 중 헛소리가 너무 많아서다.

현대 서구문화는 스트레스에 관한 잘못된 믿음을 사람들에게 심어주는 경향이 있다. 스트레스 연구 분야에서 과학 혁명을 일으킨 주역인 스탠퍼드대학교 소속 심리학자 알리아 크럼은 이런 오해를 가리켜 '스트레스가 심신을 약화한다'는 믿음이라고 부른다.[12] 이는 스트레스가 필연적으로 성취와 건강에 악영향을 미친다는 믿음이다. 결국 그런 믿음은 가능하면 스트레스를 피해야 한다는 결론으로 이어진다.

스트레스가 심신을 약화한다는 믿음은 보호자 마인드셋을 유발하기 쉽다. 아끼는 사람이 스트레스를 경험하고 있고 스트레스는 나쁘다고 생각한다면 스트레스를 줄이는 행동을 하도록 격려하기 마련이다(예: 목표를 낮춘다). 혹은 우리가 직접 개입해서 스트레스로부터 그 사람을 보호하려고 들기도 한다(예: 업무를 줄여준다). 사회심리학자들은 수업보다 정신 건강에 집중하라는 조언으로 하위가 스트레스를 받지 않도록 보호하고자 했다.

어떤 경우에는 이런 믿음이 강요자 마인드셋을 불러일으키기도 한다. '지금 하는 일이 스트레스가 심하다는 건 알지만 딱히 내가 너를 도와줄 방법은 없으니 끈기 있게 극복해나가야 해[아니면 포기하든가]'와 같은 말이나 생각을 하게 된다. 스트레스는 피해야 할 나쁜 것이거나 홀로 견뎌야 하는 나쁜 것이기 때문이다.

크럼의 연구는 스트레스가 심신을 약화한다는 현대 서구문화의 믿음이 진실이 아닐뿐더러 아무 도움도 되지 않는다는 사실을 밝혀냈다.[13] 우리에게 중요하지만 그만큼 어려움이 따르는 일을 하기로 선택했을 때, 스트레스는 자연스럽게 생기는 부산물인 경우가 많다. 대학에서 학위를 따거나, 직장에서 중요한 프레젠테이션을 하거나, 사랑하는 사람과 나누기 힘든 대화를 해야 할 때는 스트레스가 따른다. 사실 스트레스가 우리를 바람직한 방향으로 이끌어줄 때도 많다. 강의 수료, 발표 잘하기, 어려운 대화 나누기 같은 일에 대해서 걱정하다 보면 좀 더 철저하게 준비할 수 있기 때문이다.

스트레스가 심신을 약화한다고 믿으면 스트레스에 신경을 쓰게 되고 한층 더 걱정하게 되므로 도움이 되지 않는다. '대체 나는 어떻게 돼먹은 인간이기에 이렇게 심하게 스트레스를 받는 거지?'라고 생각하기 쉽다. 스트레스를 받는다는 사실 때문에 스트레스를 느끼

는 것이다.[14]

크럼은 '스트레스가 심신을 강화할 수 있다'는 믿음을 제안했다.[15] 이렇게 믿으면 스트레스는 성과 향상에 박차를 가하는 에너지원이 될 수 있으며, 사람들에게 스트레스를 받아들여서 이를 자산으로 활용하도록 격려할 수 있다. 기준을 낮추지는 않는다. 단지 신체 스트레스가 더 높은 기준을 충족하도록 도와줄 자원으로 기능할 수 있음을 알아차리게 해줄 뿐이다.

스트레스가 심신을 강화할 수 있다는 믿음을 가르치면 청소년들이 일부 스트레스를 긍정적인 자원으로 보게끔 설득할 수 있다. 게다가 스트레스가 심신을 강화할 수 있다고 강조하다 보면, '실제로 스트레스가 성과 향상에 도움'을 주고 청소년들은 이를 기억하게 된다. 스트레스에 대한 멘토 마인드셋 접근법(스트레스를 회피하거나 스트레스에 짓눌리기보다는 이를 포용하는 접근법)은 장기적으로 회복탄력성을 강화하는 지혜를 전달하도록 돕는다. 내가 이 방법을 내 딸 스칼렛에게 직접 적용한 사례를 상자 7-1에 소개했다.

상자 7-1. 스트레스가 심신을 강화할 수 있다는 마인드셋을 양육에 적용하기

내 딸 스칼렛은 중요한 첼로 오디션이 있던 날 아침에 차에 타더니 이렇게 말했다. "아빠, 오디션에서 잘하지 못할 것 같아서 걱정이에요. 너무 스트레스 받고 떨려서 배가 아파요." 나는 딸이 괴로워하지 않기를 바랐다. 오디션을 안 봐도 된다고 말해야 할까? 그랬다가는 몇 달 동안 연습하고도 잘 해냈다는 만족감을 얻지 못할 것이다. 보호자 모드는 끄기로 했다. 그런 감정을 그냥 무시하라고 말해야 할까? 불쾌한 감정을 억압하고 짓누르는 것은 대체로 도움이 되지 않고 오히려 해가 될 수 있다. 게다가 우리 문화에서 여자아이들은 안 그래도 격한 감정을 무시하라는 말을 너무 자주 듣는다. 나는 그런 경향을 고착시키고 싶지 않았다. 강요자 모드도 끄기로 했다. 어떻게 하면 멘토 마인드셋으로 대응할 수 있을까?

나는 스칼렛을 보면서 물었다. "아빠가 뭐라고 말할 것 같아?" 놀랍게도 스칼렛은 이렇게 대답했다. "떨린다는 사실은 정말로 오디션을 잘 보고 싶어 한다는 뜻이라고 하겠죠. 중요한 일을 하기로 했으니까요. 그리고 심장이 빨리 뛰는 이유는 연습한 내용을 기억하고 최선을 다할 수 있도록 혈액 속 산소와 아드레날린을 근육과 뇌에 더 많이 전달하기 위한 것이라고 얘기할 거예요." 나는 매우 놀랐다. 스칼렛이 나보다도 더 잘 말했던 것이다! "응, 아빠가 하려던 말이 딱 그 말이야. 어떻게 알았어?" 내가 대답했다. 스칼렛은 "2년 전에 수상스키를 타려고 하다가 잔뜩 긴장했을 때 아빠가 그렇게 말했잖아요. 스트레스가 근육을 강화해서 밧줄을 세게 잡을 수 있을 거라고 했어요. 덕분에 저는 벌떡 일어서서 신나게 스키를 탔죠." "그랬구나, 대단하네." 나는 대답했다. "그러면 오늘 오디션 볼 때도 그 말을 기억할 수 있을 것 같아?" "아마도요." 결과는? 스칼렛은 오디션에 합격했다!

스트레스가 심신을 약화한다는 믿음은 널리 퍼져 있고 스트레스가 심신을 강화할 수 있다는 믿음은 그다지 알려져 있지 않다 보니, 교사와 부모를 비롯해 청소년을 돕는 일을 하는 전문가들은 해결하기 불가능해 보이는 멘토의 딜레마에 빠져 있다. 멘토의 딜레마는 학교에서 하위 같은 상황에 어떻게 대응해야 하는가라는 문제의 핵심이다.

한편, 청소년들이 겪는 가장 강력한 스트레스 원은 대개 학교에서 비롯된다. 좀 더 일반적으로 표현하자면, 끊임없이 변화하는 노동시장에 발맞춰 능력을 개발해야 한다는 난관에서 비롯된다.[16] 청소년들은 진로를 모색하고, 어떤 직업에서든 필요한 논리적 추론 및 문제해결 능력을 키우기 위해 열심히 공부하며, 고급 기술을 두루 갖추고자 끊임없이 노력해야 한다. 이처럼 청소년들에게 가장 부담스러운 수업들을 포기하라고 말해서는 안 된다. 하지만 강요자 마인드셋이 그러하듯이(그림 7-1의 왼쪽 아래) 불가능한 요구를 계속 하다 보면 만성 스트레스가 청소년들을 무너뜨리기 쉽다.

요즘 청소년들은 이례적인 수준의 스트레스와 정신 건강 문제에 시달리고 있다.[17] 스트레스는 심신을 약화한다고 믿는 어른들은 웬만하면 청소년들에게 스트레스를 유발하는 요구를 하지 말아야 한다는 압박감을 느낀다. 교사, 관리자, 부모는 휴식하기, 마음챙김에 집중하기, 성취 목표 우선순위 낮추기 등 스스로를 돌보라는 말을 많이 한다.[18] 보호자 마인드셋 반응(그림 7-1의 가운데)은 사실 청소년들이 들어야 할 말과 정반대일 때가 많다. 이런 반응은 청소년이 학교나 직장에서 성장하고 발전하는 가운데 일반적으로 당연히 겪기 마련인 혼란이나 좌절 같은 부정적인 감정을 견디는 데 전혀 도움이 되지 않는다.

만약 선택할 필요가 없다면 어떻게 될까? 예를 들어 자원을 증가하는 방식으로(그림 7-1의 오른쪽 아래) 견딜 수 없는 스트레스를 유발하지 않으면서도 엄격한 기준을 유지할 수 있다면 어떨까? 다시 하위의 사례로 돌아가 스트레스에 대한 멘토 마인드셋 접근법이 어

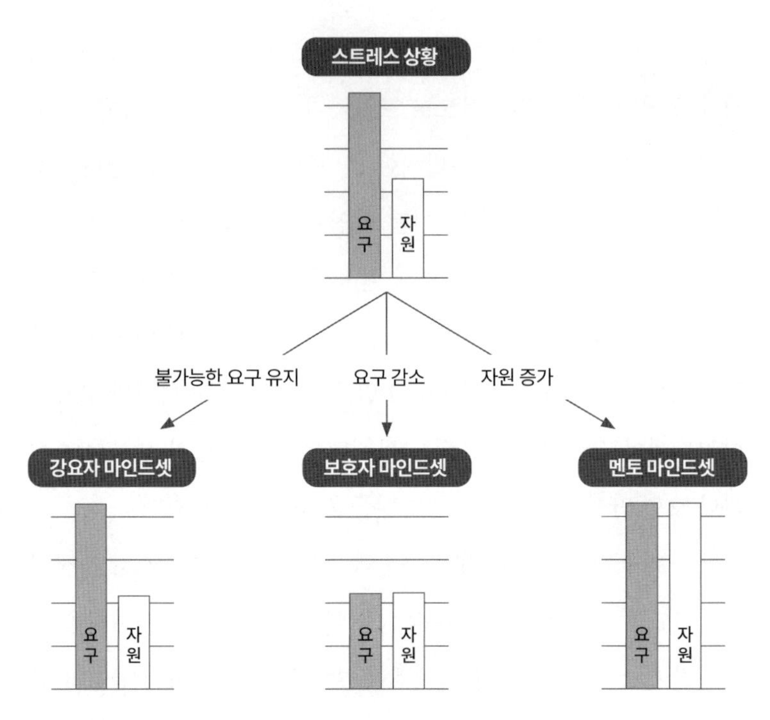

그림 7-1. 청소년이 스트레스를 받는 상황에 대처하는 3가지 반응

떤 결과를 낼 수 있는지 살펴보자.

하위네 가족은 하위가 초등학교에 다닐 때 에티오피아에서 텍사스주 댈러스 근교로 이주했다. 하위는 고등학교에서 우수한 성적을 거두며 학기마다 우등생 명단에 이름을 올렸다. 또한 토론 팀을 이끌고 실내악단에서 연주했으며, 고등학교 3학년 때는 학생회장으로 선출되었다. 하위가 텍사스대학교 오스틴캠퍼스의 우등생 프로그램에 선발되어 입학했을 때 어머니는 무척 자랑스러워했다. 대학교에서 하위는 학업에 매진했고, 여러 동아리에 가입해 리더 역할을 충실히 해냈다. 그녀는 남아프리카 도시 경제개발에 대해 공부

했다. 졸업반일 때는 암 투병 중인 어머니와 같이 살면서 동생과 아버지를 돌보는 와중에도 졸업논문을 쓰고 흑인 유학생의 성공을 돕는 독자 연구 프로젝트를 마쳤다. 하위는 대형 금융 회사가 실시하는 2년짜리 인기 프로그램에 선발되었는데, 이 프로그램은 출세가 보장된 코스였다.

하위는 유능하고 의욕이 넘치고 목표 지향적이며, 비전이 확실한 학생이었다. 문제의 수업은 졸업에 필요한 마지막 전공 학점을 채우는 수업이었고, 하위는 예정대로 졸업해서 일을 시작하고 싶었다. 하위의 어머니도 자신의 죽음으로 딸의 미래가 어긋나는 일은 바라지 않았을 것이지만, 당연하게도 하위는 여전히 슬픔에 빠져 있었다. 그녀는 과제와 관련해 융통성 있는 해결책을 원했고, 뒤처지거나 팀을 실망시킨 데 대한 죄책감이나 수치심을 느낄 필요가 없다는 안도감을 느끼고 싶어 했다. 거저 얻는 '가짜 A학점'은 원하지 않았다. 하위는 이 수업과, 이 수업에서 진행하는 마지막 프로젝트를 진로 목표를 달성하고 이 세상에 영향을 미치기 위한 한 단계라고 생각했다.

하위의 메일을 받은 교수는 어떻게 답했을까? 교수는 수업에서 가장 의미 있는 부분인 최종 프로젝트에 대해서는 높은 기준을 유지했지만, 사소한 일일 과제는 줄여줌으로써 하위를 지원했다. 바꿔 말하면 '지적'인 엄격함은 유지하면서 '실행상' 융통성을 제공한 것이다.[19] 일일 과제는 학생들이 학업을 게을리하지 않도록 뒷받침하는 역할을 하는데, 하위는 자기 주도적인 학생이었으므로 수준 높은 최종 프로젝트를 완성하는 데 필요한 엄격한 사고를 강조하는 것이 타당했다. 교수는 하위에게 수업은 신경 쓰지 말라고 말하는 대신, 그렇게 힘든 시기에 자기 자신과 주변 사람들에게 중요한 일을 함으로써 스트레스에 대처하는 데 도움이 되는 의미를 얻을 수 있다고 강조했다. 교수는 멘토 마인드셋의 높은 기준과 높은 지원을 결합했다. 하위와 팀원들을 만나서 팀 프로젝트에 대한 피드백을 주고, 이를 개선하는 데 도움이 되는 자원을 제공했다.

이후에는 어떻게 됐을까? 하위는 몇 주 후에 수업에 복귀했고 최종 프로젝트에 훌륭하게 착수했다. 하위 팀은 중학교 교사들이 대형 언어 모델 기술(예: 오픈 AI의 GPT-4)을 활용하는 연습을 통해 교사가 좀 더 이해와 공감의 방식으로 가르칠 수 있도록 지도하는 방법을 개발했다. 이는 일반 대중이 생성형 AI를 접하기 1년도 더 전의 일이었다.[20] 하위 팀의 프레젠테이션은 다음 학기에 같은 수업을 수강한 학생들에게 보여주는 모범사례가 됐다. 하위는 이 프로젝트에 꼭 필요한 기여를 했고, 이 수업에서 배운 내용을 바탕으로 졸업 논문을 완성했다. 몇 주 후 하위는 우등생으로 졸업했다. 사랑하는 사람들에게 둘러싸여 맞이한 졸업식은 꿈꾸던 그대로였고, 하위는 어머니가 자신을 자랑스러워할 것이라고 생각했다.[21]

이는 스트레스를 두려워하기보다는 받아들이는 멘토 마인드셋 접근법이다. 교수가 스트레스나 정신 건강에 보호자 접근법("스트레스가 너무 심하니 불완전 이수를 신청하세요")이나 강요자 접근법("알아서 다스리고 받아들여요")을 취했더라면 하위는 그 순간을 맞이할 수 없었을 것이다.

위협 유형 스트레스와 도전 유형 스트레스

우리가 항상 염두에 두고 살아가지는 않지만, 사실 인간이 스트레스를 느끼는 체계는 근본적으로 바람직한 목적을 지닌다.[22] 스트레스 체계는 생명 유지에 기여한다. 혼잡한 교차로를 건너고 있는데 갑자기 자동차가 빠른 속도로 다가온다고 상상해보자. 그 사람이 스트레스 반응을 전혀 경험하지 않는다면 자동차를 피해 도로를 벗어나려고 하지 않을 것이다. 스트레스 반응이 제대로 작동하면, 에너지를 끌어 모아 안전한 곳으로 대피할 수 있도록 돕는다. 스트레스 경험이란 생존에 적합해지는 과정이다.[23]

사람들이 스트레스에 대해서 이야기하는 방식이 이 점을 모호하게 가리곤 한다. 서로 다른 용어들을 혼동하기 때문이다. 스트레스와 정서를 전문적으로 연구하는 감성과학자는 '스트레스 원stressor'과 '스트레스 반응stress response'을 엄밀하게 구분한다.[24] '스트레스 원'이란 우리 몸이나 마음이 반응하는 모든 요구를 가리킨다. 스포츠카 같은 물질적인 요구도 있고, 직장에서 상사에게 해야 하는 중요한 프레젠테이션 같은 심리적 요구도 있다. '스트레스 반응'이란 몸이나 마음이 스트레스 원에 반응하는 방식이다.[25] 스트레스 원, 특히 심리적 스트레스 원은 대체로 좋지도 나쁘지도 않지만, 스트레스 원에 '반응'하는 방식은 좋을 수도 있고 나쁠 수도 있다. 도로에서 얼어붙은 듯 서 있다가 차에 치일 수도 있고(부정적인 반응), 도로에서 뛰쳐나갈 수도 있다(긍정적인 반응). 마찬가지로 프레젠테이션에 어쩔 줄 모르고 당황할 수도 있고(부정적인 반응), 지금까지 이룬 성과를 보여주고 싶다는 흥분에 집중할 수도 있다(긍정적인 반응).

흔히 스트레스에 대해서 이야기할 때는 이 둘을 혼동해서 쓴다. 사람들은 대개 '스트레스가 심한 요구에 부정적으로 반응하고 있어'라는 의미로 '스트레스 받아'라고 말한다. 하지만 이 말을 듣는 사람은 그 발언을 '이 사람의 스트레스 원은 나쁘므로 제거해야 한다'는 뜻으로 잘못 해석하기 쉽다. 그런 의사소통의 오류 때문에 사람들은 스트레스가 심신을 약화한다는 믿음과, 여기에서 비롯되는 보호자 마인드셋에 빠진다.

무엇이 부정적인 스트레스 반응을 일으킬까? 스트레스가 심한 상황에 대한 사람들의 평가 혹은 해석이 긍정적이거나 부정적인 방향으로 유도한다.[26] 그림 7-2는 스탠퍼드대학교의 감성과학자 제임스 그로스의 연구를 바탕으로 구성한 단순한 경로를 보여준다.[27] 첫째, 사람들은 스트레스 원을 만나면 그 작업이 얼마나 부담스러운 일인지 그 '중대성'을 평가해야 한다. 스트레스 원을 더욱 부담스럽게 만드는 요인으로는 작업에 필요한 노력, 결과의 불확실성, 대처해야 할 일의 가짓수 등을 꼽을 수 있다. 둘째, 사람들은 스트레스가 심한 요구에 대처하고자 할 때 사용할 수 있는 '자원'을 평가한다. 자원의 예로는 기술, 준비, 시간, 다른 사람에게 얻을 수 있는 도움의 양 등이 있다.

무엇보다도 요구와 자원을 바라보는 사람들의 평가가 온전히 상황에 의해 결정되는 것은 아니라는 점이 중요하다. 평가는 주관적이며, 주관적 인식은 달라질 수 있다. 예를 들어 미적분학 시험은 미적분을 막 배우기 시작한 사람에게는 무척 부담스럽게 느껴질 수

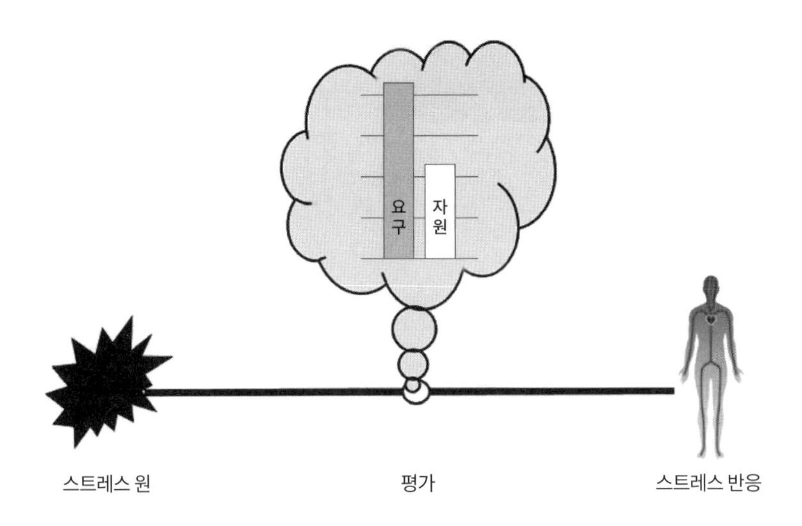

그림 7-2. 스트레스 원에서 스트레스 반응으로 가는 경로는 평가를 거친다.

있지만, 수학자에게는 그리 부담스럽지 않은 일이다. 시험에 나오는 문항은 똑같지만 개인이 주관적으로 느끼는 요구 수준은 달라지는데, 사람들은 자원도 주관적으로 인식한다. 수줍음을 많이 타는 미적분학 수강생은 친구들에게 도움을 구할 수 없다고 생각하기 쉽지만, 외향적인 학생이라면 정반대로 생각할 것이다. 두 사람은 같이 공부할 수 있는 똑같은 수의 수강생들에게 둘러싸여 있지만, 그런 또래 학생들이 유용한 자원인지에 대한 평가는 다를 수 있다.

왜 평가가 좋은 스트레스 반응과 나쁜 스트레스 반응을 가르는 관건일까? 사람들이 요구와 자원을 평가한 다음에, '위협 유형'이나 '도전 유형' 반응 중 하나로 스트레스 원에 대응할 수 있기 때문이다. 그림 7-3을 살펴보자.

인간의 스트레스 체계는 스트레스 원에서 비롯되는 높은 요구 수

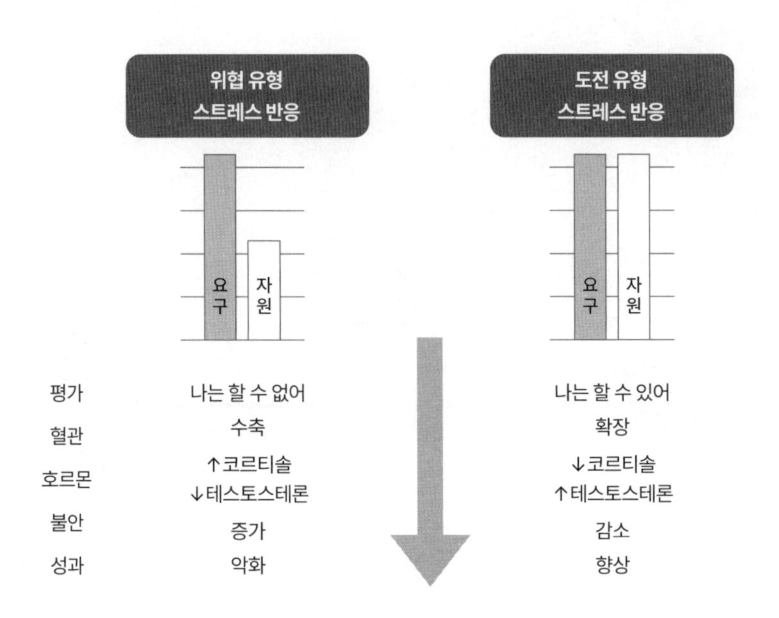

그림 7-3. 요구/자원에 대한 스트레스 평가는 위협 유형 대 도전 유형 반응으로 이어진다.

준이 이에 대처하는 데 이용할 수 있는 자원을 초과한다고 판단될 때 '위협 유형 스트레스 반응'을 나타낸다(그림 7-3의 왼쪽).[28] 이런 위협 유형 스트레스는 몸과 마음이 '손상과 패배'에 대비하도록 이끈다.[29] 먼저 혈관이 수축하면서 중심부로 혈액이 몰리고 말단에는 혈액이 줄어든다. 이런 혈관 수축 현상은 진화상 조상에게 물려받은 유산이다. 우리 조상들은 주로 신체적 위협에 직면했고, 손상과 패배에 대비한다는 말은 몸의 중심부에 혈액이 몰리게 해서 혈액 손실을 최소화한다는 뜻이다. 다음으로 위협 유형 반응을 나타낼 때 사람들은 코르티솔이라는 호르몬의 분비를 늘린다. 코르티솔은 손상된 신체조직의 염증을 줄여준다.[30] 위협 유형 스트레스가 발생하면 코르티솔 반응을 유발하는데, 이는 머리가 신체적 손상을 예상하고 손상된 조직에 주의를 기울이도록 대처하기 때문이다. 또한 위협 유형 스트레스는 테스토스테론을 줄이는 경향을 나타낸다. 남성과 여성 모두 패배하면 대체로 테스토스테론이 감소하기 때문이다.[31] 나아가 생존을 걱정하므로 불안과 같은 부정적인 정서를 더 많이 경험한다. 마지막으로 뇌의 뉴런으로 전달되는 혈액 속 산소량이 줄어들어서 기량을 제대로 발휘하지 못하게 된다.

그림 7-3의 오른쪽에서 볼 수 있듯이, 인간의 스트레스 체계는 '도전 유형 스트레스 반응'[32]을 나타낼 수도 있다. 이 반응은 스트레스가 심한 상황의 높은 요구를 충족하기에 충분한 자원이 있다고 판단될 때 발생한다. 머리가 도전에 대처할 것으로 예상하면 심장이 몸 전체로 혈액을 더 많이 내보내는데, 그러면 근육과 뇌에 산소가 풍부한 혈액이 더 많이 전달된다. 머리가 손상과 패배를 예측하지 않으므로 코르티솔을 그리 많이 생성하지 않는다. 대신에 머리가 어려운 일에 성공함으로써 얻게 될 명성을 획득할 것으로 기대하므로 몸에서 더 많은 테스토스테론을 생성한다. 도전 유형 스트레스 반응은 불안감을 줄이고 자신감을 높이는 경향도 나타낸다. 동기 수준과 성과가 높아진다. 이런 이유로 감성과학자들은 위협 유형 반응에 대한 해결책이자 포기(스트레스 원 자체를 완전히 제거)에 대한 대안으로 도전 유형 반응을 권장하고자 한다.[33]

불안을 이용해 성적을 올릴 수 있다?

로체스터대학교 심리학과 교수인 제러미 제이미슨은 보스턴 지역의 노동자계급 가정에서 성장했다.[34] 제이미슨은 대부분의 사람이 눈여겨보지 않는 기술적 세부 사항을 외곬로 파고드는 남다른 직업의식을 지닌 과학자다. 그는 이런 성격적 특성을 연구 대상 2가지에 열렬히 쏟아부었다. 바로 보스턴 프로스포츠 팀들과, 스트레스에 대한 신체의 심혈관 및 신경내분비 반응에 대해서다. 그는 보스턴에서 박사후연구원으로 근무하며 하버드대학교의 최정상 감성과학자 웬디 멘데스 박사[35]와 함께 연구하게 되면서 대성공을 거뒀다. 제이미슨은 심오한 함의를 지닌 간략한 아이디어를 시험하고 싶다는 열의에 차서 하버드대학교에 발을 들였다. '연구 참여자들에게 스트레스 반응이란 성과를 향상시키는 원동력이라고 말하면 어떨까?'라는 아이디어였다.

제이미슨의 추론은 스트레스가 심신을 강화할 수 있다는 믿음에 대한 크럼의 연구[36]와 맥락이 같았다. 이는 스트레스를 느낄 때(심장이 빨리 뛰고 손바닥에 땀이 나면) 이를 요구에 대처할 자원이 없다는 뜻으로 해석하는 사회의 일반적 견해와 배치된다. 제이미슨은 스트레스 반응이 추가적인 요구가 아니라 추가적인 자원이라고 설득할 수 있다면 어떻게 될까 궁금했다. 사람들이 내리는 평가를 바꾼다면, 자신이 요구에 부응할 자원을 가지고 있음을 깨닫도록 도와줄 수 있을 터였다. 즉 사람들이 스트레스를 도전 유형으로 '평가'하도록 유도하면, 생리적으로 도전 유형 반응을 이끌어낼 수 있을지도 모른다고 가정했다. 너무나 기발한 아이디어였다.

제이미슨은 과학 논문을 쓴 다음, 연구 참가자들이 스트레스가 심한 시험을 치기 전에 이를 읽게 했다.[37] 논문 속 정보는 지금까지 이번 장에서 설명한 내용이었다[38](상자 7-2 참조).

상자 7-2. 스트레스가 심신을 강화할 수 있다는 과학 논문 발췌문

- 사람들은 일반적으로 불안을 느끼면 기량이 떨어진다고 생각하지만, 우리 연구에 따르면 긴장해도 업무 수행에 해를 끼치지 않으며 오히려 도움이 되는 것으로 나타났다. 긴장할 때 체내에서 인지기능 향상과 관련된 카테콜아민이라는 호르몬이 분비되기 때문이다.
- 스트레스나 불안을 느끼면 교감신경계가 몸에 에너지를 방출하라고 지시한다. 그 결과 심장박동수가 증가하는데, 이는 뇌에 산소를 전달하는 역할을 하므로 대단히 중요하다. 따라서 심장박동수 증가는 몸이 혈액을 필요한 부위로 보내고 있다는 신호다.
- 교감신경계는 호흡에도 영향을 미친다. 우리 몸이 더 많은 산소를 요구하므로 호흡이 더 빠르고 깊어진다. 때로는 호흡이 불규칙해지기도 하고 해롭지는 않지만 불쾌한 증상을 유발하기도 한다.
- 마지막으로 교감신경계가 활성화하면 땀 배출이 증가하면서 몸을 식혀 체온 상승을 방지하고, 고열로 쓰러지는 일 없이 불안을 유발하는 상황에 대처할 수 있게 된다. 따라서 스트레스가 심한 상황에서 땀을 흘리는 증상은 지극히 정상이며, 이는 우리 조상들이 생존하도록 도왔다.
- 오늘 시험을 치르는 동안에는 신체가 스트레스에 보이는 반응이 유용하고 정상이라는 점을 기억하는 것이 중요하다. 긴장감을 느낄 때는 이 사실을 기억하기 바란다.

제이미슨은 서로 다른 논문 2건에서 서로 다른 두 학생 집단을 대상으로 과학 논문의 영향을 평가했다.[39] 그중 하나는 대학원 입학 자격시험(GRE)에 대비해 공부하고 있는 하버드대학교 3학년과 4학년으로 이뤄진 집단이었다. 이 똑똑한 학생들은 중요한 시험을 앞두고 위협을 느꼈다. 나머지 하나는 오하이오주 쿠야호가 카운티 소재 지역 전문대학에서 보충 수학(고등학교 과정) 수업을 듣는 좀 더 나이가 많은 성인들로 이뤄진 집단이었다.[40] 성취도가 낮은 이 집단 학생들은 자신감 문제를 겪고 있었다. 그들은 아주 오랫동안 '수학을 못한다'거나 '수학 머리가 없다'고 느낀 탓에 '수학으로 인한 상처'가 있다고 얘기하곤 했다. 이런 성인 학생들에게 보충 수학 수업은 자신이 가지고 있다고 인식하는 자원을 훨씬 넘어서는 요구를 의미했다. 그렇다면 제이미슨이 두 집단에게 본능적인 스트레스 반응이 사실은 부채가 아니라 자산이라고 설득했을 때 어떤 일이 벌어졌을까?

제이미슨의 연구 결과는 대단히 놀라웠다. 하버드 대학생들의 경우 통제집단의 GRE 평균 득점이 705점(800점 만점)이었던 반면, 〈스트레스는 심신을 강화할 수 있다〉는 논문을 읽은 처치집단에서는 770점까지 올랐다.[41] 이 점수 차이는 그냥 평범한 대학원 프로그램에 들어가느냐, 최우수 대학원 프로그램에 들어가느냐를 좌우할 정도다. 세 차례에 걸쳐 반복 실시한 지역 전문대학 실험에서 제이미슨은 수업 중에 실시한 두 번째(총 세 차례 중) 중요 시험을 치르기 직전에 처치를 실시했다.[42] 두 번째와 세 번째 시험에서 처치집단에 속한 학생들은 통제집단 학생과 비교할 때 더 좋은 성적을 거뒀다.

반면에 통제집단 학생들은 점점 더 성적이 나빠졌다. 또한 제이미슨은 학생들의 타액을 분석해 코르티솔 농도를 측정했다. 스트레스는 심신을 강화할 수 있다는 정보를 습득한 처치집단에서는 남은 학기 동안 코르티솔이 감소(테스토스테론은 증가)한 반면, 통제집단에서는 코르티솔이 계속 높은 수준으로 유지됐다.

제이미슨의 연구는 쿠야호가 학생들이 성적 하락, 코르티솔 급증, 위협 증가가 반복되는 악순환에 빠질 수도 있었음을 보여준다. 하지만 제이미슨이 알려준 정보 덕분에 학생들은 스트레스와 불안을 결핍이 아닌 자원으로 여기게 됐다. 이로써 위협 악순환이 늦춰지거나 아예 반전되기도 했다. 제이미슨은 두 연구를 종합해 스트레스는 심신을 강화할 수 있다는 평가가 우등생과 학습에 어려움을 겪는 학생들 모두에게 큰 이득을 가져다줄 수 있음을 증명했다.

제이미슨이 실시한 간단한 개입은 완료하기까지 5분 정도밖에 걸리지 않았다. 어떻게 이렇게 짧은 처치로 그토록 큰 차이를 낼 수 있었을까? 그 이유는 평가의 힘에 있다.[43] 사람들이 스트레스가 심한 사건에 직면할 때는 평가가 반응을 결정한다(그림 7-2 참조). 따라서 평가를 표적으로 삼아 부담스러운 스트레스 원과 위협 유형 반응 사이의 연결고리를 끊을 수 있다. 피할 수 없는 스트레스 원(어려운 시험 등)의 경우 평가 접근법이 효과적인 개입법으로 작용한다.

하지만 평가를 표적으로 삼아서 얻을 수 있는 이득은 대체로 제한적이다. 예를 들어 제이미슨의 연구에서 개입법은 사람들이 시험 불안에 대한 생각을 바꾸도록 도왔다. 하지만 같은 정보가 직장에서 실시하는 프레젠테이션이나 대학에서 느끼는 외로움 등 다른 유형의 스트레스 원에도 효과를 나타낼 것이라는 보장은 없다. 우리 문화는 스트레스가 심신을 약화한다는 부정적인 믿음을 끊임없이 퍼뜨리고 있으므로 결국 사람들은 그 믿음으로 다시 돌아가게 된다. 문화 차원에서 계승한 신념 체계를 중단시키는 도전을 가리켜 '전이 문제transfer problem'라고 부른다.[44]

최근에 나는 제이미슨을 비롯한 여러 과학자와 팀을 이뤄 스트레스의 전이 문제를 시도하고 극복하고자 노력 중이다. 이를 위해 우리는 '시너지 마인드셋synergistic mindset' 개입법을 개발했다.

시너지 마인드셋 개입법

2018년에 나는 구글의 크리에이티브 디자이너 대니얼 크레텍 콥에게서 전화를 받았다.[45] 몇 년 전에 콥은 구글의 기계지능 부서 내에서 공감 실험실Empathy Lab이라고 하는 소규모 신생 그룹을 시작했다. 공감 실험실에는 철학, 예술, 문학, 기술과 콥의 열정적인 에너지를 한데 모았다. 콥은 기술 분야에서 놀라운 실적을 쌓았으며, 구글의 '혁신 사업부'인 구글 X에서 디자이너로 일했다. 그 전에는 애플에서 조너선 아이브와 스티브 잡스 밑에서 일하며 아이패드를 비롯한 여러 상징적인 제품 출시에 기여했다. 애플에서 일하기 전에는 필 나이트가 이끄는 나이키에서 에어 조던 라인을 담당했다.

2018년에 크레텍 콥은 미래를 내다봤고, 그 미래는 인공지능(AI)이었다. (이때는 챗GPT를 비롯한 생성형 AI 언어 기술이 일반에 공개되기

4년 전이었다.[46]) 크레텍 콥은 인간의 일을 할 수 있는 기계를 만들고자 서두르다 보면 인간다움을 제대로 설명하지 못할까 봐 우려했다. 그녀는 AI가 인간성을 대체하는 것이 아니라, 우리가 더 나은 사람이 되도록 도와주는 힘이 되는 친구 역할을 할 수 있을 거라고 생각했다. 공감 실험실의 단체복에는 '미래는 느낌이다THE FUTURE IS FEELING'라는 구호를 새겨 '인간 팀'임을 강조했다. (냉소적인 구글 엔지니어들은 그들이 '로봇 팀'에 속한다고 맞받아쳤다.) 크레텍 콥은 구글의 기계지능 팀 안에서 인간 팀의 위상을 높이고자 실증 사례 연구를 선택했다. 그녀는 공감 실험실에서 사람들이 스트레스를 예측하고 이에 대처하도록 도와줄 AI 시스템을 설계하기로 결정했다. 크레텍 콥은 궁금했다. 만약 사람들이 사용하는 여러 전자기기들(스마트워치, 스마트폰, 앱)이 부정적인 스트레스를 감지해서 스트레스가 통제불능 상태로 치닫기 전에 대처할 수 있도록 조언한다면 어떨까? 크레텍 콥은 만약 이 가능성을 실현할 수 있다면 기계지능과 인간의 공감을 통합하는 방법을 제시할 강력한 사례연구가 될 것이라고 생각했다.

크레텍 콥은 곤란한 문제가 있다며 내게 전화했다. 개인 AI가 부정적인 위협 유형 스트레스 반응을 감지할 수 있다고 가정해보자. 이런 AI가 스트레스에 좀 더 잘 대처할 수 있도록 사람을 도와주려면 뭐라고 말해야 할까? 더는 스트레스를 받지 말라고 해야 할까? 가장 가까운 요가 강습실로 가는 길을 알려줘야 할까? 호흡하는 법을 알려줘야 할까? 크레텍 콥은 이런 뻔하고 피상적인 아이디어들을 받아들이지 않았다. 그녀는 우리 문화에 만연한 스트레스는 심신을 약화한다는 신념 체계가 스트레스에 관한 온갖 터무니없는 조언을 낳고 있을 가능성이 높다고 생각했지만, 실행 가능한 대안을 찾는 데 도움을 얻고자 했다. 나 역시도 크레텍 콥이 품은 의문에 어떻게 대답해야 할지 몰랐다. 그래서 우리는 감성과학자 제러미 제이미슨, 제임스 그로스, 저명한 사회심리학자 크리스토퍼 브라이언과 팀을 이뤄 기본적인 과학적 돌파구를 찾기로 했다.

우리는 함께 힘을 모아 시너지 마인드셋 이론을 세웠다.[47] 이 이론은 지금껏 우리가 개발한 가장 효과적인 처치 방법 중 하나를 내놓았을 뿐만 아니라, 멘토 마인드셋을 지닌 교사와 부모, 관리자의 핵심 실천법이 되기도 했다.

연구 문헌을 조사해보니, 스트레스가 심한 상황에서 실력을 발휘할 수 있도록 도와주는 메시지로는 두 종류가 있었다. 첫 번째는 성장 마인드셋이다. 캐럴 드웩의 연구에서 나온 이 개념은, 능력이란 고정되어 있지 않고 노력과 코칭으로 개발할 수 있다는 사고방식이다.[48] 성장 마인드셋은 사람들이 난관을 위협이 아니라 긍정적인 도전, 즉 배우고 성장하고 발전할 수 있는 기회로 보게끔 이끈다. 두 번째는 스트레스가 심신을 강화할 수 있다고 여기는 크럼의 믿음이었다.[49] 제이미슨이 실시한 실험에서 봤듯이 스트레스가 심신을 강화할 수 있다고 믿은 사람들은 자신의 몸에서 나타나는 스트레스 반응을 자산(스트레스가 심한 요구에 대처하는 데 도움이 되는 자원)으로 볼 수 있었고, 따라서 도전 유형 스트레스 반응이 촉진되었다. 크레텍 콥은 이 두 개념 중 어느 쪽을 고려해야 할지 알고 싶어 했다.

정답은 '둘 다'였다! 두 믿음은 서로 양립하고, 시너지효과를 일으킨다. 이 두 아이디어를 함께 적용하면, 발전을 가로막는 서로 다른 무시무시한 장벽 둘을 사람들이 극복할 수 있도록 도와줄 수 있다. 첫 번째 장벽은 '아, 안 돼, 난 못 해'라는 생각이고, 두 번째 장벽은 '만약 내가 이 일을 한다고 하더라도 스트레스와 압박감에 시달린 나머지 실패하고 말 거야'라는 생각이다. 성장 마인드셋은 스트레스를 유발하는 도전에 긍정적으로 임하도록 돕는다. 스트레스가 심신을 강화할 수 있다는 믿음은 스트레스가 유발하는 불가피한 부정적 감정을 다른 데로 돌리도록 도와준다.

당신이 어려운 수업을 듣는 대학생이나, 부사장에게 발표할 프레젠테이션을 준비하는 젊은 직원이라고 상상해보자. 성장 마인드셋을 가지고 있고 지적 도전을 받아들이지만, 여전히 스트레스는 심신을 약화한다고 믿는다고 가정해보자. 성장 마인드셋에 이끌려 능력의 한계에 도달할 정도로 열심히 일하다 보면, 스트레스가 쌓이는 요구가 증가하게 된다. 그렇게 부담스러운 스트레스가 나쁜 것, 즉 자신이 뭔가를 잘못하고 있다는 징후라고 생각한다면 제대로 대처하기 힘들다. 일을 미룰 수도 있고, 일을 하기도 전에 핑곗거리부터 만들거나 상황을 아예 회피할 수도 있다. 스트레스는 심신을 약화한다는 믿음이 성장 마인드셋을 갉아먹을 수 있는 것이다.

이제 정반대의 경우를 상상해보자. 스트레스가 심신을 강화할 수 있다고 믿는 동시에 고정 마인드셋을 가지고 있다고 가정해보는 것이다. 이렇게 생각하는 사람은 스트레스가 성과 달성을 뒷받침하는 자산이 될 수 있다고 믿지만, 약점을 개선할 수는 없다고 믿으므로 굳이 애써서 열심히 노력하지는 않는다. 고정 마인드셋은 스트레스

스트레스에 관한 믿음		
	스트레스가 심신을 약화한다는 믿음	스트레스가 심신을 강화할 수 있다는 믿음
능력 믿음 성장 마인드셋 믿음	'나는 이 도전에 대처할 수 있다면 성장할 수 있겠지만 스트레스 때문에 실패할 것이다.'	**시너지 마인드셋** '나는 스트레스 반응을 학습하고 수행할 때 자원으로 활용해 이 도전으로 성장할 수 있을 것이다.'
고정 마인드셋 믿음	'나는 능력이 부족하고, 스트레스 반응 때문에 수행이 더욱 나빠지므로 이 도전은 어렵다.'	'내가 스트레스 반응을 자원으로 활용할 수도 있겠지만, 능력이 고정된 탓에 성장하는 데는 도움이 되지 않을 것이다.'

표 7-1. 시너지 마인드셋 프레임워크

가 심신을 강화할 수 있다는 믿음을 실천하지 못하도록 방해한다. 표 7-1을 살펴보자.

시너지 마인드셋은 이 2가지 믿음이 얼마나 상호보완적인지 보여준다는 점에서 과학적 돌파구를 마련해주었다(표 7-1 참조). 하지만 이 생각을 퍼트리기 전에(혹은 결과물로 내놓기 전에) 효과가 있다는 확실한 증거가 필요했다. 우리는 사회심리학에서 가장 실감 나는 실험 기법 중 하나로 그 증거를 확보할 수 있었다.

1993년 생물심리학자 클레멘스 키르슈바움이 사회적 스트레스를 연구하는 독창적인 방법을 발표했다.[50] 사회적 스트레스란 사회적 자아가 판단과 평가를 받는다는 느낌을 줌으로써 지위나 존중과 관련된 감정을 위협하는 스트레스 원을 일컫는다.[51] 키르슈바움은 트리어 사회적 스트레스 검사Trier Social Stress Test, TSST를 개발했다. 당시 연구자들은 '사회적' 스트레스보다 '신체적' 스트레스를 연구하는 방법을 훨씬 더 많이 고안했다. '한랭 압박 검사'를 실시할 때 참가자들은 얼음물에 1분 이상 몸을 담근다.[52] '이산화탄소 도전 검사'를 실시할 때는 흡입기로 폐에 이산화탄소를 채워서 일시적으로 질식 감각을 유발한다.[53] 하지만 현대 사회생활에서 일반인들이 경험하는 '사회적' 스트레스 원은 어떻게 연구할 수 있을까? 키르슈바움은 그 대답을 찾고자 사회적으로 고통스러운(궁극적으로는 무해한) TSST 절차를 고안해냈다.

TSST는 다음과 같이 작동한다(그림 7-4 참조). 연구자들은 참가자들을 심리학 실험실로 데려간다. (우리 연구에서 참가자들은 대개 18~23세다.[54]) 연구자들은 참가자들에게 혈류, 호흡수, 피부에 나는 땀의 전기 활동, 혈압 등을 모니터하는 장치를 연결한다. 이런 장치로 스트레스를 측정한다. 참가자들은 잠시 휴식을 취하면서 안정적인 측정값을 잰다(기저선 기간). 그다음에 연구자들은 참가자들에게 특정한 개입(혹은 통제) 활동을 겪게 한다(처치 기간). 우리 연구에서 연구자들은 시너지 마인드셋 개입법을 실시한다. 이어서 사회적 스트레스가 시작된다. 참가자들은 난데없이 평가자 2명 앞에서 연설을 해야 한다. 주제는 참가자 또래에게 인기와 호감을 얻는 요인이다. 참가자들에게는 연설 주제에 대해서 얼마나 알고 있는지를 기준으로 평가자들이 평가할 것이라고 알린다. 평가자들은 연구자들에게 감탄하지 않도록 훈련을 받았지만, 참가자들은 이 사실을 모른다. 그다음에 참가자들에게 3분간 발언을 준비할 시간을 주고 5분간 연설할 시간을 준다. 참가자들이 연설을 하는 동안 앞자리에는 무표정한 평가자 2명이 클립보드를 들고 앉아서 행동을 낱낱이 평가한다. 연설 시간은 이중의 사회적 스트레스 원이다. 사람들은

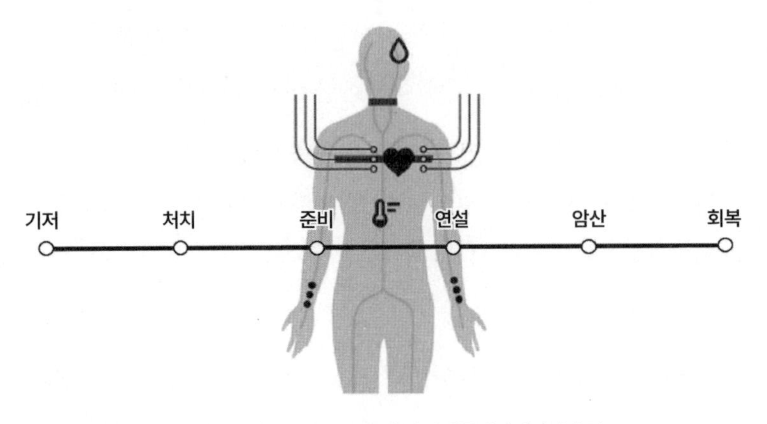

그림 7-4. 트리어 사회적 스트레스 검사(TSST)와 관련 생물심리 데이터 측정

대개 사람들 앞에서 즉흥 연설을 해야 할 때 큰 부담을 느낀다. 게다가 연설 주제도 연설을 잘 못하면 인기가 없거나 호감을 얻지 못하는 사람이라는 인상을 강하게 심어줄 만한 주제다. 따라서 무감한 듯한 평가자의 반응을 본 참가자들은 자신의 사회적 지위가 낮다고 인식하게 된다.

즉흥 연설 다음에는 또 다른 깜짝 과제를 제시했다. 바로 암산이었다. 968에서 시작해 17씩 빼는 계산을 머릿속으로 최대한 빨리 해야 했다. 실수하면 평가자 2명이 암산을 멈추게 하고 다시 계산하게 했다. 이번에도 평가자들은 가차 없고 무자비했다. 미국을 비롯해 서구 사람들은 대부분 다른 사람 앞에서 암산하기를 싫어하므로[55] 이는 강력한 사회적 스트레스 원이다. 5분 동안 암산을 한 다음에 참가자들은 쉬면서 회복했다.

키르슈바움은 실생활에서 느끼는 사회정서적 스트레스를 가장 집중된 형태로 모방하고자 TSST를 설계했다. 예를 들어 고위 관리자들이 자리를 채우고 있는 회의실에서 상사의 상사가 당신에게 복잡한 문제를 분석하라고 시켰다고 가정해보자. 실패한다면 승진이 물 건너갈 수도 있다. 이런 상황이 TSST와 비슷하다. 대학교 미적분학 강의에 참석하는 경험도 마찬가지다. 교수가 갑자기 당신을 지목해서 강의를 듣는 전원이 지켜보는 앞에서 어려운 질문에 대답하도록 시킨다. 마치 당신이 그 자리에 있을 자격이 없다고 폭로하려는 시도처럼 보인다. TSST와 비슷한 이런 상황은 굴욕을 당할 위험을 동반하므로 공포감을 조성한다. 하지만 동시에 이런 상황은 긍정적인 도전 유형 스트레스와 부정적인 위협 유형 스트레스를 연구하기에 아주 좋은 방법이기도 하다. 이런 상황을 올바른 방식으로 생각한다면(긍정적으로 평가) 중요한 사람들에게 긍정적인 인상을 심어줄 기회를 잡을 수 있다.

TSST(및 TSST가 대표하는 상황)에 대한 건전한 반응은 도전 유형 스트레스 반응이다. 도전 유형 반응을 보일 때 참가자들은 스트레스가 심한 경험을 받아들인다. 그들은 연설에 몰두하고 암산에 최선을 다한다. 반면에 위협 유형 반응을 보일 때 참가자들은 위축되며, 상황을 회피한다. 연구자들은 사람들이 이 두 반응 중 어느 쪽을 나타내고 있는지 파악하기 위해 참가자 혈관의 수축도가 얼마나 다른지를 살펴봤다. 앞에서 언급했듯이 혈관 수축 정도는 사람들이 도전 유형 혹은 위협 유형을 나타내고 있는지 알려주는 확실한 징후다. 구체적으로 연구자들은 총말초저항total peripheral resistance, TPR에 주목한다. 총말초저항이란 말초 혈관에 가해지는 압력의 양을 일컫는다. 혈관이 수축하면(위협 유형 반응을 나타낼 때) 혈압이 상승한다. 혈관이 확장하면(도전 유형 반응을 나타낼 때) 혈압이 떨어진다. 따라서 총말초저항이 낮다면 연설과 수학 암산에 필요한 요구를 충족하는 자원을 보유하고 있다는 뜻, 즉 도전 유형 반응을 나타냈다는 의미다.

TSST는 구글의 스트레스 제품에 이를 추천하기 이전에도 시너지 마인드셋 개입법(성장 마인드셋 믿음과, 스트레스는 심신을 강화할 수 있다는 믿음을 동시에 적용)을 평가하는 훌륭한 방법이었다. 따라서 2022년 학술지 〈네이처〉에 발표한 연구에서 우리는 청소년 수백 명을 대상으로 시너지 마인드셋 개입법과 TSST를 실시했다.[56] TSST의 연설 및 수학 암산 과제를 실시하기에 앞서, 참가자 중 절반은 시너지 마인드셋 개입법을 완료했고(상자 7-3의 발췌문 참조) 나머지 절반은 통제 프로토콜을 완료했다.

상자 7-3. 시너지 마인드셋 개입법 발췌문

시너지 마인드셋 개입법은 성장 마인드셋과 스트레스가 심신을 강화할 수 있다는 두 종류의 메시지를 사용한다. (크리스 브라이언과 내가 주저자였고, 대니얼 크레텍 콥, 제러미 제이미슨, 제임스 그로스, 메이건 존슨이 핵심 아이디어를 제공했다.)

성장 마인드셋을 심어주는 메시지

어려운 도전 과제에 직면해서 더 잘하게 될 때까지 계속 노력하면 뇌에서 새로운 신경 연결이 늘어나 향후에 새로운 도전 과제를 더욱 능숙하게 받아들이게 된다. …어떤 일이 정말로 어렵다고 느껴질 때 우리 뇌는 그 도전에 좀 더 효과적으로 대응하는 법을 학습한다. 고된 운동을 하면 처음에는 근육이 뻐근하게 아프지만, 훈련을 거듭할수록 근육이 더 튼튼해질 뿐만 아니라 한계까지 밀어붙였을 때 더 빨리 회복하는 것과 같다.

스트레스가 심신을 강화할 수 있다는 메시지

사람들은 몸이 나타내는 스트레스 반응이 감당할 수 없는 상황에 처했다는 징후라고 종종 오해한다. 심장박동수가 증가하고, 호흡이 가쁘고, 땀이 나는 증상은 흔한 일이지만 이는 우리 몸이 긴급 상황, 즉 진짜 곤란한 상황에 처했을 때 반응하는 방식이기도 하다. 사실 이런 오해가 수행 악화를 유발하는 원인일 수 있다. 스트레스 반응이 문제라고 생각하면 이를 걱정해서 수행에 집중하지 못할 가능성이 높아지기 때문이다. …다음번에 어려운 일을 수행하거나 습득하고자 할 때 몸의 스트레스 반응이 시작됐다고 느끼면 이 반응을 효과적으로 사용할 수 있다. 불안감을 느끼기 시작할 때 이것이 우리가 직면하고 있는 도전 과제에 맞설 수 있도록 우리 몸이 도와주는 반응이라는 사실을 떠올려보자. 그러면 불안감을 느낀다는 사실을 걱정하느라 보내는 시간이 줄어들 것이다. 나아가 하고 있는 일에 집중할 수 있고 몸이 나타내는 스트레스 반응에서 우리에게 필요한 추가적인 힘을 얻을 수 있다.

우리 연구의 결과는 명확했다. 통제집단에 속해서 시너지 마인드셋 개입법을 받지 못한 청소년들은 총말초저항이 놀라울 정도로 증가했다. 그것은 위협 유형 반응이었다. 개중에는 너무 심하게 위협을 느낀 나머지, 연설을 하다가 중간에 멈춰버린 사람들도 있었다. 바보 같은 소리를 할지도 모르는 위험을 무릅쓰느니 아무 말도 하지 않는 편이 낫다고 느낀 듯했다. 하지만 시너지 마인드셋 집단 참가자들 사이에서는 현저하게 다른 결과 패턴이 나타났다. 총말초저항 반응성이 훨씬 낮게 나타났던 것이다. 이는 혈관으로 전달되는 피가 더 많아서(그림 7-5 참조) 산소가 풍부한 혈액이 뇌와 근육에 더 많이 공급되어, 더 뛰어난 수행 능력을 뒷받침한다는 뜻이다. 이 결과는 시너지 마인드셋 개입법 처치가 스트레스를 '제거'하지는 않았다는 사실을 보여준다는 점에서도 중요하다. 그 참가자들은 여전히 땀을 흘렸고, 심장도 빨리 뛰었다. 비과학적 관점에서 볼 때 스트레스를 받는 듯이 보였지만, 이 스트레스는 긍정적이었고 최적의 성과를 뒷받침하는 연료였다. 이는 성장 마인드셋과, 스트레스가 심신을 강화할 수 있다는 마인드셋이 시너지효과를 일으켜 참가자들이 도전 평가를 내릴 수 있었던 덕분이었다. 성장 마인드셋 믿음은 참가자들이 연설과 수학 암산을 도망쳐야 할 두려운 대상이라기보다는 자신의 한계에 도전하고 새로운 기술을 익힐 기회로 볼 수 있도록 도왔다. 그때부터 참가자들은 스트레스가 심신을 강화할 수 있다는 믿음으로 몸에서 나타나는 스트레스 반응을 눈앞의 도전에 맞서는 데 사용할 수 있는 추가 자원의 원천으로 인식할 수 있었다.

시너지 마인드셋 개입법 덕분에 참가자들은 요청받은 난감한 연설을 대처할 자원이 있는 과제로 볼 수 있었다. 그로 인해 참가자들의 몸과 마음은 실패할 것이라는 생각에서 벗어날 수 있었고, 참가자들은 그런 생각을 하는 대신 성공 전망으로 주의를 돌렸다(상자 7-3 참조).

후속 실험에서는 두 신념이 모두 중요하다는 점을 증명했다.[57] 성장 마인드셋이나 스트레스가 심신을 강화할 수 있다는 믿음 중 하나를 삭제하자, 두 마인드셋을 함께 적용한 시너지 마인드셋 개입법이 스트레스 반응에 나타낸 것과 같은 이점이 보이지 않았다. 즉

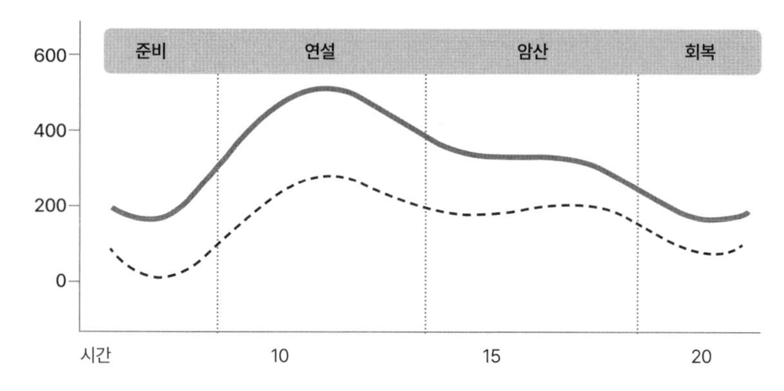

그림 7-5. 트리어 사회적 스트레스 검사(TSST)를 실시하는 동안 시너지 마인드셋 처치가 위협 유형 스트레스 반응에 미치는 효과(y축은 총말초저항 반응성)

이 두 마인드셋의 상호보완적인 속성이야말로 근본적인 차이를 나타낸 원인이었다. (각각의 마인드셋이 단독으로 효과를 나타낸 연구들도 있었다.[58] TSST처럼 극단적인 사회적 스트레스에 대한 반응이 두 마인드셋을 동시에 요구할 뿐이다.)

시너지 마인드셋 개입법이 전이 문제를 극복하고 시간이 지나도 지속되는 효과를 나타냈을까? 다른 실험에서 우리는 뉴욕주 로체스터에 있는 공립 중학교 3학년과 고등학교 1학년 학생들에게 시너지 마인드셋 개입법을 실시했다.[59] 이 학교에 다니는 학생들은 대부분 빈곤 지역에 거주하는 흑인과 라틴계였다. 학생들은 폭력 위협, 식량 불안정, 문화적 고정관념화 등 신체적으로나 사회적으로나 수많은 스트레스 원을 겪었다. 학업 스트레스 원에만 초점을 맞춘 짧은 온라인 개입법이 일상 스트레스 원에 대처하는 데 도움을 줄 수 있었을까? 가능했다. 우리는 개입법을 실시한 다음 5일에 걸쳐서 하루에 세 차례씩 정서적 웰빙을 측정하고 타액 표본(코르티솔 수치 분석용)을 채취했다. 그 결과 위협 유형 스트레스 반응 감소와 일치하는 정서적 웰빙 상승과 코르티솔 수치 감소가 나타났다. 또한 학생들이 1년 후에 수업(특히 학생들이 가장 어려워하는 과학과 수학 수업)을 수료하는 비율이 증가했다. 이처럼 스트레스 원과 스트레스에 관한 전반적인 믿음을 표적으로 삼았을 때, 학생들은 한참 후까지도 시너지 마인드셋을 새로운 상황에 적용했다.

스트레스에 대처하는 데 도움이 되는 말

우리 연구는 시너지 마인드셋이 20분에서 30분밖에 걸리지 않는 짧은 개입(상자 7-3 참조)만으로도 상당한 잠재력을 발휘한다는 사실을 증명했다. 하지만 여전히 문제가 남아 있다. 좀 더 짧은 말로 청소년의 마인드셋을 지원할 수 있는 방법은 없을까?

이어서 우리는 청소년들이 스트레스에 대처하는 데 도움이 될 만한 자연언어를 조사했다. 내 연구소에서 박사후연구원으로 일하는 캐머런 헥트 박사는 시너지 마인드셋을 반영하도록 돕는 지지 언어를 다루는 연구를 주도했다.[60] 헥트는 짧은 온라인 시너지 마인드셋 처치에 교수가 지지 발언을 덧붙이면 효과가 2배로 증가한다는 사실을 밝혀냈다. 그 지지 발언은 무엇이었을까? 교수는 성적에 크게 영향을 주지 않는 부담스럽지 않은 환경에서 학생들이 기술을 익히고 스트레스에 대처하는 법을 배울 수 있도록 돕고자 시간제한이 있는 어려운 시험을 고안했다고 설명했다. 이처럼 마인드셋을 지지하는 메시지를 받은 학생들은 스트레스를 받는다고 하더라도 이 강의를 들으면서 실제로 성장하고 배울 수 있다고 느꼈다. 개인적인 믿음과 교실 문화에서 전달하는 아이디어가 일치하면서 시너지 마인드셋의 이점이 2배로 증가했다. 교수가 이렇게 하지 않았을 때는 학생들이 본인의 시너지 마인드셋과 교실 문화 사이에 괴리가 있다고 느꼈고, 개입의 효과는 절반에 그쳤다.

헥트의 연구는 어려운 시험을 앞두고 학생들이 자기 자신에게 해야 할 최선의 말이 무엇인지도 알려줬다. 그 결과는 시사하는 바가 컸다. 가장 큰 성공을 거둔 학생들(남은 학기 내내 시너지 마인드셋을 효과적으로 활용해 스트레스에 더 잘 대처한 학생)의 사례를 상자 7-4에 소개했다. 그들은 스트레스를 피하지 않고 받아들이는 데 초점을 맞췄다. 시너지 마인드셋 실험에서 가장 낮은 성과를 거둔 학생들은 그렇게 하지 않았다. 그들은 자기 자신에게 스트레스를 받지 않은 척하라거나 스트레스를 받으면 안 된다고 말하면서 스트레스를 억눌렀다. 스트레스가 심신을 약화하므로 억눌러야 한다는 해묵은 견해를 유지한 참가자들은 시너지 마인드셋 개입법으로 이익을 얻지 못했다.

상자 7-4. 큰 성공을 거둔 학생들이 어려운 시험을 보기 전에 자기 자신을 타일렀던 말

- "매번 시험을 보기 전에 긴장하는 것은 정상이며, 나는 준비를 마쳤다고

상기하곤 합니다. 나 자신에게 '자료는 다 읽어봤고, 긴장하거나 심장박동수가 증가하는 것은 몸이 나를 도우려고 한다는 신호야. 최선을 다하되, 시험 결과가 인간 됨됨이를 반영하는 건 아니야'라고 타이릅니다."

- "심장박동수가 증가할 때 당황해서 흥분하는 대신에 그 느낌을 내 몸이 도전 과제를 해내는 데 필요한 아드레날린을 뿜어내는 중이라고 생각하기 시작했습니다. 예전에는 시험이 닥쳤을 때부터 푸는 동안까지 긴장감에 시달렸지만 이제 서서히 그 느낌을 내가 성장할 수 있는 학습경험으로 인식하기 시작했어요."
- "시험을 보는 도중에 스트레스나 불안을 느끼기 시작하면 이것이 내 능력을 시험하는 중임을 기억합니다. 이런 도전을 겪으면서 공부와 필기 습관을 강화하죠. 점점 더 좋은 결과를 얻게 될 거예요."
- "시험을 보기 전에 매번 내 몸은 공황 상태에 빠져듭니다. 정말 효율적으로 공부했는지, 중요한 정보를 모조리 기억하고 있는지 의심하죠. 하지만 지금은 그런 느낌이 실제로 나에게 유익하다는 사실을 알고 있어요. 내가 성장하도록 도와주는 거죠. 뇌를 강화해서 앞으로 더 잘 학습할 수 있도록 뒷받침해줄 거라고 생각하면 마음이 놓여요. 시험을 보는 동안에 긴장을 풀도록 도와주죠. 예전에는 공황 상태에 빠지면 일단 시험을 끝내고 보겠다는 생각에 최대한 빨리 읽곤 했어요. 그러다 보면 문제를 제대로 이해하지 못하고 시간만 낭비했죠. 이제 더는 그런 일이 없어요."

헥트의 연구는 어른들이 시너지 마인드셋 메시지와 일치하는 언어를 사용해야 하며, 청소년들은 스트레스가 심한 상황에 직면하기에 앞서 자기 자신에게 그런 말을 되뇌어야 한다는 사실을 밝혀냈다. 실생활에서 어른들이 청소년에게 자유롭게 이야기할 때 시너지 마인드셋이 반영된 언어는 어떤 식일까? 우리는 이 의문을 철저히 파헤치고자 현대 사회에서 가장 스트레스가 심한 통과의례 중 하나인 대학 지원 과정을 조사했다.

대입 스트레스를 극복하도록 돕는 어른의 말

매년 수많은 고등학생이 대학에 지원하고, 입학할 대학교를 찾는 스트레스에 직면한다. 왜 그럴까? 학생에게 대학 입학이란 자신의 능력과 가능성을 묻는 총선거처럼 느껴지기 때문이다. 부모에게는 양육을 제대로 했는지 판가름하는 최종 평결처럼 느껴지기도 한다. 학생들이 이런 압박감에 감당하기 힘들다고 느끼면 지원 과정에서 고생하거나 중간에 포기할 수도 있다. 그러면 꿈이 산산조각 나고 잠재력을 제대로 발휘하지 못하게 된다. 학생들이 대학 지원 과정에서 받는 스트레스를 극복하도록 도우려면 어른들은 어떤 말을 해야 할까?

이것이 우리가 시너지 마인드셋 연구의 다음 단계에 착수했을 때 품었던 질문이다. 우리는 스트레스에 시달리는 고등학교 3학년 학생들이 AI를 활용해 대학 지원 관련 조언을 제공하는 앱[61]에 보낸 문자 메시지 수천 건을 연구했다. 대학 지원자를 위한 AI 기반 앱은 제대로 작동하기만 하면 하늘이 내린 선물이 될 수 있다. 예를 들어 가족 구성원 중에서 최초로 대학에 지원하는 학생은 그 고된 과정을 헤쳐나가는 와중에 가족에게 조언을 얻을 수 없다. 지원자가 고민하는 문제를 AI가 조금이라도 해결할 수 있다면 사회경제적 사다리를 올라가고자 하는 수많은 사람들에게 이익이 될 수 있다. 하지만 AI 기반 앱의 조언이 도움이 되지 않는다면 이런 혜택을 누릴 수 없을 것이다.

대학 지원자들은 보통 '전공을 선택하는 마감 기한은 언제인가요?'처럼 흔한 질문을 많이 한다.[62] AI는 공개 웹사이트에 이미 게재된 정보를 그대로 반복해서 응답하고, 인간이 일반적인 질문들에 대한 답변을 미리 작성해놓을 수도 있으므로 이런 질문 유형에는 손쉽게 대답할 수 있다. 흥미롭게도 지원자들은 종종 인터넷이 쉽사리 대답할 수 없는 심오한 개인적 질문을 한다. 그러면 앱은 이런 질문을 AI가 아닌 인간 상담사에게로 넘긴다. 예를 들어 다음과 같은 질문이다.

- "대학에 갈 수 있을 정도로 뛰어나지 않으면 어떻게 해야 할까요?"
- "내가 우리 집에서 처음으로 대학에 진학해요. 부모님은 두 분 다 고등학교 중퇴거든요. 이 문제에 관해서는 너무 공감을 얻기가 힘들어요."
- "최근에 소중한 사람을 잃었어요. 일을 계속해나갈 동기를 찾기가 너무 어렵네요."

당신이라면 이런 질문에 어떻게 대답할 것인가? 우리 데이터세트에 있는 상담사보다는 더 나은 대답을 내놓기를 바란다. 예를 들어 위의 세 번째 질문에 한 상담사가 다음과 같이 대답했다.

안녕하세요, 대학 상담사와 연결됐습니다. 정말 안타까운 소식이네요. 당신이 필요한 지원을 확실히 받을 수 있도록 하고 싶습니다. 필요한 경우 741741번으로 HELLO라는 문자를 보내면 위기 문자 상담 전화에 연락할 수 있습니다. 어떤 종류의 위기에도 24시간 연중무휴로 대응하고 있습니다. 얼마나 상심하셨을지 이해합니다. 요즘 같은 시기라면 더더욱 집중하기 힘들 수 있지만, 최선을 다해 계속해서 앞으로 나아가는 것이 대단히 중요합니다. [웹사이트]에서 동기부여 상태를 유지하는 방법에 관해 몇 가지 팁을 제공합니다. 추가로 질문할 사항이 있으면 알려주세요. 감사합니다!

일반적으로 인간 상담사는 다음 개요에 따른다.

1. 지원자의 걱정을 덜어주는 말로 공감하기
2. 구체적인 지침 없이 장황하게 조언하기
3. 학생들이 스스로 알아서 해결하도록 하기

이런 응답은 지원자의 근원적인 두려움과 믿음을 다루지 않는다. 지원자는 (1) 원서를 제출한 후에도 괴로움(자신감, 지원, 동기 등의 결여)이 지속될 것이고(즉 고정 마인드셋 믿음), (2) 극심한 부정적인 감정(자기 회의, 외로움, 슬픔)은 대학에서도 어쩔 줄 모르다가 실패할 것이라는 뜻(즉 스트레스는 심신을 약화한다는 믿음)이라고 걱정했다.

문자 메시지 응답자들은 어떤 말을 해야 했을까? 우리는 그 대답을 찾고자 가장 믿을 만한 멘토 마인드셋 지혜의 원천인 서지오 에스트라다에게 상담 메시지에 대답해 달라고 요청했다.[63] 나는 그가 내놓은 응답을 '서지오 트라이펙터(3개 지표)'라고 부른다. 상자 7-5에 소개했듯이 이는 (1) 인정하고 재구성하기, (2) 이해하고자 애쓰기, (3) 협력 제안하기라는 세 부분으로 이뤄진다.

상자 7-5. 서지오 트라이펙터

1. **인정하고 재구성하기:** 에스트라다는 항상 상대방이 무슨 생각을 하는지, 스트레스를 느끼는 원인이 왜 정당한지 인정한다. 그는 절대 과소평가하지 않고, 깎아내리지 않으며, 스트레스를 숨기라고 요구하지 않는다. 보통 그는 스트레스를 느끼는 외부 요인을 떠올린다. 예를 들어 사회나 문화가 우리에게 짊어지운 부담 같은 것을 지적한다. 이는 청소년들을 모욕하는 경우를 피하려는 노력이다. 또한 스트레스를 보는 시각을 바꾸도록 이끌 수도 있다. 에스트라다는 청소년들이 스트레스의 원인이 영원하지도 고정되어 있지도 않다는 사실을 깨닫기를 바란다. 또한 청소년들이 스트레스를 느낀다는 사실 자체를 바람직한 징후, 예를 들어 관심을 기울인다는 신호로 볼 수 있도록 그들을 칭찬할 방법도 찾아낸다.
2. **이해하고자 애쓰기:** 에스트라다는 청소년들에게 제대로 이해할 수도 없는 조언을 우르르 쏟아내지 않는다. 그 대신에 질문을 던진다. 청소년들이 이미 시도한 것, 효과가 없었던 것, 다음에 시도하고자 하는 것이 무엇인지 파악하고자 노력한다. 이미 해봤지만 효과가 없었던 방법을 해보라는 조언을 피하기 위한 방안이다.
3. **협력 제안하기:** 마지막으로 에스트라다는 청소년들에게 혼자서 하라고 말하지 않는다. 수업 시간에 물리학 문제를 풀 때와 마찬가지로 협력적으로 문제를 해결하자고 제안한다.

에스트라다의 답변을 받은 다음에 우리는 심리학자들과 협력해서 그 답변들에 시너지 마인드셋 개념들을 더욱 충분히 담아냈다. 캐럴 드웩(성장 마인드셋 개념 창안자), 크리스 브라이언, 제러미 제이미슨, 대니얼 크레텍 콥, 메건 존슨, 제임스 그로스(시너지 마인드셋 공동 개발자)와 함께 우리는 상자 7-6에 소개한 예시와 같은 답변들을 생각해냈다. 이는 서지오 트라이펙터를 실제로 활용한 예시다.

상자 7-6. 대학 지원자의 질문에 시너지 마인드셋으로 응답하기

지원자: 제가 대학에 가기에 충분할까요?

대답: 이 질문을 저에게 해줘서 정말 기쁘네요. 무척 뜻깊은 질문이고, 제대로 고민해야 한다고 생각합니다. 많은 학생이 떠올릴 만한 질문이지만, 모두가 다른 사람에게 물어볼 정도로 용감하지는 않아요[인정]. 많은 사람이 이 문제에 대해서 걱정하는 주된 이유는 우리 사회에서 누가 어느 대학에 들어갔는지에 대해서 너무 많이 언급하기 때문이라고 생각해요. 마치 대학 입시가 자신이 얼마나 뛰어나고 똑똑한지 밝히는 시험인 것처럼 여기죠. 대학은 누군가가 얼마나 뛰어나고 똑똑한지 판단하거나 측정하는 곳이 아닙니다. 대학은 지식과 정신을 키우고 개발할 기회를 주는 곳이죠[재구성: 성장 마인드셋]. 제 말을 오해하지 마세요. 걱정스러운 마음은 무척 현실적인 기분이고, 때때로 감당하기 힘들기도 합니다. 하지만 제가 보기에 학생이 이 일을 걱정하고 있다는 사실 자체가 아주 중요한 정보를 말해줍니다. 즉 학생이 대학 입학에 대해서 무척 관심을 기울이고 있고, 잘 해내고 싶어 한다는 사실을 보여주죠. 그것은 성공하는 데 꼭 필요한 요소입니다. 걱정스러운 마음을 관심이 있다는 신호로 생각하려고 노력하고, 그런 관심을 활용해 대학에서 배우고 성장할 흥미진진한 기회에 최대한 대비하는 데 초점을 맞춘다면 어떨까요

[재구성: 스트레스는 심신을 강화할 수 있다]? 학생의 생각을 좀 더 알려줄 수 있을까요? 자신이 대학에 가기에 충분한지 의심이 들 때 주로 무슨 생각을 하나요[이해하고자 애쓰기]? 좀 더 자신감을 느낄 수 있는 일에 집중할 수 있도록 도와줄 수 있을지 알아보지요[협력].

미켈라 존스와 맥 클래퍼가 주도한 연구에서 우리는 상담사가 응답한 원문과 우리가 개발한 서지오 트라이펙터 응답을 청소년 1000명에게 공유했다.[64] 그들은 서지오 트라이펙터 응답이 더 낫다고 평가했다. 이 연구는 서지오 트라이펙터가 더 효과적이라는 확실한 증거를 제공했다.

스트레스와 슬픔을 경험한 청소년들에게 이야기를 듣고 싶었던 나는 하위에게 연락해 이야기를 나눴다. 나는 하위에게 서지오 트라이펙터 응답을 어떻게 생각하는지 물었다. 구체적으로는 어머니가 돌아가신 이후로 한동안 사람들이 하위에게 했던 말과 비교할 때 어떤지 물었다. "서지오 트라이펙터 접근법이 훌륭하다고 생각해요." 하위가 말했다. 그녀는 서지오 트라이펙터 응답이 상대방을 인정하고 상대방의 이야기를 듣고 있다는 느낌이 드는 동시에, 스트레스를 생각하는 좀 더 바람직하고 낙관적인 방식을 제안한다는 점이 마음에 든다고 말했다. 하위는 에스트라다의 질문, 즉 이해하려는 마음이 스트레스나 우울증에 시달리는 청소년들이 자신의 생각을 소리 내어 듣게 하고, 그런 생각이 지나치게 절망적이면 이를 수정할 수 있도록 돕는다고 생각한다. 하위는 서지오 트라이펙터를

'현실적 공감'이라고 불렀다. 청소년들이 다 괜찮을 거라고 생각하도록 속이려고 하지 않는다는 뜻이었다. 에스트라다는 청소년들이 겪는 난관을 솔직하게 이야기했다. 청소년들이 하는 생각을 정당하다고 여겼고, 동시에 그런 솔직함으로 청소년들이 좀 더 희망차고 낙관적인 생각을 하도록 이끌었다.

내가 하위에게 어머니가 돌아가셨을 때 도움이 되지 않는 조언을 받은 적이 있는지 물었더니, 그런 적이 있었다고 했다. 그들은 굳이 시간을 들여서 하위에게 진부한 말과 거짓 낙관주의를 전했다. 하위는 '괜찮아질 거야, 시간이 걸려, 모든 일에는 이유가 있다'와 같은 상투적인 말이 너무 싫었다. 그녀는 사람들이 스스로 배려 깊은 친구라고 확신하고 싶을 때 이런 상투적인 말을 한다고 생각한다. 실제로 그런 말은 도움이 되지 않는다. 하위는 상투적인 말이 아니라 솔직함과 직설을 바랐다. "현실적인 위로를 원했어요." 하위가 말했다.[65]

마지막으로 나는 하위에게 1년이 지난 지금 돌이켜 생각해볼 때 이 장 첫머리에 소개했던 교수가 올바른 답변을 보낸 것 같은지 물었다. 내가 그 점을 알고 싶었던 이유는 사실 하위가 내 학생이었기 때문이기도 했다. 내가 제대로 된 답변을 했는지 알고 싶었는데, 당시에는 확신이 없었다. 지적인 엄격함을 요구하면서 실행상 융통성을 제공하는 내 전략이 올바른 원칙이었는지 궁금했다.

"무척 도움이 됐어요. '당신이 겪고 있는 슬픔은 이해하지만 그래도 수업에서 뭔가 의미 있는 성과를 얻기를 바란다'는 메시지가 담겨 있었거든요." 최종 프로젝트는 하위에게 몰두할 대상을 제공했다.

"과제는 과제였지만 저에게 '의미 있는' 일이었어요. 게다가 어머니가 돌아가셨다는 충격에서 잠시나마 주의를 돌릴 수도 있었죠."

하위는 영감을 주는 사람이다. 힘든 일을 겪어낸 그녀는 금융서비스 프로그램에서 제 능력을 발휘하며 전 세계를 누비고 있다. 어머니를 생각하면 여전히 슬프지만, 자기가 이룬 성취를 어머니가 자랑스러워할 것이라 생각한다. 또한 하위는 미래의 멘토 마인드셋 리더들이 스트레스를 좀 더 효율적으로 언급하는 법을 배우는 데 자신의 체험이 도움이 될 수도 있다는 생각에 위안을 얻는다.

8장

목적: 흥미보다 중요한 것

애정 어린 마음으로 자신을 기다리고 있는 사람이나
미처 마치지 못한 일에 대한 책임감을 깨닫게 된 사람은…
자신이 '왜' 살아야 하는지 알고 그 '어떤' 난관이라도 견딜 수 있다.[1]

— 빅터 프랭클, 《죽음의 수용소에서》(1946)

이걸요? 제가요? 왜요?

데이먼 먼추스는 현재 J. P. 모건의 기계지능 부서의 부서장이지만 예전에는 주택담보대출 부서에서 관리자로 근무했다.[2] 먼추스의 팀은 시장동향을 분석해 주택담보대출에 적정한 이율을 설정할 수 있도록 지원했다. 이는 세부 사항을 꼼꼼하게 확인해야 하는 작업으로, 대학을 막 졸업한 20대 초중반의 분석가들이 주로 이 업무를 수행했다. "직원들은 스프레드시트에 철저히 집중하고, 장시간 동안 고되게 일했습니다." 먼추스가 말했다. 중대한 이해관계가 걸린 업무였다. 금리가 4퍼센트 정도라고 생각하면서 주택 구입 절차를 밟던 가족이 6퍼센트를 내야 한다는 말을 들었다고 상상해보자. 금리가 그 정도로 증가하면 월상환액이 크게 늘어난다. 사람들은 금리를 기준으로 전체 재정 상황을 계획한다. 주택구매대출 신청서를 검토하는 먼추스의 사실 확인 담당 팀은 100퍼센트 정확해야 했다. 먼추스는 어떻게 해서 권위주의적 꼰대 같은 인상을 주지 않으면서 직원들이 신청서 하나하나를 꼼꼼히 검토하도록 동기를 부여할 수 있었을까?

부모들(나를 포함)은 이와 비슷한 문제에 자주 직면한다. 우리는 저녁 식사 자리에 앉아 아이들에게 숙제를 시키려고 한다. 작문이나 사회 과목 프로젝트를 완벽하게 해내기를 바라는 일은 언감생심 꿈도 꾸지 않는다. 10대인 아이들은 우리 눈을 뚫어져라 바라보면서 "대체 이딴 걸 왜 해야 해요?"라고 말한다. 그 모습을 보다 보면 "내가 하라고 했으니까"라거나 "선생님이 하라고 했으니까" 같은 변변찮은 구실만 횡설수설하는 무력한 바보가 되고 만다. 좀 더 잘할 수는 없을까?

지금까지 이 책에서 소개한 모든 교훈을 실천한다면, 주변 청소년들이 제대로 된 지원만 있다면 높은 기준을 충족할 수 있다는 사실을 알게 될 것이다. 하지만 그래도 청소년들은 여전히 "왜 높은 기준을 충족해야 하죠?"라며 의문을 품을 수 있다. 성장은 힘겨운 과정이다. 지금까지 살펴봤듯이 성장에는 스트레스가 따른다. 이 질문에 만족스러운 대답을 찾을 수 있도록 청소년들을 도와주지 않는다면, 성장에 따르는 스트레스나 불쾌감을 감수할 가치가 없다고 말할 수도 있다. 결국에는 관심을 잃거나 환멸을 느낄 수도 있다. 청소년들이 성장하고 학습해야 하는 좀 더 깊고 의미 있는 이유를 알려줄 멘토 마인드셋 실천법을 개발할 수 있을까?

펄라는 수학 수업에서 이 문제에 직면한다.[3] 그녀는 텍사스주 북

동부에 있는 작은 마을에서 중학교 2학년 대수 1을 가르친다. 인구가 4200명인 이 마을은 텍사스주 타일러와 루이지애나주 슈리브포트 중간쯤에 있다. 나는 텍사스주에서 대수 1 시험을 실시하기 6주 전에 펄라를 만났다. 올해 학생들이 작년보다 더 좋은 성적을 거둘 것이라고 교장과 지역사회, 그리고 자기 자신에게 증명할 날이 6주 앞으로 다가온 셈이었다.

펄라는 2학년 학생 수십 명이 주 시험에서 몇 점을 받느냐에 따라서 자신의 가치가 좌우된다는 사실을 알고 있었지만 어쩔 수 없었다. 그녀는 학생들을 사랑했고 그 중요성도 알고 있었다. 그녀가 사는 마을은 사회경제적으로 어려움을 겪고 있었고, 4년제 대학 학위를 받은 성인 비율은 14퍼센트에 지나지 않았다.[4]

대수 1 수업의 성공 여부는 학생들에게 중요한 갈림길이었다. 대수 1에서 좋은 성적을 받지 못하면 어려운 고등학교 과정(예: 고급 과학이나 예비 미적분학 또는 미적분학으로 끝나는 수학 과정)에 들어갈 수 없다. 어려운 고등학교 교과는 누가 대학 학위를 딸 수 있을지 가늠한다. 안타깝게도 펄라가 사는 마을의 중학교 2학년 학생들 중 해당 학년 혹은 그 이상 수준의 주 시험을 통과하는 비율은 10퍼센트 정도에 불과하다.[5] 이 시험은 단순한 평가 이상의 역할을 했다. 이는 펄라의 수업을 듣는 13, 14세 학생들에게 풍족한 기회를 마련해줄 미래를 창출할지 여부를 결정했다. 그녀는 그 결과가 어떻게 나올지 알 수 없었다.

펄라는 노동자계급 가정의 학생들, 특히 영어를 제2언어로 배우는 학생들이 최근 몇 년 사이에 최고 성적을 거뒀던 전년 성과를 유지할 수 있기를 바랐다. 그녀는 전년에 거둔 성공이 텍사스대학교에서 진행하는 퓨즈Fellowship Using the Science of Engagement, FUSE라는 프로그램[6] 1기에 참여하면서 교실 문화를 바꾼 덕분이라고 생각했다. 퓨즈는 서지오 에스트라다와 같은 뛰어난 교사의 멘토 마인드셋 실천법을 확대하고자 텍사스대학교에서 개발한 프로그램이다. 펄라는 이 프로그램이 수학을 싫어하는 학생들의 생각을 바꾸는 데 도움이 되었다면서 무척 마음에 들어 했다. "저는 타고난 성정이 감성적인 사람은 아니에요." 하지만 멘토 마인드셋 프로그램 덕분에 펄라는 학생들의 관점을 존중하기 시작했다. 그녀는 학생들이 수업 시간에 헷갈리는 사항이나 실수를 이야기하도록 허용했는데, 이전에는 절대 용납하지 않았던 일이었다. 그랬다가는 학생들이 떠드는 소리만 듣다가 수업 시간이 끝날까 봐 걱정스러웠기 때문이었다. 펄라는 향후 수업 진행 방식과 어떻게 하면 학생들이 높은 기준을 충족하도록 도울 수 있을지 학생들에게 의견을 구하기도 했다. 이전에는 그런 변화를 꺼렸던 펄라 같은 사람에게 이런 변화는 사소하지만 중요한 단계였다. 이렇게 변함으로써 지금껏 가장 좋은 수업 분위기를 만들 수 있었다.

하지만 시험 날짜는 다가왔고, 여전히 문제는 남아 있었다. 학생들은 비례, 비율, 지수 함수, 다항식처럼 학년 초에 배웠던 개념들을 잊은 듯했다. 펄라는 가끔 학생들이 몇몇 알고리즘을 외워서 문제를 거의 자동으로 풀었다가 단원 평가가 끝나고 나면 잊어버리는 것이 아닐까 의심했다. 그녀는 학생들이 그냥 단순히 공식에 끼워 맞춰 문제를 푸는 데 그치지 않고 수학 개념 이면에 숨은 의미를 파악하도록 동기를 부여해야 했다.

펄라의 학생들은 왜 피상적인 수준에 머물렀을까? "그들은 수학의 목적을 보지 못해요." 펄라는 멘토 마인드셋 문화로 학생들에게 배울 수 있다고 설득하는 데는 성공했지만, 여전히 학생들은 왜 배워야 하는지 몰랐다. 펄라는 할 수 있는 모든 방법을 시도했고, 주 시험이 그녀와 학교, 학생들의 미래에 얼마나 중요한지 이야기했다. 독자적으로 진로의 날을 개최하고 같은 지역에 사는 어른들을 초대해 업무에 수학을 어떻게 사용하는지 설명하게 했다. 그리고 교사 대부분이 하듯이 사탕을 아낌없이 나눠줬다. 펄라는 학생들이 숙제를 제출할 동기는 부여할 수 있었지만 학습 수준을 심화할 동기는 부여하지 못했다. 시간이 없었다. 절박해진 펄라는 내게 발달 심리학자로서 조언해 달라고 요청했다. "수학이 의미 있다는 생각은 어떻게 만들어내는 거죠?" 그녀는 거의 눈물을 글썽이며 한숨을 내쉬었다. "학생들은 수학의 쓰임새를 보지 못해요." 지금 가르치는 학생들만 그런 것이 아니었다. "지금까지 10개 주를 돌면서 10곳의 학교에서 가르쳤어요. 어디나 다 마찬가지예요."

뛰어난 교사들조차도 학습 목적을 파악하지 못한 학생들을 지원하는 데는 어려움을 겪는다. 우리가 찾아낸 밝은 점 교사들(서지오 에스트라다를 발견한 집단)을 떠올려보자. 그들이 가르치는 학생들을 조사했을 때 우리는 강한 멘토 마인드셋 문화를 발견할 수 있었다.[7] 학생 중 83퍼센트가 '실수하고 헷갈려도 괜찮다'는 항목에 동의했고, 76퍼센트가 '내가 헷갈려 하거나 낙담할 때도 교사들이 끈질기게 계속하고 열심히 노력하도록 동기를 부여한다'는 항목에 동의했다. 하지만 그냥 쉬운 내용뿐만 아니라 가장 어려운 내용까지도 배우고 기억해야 하는 좀 더 심오한 목적에 대해서 묻자, 동의하는 비율이 떨어졌다. 이 응답 범위는 51~57퍼센트에 그쳤다. 가장 훌륭한 수업에서조차 학습의 목적을 이해하지 못하는 학생들이 절반이 넘었다.

대수 1을 학습하면서 논리적 추론을 배웠고, 이것이 우리가 일하면서 궁극적인 목표를 달성하는 데 중요한 역할을 했다는 점은 어른이 되면 인식한다. 하지만 그 연결고리를 만들려면 추상적 사고과정에서 인지적으로 정교한 비약을 거쳐야 한다. 다항식 인수분해에서 논리적 추론으로 건너뛰어야 하는데, 이는 커다란 비약이다. 청소년이 자연스럽게 그런 비약을 할 수 있을까?

다른 연구에서 우리는 빈곤한 학교와 부유한 학교의 초등학교 5학년부터 고등학교 1학년까지 각 학년 학생들에게 핵심 교과(영어, 사회, 수학, 과학)에서 배운 개념을 학습하고 '기억해두는' 것이 왜 중요한지 설명해보라고 요청했다.[8] 그들이 배운 구체적인 내용과 앞으로 습득하고자 하는 추상적 능력 사이의 관련을 스스로 나서서 설명한 학생은 한 명도 없었다. 오히려 학생들은 "왜 영어를 배우는지 모르겠어요"라거나 "과학 수업은 의미도 없고 지루해요" 같은 말을 했다. 학생들은 무엇인가가 '관련성이 있다'는 말이 무엇을 의미하는지를 무척 구체적인 관점으로 받아들였다. 한 학생에게 차에 탔다가 내리는 광대가 나오는 비례와 비율 관련 수학 문장제가 왜 자신의 미래와 관련이 있는지 물었다. 그 학생은 "저는 서커스에서 일하지 않을 거라서 관련이 없어요"라고 말했다.

가끔 학생들이 학교에서 공부를 열심히 하는 이유를 말할 때는 성공의 교환가치에 대해서 이야기할 뿐 실제로 습득하는 능력은 언급하지 않는다. 학생들은 "좋은 성적을 받으려고" 혹은 "동생에게 내가 성공할 수 있다는 걸 보여주려고" 같은 이유로 열심히 노력한다고 말한다. 그런 목표를 달성하기 위해서라면 굳이 정보를 배우고 기억할 필요는 없다. 사실 좋은 성적을 받는 적절한 전략은 최소한의 노력을 기울여서 각 교사를 만족시킴으로써 다른 교사들이 내주는 과제에 쓸 시간을 넉넉히 확보하는 것이다.

서구문화에서 어른들은 청소년들에게 학습해야 하는 이유로 단기적 자기 이익과 장기적 자기 이익이라는 두 종류의 근거를 제시하곤 한다.[9] 단기적 자기 이익은 '지금 배우는 내용은 당신이 즐기는 것과 관련이 있으므로 재미있고 흥미롭다'와 같은 유혹의 형태를 띠거나, '이것을 하지 않으면 소리를 지르거나 창피를 주거나 벌을 줄 거야'와 같은 위협의 형태를 띤다. 장기적 자기 이익은 대개 '이 자료를 암기하고 시험에서 좋은 점수를 받고 학교에서 좋은 성적을 받으면, 좋은 대학에 들어가서 나중에 성인이 됐을 때 더 행복하게 살 수 있다'와 같은 패턴을 따른다.

수업을 게임처럼 만들려고 하는 교육과정 및 강의 설계자는 단기적 자기 이익 유혹 전략을 채택한다. 이런 전문가들은 마케터가 좋아하는 색깔을 생각하듯이 관련성을 생각한다. 마케터가 당신이 파란색을 좋아한다는 사실을 알고 있다면 당신에게 파란색 셔츠 광고를 보여줄 것이다. 최근에 나는 교육 기술 임원과 투자자들이 참석하는 학회인 ASU+GSV 서밋에 참석했다.[10] 한 설계자가 자신이 개발한 제품은 AI를 활용해서 수학 문장제 내용을 학생의 흥미에 맞춰 바꾼다고 자랑스럽게 말했다. 야구팬이 X를 풀어야 한다면 컴퓨터가 X를 선수의 타율로 변환할 수 있다. 학생이 틱톡을 좋아한다면 X는 좋아하는 연예인이 1년 동안 벌어들이는 금액이나 광고 수입을 늘리기 위해 필요한 팔로워 수로 설정할 수 있다. 이런 제품이 효과적일 가능성은 낮다. 관련성은 전염성이 없다. 과제가 즐거운 것과 '연관'이 있다고 해서 즐거움을 자아낼 수는 없는 것이다. 야구는 신나는 경험이지만, 이미 수학을 좋아하는 사람이 아니라면 야구 통계 계산은 그렇지 않다. 피상적인 관련성으로 만들어내는 미약한 내적 이익은 포기, 친구와 놀기, 스포츠 채널 시청과 같은 대안과 경쟁할 수 없다.

장기적 자기 이익에 호소하는 전략은 이보다 더 효과가 낮다. 잘 알려진 '시점 할인temporal discounting' 현상 때문이다.[11] 시점 할인이란 미래에 받을 보상/처벌은 당장 받을 보상/처벌보다 가치가 낮은 경향을 일컫는다.[12] 당신이라면 지금 5달러를 받겠는가, 1년 후에 10달러를 받겠는가? 많은 사람이 지금 5달러를 받는 쪽을 선호한다. 경제학자들은 이를 가리켜 지금 돈을 받는 권리에 5달러를 지불할 의향이 있다는 뜻, 즉 10달러의 가치가 1년 후면 5달러로 '할인'된다는 뜻이라고 설명한다. 사람마다 할인 수준은 다를 수 있다. 당신은 지금 5달러를 받겠는가, 1년 후에 50달러를 받겠는가? 지금 5달러를 받겠다는 사람도 있고, 1년 후에 50달러를 받겠다고 하는 사람도 있다. 연구자들은 현재와 미래를 다양하게 조합해서 이런 맥락의 질문을 반복한다. 그러면 지금 보상을 받으려는 의향과 미래에 받으려는 의향의 비율이 정확히 얼마인지 찾아내는 선을 그릴 수 있다. 그것이 개인의 시점 할인율이다.

경제학자들은 돈을 나중이 아니라 지금 사용할 수 있다는 사실에도 가치가 있으므로 어느 정도의 할인은 합리적이라고 여긴다. 예를 들어 시간이 흐르면 돈의 가치는 인플레이션 현상으로 감소하는 반면, 시간이 지나면서 가치가 올라가는 자산에 돈을 투자할 수도 있다. 하지만 경제학 연구 참가자들은 미래의 달러 가치를 그런 계산으로 정당화할 수 있는 정도보다 훨씬 많이 할인하는 경향을 보인다. 연구자들은 연장자들에 비해 특히 청소년들이 '과도한' 시점 할인율을 나타낸다는 사실을 발견했다.[13] 이는 청소년들이 미래 보상의 가치를 한층 더 낮춰 본다는 뜻이다. 따라서 청소년들은 보상/처벌의 현재가치와 미래가치의 트레이드오프와 관련해 경제모형이 비합리적이라고 여기는 방식으로 생각한다.

시점 할인 연구에 비춰보면 전통적인 장기적 자기 이익 근거가 청소년들에게 통하지 않는 이유를 알 수 있다. 어른들은 머나먼 미래에 불확실한 쾌락을 얻기 위해 지금 누리는 확실한 쾌락을 포기하라고 요구한다. '친구들과 놀거나, 온라인에서 빈둥거리거나, 지금 이끌리는 사람의 관심을 끌려고 애쓰지 마. 그래야 30대 중반에는 주택담보대출을 간신히 지불할 수 있고 연간 휴가가 달랑 2주인 직업을 가질 수 있을 테니까' 같은 설득이 이어진다. 20년 후에 마시멜로 2개를 먹을 수 있도록 지금은 마시멜로를 먹지 마.[14] 제아무리 자제심이 뛰어나고 남을 잘 믿는 10대라고 하더라도 이것이 유리한 흥정이라고는 생각하지 않을 것이다.

하지만 잠깐 다시 생각해보자. 이런 시점 할인 증거는 10대의 뇌가 결함이 있거나, 근시안적이거나, 비합리적이라는 의미가 아닌가? 10대들이 전적으로 합리적인 결정을 내릴 수 없다는 뜻이지 않나? 테스토스테론이 과잉 분비되면서 충동적으로 쾌락을 추구한다는 말이지 않은가? 꼭 그렇지는 않다. 학교 교육의 장기적 보상(예: 대학, 경력, 연봉)은 청소년들이 이해하기에 지나치게 추상적이다. 이런 보상이 좀 더 구체적이라면, 청소년들은 좀 더 합리적으로 보이는 방식으로 만족을 지연할 수 있다. 연구자들은 예전에도 이런 종류의 실수를 저질렀다. 수십 년 동안 생물학자들은 인간이 아닌 동물들(히말라야원숭이 등)이 충동적이고 눈앞의 보상에만 초점을 맞춘다고 생각했다. 하지만 히말라야원숭이의 일상(먹이 채집)과 좀 더 연관된 시점 할인 과제를 제시하자, 히말라야원숭이들은 나중에 더 많은 보상을 얻고자 눈앞의 사소한 보상을 기꺼이 포기했다.[15]

마찬가지로 이제 발달과학자들은 청소년들에게 일상 사회생활에 흔한 보상과 처벌을 제시함으로써 근시안적으로 보이는 성향을 극복할 수 있다고 믿는다.[16] 청소년의 뇌가 사회적 보상(지위, 존중, 명성)을 바라고 사회적 실패(수치, 모욕, 거부)를 피하고자 한다면, 이런 동기를 건전한 발달을 이끌어낼 부채가 아니라 자산으로 바꿀 수 있다. 청소년의 사회적 감수성은 그들이 사회적 환경에 적응하거나 나아가 이를 바꾸도록 도울 수 있는 학습 원동력을 고취한다. 탐험 학습Expeditionary Learning, EL 교육 모델의 성공에서 그 증거를 찾아볼 수 있다.

지역사회에 공헌하는 수업 만들기

시카고에 있는 폴라리스 차터 아카데미는 유치원부터 중학교 2학년 과정까지 가르치는 공립학교이다(차터 스쿨은 미국의 공립학교 중 대안학교의 성격을 띠는 학교를 일컫는다 – 옮긴이). 이 학교 학생들은 "이걸 왜 해야 해요?"라고 묻지 않는다. 그들의 의욕은 '우리는 목적을 이룰 수 있도록 똑똑해지고자 협력한다'는 교훈과 그 교훈을 학생들이 수업 프로젝트에서 실현하는 방식에서 비롯된다.[17]

아미라 롤린스가 중학교 1학년에 재학 중일 때는 사회 수업에서 미국 헌법을 다뤘다. 학생들은 단순히 권리장전을 암기하는 데 그치지 않고, 현대 미국 사회를 살아가는 시민에게 그 문서가 무엇을 의미하는지 조사했다. 롤린스의 반 학생들은 '그들'이 어떤 측면에서 그 문서가 언급하는 시민인지 토론한 후에 지역사회를 개선하기 위해 자신의 권리를 행사하기로 결정했다. 롤린스가 사는 시카고 지역에서 총기 폭력은 예나 지금이나 비극적인 일상이어서, 반 학생 중 96퍼센트가 피해자를 알고 있었다. 롤린스의 반은 평화에 헌신한 지역 영웅들을 인터뷰하고 그들의 이야기를 기록하고 편집해 출판하는 일련의 협력 프로젝트를 시작했다. 지역 방송국에서 방영할 폭력 반대 공익광고를 대본 집필부터 감독, 제작까지 맡아서 진행했으며, 평화의 날을 기획해 시카고 사람들에게 하루 동안 총을 내려놓고 자원봉사를 하자고 촉구했다. 그렇게 해서 시카고라는 넓은 지역에서 그날 하루 동안 총기 폭력을 막는 데 성공했다.

그 과정에서 그들이 쓴 글을 좀 더 예리하거나 설득력 있게 고치는 방법에 대한 비판적인 피드백을 받았지만 이에 대해 불평하지 않았다. 지역 리더들을 찾아내고자 기록을 뒤지고, 인터뷰에 쓸 메모를 꼼꼼하게 준비하고, 원고를 수정 및 편집하고, 공익광고 방영에 쓸 예산과 비용 예측을 계산하는 일을 적극적으로 즐겼다. 그들은 역사와 글쓰기, 말하기, 수학을 더 잘하고 싶어 하게 되었다. 각 과목마다 목적이 있기 때문이었다.

폴라리스는 1000개 학교, 45만 명 이상의 학생들을 교육하는 EL 교육 네트워크에 속한 학교 중 하나다. 2019년에 발표한 매스매티카 평가 연구에 따르면 EL 학생들이 3년간 학습하는 수학 지식은 비슷한 공립학교 학생들이 배우는 양보다 약 10개월분에 해당하는 양만큼 더 많았다.[18] 하지만 EL에서 정말로 두드러지는 특징은 학생들이 매우 어려운 내용을 배우는 것을 정말로 좋아한다는 점이다. EL은 실패 위협이나 사탕 같은 뇌물, 숙제를 비디오게임으로 바꾸는 방법 등으로 학생들에게 동기를 부여하지 않는다. EL 학교 학생들은 지역사회에 기여하기 같은 더 심오한 목적을 달성하고자 남다른 기준을 충족하는 의미 있는 실세계 프로젝트를 완수한다.[19]

오클랜드에 있는 EL 학교에서는 10대 학생들이 수학과 과학 지식을 활용해 메릿호의 수질을 검사하고 여론을 수렴해 시의회 의원들에게 1억 9800달러의 채권 발행안을 제안했다. 버몬트주에서는 학생들이 수학 지식을 활용하고 인터뷰를 실시해 학교의 탄소발자국을 계산한 다음 학교 이사회에 전달하는 보고서의 일부로 대체 에너지원(예: 풍력, 태양광, 바이오매스)을 제안했다. 샌디에이고에서는 중학교 수학 수업을 듣는 학생들이 수학을 어려워하는 다른 학생들을 돕고자 소설을 썼다. 소설의 각 장에서는 주인공에게 각각 다른 핵심 개념을 설명한다. 애슈빌에서는 중학생들이 비례와 비율 개념을 습득해 육지 면적 이외의 측정 기준을 사용해서 축척 지도를 만든 다음, 전기 사용량이나 HIV/AIDS로 인한 사망, 경제발전 같은 사회문제의 심각성을 표현했다. 뉴욕주에 있는 제네시 커뮤니티 차터 초등학교에 다니는 6학년 학생들은 로체스터 개조 프로젝트를 주도했다. 그들은 이리Erie 운하 수로에 다시 물을 채우려는 로체스터시의 계획에 관한 여론조사를 설계, 처리, 분석, 보고했다. 학생들은 1000명이 넘는 시민들을 인터뷰하고 복잡한 통계분석을 실시한 최종 보고서를 작성해 시장에게 제출했다. 몇 년 안에 로체스터시는 그들이 권고한 사항 중 상당수를 채택했고 도시 재활성화 프로젝트에 수백만 달러를 투자했다.

시카고 학생들과 마찬가지로 다른 EL 학생들도 "제가 왜 대수를 이용해서 이런 통계들을 계산해야 하나요?"라거나 "왜 제가 한 과제를 비판하세요?"라고 말하지 않았다. 그들은 새로운 개념을 열심히 배워야 하는 이유와 끊임없이 비판적인 피드백을 받아야 하는 이유를 정확히 알고 있었다. 그들이 속한 공동체와 그들이 획득한 명성이 그것에 달려 있었다. EL 학교에 다니는 10대 학생들이 순전히 이타적이지만은 않다. 이런 프로젝트들은 지위와 존중을 부여하는 사회적 상호작용으로 가득 차 있다. 그들이 현장에 나가 수질을 검사할 때 그 작업 자체로도 의미가 있지만, 동시에 그들은 웃고 시시덕거리면서도 똑똑하고 유능한 모습을 보여서 서로에게 좋은 인상을 남기고자 한다. 그런 즉각적인 사회적 보상은 장기적인 성공에 필요한 새로운 기술을 익히는 고된 과정을 견딜 동기를 부여할 수 있다.

론 버거는 깊이 있는 학습에 목적을 부여하는 EL 교육 접근법을 설계한 사람 중 한 명이다.[20] 교육에 몸담은 28년 동안 버거는 멘토 마인드셋의 전설 같은 존재였다. 가르치는 내용이 너무 어렵고 기준이 높다 보니 그는 종종 수업 중에 학생들을 울리기도 했다. 하지만 학생들과 무척이나 깊은 유대감을 쌓아서 지금까지도 길에서 옛 제자들을 만나면 반갑게 포옹하거나 악수하면서 인사한다. 버거는 지난 20년 동안 EL 철학을 분명하게 표현하고 전파했다.

"중요한 것은 '흥미'가 아니라 '의미'입니다." 버거가 말했다.[21] 그는 교육과정 설계자들이 학생들에게 동기를 부여하는 방식으로 단기적 흥미와 장기적 만족 지연을 지나치게 많이 사용한다고 생각한다. 버거의 관점에서 보면 둘 다 썩 적절하지 않다. "우리 사회는 흔히 '지금 공부해서 나중에 좋은 일자리를 얻어'라고 말합니다. 매년 미국 학생 5000만 명에게 두 번째 마시멜로를 기다리라고 말하는 거죠." 버거는 청소년들에게 공동체와 사회적 평판에 직접 영향을 미치는 무엇인가를 성취할 기술을 학습하라고 요구함으로써 '지금 당장' 의미와 목적을 부여하는 방법이 훨씬 더 효과적이라고 생각한다. 그런 기술들은 학생들이 상급학교에서 성공을 거두는 데도 필요하므로 장기적인 자기 이익에도 도움이 된다. 버거는 일단 이렇게만 되면 학생들이 학업을 진지하게 여긴다고 설명한다.

학생들에게 제2차 세계대전의 역사가 살면서 언젠가는 중요해질 것이라거나 시험에 나오니 공부하라고 한다면, 고분고분한 아이들은 공부하겠지만 그렇지 않은 아이들은 "싫어요"라고 말할 겁니다. 하지만 학생들에게 3주 후에 제2차 세계대전 참전군인을 인터뷰할 예정이고, 이 사람이 지금까지 한 번도 인터뷰를 한 적이 없으며, 최초로 그 사연을 취재함으로써 경의를 나타낼 수 있다고 말한다면, 이에 대해 배워야 한다는 엄청난 압박감과 함께 준비가 미흡해서 참전군인에게 제대로 경의를 표하지 못한다면 심한 수치심을 느낄 수 있다는 위기의식이 생기죠. 그것은 무척 강력한 동기가 됩니다. 학생들은 읽고 또 읽을 거예요. 피드백을 구하고, 팀을 짜서 준비하며, 고된 공부도 마다하지 않을 것입니다. 흥미롭기 때문이 아니라 의미 있는 작업이기 때문이죠. 즉각적으로 만족감을 얻을 수 있는데, 그것은 사탕이나 점수가 아닌 존중감과 성취감에서 얻는 만족감입니다.

EL 학교 네트워크는 청소년들을 데리고 황야로 생존 탐험에 나서는 인기 있는 아웃워드 바운드Outward Bound 프로그램에서 비롯됐다.[22] 아웃워드 바운드 철학의 핵심은 청소년들이 우리가 인정하는 것보다 훨씬 더 많은 일을 할 수 있다는 것이다. 게다가 청소년들이 의미 있는 공헌을 할 수 있다는 듯이 대하면 동기부여 수준은 높아진다. 아웃워드 바운드를 설립한 커트 한은《죽음의 수용소에서》의 저자 빅터 프랭클처럼 제2차 세계대전 중 나치에게 포로로 잡혔던 유대인이다.[23] 나중에 영국으로 탈출한 커트 한은 그곳에서 훌륭한 여러 학교들을 공동으로 설립했다. 버거는 EL 접근법의 성공을 커트 한이 언급한 유명한 구절로 요약할 수 있다고 생각한다.[24]

> 청소년들의 마음을 사는 방법에는 3가지가 있습니다. 설득, 강요, 유인이죠. 청소년들에게 설교할 수 있지만 이는 미끼가 없는 낚싯바늘과 같습니다. "자원봉사를 해야 해"라고 말할 수도 있지만 이는 악마의 시도죠. 청소년들에게 "네가 필요해"라고 말할 수도 있습니다. 이 호소는 좀처럼 실패하지 않습니다.

"네가 필요해." 이 말을 전달할 때 우리는 청소년들에게 '너의 기술, 에너지, 재능, 공헌이 전부 꼭 필요해'라고 말하는 것이다. 프랭클의 말을 빌리자면 이는 청소년들에게 '왜' 살아야 하는지 알려주고 그 '어떤' 난관이라도 견딜 수 있도록 돕는다.

EL 교육 이야기는 청소년들에게 동기를 부여하는 난제에 간단한 해결책을 제시한다. 일반적으로 우리 어른들은 청소년들에게 동기를 부여하는 원천으로 완전히 잘못된 정보를 활용하는 경향이 있다. 우리는 눈앞의 즐거움이나 장기적인 자기 이익처럼 하찮거나 실용적인 동기에 호소한다. 이는 우리 사회 전반이 청소년들을 바라볼 때 신경생물학적 무능 모델에 초점을 맞추고 있기 때문이다. 하지만 이런 문화적 세계관 때문에 우리는 청소년들이 지위와 존중을 얻기 위해 의미와 중요성, 기여를 추구하는 과정에서 많은 기쁨을 포기할 것이라는 사실을 보지 못한다. 버거는 쇼핑몰을 방문했다가 미성숙하고 게으르고 제멋대로인 10대들이 어슬렁거린다고 불평하는 어른들의 사례를 자주 인용한다. 어른들은 잠시 후 레스토랑에서 예의 바르고 유능하고 기민한 10대 종업원의 완벽한 접객 서비스를 받지만, 이런 사실은 좀처럼 알아차리지 못한다. 버거는 우리가 일반적으로 청소년들에 대한 잘못된 문화적 믿음을 가지고 있고, 이로 인해 잘못된 접근법에 갇혀 있다고 생각한다. 그 잘못된 문화적 믿음 체계를 가리켜 '자기 이익의 규범'이라고 한다.

자기 이익의 규범

스탠퍼드대학교 경영대학원의 심리학 교수 데일 밀러는 '자기 이익의 규범norm of self-interest'이라는 용어를 만들었다.[25] 적어도 계몽시대 철학자 토머스 홉스가 《리바이어던》을 쓴 이래로 서구 사회는 인간이 태생적으로 이기적이라고 믿었다.[26] 하지만 밀러는 다른 관점을 제안했다. 만약 사람들이 '나 빼고 모든 사람'이 자기 이익을 추구한다고 생각해서 그런 방식으로 행동하는 듯이 '보일' 뿐이라면 어떨까? 밀러는 사람들이 자신이 규범이라고 인식하는 바에 동조하는 경향이 있으므로 자기 이익에 대한 인식이 자기 이익을 모방하는 순환에 박차를 가한다고 주장했다.

이 구별은 중요하다. 만약 사람들이 천성적으로 순전히 이기적이라면, 자기 이익에 호소하는 것만이 동기를 부여하는 유일한 방법이다(4장을 읽은 독자라면 이런 생각이 X 이론임을 알아차릴 수 있을 것이다). 하지만 사람들이 자신이 규범이라고 믿는 생각과 일치하도록 '자기 이익을 실천'해서 이기적으로 '보일' 뿐이라면, 이기심을 넘어서 그들을 참여시킬 법한 다른 근거를 제시할 수 있다.

자기 이익의 규범을 보여주는 일례로 밀러는 1990년대에 자신이 실시했던 혈액은행 기부 연구를 인용한다.[27] 밀러의 연구 팀은 헌혈 희망자를 모집하면서 참가자 절반에게 무료로 헌혈할 의향이 있는지를 묻고, 나머지 절반에게는 15달러(현재가치로는 약 30달러)를 받고 헌혈할 의향이 있는지 물었다. 또한 밀러는 대가를 지불하면 다른 사람들이 헌혈할 가능성이 높아질 것이라고 생각하는지 참가자 전원에게 물었다. 금전 제공, 즉 물질적 자기 이익은 헌혈 동의 여부에 영향을 미치지 않았다. 하지만 참가자들은 '남들'은 돈을 받으면 헌혈할 '가능성이 2배로 높아질 것'이라고 생각했다. 밀러는 이 연구 및 유사 연구를 근거로 미국인들은 종종 자기 이익이 동기부여에 미치는 영향을 실제보다 더 크게 생각한다는 결론을 내렸다.

교사, 부모, 코치, 관리자 할 것 없이 많은 어른들이 자기 이익의 규범에 동조하는 까닭에, 무엇이 청소년들에게 동기를 부여하는지에 관해 협소하고 불완전한 관점을 가질 때가 많다. 예를 들어 학생들이 기본적으로 자기 이익을 추구한다고 생각하는 교사는 학생들에게 학습을 권유할 때 자기 이익에 따른 근거를 언급하기 마련이다.[28] 개인적으로 사회정의와 공동체 공헌에 관심이 지대한 학생들은 이런 모습을 보고 '교사들'이 오로지 자기 이익에만 관심을 갖는다는 사실을 알게 되고, 자신의 목적에 대해서 이야기하고 싶다는 의욕을 잃는다. 따라서 교사들 역시 좀 더 의미 있는 학습의 의미에 관해서 언급하지 않는다. 자기 이익의 규범은 교사들이 학생들에게 동기를 부여하고자 할 때 제시하는 근거의 범위를 제한한다.

게다가 학생들은 주변 친구들을 둘러보며 그들이 적어도 학교에서는 정의나 공헌을 전혀 언급하지 않는다는 사실을 깨닫는다. 그러면서 자신은 다른 사람들의 합리적이고 자기 이익을 추구하는 동기에 더더욱 동조할 수 없다고 느낀다. 이런 효과 없는 근거로는 학생들에게 동기를 부여하기 어렵다. 이런 상황에 좌절한 교사들은 더 많은 보상을 제안하거나 처벌 위협을 늘려서 압박감을 높이려고 한다. 그러다 보면 부정적인 피드백 고리가 더욱 강화된다. 결국 학교에서는 심오한 학습 동기가 아예 사라지는 지경에 이른다.

이 순환은 멈출 수 있다. EL 교육 사례가 이를 증명했다. 또한 우리가 청소년들의 목적의식을 고취하고자 실시했던 여러 과학 실험 역시 이를 증명했다. 이 실험들은 시점 할인을 실시하는 10대 청소년들의 뇌가 반드시 근시안적이지만은 않다는 직접적인 증거를 제공했다. 어른들이 좀 더 깊고 의미 있고 자기 초월적인 목적에 호소한다면, 청소년들은 강력하고 오래 지속되는 영향을 받을 수 있다.

건강을 강조하면 건강하게 만들 수 없다

청소년 비만은 수십 년 동안 계속해서 증가했고 당뇨병, 심장질환, 심지어 조기 사망에 이르기까지 심각한 결과를 가져왔다.[29] 식생활은 신체 활동 부족보다 비만에 5배나 더 많은 영향을 미친다.[30] 칼로리가 높은 초가공식품(예: 치토스, 오레오, 런처블, 탄산음료, 에너지 드링크)은 이 문제에서 큰 비중을 차지한다.[31] 일부 계산에 따르면 고열량 식품 섭취를 1퍼센트만 지속적으로 줄일 수 있어도 미국의 비만 위기를 멈추거나 뒤집을 수 있다고 한다.[32] 따라서 공공보건 전문가들은 10대 청소년의 식품 및 음료 선택을 바꾸기 위한 다양한 프로그램을 개발하는 데 수백만 달러를 투자해왔다.[33]

안타깝게도 이런 프로그램들은 효과가 없었다. 오리건 연구소의 과학자 에릭 스타이스는 과거에 진행된 모든 프로그램의 효과를 검토한 결과 평균적으로 아무런 이점도 없었다고 밝혔다.[34] 실제로 이런 프로그램에 참여하는 10대들은 참여하지 않은 청소년들보다 '체중이 느는' 경향을 나타냈다. 건강한 식생활을 위한 개입은 금연 프로그램(1장 참조)과 마찬가지로 기존의 공중보건 접근방식에 불명예를 안겼다.

기존의 비만 대책 프로그램에는 중학교 보건 수업과 똑같은 결핍이 존재한다.[35] 이런 프로그램들은 오늘의 식생활 선택이 장기적으로 건강에 미치는 영향을 가르치는 강의와, 건강한 식생활을 장려하고자 하는 성의 없는 시도(예: 포인트, 상품, 게임, 경쟁)로 구성된다. 이런 실용적이고 자기중심적인 주장은 실패할 수밖에 없다. 20년이나 30년 후에 과체중이 되거나 당뇨병에 걸릴 위험은 청소년들에게 동기를 부여하기에는 너무 추상적이다. 그런 하찮은 방식으로는 초가공식품에 중독성을 가미하고자 수십억 달러를 투자하는 식품 회사와 경쟁할 수 없다.

나는 중학교 교사로 일하던 시절에 이런 상황을 직접 목격했다. 키가 크고 마른 편인 엘리자베스라는 1학년 학생은 매일 점심으로 똑같은 음식을 먹었다. 치토스 매콤달콤한맛과 루트비어였다. 나는 엘리자베스에게 그렇게 몸에 나쁜 과자를 먹으면 나중에 어른이 됐을 때 건강이 좋지 않을 수도 있다고 말했다. "네, 그래도 지금 전 말랐잖아요. 게다가 맛있거든요." 그 한마디로 논쟁은 끝나버렸다.

2012년에 나는 크리스 브라이언, 신티아 히노호사와 함께 이 문제를 파고들어서 '만약 기존의 실용적 논쟁이 효과가 없다면, 무엇이 효과가 있을까?'라고 질문했다. 이 문제는 이 책 전반에서 논의한 행동 변화 과제의 좋은 예시를 제시한다는 점에서 우리의 흥미를 끌었다. 실험실에서 일하는 식품 과학자들은 초가공식품에 중독성을 부여하고, 그런 식품을 섭취한 아이들은 당장 확실한 보상을 받지만 이를 끊으려고 하면 즐거웠던 만큼 대가를 지불해야 한다.[36]

건강한 식생활에는 사회적 비용도 따른다. 13세인 학생이 점심 식사로 샐러드와 물을 먹는다고 상상해보자. 많은 학교에서 이런 행동은 누텔라와 프리토파이를 먹고 레드불이나 프라임 같은 음료를 마시는 친구들에게 놀림을 받고 싶다는 뜻이나 다름없다. 게다가 무슨 이유를 대겠는가? 건강한 식사를 하는 저 13세 학생이 "50대가 됐을 때 당뇨병에 걸리지 않으려고 샐러드를 먹는 거야"라고 말해야 할까? 그런 설명은 조금도 설득력이 없을 것이다.

브라이언, 히노호사와 나는 이 난관을 해결할 수 있다면 우리의 접근법을 청소년 행동 변화 문제라는 좀 더 폭넓은 범주에 적용할 수 있을 것이라고 판단했다.

식생활을 바꾸려는 우리의 첫 번째 시도는 내가 브라이언과 함께 디즈니 월드의 엡콧 테마파크에서 건전한 식습관을 촉진하는 어트랙션을 설계하고자 진행했던 컨설팅 업무에서 시작됐다. 당시 엡콧은 기존 공중보건 연구자들의 지원을 받아 설계한 해빗 히어로스Habit Heroes라는 어트랙션을 공개했다가 실패를 겪은 상황이었다.[37] 처음 공개한 해빗 히어로스에 방문한 손님은 과체중인 아이였다. 탄탄하고 매력적인 트레이너들이 아이를 데리고 방 3개를 돌면서 과체중인 악당들과 싸운다. 스내커는 맛있는 간식을 뱉는 둥그렇고 무거운 요정이었고, 리드바텀은 앉는 족족 소파를 망가뜨리는 뚱뚱한 남자였다. 해빗 히어로스 어트랙션을 체험하는 아이들은 브로콜리 총으로 이런 악당들의 머리를 쏴 컵케이크를 떨어뜨리게 하는 방식으로 물리쳤다. 그러다 보면 끝날 즈음엔 이런 악당들이 점점 날씬해졌다. 〈몬트리올 가제트〉는 "디즈니 비만 방지 어트랙션이 '끔찍하다'라는 평을 받아"라는 기사를 냈다.[38] 엡콧은 즉시 해빗 히어로스를 폐쇄했다.[39]

그 직후에 디즈니는 브라이언와 나를 전문가로 초빙해 행동과학의 통찰력을 활용한 어트랙션 개편에 나섰다. 이렇게 해서 우리는 엡콧에 한 번 출장에 몇 주씩 머무르며 디즈니 담당자들과 협력해서 어트랙션을 개선했다.

브라이언과 나는 대본을 바꾸기로 했다. 장기적인 건강을 논하는 대신에 건강에 관해서는 아예 언급하지 않기로 했으며, 건강한 식생활이 사회적 지위에 미치는 매력을 높이고자 했다. 우리는 건강한 식생활의 이미지를 쇄신할 계획이었는데, 어른들이 하라고 하니까 어쩔 수 없이 해야 하는 희생이라는 이미지를 거기에서 벗겨내야 했다. 오히려 또래들의 눈에 감탄을 불러일으키는 인상적인 행위가 되게 해야 했다. 그렇게만 할 수 있다면 청소년들에게 건강한 식생활에 대한 즉각적이고 구체적인 사회적 보상을 줄 수 있으리라고 생각했다.

우리는 결과(체중)가 아니라 건강한 행동(올바른 식사)에만 초점을 맞춰 어트랙션을 변경했다.[40] 체형이 다양한 여러 주인공들이 각자 건강해지고자 노력하고 있다고 묘사했고, 악당들은 시민들이 건강한 성향을 실현하지 못하도록 방해하는 사악한 악귀로 바꿨다. 예를 들어 블로커는 시민들이 꼭 먹고 싶어 했던 몸에 좋은 건강식품을 훔친 후, 중독성이 있는 초가공식품으로 바꿔치기했다. 예전의 해빗 히어로스는 10대들이 사실은 컵케이크를 먹고 싶지만 그 욕구를 억누르고 자제심을 발휘해서 과일이나 채소를 먹어야 한다고 묘사했지만, 우리는 시민들이 건강한 식품을 향해 뛰어드는 가운데 블로커 같은 악귀들이 그 앞길을 가로막는 모습을 표현했다. 우리는 불량 식품을 먹는 사람들은 대안을 선택할 자유를 박탈당했음을, 건강한 식생활을 하는 사람들은 자율성과 독립성이 있음을 보여주고자 했다.

개편한 어트랙션은 성공을 거뒀고, 신문들은 이 어트랙션의 '더 친절하고 상냥한' 접근법에 대해 긍정적인 기사를 게재했다.[41] 그 후로 4년 동안 수백만 가족이 해빗 히어로스를 경험했다.

평가가 좋기는 했지만 크리스 브라이언과 나는 블로커 같은 악귀를 정크푸드 기업 자체로 그렸다면 더 좋았을 것이라고 의견을 모았다. 정크푸드 기업이야말로 아이들이 영양가 있는 음식을 먹으려는 자연스러운 성향에서 벗어나 불량 식품에 눈을 돌리도록 유인하는 현실 세계의 주범이었기 때문이다. 마이클 모스의 《배신의 식탁》[42]을 비롯해 여러 언론 보도에 자세히 나오듯이, 기업들은 식품이 어린이들에게 중독성을 띠게 만들고자 엄청난 돈을 들이고 있고, 특히 빈곤 지역에서 이를 어린아이들에게 판매한다. 브라이언과 나는 2000년대 초반에 10대 흡연에 아주 큰 효과를 거뒀던 보거스키의 '진실' 캠페인이 거둔 성공 사례를 알고 있었고(1장 참조), 그런 아이디어를 바탕으로 우리가 건강한 식생활에 좀 더 광범위한 목적을 불어넣을 수 있다고 생각했다. 바로 사회정의를 위해 싸우고 세상을 더 좋은 곳으로 바꾼다는 목적이다. 디즈니 월드에서는 실제 기업을 묘사할 수 없었는데, 부정적인 묘사가 광고주의 분노를 살 것이기 때문이었다. 그래서 브라이언과 나는 당시 졸업논문을 쓰고 있었던 대학교 4학년생 히노호사와 협력했다. 우리는 이 아이디어를 발전시켜 한층 더 강력한 동기부여의 원천이라고 생각하는 바를 자유롭게 이용할 수 있는 상황에서 시험해보았다.

디즈니 프로젝트 이후에 우리가 실시한 개입 프로그램은 식품 회사의 조작적 마케팅 기법을 폭로하는 형태였다.[43] 학생들은 보건이나 체육 수업을 받는 동안 컴퓨터로 폭로 기사를 읽고 응답했다. '미국의 식품: 진실 이야기'라는 제목의 폭로 기사는 "식품 회사들이 우리 몰래 무엇을 하고 있으며, 10대 청소년들은 더 나은 세상을 만들기 위해 어떤 태도를 취할 수 있는지" 설명했다. 예를 들어 이 기사는 식품 과학자들이 뇌의 자연스러운 포만 기제를 무시하도록 치즈 향과 녹아내리는 식감, 바삭함, 매콤한 맛을 최대한 중독성 있게 조합해 치토스 매콤달콤한맛 같은 과자를 어떻게 만들어내는지 설명했다. 나아가 식품 회사들이 정크푸드를 어린아이들에게 판매하기 위해 인기 만화 캐릭터를 어떻게 활용하는지도 보도했다. 또한 크래프트와 얌! 브랜즈의 고위 임원들(그중 상당수가 담배 회사에 근무했다)이 자사에서 판매하는 제품들이 얼마나 건강에 해로운지 잘 알고 있으며, 본인의 자녀와 손주는 이를 먹지 못하게 하는 경우가 많다는 사실도 밝혔다. 이 기사에는 식품 회사들의 위선이 담겨 있었고, 우리는 10대들이 여기에 분노하기를 기대했다. 기사의 내용은 사실에 근거했으며, 면밀한 보도 내용을 바탕으로 작성되었다.[44] 개요는 그림 8-1과 같다.

우리가 작성한 폭로 기사에는 수사학적 목적이 2가지 있었다. 첫째, 이 기사에서 우리는 건강한 식생활을 '권력자에게 대항'하는 방법으로 규정했다. 건강한 식생활은 입장을 표명하고 식품 기업 임원들이 거짓으로 선택을 통제하려는 시도를 막는 수단이 됐다. 둘째, 식품 마케팅이 사회정의에 미치는 영향을 강조했다. 이 개입법에서 우리는 건강한 식생활이 도움이 필요한 사람들을 옹호하는 방법이라고 규정했다. 자율성과 사회정의는 청소년들이 가장 중요하게 여기는 핵심 가치이므로 이런 새로운 규정으로 건강한 식생활이 사회적 지위에 미치는 매력을 높이고, 따라서 바람직한 행동 변화를 촉진할 것이라 예상했다. 요약하자면, 우리의 폭로 기사는 건강한 식생활을 하는 사람의 정체성을 바꾸고자 한 것이다. '어른들이 시키는 대로 하는 하찮은 멍청이'가 아니라 '세상을 좀 더 정의로운 곳으로 만들고자 싸우는 독립심이 강한 사람'으로 말이다.

우리의 폭로 기사 개입법에는 메시지를 전달하는 핵심 요소가 3가지 있었다. 첫째, 예비 검사를 실시하는 동안 수집했던 고등학교 학생들의 발언을 제시했는데, 이는 분노를 행동으로 바꾸는 법을 설명하는 것이었다. 예를 들면 우리 연구에 참여한 학생들은 다음

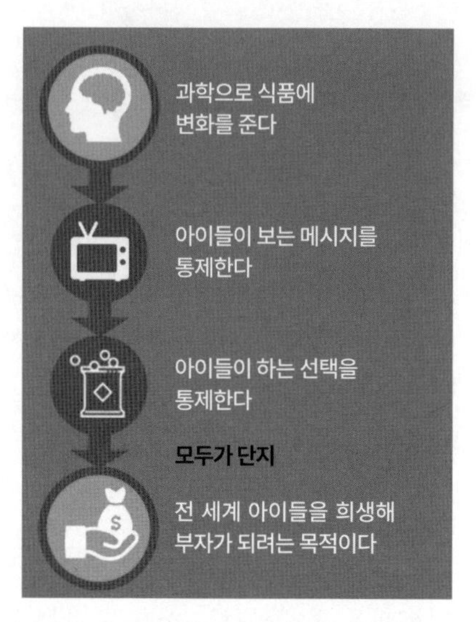

그림 8-1. 가치 조정 개입법을 이용해 작성한 폭로 기사의 개요를 발췌한 것

과 같은 내용을 읽었다.

> 그들은 지독한 위선자예요. 중독성 있는 정크푸드를 만들어서 돈을 버는 임원들이 정작 본인은 그런 음식을 먹지도 마시지도 않는다니 믿을 수가 없어요! 가난한 사람들과 어린아이들이 불량 식품을 먹는 동안 그들은 부자가 되죠. …저는 친구들과 함께 당장 행동에 나설 겁니다. 더는 가난한 사람과 어린아이가 몸에 해로운 정크푸드를 먹고 마시도록 조종하는 기업에 돈을 쓰지 않을 거예요.
>
> — 제니퍼, 중학교 3학년 배구 선수

둘째, 우리는 학생들이 식품 기업에 맞서 싸우기 위한 자기만의 제안을 쓰게 했다. 학생들은 자기와 나이가 같은 다른 아이들이 어떻게 대응할 수 있는지 설명했다. 우리는 이를 가리켜 '말하는 것이 곧 믿는 것' 연습이라고 부른다.[45] 다른 사람이 어떤 생각에 수긍하도록 설득하는 글을 쓰다 보면, 결국 자기 자신도 수긍하게 된다.[46]

셋째, 우리는 학생들에게 '진실로 만들기'라는 활동을 시켰다.[47] 거짓된 식품 광고를 보고 나서 그 위에 낙서를 해 거짓말을 진실로 바꾸도록 했다. 이 활동은 기존 체제에 반항한다는 파괴적인 스릴을 포착하면서도 이를 건전한 행동으로 바꿨다. 학생이 한 낙서 사례를 그림 8-2에 소개했다.

우리는 이 방법을 가리켜 개입에 대한 '가치 조정values-alignment' 접근법이라고 부른다.[48] 폭로 기사는 건강한 장기적 행동(올바른 식생활)을 신속한 동기부여(지위와 존중)라는 단기적 가치에 맞춰 조정했다. 이 접근법의 밑바탕에 깔린 논리는 사람들이 낯선 가치에 관심을 가지도록 유도하기보다는 이미 관심을 가지고 있는 가치에 맞춰 행동을 조정함으로써 행동을 바꾸는 편이 더 쉽다는 것이다.[49] 이 경우에는 중학교 2학년생들이 반항적이고 독립적인 태도를 멈추도록 시도하기보다는, 이미 그들이 지니고 있는 반항심과 독립심이라는 가치에 맞춰 어떻게 건강한 선택을 조정할 수 있는지 보여줬다.

우리 실험에서는 가치 조정 개입법을 건강한 식생활에 초점을 맞추었고, 이를 기존 접근법을 적용한 통제집단과 비교했다. 통제집단 내용은 중학교 보건 수업 교과서와, 더 건강한 식사로 공중보건을 촉진하는 정부 캠페인에서 인용했다.

첫 번째 실험에서는 텍사스주에 거주하는 중학교 2학년생 536명을 대상으로 가치 조정 폭로 기사 개입을 평가했고, 다음 날 식품 선

그림 8-2. 10대 청소년이 식품 광고에 낙서를 해서 이를 진실로 만들었다. (광고 문구는 '샐러드를 주문할 때 당신이 바라는 것'이고, 아래 쓰인 청소년의 낙서는 '샐러드여야 해'이다.)

택에 미치는 영향을 조사했다. 이를 위해 교장은 실험을 실시하기 몇 주 전에 2학년 학생들에게 주 시험을 열심히 준비하면 보상으로 간식을 주겠다고 발표했다. 학생들이 폭로 기사를 읽은 다음 날 아침에는 교사들이 간식 신청서를 나눠 주었다. 신청서는 학생이 보상으로 초가공식품(예: 치토스 매콤달콤한맛, 도리토스, 오레오, 사이다, 콜라)이나 건강한 음식(과일, 견과류, 미니당근, 물) 중에 무엇을 원하는지 표시하는 양식이었다. 학생들이 신청서를 작성한 후에 우리 팀은 온종일 간식을 포장했고, 방과 후에 나눠 주었다. 결정적으로 아이들은 간식이 전날 읽은 폭로 기사와 관련이 있다는 사실을 알지 못했다. 기사를 읽은 처치집단 학생들은 통제집단 학생들보다 건강한 음식을 더 많이 선택했다.

두 번째 실험에서는 학생들이 남은 한 해 동안 점심시간에 식당에서 무엇을 구매하는지 추적했다. 그 결과, 가치 조정 폭로 기사 개입법을 완료한 학생들, 특히 남학생들이 정크푸드를 덜 구매하고 건강한 음식을 더 많이 구매했다. 놀랍게도 그 효과는 우리가 학생들을 추적한 3개월 내내 지속됐다. 개입 집단에 속한 청소년들은 점심시간에 치토스 매콤달콤한맛과 루트 비어 대신 샐러드나 과일을 더 많이 먹었다. 우리가 분석한 바에 따르면, 그 이유는 건강한 식생활이 사회적 지위에 미치는 매력을 높이기 때문이었다. 건강한 식생활은 하찮게 보이기보다는 멋있어 보였다.

가장 흥미로운 결과는 테스토스테론 수치 분석에서 나왔다.[50] 연구를 시작하기에 앞서 우리는 중학교 2학년생들의 타액에서 테스토스테론 표본을 수집했다(부모의 서면동의를 받은 경우에 한함). 학생들이 중학교 보건 수업에서 흔히 다루는 식이법이나 건강 정보를 단순 소개한 통제집단용 기사를 읽은 경우, 그들의 테스토스테론 수치는 정크푸드 구매가 늘어날 것으로 해석되었다. 이는 특히 남학생들 사이에서 두드러지게 나타났다. 하지만 참가자들이 가치 조정 폭로 기사를 읽은 경우에는 정반대의 결과가 나타났다. 테스토스테론이 높은 남학생들(대체로 가장 충동적이고 근시안적으로 보이는)이 가장 건강한 음식을 선택했던 것이다.

이는 신경생물학적 무능 모델의 중대한 결함을 확인시켜주는 결과다. 사춘기 호르몬의 영향으로 청소년의 뇌에 근본적으로 결함이 있다고 생각하는 대신, 지위와 존중을 획득할 가능성에 반응해 변화할 태세를 갖추고 있다고 볼 수 있기 때문이다. 우리는 건강한 행동을 청소년의 가치에 맞춰 다시 규정함으로써 그런 태세를 이용할 수 있었다.

지루하지만 중요한 일을 해내는 동기부여

20년 전에 나는 그냥 괜찮은(훌륭하지 않은) 중학교 영어 교사였다. 그 와중에 그나마 잘한 일 중 하나가 중학교 1학년 수업에서 S. E. 힌턴의 《아웃사이더》라는 소설을 읽은 다음에 진행했던 프로젝트였다.[51] 《아웃사이더》는 갈등과 죽음으로 끝나는 비극적인 청소년 문학이다. 나는 이 책에 나오는 교훈을 활용해 저학년을 위한 갈등 해결 워크숍을 고안하라는 과제를 냈다. 학생들은 각 등장인물과 동기를 분석하는 주제 분석을 실시했고, 분석 결과를 바탕으로 인생의 교훈이 가득 담긴 대본을 쓴 후 연극을 했다. EL 교육 학교에 다니는 학생들처럼 내 학생들도 광범위하게 조사했고, 비판적인 피드백을 구했으며, 인내하면서 높은 기준을 충족시켰다. 그 경험은 《무엇을 위해 살 것인가》의 저자인 윌리엄 데이먼 박사[52]의 지도를 받으며 대학원에서 공부하는 동안 내 머릿속 한구석에 머물러 있었다. 나는 알고 싶었다. 학습 과제를 자신을 초월한 목적과 연결하면 좀 더 깊이 있는 학습을 하려는 동기부여에 박차를 가할 수 있지 않을까? 2014년에 우리는 그 가능성을 보여주는 논문을 발표했다.[53]

그때의 실험은 단순한 관찰에서 시작되었다. 중요한 기술을 학습하고 습득하는 데 도움이 되는 과제들은 대개 지루해서, 우리는 이를 가리켜 '지루하지만 중요한' 과제라고 불렀다. 그 예로는 수학 문제 풀이, 에세이 교정과 편집, 역사 분석용 메모, 스프레드시트 데이터 재확인 등을 들 수 있다. 미래에 J. P. 모건 주택담보대출 부서에서 일하려면 꼭 해야 하는 과제들이다. 청소년들이 이런 과제를 열심히 해야 할 타당한 이유를 찾지 못하면, 그런 노력이 자신의 시간을 갉아먹는 부담으로 느껴질 수 있으므로 세부 사항에 세심하게 주의를 기울이지 않는다. 하지만 우리는 세부 사항에 주의를 기울여야 하는 목적을 이해하면, 과제가 재미있지 않더라도 제대로 하고자 열심히 노력할 동기가 생길 수 있다는 가설을 세웠다. 따라서 우리의 목적 개입법은 후자의 관점을 심어주고자 했다.

목적 개입법은 성장 마인드셋, 스트레스 마인드셋, 가치 조정 개입법과 마찬가지로 짧은(약 20분) 자기기입식 온라인 설문조사 형식이었다. 이는 다음의 3가지 메시지를 전달했다. (1) 깊이 있는 학습 능력은 앞으로 여러 직업이나 역할에 유용할 수 있다, (2) 그런 능력을 활용하면 자기 이익을 넘어 세상에서 무엇인가를 바꿀 수 있다, (3) 교사들이 지루하지만 중요한 과제를 내주는 이유는 여러분이 변화를 일으키도록 도와줄 능력을 배양할 수 있다고 생각하기 때문이다. 그림 8-3에 제시한 인포그래픽은 목적 개입법의 주요 논거를 요약 정리한 것이다.[54]

이런 메시지를 어떻게 전달했을까? 우리는 몇 단계를 걸쳤다. 일단 우리 개입법은 학생들에게 중요하게 생각하는 사회문제나 공동체 문제를 곰곰이 생각해보라고 요청했다. 빈곤이나 폭력, 정치적 분열 등 생각하면 화가 나는 사안을 떠올리게 했다. 나아가 지적 능

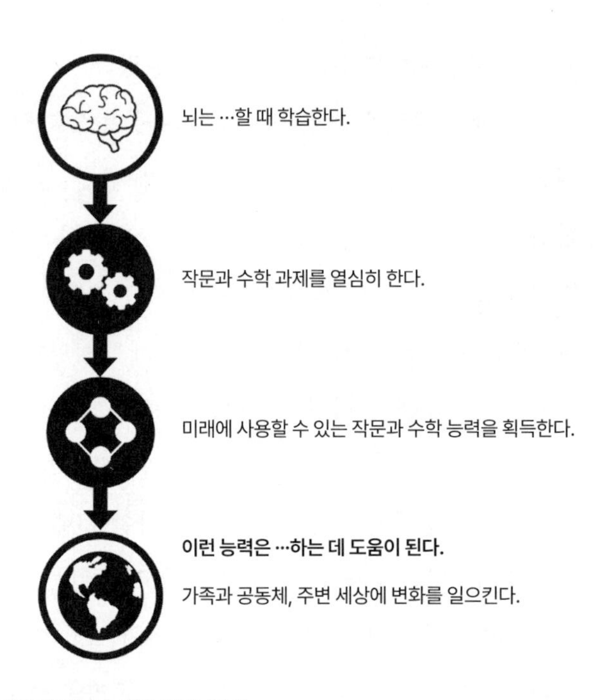

그림 8-3. 목적 개입법을 표현한 인포그래픽

력 강화가 그런 문제를 해결하는 데 어떤 식으로 도움이 될지 생각하도록 했다. 다음으로 우리는 자기 이익의 규범을 극복해야 했다. 이를 위해서는 다른 학생들이 학습 이유에 관해 답한 설문조사에서 얻은 진짜 통계를 제시했다. 우리는 학생들이 학교에서 공부를 열심히 하는 이유 중 "미래의 돈벌이는 유일한 이유가 아닐뿐더러 주요한 이유인 경우도 드물다"고 전했고, 개인적인 이유로 열심히 공부하는 학생들이 제법 많다고 말했다. 예를 들어 학생들은 세상에서 벌어지는 일에 대해서 지적인 의견을 내놓을 수 있는 학식 있는 사람이 되겠다거나, 세상에 긍정적인 기여를 하기 위해서라거나, 자신이 원하는 삶을 선택할 자유를 누리기 위해서라고 말했다. 이런 통계는 사실이지만 학생들에게는 금시초문이었다. 자기 이익의 규범에 가려 그동안 보이지 않았기 때문이었다.

또한 우리는 설문조사 통계에 이어 예전 학생들의 발언을 들려줬다. 고학년 학생들은 "학교 공부를 열심히 하는 이유는 중요한 일, 내가 소중하게 여기는 일을 할 수 있도록 대비하는 것"이라거나 "나는 학식이 있는 사람이 되고 싶습니다. 더 많이 존중받고 원하는 대로 살아갈 수 있는 자유를 누리니까요"라고 발언했다. 우리는 사람들이 자기 이익을 중요하게 생각한다는 사실을 부정하지 않았는데, 그랬다가는 신뢰성에 의심을 받았을 것이다. 하지만 사람들이 자기 지향적인 동기와 자기 지향을 넘어선 동기를 모두 가지고 있으며, 어렵지만 의미 있는 일을 하는 것은 지위와 존중을 얻는 길이라고도 분명히 말했다. 마지막으로 메시지를 명확히 전달하고자 우리는 학생들에게 학교에서 열심히 공부하는 것이 왜 "주변 사람들이나 사회 전반에 미치고 싶은 긍정적인 영향"과 관련이 있는지 설득하는 글을 쓰도록 요청했다.

목적 개입법이 효과가 있었을까? 먼저 엘리트 대학생이든, 재정이 부족한 중학교에 다니는 중학생이든 간에 연구에 참여한 거의 모든 학생이 해당 주제를 깊이 파고들어 의미심장한 글을 써냈다. 그 결과로 미루어 볼 때 목적 개입법은 학생들이 평소에 좀처럼 생각할 기회가 없는 의미 있는 지점에 다가간 듯했다.

다음으로 우리는 목적 개입법이 학생들에게 지루하지만 중요한 과제를 좀 더 열심히 수행하도록 동기를 부여하는지 살펴봤다. 우리 실험에서는 학부생 참가자 429명에게 목적 개입법(또는 통제 조

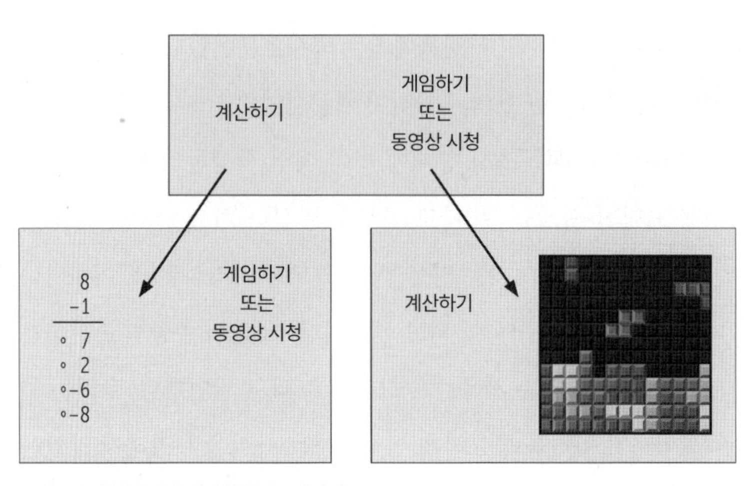

그림 8-4. 학생들에게 제시한 학업근면과제

치)을 실시했다. 그 직후에 유혹에 직면했을 때 끈기 있게 지속할 가능성을 측정하는 학업근면과제Academic Diligence Task, ADT를 완료하도록 요청했다.[55] 학업근면과제로는 참가자들에게 선택지를 제시했다. '계산하기(한 자릿수 뺄셈)'와 '게임하기나 동영상 시청(인터넷에서 빈둥거리기)' 중에서 고를 수 있었다. 학업근면과제 컴퓨터 프로그램으로는 계산하는 시간과 빈둥거리는 시간을 몰래 추적했다. (말하자면 컴퓨터 기반 마시멜로 시험이다.[56]) 그림 8-4를 보자. 실험 결과, 통제 집단에서는 과제를 수행하는 시간이 길어질수록 계산하는 시간은 줄어들고 온라인에서 빈둥거리는 시간이 늘어났다. 하지만 목적 개입법을 먼저 완료한 참가자들은 만족을 지연시켰다. 시간이 흐를수록 계산을 더 많이 하고 동영상을 보거나 게임을 하는 시간은 50퍼센트 감소했다. 목적이 시점 할인 문제를 해결했던 것이다.

목적의 이점은 시간이 흘러도 지속됐을까? 중학교 3학년 학생

338명을 대상으로 실시한 다른 실험에서는 목적 개입법을 실시한 몇 달 후인 학년 말에 성적 평점(GPA)이 상승했다.[57] 이런 이점은 성적이 낮았던 학생들에게서 가장 강하게 나타났다. 가장 의욕이 없었던 학생들에게 개입이 가장 필요했다는 뜻이다.

목적 실험 결과, 학습하는 이유로 의미 있는 목적(타인에 대한 공헌과 더 뛰어난 기술을 습득함으로써 얻을 수 있는 지위와 존중을 모두 포함)을 장려하면 청소년들이 기존 접근법을 따랐을 때는 좀처럼 볼 수 없는 절제력과 근면 성실을 보이도록 동기를 부여할 수 있다는 사실을 알 수 있었다.[58]

주택담보대출 부서 업무의 의미

J. P. 모건의 주택담보대출 부서에서 데이먼 먼추스는 어떻게 20대 초반 직원들에게 세부 사항에 꼼꼼하게 신경을 쓰도록, 즉 지루하지만 중요한 일을 성실하게 수행하도록 동기를 부여했을까?[59]

먼추스가 강요자였다면 단기적 자기 이익을 강조했을 것이다. 직원들에게 오전 9시부터 오후 5시까지는 근무시간이니 회사가 지불하는 임금에 걸맞게 열심히 일하라고 말했을 것이다. 강요자 마인드셋에 따르면, 일은 거래일 뿐 아무런 의미도 없다.

먼추스는 멘토 마인드셋을 적용했다. 그는 직원들에게 일이 지니는 좀 더 폭넓은 '목적'을 강조했다. "'우리 고객들은 제대로 알고 싶어서 우리에게 의지한다'는 좀 더 광범위한 목적을 이해해야 합니다. 자신이 하는 일이 고객에게 도움이 될 수 있고 중요하다는 사실을 인식해야 하죠." 먼추스는 대출 업무가 어떻게 돌아가는지 주택담보대출기관들이 이해할 수 있도록 도와주지 않으면, 대출기관이 공정하고 안정적인 금리를 설정할 수 없다고 팀원들에게 설명하곤 했다. 이는 사람들이 주택을 구매하는 데 꼭 필요한 일이며, 주택은 많은 이들에게 가장 중요한 구매 품목이라는 사실도 강조했다. 먼추스의 팀은 자신이 하는 업무가 가족에게, 특히 처음으로 주택을 구매하는 사람에게 어떤 의미인지 이해했다. 또한 먼추스는 팀원들이 실수하거나 간과할 경우 어떤 일이 발생할지도 알려주었다. 경쟁 금융기관들은 J. P. 모건이 신뢰를 잃는 사태를 무엇보다도 반길 것이다. 그 틈을 타서 실적을 가로챌 수 있기 때문이다. 먼추스는 팀원들이 각자 맡은 업무가 은행의 전체 금융서비스 생태계의 평판에 어떤 영향을 미치는지 이해하도록 도왔다. 그는 이 부분에 관해서 특히 투명해야 했다. 팀원 상당수가 자기 이익의 규범이 지배하는 경제학과나 금융 관련 학과를 막 졸업한 신입 직원이었다. 그는 금융서비스 업계에서도 자기 자신을 넘어선 목적을 가지고 고객을 도울 수 있다는 점을 분명히 밝혀야 했다. 먼추스는 신입 팀원들이 고객에게 집중하게 함으로써 세부 사항에도 집착하게끔 동기를 부여했다. 마지막으로 먼추스는 직원들에게 열심히 일하라고 겁주지 않았다. 그는 팀원들이 대단히 높은 기준을 충족하고자 노력하는 동안, 팀 전체의 성장과 발달을 적극적으로 뒷받침하는 문화를 만들었다. 그의 팀은 기대 이상의 성과를 냈고, 먼추스는 각양각색의 젊은 인재들에게 J. P. 모건 최고의 멘토가 됐다.[60]

목적의 과학을 제대로 적용하기 위한 4가지 비결

목적의 과학을 멘토 마인드셋에 어떻게 적용할 수 있을까? 오랫동안 교사, 부모, 관리자를 관찰하면서 배운 비결을 몇 가지 소개한다.

목적은 Z세대에만 해당하는 문제가 아니다

요즘은 어디에서나 다음 세대에 관한 전문가를 자칭하는 사람들을 볼 수 있다. 그들은 하나같이 비슷한 말을 반복해서 말하곤 한다.[61] 요즘 청소년들은 학교와 직장에서 목적의식을 지니고 싶어 한다는 말이다. 때로는 윗세대가 이런 현상에 대한 불만을 털어놓기도 한다. 그들은 자신은 그런 허튼 일에는 신경도 쓰지 않았다고 말한다. 매일 출근해서 지루하지만 중요한 업무를 성실하게 처리하고 월급을 받았다고 말이다. 하지만 이런 이야기야말로 자기 이익의 규범에 영향받은 터무니없는 소리다. 빅터 프랭클과 커트 한은 베이비붐세대가 태어나기도 전에 의미와 목적에 관한 글을 썼다. 우리가 새로운 세대에게서 보고 있는 모습은 청소년의 본성 자체가 바뀌어서 나타나는 현상이 아니다. 인류 역사 전반에 걸쳐 사람들에게 동기를 부여한 것이 무엇인지에 관한 인식은 변화하며, 윗세대가 지녔던 자기 이익의 규범은 쇠퇴한다. 요즘 젊은 세대는 자신이 의미를 찾고 있다는 사실을 스스로 잘 인식하고 있다.

협소한 주장이 아니라 광범위한 주장을 펼치자

어른들은 특정한 과정이나 기술을 요구하는 직업에 관해 대단히 구체적인 주장을 펼칠 때가 많다. 예를 들어 펄라가 초대한 지역의 전문가들은 영업이나 회계 업무에 수학을 어떻게 사용하는지 설명했다. 하지만 특정한 직업을 가질 확률은 매우 낮다. 모든 학생이 이런 구체적인 사례에서 영감을 얻지는 않는다. 학생들은 "저는 영업이나 회계 일은 안 할 거예요. 그러니까 이런 말에는 주의를 기울일 필요가 없을 것 같아요"라고 쉽게 말할 수 있다. 일반적으로 좀 더 광범위한 주장이 더 효과적이다. 예를 들어 우리는 목적 개입법을 실험할 때 대수나 작문이 지적 능력을 강화하는 논리적 추론 기술을 가르칠 수 있고, 뛰어난 지적 능력을 발휘해 세상의 문제를 해결할 수 있다(또한 자신이 속한 공동체를 바꿔나가면서 기분 좋은 명성을 획득한다)고 주장했다. 공인회계사가 되려면 대수를 공부해야 한다고 주장하지는 않았다.

동기는 복합적이다

목적을 연구하기 시작했을 무렵, 우리는 가장 안정적이고 의미 있는 목적의식에는 '복합적인' 동기가 따른다는 사실을 알게 됐다.[62] 청소년들은 주변 세상에 공헌하고 싶어 했고, 의미 있고 존중받는 미래를 그렸다. 그들은 다른 사람의 이익을 위해서 모든 즐거움을 희생하는 순교자가 아니었다. 그와 반대로 그들은 능력을 키우면 자신과 주변 세상이 모두 어떻게 이익을 얻을 수 있는지 명확하게 인식했다. 또한 동기부여에 도움이 되는, 자신을 초월한 목적의 원천은 공동체 봉사에 국한되지 않는다. 프랭클은 예술이나 과학, 아름다움에 대한 몰두 역시 같은 역할을 할 수 있다고 언급했다.

불안을 유발하지 말자

눈에 자주 띄는 가장 심각한 실수는 불안을 유발하는 방식으로 목적을 들먹이는 것이다. 청소년들에게 온 세상이 그들의 학습과 성장에 달려 있으며, 그들이 실패한다면 모두가 실망하고 사람들이 고통에 시달릴 것이라고 말한다면 오히려 역효과를 일으킬 수 있다. 실제로 불안이 뇌 기능을 어떤 식으로 방해하는지 연구하는 학자들은 실험실에서 피험자들을 불안에 빠트릴 목적으로 이런 말을 하곤 한다.[63] 그러니 목적을 양자택일 명제로 만들지 말자. 대신에 멘토 마인드셋 교재를 따라 해보자. 청소년들의 학습을 지지한다고 강조하자. 불안에 시달리는 위협 유형 스트레스를 부추기는 일은 없어야 한다. 우리는 학습과 성취의 원동력이 될 도전 유형 스트레스를 불러일으켜야 한다.

9장

소속감: 변화의 가능성을 가늠하는 지표

학교에서 계속 성공을 거두려면 학업 성취와 자신을 동일시해야 한다.
…그런 동일시를 형성하려면 그 분야의 전망을 밝게 인식해야 한다.
즉 그곳에서 성공하기 위한 흥미, 기술, 자원, 기회를 가져야 하고, 받아들여지고
가치를 인정받는다는 의미에서 자신이 거기에 속한다고 여겨야 한다.[1]

— 클로드 스틸, 스탠퍼드대학교 사회심리학자

학업 격차와 따돌림 문제 해결의 공통점

대학교에서 물리학을 가르치는 크리스티나는 학생들이 대부분 자신의 강의를 수강하고 싶어 하지 않는다는 사실을 알고 있다.[2] 물리학 수업은 복잡하고 과제도 많아서 많은 학생들이 어려워하기 때문이다. 하지만 의과대학에 가려면 물리학 학점이 필요하므로, 이런 경우에는 중요도가 올라가고 이와 더불어 스트레스도 한층 심해진다. 크리스티나는 학생들이 물리학을 친근하게 느끼면 좋겠다고 생각했지만, 그동안 해본 어떤 시도도 효과가 없었다. 크리스티나는 친절했고 교수실에 머무르는 시간도 늘렸지만, 그녀를 찾아오는 학생은 아무도 없었다. 게다가 다른 물리학과 강의들과 마찬가지로 그녀의 수업을 듣는 학생들을 분석한 데이터에도 심각한 격차가 나타났다. 빈곤 가정이나 학업 성취도가 낮은 고등학교 출신 학생들

은 다른 학생들보다 훨씬 성적이 낮았다. 크리스티나는 자신이 어떻게 하면 좋을지 알고 싶었다.

뛰어난 양육 전문가인 잉게보그는 중학교 1학년인 딸 노라가 학교에서 어떤 식으로 괴롭힘과 따돌림을 당하고 있는지 말해주었다.[3] 초등학생 때부터 함께 어울린 노라의 친구 4명은 이제 노라와 어울리려고 하지 않았다. 그들은 한 집에 모여 밤새 놀 때나 영화를 보러 갈 때, 생일파티는 물론이고 단체 채팅방에도 노라를 초대하지 않았다. 그들이 노라에 대해서 무슨 말을 할지 누가 알겠는가? 한때 노라는 인기 있는 친구들 무리에 끼여 있었지만, 한순간에 사회적으로 죽은 것이나 다름없는 외톨이가 됐다. 상처받은 노라는 매일 밤 엄마에게 기대어 울면서 "내가 뭘 잘못했죠?", "왜 아무도 나를 좋아하지 않아요?", "이대로 영원히 패배자가 되는 건가요?" 라고 물었다. 잉게보그는 그렇게 많은 양육 서적을 읽었는데도 무슨 말을 해야 할지 몰랐다. 그녀는 어떻게 하면 노라가 이 상황에 대처해나가도록 도울 수 있을지 알고 싶었다.

겉으로는 서로 다르게 보일 수도 있지만, 이 두 문제의 해결책은 무척 비슷하다. 모두 새로운 '소속감'의 과학이 활용되기 때문이다. 지난 15년 동안 이어진 과학계의 획기적인 성과 덕분에(스탠퍼드대학교 사회심리학과 교수 그렉 월튼이 그중 상당수를 주도했다[4]) 소속감의 과학에는 새 시대가 열렸다. 월튼과 공동연구자들은 소속감을 새로운 유행으로 치부하는 오해를 뒤집고, 특히 소외와 고정관념, 냉대에 시달리는 집단 출신들에게 성취와 웰빙을 촉진하는 검증된 전략들을 내놓았다.

소속감이 곧 유능함인 세대

인간은 태어날 때부터 소속이나 수용을 바라는 기본 욕구를 가지고 있다.[5] 예를 들어 신생아들은 형상이나 소리보다, 사람의 얼굴을 바라보고 목소리를 듣는 쪽을 선호한다.[6] 심지어 아기들은 자궁 속에 있을 때도 책을 읽어주는 엄마 목소리와 타인의 목소리를 구분할 수 있다.[7] 2017년 심리학자 캐럴 드웩은 이런 원시적 사회성이 유아가 동시성을 지닌 상호작용을 '수용'할 준비를 하는 데서 비롯된다고 주장하는 영향력 있는 이론을 발표했다.[8] 상호작용 수용은 식량과 안전을 제공하는 양육자에게 더 가까이 다가가는 방식으로써 아기들이 생존할 수 있도록 돕는다.[9]

처음에 양육자와 상호작용을 주고받던 아이는 성장하면서, 특히 청소년기에 이르면 좀 더 규모가 큰 집단과 상호작용을 하게 된다. 부모는 대개 자녀를 무조건적으로 수용하지만, 또래들은 대체로 구성원이 집단에 뭔가 기여하기를 기대한다. 따라서 수용을 바라는 욕구는 유능함을 느끼고 싶은 욕구와 연결된다.[10] 결국 다른 사람에게 능력을 증명하는 것은 또래집단에서 명성을 획득하는 기반이 된다.[11] 그림 9-1을 살펴보자.

이 기본적인 생각은 또래집단을 넘어 모든 제도적 맥락에 적용된다. 고급 수학 수업에 낙제한 10대 청소년은 "나는 이 수업에 소속감을 느끼지 않아"라고 말할 수 있다. 이 경우 무능함이 비非소속을 결정한다. 반면에 출중한 피겨스케이팅 선수인 10대 청소년은 챔피언십 대회를 두고 "나는 여기에 소속감을 느껴"라고 말할 수 있다.

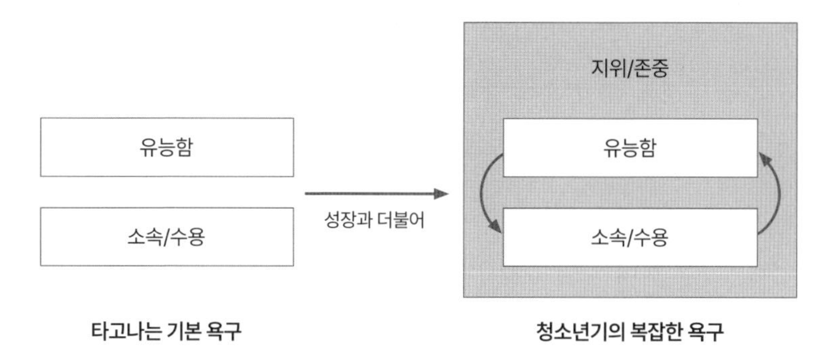

그림 9-1. 드웩의 욕구 발달 이론(2017)

유능함이 소속을 결정하는 것이다.

드웩의 이론에 따르면, 상호적으로 영향을 미치는 이런 욕구들(유능함과 소속감을 느끼려는)의 소용돌이가 지위와 존중을 바라는 청소년들의 욕구로 바뀐다(그림 9-1 참조). 청소년들은 집단에 공헌할 가치 있는 것을 가졌을 때(즉 유능하고 수용될 때) 지위와 존중을 부여받는데, 그것이 '획득한 명성'이다. 마찬가지로 소속감이 위협받을 때는 유능감 역시 영향을 받는다. 그런 위협은 지위와 존중을 추구하는, 테스토스테론에 민감한 충동을 위태롭게 한다.

청소년에게 소속감이 없는 것은 아기가 어머니의 애착을 위협받는 것만큼이나 심각한 문제일 수 있다. 따라서 얼핏 사소해 보이는 경험이라도 청소년이 스스로 어떤 집단이나 환경에 '사회적'으로 부적합하다고 느낀다면, '지적'으로도 부적합하다고 느껴서 겁을 먹는다.

지적 적합성과 사회적 적합성 간의 이러한 관계는 예일대학교 대학원생이었던 그렉 월튼이 찾아낸 획기적인 발견이었다.[12] 월튼은 소속감의 복잡성이 윗세대가 좀처럼 이해하지 못하는 청소년의 행동을 설명하는 데 도움이 될 수 있다고 생각했다. 왜 일부 청소년들은 특정 대학교에 들어가거나 구체적인 직업을 가지려고 이를 악물고 노력하다가도, 힘들어지기 시작하면 중퇴하거나 그만두는 것일까? 월튼은 여러 연구에서 꼽은 가장 중요한 요인이 소속에 대한 '불확실성'이라고 추측했고, 나중에 이를 연구로 입증했다. 사람들은 그런 불확실성을 느낄 때 자신에게 진정으로 소속감을 느끼는 데 필요한 능력이 부족하다는 신호가 될 만한 경험을 찾아 나선다. 그런 예로는 교수에게 혹독하게 비판받거나, 수업 중에 내용을 확인하려고 질문을 해야 하거나, 일하다가 혼란스러운 느낌을 받는 경우를 들 수 있다. 조금이라도 어려움을 느끼면 지적 능력이 성공할 만큼 있지는 않은 것 같고, 따라서 소속감도 느낄 수 없는 것 같아 걱정한다. 결국 더 잘하기 위해 필요한 도움을 요청하지 않게 된다. 그러면 성과는 한층 더 나빠지고, 소속감과 유능함에 대한 의심은 짙어진다. 이 과정이 그림 9-2에 나타나 있다.[13] 이 그림은 소속감과 유능함에 대한 불확실성이 시간이 흐르면서 어떻게 '여기서 날 꺼내줘!'로 바뀔 수 있는지 보여준다.

사회가 소속 욕구를 경시하는 경향이 있다는 점을 고려한다면, 월튼의 통찰은 더 중요하다. 한 예로 전 세계 국가들은 코로나19로 학교가 폐쇄된 기간 동안 고립 상태에서 받는 학습이 미치는 심리적, 교육적 영향을 과소평가했다. 청소년의 관점이 정당하지 않다고 믿을 때(즉, 신경생물학적 무능 모델에 따를 때) 사람들은 소속감이 청소년의 행복, 나아가 생존에 중요한 역할을 한다는 사실을 인식하

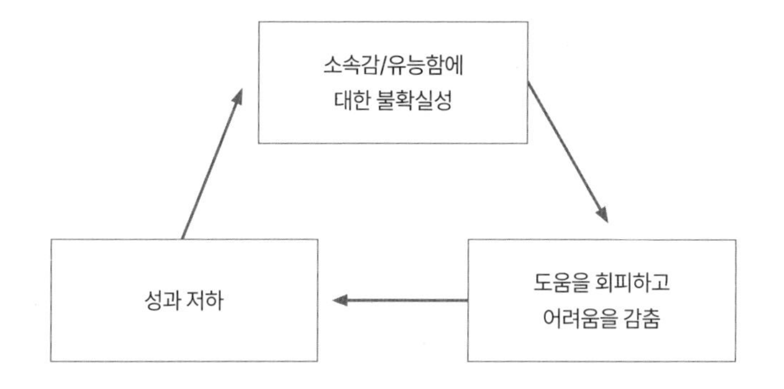

그림 9-2. 소속감 및 유능함에 대한 불확실성이 성과 저하로 이어지는 사이클

지 못한다. 일부 회의론자들은 '나는 소속감을 느끼고 싶어요'라는 발언의 의미를 '나는 낮은 지적 기준에 머물고 싶어요'라는 뜻으로 해석하기도 한다.

이런 잘못된 사고를 잘 보여주는 사례는 2022년에 발생한 '문화 전쟁'에서 나타났다. 그해에 뉴욕대학교는 프린스턴대학교에서 퇴직한 후 뉴욕대학교에서 유기화학을 가르치던 교수 메이틀랜드 존스 주니어를 해고했다.[14] 학생들이 직접 들려주는 설명으로 미뤄볼 때, 존스는 확실히 강요자 마인드셋을 지닌 교수였다. 그의 강의는 정말이지 깐깐했다. 그는 "학생들이 처벌이 두렵지 않아서 성적이 나쁜 경우, 선생이라면 낮은 학점을 줄 용기를 가져야 한다"는 철학을 강조했다.[15] 이 기준에 따르면 존스는 무척이나 용감했다. 다른 교수들에 비해 상당히 낮은 학점을 줬기 때문이다. 유기화학은 의과대학에 진학하기 위한 필수과목이었으므로, 존스가 준 낮은 학점 때문에 의사가 되지 못하는 학생이 많아졌다. 존스는 이 점을 후회하지 않았다. 그는 〈뉴욕타임스〉와 나눈 인터뷰에서 "유기화학의 성분 치환을 분자 수준에서 이해하지 못하는 사람이라면 좋은 의사가 될 수 없다고 생각합니다. 그런 사람이 환자를 치료해서는 안 되지요"라고 말했다.[16] 학생들은 존스의 강의에 반대하는 청원을 시작했고, 그 후로 대학 당국은 존스를 해고했다. 존스를 옹호하는 사람들과 존스 본인은 '요즘 애들'이 그의 높은 기준에 부응하지 못한 탓에 그가 해고당했다고 한탄했다. 그들은 대학 당국이 진정한 성취 없이 출석만으로 A학점을 받고 싶어 하는 나약한 학생들을 방조한다며 비난했다. 한편 존스를 비판하는 사람들은 그가 과도하게 높은 기준을 설정했으며, 요즘 청소년들에게 시대에 뒤떨어진 공식을 외우라고 요구해서는 안 된다고 주장했다. 하지만 양측 모두 핵심을 놓치고 있었다. 핵심은 존스가 소속감을 다루는 데 지독하리만큼 서툴렀다는 사실이었다.

현재 세계적으로 인정받는 언어학 교수인 로라 얀다는 1970년대에 프린스턴대학교에서 존스가 가르치는 유기화학 수업을 들은 적이 있다.[17] 한번은 얀다가 수업 시간에 질문을 했는데, 존스는 소녀 같고 어수룩한 얀다의 목소리를 흉내 내며 놀리면서 학생들에게도 웃으라고 했다고 한다. 얀다는 "50년이 지난 지금도 그때를 생각하면 괴롭다"는 글을 남겼다. 그녀는 "모든 학생들은 존중받아야 마땅하다"라면서 그가 해고당해 기쁘다고 썼다.[18] 뉴욕대학교 당국의 보고에 따르면, 존스에게 도움을 요청한 학생들은 '무시, 무반응, 우월감 과시, 불투명한 성적 처리'에 직면해야 했다.[19]

존스 교수가 이런 식으로 행동하는 이유는, 그가 신경생물학적 무능 모델을 고집하기 때문이었다. 학생들이 헷갈려할 때 그가 주로 하는 반응은 '망신 주기'였다. 왜 이렇게 성적이 나쁜 학생들이 많은지 묻자, 존스는 학생들을 존중하지도 못하고 학생들과 관계도 형성하지 못한 자신의 무능 때문이 아니라 학생들의 불성실한 출석, 낮은 학습 의욕, 스크린 중독을 탓했다. 존스는 수업 중에 제대로 설명하지 못했던 개념을 명확하게 밝히는 동영상을 인터넷에 올렸으니 자신은 학생들을 지원했다고 생각했다. 그가 보기에 학생들이 제대로 배우지 못했다는 사실은 그들이 성공할 만큼 충분히 관심을 기울이지 않았거나 똑똑하지 않다는 뜻이었다. 존스는 자신의 강의가 시험과 아무런 상관이 없을 때가 많고, 그가 올린 동영상은 지루하거나 산만했으며, 수업을 듣는 학생들이 무시당하는 느낌이 싫어서 더는 출석하지 않는다는 점을 고려하지 않았다. 그는 전형적인 강요자 마인드셋을 지닌 사람이었다. 비난하고, 창피를 주고, 지시하고, 호통은 쳐도 좀처럼 귀 기울여 듣거나, 인정하거나, 맞추지 않았다.

메이틀랜드 존스 주니어 사건을 다룬 신문 기사들은 하나같이 높은 기준이 문제였다는 기본 줄거리에서 벗어나지 않았다. 하지만 사실 교육자로서 존스가 실패한 까닭은 지원 부족에 있었다. 지원은 거의 하지 않으면서 도달하기 불가능한 기준을 내세우는 바람에 상당수 학생들이 자신의 역량을 의심하게 됐고, 나아가 존스의 강의뿐만 아니라 의료계 전반에 대한 소속감에도 의문을 품었다. 애초에 온갖 유리한 조건을 다 갖췄고 가족에게 충분히 지원을 받고 있는 학생들이라면 기준만 내세우고 지원은 하지 않는 수업에도 당황하지 않을 수 있다. 예를 들어 프린스턴대학교(미국의 방대한 납세 신고 자료에 따르면, 전 세계에서 가장 유복한 사람들이 다니는 학교[20])의 몇몇 우등생들은 존스를 좋아했다. 교수의 수많은 결점을 자신이 가진 자원으로 보충할 수 있는 학생만이 해당 교수의 가르침에서 혜택을 얻을 수 있다면, 이는 배타적 우수성이지 포용적 우수성이 아니다.[21]

사회심리학자이자《성장의 문화Cultures of Growth》의 저자 메리 머피는 대학교수 수백 명을 대상을 설문조사를 실시했다.[22] 머피는 메이틀랜드 존스 주니어처럼 강요자 마인드셋을 지닌 교수들이 '천재의 문화'를 만들어내는 경향이 있음을 발견했다. 이 같은 천재의 문화는 소수집단 출신 학생과 다수집단 출신 학생 간의 성취 불균형을 유발하곤 한다.[23] 이 경우 집단 간 격차는 교수가 모든 학생을 지원하는 수업에서 나타나는 불균형의 2배에 달한다. 이런 성취 불균형은 소수집단에 관한 교수들의 부정적 고정관념을 확증하는 악순환을 일으킬 수 있다. 존스 같은 교수들이 소수집단 학생들은 성공할 수 없다고 믿기 시작하면서 그들을 무시하면 수업 참여도 저하와 성적 하락을 낳고, 결과적으로 그런 예언이 실현된다.

메이틀랜드 존스 주니어에 관한 잘못된 언론 보도(기준에만 초점을 맞추고 지원 부족을 간과한)를 보면서 나는 소속감을 지원할 준비를 제대로 갖추지 못한 게이트키퍼가 많다고 확신했다. 우리 사회는 소속감이 해결해야 할 문제라는 사실조차 이해하지 못하고 있다.

리더와 조직이 소속감의 중요성을 인정할 때조차 상식에 따른 그들의 접근법은 핵심을 빗나가곤 한다. 나는 열성적인 대학 행정 직원들이 기획한 소속감 캠페인을 종종 접하는데, 선의로 실시하는 이런 캠페인에도 근본적인 오해가 담겨 있곤 한다. 소속감을 표현하는 메시지에는 '당신은 여기 소속입니다'라는 글자를 배경으로 대학의 마스코트나 기뻐서 팔짝 뛰는 학생 모습이 자주 등장하지만, 이런 '명령'으로는 소속감을 느끼게 할 수 없다. 그와 반대로 우리는 중요한 사람들 앞에서 유능해 보이는 경험을 할 때, 즉 명성을 획득할 때 소속감을 확보한다.

스스로 성공할 능력이 있는지 불안한 마음으로 대학에 들어와 대형 입문 강의에서 어려움을 겪은 학생이 '당신은 여기 소속입니다'라고 쓰인 스티커를 노트북에 붙인다 한들 당장 소속감을 느끼지는 않을 것이다. 보호자 마인드셋을 가진 사람들은 대체로 소속감 문제에 공감하지만, 긍정적으로 사고한다면 해결할 수 있는 일이라고 생각하려고 애쓴다. 안타깝지만 그런 방법은 통하지 않는다.

소속감을 제대로 이해하고 이처럼 효과 없는 강요자 및 보호자 마인드셋 접근법을 극복하려면, 소속감을 철저히 파헤친 과학적 연구에 의지해야 한다. 앞으로 살펴보겠지만, 과학은 청소년들이 소속감을 느끼도록 도울 수 있는 핵심 요소를 지적한다. 바로 '변화와 개선 가능성에 대한 믿음'이다.

런던대학교 경영대학원 소속 사회심리학자이자 캐럴 드웩의 지도를 받은 아니타 라탄이 주도한 훌륭한 연구를 살펴보자.[24] 라탄의 연구는 잘 알려진 '잇 겟츠 베터It Gets Better' 캠페인[25]을 조사했다. '잇 겟츠 베터'는 2010년 LGBTQ+ 청소년들 사이에서 빈발한 자살과 자살 시도에 대응해서 만든 캠페인이었다. 이 캠페인의 일환으로 유명인과 일반 시민들이 성소수자 청소년들에게 '더 좋아질 것'이니 미래에 대한 희망과 낙관을 잃지 말자고 격려하는 열정적인 동영상을 게시했다. 이 캠페인은 대중이 청소년들에게 보내는 연민과 공감을 보여주는 아름다운 사례였다. 또한 우리 문화가 그들을 돕기 위해 무엇을 말해야 할지 잘 모른다는 사실을 밝힌 자연 실험이기도 했다.

라탄이 격려 동영상들의 메시지 내용을 코드화한 결과, 동영상 중 76퍼센트가 다음과 같은 내용을 주장하고 있었다. '성정체성을 이유로 당신에게 못되게 구는 사람들은 절대 변하지 않을 것이며 계속해서 당신을 업신여길 것이다. 하지만 예를 들어 고향을 떠난다면, 당신을 받아들여줄 만한 사람을 발견할 수 있다.' 이 같은 동영상들은 이상하게도 비관적인 시각을 제시한다. 근본적으로 이 동영상들은 성소수자 청소년들에게 가족을 비롯해 그들이 중요하게 여기는 주변 사람들이 결코 그들을 받아들이지 않을 것이라고 말하고 있었다. 하지만 언젠가 고향과 가족, 친구를 버릴 수 있다면, 청소년들을 받아들여줄 만한 사람을 적어도 한 명은 어디에선가 찾을 기회를 얻게 될 것이라고도 했다. 라탄이 그런 전형적인 '잇 겟츠 베터' 동영상을 성소수자 청소년들에게 보여준 실험에서 참가자들은 영상의 메시지에 위안을 느끼지 않는다고 말했다(표 9-1의 왼쪽 열 참조).

라탄은 '잇 겟츠 베터' 동영상들 중 소수 사례(전체 중 단 22퍼센트)에서는 다수와 다른 주장을 펼쳤다는 점을 발견했다. 바로 '사람들은 변할 수 있다'는 의견이었다(표 9-1 오른쪽 열 참조). 이런 동영상들은 사람들이 성소수자 청소년들을 바라보는 편견 어린 태도는 시간이 지나면서 바뀔 수 있고, 사회의 규범도 변화할 수 있으며, 가족들

'잇 겟츠 베터' 메시지 중에서 사람들이 어떻게 변하는지 설명하지 않는 내용	'잇 겟츠 베터' 메시지 중에서 사람들이 어떻게 변하는지 설명하는 내용
쏟아지는 비판이나 부정적인 발언에 침울할 필요는 없습니다. 당신이 자기 자신에게 만족한다면 다른 사람들이 당신을 어떻게 생각하는지는 중요하지 않아요. 있는 그대로의 당신 모습에는 아무런 문제가 없으니 다른 사람들이 뭐라고 하든 간에 신경 쓰지 마세요. 자기 자신이 어떤 사람인지 알고 현재의 자신을 받아들인다면 앞으로 인생은 훨씬 수월해질 겁니다. 지금은 힘든 것 같아도 모든 것이 더 나아질 것임을 알면 미래에 대한 희망과 열정을 계속 품을 수 있습니다.	어릴 때나 고등학교 때 겪은 괴롭힘이나 놀림은 곧 사라질 겁니다. 나이가 들수록 사람들은 성적 지향 같은 차이보다 개개인의 성격에 더 관심을 기울입니다. 더는 기분이 좋아지려고 남을 깔아뭉갤 필요를 느끼지 않게 되니까요. 일단 어른이 되어 자신의 입장에 편안함을 느끼면, 당신도 편안하게 지내도록 내버려둘 거예요. 어려운 10대 시절만 버텨내세요. 점점 더 나아질 거예요.

표 9-1. '잇 겟츠 베터' 메시지 중 위안이 되지 않는 내용(왼쪽)과 위안이 되는 내용(오른쪽)

이 당신의 젠더나 성정체성을 이해하지 못하더라도 당신을 무조건적으로 사랑한다는 사실을 깨달을 수 있다고 주장했다. 라탄의 실험에서 참가자들은 '사람들은 변할 수 있다'는 메시지를 담은 후자의 동영상들이 훨씬 더 위로가 된다고 평가했다. 라탄의 연구는 실패한 칭찬 샌드위치 접근법('들어가며' 참조)처럼 청소년들과 의사소통할 때, 특히 소속감과 관련된 경우라면 더더욱 본능을 신뢰할 수 없다는 사실을 상기시켜주는 또 다른 사례를 제공한다.

왜 소속감에 대한 어른들의 본능을 신뢰할 수 없는 걸까? 그 해답은 황금률에서 찾을 수 있다. 황금률은 남들에게 대접받고 싶은 대로 남들을 대해야 한다는 생각이다. 스탠퍼드대학교 사회심리학과 교수 리 로스는 황금률은 생활신조로 삼기에는 훌륭한 규칙이지만 설계하기에는 가혹한 규칙이라고 말했다. 우리가 원하는 것을 다른 사람들도 원한다는 보장이 없기 때문에 잘못된 길로 들어설 수 있다는 것이다. 특히 자신이 상대방보다 더 안락하고 안전한 입장이라면 더더욱 그렇다.

당신이 뉴욕 시민이고, 뉴욕에 한 번도 와보지 않은 사람이 당신을 만나러 오는 상황이라 대중교통 이용 방법을 설명해주어야 한다고 가정해보자. '당신'이 듣고 싶은 대로 조언한다면 아마도 지하철 몇 호선을 타야 할지, 어느 역에서 내리고 타야 하는지, 택시를 잡아야 할지 그냥 도보로 올 수 있는지, 이런저런 명소까지 몇 블록 떨어져 있는지 자세하게 설명할 것이다. 당신 머릿속에는 뉴욕시 지도가 있으니 그런 조언은 도움이 된다. 하지만 뉴욕 지리를 잘 모르는 '상대방'에게는 그런 조언이 도움이 되지 않는다. 일반적으로 대중교통 체계를 아주 잘 알고 있는 사람에게 길을 설명하는 방식과, 그런 체계를 처음 접하는 사람에게 길을 설명하는 방식은 무척 다르다. 마찬가지로 소속감을 당연하게 여기는 어른이 불안정한 입장에 놓인 청소년들에게 조언을 하려고 한다면, 황금률은 아무런 도움이 되지 않는다.

메이틀랜드 존스 주니어 같은 강요자 마인드셋 교수는 유기화학 수업을 자기가 그 내용을 배우고 싶은 대로 설계하기 마련이다. 하지만 그는 교과서를 쓴 장본인이다![26] 게다가 프린스턴대학교에서 연금을 받는다! 그는 자신의 역량과 소속에 대해 안정감을 느꼈지만, 학생들은 그렇지 않다는 사실은 잊어버렸다. 황금률에 따른 존스의 수업 설계는 절반이 넘는 학생들을 좌절로 내몰았고, 그는 이유를 이해하지 못한 채 학생들이 자기와 같지 않다고 비난할 뿐이었다.

마찬가지로 보호자 마인드셋을 지닌 대학 행정 직원들은 소속감을 위협하는 근본적인 원인을 해결하지 않은 채 '당신은 여기 소속입니다'라고 말하기 쉽다. 행정 직원들은 내부자다! 그들은 대학교를 졸업했고, 대학교에 근무한다! 소속감에 대한 두려움이 없는 사람들은 종종 그 중요성을 과소평가한다.

소속감에 대한 우리의 본능을 신뢰할 수 없다면, 우리는 무엇을 할 수 있을까? 황금률 대신에 멘토 마인드셋을 사용할 수 있다. 멘토 마인드셋에서는 청소년의 관점이 부당하다고 추정하지 않으므로, 어른인 자기 자신의 본능을 더 신뢰해야 한다고 생각하지 않는다. 멘토 마인드셋에서는 청소년들이 신경생물학적으로 '유능'하다고 믿으며, '청소년들이 소속감, 지위, 존중에 신경 쓰는 것이 정상이고 바람직'하다고 생각한다. 따라서 멘토의 역할은 지위와 존중에 대한 어떤 위협이 청소년들의 소속감을 방해하는지 파악하고, 그런 위협을 완화해 청소년들이 높은 기준을 충족할 수 있도록 노력하는 것이다. 화학 수업에서 헷갈려하거나 복도에서 괴롭힘을 당하는 등 좌절에 직면하는 청소년들을 볼 때면, 멘토 마인드셋을 가지고 아직 그들에게 지원이 부족하다는 사실을 깨달아야 한다. 그 다음에는 청소년들에게 포기하라고 말하거나 그들이 스스로 할 수 있는 일을 대신 해주지 않고, 그들이 난관을 헤쳐나갈 수 있도록 지원하기 위해 할 수 있는 말과 행동을 해야 한다.

멘토 마인드셋을 활용해 소속감을 지원하는 가장 효과적인 방법 중 하나가 스토리텔링이다. 스토리텔링은 청소년들이 소속감 문제에 직면했을 때 변화와 개선 가능성을 느낄 수 있도록 도와주는 강력한 수단이다. '잇 겟츠 베터' 캠페인은 스토리의 힘을 활용하고자 했지만, 제대로 실행하지는 못했다. 다행스럽게도 대규모 무작위 실험에서 나온 4단계 스토리텔링 과정이 있다. 이 실험들은 청소년들이 대학에 소속감을 느끼도록 돕고자 스토리의 힘을 활용했다.

성공적인 대학 생활을 만드는 스토리텔링

2011년 그렉 월튼은 지금껏 내가 읽은 글 중 가장 주목할 만하고 영향력 있는 논문 중 한 편을 발표했다.[27] 논문에서 월튼은 대학교 1학년 봄에 학생들에게 실시한 소속감 개입법을 설명했다. 소속감 개입법은 설문조사 통계와 선배들의 이야기를 읽고 짧은 연설문을 쓴 다음, 그 연설을 하는 자신의 모습을 녹화하는 과정으로 이뤄졌다(8장에서 소개한 '말하는 것이 곧 믿는 것' 활동). 이 통계와 이야기들은 2가지 메시지를 제공함으로써 변화 가능성을 전달했다. (1) 소속감을 느끼고자 하는 몸부림은 정상이고(따라서 영구적인 결함이 있다는 신호가 아니다), (2) 그런 걱정은 대체로 개선된다(물론 저절로 개선되지는 않고 학업 및 사회적 측면에서 캠퍼스에 녹아들고자 적극적인 조치를 취할 때 개선된다)는 메시지다. 참가자들이 개입법을 완료하기까지는 약 30분이 걸렸다. 놀랍게도 그렉 월튼과 공동 저자 제프리 코헨은 대학교를 졸업할 무렵인 3년 반 후에 흑인 학생들의 성적이 특히 향상됐다는 사실을 발견했다. 소속감 개입법으로 흑인 학생과 백인 학생의 성적 격차가 절반가량 해소되었던 것이다.

더욱 놀라운 결과는 새넌 브래디 박사가 실시한 후속 분석이었다.[28] 소속감 개입법을 받았던 학생들은 20대 후반에 이르렀을 때 더 높은 웰빙 수준과 직업 만족도를 나타냈다. 소속감은 계속해서 이어지는 선물이었다. 월튼은 내 증조할머니 레오나 섬너스('들어가며' 참조)가 했던 일을 매년 수십만 명의 학생들에게 실행할 수 있는 30분짜리 개입법에 담아내는 데 성공했다.

나는 궁금한 게 많았다. 먼저, 어떻게 그렇게 짧은 활동이 몇 시간 후, 심지어 몇 년 후까지도 영향을 미칠 수 있었는지 궁금했다. 사실 대학교수들은 수업이 끝나자마자 학생들이 강의 내용을 거의 대부분 잊어버린다고 생각한다. 다음으로, 누군가의 마음을 바꾸는 것이 어떻게 실제 행동과 까마득한 미래의 결과에 영향을 미칠 수 있을까 궁금했다. 실제로 집단 간 불평등을 해결하기란 대단히 어려운 일처럼 느껴진다. 나는 순수한 심리학적 처치가 어떻게 그런 영향을 미칠 수 있는지 잘 이해되지 않았다. 마지막으로, 월튼의 실험 결과는 신뢰할 만했을까가 궁금했다. 엄격하게 수행하고 분석한 연구이기는 했지만 표본 크기가 작았다. 결과가 운에서 비롯됐을 가능성을 부정할 수는 없었다.

나는 월튼에게 제안했다. 그의 연구 결과를 훨씬 더 큰 표본을 대상으로 재현해보고 싶었고, 단시간의 활동과 장기적인 결과 사이의 단계를 연구해 그런 효과가 나타날 수 있었던 이유를 밝히고 싶었기 때문이다. 학생들이 읽었던 이야기들을 어떻게 만들어냈는지도 알고 싶었다. 나는 소속감 개입법이 교육자와 관리자, 부모에게 도움이 될 수 있으리라는 대단한 잠재력을 발견했지만, 개입법이 그런 효과를 내려면 먼저 분석할 필요가 있었다. 월튼은 제안을 수락했고, 최종 결과로 사람들이 각자의 상황에 맞춰 사용할 수 있는 소속감 이야기를 만들어낼 수 있는 실용적인 도구들을 완성했다.

첫째, 우리는 실험을 재현했다. 2012년 봄에 스탠퍼드대학교(월튼의 근무처) 신입생 전원, 텍사스대학교 오스틴캠퍼스(나의 근무처) 신입생 전원, 대규모 도시 차터 스쿨 네트워크 몇 곳(협력처)의 졸업반 전원을 대상으로 동시에 실험 3개를 실시했다.[29] 전체 표본집단은 9500명 이상이었다. 전체 학생 중 약 4분의 3(무작위 배정)이 대학교에 입학하기 전에 온라인 설문조사 형식으로 소속감 개입법을 완료했고, 나머지 4분의 1은 통제집단용 활동을 완료했다. 소속감 개입법은 1학년 성적을 개선했고, 이런 경향은 특히 가족 중 처음으로 대학교에 진학한 학생들(인종 및 민족에 상관없이)과 인종·민족 소수집단 출신 학생들(부모의 교육 수준과 상관없이) 사이에서 두드러지게 나타났다.

얼마 지나지 않아 다른 학자들이 독자적으로 효과를 재현하면서 소속감 개입법이 중학생들에게도 효과가 있다는 사실을 증명했다.[30] 최근에 우리는 사회심리학자 메리 머피, 크리스틴 로겔, 섀넌 브래디와 대규모 협력단을 결성해 교육기관 22곳의 신입생 2만 6000명 이상을 대상으로 소속감 개입법을 재현했다.[31] (이후로 우리는 월튼의 소속감 개입법을 무료로 이용할 수 있게 했다.[32])

둘째, 우리는 소속감 개입법의 효과가 시간이 지나도 지속되는 이유를 밝혔다. 이는 일종의 눈덩이 효과[33](심리학자들은 이를 가리켜 '재귀 과정recursive process'[34]이라고 부른다) 때문이었다. 그림 9-3을 살펴보

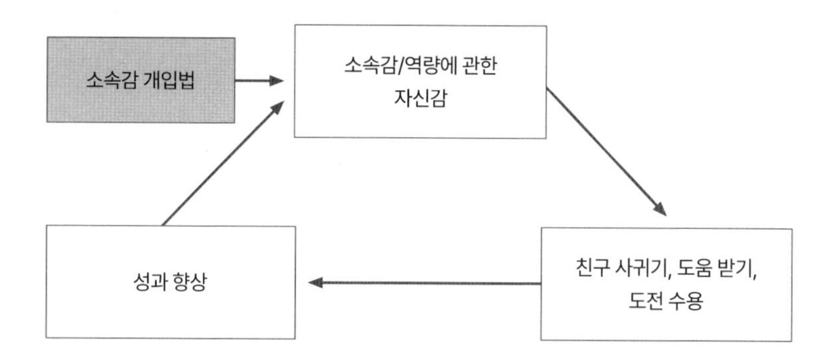

그림 9-3. 소속감 개입법이 쏘아 올린 긍정적 눈덩이 효과

자. 간단한 소속감 개입법을 실시한 학생들은 소속감에 대한 걱정을 덜게 되면서 제도를 좀 더 적극적으로 활용하는 경향을 보였다.[35] 그들은 교수실에 더 자주 방문했고, 과외 활동에 참여했으며, 학교 근처에 살았고, 멘토가 있다고 말했다. 왜 이런 일이 일어났을까? 소속감에 대한 걱정이 더 심각한 문제, 즉 자신이 대학에 다니지 말아야 한다는 뜻이 아니라는 사실을 깨달은 학생들은 친구를 만나고 교수와 이야기를 나누는 사소한 '위험'을 좀 더 기꺼이 감수했던 것이다. 그런 도전은 친구를 더 많이 사귀거나 자기 이름을 아는 교수가 늘어나는 형태로 소속감을 '형성'했으므로 성공적이었다.

전반적으로 우리의 연구는 학생들(특히 소속감에 대한 의문을 품게 됨에 따라 중퇴할 가능성이 높아지는 집단 출신의 학생들)이 사회가 인정하는 것보다 훨씬 높은 주체성과 소속 능력을 지니고 있음을 밝혀냈다. 그들은 소속감에 대한 지속적인 위협을 완화해야 했다. 우리 연구에서 학생들은 좀 더 유용한 방식으로 소속감에 대해 생각하는 방법을 가르쳐준 짧은 개입법으로 그런 위협을 완화할 수 있었다.

제프리 코헨이 즐겨 말하듯이 소속감 개입법은 '낙타의 등에서 덜어낸 마지막 지푸라기'였다.[36]

셋째, 월튼은(나를 비롯한 여러 연구자들과 함께) 소속감 이야기가 효과를 발휘하도록 뒷받침하는 핵심 측면을 분명히 표현했다. 우리는 사람들이 단순히 우리 이야기를 빌려 어떤 상황에서도 효과를 발휘할 것으로 기대하기보다는 각자의 목적에 적합한 새로운 이야기를 쓸 수 있도록 성공적인 스토리텔링을 뒷받침하는 요소들을 밝히고자 했다. 재현하기 전에는 소속감 개입법이 마술 속임수처럼(즉 신뢰할 수 없는 듯이) 보였지만, 일단 재현한 이후로는 마법 탄환(즉, 보편적인 해결책)처럼 보였다.[37] 교사와 부모들은 마법의 스토리가 담긴 연습문제를 나눠주면서 소속에 대한 걱정과 불평등을 날려버리려 했다. 앞에서 이미 확인했듯이 황금률 문제가 있으므로, 청중이 다르면 스토리도 달라야 한다. 스토리텔링은 만능 해결책이 아니기 때문이다.

바람직한 소속감 스토리를 만드는 요소는 무엇일까?[38] 월튼과 함께 텍사스대학교 오스틴캠퍼스에서 실시한 실험 중 한 예(그림 9-4)를 살펴보자.

이 이야기에는 4가지 요소가 담겨 있다. 첫 번째 강조 부분에서는 힘든 것이 정상이라고 설명한다. 이렇게 안심시키는 말은 학생들이 자기만 힘들어 하고 본인만 대학에 적합하지 않다고 여기는 생각을 떨치기 위한 요소다. 두 번째 강조 부분에서는 어떻게 변화가 가능했는지 설명한다. '다들 힘들어 한다'고 말하고 나서 힘든 일이 끝이 없을 것이라고 암시해서는 안 된다. 세 번째 강조 부분에

텍사스대학교에 다니는 것은 회오리바람 사이를 걷는 일 같았습니다. 흥미진진하면서도 혼란스러웠죠. 수학이나 과학 강의에 처음 들어갔을 때는 상당히 감당하기 힘들었습니다. 내가 다녔던 고등학교 수업은 수준이 그리 높지 않아서 모르는 내용이 많았어요. 예를 들어 인정하기 부끄러웠지만 현미경 사용법도 몰랐습니다.	힘든 것이 정상이다
처음에는 다른 학생들이 어떻게 생각할지 걱정돼서 수업 시간에 아무 말도 하지 않았습니다. 다들 저보다 똑똑한 것 같았어요. 그러다가 돈을 내고 듣는 수업이니만큼 최대한 활용해야겠다고 결심했죠.	변화는 가능하다
그래서 실험 파트너에게 현미경을 어떻게 사용하는지 가르쳐 달라고 부탁하고 친구에게 필기 방법을 물어봤어요. 교수님 연구실에 찾아가서 학습 방법과 함께 어떻게 하면 강의에서 좋은 성적을 받을 수 있을지 조언도 얻었습니다.	행동 단계
이제는 대학이란 시간이 지나면서 어떻게 해야 할지 배우는 곳이라는 것을 알아요. 이해가 안 되는 부분을 솔직히 털어놓으면 사람들이 도와줄 거예요. 나 자신을 드러내기가 위태롭게 느껴졌지만, 긴 안목으로 봤을 때는 확실히 성공적이었어요.	눈덩이 효과

그림 9-4. 소속감 스토리의 예시

서는 변화가 가능하다는 사실을 깨달았을 때 어떤 행동을 할 수 있는지 설명한다. 학생들이 소속감을 키울 수 있는 행동을 알고 있으리라는 보장은 없다. 학생들은 소속감이 그냥 생겨난다고 생각한다. 행동 단계는 학생들이 의도적으로 행동하도록 돕는다. 네 번째 강조 부분에서는 그런 깨달음과 단계들이 어떻게 눈덩이 효과를 일으키기 시작하는지 설명한다. 이 스토리는 해피엔딩을 맞이해야 하지만, 동시에 소속감 문제가 하룻밤 사이에 사라지기라도 할 듯이 지나치게 기대감을 부풀리지 않아야 하므로 이런 설명이 중요하다. 우리 연구에서 학생들은 이런 이야기를 3~8편 정도 읽었다.

당신이 불안정한 대학생을 돕고자 소속감 이야기를 들려주려는 교수라고 가정해보자. 혹은 소속감에 의문을 품고 있는 신입 사원에게 이야기를 들려주려는 관리자라고 해보자. 당신은 어떤 이야기를 들려주고 싶은가?

우리는 2020~2021학년도에 입문 수준 수학 및 과학 과목의 대형 강의를 하는 강사들을 대상으로 실시한 협력 프로그램에서 교수진에게 이 질문을 던졌다.[39] 물리학, 화학, 생물학, 미적분학을 가르치는 교수가 각각 2명씩이었다. 이들은 대학교에서 의학과 공학을 전공하고자 하는 학생들을 가르쳤다. 협력 프로그램의 코디네이터인 크리스틴 패터슨과 함께 우리는 이 교수들에게 소속감 스토리 쓰는 법을 가르쳤다.

첫해에 참여했던 동료 교수 중 한 명이 이번 장 첫 부분에서 소개했던 크리스티나 마카트 박사였다. 마카트 교수는 뛰어나고 꼼꼼한 종신직 물리학과 교수다. 독일에서 교육받은 마카트는 지금도 독일어 억양을 쓰는 까닭에 학생들이 때때로 거리감을 느끼기도 한다. 2020년 가을에 그녀는 자신이 겪었던 어려움을 털어놓아 학생들을 놀라게 했다. 그녀는 경력을 쌓기 시작한 초기에 중요한 물리학 시험에서 떨어졌다고 말했다. 당시 그녀는 그 실패로 자기 경력은 끝났다고 생각하면서 울었다('힘든 것이 정상이다'). 그러다가 문제는 능력이 아니라 준비였다는 사실을 깨달았고, 실패를 출발점으로 삼아 학습전략을 개선해나갔다('변화는 가능하다'). 그녀는 시험을 잘 본 학생들과 이야기하면서 조언을 구했고 학습전략을 조정해나갔다('행동 단계'). 결국 마카트는 성적을 올리고 성공할 수 있다는 것을 깨달았다. 그리고 직업 물리학자로 향하는 새로운 궤도에 올랐다('눈덩이 효과').

마카트는 자신의 체험담과 관련된 구체적인 지원을 학생들에게 제공할 수 있었다. 그녀 자신이 시험 일정과 다른 속도로 학습해야 하는 사람이었던 만큼, 그래야 하는 학생들을 비난할 생각은 없다고 밝혔다. 따라서 학생들은 나중에 재시험을 치거나 틀린 문제를 수정할 수 있었다. 이런 실행상의 융통성(및 지적인 엄격함) 덕분에 힘겨워 하는 학생들이 소속감에 관한 걱정이 바뀔 수 있다고 믿을 이유가 늘어났다. 시간이 흐르면 좀 더 유능해질 수 있다는 것을 마커트가 학생들에게 제시했기 때문이다.

마커트는 스토리텔링의 결과를 보고 깜짝 놀랐다.[40] 학생들이 교수실로 더 많이 찾아오기 시작했는데, 예전처럼 성적에 이의가 있어서가 아니었다. 그들은 호기심을 갖고 개념을 이해하고 싶어서 찾아왔다. 학생들의 열정에 마커트도 활력을 얻었다. 마커트는 학생들에게 교수실에 들러 잡담을 나누자는 신호를 보내려고 '집무 시간'을 '방문 시간'이라는 말로 바꿨다. 집무 시간이라는 말 때문에 마치 교장실로 불려 가는 듯한 기분이 든다는 학생들이 많았던 것이다. 마커트는 예전과 다름없이 시험을 어렵게 출제했지만, 특히 기말시험에서는 그 어느 때보다도 많은 학생들이 시험에 통과했다. 또한 인종, 민족, 성별 간 격차도 줄어들었다. 무엇보다도 학생들이 강의를 좋아하게 됐다는 사실이 중요했다.

다음은 마커트가 마인드셋 협력 프로그램에 참여한 해에 강의를 들었던 학생들이 한 말을 발췌한 내용이다. 이들은 의대 진학을 준비하면서 어려운 강의를 수강한 18~20세의 학생들로, 강의 성적이 나빴다면 진로에 대한 포부 자체가 어그러질 수도 있었다는 점을 염두에 두고 읽기를 바란다. (즉 그들은 그리 긍정적이지 않았다.)

- "물리학은 늘 어려웠던 터라 물리학 수업을 들어야 한다는 사실이 부담스러웠어요. 마커트 교수님은 자신의 경험담을 적극적으로 들려주시고 자신감을 가질 수 있도록 격려해주셨어요. 덕분에 자신감이 생겼고, 물리학을 공부할 준비가 됐다는 기분이 들었죠. 지금까지 마커트 교수님만큼 학생들의 요구에 적절히 대응하는 교수님은 만난 적이 없어요. 덕분에 물리학 공부가 정말 즐거웠습니다!"
- "저는 물리학 과목에 늘 고전했어요. 항상 저에게 불안과 불쾌감을 가져다주는 근원이었죠. …마커트 교수님, 제 인생에서 처음으로 과학 기술이나 공학, 수학 분야에 몸담을 수 있을 것 같은 기분을 느끼게 해주시고, 제가 한 질문과 학습 시도가 타당하다고 느끼게 해주셔서 정말 감사합니다!"
- "마커트 교수님은 이 세상의 좋은 점과 애초에 제가 대학에 오고 싶었던 모든 이유를 되새기게 해줍니다."

이 경험이 마커트 자신에게 미친 영향은 아마도 훨씬 놀라웠을 것이다. 마커트에게 멘토 마인드셋은 '윈윈'의 경험을 가져다주었다. 협력 프로그램의 마지막 날, 마커트는 자기 자신이 겪은 눈덩이 효과를 증언했다. 이야기를 마칠 무렵, 발표회장에 있던 모두가 눈물을 글썽였다.

마커트는 학생들이 느끼는 소속감에 대한 자신감이 참여에 커다란 영향을 미칠 수 있다는 사실을 깨달았다고 말했다. 일단 학생들의 참여 수준이 높아지자 가르치는 일이 훨씬 더 즐거워졌다. 학생들이 수업 내용에 대한 의견을 더 많이 내놓게 되면서 그녀는 새로운 방식으로 수업을 기대하게 됐다. 학생들의 반응과 마찬가지로, 마커트는 소속감을 경험하면서 애초에 자신이 물리학의 길에 들어선 이유를 떠올렸다.

이렇게 교수진 협력 프로그램을 진행한 첫해(및 그 후로 반복한 회차에서도)에 우리는 그림 9-4에 나타낸 지침과 코칭이 황금률 문제를 극복하는 데 도움이 될 수 있다고 확신했다. 참여한 교수들은 대체로 의미 있는 이야기를 만들어냈다. 당신도 그렇게 할 수 있다.

흥미롭게도 내가 월튼의 연구를 교수들의 이야기로 확장하기 몇 년 전에, 캐럴 드웩과 나는 이를 전혀 다른 문제 영역에 적용했다. 바로 고등학교에서 발생하는 학교폭력에 대처하는 문제였다.

학교폭력에 대처하는 스토리텔링

이번 장의 처음에 소개했던 잉게보그의 문제로 돌아가보자. 노라는 친구들에게 괴롭힘과 따돌림을 당하고 있었고, 잉게보그는 딸이 슬퍼하는 모습에 마음이 아팠다. 다른 부모들과 마찬가지로 잉게보그 역시 노라가 겪고 있는 사회적 문제를 해결해서 괴로움을 멈춰주고 싶었다. 솔직히 말해 부모들은 대부분 자신이 개입하지 않았을 때(혹은 지나치게 개입했을 때) 다른 부모들이 어떻게 생각할지도 걱정한다. 이런 이중 압박이 보호자 마인드셋을 발휘하고 싶은 강력한 유혹을 만들어낸다. 이중 압박을 느낄 때 부모는 마인드셋 반응을 회피하고 지름길로 가고 싶다는 강한 절박감에 시달린다.

괴롭힘이나 따돌림을 당한 아이들은 자신이 나쁘다고(예를 들어 패배자라거나 가치가 없다고) 느낀다. 이런 감정을 물리치기 위해 우리는 아이들에게 '너'는 훌륭하고 '다른 애들(괴롭히는 아이들)'이 나쁘다고 말하곤 한다. 그런 애들은 뭔가 나쁜 일을 겪는(가정환경이 나빴다 등) 바람에 심술궂은 아이가 됐다고 얘기한다. 1980년대 대중문화에서 튀어나온 듯한 불량 학생의 전형이다. 우리 아이가 공감 능력이 부족한 사악한 아이들에게 괴롭힘을 당하고 있다면 다음으로 밟을 단계는 정해져 있다. 학교나 다른 아이들의 부모들을 공격하고(그들이 학교폭력을 제대로 처벌하지 않으므로), 자녀에게는 소시오패스를 피하라고 말하며(그들은 결코 괴롭힘을 멈추지 않을 것이므로), 다른 모든 학부모에게 (1) 그 학교폭력 가해자들은 끔찍한 아이들이고, (2) 당신은 아이를 보호하기 위해 최선을 다했다고 알린다.

학교폭력의 원인과 해결책을 수십 년에 걸쳐 신중하게 과학적으로 연구한 결과, 학교폭력은 그냥 나쁜 사람이기 때문에 하는 거라고 치부하기에는 훨씬 복잡한 현상이다. 게다가 이 같은 고정된 세계관은 학교폭력 가해자와 피해자 모두에게 해를 끼친다.

전형적인 학교폭력 가해자를 머릿속에 떠올려보자. 밀레니얼세대라면 만화《캘빈과 홉스》에 등장하는, 캘빈을 겁주던 모를 떠올릴 것이다.[41] 모는 이마가 크로마뇽인처럼 생겼는데, 이는 지능이 낮다는 의미였다. 모는 사회적, 정서적 능력이 부족하므로 모든 문제를 해결하는 데 폭력을 사용했다.

이 고정관념은 얼마나 정확할까? 그다지 정확하지 않다. 2015년에 나는 공동연구자들과 함께 학교폭력의 원인과 예방책을 제시하고자 했던 과거 연구들을 검토한 논문을 발표했다.[42] 우리는 전 세계 곳곳에서 질문에 답변한 학생 수십만 명의 데이터를 분석했다. 우리가 발견한 진실은 고정관념에 따른 모와는 너무 달랐다.

유치원부터 초등학교 6학년 사이에 모처럼 다른 아이들을 괴롭히는 행동을 하는 것에는 명확한 원인이 있다. 충동을 조절하는 데 사용하는 자제심과, 그 집행 기능이 부족하기 때문이다. 충동을 조절하기 힘들어 하는(예를 들어 화가 났을 때 다른 사람들을 때리거나, 기분이 상하면 남에게 욕을 하는) 아이들은 또래 친구들에게 나쁜 아이로 지목당하기 쉽다. 하지만 보통 이런 아이들은《파리 대왕》에 나오는 무자비한 독재자의 이미지에 들어맞지 않는다. 충동을 조절하지 못하는 학생들은 또래들이 보기에 나쁜 아이로 보이기 쉽지만, 대개는 장애나 학습장애(ADHD, 툴렛 증후군, 감정 조절 문제 등) 때문에 수업 시간에 다른 아이들을 짜증나게 할 뿐이다. 그들은 충동 조절 장애에 시달리고 있어서, 종종 인지능력이 아니라 행동 때문에 특수교육을 받는다. 이런 아이들에게는 모처럼 공감 능력이 없는 괴물이라는 말을 절대 해서는 안 된다. 그들에게는 친구를 잘 사귈 수 있는 법, 또래집단에서 수용과 지위, 존중받는 법을 가르쳐야 한다. 대부분이 친구 1~2명만 사귀어도 기꺼이 괴롭힘을 멈출 것이다.

중학교 1학년부터 고등학교 3학년에 이르는 시기에 나타나는 학교폭력의 원인은 다른 양상을 나타낸다. 세계 각지의 학생 수십만 명의 데이터를 분석한 결과, 동급생을 때려서 점심값을 뜯어내는 폭력 행위는 거의 사라졌다.[43] 대신에 학생의 사회적, 정서적 기술이 '강할수록' 학교에서 폭력 가해 학생으로 간주될 가능성이 '증가'했다. 이런 반전을 어떻게 설명할 수 있을까? 이 경우에도 원인은 흥미로웠다.

우리 데이터와 다른 학자들이 독자적으로 수집한 데이터를 보면, 청소년들의 '사회적 목표'가 중요한 역할을 한다는 점을 알 수 있다. 사회적 위계의 꼭대기에 서는 것이 주요 목표라고 말하는 청소년일수록 다른 학생들을 괴롭히는 경향을 보였다. 예를 들어 우리가 실시했던 한 연구에서는 다른 친구들보다 더 인기 있어 보이는 것이 주요 목표라고 말하는 10대일수록 지위가 낮은 또래들을 학교식당에서 따돌리려고 했다. 고등학생이 되면 학교폭력의 개념이 한층 더 급격하게 바뀌어서 본질적으로 더 사회적이고 간접적인 양상을 띤다. 고등학생들은 캘빈의 점심값을 훔치는 모처럼 행동하는 대신, 지위를 겨루는 경쟁자의 평판을 망치고자 드라마 〈석세션Succession〉 같은 방해 공작을 꾸민다.

캘리포니아대학교 데이비스캠퍼스의 사회학과 교수 로버트 패리스는 이 현상을 직접적으로 보여주는 훌륭한 연구를 주도했다(그림 9-5 참조).[44] 패리스는 정상의 지위를 확보한 학생은 학교폭력에 가담하지 않는다는 사실을 발견했다. 지위가 아주 낮은 고등학생도 마찬가지였는데, 그들은 어차피 정상에 오를 수 없었다. 정상에 아주 근접했다가 오르기 직전에 멈춰버린 고등학생들이 다른 학생들을 가장 많이 괴롭혔다. 그들은 지위와 존중을 꽤 많이 확보했지만 '불충분'했으며, 평범한 지위를 유지하는 데 불안감을 느꼈다. 그래서 정상에 오르기 위해 기꺼이 학교폭력을 이용했다.

이런 데이터는 학교폭력에 관한 일반적인 고정관념에 이의를 제

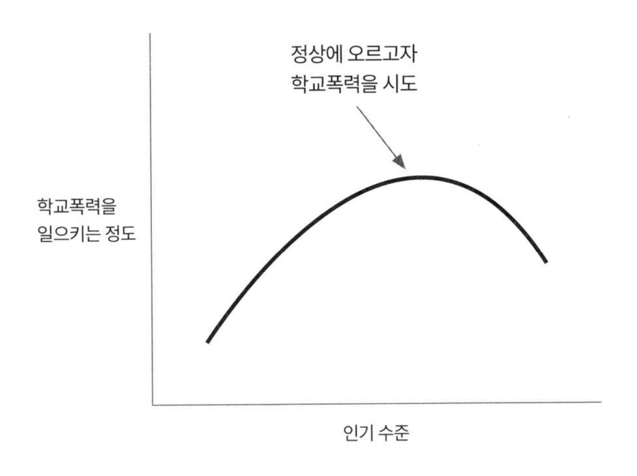

그림 9-5. 어중간하게 인기 있는 학생들은 더 높은 지위를 얻고자 학교폭력을 이용한다.

기하고, 사람들이 반응하는 방식에도 영향을 미친다. 초등학생 이후의 연령대에서 발생하는 학교폭력은 대부분 지위와 존중을 바라는 욕구(그 자체로는 건전하고 발달상으로도 적합함)가 지위와 존중을 얻기 위한 대단히 근시안적이고 유해한 전략과 결합하면서 발생한다. 내가 말하지 않은 점에 주목하길 바란다. 나는 학교폭력을 저지르는 청소년들에게 사회적 기술이 더 필요하다고 말하는 것이 아니다(어린이들과 달리). 패리스의 연구가 보여주듯이(그림 9-5 참조), 어중간하게 인기 있는 학생들은 이미 사회적 기술을 갖추고 있다. 문제는 그들이 이런 기술을 비열함과 모르쇠 사이에서 적절한 균형을 맞추는 데 흔히 사용한다는 점이다.[45] 청소년들은 지위와 존중을 얻는 다른 방법(리더십이나 친절, 공동체에 대한 기여)을 배워야 한다. 멋진 기분을 맛볼 다른 방법이 필요한 것이다.

강요자 접근법으로 그런 방법을 알려줄 수 있을까? 아마 그렇지 않을 것이다. 청소년들에게는 타인을 부당하게 괴롭히지 않으면서 사회적 성공을 거두는 법을 배우도록 도와줄 멘토 접근법이 필요하다. 실제로 고등학생 및 중학교 고학년을 대상으로 실시하는 가장 유망한 학교폭력 방지 프로그램들은 집회와 선전물, 슬로건을 폐지한 대신에 리더십 개발 프로그램처럼 진행한다.[46]

이 점을 이해한 상태로 잉게보그의 문제를 다시 들여다보자. 중학교 1학년인 노라가 친구들에게 괴롭힘과 따돌림을 당했을 때 잉게보그는 무슨 말을 해야 딸을 도울 수 있을까? 캐럴 드웩과 나는 소속감 이야기에 관한 월튼의 통찰을 바탕으로 이 문제에 답을 찾아 나섰다.

캐럴 드웩은 지능의 성장 마인드셋(시간이 지나면서 더 똑똑해질 수 있다는 개념) 연구로 가장 잘 알려져 있다.[47] 하지만 성격에도 성장 마인드셋을 채택할 수 있다.[48] 이는 사람이 다른 사람들을 대하는 태도를 바꿀 수 있다는 생각이다.

대학원에 진학했을 무렵, 나는 드웩에게 '사람은 변할 수 있다는 생각을 학교폭력 피해자를 돕는 데 적용하면 어떨까?'라는 아이디어를 제안했다. 우리는 효과가 가장 낮았던 '잇 겟츠 베터' 동영상처럼 고정 마인드셋('가해 학생은 절대 변할 수 없다')이 미래에 대한 희망을 빼앗는다고 생각했다. 반면에 청소년들이 사람들의 변화 가능성에 대해 성장 마인드셋(가해 학생들이 학교폭력을 멈추고 다른 방식으로 지위를 얻는 법을 배울 수 있다는 생각)을 지닌다면, 상황이 나아질 것이라고 믿을 타당한 이유를 찾을 수 있을 것이었다. 함께 협력해서 여러 연구를 실시한 결과, 학교폭력 피해자의 스트레스와 대처 능

력, 정신 건강을 개선한다고 입증된 실험 치료법을 내놓았다.[49]

월튼의 스토리텔링 연구를 바탕으로, 우리는 청소년들에게 사람은 변할 수 있다는 믿음을 심어주고자 했다. 성장 마인드셋 성격 개입법[50]에서 우리는 고등학교 시절에 자신을 괴롭혔던 사람을 우연히 만난 어른의 이야기를 고등학생들에게 들려줬다.[51] 한때 가해 학생이었던 사람은 달라졌고, 예전에 했던 행동을 후회하며 그 일에 대해서 많이 생각했다고 인정했다. 그러면서 피해 학생이었던 상대방에게 지위를 얻으려는 잘못된 시도로 그런 짓을 저질렀다는 점을 이해해주기를 요청했다. (우리는 고등학교 시절에 자신이 저지른 일에 대해 이런 식으로 느끼는 많은 성인들을 인터뷰했고, 실제 이야기를 요약한 것이다.) 우리는 이런 우연한 만남으로 이제는 어른이 된 예전 피해 학생이 사람은 변할 수 있다는 중요한 사실을 깨닫게 됐다고 설명했다. 나아가 이런 깨달음 덕분에 피해자는 예전에 느꼈던 강렬한 감정(증오와 수치심)을 처리해 감정 소모에 시달리지 않는 연민 같은 정서로 바꿔나가기 시작할 수 있었다.

우리는 이 이야기를 사람들이 어떻게 변할 수 있는지 밝히는 과학의 출발점으로 사용했다. 청소년기가 지위와 존중을 갈구하는 시기이고, 그런 욕구로 인해 일부 청소년들이 해로운 행동에 빠지게 되며, 학교폭력 가해자는 다른 행동 방식을 배워야 한다고 설명했다. 나아가 뇌가 성숙하면서 청소년들은 행동을 바꾸는 법을 배운다고 알려주었다. 예를 들어 리더십처럼 지위를 갈구하는 욕구를 배출할 좀 더 생산적인 수단을 찾아낸다고 말이다. 마지막으로 우리는 수줍음이 많고 친구가 별로 없는 사람들도 변할 수 있다고 주장했다. 그런 사람들도 일단 편안하다고 느끼면 좀 더 사교적인 사람이 되는 법을 배울 수 있으므로, 일부 또래들에게 따돌림을 당하더라도 앞으로 더 즐거운 사회생활을 누릴 수 있다고 가르쳐주었다.

사람은 변할 수 있다는 메시지에는 2가지 목적이 있다. 첫째, 증오를 줄이려는 목적이다. 증오는 다른 사람이나 집단의 본질이 근본적으로 지독하고 속까지 썩어 있다는 믿음에서 생겨나는 파괴적이고 유해한 감정이다.[52] 예를 들어 사회심리학자 에란 할페린은 이스라엘과 팔레스타인이 서로 상대 집단이 사악하고 절대 변할 수 없다고 생각할 때 공격적인 대테러 대책을 지지한다는 사실을 발견했다.[53] 상대 집단이 변할 수 있다고 생각하는 경우, 분노를 느끼더라도 평화 협상 과정에 마음을 열었다. 청소년들이 가해 학생은 변할 수 없다고 믿으면, 분노의 소용돌이에 휘말리고 복수심에 들끓는 욕망을 드러낸다.[54] 우리는 변화 가능성을 전달함으로써 그런 결과를 줄이고 싶었다. 변화가 일어날 것이라거나 금방 바뀔 거라고 장담하지 않았다. 학교폭력 피해자가 가해자를 바꿔야 한다고 말하지도 않았다. 그저 변화가 가능하다고 주장했을 뿐이다. 그것만으로도 증오를 누그러뜨리기에 충분했다.

둘째, 사람은 변할 수 있다는 메시지는 가해자가 아니라 피해자를 대상으로 했다. 우리는 피해자들이 미래에 더 큰 수용과 소속감을 찾을 수 있다는 희망을 주고자 노력했다. 여기서도 우리는 지나치게 단순하거나 오해를 살 만한 암시를 하지 않으려고 주의를 기울였다. 우리는 '당신만 바뀐다면 사람들이 당신을 좋아할 겁니다'라고 말하지 않았다. 대신에 의사소통 기술을 배우거나 친구를 사귀기만 해도 수줍음이나 외로움을 극복할 수 있다고 설명했다. 사실 많은 고등학생들이 과외활동을 하면서 우정을 꽃피우고, 특이한 관심사에 따라 어떤 과외활동에 참여할지 결정한다. 따라서 청소년들이 어떤 활동을 하고 싶은지 파악하는 과정에서 어울리는 친구 집단이 서서히 바뀐다. 다시 말하지만 우리는 변화가 하룻밤 사이에 일어난다고 약속하지 않았다. 다만 변화가 항상 가능하다고 말했다.

다음으로 사람은 변할 수 있다는 개입법에서 몇 가지 이야기를 들려줬다. 상급생들에게 수집한 그 이야기들은 소속감 이야기와 같은 요소들을 강조했다. 예를 들어 이 개입법에서는 고등학교에 들어가자마자 중학교 때 가장 친했던 친구들에게 외면당한 한 학생의 이야기를 들려줬다. 그 학생은 "친구들이 쌩한 얼굴로 인사도 없이 제 곁을 지나쳤어요"라고 말했다. 그녀는 자신이 너무 하찮은 존재 같다고 느꼈고, 부끄럽고 외로웠다. 심지어 고등학교에 다니는 내내 친구를 한 명도 사귀지 못하는 것은 아닐지 걱정했다(힘든 것이 정상이다). 하지만 그녀는 친구들이 불안정하고 새로운 사람들과 어울리라는 또래 압력에 굴복해서 자신을 따돌렸을 뿐, 그 동기가 자기 자신이 아니었을 가능성을 깨닫기 시작했다(변화는 가능하다). 그녀는 이 점을 염두에 두고 언젠가는 오랜 친구들이 돌아올 수도 있겠지만 일단은 새로운 친구들을 사귀어야겠다고 결심했다. 또한 이제 입학한 지 일주일밖에 지나지 않았으니 아직 시간이 많다는 점도 떠올렸다(행동 단계). 마지막으로 이 학생은 새로운 친구를 사귀면서 어떻게 시야가 넓어졌는지 이야기했다. 게다가 오랜 친구 중한 명이 그녀에게 돌아와 따돌려서 미안하다고 후회하며 사과했다. 이제 그녀는 정말로 의지할 수 있는 더 좋은 친구들과 어울리고 있고, 학교에 소속감도 느낀다(눈덩이 효과). 학생들이 이런 이야기를 몇 편 읽은 다음, 우리는 학생들이 핵심을 좀 더 잘 이해할 수 있도록 이와 비슷한 자신의 이야기를 쓰게 했다.

사람은 변할 수 있다는 개입법은 대규모로 실시하기 편하다.[55] 일단 시간이 오래 걸리지 않는다(25분 정도 소요). 개별 학생들에게 컴퓨터로 과제처럼 전달할 수 있다. 우리는 몇 년에 걸쳐 이 개입법을 학생 수천 명에게 시험했는데, 그 결과는 놀라웠다.[56]

2013년에 발표한 한 실험에서 우리는 고등학생들을 세 집단으로 나누었다. 첫 번째 집단에게는 사람은 변할 수 있다는 개입법을, 두 번째 집단에게는 사회적 문제해결 기술을 가르치는 통제집단용 개입법 중 하나를 실시했다.[57] 세 번째 집단에게는 아무런 개입법도 실시하지 않았다. 그런 다음에 모든 학생들이 온라인게임을 하다가 또래집단에게 (일시적으로) 따돌림을 당하는 과제를 완료했고, 자기를 따돌린 또래집단에게 복수할 기회를 가졌다.[58] 문제해결 기술을 배운 집단은 아무런 개입법도 실시하지 않은 집단과 똑같이 강한 복수심을 보였다. 기술 훈련은 아무런 효과가 없었다. 하지만 사람은 변할 수 있다는 개입법을 받은 집단에서는 복수심이 40퍼센트 감소했다.[59] 이 결과는 변화 여부에 관한 메시지가 학교에서 흔히 볼 수 있는 공격성과 폭력성의 연쇄를 멈출 수 있음 시사한다.

2016년에 발표한 다른 실험에서는 사람은 변할 수 있다는 개입법이 스트레스 대처 능력을 키웠다.[60] 고등학생들에게 트리어 사회적 스트레스 검사(7장 참조)를 실시했을 때 우리는 이 간단한 개입법이 해로운 위협 유형 심혈관 반응성을 예방하고 유용한 도전 유형 반응을 촉진한다는 결과를 발견했다.[61] 사람은 변할 수 있다고 생각하는 참가자들은 활기가 넘치는 듯 보였다. 그들은 자신이 겪고 있는 사회적 어려움에 대처하는 유용한 일을 하고자 했다. 사람은 절대 변할 수 없다고 생각하는 사람들은 피해의식과 패배감에 고통받았다.[62] 고등학교에 입학한 첫 달에 이 개입법을 받은 학생 1000여 명을 대상으로 실시한 새로운 연구에서도 비슷한 결과를 얻었다.[63] 소속감과 지위가 위협받는 날에도 사람이 변할 수 있다고 학습한 학생들은 더 낙관적이었고, 심신 모두가 더 뛰어난 회복탄력성을 나타냈다.

사람이 변할 수 있다는 믿음은 장기적으로 정신 건강을 개선하는 눈덩이 효과를 일으킬 수 있다.[64] 우리 연구 팀과 제시카 슈라이더 같은 학자들이 독자적으로 실시한 연구에서 사람은 변할 수 있다는 개입법을 단 한 번만 받아도 우울증과 만성 스트레스 증상이 줄어들었다.[65] 이 연구 결과로 임상심리학계가 떠들썩해졌다.[66] 치료사들은 장기간에 걸쳐 여러 차례 실시하는 치료에 익숙한데, 그런 치료가 적절한 사례들도 있었다. 이제 이른바 일회성 치료가 도래하면서 청소년의 정신 건강을 대규모로 실시할 수 있고 보편적으로 지원할 수 있는 새로운 가능성이 열렸다. 치료사가 부족한 와중에 정신 건강 위기에 대처하는 청소년들에게 이 가능성은 고무적이다.

이런 메시지들이 잉게보그의 딸 노라를 어떻게 도왔을까?

노라는 따돌림당하는 것을 싫어했고, 잉게보그는 대체로 보호자 마인드셋에 빠지려는 유혹에 저항했다. 그녀는 학교에 항의하지 않았는데, 노라의 친구 중 한 아이의 엄마에게 전화를 하기는 했다. 서로 친하게 지내는 사이였기 때문이다. 상대 엄마는 "노라에게 정말 미안해"라고 말했지만 개입하지는 않았다. 그 엄마는 어릴 적에 심하게 괴롭힘을 당했다고 설명하면서 "우리 딸이 인기 있는 친구들과 어울려서 무척 기뻐"라고 말했다. 그녀는 "딸의 교우 관계를 망치고 싶지 않다"면서 딸에게 노라와도 친하게 지내라고 말하지는 않았다. 잉게보그는 할 말을 잃었다. 상대 엄마는 자신의 불안정한 심리 상태를 그 상황에 아주 분명하게 투사하고 있었다. 노라는 괴로워할 것이었고, 그것은 받아들일 수 없는 일이었다.

그렇더라도 잉게보그는 노라에게 무슨 말을 할지 계획을 세웠다.

잉게보그는 노라에게 친구들이 불안정하고 더욱 인기를 얻고 싶어 한다고 설명했다. 지금도 인기는 있지만 아직 최정상은 아니다. (패리스 연구의 가해자들과 마찬가지다.) 노라를 따돌리는 것은 전략의 일부였다. 잉게보그는 노라에게 친구들의 행동은 부당하지만 그 사실은 스스로 깨달아야 할 것이라고 말했다. 한동안 노라는 다양한 수업과 활동에 몰두하고, 준비가 되면 새로운 친구들을 사귀기로 했다. 잉게보그는 (1) 노라가 힘들어 하는 것은 정상이고 당연하며, (2) 상황은 변할 수 있지만 당장 바뀌지는 않을 것이고, (3) 상황을 바꿔나가기 위해 당장 행동에 나설 수 있으며, (4) 그런 노력이 눈덩이처럼 불어나 앞으로 더 좋은 일을 불러올 것이라고 전달했다.

1년 후 노라에게는 새로운 친구들이 생겼다. 노라는 옛 친구들을 미워하지 않았고, 화는 났지만 복수는 하고 싶지 않았다. 더는 그 상처에 얽매이지 않았으므로 앞으로 나아갈 수 있었다. 게다가 이제 노라는 자기 자신에게 들려줄 수 있는 새롭고 희망찬 이야기를 직접 경험했다. 지금 노라는 상황이 더 좋아질 것이라고 믿었고 소속감을 느꼈다. 엄마가 그렇게 믿으라고 했기 때문이 아니라 소속감을 직접 경험하고자 행동에 나섰기 때문이었다. 그것이 멘토 마인드셋의 힘이다.

3부

영향력은 어떻게 지속되는가

10장
모두가 충분히 뛰어나다는 확신

과학적 발견이 주는 흥분에 동참하고자 우리를 찾아오는 사람들을
어떻게 유지하고 키울 수 있을까요?[1]

— 키반 스태선, 천체물리학자

자폐증 연구원의 능력을 끌어낸 규칙

쾅! 쾅! 쾅!

"음, 교수님." 조시 페퍼가 담당 교수에게 말을 걸었다.[2] "댄에게 새 노트북이 필요할 것 같아요."

키반 스태선 박사는 수상 경력도 있고 세계적으로 잘 알려진 학자로, 밴더빌트대학교에서 천체물리학을 가르치고 있다. 당시 조시 페퍼 박사는 스태선 교수 연구실에서 박사후연구원으로 일했다. 댄 역시 스태선 교수 연구실에서 일하던 우수한 프로그래머이자 석사 과정 학생이었다. 댄은 천체물리학자들이 망원경 관측으로 수집한 방대한 데이터세트에서 새로운 행성의 위치와 같은 패턴을 조사할 수 있도록 돕는 소프트웨어 플랫폼을 코딩하는 중이었다. 댄에게는 자폐증이 있었는데, 그로 인해 좌절감을 좀처럼 견디지 못하는 특

성이 있었다. 복잡한 우주 탐사용 소프트웨어를 개발하다 보면, 안타깝게도 좌절을 피할 수 없었다. 댄은 좌절감에 종종 지곤 했고, 이 때문에 단단한 금속 테이블에 노트북을 내려쳐서 망가뜨린 적도 있었다.

댄이 노트북을 세 번째로 망가뜨렸을 때, 페퍼와 스태선은 어떻게 했을까? 그들은 댄을 내보내지 않았다. 그랬다면 강요자의 행동 방식이었을 것이다.

대신 그들은 건설 현장에서 사용하는 튼튼한 노트북을 사 주었다. 높은 빌딩에서 떨어뜨려도 망가지지 않는 제품이었고, 이로써 문제는 해결됐다! 댄은 중단 없이 작업을 계속할 수 있었다. 댄의 소프트웨어는 몇 년 후 전 세계에서 가장 권위 있는 과학 학술지 〈네이처〉에 실린 중요 과학 논문의 초석이 됐다. 또한 미국 항공우주국은 댄의 소프트웨어를 등록했으며, 언젠가 인류를 구할지도 모르는 행성을 찾는 업무에 사용했다.

스태선은 인정사정없는 전문 과학 세계에서 자신의 업무 방식이 일반적이지 않음을 자각하고 있다. 연구실에는 자원이 부족하고, 대학원 과정의 정원에도 제한이 있다. 스태선은 평소에 소행성 광물 채굴용 무인 우주 탐사선을 발사하거나 우주 망원경을 감독하느라 바쁘고, 이런 활동으로 세계에서 가장 성공한 과학자 반열에 올랐다. (스태선의 기록을 알기 쉽게 설명하자면, 스태선은 〈네이처〉에 논문 13편을 발표했다. 과학자 대부분은 〈네이처〉에 논문 1편을 싣기 위해 평생을 연구한다.[3]) 스태선 같은 수준의 연구자들은 지원이 필요한 학생들은 차치하고 당장 연구에 투입되어도 무방할 만큼 만반의 준비를 갖춘 학생들을 지도하는 데도 좀처럼 시간을 쓰지 않는다.

스태선은 다르다. 그는 '포용적 우수성inclusive excellence'에 전념한다.[4] 열정과 목적을 지닌 모든 청소년이 그냥 거저가 아니라 제대로 과학계에 공헌함으로써 관심 분야에서 자리를 획득할 기회를 가져야 한다고 생각한다.

스태선은 현재 신경다양성neurodiversity(광범위한 인지기능을 정상 범주로 간주해 자폐증처럼 일반적으로 장애로 분류되는 질환을 생물적 다양성으로 인식하는 관점 – 옮긴이)에 초점을 맞추고 있다. 자폐증과 혁신을 위한 프리스트 센터Frist Center for Autism and Innovation는 자폐증 학생들을 위한 포용적 우수성에 전념하는 첫 번째 기관이다.[5] 자폐증 학생 3명(지금도 계속 늘어나고 있다)이 프리스트 센터를 통해서 물리학 박사학위를 취득했고, 이 숫자는 매년 1~2명씩 늘어날 예정이다. 또한, 자폐증 학생 18명 이상이 인턴으로 근무했다.

프리스트 센터의 사명은 개인사에서 비롯됐다. 스태선의 아들은 다소 중증인 자폐증을 앓고 있다. "나는 앞으로 아들이 살아가야 할 세상이 아들에게 좀 더 바람직하다고 여겨지는 방향으로 조금이나마 바뀌도록 노력하고 있습니다." 스태선이 말했다. 나 역시 특수교육이 필요한 아이를 키우고 있어서 이 말에 감동했다.

전 세계 인구 중 약 1퍼센트가 정도는 다르지만 자폐스펙트럼장애autism spectrum disorder, ASD를 앓고 있다.[6] 자폐스펙트럼장애는 핵심적인 특징이 2가지 있다. 사회적 의사소통 능력 장애와 제한적이고 반복적인 행동이다.

스태선 센터에서 홍보부장을 맡고 있고 본인도 자폐스펙트럼장애를 앓고 있는 클레어 바넷은 자폐스펙트럼장애를 이렇게 설명한다.[7] 좀처럼 눈을 마주치지 않고, 잡담에 서툴며, 몸짓언어로 무관심을 표현한다. 말에 함축된 의미를 잘 해석하지 못하고 지나치게 직설적인 사람처럼 보이기도 한다. 바넷은 자폐스펙트럼장애가 인간 다양성의 정상적인 일부분이라고 지적한다. 즉 중요한 개인적 강점과 더불어 나타나는 경우가 많다는 뜻이다. 예를 들어 자폐스펙트럼장애를 가진 사람들은 데이터에서 새로운 패턴을 발견하는 능력이 뛰어나거나 업무 집중력이 유난히 높은 경우가 많다. 댄이 풍부하게 갖고 있는 이 능력은 과학계에 진정으로 공헌하는 기반이 됐다. 그렇다고는 해도 자폐스펙트럼장애를 가진 사람들은 동료들과 하는 회의, 이론이나 데이터에 대한 논쟁, 휴게실에서 나누는 가벼운 대화 등 집단으로 이루어지는 과학 사업에 중요한 좀 더 미묘한 사회적 역할을 수행하는 데 어려움을 겪는다.

지난 10년 동안 스태선의 연구실은 그런 미묘한 문제들을 찾아내고 해결하고자 노력했다. 그러면서도 세계 최정상 학술지에서 요구하는 과학적 생산성에 맞춘 연구실의 높은 기준을 낮추지는 않았다. 또한 그들은 더 큰 비전도 가지고 있다. 클레어 바넷의 말을 빌리자면 그들의 사명은 "자폐증인 사람들의 강점을 인식하고 힘들어 하는 부분을 지원하며, 그들의 독특한 부분을 칭찬하고 그저 있는 그대로의 모습을 드러낼 수 있는 공간을 마련함으로써 그들이 마땅히 받아야 할 존중을 표시하는 것"이다.[8]

예를 하나 들어보겠다. 프리스트 센터에서는 코로나19 팬데믹으로 줌 회의가 널리 사용되기 훨씬 전부터 주간 연구 회의에 화상으로 참석할 수 있었다. 보통 이 회의는 실제 연구실에서 열리는데, 이곳은 활기 넘치는 학생과 교수진은 물론이고 중장비에 둘러싸인 데다가 인공조명이 깜빡이고 소리가 울리는 공간이라서 회의에는 적합하지 않다. 감각장애를 자주 일으키는 자폐증 학자들에게 이런 환경은 집중하기 어렵고 자폐 증상을 유발하는 계기가 되기도 한다. 스태선은 현장 출석을 철칙으로 강요할 수도 있었다. 하지만 그는 웹캠을 켜고 누구라도 온라인으로 참석할 수 있도록 허용했다. 덕분에 신경다양성을 가진 학생들은 공간, 음량, 조명을 온전히 제어해서 연구 회의에 관심을 집중하고 업무에 기여할 수 있었다. 흥미롭게도 자폐증 학생들을 위한 편의 제공은 항상 현장 회의에 참석하기 어려운 신경전형neurotypical(신경다양성과 대비해서 신경질환이 없는 상태를 가리키는 용어 – 옮긴이)인 일원들에게도 도움이 되었다.

자폐증 학생들에게 편의를 제공하는 차원에서 스태선은 연구실에서 주고받는 업무상 의사소통에 대해 대단히 높은 기대치를 설정했다. "우리는 제대로 의사소통하는 법을 몰랐어요." 스태선의 박사후연구원인 페퍼가 댄과 일했던 초기의 이야기를 들려줬다.[9] "그 정도로 심한 자폐증 증상이 있는 사람과 직접 가까이서 일한 경험은 처음이었습니다." 대부분의 직장과 마찬가지로 스태선의 연구실에서도 장난스러운 표현과 말장난으로 의사소통을 하곤 했다. "다들 은근슬쩍 눈짓을 주고받으며 이야기하는 편이었죠." 스태선이 말했다. "지금 열심히 일해요, 아니면 일을 거의 안 해요?" 같은 발언을 예로 들어보자. 신경전형인 사람은 맥락(알쏭달쏭한 미소와 상냥한 어조)을 읽을 수 있고 말하는 사람이 재치 있는 농담을 던지려고 애쓰는 중임을 추정할 수 있다. 자폐스펙트럼장애가 있는 사람들이 대체로 그렇듯이, 댄은 다르게 반응한다. 질문을 심각하게 받아들인 그는 "글쎄요, 열심히 일하고는 있지만 어제만큼은 아니고, 오후에는 좀 더 열심히 일하고 싶지만 지금은 질문을 받는 바람에 아무것도 못하고 있어요"라고 대답하는 식이다. 그냥 툭 던진 한마디가 30분짜리 논쟁으로 번져서 결국에는 댄이 소리를 지르거나 자제심을 잃는 사태가 벌어질 수 있었던 것이다.

페퍼와 스태선은 어떻게 했을까? 그들은 댄이 자제심을 잃는 상황이 불편하다고 해서 댄을 연구 회의에서 배제하지 않았다. 대신에 연구원 전원이 직접적이고 문자 그대로의 의사소통 방식을 사용하게 했다. 자폐증이 있든 없든 모든 연구자들은 농담 대신 사실만 이야기했다. "우리는 함께 일을 해나가는 데 필요한 말만으로 논의합니다." 스태선이 말했다. 페퍼 역시 기술 및 이론 문제에 대해서 댄과 논의할 때는 복도에 서서 대화하는 대신 이메일을 주고받았다. 이런 새로운 배려 덕분에 오해와 고성이 사라졌고, 댄은 남는 시간으로 훨씬 더 일관성 있게 생각을 정리할 수 있었다. 스태선이 이런 식으로 연구실을 바꾸자 댄의 능력이 빛을 발했다. "연구실에서 일하는 모든 사람이 댄이 우리 팀에 얼마나 귀중한 공헌을 하는지 깨달았습니다." 페퍼가 말했다.

스태선의 접근법은 멘토 마인드셋을 실천한 사례다. 그는 일부 학생들에게 걸림돌로 작용할 수 있는 차이점을 수용하는 한편, 모두가 진정으로 과학계에 공헌하는 높은 기준을 충족시키는 데 초점을 맞췄다. 이는 스태선이 실행상 융통성을 허용하면서 지적인 엄

격함을 유지하는 방식이다.[10]

아마도 가장 흥미로운 점은 스태선이 연구실을 좀 더 포용성 있게 설계하면서 자폐증 유무와 관계없이 모든 연구자들이 혜택을 받았다는 사실일 것이다. 정확한 의사소통을 의무화하면서 모두가 혜택을 누렸다. "신경전형인 동료들과 대화하는 도중에 생각이 완전히 정리되지 않아서 말을 얼버무릴 때가 많은데, 그럴 때는 각자 알아서 짐작하라며 한바탕 웃고 대화를 끝내죠." 스태선이 설명했다. 상대방이 자폐증을 가지고 있을 때는 그렇게 할 수 없다. 요즘 스태선의 연구실에서는 생각을 마친 후 이야기해야 하는데, 그렇게 하지 않으면 스태선을 비롯한 동료들이 생각을 정리한 다음에 이야기하라고 재촉한다. 새로운 규칙은 '모두'가 생각을 갈고닦도록 돕고 있다.

스태선은 프리스트 센터에서 일한 경험을 양육에도 적용하고 있다. 요즘 스태선은 자폐증인 아들이 중학교 3학년 수학 숙제를 할 때 등을 토닥이거나 단짝 친구 같은 친밀한 관계를 형성하려고 애쓰지 않고 사실만을 말한다. 그런 훈육 방식은 자제심을 잃는 일을 막고 아들이 집중력을 유지하도록 돕는다.

스태선의 마인드셋이 포용성, 편의 제공, 평등 같은 개념을 둘러싼 문화 전쟁의 현장과 어떻게 다른지 생각해볼 필요가 있다. 강요자 마인드셋을 가진 집단은 차이점을 수용한다는 것은 정신 못 차린 겁쟁이들의 요구에 굴복한다는 뜻이라고 주장한다. 보호자 마인드셋을 가진 유형들은 불편을 유발하는 모든 장애물을 제거하고자 싸운다. 심지어 그 장애물이 과학적 생산성에 관한 지극히 높은 기준일 때도 마찬가지다. 그러면 모두가 이 전쟁에서 지고 만다.

스태선은 제3의 방법을 권장한다. 그는 댄이 좀 더 강인하거나 몰두한다면 과잉 반응을 보이지 않는 법을 배울 수 있다고 보는 강요자 관점을 취하지 않는다. 공헌도를 낮춰서 별도로 지정하는 '자폐용 기준'을 만들지도 않는다. 그는 누구도 자신의 아들에게 그렇게 하기를 바라지 않고, 과학 발견이라는 진지한 사명에 전념하는 연구실에서도 그렇게 하지 않는다. 하지만 댄이 연구 회의에 화상으로 참여할 수 있도록 허용하거나 다른 연구자들에게 의사소통 방식을 연마하도록 부탁하는 등 구체적인 지원을 다양하게 제공한다. 댄의 기준에 맞춰 제공된 편의가 업무나 연구의 효율을 강화해줌으로써 궁극적으로는 스태선을 비롯한 나머지 연구원들도 그 혜택을 직접 누렸다.

천체물리학계에서 일하지 않더라도 스태선 연구실의 사례는 유익하다. 이는 다양성과 평등, 포용성에 대한 문화적 논쟁을 부추기는 심각한 오해를 부각시킨다. 사람들은 모두에게 더 바람직한 결과를 선사하는 실용적인 수단이 아니라 원칙, 즉 무엇이 도덕적으로 옳은지에 대한 논쟁에 자주 빠진다. 엄격한 기준을 유지하고 포용성을 무시하는 것과, 우수성의 기준은 버리고 포용성만 우선시하는 것 중 무엇이 도덕적으로 우월할까? 스태선의 멘토 마인드셋은 필요한 지원을 제공함으로써 포용성을 가치 있게 여기는 동시에, 기준을 유지하는 가치도 고수할 수 있다는 사실을 깨닫도록 도와준다.

'포용적 우수성'에 초점을 맞추는 것이 왜 중요할까?[11] 최적의 리더십과 성과를 다루는 서적은 정말 많다. 그런 책들은 어떤 예외적인 CEO가 어떻게 최고가 되었는지, 어떤 회사가 어떻게 완벽한 제품을 만들어냈는지, 어떤 음악가나 운동선수가 왜 나머지보다 더 천재인지를 이야기한다. 그런 책을 읽을 때 나는 '이 이야기는 내 문제를 해결하는 데 도움이 안 돼'라는 생각을 자주 한다. 상위 0.1퍼센트에 속하는 엘리트들은 대개 심리적 비결로 정상에 올라서기 이전에 필요한 자원을 이미 갖추고 있다. 나머지 99.9퍼센트의 사람들이 그만큼 높은 성과를 올리지 못하는 이유를 안다고 해도 딱히 도움이 되지 않는다. 사람들은 대부분 배경에 상관없이 누구나 우수성을 달성할 수 있도록 도와줄 방법을 배우고자 할 것이다.

생각해보자. 서지오 에스트라다 같은 교사는 자기 수업을 들을 학생들을 선택할 수 없다. 그는 자신이 무엇을 하든 합격할 2~3명뿐만 아니라 학생 '모두'가 성공할 수 있도록 이끄는 방법을 알아야 한다. 부모는 자녀의 특성을 선택할 수 없다. 자녀가 어떤 자질을 가지고 태어났든 간에 지원할 방법을 알아내야 한다. 관리자는 수준 높은 인재를 다수 확보하는 데 성공할 수 있다면 내부 지식이 부족한 외부인에게 고액을 지불하고 컨설팅을 받을 필요가 없다는 점을 알고 있다.

일반적으로 나는 부모, 교사, 관리자를 비롯한 어른들 대부분이 '배타적 우수성(풍부한 자원을 갖춘 극소수만이 높은 기준에 도달할 수 있도록 함)'이 아니라 '포용적 우수성(배경에 상관없이 잘하고 싶은 욕구를 지닌 모든 사람이 높은 기준에 도달할 수 있도록 함)'을 장려할 것이라고 생각한다. 너무 까다로워서 애초에 포용적 우수성을 생각하는 사람이 있다는 자체가 놀라운 물리학 분야에서 멘토 마인드셋이 어떻게 포용적 우수성을 증진할 수 있는지 지금부터 살펴보겠다.

제대로 된 높은 기준을 설정하는 법

'물리학'의 하위 분야인 천체물리학이 포용성에 관한 교훈을 가르친다는 사실은 다소 아이러니하다. 포용성을 나타내는 기존 지표(여성, 라틴계 학생, 아프리카계 미국인의 박사학위 취득자 비율)에 따라 모든 과학 분야의 순위를 매겼을 때, 물리학은 과학계 전체에서 가장 배타적이고 불공평한 분야에 속한다.[12] (신경다양성 포용성과 관련해서는 데이터가 없어서 비슷한 분석을 실시할 수 없다.) 연구에 따르면 직업 물리학자들은 대체로 이런 불공평이 소외 집단 구성원들이 자격을 갖추지 못했다는 냉엄한 사실에서 비롯된 불가피한 결과라고 확신한다.[13] 기준을 충족하지 못하는 사람들에게 자리를 마련해주기 위해서 필수적인 인간 지식 분야 전체의 수준을 낮춘다는 것은 어불성설이라는 논리다.

문화적으로 물리학자들은 측정에 집착한다. 그런 경향은 대학원 입학 과정에도 영향을 미친다. 수십 년 동안 물리학 대학원 프로그램은 지원자가 최고 수준 대학원 물리학 과정의 엄격한 기준을 충족할 수 있는지 판단하는 보편적인 선별 도구로 GRE 수학 시험 점수라는 '단일 수치'에 거의 전적으로 의존했다.[14] 일류 물리학 대학원들은 점수 커트라인을 설정하고 그 기준을 밑도는 지원자에게는 면접 기회조차 주지 않는다. 그 좁디좁은 범위 설정으로 아프리카계 미국인 지원자 중 95퍼센트 이상이 제외되더라도 개의치 않는다. 그 시험을 신뢰할 수 있다면(그들은 시험을 신뢰했다) 어차피 그런 지원자들은 최고 수준 물리학을 연구할 인재가 아닐 것이기 때문이다. 물리학자들은 이런 시각을 숨기려고 하지도 않았다. 우주의 법칙처럼 당연한 일이었기에 부끄러움을 느끼는 것은 낙하하는 물체의 속도를 유감스럽게 생각하는 것과 다름없었다. 말도 안 되는 소리였다.

이런 역사를 고려할 때 물리학 분야에서 GRE에 반기를 들기 시작했다는 것 자체가 놀라운 일이다. 하지만 지난 20년에 걸쳐 입학 과정에서 GRE가 차지하는 지배적인 지위에 이의를 제기함으로써 포용적 우수성을 촉진하는 데 관심을 보인 작은 불씨는 불꽃으로 번져 과학 분야 전반과 인문학에도 퍼지고 있다.

놀랍게도 키반 스태선 박사가 그 불을 지핀 사람이다.[15] 앞에서 살펴봤듯이 자폐증과 혁신을 위한 프리스트 센터에서 신경다양성 포용성 확대에 힘쓰는 일은 스태선에게 제2의 경력과도 같다. 그는 물리학과 입학 과정과 대학원생 교육 프로그램을 완전히 바꿔 이 분야의 인종, 민족, 사회경제적 포용성을 확대하는 데 처음으로 기여했다.

나는 흑인 대학Historically black colleges and universities, HBCU(1964년 민권법이 제정되기 이전에 설립된 아프리카계 미국인을 위한 대학들을 일컫는 용어 – 옮긴이)인 스펠맨대학교의 당시 총장이었던 비벌리 대니얼 테이텀 박사가 진행하는 토론회에 참석했을 때 스태선을 만났다.[16] 토론회는 KIPP(Knowledge is Power Program) 차터 스쿨 네트워크를 대표해서 열렸고,

주제는 '대학 지속성'이었다. KIPP는 저소득 가정 출신이 거의 대부분인 졸업생들 중 상당수가 대학을 마치지 못하는 이유를 알고 싶어 했다. 스태선이 토론회에 참석한 이유는 그가 대학 교육에서 포용성을 '언급'하는 데 그치지 않고 이를 '실현'해나가는 보기 드문 리더 중 한 명이기 때문이었다.

스태선이 지도하는 밴더빌트대학교 대학원 프로그램에서 소외 집단 출신으로 물리학 석사 또는 박사 학위를 취득한 학생은 150명에 이른다.[17] 이 과정은 흑인 물리학 석사 학생을 가장 많이 배출했고, 다른 어떤 연구실보다도 흑인 학자들에게 천체물리학 박사학위를 많이 수여했다. 스태선의 제자인 파비엔 바스티엔은 우리가 은하를 이해하는 방식과 관련된 중대한 발견을 했다. 또한 이 발견을 〈네이처〉에 발표하면서[18] 이 학술지가 창간된 이래로 154년 만에 흑인 최초의 천체물리학 논문 제1저자가 됐다.[19] 다른 학생은 미국 항공우주국 최고 박사후 과정을 밟은 최초의 흑인 여성이 됐다. 스태선 연구실 졸업생들은 이제 교수, 과학자, 멘토가 되어 물리학 분야를 더욱 바람직한 방향으로 바꿔나가고 있다.

이를 달성하기에 앞서 스태선은 GRE 점수만 고려하는 사정 기준을 철폐해 달라고 물리학 대학원 입학 사무국을 설득해야 했다. GRE 점수의 타당성을 반박할 근거도 있었지만, 스태선은 그 자체에 이의를 제기하지는 않았다. 대신 GRE 점수를 '해석'하는 데는 결함이 있다고 지적했다.[20] 입학 사무국은 GRE 수학 점수가 미래에 물리학 박사 수준의 전문적인 공헌을 할 준비가 됐는지 보여주는 척도라고 가정했다. 하지만 그것은 GRE가 측정하는 대상이 아니었다. GRE 수학 시험은 주로 지원자가 고등학교 대수와 기하학을 얼마나 잘 기억하고 있는지 측정할 뿐이었다. 스태선은 이보다 더 나은 대안이 무엇인지 아주 명백하다고 생각했다. 학생이 직업 물리학자가 될 준비가 됐는지 측정하고 싶다면 '그들이 물리학을 어떻게 연구하는지 봐야' 한다는 것이다. 박사과정에 지원하기 전에 희망자들을 연구실로 부른 다음, 그들이 흥미를 느끼는 어려운 문제를 찾아내게 한다. 그리고 그들이 물리학 도구로 문제의 답을 찾고 그 결과를 학술지에 발표하는 과정을 지켜보는 것이다. 스태선은 학생이 직업 물리학자들이 하는 일을 해낼 수 있다는 사실을 이미 알고 있다면, 물리학 기여도를 직접적으로 측정하지도 '않는' 수치를 이유로 그런 학생을 대학원에 받아주지 않을 이유가 없다고 주장했다. 그들이 할 수 있다는 사실을 이미 증명했다면 이제 받아들여야 한다고 말이다!

스태선은 역량과 공헌에 초점을 맞춘 대학원 입학 평가가 GRE 점수에만 의존하는 접근법보다 훨씬 더 공평할 것이라고 생각했다. GRE는 고등학교 교사가 얼마나 뛰어났는지를 수치화하는 경향이 있는데, 고등학교 수학 교사의 수준은 공평한 분포를 나타내지 않기 때문이다.[21] 1세기보다 더 전으로 거슬러 올라가는 주거 지역 구분, 부동산, 재산세 정책과 같은 역사적 요인으로 인해 흑인이나 라틴계 가정의 학생들은 수학 교사 수준이 낮은 빈곤한 학교에 다닐 가능성이 훨씬 높다.[22] 이런 환경에서 공부한 학생들은 무척이나 똑똑하고 학부 과정이나 연구실에서 열심히 공부한 덕분에 대학원 수준 물리학 연구를 수행하기에 적합한 준비를 갖췄더라도 GRE 수학 점수가 최상위 수준에 못 미치는 경향이 있었다. 이런 현상을 본 스태선은 "저는 관련 고등학교 수학 개념을 독학해야 하는 와중에도 대학교 물리학을 습득한 학생들의 입학을 허가하고 싶습니다. 그들은 분명 성공하는 데 필요한 끈기를 갖췄을 겁니다!"라고 말했다. 한편 다른 물리학자들은 어깨를 으쓱이며 "그들은 자격이 없어요"라고 말했다. 스태선은 이렇게 무시하는 태도가 어리석은 재능 낭비로 이어진다고 생각했다.

물리학과 대학원 입학 전형에서 GRE 점수 비중을 줄이거나 없애겠다는 스태선의 사명은 미국 문화의 유해한 논쟁과 관련이 있다. 보수파인 강요자 마인드셋을 지닌 물리학자들은 "스태선이 GRE 점수를 없애서 기준을 낮추고 자격 요건에 상관없이 아무나 받아들이려고 한다"고 말했다. 이런 교수들은 영영 졸업하지 못할 무능한 학생들을 가르치느라 오랜 세월과 엄청난 돈을 낭비해야 할지도 모르는 세상을 두려워했다. 이러한 걱정은 보호자 마인드셋을 지닌 활동가들이 형평성이라는 이름으로 입학 기준을 낮추려고 하는 경우가 많다는 현실에서 어느 정도 비롯된 면이 있다. 스태선은 양쪽 모두 틀렸다고 주장한다. GRE는 애초에 올바른 기준이 아니었다고 여기기 때문이다. 지원자들은 공헌할 준비라는 실질적으로는 더 높은 기준을 달성해야 한다. 이 요건도 여전히 엄격하고 우수성을 요구하지만, 가정환경이나 출신 고등학교의 영향은 덜 받는다. "해병대에서 하던 말과 비슷한 맥락입니다." 스태선이 말했다. "해병대에서는 당신이 어디 출신인지는 신경 쓰지 않지만, 당신은 끝까지 도달할 것이고, 도달하고 나면 '기대에 부합할 것'이라고 했지요."

주장을 제대로 관철시키기 위해 스태선은 데이터를 제시해야 했다. 알베르트 아인슈타인도 로버트 밀리컨의 실험으로 이론적 예측이 입증되기 전까지는 노벨 물리학상을 받지 못했다. 지난 20년 동안 스태선은 새로운 대학원 교육 방식인 피스크-밴더빌트 브리지 프로그램을 만들었다. 이 프로그램이 어떻게 작동하는지 자세히 살펴보면, 청소년들과 함께 일하면서 누구나 따라 할 수 있는 공통적인 멘토 마인드셋 원칙을 발견할 수 있다. 인턴십 프로그램, 스포츠 및 예술 관련 여름 집중 강좌를 비롯해 전문 물리학 이외의 어떤 청년 대상 프로그램에도 응용할 수 있다.

포용적 우수성은 어떻게 실현되는가

로라 베가가 어렸을 때 아버지는 가족들을 차에 태우고 텍사스주 샌안토니오에서 멕시코까지 먼 길을 운전해서 친척을 방문하곤 했다.[23] 아버지가 밤 운전을 선호했던 터라 새벽 3시 무렵에 광활하고 인적이 드문 국경 근처 사막에 있는 주유소에 들르곤 했다. 컴컴한 밤하늘은 늘 맑았다. 베가는 주유소에서 수십 미터 떨어진 곳까지 걸어가서 반짝반짝 빛나는 별들을 올려다봤다. 웅장한 별들의 모습에 압도당한 채 이 광활한 우주에서 자신은 너무나 작은 존재라는 느낌을 받았던 기억이 또렷하다. 베가는 항상 과학에 관심이 많았다. 시간이 날 때마다 〈빌 아저씨의 과학 이야기〉와 〈신기한 스쿨버스〉 같은 텔레비전 프로그램을 봤다. 도서관에서 성운에 관한 천문학 책을 대출했고, 물리학이 우리가 보는 모든 것을 관장한다는 간단한 원칙을 배웠다. 하지만 베가가 자신의 목표를 명확히 깨달은 것은 사막에 홀로 있었던 짧은 순간이었다. 그녀는 천체물리학자가 되겠다고 결심했다.

베가는 스태선이 가르치는 피스크-밴더빌트 프로그램에서 천체물리학 박사학위를 취득했고, 현재 워싱턴 DC에 있는 미국 항공우주국 고더드 우주 비행 센터에서 일한다. 이 센터는 많은 우주 연구 장비를 제어하는 곳이다. 베가는 적색 왜성이라고 하는 작은 별이 확 타오를 때(표면에서 거대한 폭발이 일어날 때) 내뿜는 고에너지 방사선을 연구한다. 이 연구는 항공우주국이 다른 태양계에 있는 거주 가능한 행성을 탐색할 때 중요한 역할을 한다. 적색 왜성 섬광은 엄청난 방사선을 내뿜어서 주변 행성의 대기를 제거하기도 하는데, 그러면 그 행성은 인간이 살 수 없는 곳이 된다. 동시에 행성에 생물이 발생하려면 방사선이 필요하다. 베가의 팀은 우주 망원경 데이터를 분석해 적색 왜성 방사선을 점점 더 정확하게 측정함으로써 섬광이 대기를 파괴한 곳과 행성이 생명을 유지할 수 있는 곳을 찾아내고 있다. 다시 말하면 '언젠가는 베가의 연구가 인류를 구할 가능성'이 있다는 뜻이다.

베가의 연구는 왜 그토록 많은 사람이 포용적 우수성을 주장하는지를 잘 보여준다. 포용적 우수성은 더 많은 뛰어난 사람이 인류 발전에 도움이 될 훌륭한 일을 더 많이 할 수 있는 힘을 부여한다. 놀랍게도 이처럼 재능이 뛰어난 베가가 자칫하면 천체물리학계에 공헌하지 못할 수도 있었다.

베가는 샌안토니오 웨스트사이드에 있는 토머스제퍼슨고등학교에 다녔다. 제퍼슨고등학교에 대한 평가는 대체로 낮았고(데이터 수집 사이트 그레이트스쿨스에서 10점 만점에 3점을 받았다[24]) 그곳에서는 배울 기회도 거의 없었다. 제퍼슨고등학교에서는 일반적으로 대학교에서 물리학을 전공하기 위한 최소 요건인 AP 물리학 및 미적분학 과정을 제공하지 않았다. 물리학 수업은 선택과목이었고, 대학 전 단계 수준인 쉬운 수학만 알면 들을 수 있었다. 담당 교사는 지루한 암기 방식으로 수업을 진행했고, 학생들은 수업 시간에 소란을 피웠다. "아마도 물리학 수업을 듣고 싶어 하는 학생은 저뿐이었을 거예요." 베가가 말했다. 베가도 물리 교사 때문에 물리학에 대한 열의를 잃고 있었다. 베가는 고등학교에 다니는 동안 천체물리학에 대한 포부를 잠시 접는 대신, 다른 영역에 집중했다. 자신의 영어 능력에 대한 의구심에서 비롯된 발표 공포증을 극복하고자 노력했는데(베가는 유치원에 다닐 때까지 스페인어만 사용했다), 그녀는 용감하게도 연극반에 들어갔고 마리아치 악단에서 연주를 하기도 했다.

텍사스대학교 샌안토니오캠퍼스 2학년 재학 중에 베가는 다시 물리학에 도전했다. 그녀는 수강생들이 자주 나가떨어지는, 인간미 없는 대규모 입문 강의를 신청했는데, 어렵기는 했지만 수업이 마음에 들었다. 점점 더 수준 높은 대학 물리학 및 천문학 강의를 들으면서도 내용을 이해하는 데는 크게 어려움을 겪지 않았다. 이와 함께 베가가 수업에서 유일한 여성이거나 유일한 라틴계 학생인 경우도 늘어갔다. 마침내 베가는 천체물리학 교수인 에릭 슐레겔 박사의 연구실에서 일하게 됐다. 슐레겔은 고궤도에서 지구를 도는 미국 항공우주국 소속 엑스레이 관측소에서 수집한 데이터 분석을 전문적으로 수행했다.[25] 베가는 슐레겔의 연구실에서 '메시에 51'이라는 은하를 엑스레이로 촬영한 데이터를 분석하면서 가치 있는 공헌을 하게 되었다. 메시에 51은 지구에서 3100만 광년 떨어진 곳에 있는 은하로, 항공우주국이 "우주를 휩쓰는 장대한 나선 계단"이라고 묘사했다. 슐레겔과 함께 작업한 메시에 51 은하 연구는 해당 분야 최고 학술지인 〈천체물리학 저널〉에 실렸다.[26] 베가의 멘토들은 그녀에게 박사과정에 지원해 천체물리학자가 되겠다는 오랜 꿈을 이루라고 격려했다. 베가는 고등학교에 다녔을 때 수학 기초를 탄탄하게 다지지 못했던 터라 합격할 수 있을지 확신하지 못했고, 자기 자신은 물론 멘토들까지도 실망시킬까 봐 두려웠다. 결국 그녀는 지원하지 않았다. 10년 만에 두 번째로 꿈을 포기했던 것이다.

하지만 포기해도 소용없었다. 마지막 학기에 슐레겔의 연구실에서는 베가가 SACNASSociety for Advancement of Chicanos/Hispanics and Native Americans in Science라는 전문 학회에 참석할 수 있도록 비용을 지불했다. 베가가 "연구하고 싶어 죽을 지경"인 것이 뻔히 보였다고 슐레겔이 말했다.[27] 연구를 발표하고 네트워크를 구축하는 경비를 전액 지원받는 여행을 떠나게 된 베가는 뛸 듯이 기뻤다. SACNAS에 참석한 베가는 우연한 기회에 데이비드 언스트 박사와 오랫동안 대화를 나눴는데, 언스트는 스태선과 함께 피스크-밴더빌트 브리지 프로그램을 창설한 사람이었다. 이 작디작은 행운이 베가의 인생을 바꿨다.

언스트는 베가에게 피스크-밴더빌트 프로그램이 기존 박사과정과 어떻게 다른지 설명했다. 예를 들어 피스크-밴더빌트 프로그램은 GRE 점수를 요구하지 않는 대신, 지원자는 수업 활동과 성적 증명서를 제출하고 프로그램에 기여할 수 있는 역량을 평가하는 장시간의 면접을 받아야 한다. 다른 일류 대학원 과정과 달리, 피스크-밴더빌트 프로그램은 발표 공포증을 극복하고자 마리아치 악단과 연극반에 들어갔던 사례처럼 끈기와 회복탄력성을 보여주는 베가의 이야기를 높이 평가할 것이었다. 게다가 베가는 내슈빌에 있는 역사적 흑인 대학인 피스크대학교에서 석사과정을 시작해 밴더빌트대학교 스태선 교수의 최첨단 연구실에서 연구하게 된다. 그녀는 소수집단 출신 학생들이 전문 과학 직업에 종사할 수 있도록 뒷받침하는 학교인 피스크대학교에서 2년 동안 프로그래밍 언어, 소프트웨어, 통계 기법 등 해당 분야에서 사용하는 도구를 배우게 된다. 피스크 과정과 밴더빌트 연구실에서 충분한 성과를 거둔 학생은 자동으로 밴더빌트의 박사과정에 들어가게 되고, 그곳에서 다른 학생들과 대등한 입장에서 출발한다. 베가는 이 계획에 귀가 솔깃했다. 그녀는 대학에서 자기보다 훨씬 많은 수업 활동과 수준 높은 연구 경험을 쌓은 사람들을 어떻게 따라갈 수 있을지 걱정했다. 2013년 봄, 베가는 피스크-밴더빌트 프로그램에 합격했다. 그해 가을에는 여전히 두려워하면서도 꿈을 실현하겠다는 의욕을 품고 테네시주 내슈빌로 이사했다.

좀 더 포용적인 입학 정책에 관한 글은 많지만, 포용적 우수성을 진짜 실현하는 과정은 일단 학생들이 입학해서 캠퍼스에 발을 디딘 이후에 일어난다. 베가는 여전히 여러 심리적 과제에 대처해야 했다. 백인과 아시아인 남성이 대다수인 분야에서 일하는 라틴계 여성으로서 명문 사립 고등학교나 일류 대학교를 나온 동료들과 경쟁해야 했다. 스태선의 대학원 프로그램은 '높은 기준'과 '높은 지원'을 정교하게 조합해, 베가 같은 학생들이 자신의 배경과 정체성을 천체물리학계에 종사하는 미래와 연결시킬 수 있도록 돕고자 신중하게 설계된 과정이었다. 높은 기준과 높은 지원은 포용적 우수성을 촉진하는 데 꼭 필요한 2가지 요소다.

멘토 마인드셋과 포용적 우수성

이 책의 첫머리에서 소개했던 현명한 피드백 메모 연구를 다시 생각해보자. 제프리 코헨은 지도교수인 사회심리학자 클로드 스틸과 함께 현명한 피드백을 만들었다. 스틸은 고정관념과, 고정관념이 동기에 미치는 영향을 연구하는 심리학 분야를 주도하는 학자다. 코헨과 스틸이 나와 함께 연구하려고 했던 대상은 동기 전반이 아니었다. 구체적으로 '정체성 집단 격차를 넘나드는' 동기부여를 이해하고 싶었다. 예를 들어 백인 교사가 소수집단 출신 학생에게 비판적인 피드백을 주는 경우나, 남성이 여성의 작품을 비평하는 경우를 말한다. 우리 연구에서는 모든 학생이 현명한 피드백으로 혜택을 받더라도 소외나 따돌림을 경험했던 정체성 집단의 학생들이 특히 더 많은 혜택을 받은 것으로 나타났다. 현명한 피드백 연구는 스틸이 25년 전에 다음과 같은 글을 썼던 이유였다.[28]

[소수집단 출신 학생들에게는] 보충 과제와 낮은 기준이 아니라 어려운 과제와 높은 기준을 적용해야 한다. …더 적게가 아니라 더 많이 요구해야 한다. 문제는 대개 그들이 그 일을 할 수 없다는 추정이다. …[나아가] 학생들을 붙잡는 추동의 중심에는 학생들이 지도자가 자신의 편이라고 확신하도록 만드는 기제가 있어야 한다.

스틸은 멘토 마인드셋 철학과 이를 포용적 우수성에 적용하는 법을 무척 훌륭하게 설명했다. 우연히도 지난 60년 동안 인류학, 교육학, 사회학 등 심리학 이외의 다양한 학문 분야에 종사하는 연구자들이 수집한 데이터도 스틸의 결론과 멘토 마인드셋이 포용적 우수성을 실현하는 유력한 도구라는 생각을 뒷받침했다.

프래니타 웨어 박사는 에모리대학교 박사과정 학생이었을 때,[29] 지도교수였던 재클린 어빈 박사가 쓴 〈따뜻한 요구자들〉이라는 글을 읽었다.[30] 그 글에서 어빈은 인류학자 주디스 클라인펠트의 연구를 소개했다.[31] 클라인펠트는 로잘리 왁스의 보호구역 교사 연구를 검토했다(2장 참조). 또한 이누이트족 학생들을 가르치는 교사들을 대상으로 직접 민족지 조사도 실시했다. 클라인펠트는 왁스가 유능하다고 했던 교사들에게 '따뜻한 요구자'라는 명칭을 붙였다. 그들은 무척 따뜻하고(지원) 무척 많이 요구했다(기준). 클라인펠트의 용어는 어빈, 웨어를 비롯한 이후 여러 연구에 중대한 영향을 미쳤다.

웨어는 따뜻한 요구자에 관한 글을 읽으면서, 그 명칭을 유능한 흑인 교육자들에게 어떻게 적용할 수 있을지 알고 싶었다. 웨어는 애틀랜타에 있는 공립학교 교사들을 관찰했는데, 5학년을 가르치는 한 교사가 눈에 띄었다. "그녀를 봤을 때 '이 사람이야'라고 말했어요. 이 사람이 따뜻한 요구자라는 생각이 들었죠." 웨어가 말했다. 웨어는 남은 대학원 생활 내내 흑인 학생들을 가르치면서 형평성을 촉진하는 유능한 흑인 교사들을 대상으로 영향력 있는 민족지 조사를 실시했다.

어느 날, 웨어는 놀라운 광경을 목격했다.[32] 그 유능한 교사는 12~13세 학생들로 이루어진 반 전체를 지휘했는데, 학생들 중 절반만 숙제를 제출한 탓에 교사가 "학생들을 혼내고" 있었다. 강요자라면 이런 상황에서 어떻게 할까? 소리를 지르거나, 지시하거나, 탓하거나, 망신을 주거나, 경멸할 것이다. 보호자라면 학생들에게 숙제를 하라고 상냥하게 요청하겠지만, 학생들은 그 말을 무시할 것이다. 웨어가 본 상황은 그 어느 쪽도 아니었다. 그 교사는 학생들에게 자신의 기대에 부응하라고 정중하게 요구했다. 웨어는 2006년에 쓴 글에서 이 학생들의 반응을 소개했다(작은따옴표는 내가 추가한 것이다).[33]

> 교사가 말하는 동안 학생들은 '쥐 죽은 듯이 조용'했고 '존중하는 눈빛으로 그녀를 바라봤다.' 아무도 움직이지 않았다. …그런데도 모든 학생이 경청하고 후회하는 듯한 표정을 지으며 반응하는 듯했다. … 교사가 말을 마쳤을 때 학생들은 숙제를 하면서 교사가 설명한 절차를 기꺼이 잠자코 따랐다.

웨어는 이 구절에서 멘토 마인드셋 접근법의 진수를 담아냈다.

멘토 마인드셋을 사용하는 교사, 부모, 관리자는 존중하는 관계의 기반을 구축한다. 그들은 청소년들을 진지하게 대하고 각자가 잠재 능력을 발휘하기를 기대하면서 필요한 지원을 제공한다. 이런 구조에서 청소년들은 옳은 일을 하려는 동기를 발견한다. 현재 웨어는 교육자들을 가르치는 유명 강사로 일하고 있다. 그는 출신배경과 상관없이 그 누구라도 높은 기준과 높은 지원을 함께 적용하며 포용적 우수성을 촉진하는 법을 배울 수 있다고 강조한다.

1990년대 중반, 사회학자 로저 샤우스가 '고등학교와 그 이후High School and Beyond, HS&B' 연구의 데이터를 분석했다.[34] 미국 연방정부의 국립교육통계센터가 이 연구를 의뢰했고, 유명 사회학자 제임스 콜먼이 지휘했다.[35] HS&B 연구는 미국 전역에서 무작위로 선정한 고등학교 1000곳 이상과 학생 5만 8000여 명을 대상으로 실시되었다. 이 전국 조사로 왁스와 웨어가 실시한 민족지 연구에서 포착한 사례를 좀 더 광범위하게 적용할 수 있는지 시험할 수 있었다.

샤우스는 포용적 우수성의 요소를 찾고자 HS&B 데이터를 사용했다. 그는 전반적인 성과가 우수한 동시에 '공평한' 성과를 내는 학교, 즉 인종·민족·사회경제적 지위에 상관없이 모든 학생들이 골고루 좋은 성적을 올리는 학교를 찾고자 했다. 샤우스는 이런 학교들이 학업 기대와 사회적 지원이라는 2가지 측면에서 높은 점수를 기록했다는 사실을 발견했다. '그 학교들이 멘토 마인드셋 학교'였다.

샤우스의 분석에 따르면 웨어의 조사 결과는 그저 흥미로운 특이 현상에 그치지 않았으며, 전국 규모로 일어나는 현상이었다. 멘토 마인드셋은 모든 청소년들, 특히 인종·민족·사회경제적 지위 때문에 소외된 청소년들의 인생을 바꿨다.

이 연구는 스태선이 이끄는 피스크-밴더빌트 브리지 프로그램이 특히 뛰어난 멘토 마인드셋 사례가 된 핵심 요소는 무엇이며, '이 프로그램은 높은 기준과 높은 지원을 어떻게 효과적으로 결합하는가?'와 같은 질문에 대답하는 데 도움이 된다.

어른의 영향력

"모두 어머니에게서 시작되었죠." 내가 스태선에게 포용적 우수성을 추구하게 된 기원을 물었을 때, 그는 이렇게 말했다.[36] 키반 스태선의 어머니는 멕시코의 한 작은 마을 출신으로, 아메리칸드림을 향한 열망으로 위험을 무릅쓰고 미국에 왔다. 스태선은 태어날 때부터 미국 시민이었지만, 지금도 어머니가 미국 시민이 된 날에 뿌듯해 하던 모습을 기억한다. 어머니는 아메리칸드림에 뿌리를 둔 애국심과, 계층 상승에 대한 믿음으로 스태선을 키웠다. 스태선은 말했다. "어머니는 실제로 이렇게 말씀하셨어요. 당신이 저를 베이스캠프에 데리고 왔고, 이제 제가 할 일은 정상에 오르는 것이며, 정상에 도달한 다음에는 다른 사람들이 올라오기 쉽게 도와야 한다고요."

스태선이 살던 로스앤젤레스의 저소득층 거주지역에서는 천체물리학자가 되겠다는 사람이 아무도 없었다. 스태선은 캘리포니아대학교 버클리캠퍼스에 전액 장학금을 받고 입학했지만, 문제가 하나 있었다. 장학금 명칭이 '적극적 우대조치' 장학금이었기 때문이다. 이 꼬리표는 널리 퍼져나갔다. 다른 신입생들은 스태선이 입학 심사 기관의 실수로 대학에 들어왔다는 듯이, 마치 제자리가 아닌 곳에 있다는 듯이 쳐다봤다. "저는 가면 증후군을 누구보다도 심하게 겪었습니다." 그렇게 의구심이 들어도 그는 빗나가지 않았다. "나 자신이 기회를 누릴 자격이 있는지 의문을 품는 대신 '이 기회를 살리려면 무엇을 해야 하지?'라고 자문했습니다."

시간이 흐른 뒤, 스태선은 멘토링에 그 교훈을 활용했다. 그는 피스크-밴더빌트 프로그램을 시작한 첫날 로라 베가 같은 학생들에게 연설했다. 프로그램에 참가한 학생들은 대부분 고마워하면서도 긴장했다. "그들은 기회에 감사하면서도 누군가가 실수를 저질렀을 뿐이고, 실은 자신은 여기에 들어올 자격이 없을지도 모른다며 긴장합니다." 소속감에 대한 이런 두려움을 가리켜 '가면 증후군impostor syndrome'이라고 한다.[37] 이는 누군가가 자신을 잘못 판단하는 바람에 합격했을 뿐이고, 자신이 사기꾼이라는 사실이 금방 들통날 것이라고 지속적으로 걱정하는 현상이다. 이런 불안을 해결하고자 스태선은 학생들이 정확한 심사 과정을 거쳐 이 엄격한 프로그램에서 성공하기에 가장 적합하다는 판단을 내린 거라고 장담한다. 그런 다음에 학생들에게 이전 시험 점수가 아니라 앞으로 할 공헌에 초점을 맞추도록 장려한다. "여러분은 브리지 프로그램에 들어왔고 다시 한번 기회를 얻었다고 생각할 수도 있습니다. 혹은 일반적인 방식으로는 얻을 수 없는 기회였으니 예외적인 경우라고 생각할 수도 있습니다. 여러분이 여기에 있을 정도로 우수한 인재인지, 과연 자격이 있는지 같은 생각은 당장 떨쳐버리세요. 여러분은 뛰어난 인재입니다. 대신 그런 투자에 부응하기 위해 무엇을 할 것인지에 초점을 맞춥시다."

캘리포니아대학교 버클리캠퍼스 물리학과 학부생 시절, 스태선은 우수한 성적을 거뒀다. 이후 곧바로 위스콘신대학교 매디슨캠퍼스에서 박사학위를 받았다.

스태선의 박사학위 수여식은 전환점이 됐다. 어머니는 수여식에 참석하기 위해 위스콘신까지 날아왔고, 무척이나 자랑스러워하면서 학위복을 격식에 맞게 착용하라는 둥 내내 참견했다. 저녁 식사 자리에서 어머니가 질문했다. "이제 어떻게 할 거야?" 스태선은 이런저런 논문을 쓰거나 지원금을 따내려고 한다며 지극히 직설적이고 학술적인 대답을 내놓았다. 어머니는 무척 실망한 표정으로 아들을 바라봤는데, 분명히 다른 종류의 대답을 기대한 것이었다. 스페인어로 "이제 어떻게 할 거야?"라는 말에는 "지금까지 그렇게 많은 것을 받았는데, 이제 그것으로 무엇을 할 생각이니?"라는 의미가 담겨 있었기 때문이다. "나 자신을 잊고 있었다는 생각이 들었어요." 스태선이 말했다. 퍼뜩 정신을 차린 그는 교수가 되겠다고 말했다. 일단 교수가 되어 그 영향력을 이용해 다른 사람들도 정상에 오를 수 있도록 돕겠다고 했다. 어머니는 그 대답에 매우 흡족해 했다.

이 이야기는 80년 전에 있었던 레오나와 피트의 이야기('들어가며' 참조)와 무척이나 비슷하다. 스태선의 어머니는 내 증조할머니인 레오나처럼 아들이 세상에 기여하도록 높은 기준을 내세웠고, 아들에게 책임을 면제해주지 않았다. 하지만 동시에 아들을 조건 없이 사랑했다. 피트 섬너스가 그랬듯이 스태선도 어머니의 멘토 마인드셋을 받아들여 이를 자신의 일에 적용했고, 결국 로라 베가를 비롯한 수많은 학생들의 인생에 도움을 줬다. 이는 멘토 마인드셋이 어떻게 세대 간 포용적 우수성을 촉진하는 원동력으로 작용하는지 아주 잘 보여주는 사례다.

2022년 봄, 스태선은 텍사스대학교 오스틴캠퍼스의 내 연구실에 방문해 그가 진행하는 프로그램의 특징을 자세히 알려줬다.[38] 내용은 다음과 같다.

스태선의 프로그램은 학생들이 물리학에 정당한 기여를 하도록 대단히 높은 기준을 유지한다. 학생들은 소프트웨어 프로그래밍 도구를 습득하고, 데이터를 바탕으로 복잡한 이미지를 추출해야 한다. 논문을 작성해 전문 학회에서 발표하고 학술지에 발표해야 한다. 형평성이나 포용성을 확보하려는 연구실 중에는 이렇게 하지 않는 곳이 많다. 그들은 보호자 마인드셋에 빠져서 격려만 할 뿐 현실 사회에 대한 공헌에는 좀처럼 관심을 기울이지 않는다.

스태선의 연구실에서는 학생이 전문 학회에서 처음으로 본격적인 과학 연설을 하기 전에 연구실에서 회의 시간 전체를 할애해 예행연습을 실시한다. 이런 연습이 필요한 경우가 많다. 발표 공포증이 있거나 가면 증후군에 시달리는 학생들은 강연 전에 겁을 먹기 쉽다. 베가(및 최종적으로는 연구실 소속 학생 전원)는 1시간 동안 앞에서서 강연을 해야 했고, 나머지 연구실 구성원들은 연구과제는 적절하게 설정했는지, 그래프와 도표가 명확했는지, 주요 발견 사항을 충분히 강조했는지를 비롯해 강연의 모든 측면에 대해서 구체적이고 직접적인 피드백을 제공했다. “장담컨대, 피드백을 마칠 무렵이면 학회에서 들을 법한 모든 비판을 전부 듣게 됩니다. 그러니 내용과 형식 측면에서 모든 준비를 마치게 되죠.” 스태선은 무대에 올라 향후 고용주가 될 사람들 앞에서 비판을 받느니, 당신이 성공하기를 바라는 내부 집단에게서 이런 피드백을 받는 편이 훨씬 낫다고 생각한다. 또한 사탕발림과 피드백 보류는 그 누구에게도 도움이 되지 않는다고 믿는다.

스태선은 논문 집필에도 높은 기대를 건다. “논문 출판에 관한 한 저는 정말 독재자예요.” 그는 “정말 중요한 것을 딱 하나 꼽으라면 논문”이라는 말을 달고 산다. 학생이 기발한 코드를 쓰거나 멋진 데이터 그래프를 만드는 것만으로는 의미가 없다고 생각한다. 그런 자료를 가지고 결승선까지 달려가서 물리학에 공헌할 수 있는 논문을 자기 이름으로 출판해야 하는 것이다. 스태선의 학생들은 첫날부터 그와 함께 논문을 쓰기 시작한다. “학생에서 과학자가 되고 과학을 만들어냈다고 느끼는 시점이 찾아옵니다.” 주간 연구 회의에서 그들은 진행 중인 논문에 대해서만 이야기한다(학회 발표 연습이 없는 한). 학생이 자기가 쓰고 있는 논문을 화면에 띄우면 이에 대한 트집 잡기가 시작된다. 이후 1시간 동안, 과학자 10여 명이 데이터에 어떤 의미가 있는지, 수치는 올바른지, 결과가 타당한지, 해당 연구가 물리학 분야에 어떤 공헌을 하는지를 언급한다. 로라 베가는 자신이 쓴 과학 논문이 비판받는 동안 긴장하고 부끄러운 기분을 느꼈지만, 과학자로서 성장하는 과정에 꼭 필요한 경험이었다고 말했다.

스태선이 논문에 접근하는 방식이 표준적인 관행은 아니다. 가르치는 학생들이 스트레스를 받거나 무안함을 느끼지 않도록 보호하려는 지도교수들이 많기 때문이다. 심지어 학계 논문 출판의 '무한경쟁'이 어리석다거나 사소하다거나 무의미하다고 규정하면서 이런 현상에 의문을 제기하고, 학생의 성과물이 아니라 기발한 아이디어를 칭찬하는 쪽을 선호하는 교수들도 있다. 그들은 공평하려고 하지만, 공평함을 제대로 실현시키지는 못한다. 스태선은 그렇지 않다. "저는 지적인 측면을 칭찬하기만 하고 아이디어가 동료 심사를 거치는 학술지에 실려서 과학적인 노력의 결실을 느낄 수 있을 때까지 밀어붙이지 않는다면 아무런 의미가 없다고 생각합니다."

스태선의 학생들이 항상 높은 기준을 '편안하게' 여기는 것은 아니다. 자주 스트레스를 받고 두려워할 때도 있다. 하지만 청소년들이 높은 성과를 내는 집단에 속할 수 있도록 준비하려면, 그런 높은 기준은 반드시 필요하다. 학생들이 스태선의 브리지 프로그램을 떠날 때 멘토까지 데리고 갈 수는 없기 때문이다. 베가는 스태선에게 전화를 걸어 스피커폰으로 연결한 채 면접관들에게 '베가는 정말 똑똑합니다! 자격이 있어요!'라고 증언하게 할 수 없다. 자신이 쌓은 성과 기록, 이력서에 쓸 출판 논문을 보여줄 수 있을 뿐이다. 지도교수가 학생들이 진정한 성과를 쌓을 수 있도록 힘을 실어주지 않는다면, 그들은 학위과정에 들어올 때와 똑같이 취약한 상태로 지도교수의 보호에서 벗어나게 된다.

로라 베가는 밴더빌트대학교의 다른 박사과정 학생들이 브리지 프로그램 졸업생들을 가리켜 마치 더 들어오기 쉬운, '뒷문'으로 들어왔다는 듯이 취급한다면서 이 점을 강조했다. 그럴 때 베가는 브리지 프로그램에서 연구 결과를 출판해야 했다는 점을 떠올린다. 베가는 '앞문'으로 들어온 학생들보다 더 수준 높은 학술지에 주저자로 쓴 논문들을 발표했다. 그녀는 뒷문으로 들어오지 않았으며, 그 자리를 차지할 자격이 있었다.

"일류 학술지에 제1저자로 쓴 논문을 발표하면 확실히 발언권을 확보할 수 있어요." 베가가 말했다. 스태선이 논문 발표를 강조하는 이유를 찾으면 버클리에서 자신이 사기꾼 같다고 느꼈던 감정을 해소하는 해결책까지 거슬러 올라간다. 그는 소수집단 출신 청소년들에게 '나는 여기 소속입니다'라고 말하는, 영원히 이용할 수 있고 평생 보장되는 패를 쥐여주고자 한다. 이는 '획득한 명성'이다.

보호자 마인드셋 리더들은 이렇게 하지 않는다. 그들은 포용적 우수성으로 가는 지름길을 택하고자 한다. 거짓 칭찬과 낮은 기준으로 소수집단 출신들에게 헛바람을 불어넣는다.

중요한 점은 스태선이 학생들을 불 속에 던져 넣고 "거는 기대가 큽니다!"라고 외치지는 않는다는 사실이다. 그런 방식은 강요자 마인드셋이다. 멘토 마인드셋 리더는 포용적 우수성을 촉진하기 위해 높은 기대에 걸맞은 높은 지원을 제공해야 한다.

스태선의 브리지 프로그램에서는 매일 지원 프로그램을 진행한다. 월요일은 글쓰기, 화요일은 외부 연사 초청, 수요일은 연구 회의, 목요일은 새로 나온 논문에 대해 이야기하는 '천체 커피' 대화, 금요일은 길었던 한 주를 마무리하면서 와인을 마시고 사교 모임을 갖는다.

이런 활동은 학생들을 동기, 졸업을 앞둔 선배, 전문적 성장에 대한 조언을 구할 수 있는 박사후연구원들과 이어주려는 목적으로 만들었다. 매 분기마다 학생들은 멘토링 위원회를 만난다. 멘토링 위원회는 스태선이 지원하는 멘토 네트워크로, 학생들이 야심 찬 목표를 달성하는 데 필요한 데이터나 전문 장비, 기술에 접근할 수 있도록 돕기 위해 전략적으로 선정한다. 멘토링 위원회는 학생들이 스태선 이외에도 추천서를 써주거나 고용주가 될 법한 사람들의 네트워크처럼 중요한 인맥을 쌓을 수 있도록 돕는다.

획득한 명성, 소속감, 역량

자부심을 느낄 만한 수준 높은 연구 실적을 계속 내놓은 베가는 자신이 물리학계에 몸담을 자격이 있다는 소속감을 마음 깊이 느낀다. 그런데도 자기 회의에 빠지는 순간들이 있다. 브리지 프로그램을 시작하고 몇 년이 지났을 때 베가는 중요한 자격시험을 망친 적이 있다. 아는 내용이었는데 뇌가 압박감 때문에 제대로 작동하지 않는 바람에 엉뚱한 대답을 해버렸다. 스스로 멍청하다고 느낀 베가는 샌안토니오로 돌아가기 위해 짐을 싸기 시작했다. 그때 스태선이 끼어들었다. 그는 베가에게 최대한 직접적으로 말했다. "넌 잘하고 있어. 해낼 수 있어." 어쨌든 학생이 과학을 잘할 수 있는지를 판단하는 기준은 시험을 얼마나 잘 볼 수 있는지가 아니라 과학을 잘할 수 있는지 여부다. 그리고 베가는 과학을 잘하고 있었다. 스태선의 격려로 베가는 연구에 복귀할 수 있었다.

스태선은 가면 증후군이 나아지기는 하지만 완전히 사라지지는 않는다는 데 불안을 느낄 수 있다는 사실을 알고 있었다. 그는 베가를 비롯해 브리지 프로그램에 속한 학생들에게 개인적인 이야기를 들려줬다. 어릴 적에 스태선은 눈에 띄게 말을 더듬었는데, 혀가 짧았기 때문이었다. 언어치료사가 특정한 단어를 말하기 전에 입천장에 혀를 갖다 대는 요령을 가르쳐줬고, 그 방법은 효과가 있었다. 하지만 혀짤배기소리가 완전히 없어지지는 않았다. 지금까지도 스태선은 말하기 전에 그 요령대로 한다. 하지만 시간이 흐르면서 혀짤배기소리와 혀를 대는 요령에 익숙해졌고, 사람들 앞에서 발표하는 것도 꺼리지 않았다. 스태선은 그 과정이 역사적으로 자신이 속한 집단을 무시했던 엘리트 영역의 내부자가 되는 것과 무척 비슷하다고 생각한다. "사기꾼 같다는 느낌은 서서히 줄어들지만 완전히 사라지지는 않습니다." 스태선이 학생들에게 말했다. 하지만 그렇다고 해서 성공을 방해받을 이유는 없다. 소속감에 대한 걱정이 끊임없이 이어진다고 해서 앞으로 영영 소속될 수 없다는 징후로 해석해서는 안 된다. 그런 느낌이 성가시기는 하지만 미래를 좌우하는 것은 아니다.

몇 년 후 로라 베가는 천체물리학계의 일류 학술지에 여러 논문을 출판하면서 박사과정을 마쳤다. 그녀는 미국 항공우주국 고더드 센터에서 박사후 과정을 시작했으며, 우리가 이야기를 나눴을 당시는 베가가 그곳에서 일한 지 몇 달이 지난 시점이었다.

바로 전날 베가는 항공우주국에서 신경이 곤두서는 중요한 연구 발표를 했다. 다양한 과학부서의 선임 과학자, 엔지니어, 직원 들이 참석하는 자리였다. "저는 사람들 앞에서 발표하는 일이 너무 힘들어요." 베가가 말했다. 강연하기 전날, 베가는 불안감 때문인지 악몽을 꿨다. 마리아치 콘서트에서 연주하기 직전이었는데 악기에 사용하는 마우스피스를 가지고 오지 않아 연주를 망친 꿈이었다. 그때 베가는 스태선이 들려준 혀짤배기 이야기를 떠올렸다. 베가는 토스트마스터즈Toastmasters(의사소통과 연설, 리더십 능력 개발을 돕는 비영리 교육기관 – 옮긴이)에 가입하고 생체 자기 제어 기술을 활용한 해결책을 시도해왔다. 무엇보다도 베가는 자신의 성취를 떠올렸고, 그런 성과는 소속감을 느끼게 해줬다.

강연 중에는 거의 제정신이 아닐 정도였다. 그러다가 예기치 못한 일이 일어났다. 사람들이 강연 주제에 무척이나 열의를 보이며 호기심 가득한 질문들을 해댔는데, 그 순간 그녀는 거의 유체 이탈을 경험하는 듯했다. 별을 올려다보며 천체물리학을 꿈꾸던 아이(자기 자신)가 이제 항공우주국 선임 과학자들과 한자리에서 어울리며 자신이 이루어낸 성과를 자랑스러워하는 모습을 본 것이다. "저는 '그래, 내가 그걸 해냈어'라고 생각했어요." 그런 순간들이 불안한 마음에도 불구하고 그 분야에 계속 몸담으며 공헌해나가겠다는 야망을 자극한다. 그것이 지위와 존중을 부여하는, 획득한 명성의 힘이다.

베가의 이야기는 포용적 우수성이 무엇인지 다시 한번 되돌아보게 한다. 포용적 우수성은 베가 같은 사람들을 분야에서 내쫓거나 애초에 들어오지도 못하게 막는 강요자의 불가능하고 자의적인 기준이 아니다. 그런 것은 배타적 우수성이다.

또한 보호자 마인드셋의 '사랑이 넘치는' 부드럽고 뜨뜻미지근하고 밍밍한 기준도 아니다. 그것은 우수성이 빠진, 포용성을 위한 포용일 뿐이다. 그런 태도로는 베가 같은 고등학교를 나온 사람이 항공우주국의 일류 과학자들이 모인 자리에서 발표할 수 있는 수준에 도달하도록 이끌 수 없다.

포용적 우수성은 GRE 같은 시험 점수 하나로 누군가의 공헌 가능성을 평가할 수 없다는 믿음에서 비롯된다. 아무것도 두려워하지 않고 온갖 장점을 모두 갖춘 사람만이 공헌할 기회를 가질 수 있는 것도 아니다. 결코 그렇지 않다. 모든 청소년이 공헌할 잠재력을 지니고 있다. 높은 기준과 높은 지원을 함께 제공하며 그런 잠재력을 존중하고 소중하게 여기고 뒷받침한다면, 어떤 집단 출신의 청소년이라도 더 높이 도달하고, 더 많이 달성하며, 우리 사회를 더 강하게 만들어나갈 수 있도록 동기와 의욕을 부여할 수 있다.

어느 날 엘리베이터에 탄 스태선은 문이 닫히려는 순간 동료 물리학 교수를 발견하고 문을 열었다. 브리지 프로그램 학생들에 대해서 가볍게 대화를 나누던 중에 동료가 스태선은 운이 좋았다고 말했다. 왜 그랬을까? 좀 더 자세한 설명을 들은 후, 스태선은 자신의 출신배경(가난한 가정 형편, 이민자 어머니, 소수집단 출신) 덕분에 브리지 프로그램 학생들에게 든든한 멘토가 되는 행운을 누렸다고 말하고자 했던 동료의 의도를 이해했다. 백인인 그 동료는 자신에게는 그런 배경이 없으니 브리지 프로그램 학생들과는 연구하지 못할 거라고 생각했던 것이다.

스태선은 브리지 학생들에게 본능적으로 공감하는 부분이 있다는 데 처음에는 동의했지만, 좀 더 깊이 생각한 다음에는 동의하지 않게 됐다. 그는 자폐증이 아니지만 모든 과학계를 통틀어 자폐증 학생들에게 가장 포용적인 연구실을 꾸렸다. 시작 당시 스태선은 댄이나 자신의 아들 같은 학생들을 어떻게 지원해야 할지 본능적으로는 알지 못했다. 사실 자폐증 학생을 포용하는 문제에는 브리지 학생들을 도우려는 스태선의 본능(고정관념이나 가면 증후군 같은 사회적 서사에 대해 추상적으로 생각하는 데 초점을 맞춘)을 전혀 적용할 수 없다. 이처럼 전혀 다른 집단들에 포용적 우수성을 촉진하는 스태선의 능력은 무엇보다도 그의 마인드셋 덕분이다. 그는 동기가 부여된 학생이라면 누구라도 높은 기준을 적용할 수 있다고 믿었고, 학생들이 기준을 달성하고자 노력하는 과정에서 지원했다.

스태선의 이야기는 리더가 멘토 마인드셋을 채택하고 이를 활용해 좀 더 많은 사람에게 해당 분야의 포용적 우수성을 적용하는 것을 가로막을 장애물은 아무것도 없다는 것을 보여준다.

11장

영향력 있는 어른들의 이야기

너희는 정의, 오직 정의만을 따라야 한다.[1]

—〈신명기〉, 16장 20절

지위, 존중, 미래 성장을 위한 멘토링

랠프 코넬 이야기

로스앤젤레스가 아닌 곳에 사는 사람들은 랠프 코넬이라는 이름을 들어본 적도 없을 것이다. 하지만 로스앤젤레스에 사는 수백만 명은 매일 그의 공헌에 영향을 받고 있다.

1890년에 태어난 코넬은 20세기 캘리포니아주에서 가장 영향력 있는 조경 건축가였다.[2] 그는 '로스앤젤레스의 옴스테드'라고 불린다. 뉴욕시 센트럴파크를 설계한 옴스테드[3]만큼이나 존경받고 활발하게 활동했기 때문이다. 50년 넘게 일하는 동안 코넬은 포모나 칼리지와 캘리포니아대학교 로스앤젤레스캠퍼스의 수석 조경 건축가로 일했으며,[4] 캘리포니아 원산인 식물들을 활용해 샌디에이고 토리 파인스 최초의 '건조지 공원'[5]을 개발했다. 또한 베벌리 가

든스 공원, 그리피스 공원, 프랭클린 D. 머피 조각 정원 등[6] 로스앤젤레스에서 가장 사랑받는 여러 공용공간을 책임졌다. 빨리 자라지만 오래가지 않는 나무를 원하는 고객들의 반대를 무릅쓰고 코넬이 1세기 전에 심은 나무들은 오늘날까지도 건재하다. 나는 로스앤젤레스의 저명한 조경 건축가 몇 명을 인터뷰했다.[7] 그들 모두가 지금도 코넬의 작품을 참고한다. 흥미로운 사실은 코넬이 적절한 시기에 적절한 멘토를 찾지 못했더라면 이 모든 공헌을 하지 못했을 것이라는 점이다. 그 멘토는 바로 찰스 베이커 교수였다.[8]

코넬은 캘리포니아로 이주한 직후에 모든 것을 잃은 가난한 가정에서 태어났다.[9] 1909년에 그는 로스앤젤레스에서 동쪽으로 약 55킬로미터 정도 떨어진 포모나칼리지에 들어갔는데, 학비가 저렴해서였다. 그러다가 우연히 생물학 교수인 베이커가 가르치는 수업을 듣게 됐다. 당시 조경 건축은 그리 중요한 분야가 아니었으며, 서부 해안 지역에서는 더더욱 그러했다. 1900년대 초에는 '일단 당장 보기 좋은 식물을 심고 물을 듬뿍 준 다음에 잘 자라기를 바라는' 접근법이 주류였다. 동부 해안에서는 옴스테드의 회사가 조경 건축을 점차 전문화하려는 움직임을 확대하고 있었고, 베이커는 코넬이 이런 움직임에 참신한 요소를 더할 수 있다고 느꼈다. 베이커는 코넬에게 캘리포니아 원산인 다양한 식물들을 세밀하게 그리고, 자생지에서 자라는 식물군을 촬영하는 등 점점 더 어려운 과제들을 내줬다. 베이커 자신도 이런 과제를 할 수 없는 경우가 많았지만 여전히 비판적이고 깐깐한 기준을 유지했다. 코넬은 벽돌담이라도 뚫을 기세였다.[10] 베이커는 코넬의 작품이 출판되기에 충분할 정도로 뛰어나다고 생각했기에 그런 높은 기준을 요구한다고 투명하게 밝혔다. 코넬은 이런 기준을 충족하고자 열심히 노력했고, 결국 그들은 코넬의 작품에 베이커의 생물학적 해설을 곁들여 학술지에 발표했다.[11] 캘리포니아 원산 식물을 그린 코넬의 작품 중 일부는 지금 봐도 거의 완벽하다. (나는 예전에 술집에서 록 스타들에게 문신을 해주는 타투 아티스트를 만난 적이 있다.[12] 놀랍게도 그는 식물 타투를 할 때 코넬이 100년 전에 그린 그림만을 사용했다.) 그다음에 베이커는 코넬에게 하버드대학교 조경 건축학 프로그램에 지원하라고 권했고, 코넬은 합격했다. 그곳에서 코넬은 이후 오랫동안 왕성하게 활동한 경력의 토대가 된 정식 교육을 받았다. 1972년 코넬이 사망하기 직전에 기록한 구술 역사 기록 수백 페이지를 읽다 보면, 그의 인생에서 가장 선명한 기억은 자신을 존중하고 자신이 존중받기를 갈망했던 멘토 베이커의 깐깐한 기대에 부응하고자 열심히 노력했던 시절이라는 느낌을 받는다. "베이커 교수님이 제 운명을 결정했습니다. …그는 청소년에게 영감을 주는 재능이 있었어요." 60년 후, 코넬은 지난 역사를 구술하면서 결론지었다.[13] "이런 청소년 교육은 상당히 중요합니다."

중년기에는 코넬 자신이 멘토가 됐다. "코넬은 이 서부 변방에서 조경 건축에 전문성을 확립하고자 노력했습니다." 현재 로스앤젤레스를 대표하는 건축가 중 한 명인 브라이언 티치너가 말했다.[14] 코넬은 자신의 멘토와 마찬가지로 대단히 높은 기준을 요구했다. 그는 유럽이 원산지인 나무를 적당히 심어놓고 물만 주면 모든 문제가 해결될 것이라고 생각하는 정원사들을 비판했다. 하지만 엘리

트주의자는 아니었다. 그는 조경에 종사하는 더 많은 사람들이 이 분야의 기준을 충족하기를 바랐다. 루스 셸혼은 20세기 중반에 로스앤젤레스에서 일한 몇 안 되는 여성 조경 건축가였다.[15] 셸혼은 코넬의 멘토십 덕분에 자신이 이 분야에 자리를 잡을 수 있었다고 말한다. 그녀는 그 유명한 '잠자는 미녀의 성'을 포함한 디즈니랜드의 거리와 광장을 설계했다. 셸혼이 선택해서 디즈니랜드에 심은 나무들은 70년이 지난 지금도 굳건히 남아 있다. 코넬과 셸혼의 이야기는 단순한 진실을 뒷받침한다. "우리는… 미래를 위해서 짓고 있습니다." 코넬은 자신의 조경 철학을 이렇게 말했다. "우리는 지금부터 50년 후에 드러날 모습을 머릿속에 그리며 지금 심고 있습니다." 그가 한 말은 직설적으로나 비유적으로나 진실로 드러났다.

대니얼 랩슬리 이야기

대니얼 랩슬리 박사는 노터데임대학교에서 청소년 심리학을 가르치는 교수다.[16] 그는 피츠버그에서 자랐는데, 아버지는 광부였고 어머니는 전업주부였다.[17] 가족 중에 아무도 대학에 간 사람이 없었던 터라 랩슬리 역시 대학 진학은 생각해본 적이 없었다. 중학교에 들어가기 직전이었던 1965년 어느 여름날, 랩슬리는 친구들과 농구를 한 다음에 주유소에서 어슬렁거리고 있다가 그곳에서 자동차 수리를 맡기고 기다리고 있던 대학생과 우연히 대화를 나눴다. 금방 베트남 전쟁이 화제에 올랐다. 랩슬리는 글을 많이 읽는 아이였고, 베트남 주변 지역에서 공산주의 확산을 우려하는 존슨 대통령의 도미노 이론과 베트남 전쟁에서 미국이 수행해야 하는 역할을 아이답지 않게 옹호했다. 랩슬리가 상황을 잘 알고 있다는 데 조금 놀란 대학생은 반대편 입장을 진지하게 주장하면서도 그를 격려했다. 조롱하거나 비꼬거나 무시하는 징후는 전혀 보이지 않았다. 차 수리가 끝났을 때 대학생은 랩슬리를 보면서 "넌 정말 똑똑한 아이구나. 대학 진학은 생각해봤어?"라고 말했다. 그러더니 단테가 쓴 《신곡》을 읽어봤는지 물었고, 랩슬리라면 무척 재미있게 읽을 것이라고 말했다. 이는 랩슬리가 어려운 책도 읽을 수 있을 것이라는 의미였다. 당시 랩슬리는 14세였다. 지금도 그는 당시에 얼마나 들뜨는 자부심, 즉 획득한 명성을 느꼈는지 기억한다. "산을 날듯이 넘어서 집으로 돌아왔어요. 처음 보는 사람이 나에게 대학에 가라고 부추기면서 단테 책을 읽었는지 궁금해 하는 모습을 상상해보세요." 이 상호작용은 획득한 명성이 동기를 부여한다는 말의 의미를 잘 보여준다. 실제로 랩슬리는 그 낯선 이가 추천한 대로 대학에 진학했고, 쭉 대학에 머물렀다. 그는 박사학위를 땄고 성인이 된 이후로 평생 대학교수로 살았다. 지금 랩슬리는 1세대 대학생을 지원하는 노터데임대학교 프로그램에서 멘토 역할을 하고 있다. 이 운명적인 날에 대해서 랩슬리는 이렇게 설명했다.[18]

> 내가 지금과 같은 인생을 살게 된 경위를 되돌아보면, 그 주유소에서 낯선 사람과 만났던 것이 어느 교사보다, 학교에서 있었던 그 어떤 일보다 더 크게 다가온다. 주유소에서 만난 낯선 이는 생각을 심어줬고, 그때까지 내게 없었던 가능성을 제시했다. 그는 나도 몰랐던 나 자신에 대한 정보를 일러줬다. 덕분에 내가 특별하고 재능 있는 사람이라

는 느낌이 들었다. …이 선명하고 생생한 기억은 한 번도 흔들린 적이 없다. 이 낯선 사람과의 조우 덕분에 나는 내가 태어난 철강 마을에 사는 아이들에게는 흔치 않은 길로 들어설 수 있었다.

나는 몇 가지 이유로 랩슬리의 이야기를 자주 떠올린다. 무엇보다도 이 일화는 청소년에게 하는 말을 조심해야 한다는 사실을 명심하게 한다. 우리가 한 말이 눈덩이처럼 커져서 청소년들을 비롯한 타인에게 먼 미래까지 영향을 미칠지도 모른다. 경솔하게 무시하는 말을 던졌다가 수십 년 동안 원망을 사게 될 수도 있다.

랩슬리의 이야기는 현명한 피드백 실험('들어가며' 참조)에 관해서 아직 언급하지 않은 내용과도 일맥상통한다. 이 연구에서 우리는 학생들이 몇 주일 동안 과제를 수정했는지 여부를 추적하는 데 그치지 않았다. 포스트잇 메모를 받고 나서 6년이 지난 후까지 추적했다. 2017년에 발표한 논문에서 우리는 처치집단 학생들, 특히 학교에서 소수집단에 속했던 학생들이 일회성 포스트잇 메모를 받은 덕분에 꼬박 1년이 지난 후에도 훈계를 받는 횟수가 줄어들었다는 사실을 발견했다.[19] 게다가 실험 실시 후 6년이 지났을 때는 대학에 진학할 가능성이 증가했다. 우리가 실시한 연구는 소규모였지만 그 결과는 랩슬리의 이야기와 완전히 일치했다. 이는 청소년의 능력에 대한 존중을 적시에 제대로 보여주면서 정서적 지원까지 더한다면, 의미 있고 지속적인 변화를 만들어낼 수 있음을 시사한다.

내가 랩슬리의 이야기를 좋아하는 마지막 이유는 그가 나에게 비슷한 일을 해줬기 때문이다. 나는 교사 2년 차를 앞둔 여름에 교육학 석사과정을 밟으면서 랩슬리의 강의(내가 들었던 첫 번째 심리학 강의였다)를 들었는데, 그의 수업은 실용적인 동시에 철학적이었다. 나는 무척 신나서 학기말 과제를 할 때 랩슬리가 요구한 것보다 훨씬 길게 써서 냈다. 일반적인 교수라면 과제를 돌려주면서 "과제 요건을 충족하지 않으니 다시 하세요"라고 말했을 것이다. 혹은 내가 심리학 공부를 한 적이 없어서 자기가 무슨 이야기를 하고 있는지 모른다고 지적했을 것이다.

하지만 랩슬리는 주유소에서 만난 대학생이 자기를 대했듯이 나를 대했다. 나를 깔보지 않고 진지하게 대하면서 더 열심히 하라고 격려했다. 랩슬리는 긴 시간을 투자해서 자신의 피드백을 설명했다. 그는 감탄해 하는 것 같지는 않았지만 "주장한 내용이 일리가 있다고 생각합니다"라고 말했다. 심지어 내 과제를 학술지에 실을 수 있을지도 모른다며 논문으로 다시 쓰도록 기꺼이 돕겠다고 말했다. 누군가가 나를 학자처럼 대우해준 것은 그때가 처음이었다. 너무 좋았다. 랩슬리는 랠프 코넬이 내 또래였을 때 작품을 출판하도록 도왔던 베이커와 같았다.

몇 주일 후에 나는 법학대학원에 가려던 계획을 접었다. 랩슬리 분야에서 대학원에 진학하기 위해 지원서를 준비했고, 랩슬리는 내가 유일하게 기댈 수 있는 추천서 작성자였다. 즉 내가 합격할 수 있었던 것은 랩슬리 덕분이었다. 내가 자신의 능력과 인생의 목표에 깊이 회의감을 느끼던 시기에 랩슬리가 존엄과 존중, 즉 멘토 마인드셋으로 나를 대하지 않았더라면, 이 책을 쓰고자 수행했던 연구는 이뤄지지 않았을 것이다.

미래 성장을 위한 멘토링

코넬과 랩슬리의 멘토십은 모두 내가 '치료사의 문제'라고 부르는 현상과 관련이 있다. 이는 대단히 현명하고 성실한 멘토들조차도 당황하게 되는 골치 아픈 난제다.

치료사의 문제란, 청소년들이 멘토의 보호하에 있을 때 도와주는 동시에 보호에서 벗어났을 때 그들의 능력을 효과적으로 적용할 수 있도록 대비시키기가 어렵다는 사실을 일컫는다. 일반적으로 심리치료는 1시간밖에 안 걸리지만 사람들이 겪는 문제는 치료일의 나머지 23시간 내내 사람들을 따라다닌다. 치료일이 아닌 모든 날의 24시간은 말할 것도 없다. 치료사가 치료하는 1시간 동안에만 환자를 도울 수 있다면 가치를 더한다고 할 수 없다. 환자는 치료 시간 외에는 자기를 돌보는 데 주의를 기울이지 않을 수 있다. 좋은 치료사는 치료 시간이 끝난 후에도 환자들이 더 바람직하게 행동할 수 있도록 돕는다. 치료사의 문제는 청소년에게 멘토 역할을 할 수 있는 모든 사람에게 적용된다.

부모가 평생 자녀와 지내는 시간의 대부분은 아이가 18세쯤, 법적으로 성인이 되면서 끝난다. 부모들은 그 시간을 현명하게, 앞으로 70년에서 80년에 걸쳐 지속적으로 자녀에게 영향을 미칠 수 있는 방식으로 보냈을까?

중등교육과 그 이후 교육을 담당하는 교사에게 주어지는 시간은 9~10개월 동안 일주일에 4~5시간 정도로 더 적다. 교사들은 학생들에게 향후 학업 기간 전체는 차치하고 다음 학년도 수업에라도 도움이 될 만한 지식과 학습전략을 전달했을까?

관리자들이 직속 부하 직원을 데리고 있는 기간은 보통 6~18개월 정도이다. 승진이나 부서 이동 등이 있기 때문이다. 관리자들은 부하 직원이 승진하면서 부가가치를 창출하는 데 도움이 될 만한 업무 습관과 조직문화를 장려해왔을까?

청소년 지원 단체도 비슷한 문제에 직면한다. 과학 문헌에서는 이런 문제를 가리켜 '페이드아웃fade-out'이라고 부른다.[20] 페이드아웃은 단기적으로는 효과가 있지만 장기적으로는 도움이 되지 않는 선의의 프로그램을 일컫는다. 방과 후 자원봉사 멘토링 프로그램은 재미있고 게임도 즐길 수 있지만, 청소년들에게 지속적인 혜택을 제공하지는 않는다. 과보호하는 엘리트 사립학교들은 학생들이 현실 세계에서 실패했을 때 대처할 준비를 제대로 시키지 않는다. 캠프로 들떴던 여름 프로그램의 효과는 아이들이 개학해서 학교로 돌아가는 순간 사라진다. 회사가 비용을 부담해서 일주일 동안 진행한 전문 콘퍼런스는 참석하는 동안은 즐겁지만, 복귀 후 직원의 업무 진행 과정에는 아무런 변화도 일으키지 않는다. 페이드아웃 현상 때문에 치료사의 문제는 조직의 시간과 자원을 비극적으로 낭비하는 결과로 이어진다.

어떻게 하면 치료사의 문제를 해결할 수 있을까? 지위, 존중, 명성을 획득할 기회는 청소년들이 멘토의 보호에서 벗어난 이후로도 오랫동안 영향을 미치기 위한 전제 조건이다.

NBA 최고의 슈팅 코치 칩 엥겔랜드가 이를 잘 보여주는 훌륭한 사례다('들어가며' 참조). 엥겔랜드가 이끄는 여름 캠프 참가자들은 2주 차 화요일에 접어들면서 모든 훈련을 이끌었다. 엥겔랜드는 참가자들에게 '머릿속 코치'를 심어줬다. 그들은 2주일 동안 크게 발전하기도 했지만, 동시에 1년 중 남은 50주 동안 자기 자신을 코치할 준비까지 마쳤다. 카와이 레너드를 비롯해 여러 선수들은 엥겔랜드가 직접 지시하지 않는 상황에서도 NBA에서 갑자기 슛 감각을 잃는 일이 없었다. 엥겔랜드는 선수들에게 '머릿속 코치'를 제공했다. 왜 프로농구라는 치열하고 눈앞의 승리에 집착하는 세계에 몸담은 코치가 그런 장기적인 관점을 취할까? 선수들이 엥겔랜드와 보낸 얼마 안 되는 기간 이외의 시간에도 계속 발전할 때 팀이 더 강해지기 때문이다.

칩 엥겔랜드의 방법은 '미래 성장을 위한 멘토링'을 분명하게 보여준다. 이는 치료사의 문제를 해결한다. 미래 성장을 위한 멘토링이라는, 어른들이 청소년들에게 사용하는 '과정'은 그들이 어른들의 보호에서 벗어난 이후에도 계속해서 도움이 되는 기술이나 사고방식을 심어주는 것이다.

서지오 에스트라다는 학생들에게 다음 주 퀴즈에 나올 물리 문제를 푸는 사소한 요령을 가르치지 않았다. 그는 학생들이 대학에서 과학을 전공할 수 있도록 대비시켰다. 스테프 오카모토는 직원들이 분기 실적 목표를 달성하도록 생산성을 끌어올리는 데만 치중하지 않았으며, 멘티들이 탁월한 경영을 실천하는 리더가 되기를 바랐다. 로레나 세이델은 자녀들이 싸울 때 소란을 당장 멈추기 위해 심판을 보지 않는다. 세이델이 무엇을 기대하는지 자녀들이 이해한 이후로는 일단 눈썹만 까딱해도 말다툼을 멈출 수 있기 때문이다. 멘토 마인드셋은 제대로만 한다면 현재는 물론 먼 미래에도 도움이 된다. 따라서 어른들은 당장 결과를 내야 한다는 압박을 받더라도 멘토 마인드셋을 사용할 수 있다.

강요자 마인드셋과 보호자 마인드셋은 미래 성장을 위한 멘토링의 기반을 약화시킨다. 강요자 마인드셋은 어른의 직접적인 지도와 지시 없이는 청소년들이 아무것도 제대로 할 수 없다고 여긴다. 따라서 직접 강요하는 동안에만 지속되는 규정 준수 기반의 단기 전략을 사용한다. 반면에 보호자 마인드셋은 장기적으로 청소년들을 바꾸기 위해 할 수 있는 일이 아무것도 없다고 여긴다. 보호자들은 청소년들이 단기적인 고비를 극복할 수 있도록 이끄는 데 집중한 나머지, 앞으로 나아갈 힘을 길러주지 못한다.

강요자와 보호자 마인드셋 모두 청소년들이 문제를 감당할 수 있다고 생각하지 않으므로 미래 성장을 위한 멘토링이 아니다. 이런 마인드셋은 치료사가 "우울증과 불안에 대처하는 좀 더 바람직한 방법을 가르쳐봐야 아무런 소용이 없어요. 어차피 당신은 어떻게 써야 할지 파악하지 못할 테니까요"라고 말하는 것과 같다. 1시간 동안 기분 좋게 만들어도 나머지 일주일 내내 무력한 기분을 느끼게 한다면 이는 나쁜 치료다.

미래 성장을 위한 멘토링은 치료사의 문제를 해결할 뿐만 아니라 훨씬 더 만족스럽다. 내가 인터뷰한 멘토 마인드셋 롤모델들은 멘티를 언급할 때면 갑자기 활기를 띠었다. 개중에는 그들이 거둔 개인적인 성공에 대해서도 이야기했지만(나는 그들을 찾아보거나 제삼자에게 물어봐야 했다), 다들 멘티가 거둔 성공에 대해 끊임없이 이야기했다.

'미래 성장을 위한 멘토링'은 청소년들에게 멘토가 되어주려는 어른의 노력이 적절하고 장기적으로 그들의 인생에 긍정적인 영향을 미칠 수 있다고 느끼도록 도와준다. 올바른 멘토 마인드셋으로 접근할 때 우리는 청소년과 상호 소통한 시간이 1시간, 일주일, 여름 한철 혹은 18년이든 상관없이 영향을 미칠 수 있다. 청소년이 어디를 가더라도 따라다닐 눈덩이 효과를 일으킬 수 있는 것이다.

청소년들에게 장기적으로 더 확실한 영향을 미치는 방법을 밝히는 사례 연구 2건에 주목해보자. 한 사례(이번 장에서 소개)에는 미국에서 가장 영향력 있는 신입생 대상 미적분학 교수가 등장하고, 다른 한 사례(12장에서 소개)는 아마도 내가 지금껏 참여했던 실험 중 가장 놀라운 실험과 관련이 있다.

유리 트레이스만의 멘토 마인드셋

대학교 1학년 미적분학 수업은 오랫동안 치료사의 문제를 비뚤어진 형태로 겪어왔다. 이 수업은 수강한 지 한참 후에도 청소년들에게 도움이 되지 않을 뿐만 아니라, 심지어 성장을 '방해'하기도 한다. 미적분학 성적이 나쁘면 이후로 수학, 과학, 공학, 컴퓨터공학 분야에서 전문직 경력을 쌓으려던 학생들이 의욕을 잃는다.[21] 이 과정은 어렵고 진도가 빠른 데다가 가차 없다.[22] 공부 방법을 모르거나, 성씨만으로는 좀처럼 유용한 정보를 제공하지 않는 죽은 수학자의 이름을 딴 외국어 계산법을 이해하지 못하는 학생은 뒤처진다. (로피탈 법칙L'Hôpital's rule은 응급의료와 아무런 관계가 없다.) 대부분의 대학교는 신입생 대상 미적분학 수업에는 4개월 간의 고생이 따르기 마련이라며 잠자코 받아들인다. 고통스럽지만 참고 견뎌야 하는 신장결석 배출과 마찬가지다. 또한 미적분학 강의에 깊이 뿌리내린 불공평도 받아들인다. 조건이 불리한 학생들은 까다로운 신입생 대상 미적분학 수업을 수강할 가능성이 낮고, 설사 듣는다고 하더라도 통과할 가능성이 낮다. 그러면 전문 기술직 진로로 나아가기가 훨씬 어렵다.

요컨대 신입생 대상 미적분학 수업은 게이트키퍼와 같다.[23] 이 수업이 입구가 될 수는 없을까?[24] 미적분학 강의를 통과하는 비율이 좀 더 공평해지는 '동시에' 더 많은 학생들이 미래에 수학, 과학 및 관련 분야에 기여할 수 있도록 대비시킬 수 있다면 장기적인 성장 가능성이 얼마나 될지 상상해보자. 유리 트레이스만은 지난 50년 동안 이 꿈을 실현하고자 누구보다도 열심히 노력했다.

"굴을 대접하죠." 내가 공립학교 교사들을 위한 행사를 기획하고 있다고 말했을 때, 트레이스만이 활짝 웃으며 꺼낸 말이었다.

트레이스만은 캘리포니아대학교 버클리캠퍼스에서 형평성을 촉진하는 미적분학 워크숍을 개최하면서 맥아더 천재상을 수상한 수학 교육자다.[25] 워크숍을 개최하기 전인 1973년부터 1977년까지 5년 동안 버클리캠퍼스에서는 전체 흑인 학생 중 33퍼센트가 미적분학 수업에서 낙제했고, 수학 또는 수학 관련 기술 분야 전공으로 졸업한 학생은 드물었다.[26] 다시 말하지만 이들은 버클리 대학생, 즉 캘리포니아주 전체에서 가장 성적이 우수한 학생들이었다. 하지만 트레이스만이 워크숍을 실시한 이후로 흑인 학생 중 97퍼센트가 미적분학 수업을 통과했고, 이전에 비하면 거의 2배인 65퍼센트가 수학 또는 수학 관련 학위를 취득했다.[27]

이 결과로 미루어 볼 때 트레이스만은 학생들이 미래에 들을 난해한 수학 강의에서 좋은 성과를 얻을 수 있도록 대비시켰다는 사실을 알 수 있다. 그는 미래 성장을 위한 멘토링을 하고 있다. 한 보고에 따르면, 1990년대 초까지 수학 분야에서 박사학위를 취득한 흑인 학생 중 40퍼센트가 트레이스만 프로그램의 졸업생이었다.[28]

트레이스만은 텍사스대학교 오스틴캠퍼스에서 30년간 교수로 재직했고, 계속해서 신입생 미적분학을 가르치고 있다. 트레이스만이 굴을 대접하자는 말을 꺼냈던 날, 우리는 트레이스만처럼 포용적 우수성을 실현하는 뛰어난 교육자를 해마다 찾아내는 프로젝트를 논의하고 있었다. 우리 팀은 1000명이 넘는 교사들을 대상으로 데이터 통계 분석을 실시했고, 트레이스만과 비슷한 자질을 갖췄을 법한 '밝은 점' 교사 20명을 선발했다. 우리는 그들의 비결을 연구하고 싶었다. 서지오 에스트라다가 그중 한 명이었고, 몇 주 후에 처음으로 그를 만났다. 트레이스만은 이 밝은 점 교사들과의 면담을 도울 예정이었다. 이 시점에서 트레이스만의 주요 관심사는 우리가 이 교사들을 존경하고 존중하면서도 그들을 일상에서 벗어나게끔 흔들어서 열린 마음으로 지혜를 공유하도록 이끄는 법이었다. 그날 트레이스만이 불쑥 제안한 해결책은 굴을 대접하자는 것이었다.

서지오 에스트라다를 발견한, 우리의 '숨은 트레이스만 찾기 프로젝트(내가 붙인 명칭이다)'를 시작하기 몇 년 전, 나는 2년 동안 가을 학기마다 트레이스만이 신입생에게 미적분학을 가르치는 강의를 지켜봤다(2장에서 언급했듯이).[29] 나는 '마이클 조던이 은퇴하기 전에 그의 경기를 봐야 한다'고 생각했다. 얼마 지나지 않아 나는 로잘리 왁스(2장 참조)가 멘토 마인드셋 교사들은 '진짜 기인'라고 말했던 의미를 알게 됐다. 그들은 저마다의 방식으로 독특하지만 높은 기준과 높은 지원을 유지한다. 트레이스만은 수업에서 도자기로 만든 개 조각상을 외교 사절처럼 대우한다(학생들은 해외여행 중에 그 조각상에게 엽서를 보낸다). 주말이면 백악관에 근무하는 친구와 함께 원어《구약성경》을 영어로 번역한다. 수학 형평성에 집중하면서도 어떤 아이디어에도 관심을 가질 수 있는 폭넓은 사고방식의 소유자다. 그는 진짜 기인이다.

관찰자의 눈에는 미적분학 수업에서 트레이스만이 적용하는 기준이 가혹해 보일 수도 있다. 강의 첫날에 그는 "여러분 중 3분의 2는 A학점을 받겠지만, 저는 울고 싶을 만큼 열심히 공부시킬 겁니다"라고 말했다. 그가 "첫 번째 밤샘 공부 다음에…"라고 말한 직후에는 깜짝 놀란 학생들이 서로 쳐다보면서 "'첫 번째?' 대체 몇 번이나 밤을 새워야 하는 거야?"라고 말했다. 학생들이 수강을 철회하도록 유도하는 것이었을까? 아니면 높은 기대치에 대해서 농담을 던진 것이었을까? 그는 아무 말도 하지 않았다. 실제로 학생들은 여러 날 공부로 밤을 새우면서 간신히 문제를 풀었고, 기숙사로 돌아가는 길에 떠오르는 해를 가늘게 뜬 눈으로 바라보며 유대감을 다졌다.

몇 분 후 트레이스만은 모두에게 높은 기준을 적용한다고 명확하게 설명했다. "수업을 듣다 보면 언젠가는 다들 '대체 이게 뭐야?'라고 말하게 될 겁니다. 다만 '언제' 그 말을 하게 될지가 다를 뿐입니다." 그는 잘난 척하는 학생들이 수업 내용을 처음 접하는 학생들의 기를 꺾는 식으로 과시하면 용납하지 않겠다고 말했다. 트레이스만은 미적분학을 처음 배우는 학생들에게 그들도 이 수업을 들을 자격이 있다고 말했다.

몇 년 전에 내가 진행했던 포커스 그룹에서 젊은 라틴계 여학생이 이런 이야기를 들려줬다.[30] 어느 날 그녀가 듣던 신입생 미적분학 수업에서 교수가 중간고사에서 100점을 받은 학생 2~3명을 강의실 앞으로 불러냈다. 교수는 그들에게 공개적으로 사과하면서 이렇게 말했다. "내가 여러분을 과소평가했네요. 여러분은 내 기대를 뛰어넘었건만, 나는 여러분이 준비한 수준에 걸맞은 시험을 내지 못했어요. 이를 보상하기 위해 여러분이 받은 100점을 철회하고 더 어려운 시험을 새로 낼게요. 이에 더해서 여러분은 매주 다른 학생들이 푸는 수준보다 더 어려운 증명 문제를 추가로 풀어야 합니다." 이 이야기를 들은 포커스 그룹 참가자들은 경악했다. 한 참가자는 자기 일처럼 분개하며 "그들이 화를 내지는 않았나요? 학생들이 반발했나요?"라고 물었다. 이야기를 한 학생은 그 질문에 깜짝 놀랐다. "아뇨, 전혀 그렇지 않았어요! 왜 화를 내겠어요? 우리는 의사나 엔지니어, 수학자가 되고 싶은 사람들이고, 다들 최고의 인재들과 경쟁하고 싶어 해요. 우리를 한계까지 끌어올리는 교수님을 왜 마다하겠어요?"

나는 끼어들어 물었다. "미적분학 교수 성함이 유리 트레이스만인가요?" "네, 어떻게 아셨어요?" 나는 "왜냐면 교수님이 내게도 이 이야기를 해줬거든요. 지금까지는 과장이라고 생각했지만요"라고 말했다. 몇 년 후 내가 그의 강의를 들었을 때도 그는 똑같이 했고, 똑같은 결과가 나왔다. 트레이스만의 강의실에서는 학교에서 보게 될 것이라고는 생각조차 해본 적 없는 일이 일상적으로 일어났다.

트레이스만이 학생들을 그 정도 수준까지 몰아붙일 수 있는 까닭은 그가 높은 기준에 상당하는 지원을 제공한다는 데 있다. 그는 하나부터 열까지 진정한 멘토 마인드셋 표본이다. 무엇보다도 그는 학생 개개인을 한 인간으로서 깊이 존중하고, 학생들은 그런 존중에 헌신적으로 화답한다. 학생들은 몇 년 후에도 트레이스만에게 이메일을 보내 진로에 대해 조언을 구하거나, 인생의 목적을 논하거나, 종교와 정치, 정의에 대해서 논의하거나, 파트너를 진정으로 사랑하는지 어떻게 알 수 있냐는 질문을 한다. 그가 학생들을 현재 한계 너머로 밀어붙일 수 있는 이유는 그가 학생들의 행복과 미래 공헌에 얼마나 신경 쓰는지를 10분이 멀다 하고 상기시킬 만큼 걸어 다니는 투명성 진술 그 자체이기 때문이다.

제우스의 두개골에서 태어나 멘토르로 변신했던 아테나 여신처럼, 트레이스만의 철학도 온전히 그의 뇌에서 형성됐을까? 만약 그렇다면 우리는 그를 모방하겠다는 꿈도 꿀 수 없을 것이다. 다행히도 트레이스만의 방법에는 기원이 있다. 이 기원을 이해한다면 평범한 인간인 우리가 어떻게 트레이스만의 독특한 스타일을 각자 자기만의 방식으로 만들 수 있는지 알 수 있다.

유리 트레이스만은 뉴욕 브루클린의 유대인 밀집 지역에서 태어났다.[31] 이곳에는 아주 똑똑한 노동자들이 주로 거주했다. 트레이스만은 중학생 때 도서관에서 빌린 책을 보면서 대학교 대수를 독학했다. 어릴 적에 멘토가 있었는지 물어봤을 때 그는 동네 코셔 정육점 주인이었던 루이스에 대해 이야기했다. 루이스가 그에게 어떤 교훈을 가르쳤을까? "사람들에게 빚을 지우지 않으면서 선물을 주는 법을 가르쳐줬습니다." 트레이스만은 다소 알쏭달쏭한 대답을 내놓았다.

트레이스만이 초등학교 3학년이었을 때, 아버지는 병원에 장기 입원 중이었다. 트레이스만은 가난한 어머니와 동생을 자신이 도와야 한다는 사실을 알 만한 나이였다. 루이스는 동네의 가난한 사람들에게 무료로 육류 내장을 전달하는 일을 트레이스만에게 시켰고, 트레이스만이 일하러 가면 즉석으로 《탈무드》 수업을 했다. 루이스가 가장 좋아하는 부분은 《구약성경》 중 〈신명기〉의 "너희는 정의, 오직 정의만을 따라야 한다"라는 구절에 대한 주해였다. 《탈무드》 수업이 끝나면 트레이스만은 고기를 나눠 주러 나갔다. 루이스는 트레이스만에게 사람들 집에 가서 벨을 누르고 "누가 이걸 전해주라고 했어요. 이게 그 사람 물건이 아니고 이 집 물건이래요"라고 말하도록 아주 구체적이고 정확하게 지시했다. 나는 왜 그것이 중요한 교훈인지 물었다. 그는 순간 울컥했는데, 그를 알고 지낸 지 15년이 흘렀지만 그가 그토록 감정을 드러내는 모습은 본 적이 없었다. 그는 '랩슬리의 순간', 즉 자신의 인생을 바꾼 멘토의 가장 빛나는 기억을 떠올리고 있었던 것이다. 트레이스만은 우리에게 자기 자신을 넘어서는 책임이 있다고 말했다. "자선 활동은 멋진 일이죠.

하지만 가장 먼저 생각해야 할 일은 정의를 실천하는 것입니다." 정육점 주인 루이스는 배달하는 아이가 감사 인사를 받지 못했다고 불평하면 이 말을 되풀이했다. "정의 실현을 빚으로 느끼게 해서는 안 돼." 루이스는 트레이스만과 다른 배달원 소년들에게 이렇게 말했다.

오랜 세월이 흐른 후 트레이스만은 미적분학 워크숍을 계획하면서 루이스 원칙을 참고했다. 그는 소수 인종 및 소수 민족 학생들에게 보충 프로그램을 듣게 하면서 학교가 제공하는 추가 지원에 감사하기를 기대하던 당시 버클리의 관행에 이의를 제기했다. 트레이스만의 관점에서 볼 때 노력이 높은 성과로 이어질 기회를 소수집단 학생에게 부여하는 것은 자선 활동이 아니라 정의였다. 트레이스만의 계획은 그런 불공평을 수정했다.

험난한 중학교 시절을 거쳐 고등학교에 진학한 트레이스만은 수학에 두각을 나타냈지만 정의를 향한 열정을 불태웠고, 대학에 진학하는 대신 이스라엘로 가서 키부츠에서 농부로 일했다. 그러다가 밭에서 독사에게 물리는 바람에 로스앤젤레스의 한 병원에서 요양하기에 이르렀다.[32]

브루클린이나 이스라엘로 돌아갈 돈이 없었던 트레이스만은 그대로 로스앤젤레스에 머무르다가 농사 기술을 살려 조경 팀에서 일하게 됐다. 20대 초반이었던 이 무렵에 한 멘토와 우연히 만나면서 트레이스만의 인생 궤적은 바뀌었고, 고등학생 시절처럼 다시 학문의 세계로 돌아갈 수 있었다.

이 멘토 덕분에 트레이스만은 조경 건축이 어릴 적에 기운을 얻었던 철학 사상과 어떻게 이어져 있는지 깨닫기 시작했다. 그러면서 더 깊은 배움을 갈망하게 됐다. 배움에 갈증을 느낀 트레이스만은 지역 전문대학에서 수학 수업을 들었고, 머지않아 캘리포니아대학교 로스앤젤레스캠퍼스(UCLA)에서 수학 수업을 듣게 됐다. 2년 후에 그는 UCLA 최고 수학상을 수상했고, 이후 캘리포니아대학교 버클리캠퍼스에서 전설적인 멘토이자 수학자인 리언 헨킨[33]의 지도를 받으며 박사과정을 시작했다. 그 후로 트레이스만은 유명한 미적분학 워크숍 프로그램을 시작하면서 50년에 이르는 눈부신 경력을 쌓아나갔다.

트레이스만의 인생을 바꾼 이 뜻밖의 멘토는 누구였을까? 바로 조경 건축가 랠프 코넬이었다.

트레이스만은 지역의 전문대학에서 정원사로 일하면서, 임금인상을 위해 원예 자격증 취득 공부를 하고 있었다. 1960년대 중반에 코넬은 영향력의 정점에 서 있었고, 여전히 로스앤젤레스에서 조경 건축의 전문성과 엄밀함을 전파하고자 노력하고 있었다. 코넬은 무료로 공개 강의를 몇 차례 개최했는데, 트레이스만은 우연히 그 강의를 신청하게 되었다. "코넬은 잘 차려입고 강의에 왔습니다. 나는 그에게 깊은 감명을 받았어요." 거만하지도 거들먹거리지도 않은 채 꾸밈없이 말하는 코넬을 보면서 트레이스만은 놀랐다. 코넬은 사람들이 자신을 이해하고 조경 건축 분야의 엄격한 원칙을 다른 일에도 적용하기를 바랐다. 트레이스만은 코넬의 지적 세계에 초대받아 아이디어를 마음껏 시험해도 괜찮을 것 같다는 기분을 느꼈다. 트레이스만이 코넬에게 배운 강력한 설계 원칙 3가지는 나중에 그가 계획한 미적분학 워크숍에 영향을 미쳤다.

트레이스만이 코넬의 이야기를 처음으로 들려줬을 때 나는 다소 회의적이었다. 조경 건축이 멘토링은 차치하고 신입생 대상 미적분학과 무슨 상관이 있겠는가? 하지만 UCLA 도서관에 보관된 코넬의 개인 기록을 읽으면서 나는 조경 건축이 멘토링을 완벽하게 비유한다고 확신하게 됐다.[34] 코넬은 조경 건축을 '변화의 건축'이라고 설명했다.[35] 정원이나 공원에 식물을 다 심은 순간, 작업이 끝난 듯 보일 수 있지만, 진짜 성장은 이제 막 시작됐을 뿐이었다. 조경 건축은 벽돌과 모르타르가 아니라 자연을 다루는 일이기 때문이었다. 코넬은 조경 건축이 '정지 상태의 건축'인 건설과 다르다고 구분했다. 그는 포모나칼리지에 삼나무를 심은 사례를 언급했다.[36] 처음 심었을 때 90~120센티미터 정도였던 삼나무들은 적절히 관리하고 끈기 있게 기다리자 우뚝 솟아서 장관을 이루는 거목으로 자라났다. 조경 건축과 마찬가지로 인간사에서도 완성품을 얻을 지름길을 찾기보다는 그 사람이 어떤 사람이 될 수 있는지를 내다보면서 행동해야 하는 것이다.

원칙 1: 사람들이 걷는 곳을 관찰하자

트레이스만이 코넬에게 배운 첫 번째 원칙은 사람들이 어디로 걸어 다니는지 관찰하기 전에 공원을 만드는 것은 현명하지 않다는 것이었다. 포모나칼리지 캠퍼스 중심에 있는 드넓은 잔디 광장을 예로 들어보자.[37] 학교 당국은 인도에 거대한 격자 모양 구조물을 설치했다. 문제는 캠퍼스를 가로질러 걷는 학생들은 멀리 있는 아름다운 산을 보고 싶어 하는데, 산을 계속 보려면 대각선으로 걸어야 한다는 사실이었다. 그렇다 보니 잔디밭에는 발자국이 생겨서 보기 흉했고 계속해서 잔디를 보수하느라 비용도 들었다. 조경 건축가들은 이런 것을 '희망선pathway of desire'이라고 부른다.[38] 공원을 방문하는 사람들이 무엇을 원하는지 발자국으로 투표해서 설계자에게 보여주는 셈이기 때문이다. 설계자라면 공원을 건축하기 전에 희망선을 알아차리는 것이 이상적이다. 포모나칼리지 당국은 이를 몰랐다. 그들은 어떻게 대응했을까? 보행자가 잔디밭으로 걷지 못하도록 인도 주변에 장벽을 세웠다. 이 흉물스럽고 비싼 장벽이 잔디 보수 문제를 해결하기는 했지만, 그로 인해 사람들은 자연경관이라는 자산을 온전히 누릴 수 없게 됐다.

코넬은 애초에 삽으로 흙을 뜨기 전에 사람들이 어디로 걸어 다니는지 관찰하는 접근법이 더 바람직하다고 생각했다. 로스앤젤레스에 그리피스 공원을 만들 때 코넬이 드넓은 공원 부지를 말을 타고 돌아본 일화는 유명하다.[39] 그는 땅을 관찰했다. 경치는 어떠한가? 어떤 자생식물 군락이 있는가? 빗물은 어디로 흘러가는가? 방문객이 큰 바위나 산 같은 경치를 감상하고 싶어 한다면 어떤 식으로 틀을 짜서 이를 강조할 수 있을까? 전반적인 공원 방문 경험을 해치지 않도록 눈에 거슬리는 요소를 어떻게 차단할까? 현재 그리피스 공원은 희망선을 따라 공간의 자연자산을 돋보이게 설계한 걸작으로 평가받는다.[40]

1970년대 중반에 캘리포니아대학교 버클리캠퍼스에서 성취 격차에 대처하고자 실시한 사회 프로그램은 포모나칼리지의 인도와 같았다.[41] 소수집단 학생들의 희망선과 어긋난, 투박한 사후 조치였다. 대학 당국은 흑인과 라틴계 학생들의 자산을 돋보이게 하기보다는 결핍을 강조하며 낙인을 찍는 보충 프로그램에 밀어 넣는 방법으로 낮은 통과 비율에 대응했다. 보충 프로그램은 고등학교 수학 개념을 반복해 학습시키거나 대학에서 공부하는 방법을 설명할 뿐, 대학에서 수학을 진지하게 공부하는 학생이 갈망하는 존중으로 학생들을 대하지 않았다.

코넬의 철학에 감명받았던 트레이스만은 이 접근법에 반대했다. 보충 프로그램 대상인 학생들은 사실 캘리포니아주 최고 우등생들이었다. 고등학교에 다닐 때 그들은 과외를 받기는커녕 다른 학생들을 가르칠 정도였다. 마치 어딘가 모자란다는 듯한 취급은 모욕적이었다. 트레이스만은 학생들이 미적분학 강의를 듣기 전에 몇몇 학생들을 개인적으로 지도했기 때문에 그들이 준비가 되어 있다는 사실을 알고 있었다. 그런데도 학생들은 수업 성적이 나빴다. 누구인지 몰라도 학생 지원 프로그램을 계획한 사람은 분석을 철저히 하지 않은 모양이었다. 사람들이 어디로 걷는지 관찰하지 않았던 것이다.

말을 타고 공원 부지를 돌아봤던 코넬처럼, 트레이스만은 일단 수학 박사과정을 중단했다. 그러고는 버클리에서 미적분학 강의를 듣는 학생들의 민족지를 작성했다. 18개월 동안 기숙사와 집, 심야 스터디 그룹과 시험 직전 벼락치기 기간까지 학생들을 쫓아다녔다. 이 과정에서 그는 이후 수십 년에 걸쳐 고등교육을 받는 학생 지원 프로그램에 혁명을 일으킬 통찰을 얻을 수 있었다.[42]

트레이스만의 민족지는 흑인 학생 20명과 아시아계 미국인(대부분이 중국계) 20명을 추적조사한 것이었다. 두 집단 모두 비교적 빈곤한 노동자계층 출신이었다. 트레이스만은 흑인 학생들은 집단이 아니라 혼자서 공부하는 경향이 있다는 점을 알아차렸다. 이와 반대로 아시아계 학생들은 대체로 집단으로 공부하고 종종 다 같이 밤을 새워 공부했다. 그들은 함께 문제를 해결하고, 서로 공부를 봐줬으며, 교수나 조교와 만났을 때 수집한 정보를 공유했다. 때로는 같은 강의를 들은 형제자매나 사촌을 불러 퀴즈를 내게 했다. 이렇게 집단으로 공부하는 방법은 혼자서 공부하는 방식보다 훨씬 더 효율적이었다. 혼자서 공부하면 막혔을 때 기댈 수 있는 해결책이 책에 나오는 비슷한 문제에서 단서를 찾는 것밖에 없기 때문이었다.

트레이스만은 흑인 학생들이 집단이 아니라 혼자서 공부하는 편을 선호하는 이유 2가지를 발견했다. 첫째, 그들은 사회생활과 공부를 철저하게 분리했다. 흑인 학생들은 고등학교에 다닐 때 또래 압력에서 자기 자신을 보호함으로써 좋은 성적을 받을 수 있었고, 이는 같이 공부하는 친구가 거의 없었다는 뜻이다. 이런 전략적 고립이 대학에서는 골칫거리로 전락했다. 가장 효과적인 공부 방식을 방해했기 때문이다. 둘째, 흑인 학생들은 아시아계 학생들이 그냥 원래 수학을 더 잘한다고 생각했다. 그들은 아시아계 학생들이 매주 함께 모여서 14시간씩 공부한다는 사실을 알지 못했다. 이는 흑인 학생이 혼자서 공부하는 8시간보다 훨씬 긴 시간이었다. 즉 아시아계 학생들은 더 오랜 시간 동안 더 알차게 공부했다. 타고난 인종이나 민족 덕분에 원래 더 재능이 있는 것은 아니었다.

돌이켜 생각해보면 트레이스만의 통찰은 뻔한 이야기처럼 보일 수도 있지만, 당시에는 혁명적이었다. 대학의 학생 지원 부서들은 결핍 중심 사고방식에 너무 깊이 빠져 있어서 거의 예외 없이 보호자 마인드셋 관행에 의존했다. 그들은 기준을 낮추고 공부법 수업을 필수로 듣게 했다. 하지만 흑인(및 라틴계) 학생들에게는 그런 관행이 필요하지 않았다. 그들은 예를 들어 성적이 좋은 아시아계 학생들이 하듯이 어려운 문제를 함께 모여서 푸는 등 '다른 방법으로' 공부해야 했다.

반면에 교수들은 강요자 마인드셋에 의존하는 경우가 많았다. 그들은 내용을 설명하고 학생들이 알아서 배우도록 내버려뒀다. 교수들은 이전 10년 동안 학점이 B⁻를 넘긴 흑인 학생이 한 학기에 최대 2명밖에 없었던 것은 자기 잘못이 아니라고 생각했다.[43] 하지만 트레이스만은 어떤 집단 출신이든 적절한 지원만 있으면 수업에서 요구하는 높은 기준을 충족할 수 있다고 믿었다.

이렇게 코넬이 말을 타고 부지를 돌아보는 단계에 해당하는 과정을 거친 트레이스만은 1978년에 버클리 미적분학 워크숍 설계에 착수했다. 그는 학생들이 가장 어려운 문제를 협력해서 해결하는 활기차고 엄격한 지원 프로그램을 만들었다. 보충 프로그램과는 정반대였다. 일반적인 미적분학 수업을 듣는 학생들은 정리와 계산 요령을 암기하지만, 트레이스만 워크숍의 학생들은 그런 정리와 요령을 '증명'했다. 따라서 집단 학습 시간은 공부를 포기하는 것이 아니라 학업 진전을 진지하게 여긴다는 의미가 됐다. 그렇게 해서 트레이스만의 워크숍은 희망선 문제를 해결했다. 그는 학생들이 공부하는 동안 어떻게 보이고 싶어 하는지(지위가 높은, 기대 이상의 성적을 내는 학생) 알았고, 그런 욕구에 맞게 프로그램을 조정했다. 강요자와 보호자 마인드셋은 결코 이런 해결책을 내놓지 못했을 것이다. 그런 마인드셋으로는 흑인 학생들이 혼자서 공부하거나 충분히 오랫동안 공부하지 않는 타당한 이유가 있을 것이라는 데 생각이 미치지 않기 때문이다.

트레이스만의 워크숍은 흑인 학생들이 학습 효율을 높이도록 도왔을 뿐만 아니라 성공의 원천에 관한 잘못된 생각을 바로잡기도 했다. 트레이스만의 워크숍에서는 다들 힘들어 했다. 학습 수준이 대단히 높았기 때문이다. 트레이스만은 학생들에게 전문 수학자 지망생에게 요구되는 수준의 과제를 내줬다. 그는 학생들을 진지하게 대했다. 힘겨운 씨름은 그들이 '배울 수 없다'는 증거가 아니라 '배우고 있다'는 증거였다.

어느새 워크숍의 흑인 학생들이 아시아 학생들의 성적을 따라잡기 시작했다. 누가 수학을 잘할 수 있는지에 관한 해묵은 고정관념이 사라지기 시작했고, 그 자리에 올바른 학습전략만 있으면 모든 학생이 고급 수학이 필요한 전문 기술직에 종사하는 미래를 꿈꿀 수 있다는 자신감이 들어찼다. (트레이스만의 성공은 수십 년 후에 클로드 스틸의 고정관념 위협 이론과 캐럴 드웩의 성장 마인드셋 개입법이 나오는 데 영향을 미쳤다.)

미적분학 교수가 아닌 사람들이 이 이야기에서 얻을 수 있는 중요한 교훈이 있다. 미래 성장을 위한 멘토링을 할 때는 청소년들에게 근거 없는 자신감을 심어주거나 기준 자체를 아예 숨기기보다는, 적절한 지원이 있다면 높은 기준을 충족할 수 있다는 사실을 보여주는 '경험'을 제공하는 방법이 훨씬 바람직하다는 것이다.

트레이스만은 미적분학 학생들이 어려운 문제들을 협력적으로 해결해나가도록 이끄는 방법을 모색하는 과정에서 코넬의 강의에서 배운 두 번째 핵심 통찰을 활용했다.

원칙 2: 입구에 주의를 기울이자

공원은 대부분 일상적인 도시 생활의 번잡함에서 벗어날 수 있는 피난처 같은 느낌을 주도록 설계한다. 일단 공원 안으로 들어가면 탐험에 초대받는다. 하지만 방문객은 공원으로 들어가는 명확한 입구를 통과해야 한다. 다른 장소에 들어왔다는 명확한 구분이 없다면 이전 마음 상태에 계속 머물러서 공원에 영향을 받을 수 없다. 따라서 코넬은 사람들이 공원으로 입장하는 방식에 집착했다. 그는 "공원 입구는 마음이 원하는 땅으로 들어서는 현관"이라고 설명했다. 예를 들어 코넬은 UCLA의 유명한 조각 공원 남서쪽 구석에 방문객이 건너는 다리를 설치했다. 이는 예술, 인생, 미래에 대해 다른 생각을 할 시간이라고 명확하게 알리는 신호다.

트레이스만은 고등학교 수학에서 대학 수준의 고급 미적분학으로 나아가는 과정이 삐걱거릴 수 있다는 사실을 깨닫고 입구 원칙을 곰곰이 생각했다. 이는 마치 새로운 세상으로 들어가는 것과 같았다. 실제로 많은 학생이 문제를 얼마나 빨리 제대로 풀었는지를 기준으로 똑똑한 학생 또는 똑똑하지 않은 학생으로 평가받아온 탓에, 몇 년에 걸쳐 '수학 트라우마'를 축적한 상태였다.[44] 트레이스만은 미적분학 워크숍에서 푸는 데 30분 정도가 걸릴 법한 문제들을 학생들에게 내주기로 계획했다. 그는 학생들이 문제를 이리저리 궁리하면서 뭔가 다른 방식을 시도했을 때 어떻게 되는지 살펴보기를 바랐다. 사실상 그는 학생들이 이미 수학자인 것처럼 행동하기를 바랐다. 트레이스만은 30분 동안 힘겹게 씨름한 결과, 빨리 풀면 수학을 잘하는 것이고 느리면 수학을 못하는 것이라고 생각하는 심리적 수학 흉터에 염증을 일으키기만 했다면 문제가 생길 수 있다고 생각했다. 트레이스만은 어떻게 하면 학생들이 마음을 열고 수학 문제 풀이를 다르게 경험할 수 있을지에 집착했다. 그는 강의를 시작할 때 메시지를 전달할 명확한 표지판을 만들어야겠다고 결정했다. 이곳은 다른 곳이고, 여기서는 케케묵은 신념이 통하지 않으며, 새로운 가정과 변화에 대비하라는 메시지를 전하고 싶었다.

그래서 트레이스만은 학생들이 미적분학 워크숍에 들어오는 방법을 신중하게 검토했다. 그는 보호자 마인드셋 철학에서 완전히 벗어나야 했다. 또한 트레이스만의 수업 문화는 빠르고 정확한 수학 문제 풀이만 높게 평가하는 유해한 강요자 마인드셋 문화와 정반대라는 투명한 신호도 필요했다.

트레이스만의 해결책은 영리하면서도 조금 특이했다. 그는 학생들을 '다과회'에 초대했다. 버클리에서 수학을 공부하는 흑인과 라틴계 학생들은 대학 당국이 보낸 편지를 받았다. 편지는 그들이 언젠가 대학교수가 될 수 있는 잠재력이 있다고 인정받았다는 내용이었다. 그들은 '차를 마시면서' 진행하는 우등생 프로그램 오리엔테이션에 초대받았는데, 학생들 대부분은 다과회에 가본 적이 없었다. (나도 지금까지 가본 적이 없다!) 그 경험은 이전에 했던 예상을 모두 흔들어놓을 만큼 기묘했다. 학생들이 도착한 이후로 오리엔테이션은 보충해야 할 결핍이 아니라 학생들이 수업에서 보여줄 기술과 자산에만 초점을 맞췄다. 진행자는 학생들의 잠재력을 존중하므로 그 능력을 시험할 것이라고 설명했다. 학생들은 무례한 기색을 조금도 느끼지 않았으며, 그들 앞에는 자유롭게 탐험하고 성장할 수 있는 새로운 공간에 있었다.

원칙 3: 미래 성장을 위한 계획

코넬의 강의가 주는 가장 영향력 있는 교훈은 제대로 설계한 정원은 미래 성장을 내다보는 계획을 한다는 것이다. 설계자는 나무를 심은 날 어떻게 보이는지가 아니라, 완전히 성장했을 때 어떻게 보일지를 상상해야 한다. 그렇지 않으면 나중에 새로운 문제를 유발하는 임시변통에 그칠 수도 있기 때문이다. 송전선 높이까지 나무가 거대하게 자라서 그 뿌리가 인도에 금이 가게 만드는 경우가 그런 예다. 코넬은 "완성했을 때 그리 나쁘지 않으면서도 자라면서 더 나아질 듯한 모습을 시각화할 수 있는 기술이 필요"하다고 말했다.[45]

공립학교 교육감들이 늘어놓는 불평에서 미래 성장을 위한 계획이 실패한 수학의 사례를 찾은 적이 있다. 교사들은 학생들에게 그 주에 실시하는 퀴즈나 연습문제를 통과할 수 있는 수학 요령을 가르치는데, 그런 가르침으로는 숫자가 바뀌었을 때 학생들이 문제를 풀지 못하는 상황을 해결할 수 없다. 예를 들어 미적분학 수업에서 함수의 극한을 구할 때 로피탈 법칙을 외우라고 말하는 교사가 있다. 트레이스만은 정반대로 한다. 그는 보통 학생들에게 수학 공식을 적용할 수 '없는' 경우를 가르친다. 내가 봤던 강의에서 트레이스만은 함수를 4개 제시했는데, 그중 로피탈 법칙을 적용할 수 '없는' 함수가 3개였다. 학생들은 45분 동안 그 이유를 찾아야 했다. 트레이스만은 학생들이 좀 더 깊이 원리를 이해함으로써 미래의 수학자처럼 생각할 수 있기를 바랐다.

이 세 번째 원칙을 실현하려면, 나무를 심은 날에 정원이 완벽해 보이지 않더라도 인내심을 발휘해야 한다. 처음에는 나무들이 자그마하다. 관목들은 서로 어우러지지 않는다. 꽃도 아직 피지 않았다. 식물들이 제대로 자리를 잡기까지는 보통 5년에서 10년 걸린다. "무엇이든 불완전한 단계에서 판단하는 것은 결코 공정하지 않습니다." 코넬이 한탄했다.[46] "그런데 인간은 그런 성향이 강하죠."

대학 수학 강의에서 교수들은 대개 모든 학생에게 학기 중 어느 시점까지 특정 개념을 습득하도록 요구한다. 예를 들어 앞으로 개선할 기회가 주어지지 않는 상태에서 모 아니면 도인 엄격한 중간고사를 치러야 한다. 트레이스만은 그런 접근법이 해당 수업을 처음으로 듣는 학생들이나 고등학교에서 수준 낮은 교육을 받은 학생들에게 불리하다고 생각한다. 학생들이 학기 중간쯤에야 그런 개념을 파악할 수도 있다. 하지만 이른 시기에 받은 점수를 바탕으로 낮은 성적을 받는다면 영영 성장할 수 없다. 그래서 트레이스만은 중간고사를 대체할 수 있는 기말고사를 선택지로 제시한다. 이는 미래 성장을 고려한 방침이다. 또한 강의의 형평성도 크게 높인다.

트레이스만의 미래 성장 시험 정책은 내가 수업을 참관했던 해에 강의를 들었던 학생인 이본 마르티네스에게 크나큰 영향을 미쳤다. (트레이스만의 교습 방식을 검토한 폴 터프의 저서 《불평등 기구The Inequality Machine》에서도 마르티네스의 사례를 소개한다.[47]) 마르티네스는 고등학교를 차석으로 졸업한 재능 있는 학생이었지만, 트레이스만 수업에서는 어찌 된 영문인지 중간고사를 망쳤다. "제가 다닌 고등학교는 그렇게 어려운 내용을 가르치지 않았어요." 마르티네스가 말했다.[48] 트레이스만의 수업은 완전히 차원이 다른 수준이었다. "눈물이 날 정도로 스트레스를 받았어요." 하지만 트레이스만의 채점 체계는 미래 성장 가능성을 열어뒀으므로 마르티네스는 희망을 버리지 않았다. "저는 스트레스를 공부로 풀었어요." 마르티네스가 말했다. 학기말이 다가올 무렵 마침내 그녀는 깨달음을 얻었다. 덕분에 기말고사에서 높은 점수를 받았고 중간고사를 망친 것도 만회할 수 있었다. 결국 트레이스만의 수업에서 좋은 학점을 받았다.

나는 마르티네스가 대학교 4학년일 때 이야기를 나눴다. 당시 그녀는 트레이스만의 수업을 들은 경험이 인생을 바꿨다고 말했다. 그녀는 수학 학위를 취득했다. 텍사스대학교의 라틴계 여학생으로는 무척 드문 사례다. 그 후에 마르티네스는 하버드대학교 데이터 과학 대학원에 전액 장학금을 받고 입학했고, 아마존의 기계학습 팀에서 인턴으로 근무했다. 다시 말해 마르티네스는 트레이스만이 낸 시험을 치려고 수학을 암기하고 그대로 잊은 것이 아니었다. 8년 후에도 그녀는 여전히 대학교 1학년 때 배운 수학을 활용하고 있고, 그 결과 자신이 몸담은 분야에서 귀중한 공헌을 하고 있다. 그것이 트레이스만이 설계한 미래 성장 계획의 결실이다.

트레이스만은 정말로 '진짜 기인'이다. 다음 장에서는 트레이스만의 방식을 개인을 넘어 프로그램으로 구현할 수 있다는 사실을 보여주고자 한다. 그의 실천법은 크게 '끈기' 촉진과 '목적' 구축이라는 두 개념으로 요약할 수 있다. (좀 더 자세한 설명은 이 책의 끝부분에 실린 '실천하기' 부분을 참조하기 바란다.) 지금부터 끈기와 목적에 관한 트레이스만의 통찰(멘토 마인드셋을 활용하고자 노력했던 50년의 집대성)을 '여름 캠프'라는 전혀 다른 환경에 어떻게 적용했는지 소개하겠다.

12장

성장을 위한 서사 만들기

우리는 모두 우리가 생각하는 것보다 더 뛰어나다.
이 사실을 깨달을 수만 있다면 다시는 더 낮은 기준에 만족하지 않을 것이다.[1]

—커트 한

여름 캠프에서 일어난 일

10년쯤 전에 스티브 배스킨이라는 활기찬 캠프 주인이 내 교수실로 찾아왔다. 당시 40대 후반이었던 그는 열정적이고 재미를 즐기며 아이들을 좋아했다. 그의 머릿속은 모험에 대한 새로운 아이디어들로 정신없이 돌아갔는데, 그는 누가 봐도 여름 캠프 주인일 법한 사람이었다.

배스킨은 함께 일하던 도시 차터 스쿨 네트워크인 KIPP가 직면한 치료사의 문제로 나를 찾아왔다. KIPP는 주로 저소득층 및 흑인, 라틴계, 아시아계 출신 학생들을 지원한다. 나는 KIPP와 프로젝트를 몇 차례 진행했는데, 소속 교사들은 엄격하고 훈련을 잘 받았으며 대체로 학생들에게 상당히 협조적이었다.[2] 학교 네트워크 전체가 멘토 마인드셋을 지니고 있다고 볼 수 있었다. 그 덕분에 많은 학생이 고등학교를 졸업하고 대학에 진학하는 훌륭한 실적을 쌓은 듯했다. 실제로 KIPP는 지난 20년 동안 빈곤 감소와 관련된 가장 성공한 사회 실험 중 하나로 꼽힐 만했다. 그래서 KIPP 학생들이 대학에 입학하고도 졸업하지 못한다는 사실[3]이 무척 의외였다. 대학을 중퇴하는 바람에 많은 청소년들이 질 높은 고등교육을 받고도 결국 최저생활임금을 벌지 못해 빈곤의 굴레에서 벗어나지 못했다.

예전에 나는 앤절라 더크워스, 그렉 월튼과 함께 KIPP 소속 고등학교 4곳의 졸업생 전원을 추적조사하는 연구를 진행한 적이 있었다.[4] 그 결과 4년 안에 학사학위를 취득한 학생의 비율은 불과 16퍼센트였다. 6년 후에 그 비율은 31퍼센트였다. (다른 차터 네트워크 소속 학교 4곳에서도 비슷한 결과가 나왔고, 비슷한 학군의 다른 학교들의 결과는 더 나빴다. 따라서 이는 KIPP에 국한된 문제가 아니었다.) KIPP의 멘토 마인드셋은 KIPP를 졸업한 '이후'가 아니라 재학 중의 성공에 최적화된 듯했다. 그들은 전형적인 치료사의 문제를 겪고 있었다.

배스킨과 그의 파트너인 KIPP 학교는 이 문제를 해결할 다소 엉뚱한 아이디어를 내놓았다. 아이들을 여름 캠프에 보내자는 제안이었다.

여름 캠프가 차터 스쿨이나 대학 지속성과 관련이 있다고 생각하는 사람은 드물 것이다. 내 딸인 스칼렛이 처음으로 캠프에 참가했을 때 했던 설명처럼 생각하는 사람이 대부분이다.[5] "아빠! 애들이 많이 돌아다녀서 동네잔치라도 열린 것 같아요. 이래라저래라 하는 어른들도 없고, 일주일 내내 쉬지 않고 놀기만 해요. 끝내줘요!"

스칼렛의 말이 틀리지는 않지만, 발달심리학자 입장에서 볼 때 캠프는 진지한 활동이다. 생각해보자. 캠프에 참가하면 처음에는 도와주는 어른들의 보살핌을 받으면서 어렵고 무서운 일(로프 코스 오르기, 수상스키 배우기, 낯선 사람과 사귀기 등)을 하느라 어려움을 겪는다. 그러다가 두려움을 극복하면서 칭찬을 받고 지위와 존중을 획득한다. 스티브 배스킨이 운영하는 캠프 챔피언스에서는 이런 적절한 위험을 무릅쓰고 살아남은 아이들에게 하루에도 여러 번씩 칭찬을 해준다. 이런 광경을 지켜본 입장에서 나는 캠프가 '난관-성공-지위'를 번갈아 경험하는 긍정적인 피드백 고리를 형성한다는 과학적 의견을 제시한다. 이론상으로는 캠프에서 보내는 하루하루가 아이들에게는 대학에서 끈기 있게 노력하는 데 도움이 될 만한 소속감 이야기의 축소판이라고 볼 수 있다.

배스킨 캠프의 아이디어를 뒷받침하는 예비 증거는 도널드 커멘츠가 실시한 분석에서 찾을 수 있다.[6] 당시 커멘츠는 비슷한 도시 차터 네트워크의 대학 진학 계획을 감독했다. 그가 분석한 바에 따르면, 대학교에 계속 다니는 차터 스쿨 학생들 중에는 학교 친구 및 새로운 친구들과 함께 대자연으로 일주일간 여름 집중 배낭여행을 다녀온 학생들이 훨씬 많았다.

이는 마치 트레이스만이 그토록 열심히 돕고자 했던 신입생들이 한 해 동안 느끼는 모든 두려움(친구를 사귀고, 스스로 살아남고, 이전에 불가능하다고 생각했던 모든 장애물을 극복해야 한다는 두려움)을 일주일에서 보름 사이에 경험하는 것과 같았다. '마지막에는 당연하게도 전부 잘 해결'됐다. 참가자들은 저마다 마음속에 영웅의 여정이 어떻게 끝나는지 알려주는 서사구조를 세우는 듯했다. 어쩌면 그 개인의 이야기가 치료사의 문제를 해결하고, 수준 높은 차터 고등학교의 보살핌에서 벗어난 이후에도 높은 성취를 이루도록 도와줄지도 몰랐다. 이렇게 분석하던 나는 배스킨의 캠프 아이디어가 사실 그렇게까지 엉뚱한 발상은 아니었음을 깨달았다. 하지만 프로젝트 자체를 위협할 수 있는 커다란 문제가 하나 있었다.

아이들이 캠프 환경에서 경험하는 역경이 고등학교나 대학교에서 직면하는 역경과 상관이 있다고 믿을까? 아마 그렇지 않을 것이다. 심리학자들이 발견한 바에 따르면 청소년들은 대체로 자신의 경험에 대해 한정적이고 구체적인 방식으로 생각하는 경향을 나타낸다. 예를 들어 그들은 수상스키에 대한 두려움을 극복하는 방법과 대수의 삼항식 인수분해에 대한 두려움을 극복하는 것이 어떻게 관련이 있는지 이해하지 못할 가능성이 높다. 청소년들이 이 관계를 파악할 수 있도록 도와줄 수 있는 방법은 무엇일까?

1990년대에 심리학자 제임스 유니스와 미란다 예이츠가 실시한 흥미로운 연구에서 부분적이나마 이에 대한 답을 찾을 수 있었는데,[7] 이 연구는 내 아이디어에 크게 영향을 미쳤다. 그들은 지역사회 봉사활동(예: 노숙자를 돕는 자원봉사)이 성인의 시민 참여(예: 투표와 자원봉사)에 영향을 미치는지 여부와 함께, 어떻게 영향을 주는지 알고 싶었다. 유니스와 예이츠의 연구 결과, 결정적인 요인은 자원봉사자들이 '성찰'하는지 여부였다. 청소년들이 자원봉사가 자신의 가치 및 정체성(넓은 의미에서의 자질)과 어떻게 일치하는지 성찰하는 경우, 고등학교 시절 자원봉사 경험이 성인이 된 이후 시민 참여로 이어졌다. 이로써 치료사의 문제가 해결됐다. 2014년 젊은 자원봉사자 2만 4000여 명을 대상으로 같은 현상을 메타분석한 결과, 성찰이 따르지 않는 경우 자원봉사 활동을 한 시간은 아무런 의미가 없었다.[8] 더 많이 성찰하면서 경험을 정체성에 통합할수록 장기적으로 더 바람직한 결과가 나왔다.

유니스와 에이츠의 연구를 보면서 나는 캠프에 참여한 학생들이 역경을 극복하도록 이끄는 것만을 목표로 삼는 데 그쳐서는 안 된다는 사실을 깨달았다. 캠프에서 얻은 경험이 먼 훗날의 실생활로 연결되려면 그런 경험이 어떻게 정체성을 형성하는지 아이들이 성찰해야 했다.

배스킨과 나는 캠프 경험을 철저히 점검해서 지속적인 성찰 기회를 제공하기로 결심했다. 우리는 캠프 참가자들이 그런 성찰에서 무엇을 배우기를 바랐을까? 캠프와 학교생활에 함께 적용할 수 있는 추상적인 개념이 몇 가지 필요했다. 트레이스만의 수업에서 관찰한 결과를 바탕으로 우리는 '끈기'와 '목적'을 가진다는 정체성에 합의했다. 이 두 정체성이 대학 지속성을 높이는 데 도움이 된다고 생각했기 때문이었다. (트레이스만의 수업에서 이 두 개념이 어떤 식으로 드러났는지 자세히 살펴보고 싶다면, 이 책 끝부분에 실린 '실천하기'의 11장을 참조하자.) 또한 우리는 끈기와 목적은 KIPP 학생들 다수가 이미 지니고 있지만 대학 경험에 일반화하는 법을 아직 배우지 못한 숨은 강점이라고 추측했다. 우리는 결핍이 아니라 강점을 바탕으로 한 시각을 취하고 싶었다. 나는 예전에 KIPP 학생들과 긴밀하게 일한 적이 있었고, 몇몇은 내 연구실에서 인턴으로 일했다.[9] 특히 빈곤에 따르는 역경을 극복하면서 일상적으로 끈기를 보여주는 학생들을 여럿 알고 있었다. 공동체에 공헌하고, 사회를 개선하고, 가족에게 더 나은 생활을 선사하고 싶다는 깊은 목적의식을 가진 학생들도 많이 봤다.

배스킨과 나는 아이들의 행동이 어떻게 끈기와 목적을 드러내는지 성찰하는 과정을 캠프에 추가했다. 먼저 캠프 참가자들이 무서운 집라인을 타거나 높은 암벽을 오르는 행동을 했을 때 이를 끈기(예: 두려움을 극복)와 목적(예: 자기보다 어린 캠프 참가자들에게 적정한 위험을 받아들이는 법을 보여줌)의 증거로 들 수 있도록 지도원들을 훈련했다. 지도원들은 그런 행동을 하는 순간과, 숙소에서 저녁에 가지는 성찰 시간에 모두 이 점을 꼭 집어서 얘기해줬다. 이는 풀기가 거의 불가능할 듯한 문제를 학생들에게 풀어보라고 해서 고민하게 한 다음, 자기 분야에서 리더가 될 준비에 따르는 도전을 받아들일 용기 있는 학생이라고 칭찬하는 트레이스만의 접근법에서 힌트를 얻은 전술이다.

다음으로 우리는 캠프 마지막 날 KIPP 캠프 참가자들에게 편지를 써 달라고 지도원들에게 요청했다. 편지는 각 캠프 참가자가 그 주에 보여준 끈기와 목적을 언급하는 내용이었다. 이 편지는 월튼의 소속감 연구에서 상급생들이 들려줬던 소속감 이야기 같은 역할을 했다.[10] 편지는 일상적인 행동을 정체성의 일부로 바라보도록 도와주었다. 나아가 월튼의 소속감 연구 끝에 그랬듯이 캠프 참가자들도 캠프 마지막 날에 성찰한 바를 글로 썼다. 그들은 힘들고 무서운 활동을 해야 했지만 결과적으로 잘 됐던 일에 대해서 썼는데, 이 과정에서 학생들은 자신의 정체성에 끈기와 목적이 있다고 보는 연습을 할 기회를 얻었다.

마지막으로 우리는 캠프 참가자들이 학교로 돌아간 이후를 추적했다. 10월에 우리는 그 학생들에게 여름 동안 극복했던 난관(적정한 위험)이 고등학교 1학년 현재 직면하고 있는 두려움 및 어려움과 비교할 때 어떠한지 곰곰이 생각해보라고 요청했다. 그들이 쓴 답변은 평범해 보일 수도 있었지만, 그런 성찰은 의미가 있었다. 학생들은 다음과 같이 썼다.[11] "올여름에 로프 코스가 무서웠지만 덕분에 수학 시간에 질문하는 두려움을 극복할 수 있다는 사실을 배웠다." 학생들은 힌트를 줘서 유도하면 금방 이런 연결고리를 찾을 수 있었는데, 성찰하라고 부추기지 않으면 굳이 하지 않았다. 그들에게는 경험으로 습득한 강점이 있었지만, 이런 강점을 교실에서 발휘하라고 말한 어른이 없었다. 우리는 이 연구에서 캠프 참가자들이 한 환경(캠프)에서 발견한 끈기와 목적을 다른 환경(학교)과 연결하는 법을 우연에 맡겨 발견하도록 방치하지 않고, 유도하는 성찰 활동으로 연결고리를 찾아낼 수 있게끔 이끌었다.

우리는 학생들이 끈기와 목적을 자신의 정체성으로 여기도록 이끄는 트레이스만의 요소를 가져와서 이미 깐깐하고도 지원을 아끼지 않는 캠프 상담자들이 있는 여름 캠프에 주입했다. 이렇게 해서 트레이스만의 멘토 마인드셋에서 얻은 통찰을 전혀 다른 환경에 적용할 수 있는지 여부를 시험할 수 있었다. 이 조합이 KIPP가 직면한 치료사의 문제를 해결하는 데 도움이 됐을까?

배스킨은 여름마다 캠프 참가자 100여 명에게 참가비 전액을 후원했다.[12] 따라서 2년 연속으로 배스킨과 KIPP 학교는 학생 200명

중 성찰을 주입하는 일주일짜리 무료 캠프(처치집단)를 제공할 절반과 추가로 학업 강화 프로그램(통제집단)을 제공할 절반을 무작위로 결정했다. 우리는 대부분의 학생이 끈기와 목적의식을 발휘해야 할 어려운 시기인 고등학교 진학을 앞둔 중학교 3학년 학생들을 뽑았다. 연구에 참여한 학생 403명은 모두 흑인 혹은 라틴계 및 빈곤 가정 출신이었다. 그다음에 5년을 기다려 학생들의 대학 진학 데이터를 조사했다.

KIPP 대학 데이터에 따르면 배스킨의 여름 캠프에 참가했던 학생들은 2년제 대학에 진학했거나 아예 대학에 진학하지 않았을 가능성보다 4년제 대학교에 진학했을 가능성이 10퍼센트포인트 더 높았다.

무척 놀라운 결과였다. 아주 비싼 프로그램을 동원하더라도 학생들을 계속 대학에 붙들어두기란 무척 어렵다. 이용 가능한 처치 대부분이 효과가 없기도 하다. 아마도 프로그램 대부분이 결핍과 신경생물학적 무능 모델을 바탕으로 하기 때문일 것이다. 이와 대조적으로 캠프 연구에서 우리는 지도원이 지원을 제공하는 관계를 맺는 맥락에서 끈기와 목적 같은 강점을 강조하는 멘토 마인드셋 접근법을 취했다. 그렇게 하자 치료사의 문제를 해결할 방법이 보였다. 프로그램이 끝난 지 몇 년이 지나도 효과가 지속됐다.

청소년들이 겪는 수많은 일주일짜리 체험은 대체로 그들의 인생을 조금도 바꿔놓지 않는다. 몇 년 후까지 이어지는 캠프의 눈덩이 효과는 무엇으로 설명할 수 있을까? 완전히 확신할 수는 없지만, 이 대답을 찾고자 나는 캠프를 실시한 지 8년이 됐을 때 캠프 참가자들을 인터뷰했다.[13] 그들이 쓴 에세이와 편지를 가지고 있었으므로 그들의 기억과 증거를 입증할 수 있었는데, 그 결과를 보고 나는 깜짝 놀랐다.

눈덩이 효과

인터뷰를 진행하면서 나는 캠프 참가자들이 학업을 이어가는 동안 놀라운 수준의 끈기와 목적의식을 보여줬다는 사실을 알게 됐다. 이는 캠프 챔피언스가 대학 진학 초기에 닥친 역경을 좀 더 낙관적으로 해석할 수 있도록 도와줬기 때문이기도 했다. (인터뷰를 끝마칠 때까지 내가 캠프에 관여한 사실이나 내 가설에 대해서는 조금도 밝히지 않았다. 여기에서 소개한 내용은 전부 그들이 있는 그대로 기억한 사실이다.)

이매뉴얼의 이야기

이매뉴얼이 텍사스 A&M대학교에 입학했을 때 그의 눈에 보인 모든 것이 '너는 소수집단이야! 너는 여기 소속이 아니야!'라고 외치는 듯했다. 이 대학교에 다니는 학생은 대부분 백인이고, 피시 캠프라고 하는 신입생 오리엔테이션 프로그램은 별나기로 악명 높다.[14] 하지만 얼마 지나지 않아 그는 적응할 수 있다는 사실을 깨달았다. 그저 자신이 사람들과 어떤 공통점을 가지고 있는지 발견하면 됐다. "캠프 챔피언스에서 했던 경험과 같았어요." 이매뉴얼이 말했다. 무슨 뜻으로 한 말이었을까? 이매뉴얼은 캠프에 참여했을 당시 아는 사람이 아무도 없었을 때 느낀 기분을 생생하게 기억한다. "두려웠고, '걔들이랑 잘 지낼 수 있을까? 다들 나를 비판할까?' 같은 생각이 들었어요." 캠프 챔피언스에서 보냈던 첫날, 시작이 좋지 않았다. 수영 테스트에 불합격했고, 이후로도 한 주 내내 수영장에서 구명조끼를 입어야 했던 4명 중 1명으로 남았다.

캠프 챔피언스에서 저녁마다 진행했던 '횃불'이라는 의식에 참여하면서 소속감에 대한 처음의 우려는 한층 심해졌다. 관찰자의 눈으로 볼 때 자기들끼리만 아는 농담과 환호가 넘치는 그 행사는 아주 이상해 보인다. "첫날 저녁에 저는 '아, 진짜 기괴해'라고 느꼈어요." 매번 의식을 시작하기 전에 캠프 진행요원이 그날 끈기와 목적의식을 보여줬던 참가자를 횃불 점화자로 선정했고, 그 사람은 저녁 집회 시작을 알리는 횃불에 불을 붙였다. 머지않아 이매뉴얼은 횃불에 불을 붙이는 영예를 차지하고 싶어졌다.

다음 날에는 수영을 못하는 데도 제트스키에 도전하기로 결심했다. 얼굴이 수면에 부딪힐까 봐 두렵기도 했지만, 그는 지금까지도 그 경험을 기억한다. "무섭기보다는 재미있었어요." 이는 지도원의 지원에 힘입어 시험대에 오른 평가였다. 그 성취가 눈덩이를 굴리기 시작했다. 이어서 이매뉴얼은 수상스키, 말타기, 활쏘기에 도전했다. "전에는 한 번도 그런 일을 해본 적이 없었어요." 중요한 점은 그가 지도원들의 지원을 받으며 이런 새로운 도전을 했다는 사실이다. "열심히 힘을 북돋아주셨어요. 독려하기는 했지만 하기 싫다는 일을 억지로 시키지는 않았죠." 캠프가 끝날 무렵 이매뉴얼은 수백 명의 참가자들 중에서 끈기와 목적의식을 인정받아 횃불 점화자로

뽑혔다. 그는 지금도 그날 밤에 횃불을 밝히면서 얼마나 자랑스러웠는지 기억한다. 지위와 존중, 획득한 명성의 잊을 수 없는 힘을 아주 잘 보여주는 예시다. 그 과정에서 이매뉴얼을 친구들을 사귀었고, 더는 외부자라고 느끼지 않았다.

4년 후 텍사스A&M대학교에 진학한 이매뉴얼은 머릿속으로 이 기억을 떠올렸다. 처음에는 소속에 대한 걱정을 느꼈지만 오래가지 않았다. "결국에는 대학도 비슷한 공동체라는 걸 알게 됐어요. 행사에 참석하려고 노력하기만 하면 됐어요." 이매뉴얼은 지역 봉사활동에 참석하기 시작했다. 그 과정에서 출신배경은 각자 무척 달랐지만 사람들에게 도움을 주고 싶다는 목적의식을 지닌 다른 학생들과 유대를 맺었다. 그런 깨달음이 눈덩이를 굴리기 시작해 학업에도 영향을 미쳤다. 처음 전공했던 건설 공학을 열심히 공부할 의욕을 느끼지 못했는데, 건설 공학이 건설 현장을 관리하는 일상적인 측면에 초점을 맞추고 있었기 때문이다. 그는 건축가가 되어 지역사회를 바람직한 방향으로 바꾸고 싶다고 느꼈다. 이매뉴얼은 건축과로 전공을 바꾸는 도전을 실행했다. 제도와 소프트웨어 관련 여름 강좌를 듣고 성장하기 시작했다. 심지어 여느 KIPP 졸업생 85퍼센트와 달리 제때 졸업했다. 현재 그는 시청에서 대규모 신규 사업 건설을 시작하기 전에 설계도를 검토하는 중요한 업무를 맡고 있다.

카리메의 이야기

카리메는 어릴 적에 무척이나 수줍음을 많이 타고 자신감이 부족했다. 친구도 거의 없고 취미랄 것도 없었다. 가족도 경제적으로 불안정했다. 멕시코에서 미국으로 이민 온 아버지는 쉬는 날도 없이 일주일 내내 오전 9시부터 자정까지 낮은 임금을 받으며 일했다. 현재 텍사스대학교 오스틴캠퍼스 4학년인 카리메는 철학을 전공하고 경영학을 부전공하면서 컴퓨터 과학 자격증을 땄다. 그녀는 워싱턴 DC에 있는 일류 홍보 회사에서 인턴으로 근무했고, 올가을 법학대학원에 진학할 예정이다. 그곳에서 사회정의를 실현하는 업무 경력을 쌓는 데 필요한 원동력을 얻고자 한다. 카리메는 목적의식이 강하다. "비용 부담 없이 하룻밤 캠프의 마법을 제공"한다는 사명을 내세우는 오스틴 선샤인 캠프에서 지도원도 맡고 있다. 카리메는 변호사 일과 더불어 "무료 여름 캠프를 시작하는 것이 인생 목표 중 하나"라고 말했다.

카리메는 캠프 챔피언스가 이런 열정에 불을 붙였다고 말한다. "저는 정말 수줍음이 많았어요. 담당 지도원을 보면서 '저분은 정말 사교적이네. 저분처럼 되고 싶어'라고 생각했던 기억이 나요." 매일 밤, 카리메와 같은 숙소를 쓰는 팀은 횃불 의식에서 캠프 참가자 전원이 보는 무대에 올라 노래를 부르거나 짧은 연극을 해야 했다. 처음에는 공연이 너무 무서웠지만 지도원들은 카리메가 안전지대에서 벗어날 수 있도록 도와줬다. 자신감을 얻기 시작한 카리메는 적정한 위험을 선뜻 감수하게 됐다. 캠프가 끝날 무렵 그녀는 여학생 2명과 친해졌고, 그중 1명은 지금까지도 가장 친한 친구이자 격동의 고등학교 시절을 함께한 든든한 동지다. 카리메는 처음에는 실패했지만, 두려움을 극복하고 웨이크보드 타는 법을 배웠다. 처음으로 그림 그리는 법을 배우고는 푹 빠졌다. 몇 달 후에는 집 안의

벽을 온통 그림으로 채웠다. 지금도 캠프에서 처음 그렸던 그림이 방에 걸려 있다. 카리메는 고등학교 시절 뛰어난 성적을 거두면서 수줍음을 극복하고 여러 학생 단체를 이끌었다. 트레이스만의 학생 중 집안에서 처음으로 대학에 진학한 여러 학생들이 그랬듯이, 텍사스대학교 오스틴캠퍼스에 입학한 카리메도 어려움을 겪었다. 하지만 다른 학생들과 달리 카리메는 소속감을 느낀 긍정적인 경험을 한 적이 있었다. "저는 한 번도 자신을 의심하지 않았고, 제가 여기 소속이라는 걸 알았어요. 그냥 왜 잘 적응하지 못하는지 혼란스러웠을 뿐이에요." 그녀는 자신이 대학에 적합하지 않다고 결론짓지 않았다. 주된 이유는 목적의식에 있었다. "부모님이 고생하시는 모습을 보고 저는 꼭 대학에 가겠다고 생각했어요." 캠프에 다녀온 이후 그녀는 정책 토론과 시사 문제에 관심을 갖게 됐고, 어렵기로 악명 높은 전공인 철학과 법학에 이끌렸다. 이제 그녀는 사회에 공헌할 밝은 미래를 향해 나아가고 있다.

인터뷰가 끝날 무렵에 나는 카리메에게 우리의 연구 결과를 소개했다. 그러면서 캠프가 KIPP 학생들에게 장기적으로 도움이 되는 눈덩이를 굴리기 시작했다고 봐도 무방하다고 생각하는지 물었다. 카리메는 8년 전 캠프에서 같은 숙소에 묵었던 참가자들의 명단을 보더니 이렇게 말했다. "저도 그 의견에 동의해요. 이 명단에 있는 학생들은 다들 대학에 다니네요." 캠프는 카리메에게 무엇을 가르쳤을까? "캠프에서 미처 친구를 사귀지 못했을 때도 그림 그리기처럼 즐길 수 있는 활동을 찾을 수 있다는 걸 알았어요. 그렇게 수줍음을 타는 성격이었는데도 밖으로 나가 안전지대에서 벗어난 활동들을 할 수 있었죠. 지금까지도 도움이 되는 많은 것을 배웠어요."

케빈의 이야기

중학교 시절, 수업을 따라가지 못해 너무 힘들었던 케빈은 대학에 갈 생각조차 하지 않았다. 어머니는 삼촌이나 사촌들과 함께 야간에 월마트 창고에서 일했다. "고등학교를 졸업할 수 있을 거라고도 생각하지 않았어요. 저는 우등생이 아니었거든요." 달리 할 일이 없으면 월마트에서 일하면 된다고 생각했다. 8년이 지난 지금 케빈은 가족 중 처음으로 대학 졸업자가 됐고, 명확한 삶의 목적을 갖고 있다. 낮에는 음악 교사, 밤에는 프로 재즈 뮤지션으로 일하는 것이다. 내가 인터뷰했던 KIPP 캠프 참가자들 중에서 캠프 경험에 가장 큰 영향을 받은 사람이 아마 케빈일 것이다.

케빈은 캠프 챔피언스에 도착했을 때 불안했다. 같은 숙소를 쓰는 학생 중에 아는 아이가 하나도 없었다. 지도원들은 케빈이 한 번도 본 적 없는 '부잣집 애들'이나 하는 스포츠(라크로스 같은)를 했다. 케빈은 수영을 못했고(이매뉴얼처럼), 저녁에 횃불 행사를 보고 당황했다. "다들 '대체 이게 뭐야?'라고 생각했어요." 하지만 머지않아 횃불 행사에서 끈기와 목적의식을 가진 학생으로 지목받을 가능성(명성을 획득할 기회)에 이끌려 적정한 위험 부담은 기꺼이 감수하기에 이르렀다.

캠프가 끝날 무렵 그는 다른 참가자들과 무척 친해졌고, 지금도 연락하면서 지낸다. 마침 인터뷰하기 일주일 전에 케빈은 참가자 친구들과 8년 전에 캠프에 참여했던 일주일의 기억을 이야기했다.

원래 케빈은 수줍음을 타는 성격이지만 대학교에 들어갔을 때는 캠프에서 친구를 사귀었던 기억을 떠올렸다. 그런 기억 덕분에 남학생 사교 동아리에 들어갔고, 대학 생활 내내 이 동아리에서 소중한 사회적 지원을 받았다. 캠프에서 케빈은 물에 대한 두려움도 극복했다. 캠프 마지막 날 당시 15세였던 케빈은 자신에게 쓴 편지에서 캠프에서 가장 좋았던 기억을 언급했다.

> 웨이크보드에 도전하기가 두려웠던 때가 생각나. 처음에는 웨이크보드를 어떻게 타는지 몰랐어. 친구들과 보트에 타서 호수 가운데로 갔을 때, 일단은 한번 해보기로 했어. 결국 실패했지. 두 번째로 도전했더니 좀 더 잘하게 됐어.

케빈은 목적을 갖는다는 개념도 온전히 이해하게 됐다. 그는 고등학교 2학년 때 있었던 이야기를 들려줬다. 어느 날 같은 반 여학생에게 전화를 받았는데, 그녀는 도움을 요청하고 싶지만 누구에게 손을 내밀어야 할지 모르겠다고 했다. 그러면서 인생에 목적이 없고, 자신의 존재가 무의미하게 느껴진다고 말했다. 자살 충동을 느끼는 듯했다. 케빈은 여름 캠프의 지도자가 된 듯한 자세로 이야기를 들었다. 그는 여학생에게 자기한테 기대라고 말했다. 인생의 목적이 무엇인지 찾기란 어려운 일이고 시간이 걸리기 마련이라고 말하며 안심시켰다. 케빈은 누구나 공헌할 수 있고, 다만 살아가는 여정에서 그것이 무엇인지 발견하는 시점이 사람마다 다를 뿐이라고 말했다. 목적에 관한 바람직하고 낙관적인 이야기를 들은 여학생은 좀 진정된 듯했다. 그날 밤 이후로 두 사람은 친구로 지냈지만, 케빈은 그날 일을 별로 신경 쓰지 않았다. 1년 후 여학생은 다시 케빈에게 전화했다. 그녀는 그날 밤에 자살을 생각하고 있었지만, 그때 이후로는 자살 충동을 느끼지 않았다고 말했다.

요약: 캠프 챔피언스 연구

KIPP의 캠프 챔피언스 연구는 표본 크기가 그리 크지 않았다. 매번 이와 같은 이점을 얻을 수 있다고 보장할 수는 없지만, 다른 8년짜리 연구에서도 같은 결과가 되풀이되기를 바란다.

하지만 이매뉴얼, 카리메, 케빈이 입을 모아 우리의 원동력 가설과 밀접하게 일치하는 경험을 들려줬다는 점에서 중요한 시사점을 얻었다. 캠프는 트레이스만의 강의와 마찬가지로 청소년들이 대학 생활 초기에 어려움을 겪는 와중에 스스로에게 들려줄 갈등, 전개, 고조, 절정, 하강, 결말로 이어지는 개인적 서사를 제공하는 듯하다. 강력한 서사는 캠프 참가자들이 이미 지니고 있었던 투지, 회복 탄력성, 목적의식을 드러냈고, 이런 자질들이 빛을 발하도록 이끌었다. 캠프 참가자들은 이후에 역경을 맞이할 때 자신에게 들려줄 희망찬 이야기를 품고 있었다. 이는 미래 성장을 위한 멘토링 방법을 생생하게 보여주는 사례다. 그것이 멘토 마인드셋의 유산이다.

나가며

이 책에서는 우리 문화에서 청소년에 관해서 언급하는 상식 중 알고 보면 헛소리인 경우가 얼마나 많은지 밝혔다. 어른이 보기에 신경생물학적 무능으로 보이는 모습은, 대개 청소년이 지위와 존중을 건전하게 추구한 결과다. 어른들이 강요자나 보호자 마인드셋이 아닌 멘토 마인드셋으로 그 욕구를 존중한다면, 청소년들의 건전한 발달을 뒷받침하고 그들의 잠재력이 더 나은 세상을 만들어나갈 수 있도록 이끌 수 있다.

멘토 마인드셋을 활용하기 위해 이를 꼭 타고나야 하는 것은 아니라는 사실이 중요하다. 당신도 스테프 오카모토와 서지오 에스트라다가 했듯이 보호자 및 강요자 마인드셋을 거부하고 멘토 마인드셋을 채택할 수 있다. 이제 당신은 투명성과 질문하기 등 여러 실천법을 익혔으니 처음부터 시작할 필요는 없다. 이 책에서 소개한 롤모델들이 스스로 찾아내야 했던 도구들을 당신은 이미 알고 있다. 트레이스만은 말했다. "이 책을 읽을 독자들이 부럽습니다. 50년 전에 이 책을 읽을 수 있었다면 좋았을 텐데요."

멘토 마인드셋 여정에 나설 때는 자기 자신에게 들려줄 자신의 끈기와 목적에 관한 이야기를 생각해보기를 바란다. 신입생 미적분학을 배우는 학생과 수상스키를 배우는 캠프 참가자들과 마찬가지로, 이 책에서 소개하는 아이디어들을 실천하고자 할 때도 역경에 직면할 것이다. 머릿속에서는 분명하게 보였던 아이디어들을 실생활에서 10대 청소년들이나 Z세대 직원들에게 적용하다 보면 혼란스러워질 수도 있다. 지극히 정상이다. 그렇다고 해서 멘토 마인드셋이 효과가 없다거나 당신이 멘토가 될 수 없다는 뜻은 아니다. 그것은 당신이 멘토가 되어가고 있다는 뜻이다. 실수를 저질러도 언제든 다시 시작할 수 있다는 로레나 세이델의 조언을 새겨두기 바란다. 진심으로 사과하고 그들의 관점을 존중할 때 청소년들은 우리가 생각하는 것보다 훨씬 더 너그럽게 행동한다. 간단히 말해, 이 책에서 소개한 조언을 실천하는 과정에서 때때로 발생하는 힘든 순간들은 정상적인 것이다. 그런 어려움을 극복할 조치를 취할 수 있고(예: 해당 부분을 다시 읽고, 다시 시도한다), 결국에는 청소년들이 방어적인 태도를 줄이고 좀 더 협력하는 등 상호작용하는 과정에서 변화를 보이기 시작할 것이다.

요컨대 이 책은 행동을 촉구하는 호소, 멘토 마인드셋을 채택할 목적을 발견해 달라는 일종의 간청이다. 내가 이런 간청을 하는 이유는 단지 청소년들에게 이것이 시급하게 필요하기 때문만은 아니다. 경제 변화에 발맞춰 두려움 없이 성장, 학습, 발전할 유능한 인력이 필요하기 때문만도 아니다. 민주주의를 지켜낼 시민이 필요하기 때문만도 아니다. 내가 이렇게 간청하는 까닭은 멘토링으로 청소년들이 우리의 그늘에서 떠나고 나서 한참 후에도 자신의 인생을 더 나은 길로 이끌 수 있을 때, 우리 모두(교사, 부모, 관리자를 비롯해 청소년과 상호작용하는 모든 사람)는 스스로 간절히 되고 싶어 하는 사람이 될 수 있기 때문이다. 50년 전에 심은 나무들이 성장한 모습에 랠프 코넬이 느꼈던 자부심을 생각해보자. 트레이스만처럼 자신의 성취를 능가하는 청소년을 키워낼 수 있다면 우리는 코넬보다 더 큰 자부심을 느낄 수 있을 것이다.

누구라도 이런 미래에 공헌할 수 있다. 랩슬리가 주유소에서 우연히 대학생을 만났던 것처럼, 때로는 짧은 조우만으로도 엄청난 영향력을 발휘할 수 있다. 혹은 멘티들이 기업에서 승승장구하도록 이끈 스테프 오카모토나, 과학의 미래를 다양화할 학생들을 키워낸 서지오 에스트라다처럼 좀 더 집중해서 헌신할 수도 있다. 스태선이 말했듯이, 어른들은 어떤 역할을 맡았든 간에 앞으로 젊은 세대가 살아나가기에 좀 더 바람직한 곳으로 이 세상을 바꾸어나가는 데 기여할 수 있다. 1950년대 브루클린에서 가난한 사람들에게 무료로 고기를 나눠줬던 정육점 주인 루이스처럼 나아가자. 당신이 다음 세대에게 나눠줄 선물은 지위, 존중, 그리고 명성을 획득할 기회다. 이런 선물을 나눠줄 때는 루이스가 당부했던 말을 기억하자. "누가 이걸 전해주라고 했어요. 이게 그 사람 물건이 아니고 이 집 물건이래요. 그게 정의라서 받을 자격이 있대요."

부록

실천하기

지금부터 각 장에서 소개한 핵심 아이디어를 실천하기 위한 활동과 조언을 소개하겠다. 각 장을 읽은 직후 해볼 수도 있고, 책을 끝까지 읽고 나서 내용을 온전히 이해한 다음에 해볼 수도 있다. 이것은 내가 실제로 사용하는 개입법과 워크북에서 뽑은 것이다. 그래서 이 내용의 상당 부분이 당신과 같은 독자들에게 어떻게 영향을 미치는지 지켜본 바 있다.

나는 《여왕벌인 소녀 여왕벌이 되고 싶은 소녀》(영화 〈퀸카로 살아남는 법〉의 원작)[1]를 비롯해 청소년을 다룬 주목할 만한 책들의 저자이자 청소년 전문가인 로잘린드 와이즈먼과 공동으로 이 자료를 개발했다. 첫 책을 내놓은 이후로 20년 동안 와이즈먼은 부모와 교사를 비롯해 청소년들을 아끼는 모든 사람들이 존엄과 존중의 문화를 만들어나갈 수 있도록 돕는 저명한 교육 컨설턴트가 됐다. 특히 와이즈먼은 청소년들에게 적시에 적절한 말을 하는 재능을 타고난 사람이다. 실용적인 지혜를 풍부하게 더해준 와이즈먼에게 감사를 전한다.

이 장을 읽을 때는 메모하기 편한 수첩을 준비하기 바란다. 설명하는 활동이나 지침의 사본을 구하고 싶거나 연구 내용을 좀 더 자세하게 읽고 싶다면, 이 책의 끝부분에 있는 '주'에서 관련 정보를 찾을 수 있다.

들어가며

다음은 아이디어를 짜내기 위한 성찰 질문들이다.

1. 이 책을 읽는 계기가 된 난관이나 불만은 무엇이었고, 어떤 분야였는가? 예를 들어 상사, 교사, 부모, 코치 등의 역할을 수행하다가 생긴 일이었을 수도 있다. 이 책에서 소개하는 통찰을 활용해서 개선하고 싶은 가장 큰 불만이나 고충은 무엇인가?

---

2. 칩 엥겔랜드, 피트와 레오나 섬너스, 현명한 피드백 연구처럼, 존중과 동기부여를 받는다는 느낌이 들게끔 연장자가 당신을 대우한 적이 있는가? 그 경험은 어떠했고 그때 기분은 어땠는가? 그 일로 동기를 부여받았다면 이유는 무엇인가? (보통 이런 일들은 우리에게 가장 중요한 기억들이다.)

이런 질문에 대한 답변은 이 책을 효과적으로 활용하기 위한 동기가 될 수 있다. 책을 읽으면서 위 질문을 반복해서 답해보자. 이 질문에 대한 답변은 (1) 이 책에서 제시한 통찰을 어떻게 활용하고 싶은지, (2) 당신의 경험에서 어떻게 의미를 발견해 청소년들과 함께 나눌지를 떠올리게 해준다.

1장

1. 당신과 가장 관련 있는 역할(관리자, 부모, 교사 등)로 상호작용하는 청소년들을 떠올려보자. 면역억제제를 복용하지 않는 이식 환자처럼 비합리적으로 보이는 행동은 무엇인가? 예를 들어 직장에서라면 상사에게 좋은 인상을 남길 기회를 날리는 젊은 직원이 그렇게 보일 수 있다. 가정에서라면 온라인 도박 등 위험한 행동이 비합리적으로 보일 것이다. 학교에서는 중요한 과제를 포기하는 행동이 이에 해당된다. 이후에 이와 관련된 질문을 더 할 예정이니 당신에게 중요한 행동을 선정해 보자.

- 내가 ______로서 맡은 역할을 수행하는 중에 상호작용하는 청소년이 …하는 행동을 할 때 답답하다.

____

____

____

____

____

____

2. 양육 전문가 베키 케네디 박사는 청소년의 행동을 '최대한 관대하게 해석'하는 것이 중요하다고 이야기한다.[2] 이는 청소년들이 완전히 무

능하다거나 악질적이라고 넘겨짚기보다는 선의로 행동하고 있지만 당시에는 그럴 만한 이유가 있었다고 가정하는 해석이다. 위에서 적은 청소년의 답답한 행동을 생각할 때, 그들의 행동에 대한 가장 관대한 해석은 무엇일까? 어른의 눈으로 보기에는 부적절하게 보이는 그런 행동이 청소년의 곤경에서 벗어나 지위나 존중을 얻고자 하는 욕구에서 비롯됐을 가능성을 생각해보자.

• 그들의 행동을 최대한 관대하게 해석하면, 그들이 …함으로써 지위와 존중을 바라는 욕구를 충족하고자 했다는 것이다.

______

______

______

______

______

______

3. 보통 청소년들은 지위와 존중을 바라는 욕구를 다른 방식으로 해결할 수 있다면 좀처럼 비합리적이거나 답답한 행동을 하지 않는다. 어른으로서 당신이 지위와 존중을 바라는 욕구를 청소년이 충족하도록 도울 수 있는 방법은 무엇일까?

• 나는 내 위치를 이용해 …함으로써 청소년이 지위와 존중을 바라는 욕구를 충족하도록 도울 수 있다.

______

4. 베지마이트 연구에서 사용한 언어를 보여준 그림 1-3(81쪽)을 다시 한번 살펴보자. 이 그림은 존중을 나타내는 언어의 핵심 원칙 4가지를 잘 보여준다. (1) 지시하지 말고 질문한다, (2) 그들의 지위를 존중하고 자신의 지위는 언급하지 않는다, (3) 인정하고 설명하되 폄하하지 않는다, (4) 주체성을 전제한다는 원칙이다. 이제 당신이 직접 겪고 있는 문제에 그런 언어를 적용하고자 노력해보자. 지금까지 당신이 경험한 청소년과의 대화를 상상해보자. 반드시 피하고 싶은 무례한 말을 꼽는다면 무엇인가? 반드시 언급하고 싶은 존중의 말을 꼽는다면 무엇인가? 예를 들어 상사가 말하기에 무례한 말은 "내가 당신보다 나이가 많고 현명하니까 내 말을 들어야 해요" 같은 발언이다. 이런 발언은 지시하고, 더 높은 지위를 언급하며, 주체성을 빼앗는다. "어째서 그런 행동을 하게 됐는지 이해는 되는데 확실히는 모르겠네요. 밑바탕에 깔린 동기를 좀 더 자세히 얘기해줄 수 있을까요? 문제점이 있다면 다른 방법으로 대처한 후에 계속 경력을 발전시켜나갈 수 있을 겁니다"라고 한다면 좀 더 상대방을 존중하는 표현이 될 것이다. 이런 표현은 의견을 묻고, 지위를 존중하며, 이유를 설명하고, 상대방의 주체성을 전제한다.

- 반드시 피하고 싶은 무례한 표현을 2~3가지 꼽는다면…

- 반드시 언급하고 싶은 존중의 표현을 2~3가지 꼽는다면…

2장

이제 자기 자신의 마인드셋을 스스로 평가해볼 시간이다. 다음은 강요자, 보호자, 멘토 마인드셋을 다룬 과학적 연구에서 질문했던 설문조사 항목이다. 다양한 역할(관리자, 부모, 교육자)에 적용할 수 있도록 조금 수정했다. 솔직하게 응답해보자. 각 항목에 응답한 후에 왜 그렇게 했는지 곰곰이 생각해보기를 바란다.

그룹 1

각 문장을 읽고 본인의 의견과 일치하는 항목에 체크하시오.

1. 청소년이 학교나 직장에서 실패하거나 부진한 성과를 내는 주요한 이유 중 하나는 너무 게을러서 자기가 해야 할 일에 대해 제대로 귀 기울여 듣지 않기 때문이다.

1. 매우 그렇다	2. 그렇다	3. 대체로 그렇다	4. 대체로 그렇지 않다	5. 그렇지 않다	6. 매우 그렇지 않다

2. 학교나 직장에서 부진한 청소년들은 대체로 좋은 성과를 내는 데 필요한 책임감이 부족하다.

1. 매우 그렇다	2. 그렇다	3. 대체로 그렇다	4. 대체로 그렇지 않다	5. 그렇지 않다	6. 매우 그렇지 않다

3. 청소년들이 배워야 할 가장 중요한 가치는 윗사람에게 복종하고 권위를 존중하는 것이다.

1. 매우 그렇다	2. 그렇다	3. 대체로 그렇다	4. 대체로 그렇지 않다	5. 그렇지 않다	6. 매우 그렇지 않다

성찰. 그룹 1에 속한 질문들에 어떻게 대답했는지 살펴보자. 왜 그렇게 대답했는가? 아래에 당신의 생각을 적어보자.

- 내가 이렇게 답한 이유는…

그룹 2

각 문장을 읽고 본인의 의견과 일치하는 항목에 체크하시오.

1. 청소년들은 대부분 너무 연약해서 힘들거나 스트레스를 받으면 자신감을 잃고 포기할 것이다.

1. 매우 그렇다	2. 그렇다	3. 대체로 그렇다	4. 대체로 그렇지 않다	5. 그렇지 않다	6. 매우 그렇지 않다

2. 청소년들은 실패를 겪으면 성과나 생산성이 저하된다.

1. 매우 그렇다	2. 그렇다	3. 대체로 그렇다	4. 대체로 그렇지 않다	5. 그렇지 않다	6. 매우 그렇지 않다

3. 대규모 회의나 교실에서는 동료나 친구 들에게 바보처럼 보일까 봐 걱정하지 않도록 대답을 전부 아는 청소년들에게만 발언을 시키는 것이 바람직하다.

1. 매우 그렇다	2. 그렇다	3. 대체로 그렇다	4. 대체로 그렇지 않다	5. 그렇지 않다	6. 매우 그렇지 않다

성찰. 그룹 2에 속한 질문들에 어떻게 대답했는지 살펴보자. 왜 그렇게 대답했는가? 아래에 당신의 생각을 적어보자.

- 내가 이렇게 답한 이유는…

점수 해석

그룹 1 채점. 짐작했겠지만 그룹 1에 속한 항목들은 강요자 마인드셋 측면을 측정한다. 총점이 10점 미만이라면 강요자에 가깝다는 뜻이다.

해당 항목에서 청소년들이 잘못된 행동을 하는 주요한 이유로 무능과 인격 부족을 강조한다는 점에 주목하자(질문 1과 2). 그런 해석은 생각은 어른들이 하고 청소년들은 이에 따르는 것이 바람직하다는 결론으로 이어진다(질문 3). 우리가 수집한 데이터에 따르면, 일반적으로 질문 1과 2에 동의한 사람은 질문 3에도 동의할 가능성이 훨씬 높다.

그룹 1 점수가 10점 미만이라면 어떻게 해야 할까? 걱정할 필요는 없다! 이는 당신이 높은 성과 기준에 관심을 기울이고 있다는 (동시에 아마도 유지한다는) 뜻이다. 멋진 일이다! 이는 당신이 멘토 마인드셋에 절반은 도달했다는 뜻이다. 그저 지원을 더하기만 하면 된다. 하지만 이는 또한 이 책 곳곳에서 소개한 멘토 마인드셋 롤모델들이 청소년들을 지원하는 방식에 세심한 주의를 기울여야 한다는 뜻이기도 하다. 높은 기준에 그런 지원을 추가할 수 있다.

그룹 2 채점. 그룹 2는 보호자 마인드셋을 측정한다. 그룹 2 총점이 10점 미만이라면 보호자에 가깝다는 뜻이다. 이 설문조사 항목에서 강요자이면서 보호자라는 결과가 나올 수도 있다는 점에 주목하자. 그런 결과가 나오는 이유는 강요자가 상냥한 사람처럼 보이고 싶을 때 보호자가 되는 경우가 많고, 보호자는 청소년들이 통제 불능 상태가 됐을 때 강요자가 되기 쉽기 때문이다. 이는 하나의 마인드셋에 영원히 묶여 있는 사람은 아무도 없다는 사실을 보여준다.

그룹 2에 속한 항목이 청소년들을 스트레스와 좌절, 실패로부터 보호하는 데 초점을 맞추고 있다는 점에 주목하자. 이는 실패나 스트레스가 심신을 약화시킨다는 믿음에서 비롯됐으며(질문 1과 2), 그런 믿음은 다시 청소년에게서 성장 혹은 학습 기회를 빼앗을 법한 행동으로 이어진다(질문 3). 당신이 그런 사람이더라도 절망할 필요는 없다. 청소년들의 기분을 배려하고 돕고 싶어 한다는 것은 훌륭한 일이다. 이제 그런 배려에 좀 더 엄격한 기준을 추가하기만 하면 된다.

다음 단계. 두 그룹에서 모두 높은 점수를 받았다면 아주 바람직하다! 솔직하게 답변했다는 가정하에 그 결과는 당신이 강요자나 보호자 마인드셋을 사용하는 경향이 없다는 뜻이다. 하지만 멘토 마인드셋에 도달하려면 아직 가야 할 길이 남아 있다. 강요자 및 보호자 마인드셋의 부재가 곧장 멘토 마인드셋으로 이어지지는 않는다. 믿음은 행동으로 뒷받침해야 한다. 이 책의 나머지 부분이 실용적인 해결책에 중점을 두고 있는 이유가 바로 여기에 있다.

멘토 마인드셋을 활용해 세대 격차를 메우고자 할 때는 다음 핵심 사항을 고려해야 한다.

꼬리표가 아니라 학습과 성장을 강조한다

사람은 주의자(예: 성차별주의자, 인종차별주의자 등)라는 비난을 받으면 즉시 반박하고 싶어 한다. 이는 자연스러운 반응이지만, 우리는 편견이 있는 사람과 편견이 없는 사람만 있다고 보는 흑백논리 세상의 너머를 들여다볼 필요가 있다.

예를 들어 인종차별주의자라는 비난을 받은 사람은 '나는 인종차별주의자 기질이라고는 없는데'라거나 '나도 흑인 친구들이 있어!'라고 주장할지도 모른다. 그런 변명은 합당하지 않다. 이는 인종차별주의가 인종이 다른 친구를 사귀지 못하도록 방해하는 불변의 물리적 특성임을 암시하기 때문이다. 이 쟁점을 바라보는 좀 더 바람직한 방법은 모두가 배우는 과정에 있다고 여기는 것이다. 어떤 배경을 지닌 사람이든 누구나가 때로는 사람들을 갈라놓고 고정관념을 굳히는 사회에서 성장했다. 그 점을 고려할 때 우리는 모두 '주의'의 영향을 덜 받는 법을 배우고 있는 셈이다. 우리 모두는 복잡한 다문화 사회에서 지금보다 좀 더 윤리적으로 살아갈 수 있다. 이 사실을 염두에 둔다면 세대 갈등을 겪는 상황에서 좀 더 적절한 언어를 사용할 수 있을 것이다. 그렇게 차분한 언어를 사용하면 서로 물어뜯을 듯이 으르렁대는 대신, 과열 양상을 식히고 협력적으로 문제를 해결할 수 있다.

부모를 위한 시나리오

몇 년 전에 나는 20대 초반의 젊은 백인 여성과 베이비붐세대인 엄마가 나누는 대화를 들었다.[3] 엄마가 유색인종에 대한 편견이 담긴 말을 하자 딸이 펄쩍 뛰었다. 적어도 내가 보기에 그 어머니는 유색인종을 포용하고 공평하게 대하고자 했지만, 1970년대 위스콘신주에서 인종(및 젠더 혹은 섹슈얼리티)에 대해 학습한 개념에 의문을 품지는 않은 듯했다. 딸은 엄마를 격렬하게 매도하면서 창피를 주고 비난하며 설교를 늘어놓았다. 충격을 받은 엄마는 "나는 인종차별주의자 기질이라고는 없어"라고 말했다. 베이비붐세대는 청소년기였던 1960년대부터 1970년대까지 부모에게 시민권 운동을 설명한 세대다. 그들은 대체로 자신이 좀 더 공정한 사회를 만드는 데 이미 상당히 기여했다고 여긴다. 결국 두 사람 모두 견해를 바꾸지 않았다.

딸은 윗세대의 잘못된 생각을 좀 더 품위 있게 바로잡는 법을 배워야 했고, 어머니는 자신이 배움에 열려 있다는 신호를 보내야 했다.

예를 들어 어머니는 다음과 같이 말할 수 있었다.

> 너는 이 문제에 대해서 나와 다르게 생각하는구나. 우리는 서로 정말 다른 시대에서 자랐어. 그래서 엄마는 네가 어떻게 세상을 바라보는지 귀 기울여서 듣고 배우고 싶어. 네 의견에 완전히 동의하게 될 거라고 약속할 수는 없지만 이해하려고 최선을 다하겠다고는 약속할게. 너에게 바라는 게 있다면 엄마가 최선을 다하고 있다고 끈기 있게 믿어주는 거야. 우리 둘 다 모든 사람을 존엄하게 대하고 이 사회를 좀 더 공정하고 공평하

게 만든다는 같은 목표를 가지고 있다고 믿으니까.

이런 말은 이 대화가 문제해결을 위해서이지, 모욕하고 비난하기 위해 하는 것이 아니라는 신호를 딸에게 분명히 보냈을 것이다. 그랬더라면 두 모녀가 자기 의견을 완강하게 고수하면서 차별주의자가 아니라며 주장하는 대신, 두 사람 모두가 마음을 바꿀 가능성이 생긴다. 왜 그럴까? 엄마가 딸의 관점에서 배우겠다는 말은 딸을 존중한다는 뜻이기 때문이다. 상대방이 나에게 소리를 지를 때 존중하면서 대응하는 것은 어려운 일이지만, 그렇게 하지 않으면 상황은 악화될 뿐이다. 어머니는 딸에게도 존중할 것을 요구해야 한다. 상호 존엄성을 기반으로 삼을 때 조약이 성사될 수 있고, 진정한 배움 역시 가능해진다.

위 사례를 아래 측면을 기준으로 곰곰이 생각해보자. 어떤 부분을 주목할 만한가? 비슷한 일이 당신에게 일어난다면, 이런 아이디어들을 어떤 식으로 당신이 처한 상황에 맞게 적용하겠는가?

- 내가 보기에 이 사례에서 주목할 만한 부분은…

- 비슷한 일이 나에게 일어났을 때 내가 할 행동이나 말은…

관리자를 위한 시나리오

관리자들도 세대 격차를 메우기 위해 학습 과정을 따를 수 있다. 멜리사 토머스-헌트 박사는 에어비앤비에서 이 방법이 효과를 나타내는 것을 목격했다. 고객들이 에어비앤비 예약에서 나타난 편향에 대해 불만을 제기했을 때, 회사는 이를 진지하게 받아들였다. 그때 시행한 강력한 조치 중 하나는 기술 분야에서 흑인 직원들의 경험을 개선하고자 하는 Black@Airbnb처럼[4] '인적자원 그룹' 19개에 권한을 부여하고 승격시키는 방안이었다. 강요자 마인드셋 문화가 강한 기업이라면 그렇게 하지 않았을 것이다. 심지어 이런 그룹을 만드는 것 자체를 편향적이라고 말할지도 모른다. 하지만 에어비앤비의 멘토 마인드셋은 서로 다른 집단이 저마다 독특한 경험과 배경을 지닌 덕분에 상급 관리자들에게 가르쳐줄 다양한 지식을 가지고 있으며, 관리자들이 폭넓게 배우면 회사가 더 발전할 수 있다는 전제에서 시작한다. 이런 가정은 Black@Airbnb 그룹이 효과적인 인적자원 그룹을 위한 안내서를 내놓으면서 입증됐다. 이 안내서에 실린 권장 사항은 소수집단의 경험을 개선하는 데 그치지 않았다. 회사에 근무하는 '모두'가 한층 더 소속감과 존중받는 기분을 느낄 수 있었다. 에어비앤비는 방어적인 입장 대신 학습하는 입장을 취하면서, 심각한 홍보 위기를 겪고 있던 회사에서 다양한 집단 출신의 재능 있는 직원들이 일하는 일류 기업으로 거듭날 수 있었다.

위 사례를 아래의 측면을 기준으로 곰곰이 생각해보자. 어떤 부분을 주목할 만한가? 비슷한 일이 당신에게 일어난다면, 이런 아이디어들을 어떤 식으로 상황에 맞게 적용하겠는가?

- 내가 보기에 이 사례에서 주목할 만한 부분은…

- 비슷한 일이 나에게 일어났을 때 내가 할 행동이나 말은…

요약

강요자 마인드셋은 세대 격차를 강화한다. 배려하지 않고 순종만을 요구할 때 청소년들은 자신의 관점이 무시당했다고 느끼고, 결국에는 애초에 어른들이 탐탁지 않아 했던 여러 짜증나는 행동을 저지른다. 보호자 마인드셋은 권력과 통제권을 다음 세대에 통째로 내주는데, 이 역시 옳지 않다. 청소년들도 귀중한 관점을 제공하곤 하지만, 어른들이 나이와 경험, 지혜로 쌓은 폭넓은 관점에 비하면 좁은 경우가 많다. 멘토 마인드셋은 청소년들의 관점을 배우는 동시에, 어른들이 가지고 있는 지식과 경험을 통합함으로써 세대 격차를 해결할 수 있다.

4장

의도는 바람직했으나 강요자나 보호자 마인드셋에 휘둘리는 경우는 언제일까? 이런 질문은 스테프 오카모토나 서지오 에스트라다의 이야기에서 배운 교훈을 자기 자신의 삶에 어떻게 적용할 수 있을지 생각하는 데 도움이 된다. 철저하게 강요자이거나 철저하게 보호자인 사람은 아무도 없다. 우리는 모두 양쪽 성향을 다 가지고 있다. 기준이나 지원도 오르락내리락할 수 있다. 멘토 마인드셋을 활용하는 비결은 어떤 관계와 상황이 지원이나 기준을 떨어뜨리는지 알아차리고 조정하는 것이다.

자기 안의 강요자 마인드셋 찾기

1. 당신이 강요자 마인드셋을 사용할 가능성이 가장 높은 관계는?

2. 'X 이론'이나 '깐깐한 리더라는 신화'를 지지해본 경험이 있는가?

(잭 웰치를 비롯한 여러 CEO들의 사례를 적용한다는 취지에서 마이크로소프트에서 X 이론을 선호한 적이 있었다. 서지오 에스트라다는 영화나, 오스카 같은 잘못된 역할모델, 은사에 대한 잘못된 기억에서 X 이론을 배웠다.)

3. 강요자 마인드셋을 사용하는 순간에도 '높은 기준'을 갖춘 당신이 절반은 옳다는 사실을 기억하자. 어떻게 하면 나머지 절반, 즉 청소년들에게 필요한 '지원'을 추가해야 한다는 사실을 기억할 수 있을까? (에스트라다는 높은 기준을 적용하기 전에 적절한 지원 계획을 세워야 한다는 것을 배웠다.)

자기 안의 보호자 마인드셋 찾기

1. 당신이 보호자 마인드셋을 사용할 가능성이 가장 높은 관계는?

2. Y 이론에 대한 오해가 보호자 마인드셋에 어떤 식으로 영향을 미쳤는가? (스테프 오카모토의 경우 마이크로소프트의 탁자 뒤엎기 문화를 극도로 싫어한 탓에 X 이론에서 벗어나 Y 이론을 선호하게 됐다.)

3. 보호자 마인드셋을 사용하는 순간에도 '지원'을 갖춘 당신이 절반은 옳다는 사실을 기억하자. 어떻게 하면 나머지 절반, 즉 청소년들에게 필요한 '높은 기준'을 추가해야 한다는 사실을 기억할 수 있을까? (오카모토는 솔직한 피드백을 주지 않거나 허락 없이 문제를 해결하려고 서두르다가 아끼는 사람들에게 해를 끼치고 있다는 사실을 깨달았다.)

5장

투명성과 3가지 마인드셋

3가지 마인드셋의 관점에서 투명성을 갖춘 행동이 무엇인지 생각해보자. 강요자와 보호자 마인드셋은 애초에 청소년들을 얕잡아 보는 듯한 생각에서 시작되는 경향을 나타낸다. 그러다 보면 투명성이 불필요하다거나(강요자) 심신을 약화시킨다고(보호자) 생각하기에 이르게 된다. 이와 달리 멘토 마인드셋은 좀 더 존중하는 세계관에서 시작하므로 투명성이 왜 필요하고 효과적인지 이해할 수 있다. 표 5-1을 살펴보자.

	강요자 마인드셋	보호자 마인드셋	멘토 마인드셋
세계관	내 생각을 굳이 설명할 필요는 없다. 나에게 투명성을 요구하는 청소년들은 지나치게 예민하고 특권의식이 강한 것이다.	나는 상냥한 사람이고 싶으므로 청소년들의 무능함에 대한 내 솔직한 생각을 털어놓을 수는 없다. 그들은 진실을 감당하지 못할 것이다.	권력의 불균형(및 불신의 장벽)으로 인해 내가 하는 행동의 의미가 모호해질 수 있으므로 높은 기준과 지원에 설명을 덧붙여야 한다.
행동	의도를 설명하지 않고 밀어붙인다. 순응하라고 요구한다.	청소년들이 나약하고 무력하다고 느끼더라도 불쾌한 정보는 주지 않고 무의미한 칭찬을 해준다.	성공할 수 있는 잠재력이 크다고 믿으므로 높은 기대를 걸고 지원을 아끼지 않는다고 설명한다.

표 5-1. 투명성과 3가지 마인드셋 프레임워크

투명성 진술 사용하기

이제 투명성을 갖춘 멘토 마인드셋 실천법을 어떻게 활용할 수 있는지 살펴보자. 불신의 장벽을 유발하는 권력의 불균형이 있을 때는 특히 상호작용을 시작한 초기에 투명성 진술을 해야 한다는 사실을 기억하자. 투명성 진술은 선량한 의도를 표현하는 문장이다. 투명성 진술이 효과를 발휘하려면 '당신 같은 사람들'이 아니라 '구체적으로 당신의 의도'를 밝혀야 한다. 투명성 진술은 메시지(의미)와 기회(행동 계기)를 모두 강조할 수 있다. 여러 번 반복한다고 해도 문제는 없다! 일반적으로 목표는 청소년들이 우리가 전달하고자 하는 내용을 의도에 가깝게 받아들이도록 하는 것이다.

역할	우리의 말 또는 행동	우리가 전달하고자 하는 내용	청소년들이 받아들이는 내용
부모	"오늘 하루는 어땠어?"	'너를 사랑하고 아끼니까 내가 인식하고 있어야 할 문제가 있는지 알고 싶어.'	'부모님은 내가 스스로 알아서 할 수 있다고 믿지 않아서 지나치게 간섭해.'
관리자	"다음 업무 평가 전까지 개선해야 할 사항들입니다."	'나는 당신을 걱정하는 마음에 당신이 급여를 인상받을 수 있도록 분명하고 직접적이며 유용한 피드백을 주는 겁니다.'	'내 상사는 내가 일을 지독하게 못한다고 생각해.'

표 5-2. 다양한 역할에 걸쳐 투명성 진술이 필요한 이유

부모

시나리오. 당신은 학교나 학원에 아이를 데리러 갔고, 오늘 하루 동안 어떤 일이 있었는지 들을 생각에 신이 나 있다. 아이의 모습을 보니 기분이 좋지 않은 듯하다. 무슨 문제가 있었는지 알고 싶어서 아이에게 물어보니, 아이는 "별일 없어요"라고 말한다. 그 외의 정보는 없다. 그다음에는 침묵이 이어진다.

이런 흔한 시나리오는 부모에게 좌절감을 갖게 한다. 함께 이동하는

시간은 자녀를 지도하기에 아주 좋은 기회인데, 대화가 막히면 그 기회를 날려버리기 때문이다.

아이가 무뚝뚝하거나 쌀쌀맞아서 대화의 질이 낮은 거라고 생각하기 쉽지만, 이는 의사소통 오류라는 측면에서 살펴볼 수도 있다. 부모로서 당신은 자신의 관심을 아이와 공유하고 싶다(표 5-2의 1행 참조). 하지만 자녀는 질문을 불신이나 경멸의 징후로 해석한다. '부모님은 내가 스스로 알아서 할 수 있다고 믿지 않아서 지나치게 간섭해.' 청소년들은 이렇게 생각하기 쉽다. 그런 경향은 어디에서 비롯된 것일까? 이는 난데없는 생각이 아니다. 대부분의 부모가 "별일 없어요"라는 대답 이외의 모든 새로운 정보에 적색경보를 발령하고 문제해결 모드에 돌입하는 식이기 때문이다. 청소년들은 30분 동안 질문 공세에 시달리면서 직면한 모든 문제를 해결할 계획을 세우는 사태를 견디느니 애초에 대화를 피하는 것이 훨씬 편하다고 생각할지도 모른다.

이런 의사소통 오류는 일정 부분 테스토스테론(및 기타 사춘기 호르몬) 수치 급증에서 비롯된다. 이 시기의 청소년들은 어른들의 말과 행동에서 행간을 읽으려고 애쓴다. 이 경우에는 어른들이 도와주려고 하는 것을 아이가 스스로 문제를 해결할 능력이 없다고 생각한다는 신호로 해석할 가능성이 높다. 우리가 껄끄러운 문제(아이들이 간섭을 받아서 무시당한다고 느끼는 것)를 투명하게 다룬다면, 청소년들은 좀 더 기꺼이 대화에 참여할 것이다.

조언. 아이가 차에 타면 반갑게 인사하자. 칭찬해도 좋지만 지나치게 과장하거나 호들갑을 떠는 것은 좋지 않다. 그다음에는 말을 멈추고 잠시 침묵하자. (우리 모두가 삶에서 침묵을 좀 더 많이 활용할 수 있다.) 만약 선의에서 비롯된 침묵에 아이가 "웬일이에요? 왜 아무 질문도 안 하세요?"라고 반응하면 당신은 이렇게 말할 수 있다. "네가 하루 일과를 마치고 만났을 때 내가 보통 너와 어떻게 소통하는지 생각해봤는데, 질문을 너무 많이 하는 것 같더라고. 어떻게 보면 심문하는 것처럼 보일 수도 있을 것 같고. 그럴 의도는 없거든. 그냥 너한테 관심이 많고, 무슨 일이 있었는지 알고 싶었을 뿐이었어."

아이가 기분이 나빠 보인다면 질문하기 전에 잠시 숨 돌릴 여유를 가지도록 하자. 적당히 시기를 봐서 이렇게 말할 수 있다. "오늘 뭔가 안 좋은 일이 있었나 봐. 도움이 된다면 무슨 일이 있었는지 자세히 털어놔도 된다는 의미로 하는 말이야. 누구든 혼자서 문제를 해결하기란 어려운 일이거든. 그래도 말하기 싫으면 네 사생활이니까 존중할게. 언제든 말하고 싶어지면 얘기해. 그냥 듣기만 하고 성급하게 결론 내리거나 하지는 않겠다고 약속할게." 이런 진술은 중요하다. 이는 당신의 주된 목표가 장기적으로 자녀를 돕는 데 있고, 사생활을 간섭하려는 의도가 아니라는 점을 투명하게 전달하므로 아이들이 위협을 느끼는 주요한 요인을 덜어준다.

자녀가 말하기 시작하면 부탁받지 않는 한 문제해결에 나서지 않겠다는 신호를 좀 더 강력하게 할 수도 있다. 부하 직원에게 "그냥 불평불만을 털어놓을 사람이 필요한지, 아니면 뭔가를 바꾸고 싶은지 얘기해줄래요? 상황을 악화시키는 방식으로 대답하고 싶지 않아서 묻는 거예요"라고 말했던 오카모토의 관리 팁을 활용하는 방법도 있다. 이는 당신이 나서서 자녀의 문제를 해결하는 것이 아니라 협력적으로 문제를 해결하고자 한다는 신호를 투명하게 보내는 방법이다.

이 조언을 바탕으로 생각해볼 때, 위 사례에서 어떤 부분이 주목할 만한가? 당신은 무엇을 바꿀 것인가?

관리자

시나리오. 관리자인 당신은 젊은 직원에게 성과 피드백을 줄 예정이다. 해당 직원의 업무 수행 수준은 전반적으로 높은 편이지만, 아직 신입이라 꾸준히 승진하려면 고쳐야 할 점이 몇 가지 있다. 어떻게 하면 멘토 마인드셋이 투명하게 보이도록 비판적인 피드백을 전달할 수 있을까?

조언. 위 사례(및 5장)에서 소개한 투명성 실천법을 적용할 때 피해야 할 실수가 몇 가지 있다. 젊은 직원이 잘못한 일을 공개적으로 비난하는 듯이 보일 수 있는 비판적인 말을 그룹 메일로 보내서는 안 된다. 젊은 직원들은 정말로 진실을 알고 싶어 하니 칭찬 샌드위치는 바람직하지 않다. 일을 더 잘하는 다른 직원과 비교하지 말자. 또한 모호한 비판(예: '당신의 태도')은 구체적이지 않아 개선하기 어려우므로 피하도록 한다.

투명성 진술은 위협이 될 만한 대화를 시작할 때 제시하는 것이 가장 효과적이다. 업무 평가는 상여금이 줄어들거나 팀에서 배제될 수 있다는 전조로 여겨지므로 위협이 될 수 있다. 따라서 "이번 정기 업무 평가에서는 현재 담당 업무를 살펴보면서 잘되고 있는 부분과 보완이 필요한 부분을 파악하고자 합니다. 또한 근무하는 데 애로 사항이 있다면 털어놓을 기회이기도 합니다. 업무에 방해되는 사항이 있어서 곤란하다면 내가 도와줄 수 있으니까요"와 같은 식으로 해당 평가를 일상적인 업무로 규정하는 발언을 미리 하는 것이 바람직하다. 또한 업무 평가는 현명한 피드백을 활용하기에 적당한 기회이기도 하다. "개선이 필요한 부분도 몇 군데 짚어보겠지만, 당신이 기대치를 뛰어넘어서 계속해서 승진할 수 있도록 돕고자 하는 일입니다."

그런 다음 기준과 기대치를 부하 직원의 성과와 비교해서 검토할 때는 그 직원이 일을 잘해서 명성을 획득했던 부분을 언급하는 것이 중요하다. 성과 평가는 청소년의 곤경과 비슷하므로, 이를 누그러뜨리려면 청소년이 획득한 지위와 존중을 명확히 밝혀야 한다.

젊은 직원이 기대에 부응하지 못했을 때는 사실대로 이야기해야 하지만, 이 경우에도 투명성 진술이 도움이 될 수 있다. 당신은 다음과 같이 말할 수 있다. "실수가 있거나 성과가 부진한 영역이 몇 군데 있습니다. 이 영역들에 관해서 여러 질문을 하기 전에 먼저 당신의 관점을 이해하는 것이 내 목표라는 점을 분명히 밝히고 싶습니다. 문제점을 장황하게 논하거나 곤혹스럽게 하려는 의도가 아닙니다. 그러니 질문을 너무 많이 한다고 느껴지더라도 부당한 억측을 하고 싶지 않은 마음에서 비롯된 질문이라는 사실을 알아주세요. 내가 상황을 오해하고 있다면 어차피 내가 하는 조언은 도움이 되지 않을 테니까요."

강요자 마인드셋에서는 '내가 이런 말을 구구절절하게 할 필요는 없어. 부하 직원이면 피드백을 그냥 받아들일 정도로 정신력이 강해야지'라고 생각하기 쉽다. 이론상으로는 생각하는 대로 털어놓고 넘어갈 수 있다면 좋을 것이다. 하지만 이는 청소년의 곤경이 발휘하는 힘을 무시하는 처사다. 그런 식으로 한다면 젊은 직원들은 성과 피드백에 부정적으로 반응할 것이고, 관리자는 어차피 도움이 되지 않을 피드백을 주고 상처받은 기분을 달래느라 시간을 낭비하게 된다. 결국 필요하다고 생각하는 것 이상으로 자신의 선한 의도를 좀 더 투명하게 밝힐 때 모두가 더 행복해진다.

교육자

시나리오. 교사인 당신은 수업을 잘 따라오지 못하는 학생에게 피드백을 주고자 한다. 학생은 열심히 노력하고 있다고 느끼지만 계속해서 같은 실수를 반복하고 있다. 당신은 학생에게 피드백을 주고 싶지만 더 심한 좌절감을 안기고 싶지는 않다. 예전에 당신은 학생들에게 피드백을 주려고 했던 적이 있는데, 그때 그들은 방어적인 태도를 보였다.

부모와 관리자를 위한 조언을 바탕으로 이 시나리오를 검토해본다면, 이 시나리오의 어떤 부분을 뽑아내서 다시 사용할 수 있을까? 무엇을 바꾸고 싶은가?

6장

질문하기와 3가지 마인드셋

세 가지 마인드셋의 관점에서 질문하기 실천법을 생각해보자. 강요자와 보호자 마인드셋의 밑바탕에는 얕잡아 보는 태도가 깔려 있는 탓에 투명성은 시간 낭비(강요자) 또는 지나친 스트레스(보호자)라고 생각하게 된다. 멘토 마인드셋은 청소년들이 그런 행동을 나타낼 만한 정당한 관점이 있다는 가정에서 시작된다. 따라서 질문을 던져서 청소년들의 관점을 이해하고 나면, 우리는 청소년들의 장기적인 웰빙에 부합하도록 행동할 수 있다. 표 6-2를 살펴보자.

	강요자 마인드셋	보호자 마인드셋	멘토 마인드셋
세계관	청소년의 행동은 잘못된 관점(근시안, 이기심, 특권의식)에서 비롯되므로 그들을 이해하기 위해 질문할 필요는 없다.	청소년들은 질문에 답하거나 자신의 생각을 설명해야 할 때 불편해하거나 스트레스를 받으므로 열심히 머리를 굴려야 하는 탐색 질문은 하지 않는 것이 바람직하다.	청소년들의 행동은 그들의 관점에서 보면 충분히 이해할 수 있고, 대체로 지위와 존중을 얻는다는 시각에서 움직인다. 그 점을 이해하려면 질문을 던져야 한다.
행동	지시하되, 질문하지 않는다.	지시도 질문도 하지 않는다.	지시하지 않고 질문한다.

표 6-2. 질문하기와 3가지 마인드셋 프레임워크

질문 활용하기

2장과 4장에서 오카모토와 에스트라다가 어떻게 실천하는지 봤듯이

'질문하는' 멘토 마인드셋 실천법은 '협력적 문제해결'을 위한 토대를 마련한다. 여기에서는 부모, 관리자, 교육자로서 협력적 문제해결 과정에 어떻게 질문을 끼워 넣을 수 있는지 검토할 것이다. 협력해서 해결책을 찾아내려면 먼저 '질문'을 해야 한다.

협력해서 문제를 해결할 때 왜 질문을 해야 하나?

청소년들은 협력적으로 문제를 해결할 때 부끄러운 실수를 저지를지도 모른다는 두려움을 극복할 수 있다. 청소년기에 테스토스테론 분비가 급증하면서 무시 당할까 봐 예민해진다는 사실을 다시 한번 떠올려보자. 문제해결을 위해서 이야기할 때 우리는 청소년들에게 실수를 가지고 그들을 판단하는 것이 아니라, 그들이 어려움을 겪고 있는 이유는 무엇이며 어떻게 하면 문제를 해결할 수 있는지 진심으로 이해하고자 한다는 사실을 보여주어야 한다. 그렇게 하면 협력적 문제해결은 청소년을 존중하는 행위가 되고, 이에 청소년들은 동기를 부여받는다.

스테프 오카모토와 서지오 에스트라다 같은 멘토 마인드셋 리더들은 협력해서 문제를 해결할 때 질문을 한다. 질문이 더 현명하게 행동하는 데 도움이 되기 때문이다. 청소년들과 똑같은 방식으로 문제를 바라보게끔 도와주는 질문을 많이 할수록 청소년들에게 해결책을 더 잘 설명할 수 있다. 애초에 청소년들이 혼란스러워하는 이유를 찾아내지 못하면 오해를 막을 방법도 알 수 없다. 따라서 협력적 문제해결 과정 중에 질문을 하면 시간이 지날수록 더욱 유능한 리더가 될 수 있다.

협력적 문제해결의 3단계

협력적 문제해결은 어른들이 청소년들과 실수나 좌절, 혼란에 대해서 일대일로 대화를 나눌 때 이를 최대한 활용할 수 있도록 도와주는 3단계 과정이다. 그 3단계는 다음과 같다.

1. 청소년의 생각이 표면으로 드러나게 한다.
2. 그들이 이미 잘한 부분을 인정한다.
3. 더 잘 이해할 수 있도록 도와준다.

실수에서 좋은 점을 찾는다는 비유를 생각해보자. 귀중한 보석을 채굴하려면 원석을 캐내서 장점을 찾아낸 다음, 잘 연마해서 그 가치를 밝혀야 한다. 그 과정이 협력적 문제해결의 3단계와 비슷하다.

협력적으로 문제를 해결하는 방법

멘토 마인드셋 실천법을 활용하고자 노력하더라도 청소년들과 의사소통할 때는 오해가 생기기 쉽다. 따라서 청소년들에게 질문을 하고 함께 협력해서 문제를 해결할 때는 뉘앙스에 주의를 기울여야 한다. 다음의 표 6-3을 살펴보자. 이 표는 협력적 문제해결의 3단계를 나타낸다. 당신이 청소년의 곤경을 겪고 있으며 테스토스테론이 솟구치는 청소년이라고 생각하면서 두 번째 열을 읽어보자. 그다음에 스스로에게 물어보자. 청소년은 어른이 하는 말을 어른이 전달하고자 했던 방식으로 들을까?

표 6-3을 보면 어떤 생각이 드는가?

협력적 문제해결 단계	어른이 하는 말이나 행동	어른이 전달하려는 의도	청소년이 듣는 방식
1. 청소년의 생각이 드러나게 하기	"무슨 생각 하고 있었어?"	"다른 방식으로 설명할 수 있도록 네 생각을 이해하고 싶어."	"너는 아무 생각도 안 하는구나."
2. 청소년이 잘한 부분을 인정하기	"이 일을 어떻게 하는지 이미 설명했는데 기억이 안 나니?"	"네가 이미 이 일에 대해 알고 있으니 그걸 네가 떠올리기만 하면 제대로 할 수 있을 거라고 믿어."	"관심을 기울이지 않았거나 신경을 쓰지 않아서 기억하지 못하는 거야."
3. 더 잘 이해할 수 있도록 도와주기	"이건 쉬운 문제야. 그냥 하면 돼[단순한 알고리즘]."	"넌 필요한 정보를 이미 많이 가지고 있고, 우리는 그냥 네가 그 정보를 조합할 수 있도록 돕기만 하면 돼."	"너는 너무 멍청해서 진짜 쉬운 일도 어떻게 하는지 모르는구나."

표 6-3. 협력적 문제해결은 청소년들에게 어떤 식으로 잘못 전달될 수 있는가

이제 3단계 각각에 대한 예시와 조언을 살펴보자. 이는 청소년들이 우리가 하는 말을 전달하고자 하는 '의도'와 비슷하게 '듣도록' 도와준다.

1. 청소년의 생각이 드러나게 하기

첫 번째 단계는 이해를 동반하는 진정성 있는 질문을 던지는 것이다. 이런 질문들은 청소년들의 생각을 토대로 하며, 그 이면에는 진실한 호기심이 있다. 청소년들이 결정을 내렸을 때 무슨 생각을 하고 있었는지 항상 정확하게 추측할 수는 없으므로 이 단계가 중요하다. 어른들이 그

릇된 가정을 하는 경우, 청소년들은 무시당했다고 느끼면서 마음을 닫기 마련이다. 따라서 최선의 접근법은 '가정이 아니라 질문'이다.

예시:

- 당신이 어떤 생각을 하는지 이해할 수 있도록 지금까지 무엇을 시도했는지 알려줄래요? 그러면 함께 이 문제를 해결할 수 있을 겁니다.
- 당신이 이미 알고 있는 것은 언급하지 않겠습니다. 그건 당신의 시간을 낭비하는 일이니까요. 그런 맥락에서 당신이 무슨 생각을 하고 있었는지 파악하고 함께 문제를 해결해나갈 수 있도록 질문을 몇 가지 하려고 합니다.

2. 청소년이 잘한 부분을 인정하기

청소년들이 전반적으로 실수를 많이 했더라도 올바르게 한 일에 대해서는 구체적이고 투명하게 언급하자. 인간의 뇌는 부정적인 부분에만 초점을 맞추는 경향이 있어서 청소년들이 실수를 흑백논리로 바라보기 쉬우므로 이 단계가 중요하다. 청소년은 어른이 자신을 아무런 가치도 없는 사람이라고 믿을 거라면서 무시당했다고 느낄 수 있다. 또한 잘하고 있는 부분을 인정해주지 않으면 청소년들은 그 부분도 잘못으로 치부하기 쉽다. 따라서 청소년이 잘한 부분을 명확하고 진실하게 언급하는 것이 중요하다.

예시:

- 당신이 [잘한 부분] 했을 때 보여줬던 생각이 마음에 들었습니다.
- 이것을 어떻게 설정해야 하는지 이미 알고 있다는 데 감탄했습니다. 이

제 마지막 단계를 어떻게 해야 할지만 파악하면 되겠네요.

- 이미 잘한 부분은 나중에 좀 더 어려운 일을 할 때 유용할 것 같습니다.

3. 더 잘 이해할 수 있도록 도와주기

플라톤이 《메논》에서 소크라테스에게 묻게 했던 것과 같은 유도 질문은 청소년들이 더 잘 이해할 수 있도록 도울 것이다. 이런 질문은 청소년들이 이미 알고 있는 내용을 토대로 하며 그들이 배워야 할 지식과의 연관성을 이해하는 데 도움이 된다. 유도 질문은 청소년들이 스스로 생각하도록 이끄는 동시에 지식을 전달하는 방법이다. 아래에 제시한 예시에서는 각 질문의 후반부에 주의를 기울이자. 이런 유도 질문("그들은 어떻게…" 혹은 "…이라면 어떻게 될까요?")은 문제를 해결하고 조정해나가려는 분명한 신호이다.

예시:

- 당신이 이미 했던 생각을 토대로 진행해봅시다. 만약 당신이 ________ 한다면 어떻게 될까요?
- 이미 이 부분을 알고 있다면 ________에 대해서 무엇을 알려줄 수 있을까요?
- 당신은 이미 까다로운 2가지 부분[정확한 명칭 언급]을 이해했습니다. 이제 그것들을 어떻게 ________에 적용할 수 있을까요?

이 예시에서 어떤 부분을 주목해야 할까? 당신이 주변의 청소년들에게 이 질문을 적용한다면 어떤 것을 바꿀 것인가?

스트레스와 3가지 마인드셋

스트레스의 의미를 3가지 마인드셋 맥락에서 생각해보자. 강요자 마인드셋을 지닌 사람들은 스트레스가 개인의 성격상 결함의 결과라고 생각하므로 스트레스에 시달리는 청소년에게 그저 견디라는 도움이 안 되는 조언을 한다. 하지만 완화되지 않는 만성 스트레스는 결국 정신 건강에 악영향을 미친다. 보호자 마인드셋을 지닌 사람들은 스트레스를 청소년들이 감당할 수 없는 파괴적인 힘이라고 여기므로 청소년들이 스트레스를 최대한 받지 않게 해주려고 노력한다. 하지만 도전하지 않으면 성장할 수 없다. 멘토 마인드셋을 지닌 사람들은 스트레스 반응을 있는 그대로, 즉 생명을 유지하기 위해 자원을 동원하는 마음과 몸의 작용으로 본다. 표 7-2에서 이를 살펴보자.

스트레스를 활용하는 실천법

멘토 마인드셋 관점에서 스트레스를 이야기하는 방식을 살펴보자. 유용한 출발점은 시너지 마인드셋 메시지(즉, 도전을 긍정적으로 평가하고 스트레스 반응을 수용하는 메시지)이다. 하지만 그것만으로는 충분하지 않다. 리더들이 시너지 마인드셋을 상기할 때 시너지 마인드셋의 효과가 2배로 증가한다는 사실을 보여준 헥트의 연구를 떠올려보자. 시너지 마인드셋 메시지를 상기하는 방식은 '서지오 트라이펙터'를 활용하는 것이다. 서지오 트라이펙터는 '인정하기, 이해하고자 애쓰기, 협력 제안하

	강요자 마인드셋	보호자 마인드셋	멘토 마인드셋
세계관	스트레스는 나약함이나 형편없는 계획에서 비롯되는 골칫거리다.	스트레스는 청소년들을 망가뜨리고 목표에서 이탈하게 할 수 있으므로 어떤 대가를 치르더라도 청소년들을 스트레스로부터 지켜야 한다.	스트레스는 청소년들이 도전하기로 선택하는 데 따르는 자연스러운 부산물이며 뛰어난 성과를 얻게 할 수 있는 자원이다.
행동	책임감 있는 사람으로 성공하고 싶다면 스트레스를 누르고 극복해야 한다고 청소년들에게 말한다.	청소년들에게 스트레스가 심한 요구를 줄이고, 앞으로 스트레스를 받을 법한 상황을 피하라고 말하며, 그들의 문제를 대신 해결해준다.	대개 스트레스란 멋진 일을 하고 있다는 징후라고 청소년들에게 상기시키고, 그런 느낌을 받아들여 성과를 촉진하도록 격려한다.

표 7-2. 스트레스와 3가지 마인드셋 프레임워크에 관한 이야기

기'라는 세 부분으로 이뤄진다. 부모와 관리자가 서지오 트라이펙터를 어떻게 활용할 수 있는지 살펴보자(7장에서는 교육자 사례를 소개했다).

부모

시나리오. 당신의 자녀는 고급반 수업에서 내준 중요한 과제를 내일까지 제출해야 한다. 이 수업보다 과외활동에 더 관심이 많았던 아이는 이 수업에 뒤처졌던 터라 스트레스를 받아서 어찌할 바를 모르고 있다. 아이는 불안해 하고 긴장한 탓인지 만사에 과잉 반응을 보이기 시작했다. 당신은 도와주겠다고 제안한다. 아이는 화를 내면서 그냥 그 수업을 취소하고 좀 더 쉬운 수업을 듣겠다고 말한다.

부모 입장에서 우리는 서로 다른 목표들 사이에서 갈등한다. 한편으로는 자녀에게 책임감과 의무감을 가르치고 싶다. 따라서 이 경우에 우리는 단호한 태도로 아이에게 그 수업을 듣고 스트레스도 견디라고 말

하고 싶다. 다른 한편으로는 아이가 괴로워하지 않게 해주고 싶다. 따라서 고급반이 그렇게 중요한 건 아니니 한 단계 낮은 수업을 들어도 된다고 말하고 싶다. 서지오 트라이펙터는 2가지 목표를 함께 달성할 수 있다. 즉 자녀가 높은 기준을 충족하도록 도와서 학교는 물론 앞으로 직장에서도 더 좋은 기회를 잡을 수 있는 궤도를 유지하는 동시에 정신 건강 위기에 빠질 위험이 없도록 지원할 수 있다.

예시:

- 인정하기: 이런 상황에 빠졌다고 해서 자녀를 비판하거나 비난하지는 말자. 지금은 그럴 때가 아니다. 그 대신에 자녀가 느끼는 기분을 인정해주자. 예를 들어 이렇게 말할 수 있다. "지금 네가 왜 그렇게 스트레스를 받았는지 이해해. 그럴 만하다고 생각해. 넌 고급반 수업부터 과외활동까지 많은 일을 하고 있어. 그것만 해도 정말 훌륭해. 너처럼 스스로 도전하기로 선택한 사람이라면 비슷한 기분을 느낄 거야. 그러니까 스트레스를 받는다고 해서 괴로워할 필요는 없어. 지극히 정상이니까."
- 이해하고자 애쓰기: 다음으로 자녀의 문제를 대신해서 해결하겠다는 태세에 돌입하지는 말자. 견디라는 말도 그만두라는 말도 바람직하지 않다. 그보다는 문제가 무엇인지, 어느 부분에서 막혔는지에 관심을 보이는 것이 좋다. 이런 식으로 말해보자. "지금까지 어떻게 해왔는지 이해하기 전에는 조언하기가 어려울 것 같네. 어떤 부분에서 막혔어?"
- 협력 제안하기: 이해를 동반하는 진정한 질문을 던져서(6장 참조) 무엇이 필요한지 파악한 다음에는 협력을 제안할 수 있다. 책임지라고 말하면서 알아서 해결하라고 하면 안 된다. 대신 해주는 것도 좋은 생각이 아니다(예: 강사에게 불만 제기). 그보다는 자녀가 언급한 구체적인 난관을

해결할 수 있도록 도와주고, 곤경에서 벗어날 수 있도록 당신의 고유한 입장을 이용하는 것이 더 바람직하다. 예를 들어 자녀가 마감이 닥친 특정 과제에 대해서 걱정하고 있다면 이렇게 말할 수 있다. "지금까지 한 내용을 살펴보고 무엇을 바꿔야 할지 생각해보자. 네가 나보다 과제를 더 잘 이해하고 있겠지만, 때로는 다른 사람이 과제를 어떻게 해결해야 할지 설명해주면 도움이 되기도 하거든. 남의 설명을 들으면 훨씬 더 감당하기 쉽게 느껴질 수 있어. 대처 방안을 어떻게 계획할지 도움을 받을 수만 있다면 마감 스트레스는 주의를 집중시켜서 생산성을 높이는 데 도움이 되기도 한다는 걸 기억해. 네가 과제를 하는 동안 도움이 필요하다면 언제든지 도와줄게."

이 예시에서 어떤 부분을 주목해야 할까? 당신은 무엇을 바꿀 것인가?

관리자

시나리오. 젊은 부하 직원이 고위 경영진을 대상으로 중요한 프레젠테이션을 준비하고 있다고 가정해보자. 스트레스가 너무 심한 나머지 도저히 진전이 없다. 부하 직원이 스트레스에 대처하고 발표를 멋지게 해낼 수 있도록 도와줄 멘토 마인드셋 방법은 무엇일까?

예시:

- 인정하기: 첫 번째 목표는 지금껏 얼마나 잘 해냈는지 칭찬하면서 완벽해야 한다는 압박감을 줄이는 것이다. “너무나 중요한 프레젠테이션이다 보니 정말 스트레스를 많이 받는 것 같네요. 지극히 정상이에요. 고위 경영진을 상대로 하는 프레젠테이션이니까요. 좋은 인상을 심어줄 절호의 기회이지만 그것도 정상이에요. 남들은 선뜻 나서지 못하는 대단한 일을 하기로 했다는 증거잖아요.”
- 이해하고자 애쓰기: 다음 목표는 엉뚱한 문제를 고민하는 일이 없도록 부하 직원을 가로막는 장애물이 무엇인지 파악하는 것이다. “이 일을 최대한 순조롭게 해낼 수 있도록 지금 일이 어디까지 진행됐고, 그동안 무엇을 시도했는지, 어떤 일이 잘 안 됐는지 듣고 싶습니다. 이미 시도해봤던 제안을 줄줄이 듣는 건 시간 낭비일 테니 조언하기 전에 미리 이런 부분을 알고 싶어요. 현재 어느 단계에 있고, 지금 고전하는 문제는 무엇인가요?”
- 협력 제안하기: 마지막 목표는 부하 직원이 어려움을 겪게 될 부분에 대해서 구체적인 협력을 제안하는 것이다. 보통 초안 검토, 프레젠테이션 연습 청취, 사내 프레젠테이션 전문가나 훌륭한 피드백을 줄 수 있는 실무진 소개 등이 이런 협력에 속한다. “좋아요. 이제 문제가 무엇인지 이해했으니 제안을 몇 가지 하겠습니다.” 이 시점에서 당신은 직원을 가장 방해하는 문제, 즉 요구가 대처 자원을 넘어선다고 생각하게 된 문제에 대해서 아주 구체적인 지침을 제공하고자 한다. “먼저 내가 몇몇 조직상의 문제를 해결하는 데 도움을 줄 수 있을 것 같으니 그 문제를 함께 처리하도록 합시다. 내가 신입이던 시절에 자주 직면했던 문제들이라서 고칠 수 있다는 건 아는데, 외부 관점 없이는 해결하기가 어려

울 것 같네요. 정말 훌륭한 피드백을 제공해주는 X를 소개하겠습니다. X는 고위 경영진이 이런 프레젠테이션을 어떤 식으로 받아들이는지 아주 잘 알고 있어서 도움을 많이 받을 수 있을 겁니다. X와 함께 프레젠테이션 연습을 하면 실전에서 제기될 만한 쟁점을 낱낱이 파악할 수 있을 것이라고 확신합니다. 아주 중요한 부분이에요. 프레젠테이션을 준비하면서 스트레스를 많이 받는 이유 중 하나가 고위 경영진이 무슨 말을 할지 모르니 충분히 준비했다는 느낌을 받지 못한다는 데 있잖아요. X가 그 문제를 해결하는 데 도움을 줄 수 있어요."

이 예시에서 어떤 부분을 주목해야 할까? 당신은 무엇을 바꿀 것인가?

교육자

첫 번째로 제시한 부모 시나리오를 다시 읽어보자. 이제 자녀가 아니라 수업을 잘 따라가지 못하는 학생을 대하고 있다고 상상해보자.

교육자 입장에서 볼 때 부모 예시에서 어떤 부분을 주목해야 할까? 어느 부분을 그대로 유지하겠는가? 무엇을 바꿀 것인가?

8장

목적과 3가지 마인드셋

멘토 마인드셋은 어른들이 적절한 동기부여와 지원을 제공한다면 청소년들이 우리 사회를 더 좋은 방향으로 바꿔나갈 잠재력을 가지고 있다는 믿음에서 비롯된다. 우리는 문화와 사회를 개선해나가야 한다는 의무감과 책임감에 호소할 수 있다. 표 8-1을 살펴보자. 이는 청소년들이 제기하는 '왜'라는 질문에 대답하는 데 도움이 될 수 있다.

	강요자 마인드셋	보호자 마인드셋	멘토 마인드셋
세계관	청소년들은 근시안적이고 이기적이다.	청소년들이 적절한 지원을 받아 공동체나 세상을 바꿀 수 있다는 야심 찬 목표를 추구하고자 한다면 시들어 말라버릴 것이다.	청소년들은 사회에 폭넓게 공헌할 수 있고, 그런 공헌이 사회적 지위를 부여하므로 기꺼이 하려는 동기를 부여받는다.
행동	협소한 눈앞의 자기 이익에 호소하면서 동기를 부여하고자 한다.	협소한 눈앞의 자기 이익에 호소하면서 동기를 부여하고자 한다.	장기적이고 자신을 초월한 공헌에 호소하면서 동기를 부여하고자 한다.

표 8-1. 목적과 3가지 마인드셋 프레임워크

목적 활용하기

어른들은 일상의 대화 속에서 청소년의 학습 목적을 어떻게 지원할 수 있을까? 다음 시나리오를 생각해보자.

- 교사는 학생들이 최선을 다해 연습문제를 풀면서 시험을 준비할 동기를 부여받기를 바란다.
- 부모는 자녀가 고급반 수학 수업에서 좋은 성적을 받을 수 있도록 집에서 추가로 공부하기를 바란다.
- 관리자는 젊은 부하 직원이 외부 교육에서 새로운 업무 기술을 배워 팀의 효율을 높이고 승진에도 도움을 받길 바란다.

우리는 학습 목적을 언급하는 구체적인 문구들을 비교하는 실험을 수행했다. 이 실험으로 효과가 있는 문구와 없는 문구를 밝혔다.

목적 메모 연구

우리는 교사가 학생에게 지루하지만 중요한 과제를 내주는 실험을 실시했다. 현명한 피드백 연구에서 그랬듯이, 이 실험에서도 과제 상단에 교사가 손으로 쓴 다양한 메모를 붙였다(무작위로 할당). 학생이 받은 점수에 가장 큰 영향을 미친 메모는 '이 과제를 내주는 이유는 네가 이런 과제를 하면서 능력을 키운다면 언젠가 흥미로운 일을 하면서 사람들의 생활을 발전시킬 잠재력이 있다고 생각하기 때문이야'라는 내용이었다. 우리는 학생들에게 이런 메모를 받았을 때 어떻게 반응할 것인지 물었다. 학생들은 "진짜 멋진 메모예요. …학생들이 자기 미래의 삶에 대해 생각하고 과제를 좀 더 자신감 있게 할 수 있도록 이끌거든요"라거나 "이 과제를 하면 언젠가 좋은 직업을 갖고 사람들을 도울 수 있다는 뜻이라면 할 수 있어요. 게다가 선생님이 나를 믿어주면 무척 기분이 좋아요"와 같은 말을 했다.

효과가 있었던 메모는 3가지 핵심 요소를 갖췄다. 첫째, 이 활동이 나중에 다양한 상황에서 활용할 수 있는 기술을 익히게 한다고 강조했다. 이런 강조가 중요한 까닭은 학생들이 대부분의 학습활동이 성적을 받기 위한 목적 외에는 장기적인 가치가 없다고 여기기 때문이다. 둘째, 그런 기술은 미래에 학생들에게 도움을 줄 수 있다. 이 메모는 해당 기술이 흥미로운 일자리로 이어질 수 있다고 알려준다. 셋째, 이 학습활동을 통해 학생은 다른 사람들을 도울 수 있는 기반이 되는 기술을 배울 수 있으므로 과제에는 자기 자신을 뛰어넘는 친사회적인 가치가 부여된다. 실험 결과, 이 세 요소가 모두 중요했다. 셋 중 하나라도 빠지면 메모의 효과는 줄어들었다.

한 메모는 학생들이 익히게 될 기술만 강조했다. '이 연습문제를 내주는 이유는 기술을 연마하는 데 도움이 될 것이라고 생각하기 때문이다.' 이 메시지는 해롭지 않으면서도 긍정적으로 들리지만, 실제로 학생들에게는 모욕적이었다. 학생들에게 이런 메모를 받으면 기분이 어떨 것 같냐고 묻자, "멍청이 취급을 받는 기분이 들 거라고 장담해요"라고 대답했다. 학생들은 기술 연마만 강조하고 목적의식을 언급하지 않는 메모를 '너는 기술이 부족하니 그 부분을 고쳐야 해'라는 의미로 해석했다.

다른 메모는 학생이 당장 얻을 수 있는 단기적인 흥미를 강조했다. 메모에 '이 연습문제를 내주는 이유는 네가 흥미를 느낄 것 같아서야'라고 적혀 있을 때 학생들은 좀처럼 믿지 않았다. 그들은 "그건 누가 봐도 재미없는 과제를 내줄 때 선생님이 하는 말이잖아요"라고 말했다. 또한 메모에 교사가 그 연습문제를 내주는 이유가 '너에게 유용할 것이라서'라고 적혀 있을 때 학생들은 "성적에는 유용할지 몰라도 실생활에도 과연 소용이 있을까요?"라며 반박했다. 학생들은 메모가 세 요소(기술, 장기적인 자기 이익, 자기 자신을 넘어서는 영향)를 모두 갖췄을 때에만 친구들이 그 메모를 보면서 동기를 부여받을 것이라고 말했다.

부모

자녀가 연습문제를 좀 더 풀도록 동기를 부여하려는 사례에 목적 메모를 적용해보자.

- 기술개발: 연습문제를 교사의 환심을 사기 위한 잡다한 과제로 묘사하지 말자. 이는 과제를 하기에 타당한 이유가 아니고, 자녀가 교사를 존경하지 않거나 교사에게 존중받지 못한다고 느끼는 경우라면 특히 더 그렇다. 대신에 이를 학습 기회로 표현하자. 이 경우에는 성장 마인드셋 언어를 사용하는 것이 좋다. "이 과제는 정신 근육을 한층 더 키울 수 있는 기회야. 언젠가 더 똑똑해지고 강해진 뇌를 활용해서 아주 다양한 일을 할 수 있을 거야."
- 개인적 이득: 과제 하나가 미래의 삶을 바꿀 수 있다고 호들갑 떨지 말자. 그보다는 해당 내용을 완전히 습득한다면 진로 선택의 폭이 매우 넓어진다는 점을 강조하자. "이 과목을 심화 수준까지 이해하면 수많은 가능성이 열릴 거야. 많은 대학에서 중요하게 생각하는 과목이고 다양한 전공에서 활용할 수 있거든. 그러니까 전공은 물론이고 나아가 가장 관심 있는 직업을 선택하기가 쉬워진다는 뜻이야."
- 자기 자신을 넘어선 이득: 예를 들어 미래에 얼마나 많은 돈을 벌 수 있는지를 언급하면서 학생들이 순전히 자기중심적이라는 뜻을 내비치지 말자. 학생들도 직업이 좋으면 돈을 더 많이 번다는 사실을 알고 있다. 그보다는 자녀를 더욱 바람직한 미래를 실현할 수 있는 사람으로 여기고 있으며, 똑똑한 두뇌가 더 나은 미래를 열어나갈 수 있다고 강조하

자. "다른 사람들을 돕기 위해 이 과제를 열심히 한다고 생각해도 좋아. 왜 그럴까? 기술을 익히고 똑똑해질수록 미래에 너에게 가장 중요한 사회문제를 해결할 준비도 더 잘할 수 있거든. 결국 우리 사회가 아직 해결하지 못한 문제는 가장 풀기 어려운 문제이기도 하고, 그런 문제들을 해결하려면 가능한 한 똑똑한 두뇌들을 총동원해야 할 테니까."

관리자

이와 같은 단계와 예시는 직장에서도 적용할 수 있다. 관리자가 부하 직원의 성장에 대해서 이야기하는 경우는 드물지만, 그렇게 할 수는 있다. 실제로 노르웨이 오브스 슈퍼마켓 지점장 올레는 업무 기술 수준을 높이고자 외부 연수 프로그램에 보낼 때 젊은 직원들에게 자주 이런 말을 건넨다.

목적 메모 연구를 곰곰이 생각해보자. 연수 프로그램에 보낸 부하 직원에게 위 예시 중 어떤 부분을 적용할 수 있을까? 당신은 무엇을 바꿀 것인가?

소속감과 3가지 마인드셋

3가지 마인드셋은 각각 소속감을 바라보는 관점도 다르다. 강요자 마인드셋에서 볼 때 소속감은 선택이다. 잘 어울리지 못하는 사람을 보면 관심이 없거나 용기가 없어서 친구를 사귀거나 녹아들지 못한다고 본다. 따라서 그런 선택에서 비롯된 결과를 그대로 받아들여야 한다고 여긴다. 보호자 마인드셋에서 볼 때 소속감은 그야말로 중요한 가치이며 동시에 위협받기도 쉽다. 따라서 지적 기준을 낮추든 소속감을 인위적으로 높이든 간에("당신은 여기 소속입니다") 소속감을 위협할 만한 모든 요소를 제거함으로써 이를 보호하고자 한다. 하지만 멘토 마인드셋에서 볼 때 소속감이란 청소년이 스스로 구축하는 서사다. 소속감에 위협을 느낄 때 청소년은 자기 자신에게 새로운 이야기를 들려주기 위해 도움이 필요할 수 있다. 때로는 멘토가 개입해서 위협을 관리해줄 필요가 있는 경우도 있다. 혹은 에어비앤비(3장 참조)가 제시한 방안처럼 좀 더 포용적인 또래집단이나 친화 집단 등 실제로 소속될 기회가 필요할 수도 있다. 지원을 제공하면 청소년들은 가장 매력을 느끼는 인간관계나 성장 기회를 찾아 나서는 등 직접 소속감을 쌓을 수 있다. 표 9-2를 살펴보자.

소속감 활용하기

나는 관리자, 코치, 교수를 비롯한 교육자들에게 집단이나 수업, 팀에

	강요자 마인드셋	보호자 마인드셋	멘토 마인드셋
세계관	소속감을 느끼지 못하는 청소년들은 실제로 그런 경우가 많다. 이는 재능이 없거나 소속되기 위한 관심을 기울이지 않는다는 징후다.	소속감을 느끼지 못하는 청소년들은 무력하고 나약해진다. 높은 기대에 부응하지 못하는 실패를 비롯해, 소속을 위협하는 모든 요소로부터 그들을 보호해야 한다.	청소년들이 소속감에 대해서 느끼는 불확실성은 중요하고 정당한 감정이지만, 소속감을 쌓으려는 주체적인 움직임을 통해서 이를 바꿀 수 있다.
행동	소속이 중요하지 않다는 듯이 행동한다.	청소년들이 소속감에 의문을 품지 않도록 보호하기 위해 가능한 모든 조치를 취한다.	청소년에게 말과 행동 모두를 통해 좀 더 바람직한 서사를 제공함으로써 소속감을 위협할 수 있는 요소에 대처하고 이를 극복할 수 있게 한다.

표 9-2. 소속감과 3가지 마인드셋 프레임워크

소속감 이론을 어떻게 적용하면 좋겠냐는 질문을 자주 받는다. 주로 다음과 같은 문제에 대해 질문한다.

- 중고등학교 학생들이 수업 시간에 소규모 팀 단위로 프로젝트를 진행하다가 몇몇 여학생이 실수한 다른 여학생을 비웃으면서 놀린다.
- 대학생들이 팀으로 프레젠테이션을 진행하던 중에 한 학생이 대화를 주도하면서 다른 팀원들의 참여를 방해한다.
- 기술 기업에서 한 팀이 신규 프로젝트를 진행하는 중인데, 아무도 논란을 일으키거나 다른 사람의 기분을 상하게 하고 싶어 하지 않는다. 팀원들이 솔직한 의견을 내놓지 않아서 제품 개발에 필요한 비판이 나오지 못하고 결국 시시한 신제품이 출시된다.

이 모든 문제들이 소속감에 대한 우려에서 비롯되거나 이를 일으키는 원인이다. 다음은 이런 문제를 예방하거나 해결하는 실천법에 관한 조언이다. 이런 아이디어 중에서 일부는 실험으로 직접 검증했다. 나머지는 전문 실무자와 함께 개발한 방법이다. 모두 내가 수업이나 팀에서 소속감을 고취하고자 할 때 실제로 사용하는 방법이다. 각 실천법의 결과는 이 책 끝부분에 실린 주석에 제시했다.

집단과 팀을 위한 소속감 실천법이란?

그림 9-6은 실천법과 이를 사용하기에 가장 적절한 타이밍을 나타낸다. 몇몇은 집단이나 팀을 원만하게 시작하는 데 꼭 필요한 방법이므로 먼저 실행해야 한다. 일부는 큰 난관이나 역경을 이해하는 데 꼭 필요한 사항이다. 이는 소속감과 역량에 대한 불확실성을 유발하기 쉬운 시기이기 때문이다. 세 번째 실천법들은 학기말이나 제품 출시처럼 중요한 단계에서 큰 효과를 발휘한다. 이런 소속감 실천법의 공통점은 청소년의 마음에 좀 더 바람직하고 긍정적인 스토리텔링을 심어주도록 설계되었다는 점이다.

효과적인 자기소개 활동. 누구나 처음 만난 사람들끼리는 서먹함을 풀기 위해 이런저런 활동을 한다. 안타깝게도 대부분이 칭찬 샌드위치만큼이나 효과가 없다. 예를 들어 집단 구성원들은 보통 피상적인 정보(예: 제일 좋아하는 시리얼이나 즐겨보는 텔레비전 프로그램)를 공유한다. 이런 활동은 소속감에 대한 불확실성을 해소하는 데 아무런 도움이 되지 않는다. 사람들이 소속감을 걱정하는 이유는 다른 사람이 아침 식사로 무엇을 먹는지 몰라서가 아니라, 상대방이 자신을 한 인간으로서 가치를

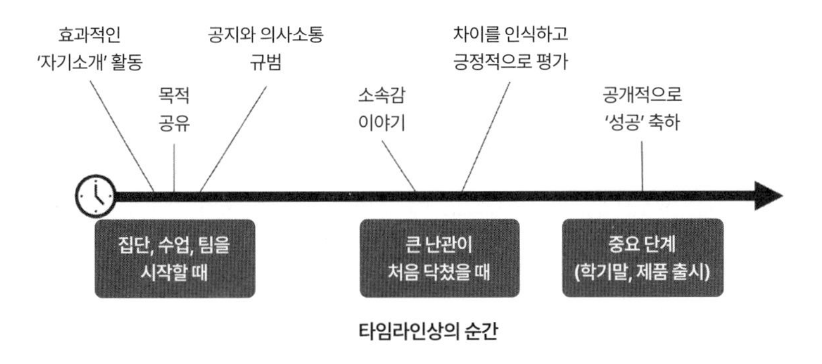

그림 9-6. 집단 내 소속감을 고취하는 실천 방안 예시

부여하지 않거나 무능하다고 볼까 봐 걱정하기 때문이다. 그렇다면 어떤 활동이 효과가 있을까?

나는 뛰어난 사회심리학자 아서 아론이 개발한 패스트 프렌즈 프로토콜fast-friends protocol[5]을 추천하고 실제로도 자주 사용한다. (이 프로토콜은 온라인에서 무료로 구할 수 있다.[6]) 패스트 프렌즈 연습에서는 2인 1조로 서서히 친밀감을 더해가는 질문들을 교대로 묻고 대답한다. 먼저 5분 동안 '세트 1'의 질문에 대답한다. 세트 1의 질문은 자기 노출 수준이 낮은 항목들이다(예: "당신이 생각하는 '완벽한' 하루란 어떤 날인가요?"). 다음 5분 동안에는 자기 노출 수준이 좀 더 높은 '세트 2'의 질문에 대답한다(예: "가장 소중한 추억은 무엇인가요?"). 마지막 5분 동안에는 상당히 친밀한 내용인 '세트 3'의 질문에 대답한다(예: "이 문장을 완성해보세요. '…을 털어놓을 수 있는 사람이 있었으면 좋겠다'").

아론의 실험에서 15분에 걸친 패스트 프렌즈 프로토콜을 완료한 사람들은 친한 친구들을 대할 때보다도 낯선 사람에게 더 취약하고 솔직한 모습을 드러내 보였다. 캘리포니아대학교 버클리캠퍼스에서 사회심리학을 가르치는 로돌포 멘도자-덴튼 교수는 소수집단에 속한 사람이 다수집단에 속한 사람들과 친해지도록 돕는 데 패스트 프렌즈 프로토콜을 사용하면 특히 효과적이라는 사실을 발견했다. 내가 패스트 프렌즈 프로토콜을 가르칠 때마다 학생들은 이렇게 짧은 기간에 밝히기에는 부끄러울 만한 일을 얘기했을 때도 상대방이 자신의 이야기를 들어주고 소중하게 여기고 받아들인다는 느낌을 받는다는 데 깜짝 놀랐다고 얘기했다.

패스트 프렌즈 프로토콜은 사람들이 집단에서 효과적으로 활동하지 못하도록 방해하는 근본 원인을 표적으로 삼기 때문에 소속감 불확실성에 대처하는 데 도움이 된다. 청소년의 곤경은 사회적 지위에 대한 위협(부정적인 고정관념이나 소외 등)에 직면한 사람들이 실수를 저질렀을 때 다른 사람들이 자신을 무시할 것이라는 염려를 유발한다. 그들은 사람들이 자신의 취약점을 이용할까 봐 걱정한다. 패스트 프렌즈 프로토콜은 이런 점을 걱정하지 말라고 말하는 데 그치지 않고, 이 집단이나 팀이 취약점을 드러내도 안전한 곳이라고 알려준다. 소속감에 대한 확신을 정당화하는 경험을 배우는 것이다.

목적 공유. 내가 자주 사용하는 두 번째 활동은 목적 공유 활동이다. 이 연습에서는 팀원들이 돌아가면서 집단이나 수업, 팀에서 무엇을 얻고자 하며 그것이 어떻게 개인적 혹은 직업적 목표에 부합하는지 말한다. 나아가 집단이나 팀의 노고가 그 범위를 넘어서는 대상에 기여한다고 보는 이유를 설명한다. 공유하는 목적이 거창할 필요는 없다. 예를 들어 심리학 수업에서 학생들은 이 지식을 성적 향상에 어떻게 사용할 계획인지, 취업 면접에서 이야기할 수 있는 인상적인 졸업 프로젝트를 어떻게 완성하고 싶은지, 수업에서 배운 조언을 어떤 식으로 활용해서 가족(예: 동생)이 성공하도록 돕고 싶은지 설명한다.

이런 목적 공유 활동의 가치는 무엇일까? 지위가 높은 집단(예: 부모가 대졸자인 학생들)은 지위가 낮은 집단(예: 부모가 대졸자가 아닌 학생들)이 자기 이익의 규범 때문에 자신과 같은 목표에 동기를 부여받지 않을 것이라고 오해하는 경향을 자주 나타낸다(8장 참조). 그러면서 지위가 낮은 친구들을 얕잡아 보며 존중하지 않는다. 하지만 집단에서 공유한 목적(다른 사람들을 돕고자 하는 목표 등)을 겉으로 드러내면 상호 존중감이 형성된다.

공지와 의사소통 규범. 팀 화합을 해치는 가장 큰 요인 중 하나는 일부 구성원들(특히 소외 집단이나 소수집단 출신)이 자기가 하는 일은 중요하지 않다고 여기는 것이다. 그들은 자기가 없어도 집단이나 팀이 잘 굴러가므로 회의에 참석하거나 의견을 내놓을 필요가 없다고 느낀다. 그들이 나타나지 않으면, 다른 집단 구성원들은 결석한 사람이 팀에 관심을 갖지 않는다거나 그를 신뢰할 수 없다고 생각한다. 그런 판단은 모두가 공헌할 수 있다는 믿음을 갉아먹는다. 예를 들어 나는 지역 전문대학 수업을 듣는 학생들이 지각하면 교실 뒤편에 숨듯이 앉아 있다가 결국에는 자기가 오든 말든 아무도 신경 쓰지 않는다고 생각하면서 더는 수업에 오지 않게 된다는 얘기를 자주 듣는다. 안타깝게도 "당신은 중요합니다"와 같은 슬로건으로는 이 문제를 해결할 수 없다. 청소년들은 집단이나 팀원들과 상호작용하는 가운데 중요성을 느끼는 '경험'을 해야 한다.

이 문제에 대처하는 활동을 2가지 추천하겠다. 첫 번째는 '공지 루틴'

이다. 일단 집단이 형성되면 모두가 시간을 내서 선호하는 의사소통 수단(예: 문자, 이메일, 메신저 등)과 연락처를 공유한다. 다음으로 중요한 회의를 시작할 때 빠진 사람이 있다면 그 사람이 선호하는 수단으로 연락하기로 집단 구성원 전원이 동의한다. 예를 들어 '안녕하세요, 모임 시작했습니다. 꼭 참석하셔서 의견을 들려주시기를 바라는 마음에 연락드립니다'와 같은 말을 하는 것이다. 이 연락의 목표는 결석을 비난하고 수치심을 유발하는 것이 아니라, 당신의 공헌이 중요하며 당신이 빠진다면 다들 아쉬워할 것이라는 뜻을 전달하는 것이다. 이 방법을 사용하는 대학 강의들은 대체로 무척 높은 출석률을 달성한다(90퍼센트 이상).

두 번째 활동은 '의사소통 규범'을 설정하는 것이다. 이 과정에서는 집단 내 협력적인 의사소통에 대한 높은 기대를 명시적으로 논의한다. 이 역시 집단 모임 초반에 실행하는 것이 가장 바람직하다. 나는 유명한 '건설적-파괴적 집단행동' 프로토콜을 즐겨 사용한다. 이 프로토콜에서 집단이나 팀 구성원은 각각 자신이 집단이나 팀에 기여할 수 있다고 여기는 건설적인 집단행동(협조, 명료화, 영감 부여, 조화, 위험 감수, 과정 확인)을 '한 가지' 선택하고 구성원들에게 그런 행동을 이끌어낼 수 있도록 도와달라고 요청한다. 각 구성원은 그들이 가만히 있다면 집단에 위기를 유발할 법한 파괴적인 행동(지배, 서두르기, 기권, 무시, 논지 이탈, 방해)을 '한 가지' 선택한다. 그다음에 구성원들에게 자신이 집단에서 그런 행동을 하지 않도록 도와 달라고 요청한다. 이 프로토콜이 효과를 발휘하는 이유는 서로가 최선의 집단 구성원이 될 수 있도록 적극적으로 도울 자격을 모두에게 부여한다는 데 있다. 이런 활동이 없다면 한 사람이 다른 사람에게 "당신이 대화를 좌지우지하고 있어요. 그만하세요!"라고 말하는 경우 무례하다고 여겨질 수 있다. 하지만 이 활동을 하고 나면 서로 단속하는 듯이 보이지 않으면서도 행동을 바꿀 것을 요청할 수 있다.

첫 번째 큰 난관

소속감 이야기. 난관이 닥치기 전이나 벌어지는 도중(직장에서 마감일을 맞춰야 하는 위기 상황이거나, 수업에서 중요한 시험이 있을 때)에 집단에 소속감 스토리를 제시하는 것이 유용하다(그림 9-4 참조). 이런 소속감 스토리는 힘겨워하는 청소년들이 자신이 겪고 있는 어려움이 영원하거나 비정상적이지 않다는 사실을 깨닫도록 도와줄 수 있다. 또한 어려움을 겪고 있지 '않은' 청소년들이 동료들을 좀 더 배려할 수 있도록 도와주기도 한다.

소속감 스토리를 제시하는 방법으로는 월튼과 내가 실험에서 사용했던 읽기와 쓰기 연습을 들 수 있지만, 그것이 유일한 방법은 아니다. 예를 들어 집단 또는 팀의 예전 구성원들이 패널을 꾸려 현재 구성원을 대상으로 간단한 질의응답 시간을 가질 수 있다. 패널의 각 구성원에게 그림 9-4의 견본을 따르도록 지도할 수 있다. 마찬가지로 리더들은 이전 구성원들과 나눈 인터뷰를 녹음해서 집단에게 들려줄 수 있다. 이런 방식을 가리켜 '또래 모델 마인드셋'이라고 부른다. 캐머런 헥트 박사와 나는 다른 동료들과 함께 엄격한 학부 생물학 강의에서 또래 모델 마인드셋 접근법을 실험적으로 평가했다.[7] 그 결과 특히 소수집단 출신 학생들의 성적이 많이 향상됐다.

차이를 인식하고 긍정적으로 평가하기. 팀이 '나 같은 사람'을 가치 있게 여기지 않거나 끼워주지 않을까 봐 우려할 때 소속감은 위협받는다.

이를 극복하는 한 가지 방법은 자신과 자기가 속한 집단을 구분하는 특성을 '인식하고 긍정적으로 평가'하는 것이다. 차이점은 사람들의 배경을 이루는 중요한 부분이므로, 차이점을 얼버무리기보다는 이를 인식하는 것이 중요하다. 우리는 자신의 본질적인 부분이 존재하지 않는 척 가장할 수 없고(적어도 오랫동안 가장하기는 불가능하다), 다른 사람들도 이를 보지 못하는 척해서는 안 된다. 예를 들어 집단 전체가 새롭고 다양한 관점에서 어떻게 이득을 얻을 수 있는지 말함으로써 차이를 긍정적으로 평가하는 것이 유용하다.

노스웨스턴대학교 경영대학원 교수 니콜 스티븐스 박사는 앞에서 설명했던 또래 모델 마인드셋 활동과 비슷한 개입법을 평가했다.[8] 스티븐스는 다양한 가정형편을 지닌 대학생들을 모아 패널을 구성했는데, 일부는 1세대 대학생(가족 중 처음으로 대학에 진학한 경우)들이었고 부모가 대졸자인 학생들도 있었다. 1세대 대학생 집단은 복잡한 시스템을 아무런 안내도 받지 못한 채 스스로 헤쳐나가야 했고, 대체로 다른 또래보다 가정형편이 어려웠던 탓에 대학에 적응하기가 어려웠다고 설명했다. 그런 다음에는 그런 배경 덕분에 어떻게 대학에 대한 귀중한 시각을 갖게 됐는지 설명했다. 예를 들어 부모의 희생으로 얻은 모든 기회(예: 동아리, 과외활동, 연구실, 교수 면담 등)를 낱낱이 이용할 생각이라고 밝혔다. 스티븐스는 이 패널이 가족 중 처음으로 대학에 진학한 학생들의 성적을 올렸다는 사실을 발견했다.

중요 단계

공개적으로 성공을 축하하기. 청소년들은 팀이나 집단에서 열심히 일한 노고를 인정받고 싶어 한다. 명성을 획득할 만한 일을 했다면, 명성을 얻고 싶은 것이다. 그렇지 않다면 인정받지 못한 채 고생만 한 호구가 됐다는 기분을 느낀다. 점점 더 많은 업무가 온라인으로 옮겨가고 면대면 의사소통이 줄어들면서 이 문제의 중요성은 더욱 증가하고 있다. 많은 청소년들이 몇 주 또는 몇 달 동안 일해도 이를 인정해주는 사람이 없다 보니 마치 숲속에 쓰러진 나무 같다는 느낌을 받는다. 그러다 보면 사람들이 자기가 하는 일이 중요하지 않다는 느낌을 받으면서 팀에 대한 소속감이 줄어드는 원인으로 작용할 수 있다.

내가 마지막으로 추천하는 방법은 정기적으로 존중과 지위를 받을 만한 청소년들의 성취를 공개적으로 발표하는 축하 의식을 계획하는 것이다. 이런 축하는 팀 수련회나 중요한 업적 달성을 축하하는 자리, 전 직원 참석 회의에서 실시할 수 있다. 전체 메일도 축하 수단이 될 수 있지만, 동료들 앞에서 직원의 훌륭한 성과를 직접 구두로 설명하는 경우가 대체로 가장 효과적이므로 추천한다.

강요자 마인드셋을 지닌 사람이라면 이런 의식이 자존감만 부풀리는 것이 아니겠냐고 불평할 수도 있다. 당연히 해야 할 일을 한 것 아닌가? 하지만 자존감을 부풀린다는 것은 정시 출근처럼 가장 기본적인 요건을 충족했다고 칭찬하는 경우에 해당하는 말이다. 높은 기대에 부응하거나 이를 뛰어넘는 뛰어난 업무 성과를 내는 경우는 당연히 축하해야 한다.

관리자

이 실천법에서 당신이 이끄는 팀에 활용할 수 있는 것은 무엇인가? 어떤 부분을 바꾸고 싶은가? 가능하다면, 이 실천법을 실행할 타임라인을 직접 써보자.

교육자

이 실천법에서 당신의 수업에 활용할 수 있을 법한 부분은 무엇인가? 어떤 부분을 바꾸고 싶은가? 가능하다면, 이 실천법을 실행할 타임라인을 직접 써보자.

10장

멘토는 스태선의 포용적 우수성 문화를 어떻게 모방할 수 있을까? 효과적이고 구체적인 전략 중 하나가 스태선이 말하는 '멘토링 위원회'를 직장(예: 승진시키고 싶은 직원들을 위해)이나 학교(예: 스태선의 경우처럼 대학원생들을 위해)에 조직하는 것이다. 멘토링 위원회는 자신이 선택한 진로와 관련해 인맥을 쌓기 어려운 배경에서 자란 청소년들에게 특히 중요한 역할을 할 수 있다.[9] 따라서 멘토링 위원회의 목적은 멘토의 인맥 네트워크를 멘티가 성장하는 데 필요한 자원으로 바꾸는 것이다.

멘토링 위원회란?

멘토링 위원회는 관련 교육 경험이나 취업 기회를 제공할 수 있는 사람들을 포함해서 전략적으로 선택한 전문가 집단을 일컫는다. 전문가들은 멘티와 같은 분야이거나 다른 분야일 수 있다. 대체로 멘토들은 교육 또는 취업에 필요한 도구에 접근할 수 있거나, 멘티가 발전하는 데 크게 도움이 되는 경험이나 고유한 기술을 보유하고 있다. 멘티는 이런 내외부 전문가들로 구성된 위원회를 만들고, 전문가들은 각각 적어도 하나 이상의 고유한 자원(예: 도구나 기술)에 접근할 기회를 제공한다.

멘토링 위원회는 왜 구성하나?

스태선은 멘토 1명이 학생의 학업이나 사회적 또는 정서적 측면의 요구를 모두 돌보는 것보다 멘토링 위원회를 꾸리는 것이 더 효과적이라는 사실을 발견했다. 주요한 이유는 부담 범위 때문이다. 멘토의 수는 한정되어 있고, 모든 일을 해낼 수 있는 사람은 아무도 없다. 스태선조차도 "제 멘토가 되어주시겠습니까?"라는 제안을 받으면 "무슨 목적으로요?"라고 묻곤 한다. 브리지 프로그램에서 스태선은 학생들에게 다음과 같이 말하도록 지도한다. "저는 흥미로운 질문인 X를 연구하고 싶습니다. 자기 평가와 계획 작성은 마쳤고, 정말 멘토링이 필요한 부분은 방법 Y에 관한 부분이라고 판단했습니다. 선생님이 누구보다도 그 방법을 잘 아신다고 들었어요. 제 멘토링 위원회에 합류하셔서 3개월마다 1시간씩 시간을 내어 제가 그 방법을 제대로 하고 있는지 확인해주실 수 있는지 궁금합니다." 이는 아주 구체적인 요청을 서술한 것이다. 학생이 체계적이며 의욕 넘치는 듯 보이므로 대부분의 멘토가 합류를 승낙할 것이다. 멘토링 위원회는 바쁜 사람은 멘토가 될 수 없다는 문제를 해결한다. 또한 예일 대학교 교수를 자신의 멘토링 위원회에 합류시키고 나중에는 그곳에서 흑인 여성 최초로 물리학 박사학위를 취득한 브리지 학생처럼 미래의 고용주들에게 깊은 인상을 남길 수도 있다.

멘토링 위원회는 어떻게 구성하나?

스태선은 멘티에게 먼저 하고 싶은 일과 그 분야에 미치고 싶은 영향의 종류를 생각해보라고 권한다. 그런 다음에 멘티는 스태선을 비롯한 선배 과학자를 만나서 이미 보유한 기술, 기존 멘토들에게 배울 기술, 다른 곳에서 배워야 할 기술을 설명한다. "그들은 지금 있는 곳에서 가고 싶은 곳으로 이어주는 브리지(다리)를 만들고 있습니다." 스태선이 설명했다. 그림 10-1을 살펴보자.

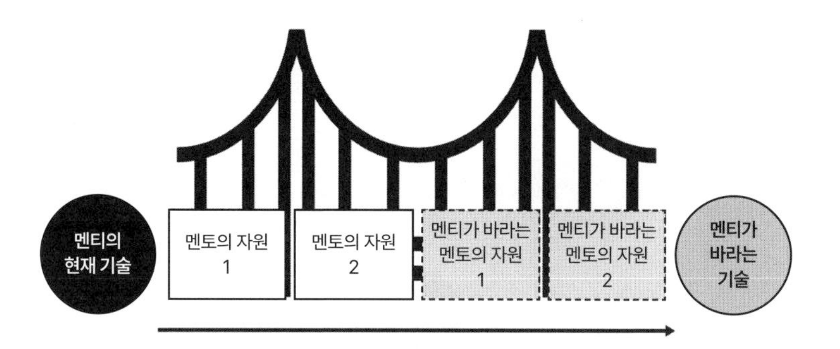

그림 10-1. 멘토의 자원은 멘티가 바라는 기술로 이어지는 브리지를 건설한다.

일단 멘티가 브리지를 만드는 데 부족한 자원을 찾아내고 나면, 멘토와 함께 그런 자원을 얻는 연결고리가 되어줄 전문가를 찾는다. 그 시점에서 구체적인 자원을 제공하는 멘토가 되어줄 사람들을 찾아 연락처를 뒤지는 것이 스태선의 일(혹은 피스크-밴더빌트 프로그램의 다른 멘토들의 일)이다. 대학원에 같이 다닌 사람일 수도 있고, 국가자문위원회에 함께 참여했던 사람일 수도 있다. 스태선은 인맥과 사회적 자본을 활용해 멘티에게 멘티가 바라는 멘토를 연결해준다. 다음으로 멘토와 멘티를 서로 소개해준다. 일단 학생이 멘토링 네트워크 지도(그림 10-2)를 채우고 나면 1년에 몇 차례 멘토링 위원회와 만난다. 스태선의 팀은 주기적으로 네트워크를 검토해서 브리지에 어떤 자원을 추가로 제공해야 할지 살펴본다. 요약하자면 멘토링 위원회는 멘티들이 바라는 경력을 어떻게 쌓을 수 있는가라는 문제를 협력적으로 해결하는 기구다.

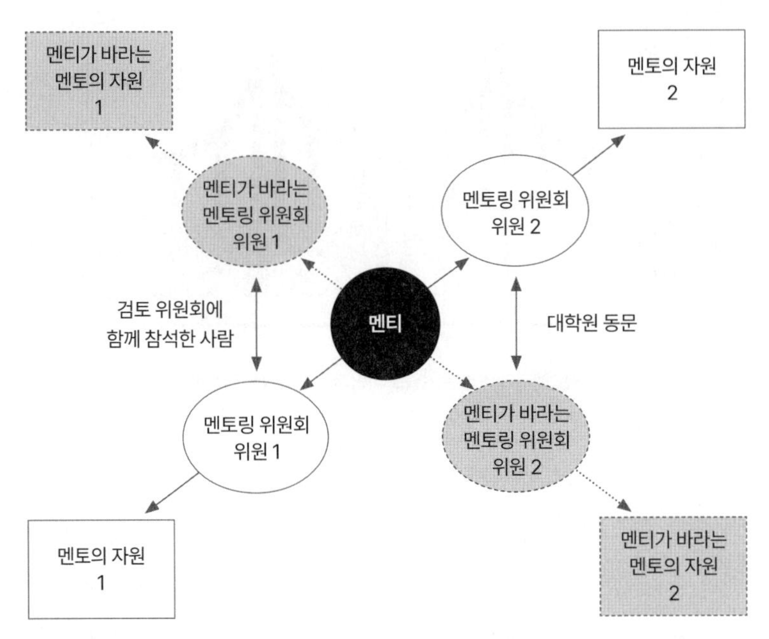

그림 10-2. 간략하게 표현한 멘토링 위원회 네트워크. 실선은 확립된 연결고리고, 점선은 멘티가 바라는 연결고리다.

관리자

당신이 일하는 조직에서 지도하고 있는 부하 직원에게 어떤 멘토링 네트워크를 적용할 수 있을까? 당신의 조직에 적용하려면 어떻게 조정해야 하는가?

부모

부모는 자녀를 돕고자 네트워크를 활용할 때 어려움을 겪는 경우가 많다. 많은 아이들이 부모의 전문지식을 폄하하거나 부당한 우위를 누리고 싶지 않다는 이유로 부모의 연출을 거부하기 때문이다. 한편 자녀를 위해 모든 일을 다해주는 상황, 예를 들어 친구나 동료에게 부탁해 자녀에게 일자리를 제공하도록 하는 사태를 피하려는 부모도 많다. 나는 부모들에게 자녀가 주도하는 네트워크가 되어야 한다고 알려준다. 자녀가 스스로 네트워크를 채워나가는 동안 부모는 이해를 동반하는 진정한 질문을 활용해서 자녀에게 질문할 수 있다. 부모는 자녀의 멘토링 네트워크 지도를 부모 자신의 친구와 동료로 채우려고 해서는 안 된다. 그 대신에 자녀에게 질문을 하자.

자녀의 목표에서 시작하자. "[고등학교, 대학, 여름 인턴십]에서 무엇을 달성하고 싶어?" 감당할 만하다고 느껴지는 규모를 선택한다. 다음으로 솔직히 평가해보라고 하자. "그 목표를 이루기 위해서 이미 할 수 있는 일은 무엇이고 앞으로 배워야 할 일은 뭐지?" 자녀가 본인의 단계를 어떻게 보고 있는지 이해한 다음에, 자녀에게 그림 10-2의 원과 상자를 채워보라고 하자. 네트워크상에 학교나 또래집단에서 이미 확보한 사람은 누구인가? 정보 수집용 인터뷰를 할 수 있는 사람은 누구인가? 그 밖에 필요할 법한 연결고리는 어떻게 찾을 수 있을까? 가장 중요한 점은 자녀가 멘토링 위원회 네트워크를 꾸리는 과정을 주도하는 듯이 느끼고 실제로도 그러해야 한다는 것이다. 부모로서 당신은 자녀의 성숙함과 선견지명에 감탄하는 등 호기심과 깊은 관심, 존중을 보여주는 입장을 고수해야 한다. 그런 태도는 자녀가 자신이 세운 계획을 실행하는 데 도움이 된다.

11장

전설적인 교수인 유리 트레이스만은 멘토 마인드셋을 아주 잘 보여주는 일을 많이 실천한다. 이 책을 여기까지 읽은 당신이라면 그의 전문지식에서 배우고 이를 응용하여 실천할 수 있다는 사실을 알았을 것이다. 이 작업을 돕기 위해 나는 성찰 질문을 몇 가지 만들었다. 이 질문을 활용한다면 트레이스만의 통찰을 가정, 직장, 대학, 스포츠 팀 등 당신이 이끄는 조직이나 집단에 적용할 수 있을 것이다.

통찰 1: 사람들이 걷는 곳을 관찰하자

부모들은 종종 자신이 가장 잘 안다고 생각하고는, 자녀에게 어떤 부분에서 도움이 필요한지 파악하고 해결책을 내놓는다. 자녀가 태어나는 순간부터, 심지어 말을 할 수 있기 전부터 이런 습관을 들인다. 하지만 자녀가 청소년이 되면 상황은 달라진다. 청소년들은 자기만의 희망선을 닦아나가기 시작하고, 이 길은 부모가 자녀에게 바라는 길과 일치할 수도 있고, 아닐 수도 있다. 유감스럽게도 자녀가 바라는 희망선을 부모가 이해하지 못하면, 장기적인 성장을 뒷받침할 멘토십 경험을 설계할 수 없다.

관리자들 역시 같은 실수를 저지른다. 많은 기업들이 젊은 직원들을 위한 발전 경로를 제시하지만, 이는 대체로 고위 경영진이 밟은 길을 토대로 한다. 과연 그 길이 다음 세대에게 옳은 길일까? 홀푸드의 존 매키는 이런 의문을 검토해야 했다. 관리자 입장에서 볼 때, 젊은 직원 혹은 다음 세대 전반이 바라는 희망선 중에서 잘 활용했을 때 강력한 자산이 될 것 같은 길은 무엇인가?

도움이 필요한 학생들을 볼 때, 교육자는 주로 강점이 아니라 약점 및 결함이라는 관점에서 바라보는 경향을 나타낸다. 따라서 많은 교육자들이 1970년대에 캘리포니아대학교 버클리캠퍼스에서 수학 강의를 듣는 흑인 학생들에게 했듯이 (무례한) 보충 프로그램에 의존하는 경향이 있다. NBA 최고의 슈팅 코치 칩 엥겔랜드는 이와 정반대로 한다. 그는 선수의 슛에서 결점을 찾아내지 않는데, 카와이 레너드에게 말했듯이 ('들어가며' 참조) 선수들의 슛이 기본적으로 훌륭하지만 단지 조금 조율이 필요하다고 본다. 교육자가 어려움을 겪고 있는 학생들을 떠올릴 때, 미래에 더욱 성장할 수 있는 강점으로 작용할 희망선은 무엇일까?

이제 잠시 시간을 내서 곰곰이 생각해보자. 어른들이 미리 깔아놓은 아주 분명한 길이 있음에도 당신이 관심을 가지는 청소년이 자연스럽게 걸어가고 있고 또 걸어가고자 하는 희망선은 무엇인가? 청소년들에게 대단히 중요한 대상, 그들의 관심과 에너지를 자연스럽게 끌어당기는 대상이 무엇인지 생각해보자. 그것을 아래의 빈칸에 적어보자. 자신이 말을 타고 공원 부지를 돌아다니는 랠프 코넬이나, 버클리에서 소수집단 학생들의 기숙사에 잠입한 유리 트레이스만과 같은 일을 하고 있다고 상상한다면 도움이 될 것이다. 어떻게 하면 토대로 삼을 만한 가치 있는 희망선을 발견할 수 있을까?

- 내가 관심을 가지는 청소년에게 가치 있는 희망선은…

- 청소년에게 이 희망선이 어떤 의미인지 발견하고자 '공원 부지를 걷는' 방법 중 하나는…

- (결핍에 초점을 맞추는 대신) 정당한 평가를 받지 못한 자산을 토대로 삼을 수 있는 방법은…

통찰 2: 입구에 주의를 기울이자

부모들은 스스로에게 물어보자. 양육에서 '공원 입구'에 해당하는 요소는 무엇일까? 부모는 자녀를 낳고 계속 돌봐왔으므로 새로운 관계를 맺는 방법을 생각하기 어려울 수도 있다. 하지만 종업식, 신학기 시작, 상급 학교 진학 때처럼 일정이 바뀌거나 자녀의 지위 혹은 역할이 변화하는 기회를 떠올려보자. 그런 순간에 기대를 재설정함으로써 문턱을 넘어서는 이행기를 기념할 수 있다. 예를 들어 이렇게 말할 수 있다. "이제 [중학교에 들어가니/여름방학이 시작했으니/대학에서 집으로 돌아왔으니] 너는 전과 달리 좀 더 성숙한 인간이 됐고, 우리 관계도 발전해야겠지. 지금이야말로 무엇이 새로워질지, 네가 나에게 무엇을 기대할 수 있을지, 내가 너에게 무엇을 기대하는지 이야기하기에 좋은 때인 것 같구나." 트레이스만이 학생들을 다과회에 초대했듯이 특별한 행사로 이를 기념할 수도 있다. 새로운 레스토랑에 데려가거나 함께 여행을 갈 수도 있고, 그냥 저녁 식사 전에 디저트를 먹도록 허락할 수도 있다. 일상에서 벗어나 '예전 우리 관계에서 비롯된 짐은 이제 더 이상 상관없으니 제쳐둬도 좋고, 아예 버려도 괜찮다'는 뜻을 명확하게 전달할 수 있는 일이라면 무엇이든 좋다. 새로운 시대로 들어가는 입구가 색다르게 느껴지도록 만드는 사소한 표현으로 얼마나 큰 의미를 전달할 수 있는지 알면 깜짝 놀랄 것이다.

잠시 생각해보자. 자녀에게 새로운 시대로 들어가는 입구 역할을 할 수 있으며, 당신과 자녀가 상호작용하는 방식을 재설정할 수 있는 시기가 다가오고 있다면, 그때는 언제일까?

관리자가 주의를 기울여야 할 가장 분명한 입구는 신입 사원 연수 과정이다. 기업에서는 신입 사원들을 수심이 깊은 곳에 던져놓고는 가라앉든 헤엄치든 알아서 하라고 한다. 게다가 애초에 문으로 들어설 때부터 엄청나게 유리한 조건을 갖춘 사람(예: 가족 중에 해당 분야 종사자가 있는 경우)만이 살아남는 데 성공하는 경우가 너무 많다. 따라서 입구에 주의를 기울이지 않으면 직장, 나아가 우리 사회 전체가 더욱 불공평해진다. 또한 관리자들은 오리엔테이션이란 인사부에서 알아서 할 일이라고 생각하는 경향이 있다. 예를 들어 이런 식이다. '나는 급여나 복리후생 전문가가 아니니까 신입 사원들에게 필요한 정보를 알려주는 업무는 인사부에 맡겨야지.' 하지만 새롭고 위태로운 환경에 들어간 신입 직원들에게는 단순한 '편의상' 정보뿐만 아니라 '실존적' 정보가 필요하다. 따라서 9장에서 살펴봤듯이 새로운 역할을 맡은 사람들에게는 소속감에 관한 메시지를 준비할 필요가 있다.

트레이스만의 통찰과 스태선의 사례(10장 참조)를 적용하면 청소년들이 짊어진 짐을 표적으로 그런 메시지를 작성할 수 있다. 스스로 사기꾼 같다고 느끼지 않아도 된다는 뜻을 어떻게 전달할 수 있을까? 예전에 겪은 난관이나 실패를 이곳에서도 되풀이하리라는 법은 없다는 뜻은? 나아가 예전의 환경에서 당연시했던 지위나 존중을 새 환경에서도 그대로 획득할 수 있으리라는 보장은 없다는 뜻은 어떻게 전달할 수 있을까?

잠시 생각해보자. 당신이 속한 조직은 어떤 식으로 젊은 직원들을 위한 '입구를 고려하는 데 실패'하는가? 향후에 이를 좀 더 고려할 긍정적인 기회는 무엇인가?

교육자는 신학기나 주요 단원을 시작할 무렵을 이용해 트레이스만의 통찰을 적용할 수 있다. 이때는 새롭고 다른 뭔가가 가능하다는 신호를 명확하게 전달해야 한다. 과거에 그 과목으로 고생했고, 그 경험 때문에 '흉터'를 얻은 학생들에게는 완전한 단절이 필요하다. 트레이스만이 한 것과 같은 문화적 의식은 '이것은 이전 것과 다르고, 너는 지금부터 새롭고 전혀 다른 학생이 될 수 있으며, 네가 가능하다고 생각하는 이상으로 성취할 수 있어'라는 메시지를 전달할 수 있다. 트레이스만은 이를 가리켜 '균형 깨기'라고 부른다. 그는 학생들이 안주하고 있는 균형에서 벗어나도록 이끌고자 한다. 예를 들어 트레이스만은 유학생에게 자기가 속한 문화에서 의미 있는 음악을 소개해 달라고 한 다음, 수업을 시작할 때 그 음악을 튼다. 또한 학생들에게 언젠가는 자기가 느꼈던 두려움과 불안을 돌아보며 웃을 날이 올 것이라고 말하기도 한다. 나아가 수업 첫날에는 최선의 오답, 즉 트레이스만을 생각에 잠기게 한 오답을 내놓은 학생들에게 보너스 점수를 준다.

'숨은 트레이스만 찾기 프로젝트'에서 발견했던 중등 수학교사 중 한 명은, 학생들이 수학에서 실수할까 봐 두려워하는 마음을 떨칠 수 있도록 별난 방법을 활용했다. 그는 칠판 옆에 우스꽝스러운 상어 의상을 입은 댄서 포스터를 걸어두었고, 수업 첫날에 슈퍼볼 하프타임 쇼에서 케이티 페리가 공연한 모습[10]을 배경으로 상어 의상을 입은 댄서가 바보 같은 모습을 보이는 동영상을 보여줬다. 그가 주장하려던 요지는 안전지대에서 벗어난 일을 시도하려면 바보 같은 모습을 보일 때도 있지만 그래도 시도하는 편이 좋다는 것이었다. 이어서 그는 칠판에 어려운 수학 문제를 내고는 한 학생을 부른 다음 "상어가 되어봐!"라고 말했다. 그는 1년 내내 이것을 계속했다. 기묘하기는 하지만 그의 수업은 다르다는 신호를 전달하는 효과적인 방법이 되었다. 학생들은 더 이상 실수 앞에서 해묵은 두려움을 가질 필요가 없었다.

나에게도 학생의 균형을 깨는 방법이 있다. 패스트 프렌즈 프로토콜(525쪽 참조)을 즐겨 사용하는데, 이는 새롭고 색다른 느낌을 준다. 나는 수업 첫날이나 두 번째 날에 예전에 수업을 들었던 학생들을 모아 토론회를 주최한다. 이 토론회에서는 예전 학생들이 내 수업에서 배웠던 내용을 지금 하고 있는 일이나 취업 면접에서 어떻게 활용했는지 이야기한다. 대부분의 수업은 학생들에게 무엇을 배워야 할지 이야기할 뿐 그 이유는 설명하지 않으므로, 이런 증언은 뭔가 새롭고 색다른 일이 일어나고 있다는 신호를 전달한다. 또한 첫날에 '파티 계획 위원회(시트콤 〈오피스〉[11] 참조)'를 임명하는데, 못 믿겠다는 듯한 학생들에게는 앞으로 수업에서 친구를 많이 사귀게 될 테니 기념하고 싶은 마음이 들 것이라고 말한다. 또한 아버지가 내게 하셨던 농담도 활용한다. 예를 들어 손을 들고 다른 학생들 앞에서 이야기하는 용기를 지닌 학생들에게 가상의 보너스 점수를 주며, 점수는 가상의 상품과 교환할 수 있다고 설명하는 식이다.

핵심은 우리가 사용하는 이런 별난 방법을 따라 하도록 권하는 것이 아니다. 이런 특이한 습관은 우리 성격에 어울리는 방법이며, 효과가 있는 이유는 우리의 진실한 면모를 잘 드러내기 때문이다. 당신에게도 우리처럼 중대한 목표가 있다. 당신은 학생들이 케케묵은 예상을 떨쳐내서 자신의 능력이나 소속에 대한 의문을 멈추고 수업에 진지하게 임할 수 있기를 바란다. 학생들이 당신이 제시한 대단히 높은 기준을 받아들이고, 당신이 제공하는 지원 자원을 활용하기를 바란다. 그 수업이 예전에 들었던 수업들과 어떻게 다른지 알게 된다면, 학생들은 당신이 기대한 대로 할 가능성이 높다.

잠시 생각해보자. 당신의 수업을 듣는 학생들이 해묵은 두려움이나 콤플렉스를 버리고 학습 기회를 받아들이도록 하려면 학기초에 어떻게 균형을 깨야 할까? '이 장소는 다르다'는 신호를 보낼 수 있는 새롭고 예상치 못한 방법은 무엇일까?

____

____

____

____

____

____

통찰 3: 미래 성장을 위한 계획

부모는 자녀에게 책임을 넘겨주는 방법을 찾아서 미래 성장을 계획할 수 있다. 내가 부모들에게 가장 자주 듣는 불평 중 하나는 자녀가 할

줄 아는 게 없어서 다 해줘야 한다는 말이다. 하지만 부모가 실제로 어떻게 하는지를 지켜보면, 그들은 자녀가 경로에서 벗어나는 순간 운전대를 잡는 보호자처럼 행동한다. 그런 부모는 겨울이면 얼어 죽는 꽃을 심고는 매년 정원 일을 얼마나 많이 해야 하는지 불평하는 조경 건축가와 같다. 단기 전략을 사용하고 있으니 혜택이 오래가지 않는 것도 당연하다!

자녀교육 코치 로레나 세이델은 미래 성장을 위한 계획을 세우는 완벽한 본보기다. 예를 들어 세이델은 자녀들이 싸울 때 절대 심판을 보지 않기로 결심했다. 보통은 자녀들이 서로 소리를 지르면 창피해진 부모들이 달려가 문제를 해결하려고 한다. 무슨 이유로 싸우는지 물어본 다음에 해결책을 제시하는 것이다. 부모가 개입하면 당장 싸움은 멈출 수 있지만, 다른 싸움이 벌어지는 순간 또 부모가 끼어들어야 한다.

세이델은 더는 그렇게 하지 않기로 했다. 다음에 아이들이 싸웠을 때 세이델은 스스로 해결책을 생각해내라고 요구했다. 세이델이 아니라 자녀들이 이야기를 하게 한 것이다. 이 접근법은 그녀가 직접 문제를 해결했을 때보다 시간이 오래 걸렸지만, 그녀는 끈기 있게 기다리면서 아이들이 발 빼지 않도록 지켜봤다. 이윽고 아이들은 싸움을 해결할 방법을 찾아냈다. 사전에 시간을 투자한 덕분에 앞으로 발생할 수많은 싸움에서 심판을 봐야 하는 수고를 덜 수 있었다.

잠시 생각해보자. 당신의 자녀교육 방식은 '미래 성장을 계획'하는 데 어떻게 실패했는가? 앞으로 이를 좀 더 잘할 수 있는 긍정적인 기회는 무엇일까?

관리자는 직원의 기술개발에 시간을 투자함으로써 미래 성장을 계획할 수 있다. 예를 들어 업무 시간 중에 직무 외 기술을 가르치는 강의를 듣게 해줄 수 있다. 혹은 직원에게 다른 부서나 다른 팀에서 진행하는 프로젝트에 참여할 기회를 줘서 위험부담이 낮은 환경에서 새로운 전문 지식을 익히게 할 수도 있다. 단기 이익을 중시하는 문화에서는 이런 접근법에 전념하기가 어려울 수 있다. 미래 성장을 위한 계획의 성과는 몇 달 혹은 몇 년 후에야 나타나기 때문이다. 하지만 그렇게 습득한 기술은 향후에 개인이나 조직이 방향을 전환해야 할 때 그 유용성을 드러낼 것이다. 새로 필요하게 된 업무를 어떻게 하는지 이미 알고 있는 다재다능한 인재가 있다면, 사람을 새로 고용하는 것보다 업무를 훨씬 빨리 진행할 수 있기 때문이다. 또한 성장하고 있다고 느끼는 젊은 직원은 가치 있는 인적자본을 추가하는 동시에 존중받고 있다고 느끼므로 장기근속할 가능성도 높다. 따라서 직장에서의 미래 성장 계획은 단기 성과에만 초점을 맞춘 경영전략보다 인사 비용 절약과 방향 전환 능력(예: 기술 변화 시) 측면에서 더욱 효율적이다.

잠시 생각해보자. 당신의 조직은 '미래 성장을 계획'하는 데 어떻게 실패했는가? 앞으로 관리자가 이를 좀 더 잘할 수 있는 긍정적인 기회는 무엇일까?

교육자는 트레이스만의 실천법을 직접 도입해서 미래 성장을 계획할 수 있다. 첫 번째 단계는 자신의 일이 눈앞의 시험에서 학생이 A학점을 딸 수 있도록 도와주는 것이라는 생각을 멈추는 것이다. 교육자의 주요 목표는 학생들이 해당 강의를 수료한 이후에도 그 과목에 대한 깊이 있는 이해를 유지하도록 지도하는 것이다. 예를 들어 서지오 에스트라다의 주요 목표는 물리학의 기본 개념에 관한 실용적인 지식을 전달함으로써 학생들이 고등학교를 졸업한 이후에 관련 분야에서 탄탄한 경력을 쌓을 수 있도록 대비하는 것이다. 그는 학생들이 물리학자처럼 생각하는 법을 배웠다는 사실을 아는 한, AP 시험에서 몇 점을 받았는지는 신경 쓰지 않는다. 그럼에도 에스트라다의 학군에서 3점 이상(합격점)을 받은 학생이 가장 많은 학교 역시 에스트라다의 학교이다. 따라서 에스트라다는 미래 성장을 계획하지만 그의 노고는 단기적인 성장에도 도움이 된다.

에스트라다와 트레이스만이 공통적으로 실천하고, 교육자라면 누구나 따라 할 수 있는 방법은 대단히 유연한 재시험 방침이다. 에스트라다는 학생들에게 재시험을 칠 수 있도록 허용하고 틀렸던 문항을 맞추면 절반에 해당하는 점수를 인정해준다. 80점을 받은 학생이 재시험을 봐서 추가로 점수를 획득하면 성적을 90점으로 올릴 수도 있다. 트레이스만은 11장에서 언급했듯이 학생들이 기말고사에서 받은 점수로 중간고사 점수를 대체할 수 있도록 허용한다. 이 시험 방침에는 2가지 중요한 효과가 있다. 이런 방침은 학생마다 학습 속도가 다르고, 많은 학생들이 동급생보다 훨씬 뒤처진 상태에서 학기를 시작하기도 한다는 사실에 부합한다. 또한 이런 방침은 학생들에게 실수를 재검토하게 하고, 그 과정에서 학습할 동기도 얻게 한다. 학생들이 잘못 이해한 부분을 다시 검토하면서 제대로 이해하면, 앞으로 그 지식을 오랫동안 기억할 수 있다.

잠시 생각해보자. 어떻게 하면 수업에서 당신이 적용하는 방침이나 절차(예: 시험 및 과제 채점 방침)가 '미래 성장을 위한 계획'과 좀 더 잘 부합되도록 할 수 있을까? 앞으로 이를 좀 더 잘할 수 있는 긍정적인 기회는 무엇일까?

____

____

____

____

____

____

스토리텔링과 예견적 사회화

트레이스만은 민족지학도 전공하는데, 연구 중에 사회학자 로버트 머튼이 1940년대에 발표한 '예견적 사회화anticipatory socialization' 이론을 접했다. 이 이론은 청소년들이 아직 속하지 않은 세계에서 살아갈 준비를 하도록 멘토들이 도와줄 수 있다는 내용이다. 이는 청소년들이 이전에 난관을 극복한 경험이 미래에 비슷한 어려움을 이겨낼 수 있게 한다는 것을 어떻게 증명하는지 이해할 필요가 있음을 시사한다. 나는 2년 동안 트레이스만을 지켜보면서, 그가 청소년들을 해당 분야의 미래에서 활약하도록 사회화하는 교훈 2가지를 전달하고자 한다는 사실을 알아차렸다. 교훈이란 바로 '끈기'와 '목적'이다. 트레이스만은 9장에서 배웠던 내용을 반영하는 자신만의 고유한 스토리텔링을 활용해 매일같이 이런 교훈을 가르친다. 우리가 캠프 챔피언스 연구에서 이 두 아이디어를 강조했던 이유다.

끈기

몇 년 전에 나는 수학 박사과정을 밟고 있는 친구와 이야기를 나눈 적이 있다. 그녀는 지도교수에게 '수학이 잘 안 풀린 일주일'에 대해 털어놓았던 경험을 들려줬다. 일주일 동안 열심히 노력했지만 초반에 논리적 실수를 저지른 탓에 어떤 증명 문제를 풀지 못했다는 것이었다. 지도교수는 다 안다는 듯이 웃으며 "그게 전부야? 수학이 잘 안 풀린 '1년'을 보내고 나서 다시 얘기해"라고 말했다. 이어서 내 친구는 자기 분야에서 최정상을 지키는 직업 수학자들도 문제를 '잘못' 푸는 경우가 일상다반사라고 설명했다. 많은 사람들이 최고의 수학자들은 어릴 때부터 모든 문제를 아무런 어려움 없이 풀 수 있다고 생각한다. 하지만 고난과 혼란은 세계 최정상 수학자들에게 그냥 '흔한' 경험 정도가 아니다. 그게 '거의 모든' 경험이다. 전문 수학자 대부분은 지금까지 해결되지 않은 문제들을 연구한다. 수천 년 동안 재능 있는 수학 인재들이 매달린 문제들이니 고군분투하는 것은 '당연'하다. '역경을 견뎌내는 끈기'는 전문 수학자가 습득해야 할 핵심 기술이다. 따라서 트레이스만의 학생들도 그 기술을 배워야 한다.

역경을 견뎌내는 끈기를 어떻게 심어줄 수 있을까? 소속감 스토리를 들려줄 때와 같은 단계를 따라 하면 된다(9장 참조). 트레이스만은 학생들을 가르치는 동안 '관점 전달'이라는 과정에 따라 지속적으로 소속감 스토리를 들려준다. 트레이스만은 관점을 전달하면서 어려운 문제를 제시하고 한 발짝 물러나 그 문제가 학생들과 수학 정체성에 어떤 의미인지 언급한 다음 다시 수학으로 돌아간다. 이는 자연스럽고 매끄럽게 학생들이 수학 분야에 친숙해지도록 만드는 데 효과적인 방법이다. 내가 2년 동안 트레이스만의 수업을 관찰하면서 발견한 관점 몇 가지를 소개한다.

힘든 것이 정상이다. 강의 첫날에 트레이스만은 "이 수업을 듣는 모든 학생은 힘들어 할 것이고 그것은 의도한 바입니다"라고 말하고는, 이를 증명하듯이 "여러분은 이전 수업에서 10퍼센트만 정답을 맞혔던 문제들을 풀 것입니다"라고 한다. 때때로 트레이스만은 특정 문제를 푸는 데 몇 분이나 걸렸는지 알려주기도 한다. 이런 말을 하는 이유는 학생들이 문제를 빨리 풀 수 있다고 예상하거나 오랫동안 고전하면 수학을 못하는 거라고 생각하지 않도록 막으려는 데 있다. 그 대신에 트레이스만은 학생들의 잠재력을 존중하는 뜻에서 버거울 만한 과제를 시키는 것이라고 단언한다.

변화의 증거. 트레이스만은 어려움은 끝나지 않는다는 암시로 학생들의 의욕을 꺾지 않는다. 오히려 그런 역경이 어떻게 나아지는지 이야기한다. 그는 수학이 쉬워질 것이라는 약속은 절대 하지 않는다. 다만 결코 풀 수 없을 것 같았던 문제를 풀게 되는 날이 오면서 다른 어려운 문제로 넘어갈 수 있을 것이라고 강조한다. 트레이스만은 "이 수업에서는 고생을 배우고 즐기게 될 것입니다"라거나 "어쩌면 '완전히 헷갈리게 되는 거 아냐?'라고 자문할 수도 있습니다. 대답은 '아니요'입니다. 여러분은 점점 자신감을 갖게 될 것입니다" 같은 말을 한다.

행동 단계. 다음으로 트레이스만은 고생을 배우고 즐기게 되는 과정에서 학생들을 분명하게 지원하고자 고안한 강의의 특징을 지속적으로 언급한다. 그는 교재 학습을 도와주는 친구들에게 의지하는 등 성공을 위해 취할 수 있는 행동 단계를 학생들에게 알려준다. 트레이스만은 "여러분에게 가장 큰 자원은 동료"라고 명확하게 말한다. 이 말을 뒷받침하고자 그는 학생들에게 옆 학생의 이름을 말해보라고 한 후 모를 경우 감점한다. 이 전술은 학생들이 매 시간마다 서로 소개를 주고받도록 부추긴다. 강의 중에는 5분이나 10분 간격으로, 특히 어려운 개념을 설명한 다음에는 잠시 멈추고 "좋아요, 옆 학생이 그 개념을 이해했는지 확인해봅시다"라고 말한다. 학생들은 옆 자리 학생들에게 학습한 내용을 설명해야 한다. 트레이스만은 강의 시간에 "고등학생 때는 혼자서 공부해도 좋은 성적을 받은 학생들이 많았겠지만, 연구 결과 절반은 혼자서 공부하고 나머지 절반은 집단으로 공부할 때 더 좋은 성적을 받습니다"라고 이야기한다. 궁극적으로 트레이스만은 학생들이 강의 시간뿐만 아니라 현장에 나아가서도 수학 토론에 참여할 수 있도록 대비시킨다.

눈덩이 효과. 트레이스만은 눈덩이 효과에 대해서 항상 이야기한다. 그는 지금 학생들이 어려움을 극복하고 다른 학생들과 함께 수학적 사고를 하고자 밟는 단계들이 인생에서 이루려는 목표에 다다르도록 이끌어줄 긍정적인 사이클의 시작이라고 강조한다. "3학년이 되면 1학년 때 느꼈던 불안을 여러분 모두가 비웃게 될 겁니다." 지금 기울이는 노력이 언젠가는 진가를 발휘할 것임을 강조하는 말이다.

목적. 마지막으로 트레이스만은 내가 8장에서 소개했던 수준을 넘어서서 수학 및 관련 분야에 종사하는 '목적의식'을 갖도록 장려한다. 그는 학생의 정체성이나 배경과 연결되어 있으면서 관련 분야나 사회에 기꺼이 공헌하고자 하는 의욕을 심어주며, 학생들이 겪은 역경과 고생이 진가를 드러내어 그들이 수학 분야에 머무르게 하고자 애쓴다. 목적의식을 갖게 하는 트레이스만의 활동이 전형적인 미적분학 강의에는 어울리지 않는 듯 보이지만 효과는 있다.

트레이스만은 수업 시간에 "여러분이 자신의 분야에서 리더가 되면…"이라는 표현으로 말문을 여는 비율이 놀라울 정도로 높다. 또한 그런 문장을 맺을 때는, 나중에 미국국립과학원의 보고서를 주도하거나 대기업에서 연구 부문을 이끌 때 그날 강의에서 배운 내용을 어떻게 활용하게 될지 설명한다. 암호학에 관한 국가 위원회의 의장을 맡기는커녕 미적분학 수업 하나를 통과할 수 있을지도 의문인 18세 학생들에게 이런 말을 한다는 것이 처음에는 의아하게 느껴졌는데, 이내 그런 발언이 효과가 있는 이유를 깨달았다. 이는 학생들이 가치가 있고 훌륭한 일을 할 것이라고 암시한다는 점에서 그들을 존중하는 발언이다. 그런 존중은 동기를 부여한다.

또한 트레이스만은 자신이 가르치는 내용이 더 큰 의미가 있다고 설명한다. 그날 수업 내용을 학습하는 것은 A학점을 받기 위해 뛰어넘어야 하는 장애물이 아니다. 이는 영향력 있는 직업을 갖기 위해서 밟아야 하는 단계다. 나도 어렵거나 혼란스러운 내용을 소개할 때면 언제나 "여러분이 자신의 분야에서 리더가 되면…"이라고 말하기 시작했다. 어려운 내용을 가르치는 것은 학생들을 진지하게 여긴다는 뜻을 보여주는 방식이다. 중요한 것은 이 표현 자체가 아니라 미래 지위로 이어지는 정중한 연결이다.

트레이스만이 시키는 또 다른 특이한 연습으로는 학생들에게 국립과학원에서 발표하는 보고서를 훑어보라고 요구하는 것을 들 수 있다. "보고서를 살펴보고 놀라운 점을 2~3가지 찾아서 1~2장짜리 보고서를 작성하세요." 트레이스만은 학생들에게 여러분은 미래의 과학자이고, 과학자들은 전문 분야의 최신 동향을 살피면서 새로운 정보를 파악하는 일을 즐긴다고 말한다. 물론 대학교 1학년이 보기에 이런 전문 보고서들은 대부분 이해할 수 없는 내용이다. 트레이스만은 '자신'도 이런 보고서를 보면 25퍼센트 정도밖에 이해하지 못한다고 딱 잘라서 말한다. 따라서 학생들이 혼란스럽다고 느끼더라도 이는 그 분야의 전문가에게 '접근'한다는 뜻이라고 알려준다. 교수인 트레이스만도 똑같이 느끼기 때문이다. 트레이스만은 학생들이 직업 과학자로서 정체성을 지니기를 바라며, 그 의미를 자세히 설명한다. 곧바로 이해되지 않더라도 해당 분야의 동향을 끊임없이 훑어보는 것이다.

트레이스만의 목적 지원 활동 중 마지막은 가장 강력한 방법이다. 이는 학생들을 그들의 배경(출신 고등학교, 고향, 교사 등)과 이어주는 의식이다. 학기말이 되면 트레이스만은 학생들에게 모교의 수학 교사들에게 지금의 자리로 이끌어준 노고에 감사하고 대학 미적분학 수업에서 얼마나 많이 배웠는지 설명하는 편지를 쓰게 한다. 트레이스만이 미적분학에 대한 좀 더 수준 높은 '대학 방식'을 돋보이게 할 목적으로 '고등학교 수학 방식'을 비판했던 학기가 끝난 다음에 학생들은 이 편지를 쓴다. 이 복잡한 실천법에는 분석할 점이 많다. 트레이스만은 학생들이 뭔가를 잘못 이해했을 때 낙담하거나 멍청하다고 여기지 않도록 할 목적으로 '고등학교 수학 방식'을 비판한다. 그러면 학생들은 자기 자신이 아니라 고등학교 교육을 탓할 수 있다. 동시에 트레이스만은 학생들 대부분이 고등학교 교사들에게 깊이 감사한다는 사실을 알고 있다. 칩 엥겔랜드('들어가며' 참조)가 선수에게 "네 슛은 형편없으니 전부 다 바꿔야 해"라고 말할 수 없듯이, 트레이스만도 학생의 고향을 깎아내릴 수 없다. 학생들은 고등학교 시절에 열심히 노력한 덕분에 지금 있는 자리에 올 수 있었다. 지금까지 살펴봤듯이 트레이스만은 사람들을 비판하기 전에 장점과 자산을 이해하고자 한다. 따라서 편지 쓰기 의식은 학생들의 고등학교 교사들에게 경의를 표하는 동시에, 학생들을 좀 더 나은 미래로 이끌어나가는 방법이다.

12장

조직이 미래 성장을 계획하고자 할 때, 당신은 캠프 챔피언스의 방법을 어떻게 모방할 수 있을까? 이 질문은 야외 프로그램이나 학교, 과외 활동 리더들뿐만 아니라 여름 인턴십 프로그램의 관리자에게도 중요하다.

응용 체크리스트

다음은 응용을 계획하는 방법이다. 각 설명을 읽어보자. 그다음에는 조직이 각각의 요소를 갖추고 있는지 체크하자. 체크 표시가 많을수록 모방할 준비를 잘 갖췄다는 뜻이다.

요소	설명	확인
일관된 주제 선택	난관을 극복함으로써 사람들이 배우기를 바라는 중요한 교훈은 무엇인가? (캠프 챔피언스에서는 '끈기'와 '목적'이었지만, 강조하고 싶은 용어라면 무엇이든 선택할 수 있다.)	
정당한 도전 활동	예를 들어 대단히 인상적인 도전을 함으로써 명성을 획득할 기회는 무엇인가? 이런 기회는 청소년이 공허한 자존감 향상이 아니라 의미 있는 성취감을 얻게 하는 데 꼭 필요하다.	
바로 그 순간의 성찰	어른들은 청소년들이 도전에서 올바른 교훈을 배울 수 있도록 그 과정에서 청소년들의 곁을 지키는가? 끈기나 목적 같은 개인적 자질은 추상적일 때가 많으므로 이것들을 알아챌 수 있는 바로 그 순간에 언급하는 것이 중요하다.	
하루/일주일을 마무리할 때의 성찰	해당 집단이 하루나 일주일을 마무리할 때 돌이켜 보면서 해당 자질을 제대로 보여준 순간을 포착할 기회를 갖는가? 이런 기회는 청소년이 순간적인 경험을 자기 자신이 어떤 사람인지 스스로에게 들려줄 수 있는 서사로 바꾸는 데 중요하다.	

편지	청소년들이 성취한 멋진 일이나 보여줬던 개인적 자질을 떠올릴 수 있도록 집단 활동을 마친 다음에 편지를 쓰는가? 캠프 챔피언스에서는 캠프가 끝난 지 몇 주일이 지났을 때 지도자들이 학생들에게 편지를 썼다. 편지는 캠프 참가자들이 보여준 용감한 행동과, 그런 행동이 끈기와 목적에 대해 무엇을 말해주는지 간단히 설명하는 내용이었다. 그 편지들은 학생들이 캠프를 떠난 후에도 인생 교훈을 떠올릴 수 있도록 도와주는 역할을 했다.	
환경을 연결하고 응용을 촉진하는 장기적 성찰	몇 달 혹은 몇 년 후에 청소년들이 습득한 교훈을 일상생활이나 다음 도전에 어떻게 응용할지 성찰할 기회가 있는가? 캠프 챔피언스에서는 캠프 참가자들이 KIPP 학교로 돌아간 다음에 어떻게 끈기와 목적을 보여줘야 했는지 설명하는 짧은 글을 쓰는 연습을 실시했다. 이 연습은 학생들이 캠프에서 배운 교훈을 학교에서 마주친 역경에 어떻게 응용했는지 스스로에게 들려줄 수 있도록 도왔다.	

표 12-1.

감사의 말

나는 스탠퍼드대학교 행동과학고등연구센터(CASBS) 연구원이었던 2014년에 이 책에서 소개한 아이디어들을 모으기 시작했다. 센터 근무 중에 캘리포니아대학교 버클리캠퍼스 심리학과에 강연을 하려고 방문했다가 론 달을 만났을 때였다(1장 참조). 우리는 흥미진진한 대화를 이어갔고, 한 달여 만에 '지위와 존중 가설'을 탄생시켰다. 나는 새로운 아이디어들을 적용해보고 싶어서 CASBS의 도움을 받아 스탠퍼드 의과대학의 의사들과 만나 청소년 행동 변화 문제에 대해서 이야기를 나눴다. 이 과정에서(또한 당시 인근 병원 중환자실 간호사였던 아내와 대화를 나누면서) 청소년들이 직면한 장기이식 위기 상황에 대해 알게 됐다. 이 여정에 나서도록 도와준 CASBS와 론 달, 스탠퍼드 의과대학의 의사들에게 감사드린다.

몇 년 후에는 앤절라 더크워스가 저작권 에이전트인 리처드 파인을 소개해줬다. 핵심 아이디어 몇 가지를 논의한 후 나는 파인에게 출간 제안서를 보냈는데, 그는 출간을 거절했다. "이 원고는 제가 지금껏 읽은 청소년 관련 원고 중에 최고가 아닙니다." 나는 낙담했지만 무너지지는 않았다. 3년이 더 지난 후에야 나는 읽을 만한 원고를 다시 보낼 수 있었다. 파인은 원고를 마음에 들어 했지만 특색 있는 용어가 빠진 것 같다고 말했다. 어느 날 그는 '멘토 마인드셋'이라는 말을 문득 떠올렸다. 나는 박사과정 지도교수이자《마인드셋》의 저자인 캐럴 드웩과 함께 상의했고, 드웩도 괜찮을 것 같다고 생각했다. 하지만 뭔가 불완전하다는 느낌이 들었다. 반대개념이 필요했던 것이다. "멘토 마인드셋이 없는 상태는 어떤 마인드셋일까?" 드웩이 물었다. 그때부터 우리는 '강요자 마인드셋'과 '보호자 마인드셋' 개념을 만들어냈다. 나는 리처드 파인과 캐럴 드웩(과 앤절라 더크워스)의 공헌에 감사를 전한다. 하지만 당시에는 그런 아이디어들을 어떻게 스토리텔링을 담은 논픽션으로 만들어낼 수 있을지 알지 못했다.

논픽션을 쓰는 법은《아이는 어떻게 성공하는가》와《불평등 기구》의 저자인 폴 터프에게 꾸준하게 배웠다. 나는 인터뷰에서 들은 세부 사항을 수십 차례에 걸쳐서 터프에게 전달했고, 그는 끈기 있게 듣고 나서 이렇게 말했다. "네, 그런 식으로도 말할 수 있겠죠. 하지만 …식으로 말한다면 더 좋은 이야기가 될 것 같아요." 이런 피드백을 받으면 나는 언제나 좀 더 열심히 내용을 전했다. 매번 훨씬 더 좋은(또한 더욱 완전한) 스토리텔링이 만들어졌다. 또한 터프는 내가 논픽션을 쓰는 데 영감을 받은 작가인 마이클 루이스, 말콤 글래드웰, 로버트 카로(와 터프 자신이 쓴 책들)가 쓴 책의 장 구성 개요를 역으로 작성해보도록 도와줬다. 아, 그리고 터프는 여러 초고를 편집해주기도 했다. 그는 정말 멋진 사람인 것 같다.

로잘린드 와이즈먼은 이 책의 끝부분에 실은 '실천하기' 부분을 도와줬다. 또한 여러 장을 편집해줬고 책에서 소개한 여러 이야기들을 어느 자리에 배치할지 결정할 때도 도와줬다. 청소년에 관해 정통한 와이즈먼은 집필의 최종 단계에서 귀중한 공헌을 많이 해줬다.

출판인 조피 퍼라리-애들러에게도 고마움을 전한다. 퍼라리-애들러의 인생 목표는 정말 훌륭한 캐디가 되는 것이다. 그는 어김없이 나와 함께 걸으며 어디까지 가야 하는지, 중요한 순간에 힘겨운 결정을 어떻게 내려야 할지 판단할 수 있도록 도와줬다. 표지부터 디자인, 홍보와 마케팅에 이르기까지 이 책에 생명을 불어넣어준 애비드 리더 출판사의 퍼라리-애들러 팀원들, 특히 알렉스 프리미아니와 메러디스 빌라렐로에게 깊이 감사드린다.

이 책은 인터뷰 과정에서 많은 정보원들이 시간을 내준 덕분에 더욱 풍부해졌다. 그들은 대개 다른 사람들의 삶을 개선하기 위해 자신의 경험을 들려주겠다는 바람만으로, 또 가끔은 내가 타코를 산다는 말에 인터뷰에 응했다. 대부분은 이 책에서 이름을 언급하거나 인용했지만 그 밖에도 리사 지네코브, 토니 페이스, 케빈 에스트라다, 마리 레게, 인서클의 모든 임직원, 하비에르 리오스, 로리나 세이델의 의뢰인들을 비롯한 수많은 이들에게 고마움을 전한다. 여러분의 관대함에 감사드린다.

이 책에서 설명한 내 연구들은 모두 협력자들과 함께 실시했다. 감사드려야 할 사람들이 너무 많지만(대부분은 책에서 언급했다), 크리스토퍼 브라이언, 메건 존슨, 매슈 지아니, 이선 버리스, 로버트 조지프스, 퀸 히르시, 메리 머피, 캐머런 헥트, 포르투나토 (닉) 메드라

노, 대니얼 크레텍 콥, 도라 뎀스키, 론 달, 애드리애나 갈반, 카일 돕슨, 앤드리아 디트만, 제프리 코헨에게 꼭 감사 인사를 전하고 싶다.

이 책에서 소개한 연구를 진행하면서 캐럴 드웩, 그렉 월튼, 유리 트레이스만, 토니 브릭, 애덤 개머런, 해리슨 켈러에 이르기까지 많은 멘토에게 도움을 받았다. 또한 텍사스 행동과학정책연구소 팀에게도 감사하고 싶다. 특히 공동 설립자인 챈드라 멀러와 롭 크로스노는 훌륭한 멘토이면서 이 책에서 언급한 연구에 지대한 공헌을 해주었다. 제니 부온템포, 리베카 보이랜, 프라틱 므하트르, 섀넌 그린, 캐럴린 산체스, 메건 스미스에게도 고마움을 전한다.

나는 이 책에서 소개한 아이디어들을 지난 4년간 텍사스 마인드셋 계획(TxMI)과 나중에는 퓨즈를 통해 실천하면서 가다듬었다. 온램스 프로그램(제니퍼 포터 주도)과 텍사스대학교 오스틴캠퍼스 자연과학대, 특히 멜리사 테일러, 데이비드 밴던 바웃, 크리스틴 패터슨, 스테이시 스팍스, 루스 버스커크, 아니타 래섬, 마이클 마더, 크리스티나 마커트를 비롯한 텍사스 마인드셋 계획 동료들에게 깊이 감사한다.

나는 텍사스주 오스틴 소재의 홀즈워스 센터에서 상주 연구원으로 머무르며 출간 제안서 대부분과 책의 전반부를 썼다. 편안하게 지낼 수 있도록 애써준 폴린 다우와 홀즈워스 팀원들에게 감사한다.

이 책에서 소개한 과학 논문들은 많은 후원을 받은 것이다. 내 연구의 최대 후원자는 레이크스 재단이었으며, 제프 레이크스와 트리샤 레이크스의 지원에 여전히 감사하게 생각한다. 그 밖에도 미국 국립과학재단, 국립보건원, 빌 앤드 멀린다 게이츠 재단, 윌리엄 T.

그랜트 재단, 야콥스 재단, 이단상 재단, 슈미트 퓨처스, 스라이브 청소년 재단, 존 템플턴 재단, 로버트 우스 존슨 재단, 스펜서 재단, 베조스 가족 재단이 너그러이 자금을 제공해줬다.

페이지 하든은 책을 쓰기 전에 장의 개요를 어떻게 잡아야 할지에 관해 훌륭한 조언을 해줬다. 그 덕분에 집필을 일정에 맞춰 끝낼 수 있었다.

여러 그룹이 독서 모임을 가지며 초고에 대해 논의했는데, 그 결과는 이 책의 최종 구성과 문장에 큰 영향을 미쳤다. 베일 마운틴 스쿨, 헌 스쿨, EL 교육(론 버거와 스코트 하틀), 매사추세츠대학교 애머스트캠퍼스(파르시드 하지르)에 감사한다.

마지막으로 우리 가족에게 고마움을 전한다. 아내인 마고는 열심히 지원해주고 함께 생각해줬다. 네 아이들은 이 책을 쓰게 된 영감의 원천이자 개인적으로 절박감을 느끼게 한 원인이었다. 이 책에 소개한 아이디어들을 활용해 우리 아이들을 좀 더 잘 키우고 싶다는 생각이 간절하기 때문이다. 나를 올바르게 키우느라 애써주신 부모님에게도 감사드린다. 내게 결점이 있다면, 모두 내 잘못이지 부모님 때문이 아니다.

주

들어가며

1 Adam M. Mastroianni, "The Illusion of Moral Decline," *Experimental History*, December 13, 2022, https://www.experimental-history.com/p/the-illusion-of-moral-decline; Adam M. Mastroianni and Daniel T. Gilbert, "The Illusion of Moral Decline," *Nature* 618, no. 7966 (June 2023): 782–89, https://doi.org/10.1038/s41586-023-06137-x; John Protzko and Jonathan W. Schooler, "Kids These Days: Why the Youth of Today Seem Lacking," *Science Advances* 5, no. 10 (October 2019): eaav5916, https://doi.org/10.1126/sciadv.aav5916; John Protzko and Jonathan W. Schooler, "Who Denigrates Today's Youth? The Role of Age, Implicit Theories, and Sharing the Same Negative Trait," *Frontiers in Psychology* 13 (May 2022): 723515.

2 Peter G. Bourne, "'Just Say No': Drug Abuse Policy in the Reagan Administration," in *Ronald Reagan and the 1980s: Perceptions,Policies,Legacies*, ed. Cheryl Hudson and Gareth Davies (New York: Palgrave Macmillan, 2008), 41–56, https://doi.org/10.1057/9780230616196_4.

3 Zara Abrams, "More Teens than Ever Are Overdosing. Psychologists Are Leading New Approaches to Combat Youth Substance Misuse," *Monitor on Psychology*, March 1, 2024, https://www.apa.org/monitor/2024/03/new-approaches-youth-substance-misuse; Victor C. Strasburger, "Prevention of Adolescent Drug Abuse: Why 'Just Say No' Just Won't Work," *Journal of Pediatrics* 114, no. 4, part 1 (April 1989): 676–81, https://doi.org/10.1016/S0022-3476(89)80721-8.

4 S. T. Ennett et al., "How Effective Is Drug Abuse Resistance Education? A Meta-Analysis of Project DARE Outcome Evaluations," *American Journal of Public Health* 84, no. 9 (September 1994): 1394–1401, https://doi.org/10.2105/AJPH.84.9.1394; Donald R. Lynam et al., "Project DARE: No Effects at 10-Year Follow-Up," *Journal of Consulting and Clinical Psychology* 67, no. 4 (1999): 590–93; Christopher L. Ringwalt et al., *Past and Future Directions of the D.A.R.E.® Program: An Evaluation Review. Draft Final Report* (Washington, DC: US Department of Justice, 1994).

5 Wikipedia, s.v. "Drug Abuse Resistance Education," last modified January 23, 2024, https://en.wikipedia.org/w/index.php?title=Drug_Abuse_Resistance_Education&oldid=1198239866.

6 Michael A. Gottfried and Gilberto Q. Conchas, eds., *When School Policies ackfire: How Well-Intended Measures Can Harm Our Most Vulnerable Students* (Cambridge, MA: Harvard Education Press, 2016); Dennis P. Rosenbaum and Gordon S. Hanson, "Assessing the Effects of School-Based Drug Education: A Six-Year Multilevel Analysis of Project D.A.R.E.," *Journal of Research in Crime and Delinquency* 35, no. 4 (November 1998): 381–412, https://doi.org/10.1177/0022427898035004002.

7 Scott O. Lilienfeld, "Psychological Treatments That Cause Harm," *Perspectives on Psychological Science* 2, no. 1 (March 2007): 53–70.

8 David S. Yeager et al., "Declines in Efficacy of Anti-Bullying Programs among Older Adolescents: Theory and a Three-Level Meta-Analysis," *Journal of Applied Developmental Psychology* 37 (March–April 2015): 36–51, https://doi.org/10.1016/j.appdev.2014.11.005.

9 Eric Stice, Heather Shaw, and C. Nathan Marti, "A Meta-Analytic Review of Obesity Prevention Programs for Children and Adolescents: The Skinny on Interventions That Work," *Psychological Bulletin* 132, no. 5 (September 2006): 667–91, https://doi.org/10.1037/0033-2909.132.5.667.

10 Willem Kuyken et al., "Effectiveness and Cost-Effectiveness of Universal School-Based Mindfulness Training Compared with Normal School Provision in Reducing Risk of Mental Health Problems and Promoting Well-Being in Adolescence: The MYRIAD Cluster Randomised Controlled Trial," *Evidence-Based Mental Health* 25, no. 3 (July 2022): 99–109, https://doi.org/10.1136/ebmental-2021-300396; Eric Stice et al., "A Meta-Analytic Review of Depression Prevention Programs for Children and Adolescents: Factors That Predict Magnitude of Intervention Effects," *Journal of Consulting and Clinical Psychology* 77, no. 3 (June 2009): 486–503, https://doi.org/10.1037/a0015168.

11 Janneke D. Schilder, Marjolein B. J. Brusselaers, and Stefan Bogaerts, "The Effectiveness of an Intervention to Promote Awareness and Reduce Online Risk Behavior in Early Adolescence," *Journal of Youth and Adolescence* 45, no. 2 (February 2016): 286–300, https://doi.org/10.1007/s10964-015-0401-2.

12 2019년 9월에 알렉스 스위니 박사와 저자가 나눈 인터뷰.

13 2022년 8월, 2022년 11월, 2023년 8월에 관리자와 저자가 나눈 인터뷰. 2022년 11월, 2023년 8월에 직속 부하와 저자가 나눈 인터뷰.

14 Geoffrey L. Cohen, Claude M. Steele, and Lee D. Ross, "The Mentor's Dilemma: Providing Critical Feedback across the Racial Divide," *Personality and Social Psychology Bulletin* 25, no. 10 (October 1999): 1302–18, https://doi.org/10.1177/0146167299258011.

15 Geoffrey L. Cohen and Claude M. Steele, "A Barrier of Mistrust: How Negative Stereotypes Affect Cross-Race Mentoring," in *Improving Academic Achievement: Impact of Psychological Factors on Education*, ed. Joshua M. Aronson (San Diego: Academic Press, 2002), 303–27.

16 D. S. Yeager et al., "Breaking the Cycle of Mistrust: Wise Interventions to Provide Critical Feedback across the Racial Divide," *Journal of Experimental Psychology: General* 143, no. 2 (2014): 804–24, https://doi.org/10.1037/a0033906.

17 스위니 인터뷰.

18 Tom Hollenstein and Jessica P. Lougheed, "Beyond Storm and Stress: Typicality, Transactions, Timing, and Temperament to Account for Adolescent Change," *American Psychologist* 68, no. 6 (August 2013): 444–54, https://doi.org/10.1037/a0033586.

19 David S. Yeager, Ronald E. Dahl, and Carol S. Dweck, "Why Interventions to Influence Adolescent Behavior Often Fail but Could Succeed," *Perspectives on Psychological Science* 13, no. 1 (January 2018): 101–22, https://doi.org/10.1177/1745691617722620; Eveline A. Crone and Ronald E. Dahl, "Understanding Adolescence as a Period of Social-Affective Engagement and Goal Flexibility," *Nature Reviews Neuroscience* 13, no. 9 (September 2012): 636–50, https://doi.org/10.1038/nrn3313; "The Core Science of Adolescent Development," UCLA Center for the Developing Adolescent, 2020, https://develop ingadolescent.semel.ucla.edu/core-science-of-adolescence.

20 Adriana Galván, "Insights about Adolescent Behavior, Plasticity, and Policy from Neuroscience Research," *Neuron* 83, no. 2 (July 2014): 262–65; Adriana Galván, "Adolescent Brain Development and Contextual Influences: A Decade in Review," *Journal of Research on Adolescence* 31, no. 4 (December 2021): 843–69; Elizabeth R. Sowell et al., "In Vivo Evidence for Post-Adolescent Brain Maturation in Frontal and Striatal Regions," *Nature Neuroscience* 2, no. 10 (October 1999): 859–61.

21 David J. Deming, "The Growing Importance of Social Skills in the Labor Market" (working paper, National Bureau of Economic Research, August 2015), https://doi.org/10.3386/w21473; David H. Autor, "Skills, Education, and the Rise of Earnings Inequality among the 'Other 99 Percent,' " *Science* 344, no. 6186 (May 2014): 843–51; Daron Acemoglu and David Autor, "Skills, Tasks and Technologies: Implications for Employment and Earnings," in *Handbook of Labor Economics*, ed. David Card and Orley Ashenfelter, vol. 4B (New York: Elsevier, 2011), 1043–1171, https://doi.org/10.1016/S0169-7218(11)02410-5.

22 Yeager, Dahl, and Dweck, "Why Interventions to Influence Adolescent Behavior Often Fail but Could Succeed"; Crone and Dahl, "Understanding Adolescence as a Period of Social-Affective Engagement and Goal Flexibility"; "The Core Science of Adolescent Development"; Lydia Denworth, "Adolescent Brains Are Wired to Want Status and Respect: That's an Opportunity for Teachers and Parents," *Scientific American*, May 1, 2021, https://www.scientificam erican.com/article/adolescent-brains-are-wired-to-want-status-and-respect-thats-an-opportunity-for-teachers-and-parents/.

23 Ronald E. Dahl et al., "Importance of Investing in Adolescence from a Developmental Science Perspective," *Nature* 554, no. 7693 (February 2018): 441–50, https://doi.org/10.1038/nature25770.

24 Eldon E. Snyder, "High School Student Perceptions of Prestige Criteria," *Adolescence* 7, no. 25 (Spring 1972): 129– 36; Joey T. Cheng et al., "Two Ways to the Top: Evidence That Dominance and Prestige Are Distinct yet Viable Avenues to Social Rank and Influence," *Journal of Personality and Social Psychology* 104, no. 1 (2013): 103–25, https://doi.org/10.1037/a0030398; Joseph Henrich and Francisco J. Gil-White, "The

Evolution of Prestige: Freely Conferred Deference as a Mechanism for Enhancing the Benefits of Cultural Transmission," *Evolution and Human Behavior* 22, no. 3 (May 2001): 165–96.

25 Yeager, Dahl, and Dweck, "Why Interventions to Influence Adolescent Behavior Often Fail but Could Succeed."

26 Joe Walsh, "Inside Doris Burke's 'Heart-Stopping, Terrifying' NBA Finals Interviews with the Spurs' Gregg Popovich," *ESPN Front Row* (blog), June 18, 2013, https://www.espnfrontrow.com/2013/06/inside-doris-burkes-heart-stopping-terrifying-nba-finals-interviews-with-the-spurs-gregg-popovich/.

27 James D. Jackson, "Why Josh Giddey Is Excited to Have Chip Engelland as OKC Thunder Shooting Coach," *Oklahoman*, September 28, 2022, https:// www.oklahoman.com/story/sports/nba/thunder/2022/09/28/okc-thunder-josh-giddey-chip-engelland-nba-shooting-coach/69522942007/; Joe Mussatto, " 'He's a Genius': Shooting Coach Chip Engelland Already Impacting OKC Thunder," *Oklahoman*, October 16, 2022, https://www.oklahoman.com/story/sports/nba/thunder/2022/10/16/okc-thunder-already-seeing-results-from-shooting-coach-chip-engelland/69565401007/.

28 Fox Sports Australia, "Josh Giddey on His Partnership with SGA & the Influence of Engelland at OKC," posted on YouTube, September 26, 2022, https://www.youtube.com/watch?v=eM8jpg2hktM.

29 Jeje Gomez, "With Chip Engelland Gone, the Spurs Move Closer to the Unknown," *Pounding the Rock* (blog), July 28, 2022, https://www.poundingtherock.com/2022/7/28/23281558/with-chip-engelland-gone-the-spurs-move-closer-to-the-unknown; Sean Deveney, "For Spurs Coach, Lessons with Hill Launched Success," *Sporting News*, June 14, 2014, https://www.sportingnews.com/us/nba/news/chip-engelland-grant-hill-shooting-nba-finals-san-antonio-spurs-miami-heat-duke/1cqsrnegnvfvr118dg5myqs01i.

30 Bill Barnwell, "The Shot Doctor," *Grantland* (blog), April 24, 2014, https://grantland.com/features/the-shot-doctor/.

31 Mussatto, " 'He's a Genius.'"

32 "NBA Stars Share Humbling Moments," *Philippine Star*, August 29, 2015, https://qa.philstar.com/sports/2015/08/29/1493921/nba-stars-share-humbling-moments.

33 이후로 나오는 칩 엥겔랜드 관련 사실 및 그의 목표와 마인드셋은 2023년 6월에 엥겔랜드와 저자가 나눈 인터뷰에서 얻은 정보이다.

34 2023년 9월에 셰인 베티에와 저자가 나눈 인터뷰.

35 Deveney, "For Spurs Coach, Lessons with Hill Launched Success."

36 Michael Lewis, *Moneyball: The Art of Winning an Unfair Game* (New York: W. W. Norton, 2004).

37 Jackson, "Why Josh Giddey Is Excited."

38 Barnwell, "The Shot Doctor."

39 Jeff McDonald, "How the Spurs Built Kawhi Leonard into a Monster," *San Antonio Express-News*, November 16, 2015, https://www.ex pressnews.com/sports/spurs/article/How-the-Spurs-built-Kawhi-Leonard-into-a-monster-6635560.php; Barnwell, "The

Shot Doctor."
40 이 부분에 나오는 모든 인용문과 이야기의 출처는 베티에 인터뷰이다.
41 이 문단에 나오는 모든 인용문의 출처는 엥겔랜드 인터뷰이다.
42 2019년 7월에 저자가 관찰한 내용.
43 피트는 저자가 어렸을 때 이 이야기들을 저자에게 말했다.
44 2019년 7월에 열린 피트의 추도식에서 대면으로, 이후 2022년 8월과 9월에 피트의 직원 및 자녀와 저자가 전화로 나눈 인터뷰.

1장 어른들이 잘못 알고 있는 것

1 "Terrie H.'s Story," Tips from Former Smokers®, Centers for Disease Control and Prevention, accessed February 2, 2024, https://www.cdc.gov/tobacco/campaign/tips/stories/terrie.html.
2 "Youth and Tobacco Use," Smoking & Tobacco Use, Centers for Disease Control and Prevention, November 2, 2023, accessed April 1, 2024, https://www.cdc.gov/tobacco/data_statistics/fact_sheets/youth_data/tobacco_use/index.htm.
3 US Department of Health, Education, and Welfare, *Smoking and Health: Report of the Advisory Committee to the Surgeon General of the Public Health Service* (Washington, DC: Government Printing Office, 1964).
4 K. M. Cummings et al., "Marketing to America's Youth: Evidence from Corporate Documents," *Tobacco Control* 11, suppl. 1 (March 2002): i5–i17, https://doi.org/10.1136/tc.11.suppl_1.i5.
5 Walter J. Jones and Gerard A. Silvestri, "The Master Settlement Agreement and Its Impact on Tobacco Use 10 Years Later: Lessons for Physicians about Health Policy Making," *Chest* 137, no. 3 (March 2010): 692–700, https:// doi.org/10.1378/chest.09-0982.
6 Matthew C. Farrelly et al., "Getting to the Truth: Evaluating National Tobacco Countermarketing Campaigns," *American Journal of Public Health* 92, no. 6 (June 2002): 901–7, https://doi.org/10.2105/AJPH.92.6.901.
7 Farrelly et al., "Getting to the Truth."
8 Eric Stice, Heather Shaw, and C. Nathan Marti, "A Meta-Analytic Review of Obesity Prevention Programs for Children and Adolescents: The Skinny on Interventions That Work," *Psychological Bulletin* 132, no. 5 (September 2006): 667–91, https://doi.org/10.1037/0033-2909.132.5.667.
9 David S. Yeager et al., "Declines in Efficacy of Anti-Bullying Programs among Older Adolescents: Theory and a Three-Level Meta-Analysis," *Journal of Applied Developmental Psychol-ogy* 37 (March–April 2015): 36–51, https://doi.org/10.1016/j.appdev.2014.11.005.
10 David S. Yeager, Ronald E. Dahl, and Carol S. Dweck, "Why Interventions to Influence Adolescent Behavior Often Fail but Could Succeed," *Perspectives on Psychological Science* 13, no. 1 (January 2018): 101–22, https://doi.org/10.1177/1745691617722620.
11 Chronic Disease Research Group, Scientific Registry of Transplant Recipients, accessed

March 18, 2024, https://www.srtr.org/.

12 2022년 8월에 스탠퍼드대학교 의과대학 소아청소년과 스티븐 알렉산더와 저자가 나눈 인터뷰. 이 책에서 스티븐 알렉산더 박사와 관련된 모든 인용과 정보의 출처는 이 인터뷰이다.

13 BCRenal,"Non-Adherence and the Kidney Patient," posted on YouTube, October 7, 2015, https://www.youtube.com/watch?v=tweuy2-z6W4; Phillippa K. Bailey et al., "Young Adults' Perspectives on Living with Kidney Failure: A Systematic Review and Thematic Synthesis of Qualitative Studies," *BMJ Open* 8, no. 1 (January 2018): e019926.

14 Priya S. Verghese, "Pediatric Kidney Transplantation: A Historical Review," *Pediatric Research* 81, no. 1 (January 2017): 259–64, https://doi.org/10.1038/pr.2016.207.

15 Kyle J. Van Arendonk et al., "National Trends Over 25 Years in Pediatric Kidney Transplant Outcomes," *Pediatrics* 133, no. 4 (April 2014): 594– 601, https://doi.org/10.1542/peds.2013-2775; Loes Oomen et al., "Pearls and Pitfalls in Pediatric Kidney Transplantation after 5 Decades," *Frontiers in Pediatrics* 10 (April 8, 2022): 856630, https://doi.org/10.3389/fped.2022.856630.

16 Verghese, "Pediatric Kidney Transplantation."

17 2022년 8월에 스탠퍼드대학교 의과대학 소아청소년과 데이비드 로젠탈 박사와 저자가 나눈 인터뷰.

18 알렉산더 인터뷰.

19 2015년 11월과 2022년 8월에 소아과 임상간호사 마고 예거와 저자가 나눈 인터뷰.

20 Sofia Feinstein et al., "Is Noncompliance among Adolescent Renal Transplant Recipients Inevitable?," *Pediatrics* 115, no. 4 (April 2005): 969–73, https://doi.org/10.1542/peds.2004-0211; Oleh M. Akchurin et al.,"Medication Adherence in the Transition of Adolescent Kidney Transplant Recipients to the Adult Care," *Pediatric Transplantation* 18, no. 5 (August 2014): 538–48, https://doi.org/10.1111/petr.12289; Jodi M. Smith, P. L. (M.) Ho, and Ruth A. McDonald, "Renal Transplant Outcomes in Adolescents: A Report of the North American Pediatric Renal Transplant Cooperative Study," *Pediatric Transplantation* 6, no. 6 (December 2002): 493–99, https:// doi.org/10.1034/j.1399-3046.2002.02042.x.

21 Verghese, "Pediatric Kidney Transplantation."

22 2022년 9월에 텍사스대학교 MD 앤더슨 암센터 소속 샤론 하임스 박사와 저자가 나눈 인터뷰.

23 BCRenal, "Non-Adherence and the Kidney Patient."

24 BCRenal, "Non-Adherence and the Kidney Patient."

25 2023년 1월에 케빈 에스트라다와 저자가 나눈 인터뷰.

26 Signe Hanghøj and Kirsten A. Boisen, "Self-Reported Barriers to Medication Adherence among Chronically Ill Adolescents: A Systematic Review," *Journal of Adolescent Health* 54, no. 2 (February 2014): 121–38, https://doi.org/10.1016/j.jadohealth.2013.08.009; P. Rianthavorn and R. B. Ettenger, "Medication Non-adherence in the Adolescent Renal Transplant Recipient: A Clinician's Viewpoint," *Pediatric Transplantation* 9, no. 3 (June 2005): 398–407, https://doi.org/10.1111/j.1399-3046.2005.00358.x.

27 에스트라다 인터뷰.

28 로젠탈 인터뷰.

29 Richard J. Bonnie and Emily P. Backes, eds., *The Promise of Adolescence: Realizing Opportunity for All Youth* (Washington, D.C.: National Academies Press, 2019), https://doi.org/10.17226/25388.

30 "The Core Science of Adolescent Development," UCLA Center for the Developing Adolescent, 2020, accessed April 1, 2024, https://devel opingadolescent.semel.ucla.edu/core-science-of-adolescence.

31 Yeager, Dahl, and Dweck, "Why Interventions to Influence Adolescent Behavior Often Fail but Could Succeed."

32 2015년 11월과 2024년 1월 사이에 캘리포니아대학교 버클리캠퍼스 론 달 박사와 저자가 나눈 인터뷰.

33 2023년 8월과 9월에 알렉스 보거스키와 저자가 나눈 인터뷰. 크리스핀포터플러스보거스키 회장이 서술한 다음 내용도 참조하라: Jeffrey J. Hicks, "The Strategy behind Florida's 'Truth' Campaign," *Tobacco Control* 10, no. 1 (April 2001): 3–5.

34 Paul A. Lebel, "Introduction to the Transcript of the Florida Tobacco Litigation Symposium—Putting the 1997 Settlement into Context," *Florida State University Law Review* 25, no. 4 (Summer 1998): 731–36; Hicks, "The Strategy behind Florida's 'Truth' Campaign."

35 Hicks, "The Strategy behind Florida's 'Truth' Campaign."

36 Martin D. Ruck, Rona Abramovitch, and Daniel P. Keating, "Children's and Adolescents' Understanding of Rights: Balancing Nurturance and Self-Determination," *Child Development* 69, no. 2 (April 1998): 404–17, https://doi.org/10.1111/j.1467-8624.1998.tb06198.x; Edward L. Deci and Richard M. Ryan, "The 'What' and 'Why' of Goal Pursuits: Human Needs and the Self-Determination of Behavior," *Psychological Inquiry* 11, no. 4 (2000): 227–68, https://doi.org/10.1207/S15327965PLI1104_01.

37 Dale T. Miller and Deborah A. Prentice, "Psychological Levers of Behavior Change," in *The Behavioral Foundations of Public Policy*, ed. Eldar Shafir (New York: Russell Sage, 2012), 301–9.

38 R. F. Soames Job, "Effective and Ineffective Use of Fear in Health Promotion Campaigns," *American Journal of Public Health* 78, no. 2 (February 1988): 163–67, https://doi.org/10.2105/AJPH.78.2.163; Martin Fishbein et al., "Avoiding the Boomerang: Testing the Relative Effectiveness of Antidrug Public Service Announcements before a National Campaign," *American Journal of Public Health* 92, no. 2 (February 2002): 238–45.

39 Arnold van Gennep, *The Rites of Passage* (Chicago: University of Chicago Press, 2019); Alice Schlegel and Herbert Barry III, *Adolescence: An Anthropological Inquiry* (New York: Free Press, 1991); Alice Schlegel and Herbert Barry, "Adolescent Initiation Ceremonies: A Cross-Cultural Code," *Ethnology* 18, no. 2 (April 1979): 199–210, https://doi.org/10.2307/3773291.

40 Louise Carus Mahdi, Nancy Geyer Christopher, and Michael Meade, eds., *Crossroads: The Quest for Contemporary Rites of Passage* (Chicago: Open Court Publishing, 1996).

41 Hicks, "The Strategy behind Florida's 'Truth' Campaign."

42 Hicks, "The Strategy behind Florida's 'Truth' Campaign"; Farrelly et al., "Getting to the Truth."

43 "Florida Tobacco Pilot Program: 'THANKING CUSTOMERS' Film by Crispin Porter + Bogusky USA," Ads Archive, AdsSpot, accessed March 18, 2024, https://adsspot.me/media/tv-commercials/florida-to bacco-pilot-program-thanking-customers-234460af6b49; "Florida Tobacco Pilot Program: 'SECRETS II' Film by Crispin Porter + Bogusky USA," Ads Archive, AdsSpot,accessed March 18,2024,https://adsspot.me/media/tv-commercials/florida-tobacco-pilot-program-secrets-ii-59cd5535ec68.

44 David Zucker et al., "Florida's 'Truth' Campaign: A Counter-Marketing, Anti-Tobacco Media Campaign," *Journal of Public Health Management and Practice* 6, no. 3 (May 2000): 1–6, https://doi.org/10.1097/00124784-200006030-00003.

45 "The Master Settlement Agreement and Attorneys General," National Association of Attorneys General, accessed March 18, 2024, https://www.naag.org/our-work/naag-center-for-tobacco-and-public-health/the-master-settlement-agreement/.

46 BJaraPSU, "1200 PSA: Tobacco Kills (from the Truth)," posted on YouTube February 6, 2008, https://www.youtube.com/watch?v=Y_56BQmY_e8.

47 Christopher J. Bryan et al., "Harnessing Adolescent Values to Motivate Healthier Eating," *Proceedings of the National Academy of Sciences* 113, no. 39 (2016): 10830–35, https://doi.org/10.1073/pnas.1604586113; Christopher J. Bryan, David S. Yeager, and Cintia P. Hinojosa, "A Values-Alignment Intervention Protects Adolescents from the Effects of Food Marketing," *Nature Human Behaviour* 3, no. 6 (June 2019): 596–603, https://doi.org/10.1038/s41562-019-0586-6.

48 Matthew C. Farrelly et al., "Evidence of a Dose–Response Relationship between 'Truth' Antismoking Ads and Youth Smoking Prevalence," *American Journal of Public Health* 95, no. 3 (March 2005): 425–31, https://doi.org/10.2105/AJPH.2004.049692; Matthew C. Farrelly et al., "The Influence of the National Truth® Campaign on Smoking Initiation," *American Journal of Preventive Medicine* 36, no. 5 (May 2009): 379–84, https://doi.org/10.1016/j.amepre.2009.01.019; Farrelly et al., "Getting to the Truth."

49 "Smoking Rates Decline Steeply in Teens in 2021," truth initiative, accessed March 18, 2024, https://truthinitiative.org/research-resources/traditional-tobacco-products/smoking-rates-decline-steeply-teens-2021.

50 Wikipedia, s.v. "Seat Belt Use Rates in the United States," last modified November 13, 2023, https://en.wikipedia.org/w/index.php?title=Seat_belt_use_rates_in_the_United_States&oldid=1184983210; Mark G. Solomon, Richard P. Compton, and David F. Preusser, "Taking the *Click It or Ticket* Model Nationwide," *Journal of Safety Research* 35, no. 2 (February 2004): 197–201, https:// doi.org/10.1016/j.jsr.2004.03.003.

51 2022년 9월과 12월에 '진실' 캠페인 리더십 팀과 저자가 나눈 인터뷰.

52 Christopher J. Bryan, "Values-Alignment Interventions: An Alternative to Pragmatic Appeals for Behavior Change," in *Handbook of Wise Interventions: How Social Psychology Can Help People Change*, ed. Gregory M. Walton and Alia J. Crum (New

York: Guilford Press, 2021), 259–85; Bryan, Yeager, and Hinojosa, "A Values-Alignment Intervention Protects Adolescents from the Effects of Food Marketing."

53 달 인터뷰.

54 Plato, *Phaedrus*, trans. W. C. Helmbold and W. G. Rabinowitz (Cabin John, MD: Wildside Press, 1956).

55 "Research Network on Adolescent Development & Juvenile Justice," Mac-Arthur Foundation, accessed March 18, 2024, https://www.macfound.org/programs/pastwork/research-networks/research-network-on-adolescent-development-juvenil.

56 Laurence Steinberg, "The Influence of Neuroscience on US Supreme Court Decisions about Adolescents' Criminal Culpability," *Nature Reviews Neuroscience* 14, no. 7 (July 2013): 513–18, https://doi.org/10.1038/nrn3509.

57 "Brief for the American Psychological Association, American Psychiatric Association, and National Association of Social Workers as Amici Curia in Support of Petitioners Evan Miller v. State of Alabama, Kuntrell Jackson v. Ray Hobbs, Nos. 10-9646, 10-9647" (2012), https://www.apa.org/about/offices/ogc/amicus/miller-hobbs.pdf.

58 Franklin E. Zimring, "Penal Proportionality for the Young Offender: Notes on Immaturity, Capacity, and Diminished Responsibility," in *Youth on Trial: A Developmental Perspective on Juvenile Justice*, ed. Thomas Grisso and Robert G. Schwartz (Chicago: University of Chicago Press, 2000), 271–89.

59 Roper v. Simmons, 543 U.S. 551 (2005).

60 Graham v. Florida, 560 U.S. 48 (2010).

61 Miller v. Alabama, 567 U.S. 460 (2012).

62 알렉산더 인터뷰.

63 알렉산더 인터뷰.

64 Adriana Galván et al., "Earlier Development of the Accumbens Relative to Orbitofrontal Cortex Might Underlie Risk-Taking Behavior in Adolescents," *Journal of Neuroscience* 26, no. 25 (June 2006): 6885–92.

65 2022년 8월에 아드리아나 갈반과 저자가 나눈 인터뷰.

66 Linda Wilbrecht and Juliet Y. Davidow, "Goal-Directed Learning in Adolescence: Neurocognitive Development and Contextual Influences," *Nature Reviews Neuroscience* 25, no. 3 (March 2024): 176–94, https://doi.org/10.1038/s41583-023-00783-w; Maria K. Eckstein et al., "Reinforcement Learning and Bayesian Inference Provide Complementary Models for the Unique Advantage of Adolescents in Stochastic Reversal," *Developmental Cognitive Neuroscience* 55 (June 2022): 101106, https://doi.org/10.1016/j.dcn.2022.101106; Wan Chen Lin and Linda Wilbrecht, "Making Sense of Strengths and Weaknesses Observed in Adolescent Laboratory Rodents," *Current Opinion in Psychology* 45 (June 2022): 101297, https://doi.org/10.1016/j.copsyc.2021.12.009; Tobias U. Hauser et al., "Cognitive Flexibility in Adolescence: Neural and Behavioral Mechanisms of Reward Prediction Error Processing in Adaptive Decision Making during Development," *NeuroImage* 104 (January 2015): 347–54, https://doi.org/10.1016/j.neuroimage.2014.09.018.

67 Eckstein et al., "Reinforcement Learning and Bayesian Inference Provide Complementary Models for the Unique Advantage of Adolescents in Stochastic Reversal."

68 Eva H. Telzer, "Dopaminergic Reward Sensitivity Can Promote Adolescent Health: A New Perspective on the Mechanism of Ventral Striatum Activation," *Developmental Cognitive Neuroscience* 17 (February 2016): 57–67.

69 에스트라다 인터뷰.

70 Kyung Hwa Lee et al., "Neural Responses to Maternal Criticism in Healthy Youth," *Social Cognitive and Affective Neuroscience* 10, no. 7 (July 2015): 902–12, https://doi.org/10.1093/scan/nsu133.

71 Lee et al., "Neural Responses to Maternal Criticism in Healthy Youth."

72 Ruck, Abramovitch, and Keating, "Children's and Adolescents' Understanding of Rights"; Isabelle D. Cherney and Yee L. Shing, "Children's Nurturance and Self-Determination Rights: A Cross-Cultural Perspective," *Journal of Social Issues* 64, no. 4 (December 2008): 835–56, https://doi.org/10.1111/j.1540-4560.2008.00591.x.

73 Diane Goldenberg and Adriana Galván, "The Use of Functional and Effective Connectivity Techniques to Understand the Developing Brain," *Developmental Cognitive Neuroscience* 12 (April 2015): 155–64; B. J. Casey, Adriana Galván, and Leah H. Somerville, "Beyond Simple Models of Adolescence to an Integrated Circuit-Based Account: A Commentary," *Developmental Cognitive Neuroscience* 17 (February 2016): 128–30; Jennifer H. Pfeifer and Nicholas B. Allen, "Arrested Development? Reconsidering Dual-Systems Models of Brain Function in Adolescence and Disorders," *Trends in Cognitive Sciences* 16, no. 6 (May 2012): 322–29.

74 Dylan G. Gee et al., "Early Developmental Emergence of Human Amygdala–Prefrontal Connectivity after Maternal Deprivation," *Proceedings of the National Academy of Sciences* 110, no. 39 (2013): 15638–43, https://doi.org/10.1073/pnas.1307893110.

75 Dominic S. Fareri et al., "Normative Development of Ventral Striatal Resting State Connectivity in Humans," *NeuroImage* 118 (September 2015): 422–37; Andrea Pelletier-Baldelli et al., "Brain Network Connectivity during Peer Evaluation in Adolescent Females: Associations with Age, Pubertal Hormones, Timing, and Status," *Developmental Cognitive Neuroscience* 66 (April 2024): 101357, https://doi.org/10.1016/j.dcn.2024.101357.

76 Matthew Luke Dixon and Carol S. Dweck, "The Amygdala and the Prefrontal Cortex: The Co-construction of Intelligent Decision-Making," *Psychological Review* 129, no. 6 (2022): 1414–41, https:// doi.org/10.1037/rev0000339; Casey, Galván, and Somerville, "Beyond Simple Models of Adolescence to an Integrated Circuit-Based Account."

77 Eva H. Telzer et al., "Neural Sensitivity to Eudaimonic and Hedonic Rewards Differentially Predict Adolescent Depressive Symptoms over Time," *Proceedings of the National Academy of Sciences* 111, no. 18 (2014): 6600–6605, https://doi.org/10.1073/pnas.1323014111; Eva H. Telzer et al., "Chapter Seven-Social Influence on Positive Youth Development: A Developmental Neuroscience Perspective," in *Advances in Child Development and Behavior*, ed. Janette B. Benson, vol. 54 (Cambridge, MA:

Academic Press, 2018), 215–58, https://doi.org/10.1016/bs.acdb.2017.10.003; Telzer, "Dopaminergic Reward Sensitivity Can Promote Adolescent Health."

78 Erik H. Erikson, *Identity: Youth and Crisis* (New York: W. W. Norton, 1968).

79 "The Core Science of Adolescent Development"; Yeager, Dahl, and Dweck, "Why Interventions to Influence Adolescent Behavior Often Fail but Could Succeed."

80 Schlegel and Barry, *Adolescence*; Jane Goodall, *The Chimpanzees of Gombe: Patterns of Behavior* (Cambridge, MA: Belknap Press, 1986); Rachna B. Reddy, Aaron A. Sandel, and Ronald E. Dahl, "Puberty Initiates a Unique Stage of Social Learning and Development Prior to Adulthood: Insights from Studies of Adolescence in Wild Chimpanzees," *Developmental Cognitive Neuroscience* 58 (December 2022): 101176, https://doi.org/10.1016/j.dcn.2022.101176.

81 Kipling D. Williams, "Chapter 6 Ostracism: A Temporal Need-Threat Model," in *Advances in Experimental Social Psychology*, ed. Mark P. Zanna, vol. 41 (Cambridge, MA: Academic Press, 2009), 275–314, http://www.sciencedirect.com/science/article/pii/S0065260108004061.

82 Eveline A. Crone and Ronald E. Dahl, "Understanding Adolescence as a Period of Social-Affective Engagement and Goal Flexibility," *Nature Reviews Neuroscience* 13, no. 9 (September 2012): 636–50, https://doi.org/10.1038/nrn3313; Ronald E. Dahl et al., "Importance of Investing in Adolescence from a Developmental Science Perspective," *Nature* 554, no. 7693 (February 2018): 441–50, https://doi.org/10.1038/nature25770; Cheryl L. Sisk and Julia L. Zehr, "Pubertal Hormones Organize the Adolescent Brain and Behavior," *Frontiers in Neuroendocrinology* 26, no. 3–4 (October 2005): 163–74, https://doi.org/10.1016/j.yfrne.2005.10.003; Wilbrecht and Davidow, "Goal-Directed Learning in Adolescence."

83 William Shakespeare, *The Winter's Tale*, ed. J. H. P. Pafford., The Arden Edition of the Works of William Shakespeare (London: Methuen, 1963).

84 Beau A. Alward et al., "Testosterone Regulates Birdsong in an Anatomically Specific Manner," *Animal Behaviour* 124 (February 2017): 291–98; Beau A. Alward et al., "The Regulation of Birdsong by Testosterone: Multiple Time-Scales and Multiple Sites of Action," *Hormones and Behavior* 104 (August 2018): 32–40; Gregory F. Ball et al., "How Does Testosterone Act to Regulate a Multifaceted Adaptive Response? Lessons from Studies of the Avian Song System," *Journal of Neuroendocrinology* 32, no. 1 (2020): e12793.

85 David H. Autor, "Skills, Education, and the Rise of Earnings Inequality among the 'Other 99 Percent,' " *Science* 344, no. 6186 (May 2014): 843–51; Daron Acemoglu and David Autor, "Skills, Tasks and Technologies: Implications for Employment and Earnings," in *Handbook of Labor Economics*, ed. David Card and Orley Ashenfelter, vol. 4B (New York: Elsevier, 2011), 1043–1171, https://doi.org/10.1016/S0169-7218(11)02410-5; David J. Deming, "The Growing Importance of Social Skills in the Labor Market" (working paper, National Bureau of Economic Research, August 2015), https://doi.org/10.3386/w21473.

86 "From 10 to 25: A Game of Adolescent Discovery," UCLA Center for the Developing Adolescent, 2021, accessed April 1, 2024, https://developingadolescent.semel.ucla.edu/core-science-of-adolescence/from-10-to-25-a-game-of-adolescent-discovery.

87 "Vegemite," National Museum of Australia, accessed March 19, 2024, https://www.nma.gov.au/exhibitions/defin ing-symbols-australia/vegemite; Robert White, "Vegemite," in *Symbols of Australia: Uncovering the Stories behind the Myths*, ed. Melissa Harper and Richard White (Sydney: University of New South Wales Press, 2010), 135–43; Wikipedia, s.v. "Vegemite," last modified February 21, 2024, https://en.wikipedia.org/w/index.ph p?title=Vegemite&oldid=1209364795; Paul Rozin and Michael Siegal, "Vegemite as a Marker of National Identity," *Gastronomica* 3, no. 4 (2003): 63–67, https://doi.org/10.1525/gfc.2003.3.4.63.

88 David Lewis, *Papers in Metaphysics and Epistemology: Volume* 2 (Cambridge, UK: Cambridge University Press, 1999).

89 Quinn Hirschi, David S. Yeager, and Eddie Brummelman, "Testosterone Increases Behavioral Responsiveness to Respectful Language," *Open Science Framework*, July 11, 2016, https://osf.io/r5yv3/.

90 Maarten Vansteenkiste et al., "Motivating Learning, Performance, and Persistence: The Synergistic Effects of Intrinsic Goal Contents and Autonomy-Supportive Contexts," *Journal of Personality and Social Psychology* 87, no. 2 (2004): 246–60, https://doi.org/10.1037/0022-3514.87.2.246; Maarten Vansteenkiste et al., "Identifying Configurations of Perceived Teacher Autonomy Support and Structure: Associations with Self-Regulated Learning, Motivation and Problem Behavior," *Learning and Instruction* 22, no. 6 (December 2012): 431–39, https://doi.org/10.1016/j.learninstruc.2012.04.002; Maarten Vansteenkiste et al., "Moving the Achievement Goal Approach One Step Forward: Toward a Systematic Examination of the Autonomous and Controlled Reasons Underlying Achievement Goals," *Educational Psychologist* 49, no. 3 (July 2014): 153–74; Maarten Vansteenkiste et al., "Examining the Motivational Impact of Intrinsic versus Extrinsic Goal Framing and Autonomy-Supportive versus Internally Controlling Communication Style on Early Adolescents' Academic Achievement," *Child Development* 76, no. 2 (March 2005): 483–501, https://doi.org/10.1111/j.1467-8624.2005.00858.x.

91 이 책의 6장을 참조하라.

92 Deci and Ryan, "The 'What' and 'Why' of Goal Pursuits"; Vansteenkiste et al., "Moving the Achievement Goal Approach One Step Forward."

93 Renata K. Martins and Daniel W. McNeil, "Review of Motivational Interviewing in Promoting Health Behaviors," *Clinical Psychology Review* 29, no. 4 (June 2009): 283–93; Sune Rubak et al., "Motivational Interviewing: A Systematic Review and Meta-Analysis," *British Journal of General Practice* 55, no. 513 (April 2005): 305–12.

94 Deci and Ryan, "The 'What' and 'Why' of Goal Pursuits"; Vansteenkiste et al., "Moving the Achievement Goal Approach One Step Forward."

95 Adam M. Grant, "Relational Job Design and the Motivation to Make a Prosocial

Difference," *Academy of Management Review* 32, no. 2 (April 2007): 393–417, https://doi.org/10.5465/AMR.2007.24351328; David S. Yeager et al., "Boring but Important: A Self-Transcendent Purpose for Learning Fosters Academic Self-Regulation," *Journal of Personality and Social Psychology* 107, no. 4 (October 2014): 559–80, https://doi.org/10.1037/a0037637.

96 Hirschi, Yeager, and Brummelman, "Testosterone Increases Behavioral Responsiveness to Respectful Language."

97 로버트 조지프스와 크레이그 허먼이 발명한 테스토스테론 제조법과 그 처치 방법 사용(미국 특허 번호 US10258631B2, 출원일: 2015년 8월 28일, 등록일: 2019년 4월 16일). https://patents.google.com/patent/US10258631B2/zh.

98 Chronic Disease Research Group, "Scientific Registry of Transplant Recipients."

99 2022년 8월에 윌리엄 버퀴스트 박사와 저자가 나눈 인터뷰. 2024년 2월에 버퀴스트가 이 장에 기술한 세부 사항을 재차 확인했다.

100 National Academies of Sciences, Engineering, and Medicine, *The Science of Effective Mentorship in STEMM* (Washington, DC: National Academies Press, 2019), https://doi.org/10.17226/25568.

2장 멘토 마인드셋, 그들이 원하는 어른의 조건

1 Tom Wolfe, *The Right Stuff* (New York: Farrar, Straus and Giroux, 1979).

2 *Top Gun*, directed by Tony Scott (Hollywood: Paramount Pictures, 1986).

3 2022년 10월과 11월에 라츠나 레디와 저자가 나눈 인터뷰. 2024년 1월에 레디와 함께 사실 확인 완료.

4 Rachna B. Reddy, Aaron A. Sandel, and Ronald E. Dahl, "Puberty Initiates a Unique Stage of Social Learning and Development Prior to Adulthood: Insights from Studies of Adolescence in Wild Chimpanzees," *Developmental Cognitive Neuroscience* 58 (December 2022): 101176, https://doi.org/10.1016/j.dcn.2022.101176; Rachna B. Reddy and Aaron A. Sandel, "Social Relationships between Chimpanzee Sons and Mothers Endure but Change during Adolescence and Adulthood," *Behavioral Ecology and Sociobiology* 74, no. 150 (December 2020), https://doi.org/10.1007/s00265-020-02937-7.

5 Michael Lewis, *Liar's Poker: Rising through the Wreckage on Wall Street* (New York: W. W. Norton, 1989).

6 레디 인터뷰.

7 Reddy, Sandel, and Dahl, "Puberty Initiates a Unique Stage of Social Learning and Development Prior to Adulthood."

8 National Academies of Sciences, Engineering, and Medicine, *The Science of Effective Mentorship in STEMM* (Washington, DC: National Academies Press, 2019), https://doi.org/10.17226/25568.

9 Homer, *The Odyssey*, trans. Robert Fitzgerald (New York: Farrar, Straus and Giroux, 1998).

10 2022년 7월과 2024년 2월 사이에 스테프 오카모토와 저자가 나눈 인터뷰.

11 2024년 1월에 멜라니 웰치와 저자가 나눈 인터뷰. 2024년 2월에 스테프 오카모토에게

이메일로 세부 사항 확인 완료.

12 "Melanie Welch," Lacrosse, Boston College Athletics, accessed March 20, 2024, https://bceagles.com/sports/womens-lacrosse/roster/melanie-welch/16229.

13 "DI Women's Lacrosse Championship History," NCAA, accessed March 20, 2024, https://www.ncaa.com/history/lacrosse-women/d1.

14 NCAA Championships,"Boston College vs. Syracuse: 2023 NCAA DI Women's Lacrosse Semifinals | FULL REPLAY," posted on YouTube June 30, 2023, https://www.youtube.com/watch?v=sHCzyXSWbZo.

15 Geoffrey L. Cohen, Claude M. Steele, and Lee D. Ross, "The Mentor's Dilemma: Providing Critical Feedback across the Racial Divide," *Personality and Social Psychology Bulletin* 25, no. 10 (October 1999): 1302–18, https://doi.org/10.1177/0146167299258011.

16 오카모토 인터뷰.

17 D. S. Yeager et al., "Breaking the Cycle of Mistrust: Wise Interventions to Provide Critical Feedback across the Racial Divide," *Journal of Experimental Psychology: General* 143, no. 2 (2014): 804–24, https://doi.org/10.1037/a0033906

18 Daniel Coyle, *The Culture Code: The Secrets of Highly Successful Groups* (New York: Bantam, 2018); "The Simple Phrase That Increases Effort 40%," Daniel Coyle, December 13, 2013, accessed March 20, 2024, https://danielcoyle.com/2013/12/13/the-simple-phrase-that-in creases-effort-40/.

19 저자는 2016년 8월에서 2017년 12월까지 유리 트레이스만의 강의를 관찰했다. 그중에서 한 학기는 폴 터프와 함께 들었고, 그는 관찰한 내용을 《불평등 기구》에 썼다. Paul Tough, *The Inequality Machine: How College Divides Us* (New York: Mariner Books, 2021).

20 Philip Uri Treisman, *Improving the Performance of Minority Students in College-Level Mathematics*, vol. 5 (Washington, DC: Distributed by ERIC Clearinghouse, 1983), n17; Uri Treisman, "Studying Students Studying Calculus: A Look at the Lives of Minority Mathematics Students in College," *College Mathematics Journal* 23, no. 5 (1992): 362–72, https://doi.org/10.2307/2686410; Claude M. Steele, "A Threat in the Air: How Stereotypes Shape Intellectual Identity and Performance," *American Psychologist* 52, no. 6 (June 1997): 613–29, https://doi.org/10.1037/0003-066X.52.6.613.

21 이런 스타일에 관한 연구는 적어도 쿠르트 레빈이 대표적인 실험을 실시한 1930년대까지 거슬러 올라간다. Kurt Lewin, Ronald Lippitt, and Ralph K. White, "Patterns of Aggressive Behavior in Experimentally Created 'Social Climates,' " *Journal of Social Psychology* 10, no. 2 (1939): 269–99, https://doi.org/10.1080/00224545.1939.9713366.

22 Wikipedia,s.v."Kurt Lewin,"last modified February 13, 2024, https://en.wikipedia.org/w/index.php?title=Kurt_Lewin&oldid=1206902406.

23 Lewin, Lippitt, and White, "Patterns of Aggressive Behavior in Experimentally Created 'Social Climates.' "

24 Lewin, Lippitt, and White, "Patterns of Aggressive Behavior in Experimentally Created 'Social Climates,' " 283.

25 Lewin, Lippitt, and White, "Patterns of Aggressive Behavior in Experimentally Created

'Social Climates' " 277.

26 Lewin, Lippitt, and White, "Patterns of Aggressive Behavior in Experimentally Created 'Social Climates,'" 289.

27 Lewin, Lippitt, and White, "Patterns of Aggressive Behavior in Experimentally Created 'Social Climates,'" 284.

28 Lewin, Lippitt, and White, "Patterns of Aggressive Behavior in Experimentally Created 'Social Climates,'" 284.

29 Diana Baumrind, "Current Patterns of Parental Authority," *Developmental Psychology* 4, no. 1, part 2 (1971): 1–103; Diana Baumrind, "Authoritarian vs. Authoritative Parental Control," *Adolescence* 3, no. 11 (Fall 1968): 255–72; Diana Baumrind, "Effects of Authoritative Parental Control on Child Behavior," *Child Development* 37, no. 4 (December 1966): 887–907; Susie D. Lamborn et al., "Patterns of Competence and Adjustment among Adolescents from Authoritative, Authoritarian, Indulgent, and Neglectful Families," *Child Development* 62, no. 5 (October 1991): 1049–65; Laurence Steinberg et al., "Over-Time Changes in Adjustment and Competence among Adolescents from Authoritative, Authoritarian, Indulgent, and Neglectful Families," *Child Development* 65, no. 3 (1994): 754–70.

30 Nadia Sorkhabi and Robert E. Larzelere, "Diana Blumberg Baumrind (1927–2018)," *American Psychologist* 74, no. 7 (October 2019): 850, https://doi.org/10.1037/amp0000492.

31 Eleanor E. Maccoby and John A. Martin, "Socialization in the Context of the Family: Parent-Child Interaction," in *Handbook of Child Psychology*, ed. Paul Mussun and E. Mavis Heatherington, 4th ed., vol. 4 (New York: John Wiley & Sons, 1983).

32 이 소규모 연구는 데이비드 예거가 로잘린드 와이즈먼과 공동으로 실시했다. 중학교 및 고등학교 4곳에 재학 중인 학생들이 퀄트릭스(Qualtrics, 온라인 설문조사에 특화된 소프트웨어 업체-옮긴이)를 통해 익명으로 설문조사에 응답했다. 이 설문조사는 3가지 마인드셋(강요자, 보호자, 멘토) 각각을 정의했다. 다음으로 학생들은 다음 예시와 같은 각 마인드셋에 관한 일련의 질문에 응답했다. "교사나 부모를 비롯한 어른이 여러분을 [강요자/보호자/멘토] 마인드셋으로 대했던 때의 일을 들려주세요. 상황을 정확하게 설명해주세요. 여러분이 어디에 있었고 무엇을 했는지, 그 어른이 무슨 말이나 행동을 했는지, 그에 대해서 여러분이 어떤 생각을 했고, 어떤 기분을 느꼈는지 알려주세요. 4~5개 문장으로 써주세요."

33 Robert E. Larzelere, Amanda Sheffield Morris, and Amanda W. Harrist, *Authoritative Parenting: Synthesizing Nurturance and Discipline for Optimal Child Development* (Washington, DC: American Psychological Association, 2013).

34 Becky Kennedy, *Good Inside: A Guide to Becoming the Parent You Want to Be* (New York: HarperCollins, 2022).

35 Heather Fryer, " 'The Song of the Stitches': Factionalism and Feminism at Tule Lake," *Signs: Journal of Women in Culture and Society* 35, no. 3 (Spring 2010): 673–98.

36 "Guide to the Rosalie Hankey Wax Papers 1967–1998," University of Chicago Library, 2008, https://www.lib.uchicago.edu/e/scrc/findingaids/view.php?eadid=ICU.

SPCL.WAXRH; Murray L. Wax, "The School Classroom as Frontier," *Anthropology & Education Quarterly* 33, no. 1 (March 2002): 118–30, https://doi.org/10.1525/aeq.2002.33.1.118.

37 "Guide to the Rosalie Hankey Wax Papers 1967–1998."

38 Murray L. Wax, Rosalie H. Wax, and Robert V. Dumont Jr., *Formal Education in an American Indian Community: Peer Society and the Failure of Minority Education* (Long Grove, IL: Waveland Press, 1964).

39 Lisa Delpit, *Other People's Children: Cultural Conflict in the Classroom* (New York: New Press, 1995); Lisa Delpit, *"Multiplication Is for White People": Raising Expectations for Other People's Children* (New York: New Press, 2012); Franita Ware, "Warm Demander Pedagogy: Culturally Responsive Teaching That Supports a Culture of Achievement for African American Students," *Urban Education* 41, no. 4 (July 2006): 427–56, https://doi.org/10.1177/0042085906289710.

40 Kim Scott, *Radical Candor: Be a Kick-Ass Boss without Losing Your Humanity* (New York: St. Martin's Press, 2019).

41 2020년 2월과 2022년 6월 사이에 서지오 에스트라다와 저자가 인터뷰를 나눴던 당시에는 이 진술이 사실이었다. 2022년 6월과 2024년 1월 사이에 저자가 진행한 인터뷰에 따르면 에스트라다는 이후 다른 직책으로 자리를 옮겼다.

42 약 1100명의 교사들이 고등학교에서 엄격한 대학 수준의 수업을 제공하는 자료를 분석했다. Meghann Johnson et al.,"Partnering with Expert Teachers to Develop Growth Mindset-Supportive Teacher-Training Materials" (conference presentation, 2023), Society for Research on Educational Effectiveness, Washington, DC.

43 Chip Heath and Dan Heath, *Switch: How to Change Things When Change Is Hard*, 1st ed. (New York: Broadway Books, 2010); Ruth Baxter et al., "What Methods Are Used to Apply Positive Deviance within Healthcare Organisations? A Systematic Review," *BMJ Quality & Safety* 25, no. 3 (2016): 190–201; Willem Mertens et al., "A Framework for the Study of Positive Deviance in Organizations," *Deviant Behavior* 37, no. 11 (2016): 1288–1307.

44 서지오 에스트라다 인터뷰.

45 재스민 에스트라다는 교사들이 학생들을 가난하고 취약해서 수준 높은 난관을 감당할 수 없다고 여기는 이런 생각을 가리켜 '극빈' 마인드셋이라고 불렀다. 2022년 5월에 이본과 서지오 에스트라다가 저자와 나눈 인터뷰.

46 David S. Yeager, Ronald E. Dahl, and Carol S. Dweck, "Why Interventions to Influence Adolescent Behavior Often Fail but Could Succeed," *Perspectives on Psychological Science* 13, no. 1 (January 2018): 101–22, https://doi.org/10.1177/1745691617722620; David S. Yeager, Hae-Yeon Lee, and Ronald E. Dahl, "Competence and Motivation during Adolescence," in *Handbook of Competence and Motivation: Theory and Application*, ed. Andrew J. Elliot, Carol S. Dweck, and David S. Yeager, 2nd ed. (New York: Guilford Press, 2017): 431–48.

47 Joseph Henrich and Francisco J. Gil-White, "The Evolution of Prestige: Freely Conferred Deference as a Mechanism for Enhancing the Benefits of Cultural

Transmission," *Evolution and Human Behavior* 22, no. 3 (May 2001): 165–96; Eldon E. Snyder, "High School Student Perceptions of Prestige Criteria," *Adolescence* 7, no. 25 (Spring 1972): 129–36; Jerome H. Barkow, "Prestige and Culture: A Biosocial Interpretation," *Current Anthropology* 16, no. 4 (December 1975): 553–72; Joey T. Cheng et al., "Two Ways to the Top: Evidence That Dominance and Prestige Are Distinct yet Viable Avenues to Social Rank and Influence," *Journal of Personality and Social Psychology* 104, no. 1 (2013): 103–25, https://doi.org/10.1037/a0030398"; J. K. Maner and C. R. Case, "Dominance and Prestige," in *Advances in Experimental Social Psychology*, ed. James M. Olson and Mark P. Zanna, vol. 54 (New York: Elsevier, 2016), 129–80, https://doi.org/10.1016/bs.aesp.2016.02.001.

48 Christopher von Rueden, Michael Gurven, and Hillard Kaplan, "The Multiple Dimensions of Male Social Status in an Amazonian Society," *Evolution and Human Behavior* 29, no. 6 (November 2008): 402–15, https://doi.org/10.1016/j.evolhumbehav.2008.05.001.

49 John C. Moorfield, "Whakamana," Te Aka Māori Dictionary, accessed March 23, 2024, https://www.maoridictionary.co.nz/; R. E. Paenga, "Whakamana Māori: Sociocultural Perspectives of Māori Education in Aotearoa" (master's thesis, University of Canterbury, 2017).

50 Cheng et al., "Two Ways to the Top"; Henrich and Gil-White, "The Evolution of Prestige"; Joseph Henrich, Maciej Chudek, and Robert Boyd, "The Big Man Mechanism: How Prestige Fosters Cooperation and Creates Prosocial Leaders," *Philosophical Transactions of the Royal Society B: Biological Sciences* 370, no. 1683 (December 2015): 20150013, https://doi.org/10.1098/rstb.2015.0013.

51 Cheng et al., "Two Ways to the Top."

52 Lewin, Lippitt, and White, "Patterns of Aggressive Behavior in Experimentally Created 'Social Climates.'"

53 Bruce J. Ellis et al., "The Meaningful Roles Intervention: An Evolutionary Approach to Reducing Bullying and Increasing Prosocial Behavior," *Journal of Research on Adolescence* 26, no. 4 (December 2016): 622–37, https://doi.org/10.1111/jora.12243.

54 Yeager, Dahl, and Dweck, "Why Interventions to Influence Adolescent Behavior Often Fail but Could Succeed."

55 이 연습은 텍사스대학교 오스틴캠퍼스 경영학과 교수 이선 버리스가 제시한 아이디어였다. 그는 경영학 및 리더십 강의에서 이런 연습을 활용한다.

56 Theodor Adorno, Else Frenkel-Brunswik, Daniel J. Levinson, and R. Nevitt Sanford, *The Authoritarian Personality* (New York: Harper & Brothers, 1950); John Levi Martin, "*The Authoritarian Personality*, 50 Years Later: What Questions Are There for Political Psychology?," *Political Psychology* 22, no. 1 (March 2001): 1–26.

57 David S. Yeager and Carol S. Dweck, "Mindsets That Promote Leadership: What We Believe about Young People Influences How We Treat Them" (working paper, University of Texas at Austin, 2024).

58 *Dangerous Minds*, directed by John N. Smith (Hollywood: Hollywood Pictures, 1995).

59 *Stand and Deliver*, directed Ramón Menéndez (Burbank: Warner Bros., 1988).

60 Cohen, Steele, and Ross, "The Mentor's Dilemma"; Geoffrey L. Cohen and Claude M. Steele, "A Barrier of Mistrust: How Negative Stereotypes Affect Cross-Race Mentoring," in *Improving Academic Achievement: Impact of Psychological Factors on Education*, ed. Joshua M. Aronson (San Diego: Academic Press, 2002), 303–27; Yeager et al., "Breaking the Cycle of Mistrust."

3장 '요즘 애들'은 왜 다가가기 어려울까

1 John Mackey, "Whole Foods' John Mackey: 'I Feel Like Socialists Are Taking Over," interview by Nick Gillespie, *ReasonTV*, August 12, 2022, https://www.youtube.com/watch?v=3yLJi4hPNa4.

2 Isaac Chotiner, "The Whole Foods C.E.O. John Mackey's 'Conscious Capitalism,'" *The New Yorker*, February 22, 2021, https://www.new yorker.com/news/q-and-a/whole-foods-ceo-john-mackeys-conscious-capitalism.

3 John Mackey, "Whole Foods' John Mackey: 'I Feel Like Socialists Are Taking Over."

4 2022년 여름과 가을에 텍사스주 오스틴 홀푸드 사무실에서 근무하는 직원들과 저자가 나눈 인터뷰.

5 저자가 인디드에서 미국 전역의 홀푸드 소매점 구직을 검색한 결과 총 1만 3860건의 평가가 나왔고 그중 3300건(24퍼센트)이 1점 혹은 2점이었다. 같은 날, 같은 분류에서 웨그먼스 식료품점을 검색했을 때는 1점 혹은 2점이 10퍼센트에 불과했다.

6 이 진술은 (a) 매키의 인터뷰에 대한 저자의 해석, (b) 〈뉴요커〉 인터뷰 등에 실린 공개 프로필, (c) 매키와 개인적으로 여러 차례 대화를 나눴던 정보원에게 내 의견을 확인한 결과를 바탕으로 작성했다. 저자는 2023년 매키의 개인 이메일로 연락해 의견을 구했으나 답변을 받지 못했다.

7 https://data.census.gov/에 공개된 2022년 현재 인구 조사 데이터를 활용해 분석한 결과.

8 Aristotle, *The Rhetoric of Aristotle: Translated, with an Analysis and Critical Notes*, trans. James Edward Cowell Welldon (London: Macmillan, 1886).

9 Anna Freud, *The Ego and the Mechanisms of Defence*, The International Psycho-Analytical Library, no. 30 (London: Hogarth Press, 1937).

10 Adam M. Mastroianni and Daniel T. Gilbert, "The Illusion of Moral Decline," *Nature* 618, no. 7966 (June 2023): 782–89, https://doi.org/10.1038/s41586-023-06137-x.

11 Robert D. Enright et al., "Do Economic Conditions Influence How Theorists View Adolescents?," *Journal of Youth and Adolescence* 16, no. 6 (December 1987): 541–59, https://doi.org/10.1007/BF02138820; D. K. Lapsley, R. D. Enright, and R. C. Serlin, "Toward a Theoretical Perspective on the Legislation of Adolescence," *Journal of Early Adolescence* 5, no. 4 (Winter 1985): 441–66, https://doi.org/10.1177/0272431685054004.

12 Lyndon B. Johnson, "Special Message to the Congress: To Vote at Eighteen—Democracy Fulfilled and Enriched," June 27, 1968, American Presidency Project, https://www.presidency.ucsb.edu/documents/special-message-the-congress-vote-eighteen-democracy-fulfilled-and-enriched.

13 Alfred Adler, *What Life Should Mean to You* (London: Allen & Unwin, 1932).

14 Geoffrey L. Cohen and Claude M. Steele, "A Barrier of Mistrust: How Negative

Stereotypes Affect Cross-Race Mentoring," in *Improving Academic Achievement: Impact of Psychological Factors on Education*, ed. Joshua M. Aronson (San Diego: Academic Press, 2002), 303–27

15 National Academies of Sciences, Engineering, and Medicine, *The Science of Effective Mentorship in STEMM* (Washington, DC: National Academies Press, 2019), https://doi.org/10.17226/25568.

16 2022년 9월과 10월에 올레 및 직원 5명(관리자 2명과 신입 소매 종업원 3명)과 저자가 나눈 인터뷰. 근무 환경과 올레 지점의 실적에 관한 세부 사항은 스타방에르대학교 경영대학원 교수진과 논의하면서 확인했다.

17 2023년에 잡지 〈포춘〉이 선정한 미국에서 일하고 싶은 기업 100곳 중 웨그먼스는 4위에 이름을 올렸다. 홀푸드는 목록에 없다. https://www.wegmans.com/news-media/press-releases/fortune-media-and-great-place-to-work-name-wegmans-to-2023-fortune-100-best-companies-to-work-for/.

18 위에서 언급한 인디드 검색 결과 분석.

19 "*Fortune* Best Workplaces in Retail™ 2023," Great Place To Work®, accessed March 23, 2024, https:// www.greatplacetowork.com/best-workplaces/retail/2023.

20 모든 인용과 이야기의 출처는 2023년 2월에 토머스-헌트 박사와 저자가 나눈 인터뷰이다.

21 Priyanka B. Carr, Carol S. Dweck, and Kristin Pauker, " 'Prejudiced' Behavior without Prejudice? Beliefs about the Malleability of Prejudice Affect Interracial Interactions," *Journal of Personality and Social Psychology* 103, no. 3 (2012): 452–71, https://doi.org/10.1037/a0028849.

22 *The Kelly Clarkson Show*, "Spirit Day Pt. 1: Utah Nonprofit Encircle Provides Lifesaving Resources For LGBTQ Youth & Families," posted on YouTube October 20, 2022, https://www.youtube.com/watch?v=X390kIfMNU4; "Encircle | An LGBTQ+ Youth & Family Resource," accessed March 23, 2024, https://encircletogether.org/.

23 "Complete Health Indicator Report of Suicide," Public Health Indicator-Based Information System, Utah Department of Health and Human Services, accessed March 23, 2024, https://ibis.health.utah.gov/ibisph-view/indicator/complete_profile/SuicDth.html.

24 The Trevor Project, *2022 National Survey on LGBTQ Youth Mental Health—Utah*, 2023, https://www.thetrevorproject.org/wp-content/uploads/2022/12/The-Trevor-Project-2022-National-Survey-on-LGBTQ-Youth-Mental-Health-by-State-Utah.pdf.

25 "Stances of Faiths on LGBTQ+ Issues: Church of Jesus Christ of Latter-day Saints (Mormons)," Resources, Human Rights Campaign, accessed March 23, 2024, https://www.hrc.org/resources/stances-of-faiths-on-lgbt-issues-church-of-jesus-christ-of-latter-day-saint.

26 2021년 10월에 인서클 설립자(스테파니 라슨), 직원들, 청소년 의뢰인과 저자가 나눈 인터뷰.

27 라슨 인터뷰.

28 2022년 11월에 스티븐 러셀 박사와 저자가 나눈 인터뷰. Stephen T. Russell and Kara Joyner, "Adolescent Sexual Orientation and Suicide Risk: Evidence from a National

Study," *American Journal of Public Health* 91, no. 8 (August 2001): 1276–81; Caitlin Ryan et al., "Family Acceptance in Adolescence and the Health of LGBT Young Adults," *Journal of Child and Adolescent Psychiatric Nursing* 23, no. 4 (November 2010): 205–13; Ann P. Haas et al., "Suicide and Suicide Risk in Lesbian, Gay, Bisexual, and Transgender Populations: Review and Recommendations," *Journal of Homosexuality* 58, no. 1 (2010): 10–51.

4장 영향력 있는 어른들이 청소년을 대하는 방식

1 스테프 오카모토에 관한 모든 세부 사항 및 인용의 출처는 2022년 8월과 2024년 2월 사이에 오카모토와 저자가 나눈 인터뷰이다.

2 서지오 에스트라다에 관한 모든 세부 사항 및 인용의 출처는 2020년 2월과 2024년 2월 사이에 에스트라다와 저자가 나눈 인터뷰이다. 핵심 세부 사항은 재스민 에스트라다(2022년 9월)와 재스민의 어머니(2023년 12월), 케빈 에스트라다(2022년 12월)와 실시한 인터뷰에서 확인하고 보충했다. 서지오 에스트라다와 학생들이 주고받은 상세한 상호작용은 2022년 11월과 2024년 2월 사이에 그의 예전 학생들과 저자가 나눈 인터뷰에서 얻었다.

3 Kurt Eichenwald, "Microsoft's Lost Decade," *Vanity Fair*, August 2012, https://www.vanityfair.com/news/business/2012/08/microsoft-lost-mojo-steve-ballmer; Will Oremus, "The Poisonous Employee-Ranking System That Helps Explain Microsoft's Decline," *Slate*, August 23, 2013, https://slate.com/technology/2013/08/stack-ranking-steve-ballmer-s-employee-evaluation-system-and-mi crosoft-s-decline.html.

4 Satya Nadella, Greg Shaw, and Jill Tracie Nichols, *Hit Refresh: The Quest to Rediscover Microsoft's Soul and Imagine a Better Future for Everyone* (New York: HarperCollins, 2017).

5 2022년 6월에서 2023년 12월 사이에 익명을 조건으로 저자가 나눈 인터뷰.

6 2022년 6월에서 2023년 12월 사이에 익명을 조건으로 저자가 나눈 인터뷰.

7 Eichenwald, "Microsoft's Lost Decade"; Oremus, "The Poisonous Employee-Ranking System"; Nadella, Shaw, and Nichols, *Hit Refresh*.

8 Eichenwald, "Microsoft's Lost Decade"; Nicholas Thompson, "Why Steve Ballmer Failed," *The New Yorker*, August 23, 2013, https://www.newyorker.com/business/currency/why-steve-ballmer-failed.

9 Eichenwald, "Microsoft's Lost Decade."

10 Eichenwald, "Microsoft's Lost Decade"; Thompson, "Why Steve Ballmer Failed"; Oremus, "The Poisonous Employee-Ranking System."

11 Oremus,"ThePoisonousEmployee-Ranking System"; Elizabeth G. Olson, "Microsoft, GE, and the Futility of Ranking Employees," *Fortune*, November 18, 2013, https://fortune.com/2013/11/18/microsoft-ge-and-the-futility-of-ranking-employees/; Stephen Miller, " 'Stack Ranking' Ends at Microsoft, Generating Heated Debate," *SHRM*, November 20, 2013, https://www.shrm.org/topics-tools/news/benefits-compensation/stack-ranking-ends-microsoft-generating-heated-debate; Shira Ovide and Rachel Feintzeig, "Microsoft Abandons 'Stack Ranking' of Employees," *Wall Street Journal*,

November 12, 2023, https://www.wsj.com/articles/SB10001424052702303460004579193951987616572.

12 2022년 가을에 익명을 조건으로 마이크로소프트 임원과 저자가 나눈 인터뷰.

13 마이크로소프트 임원과 저자가 나눈 인터뷰.

14 Miller, " 'Stack Ranking' Ends at Microsoft"; Ovide and Feintzeig, "Microsoft Abandons 'Stack Ranking' of Employees"; Oremus, "The Poisonous Employee-Ranking System."

15 Eichenwald, "Microsoft's Lost Decade."

16 저자가 만든 용어로 인용 출처는 없다. 그럴듯하지 않은가!

17 Jack Welch and John A Byrne, *Jack: Straight from the Gut* (Dublin: Business Plus, 2003).

18 Welch and Byrne, *Jack*.

19 David Gelles, *The Man Who Broke Capitalism: How Jack Welch Gutted the Heartland and Crushed the Soul of Corporate America—and How to Undo His Legacy* (New York: Simon & Schuster, 2022); Kurt Andersen, "How Jack Welch Revolutionized the American Economy," *New York Times*, June 2, 2022, Books, https://www.nytimes.com/2022/06/02/books/review/the-man-who-broke-capitalism-david-gelles.html.

20 2022년 9월에 이선 버리스 박사와 저자가 나눈 인터뷰. 웰치와 번이 쓴《잭 웰치: 끝없는 도전과 용기》도 참조.

21 버리스 인터뷰.

22 Gelles, *The Man Who Broke Capitalism*.

23 Gelles, *The Man Who Broke Capitalism*.

24 Gelles, *The Man Who Broke Capitalism*.

25 Dave Davies, "ShortTerm Profits and Long-Term Consequences—Did Jack Welch Break Capitalism?," NPR, June 1, 2022, https://www.npr.org/2022/06/01/1101505691/short-term-prof its-and-long-term-consequences-did-jack-welch-break-capitalism.

26 Davies, "Short-Term Profits and Long-Term Consequences"; Eliot Brown, "How Adam Neumann's Over-the-Top Style Built WeWork. 'This Is Not the Way Everybody Behaves,'" *Wall Street Journal*, September 18, 2019, https://www.wsj.com/articles/this-is-not-the-way-everybody-behaves-how-adam-neu manns-over-the-top-style-built-wework-11568823827?mod=rsswn.

27 Dominic Gates, "Boeing to Slash about 2,000 White-Collar Jobs in Finance and HR," *Seattle Times*, February 6, 2023, https://www.seattletimes.com/business/boeing-aerospace/boeing-to-slash-about-2000-white-collar-jobs-in-finance-and-hr/.

28 2023년 2월에 페이스북에 게시한 글. 저자에게 공유해준 고위 직원의 신원을 보호하고자 익명을 유지했다.

29 Allison Morrow, "Dave Calhoun Was Hired to Fix Boeing. Instead, 'It's Become an Embarrassment,' " CNN, March 14, 2024, https://www.cnn.com/2024/03/14/business/boeing-ceo-dave-calhoun/index.html.

30 Douglas McGregor, "The Human Side of Enterprise," in *Adventure in Thought and Action*, Proceedings of the Fifth Anniversary Convocation of the School of Industrial Management (Cambridge, MA: Massachusetts Institute of Technology, 1957).

31 Abraham H. Maslow, *Motivation and Personality* (New York: Harper and Row, 1954);

A. H. Maslow, "A Theory of Human Motivation," *Psychological Review* 50, no. 4 (1943): 370–96, https://doi.org/10.1037/h0054346.

32 오카모토 인터뷰.

33 model, coach and care: Sherin Shibu and Shana Lebowitz, "Microsoft Is Rolling Out a New Management Framework to Its Leaders. It Centers around a Psychological Insight Called Growth Mindset," *Business Insider*, November 11, 2019, https://www.businessinsider.com/microsoft-is-using-growth-mindset-to-power-management-strategy-2019-11.

34 Kathryn Mayer, "How the HR Executive of the Year Rebooted Microsoft's Culture," *Human Resource Executive*, October 6, 2021, https:// hrexecutive.com/how-the-hr-executive-of-the-year-rebooted-microsofts-culture/; Kevin Okemwa, "Microsoft Is Officially the Best Company in the World, at Least According to TIME," Yahoo Finance, September 29, 2023, https://finance.yahoo.com/news/microsoft-officially-best-company-world-174543695.html.

35 Okemwa, "Microsoft Is Officially the Best Company in the World."

36 2020년 2월에서 2024년 2월 사이에 서지오 에스트라다, 그의 가족, 친구, 예전 학생들과 저자가 나눈 인터뷰.

37 이 장에서 언급한 에스트라다 관련 인물의 이름은 에스트라다 본인과 가족, 미적분학 교사를 제외하고 모두 가명으로 변경했다.

38 *Stand and Deliver*, directed Ramón Menéndez (Burbank: Warner Bros., 1988).

39 2022년 10월에 유리 트레이스만이 저자에게 이메일로 알려준 정보.

40 *Stand and Deliver* ; Jaime Escalante and Jack Dirmann, "The Jaime Escalante Math Program," *Journal of Negro Education* 59, no. 3 (Summer 1990): 407–23.

41 *Stand and Deliver*.

42 *Dangerous Minds*, directed by John N. Smith (Hollywood: Hollywood Pictures, 1995).

43 *Freedom Writers*, directed by Richard LaGravenese, widescreen (Hollywood: Paramount Pictures, 2007).

44 Adriana Heldiz, "Please Stop Talking about *Stand and Deliver*," *New America*, June 29, 2017, http:// newamerica.org/weekly/please-stop-talking-about-stand-and-deliver/.

45 Jerry Jesness, "*Stand and Deliver* Revisited," *Reason*, July 2002, https://reason.com/2002/07/01/stand-and-deliver-revisited-2/; Alicia Di Rado, "Math, Minus Escalante: Education: Fewer Students Are Passing a Calculus Placement Test since the Acclaimed Teacher Left Garfield High," *Los Angeles Times*, October 23, 1992, California, https://www.latimes.com/archives/la-xpm-1992-10-23-me-660-story.html; Elaine Woo, "Jaime Escalante Dies at 79; Math Teacher Who Challenged East L.A. Students to 'Stand and Deliver,' " *Los Angeles Times*, April 25, 2013, Obituaries, https://www.latimes.com/local/obituaries/la-me-jaime-escalante31-2010mar31-story.html.

46 Escalante and Dirmann, "The Jaime Escalante Math Program."

47 Walter Isaacson, *Steve Jobs* (New York: Simon & Schuster, 2011).

48 Erving Goffman, *The Presentation of Self in Everyday Life* (New York: Knopf Doubleday, 2021).

49 Kristin Francis, “Red Solo Cups or American Party Cups? Surprising Souvenirs,” *Souvenir Finder* (blog), March 21, 2014, https://souvenirfinder.com/red-solo-cups-beer-pong-souve nir-american-party-cups/.
50 현재 온램스는 제니퍼 포터가 운영하고 있다. 포터의 노고와 헌신은 서지오 에스트라다의 발견을 비롯해 내가 이 책을 쓰면서 실시한 여러 연구에 크게 기여했다. OnRamps, University of Texas at Austin, accessed March 23, 2024, https://onramps.utexas.edu/.
51 2021년 가을에 실시한 서지오 에스트라다 인터뷰.

5장 투명성: 좋은 피드백은 의도를 드러낸다

1 이 말은 달라이 라마가 했다고 널리 알려져 있으나 원전이나 시기는 확인할 수 없었다.
2 2022년 6월에 텍사스주 오스틴 소재 홀즈워스 재단에서 앤드루와 저자가 나눈 인터뷰.
3 2023년 3월에 질(가명)과 저자가 나눈 인터뷰. 이는 2022년 가을에 열린 한 결혼식에서 저자가 질에게 들은 이야기에 이어지는 내용이었다.
4 Kyle Dobson, Andrea Dittmann, and David Yeager, “A Transparency Statement Transforms Community-Police Interactions” (forthcoming).
5 Wesley G. Skogan, *Police and Community in Chicago: A Tale of Three Cities* (New York: Oxford University Press, 2006).
6 Charlotte Gill et al., “Community-Oriented Policing to Reduce Crime, Disorder and Fear and Increase Satisfaction and Legitimacy among Citizens: A Systematic Review,” *Journal of Experimental Criminology* 10 (2014): 399–428.
7 2021년 6월에서 2024년 2월 사이에 카일 돕슨, 앤드리아 디트만과 저자가 나눈 인터뷰.
8 Dobson, Dittmann, and Yeager, “A Transparency Statement Transforms Community-Police Interactions.”
9 See the qualitative study in Dobson, Dittmann, and Yeager, “A Transparency Statement Transforms Community-Police Interactions.”
10 See Dobson, Dittmann, and Yeager, “A Transparency Statement Transforms Community-Police Interactions.”
11 여기에서 언급한 전기신호는 피부 전기 활동(EDA)이다. 돕슨, 디트먼, 예거의 논문을 보충하고자 우리는 대인관계에서 긍정적인 스트레스 및 부정적인 스트레스와 관련된 EDA 측정 해석을 검증하는 데 사용한 실험실 실험과 베이지안 분석을 보고했다. EDA 측정에 관한 배경 설명은 다음을 참조하라. “Publication Recommendations for Electrodermal Measurements: Publication Standards for EDA,” *Psychophysiology* 49, no. 8 (August 2012): 1017–34, https://doi.org/10.1111/j.1469-8986.2012.01384.x.
12 이 만남은 2022년 3월에 이뤄졌다.
13 Jeffrey M. Jones, “Confidence in U.S. Institutions Down; Average at New Low,” Gallup, July 5, 2022, https://news.gallup.com/poll/394283/confidence-institutions-down-average-new-low.aspx.
14 Geoffrey L. Cohen and Claude M. Steele, “A Barrier of Mistrust: How Negative Stereotypes Affect Cross-Race Mentoring,” in *Improving Academic Achievement: Impact of Psychological Factors on Education*, ed. Joshua M. Aronson (San Diego: Academic Press, 2002), 303–7; Alison V. Hall, Erika V. Hall, and Jamie L. Perry, “Black and Blue:

Exploring Racial Bias and Law Enforcement in the Killings of Unarmed Black Male Civilians," *American Psychologist* 71, no. 3 (2016): 175–86.

15 Dobson, Dittmann, and Yeager, "A Transparency Statement Transforms Community-Police Interactions."

16 2022년 11월 미아 라구나스와 저자가 나눈 인터뷰.

17 "Cameron A. Hecht," ResearchGate, 2024, https://www.researchgate.net/profile/Cameron_Hecht.

18 Cameron A. Hecht et al., "Efficiently Exploring the Causal Role of Contextual Moderators in Behavioral Science," *Proceedings of the National Academy of Sciences* 120, no. 1 (2022): e2216315120; Cameron A. Hecht et al., "Beliefs, Affordances, and Adolescent Development: Lessons from a Decade of Growth Mindset Interventions," in *Advances in Child Development and Behavior*, edited by Jeffrey J. Lockman, vol. 61 (Cambridge, MA: Academic Press, 2021), 169–97, https://doi.org/10.1016/bs.acdb.2021.04.004; Mary C. Murphy et al., "Global Mindset Initiative Working Paper 1: Growth Mindset Cultures and Teacher Practices," (working paper, Yidan Prize Foundation, 2021).

6장 질문: 지시하지 않는다

1 Plato, *Meno*, trans. Benjamin Jowett (New York: Liberal Arts Press, 1949).

2 2022년 10월에 케이트(가명)와 저자가 나눈 인터뷰. 이밖에도 비슷한 일이 자신의 자녀에게 일어났다고 나에게 얘기한 부모가 3명 더 있었다.

3 게리(가명)의 이야기는 2022년 7월에 로레나 세이델이 저자와 인터뷰를 나누던 중에 언급했다.

4 2022년 4월에서 2024년 1월 사이에 로레나 세이델과 저자가 나눈 인터뷰. 이 장은 세이델에게 보내 사실 확인을 완료했다. 이를 비롯한 모든 세이델 관련 인용의 출처는 세이델 인터뷰이다.

5 James J. Gross and Oliver P. John, "Individual Differences in Two Emotion Regulation Processes: Implications for Affect, Relationships, and Well-Being," *Journal of Personality and Social Psychology* 85, no. 2 (August 2003): 348–62; James J. Gross, "Emotion Regulation: Current Status and Future Prospects," *Psychological Inquiry* 26, no. 1 (January 2015): 1–26, https://doi.org/10.1080/1047840X.2014.940781.

6 Jennifer Wu and I worked at Partners in School Innovation in San Francisco when I met her. Now she works for Reach Capital. "Jennifer Wu," LinkedIn, accessed April 1, 2024, https://www.linkedin.com/in/jencwu/.

7 Dominic Rushe, "Elon Musk Tells Employees to Return to Office or 'Pretend to Work' Elsewhere," The *Guardian*, June 1, 2022, Technology, https://www.theguardian.com/technol ogy/2022/jun/01/elon-musk-return-to-office-pretend-to-work-somewhere-else.

8 Alfred Adler, *Understanding Human Nature* (New York: Greenberg, 1927).

9 Mary D. Salter Ainsworth et al., *Patterns of Attachment: A Psychological Study of the Strange Situation* (New York: Lawrence Erlbaum Associates, 1978).

10 Jane Nelsen, *Positive Discipline: Teaching Children Self-Discipline, Responsibility, Cooperation and Problem-Solving Skills* (Warren, OH: Empowering People, 1981).

11 Martin E. P. Seligman and Mihaly Csikszentmihalyi, "Positive Psychology: An Introduction," *American Psychologist* 55, no. 1 (2000): 5–14.

12 Plato, *Meno*.

13 Wikipedia, s.v. "Arete," last modified March 21, 2024, https:// en.wikipedia.org/w/index.php?title=Arete&oldid=1214870215.

14 Plato, *Meno*.

15 Karen Huang et al., "It Doesn't Hurt to Ask: Question-Asking Increases Liking," *Journal of Personality and Social Psychology* 113, no. 3 (2017): 430–52.

16 Sean Kelly et al., "Automatically Measuring Question Authenticity in Real-World Classrooms," *Educational Researcher* 47, no. 7 (October 2018): 451–64, https://doi.org/10.3102/0013189X18785613.

17 Dorottya Demszky et al., "Measuring Conversational Uptake: A Case Study on Student-Teacher Interactions," in *Proceedings of the 59th Annual Meeting of the Association for Computational Linguistics and the 11th International Joint Conference on Natural Language Processing (Volume 1: Long Papers)*, ed. Chengqing Zong et al. (Stroudsburg, PA: Association for Computational Linguistics, 2021), 1638–53, https://doi.org/10.18653/v1/2021.acl-long.130; Dorottya Demszky et al., "Can Automated Feedback Improve Teachers' Uptake of Student Ideas? Evidence from a Randomized Controlled Trial in a Large-Scale Online Course," *Educational Evaluation and Policy Analysis* (2023): https://doi.org/10.3102/01623737231169270.

18 Demszky et al.,"Can Automated Feedback Improve Teachers' Uptake of Student Ideas?"; Adam Gamoran and Martin Nystrand, "Background and Instructional Effects on Achievement in Eighth-Grade English and Social Studies," *Journal of Research on Adolescence* 1, no. 3 (1991): 277–300.

19 Demszky et al., "Measuring Conversational Uptake"; Demszky et al., "Can Automated Feedback Improve Teachers' Uptake of Student Ideas?"

20 Herbert H. Clark and Edward F. Schaefer, "Contributing to Discourse," *Cognitive Science* 13, no. 2 (April 1989): 259–94, https://doi.org/10.1207/s15516709cog1302_7; Demszky et al., "Measuring Conversational Uptake"; Sterling Alic et al., "Computationally Identifying Funneling and Focusing Questions in Classroom Discourse," in *Proceedings of the 17th Workshop on Innovative Use of NLP for Building Educational Applications(BEA 2022)*, ed. Ekaterina Kochmar et al. (Stroudsburg, PA: Association for Computational Linguistics, 2022), 224–33.

21 Chris Voss and Tahl Raz, *Never Split the Difference: Negotiating as If Your Life Depended on It* (New York: HarperCollins, 2016); "Chris Voss," The Black Swan Group, accessed April 1, 2024, https:// www.blackswanltd.com/chris-voss.

22 Voss and Raz, *Never Split the Difference*.

23 Chris Voss, "Mirroring," Masterclass, accessed April 1, 2024, https://www.masterclass.com/classes/chris-voss-teaches-the-art-of-negotiation/chapters/mirroring.

24 Voss, "Mirroring."
25 Gail Jefferson, "Side Sequences," in *Studies in Social Interaction*, ed. David Sudnow (New York: Free Press, 1972), 294–338; Gail Jefferson, "Sequential Aspects of Storytelling in Conversation," in *Studies in the Organization of Conversational Interaction*, ed. Jim Schenkein (New York: Academic Press, 1978), 219–48.
26 Jefferson, "Side Sequences."
27 Mark R. Lepper and Maria Woolverton, "The Wisdom of Practice: Lessons Learned from the Study of Highly Effective Tutors," in *Improving Academic Achievement: Impact of Psychological Factors on Education*, ed. Joshua Aronson (San Diego: Academic Press, 2002), 135–58.
28 Gamoran and Nystrand, "Background and Instructional Effects on Achievement in Eighth-Grade English and Social Studies."
29 Demszky et al., "Can Automated Feedback Improve Teachers' Uptake of Student Ideas?"
30 저자가 처음 이 모습을 본 것은 2020년 2월에 열린 '밝은 점' 회의에서 에스트라다를 만난 날이었다.
31 2022년 11월에 살로니 샤와 저자가 나눈 인터뷰.
32 Edgar H. Schein and Peter A. Schein, *Humble Inquiry: The Gentle Art of Asking Instead of Telling*, 2nd ed. (San Francisco: Berrett-Koehler, 2021).
33 Niels Van Quaquebeke and Will Felps, "Respectful Inquiry: A Motivational Account of Leading through Asking Questions and Listening," *Academy of Management Review* 43, no. 1 (January 2018): 5–27.
34 Schein and Schein, *Humble Inquiry*.
35 세이델 인터뷰.
36 2022년 10월에 인서클 직원과 저자가 나눈 인터뷰.
37 세이델 인터뷰.

7장 스트레스: 자원이 되게 만드는 법

1 David S. Yeager et al., "A Synergistic Mindsets Intervention Protects Adolescents from Stress," *Nature* 607, no. 7919 (2022).
2 Alia J. Crum, Peter Salovey, and Shawn Achor, "Rethinking Stress: The Role of Mindsets in Determining the Stress Response," *Journal of Personality and Social Psychology* 104, no. 4 (April 2013): 716–33, https://doi.org/10.1037/a0031201; Alia J. Crum, Jeremy P. Jamieson, and Modupe Akinola, "Optimizing Stress: An Integrated Intervention for Regulating Stress Responses," *Emotion* 20, no. 1 (February 2020): 120–25; Jeremy P. Jamieson et al., "Capitalizing on Appraisal Processes to Improve Affective Responses to Social Stress," *Emotion Review* 10, no. 1 (January 2018): 30–39, https://doi.org/10.1177/1754073917693085; Wendy Berry Mendes and Jiyoung Park, "Neurobiological Concomitants of Motivational States," in *Advances in Motivation Science*, ed. Andrew J. Elliot, vol. 1 (New York: Academic Press, 2014), 233–70, https://doi.org/10.1016/bs.adms.2014.09.001; Jim Blascovich and Wendy B. Mendes, "Social

Psychophysiology and Embodiment," in *Handbook of Social Psychology*, ed. Susan T. Fiske, Daniel T. Gilbert, and Gardner Lindzey, 5th ed. (New York: John Wiley & Sons, 2010), 194–227.

3 2022년 4월 5일에 하위(가명)가 저자에게 보낸 이메일. 저자는 2024년 3월에 이메일 전재를 허가받았다.

4 비공식 집계이지만 코로나19 팬데믹 이전에 나는 학생들의 정서적 웰빙에 관한 이메일을 한 학기당 1통에서 3통 정도 받았다. 요즘은 대개 10통에서 20통 정도 받는다. 고등 교육기관을 대상으로 실시한 조사 결과는 다음을 참조하라. Julian Roberts-Grmela, "Emotional Stress Remains a Top Challenge to Keeping Students Enrolled," *Chronicle of Higher Education*, March 23, 2023, https:// www.chronicle.com/article/emotional-stress-remains-a-top-challenge-to-keeping-students-enrolled.

5 Monitoring the Future | A Continuing Study of American Youth, accessed March 23, 2024, https://monitoringthefuture.org/.

6 Scott Keeter, "Many Americans Continue to Experience Mental Health Difficulties as Pandemic Enters Second Year," Pew Research Center, March 16, 2021, https://www.pewresearch.org/fact-tank/2021/03/16/many-americans-continue-to-experience-mental-health-difficulties-as-pandemic-enters-second-year/; Katherine Schaeffer, "In CDC Survey, 37% of U.S. High School Students Report Regular Mental Health Struggles during COVID-19 Pandemic," Pew Research Center, April 25, 2022, accessed October 6, 2022, https://www.pewresearch.org/fact-tank/2022/04/25/in-cdc-survey-37-of-u-s-high-school-students-report-regular-mental-health-struggles-during-covid-19/; Scott Keeter, "A Third of Americans Experienced High Levels of Psychological Distress during the Coronavirus Outbreak," Pew Research Center, May 7, 2020, accessed December 27, 2020, https://www.pewresearch.org/fact-tank/2020/05/07/a-third-of-americans-experienced-high-levels-of-psychologi cal-distress-during-the-coronavirus-outbreak/.

7 "New Research: 76% of Students Identify Wellbeing as Top Challenge," Salesforce, June 23, 2021, accessed March 23, 2024, https://www.salesforce.com/news/stories/new-research-wellbeing-crisis/.

8 Morgan Taylor et al., "College and University Presidents Respond to COVID-19: 2021 Spring Term Survey, Part II," American Council on Education, May 20, 2021, https://www.acenet.edu/Research-Insights/Pages/Senior-Leaders/Presidents-Respond-COVID-Spring-II.aspx.

9 2023년 가을에 스테프 오카모토와 저자가 나눈 인터뷰.

10 2022년 1월 텍사스대학교 오스틴캠퍼스에서 개최한 사회 및 성격 영역 회의에서 한 강연.

11 2023년 5월 하위와 저자가 나눈 인터뷰.

12 Crum, Salovey, and Achor, "Rethinking Stress."

13 Crum, Jamieson, and Akinola, "Optimizing Stress"; Alia J. Crum et al., "The Role of Stress Mindset in Shaping Cognitive, Emotional, and Physiological Responses to Challenging and Threatening Stress," *Anxiety, Stress, & Coping* 30, no. 4 (July 2017): 379–95, https://doi.org/10.1080/10615806.2016.1275 585; Crum, Salovey, and Achor,

"Rethinking Stress."

14 Alia Crum and Thomas Crum, "Stress Can Be a Good Thing If You Know How to Use It," *Harvard Business Review*, September 3, 2015, https://hbr.org/2015/09/stress-can-be-a-good-thing-if-you-know-how-to-use-it; "Dr. Alia Crum: Science of Mindsets for Health & Performance," *Huberman Lab*, January 23, 2022, accessed March 23, 2024, https://www.hubermanlab.com/episode/dr-alia-crum-science-of-mindsets-for-health-performance.

15 Crum, Jamieson, and Akinola, "Optimizing Stress"; Crum, Salovey, and Achor, "Rethinking Stress"; Alia J. Crum, Isaac J. Handley-Miner, and Eric N. Smith, "The Stress-Mindset Intervention," in *Handbook of Wise Interventions: How Social Psychology Can Help People Change*, ed. Gregory M. Walton and Alia J. Crum (New York: Guilford Press, 2021), 217–38.

16 이는 미국 국립보건원이 지원하는 청소년 스트레스에 관한 대규모 연구에서 일관되게 나오는 결과다. 데이터는 다음 링크에서 누구나 열람할 수 있다. David S. Yeager, "Texas Longitudinal Study of Adolescent Stress Resilience and Health, 2016–2019" (Inter-university Consortium for Political and Social Research [distributor], 2022), https://doi.org/10.3886/ICPSR38180.v1.

17 U.S. Surgeon General, *Protecting Youth Mental Health: The U.S. Surgeon General's Advisory* (Washington, DC: US Department of Health and Human Services, 2021), https://www.hhs.gov/sites/default/files/surgeon-general-youth-mental-health-advi sory.pdf.

18 이런 경향은 구글의 이미지로 검색하기 기능으로 '스트레스 관리'라는 용어를 검색하면 쉽게 알 수 있다. (내가 2024년 3월 23일에 검색한 결과에는 스스로 돌보기 및 스트레스가 심신을 약화한다는 마인드셋과 관련된 이미지만 나왔다.)

19 지적인 엄격함과 실행상 엄격함을 구별하는 논의와 이 개념을 처음으로 언급한 학자들의 인용은 다음을 참조하라. Katie Rose Guest Pryal, "When 'Rigor' Targets Disabled Students," *Chronicle of Higher Education*, October 6, 2022, The Review, https://www.chronicle.com/article/when-rigor-targets-disabled-students; Beckie Supiano, "The Redefinition of Rigor," *Chronicle of Higher Education*, March 29, 2022, News, https://www.chronicle.com/article/the-redefinition-of-rigor.

20 "Introducing Chat-GPT," Open AI, November 2022, https://openai.com/blog/chatgpt.

21 나는 하위가 졸업한 날 내게 보냈던 이메일과 2023년 5월 인터뷰 중에 했던 전화 통화를 근거로 이렇게 집필했다.

22 Crum, Jamieson, and Akinola, "Optimizing Stress"; Jeremy P. Jamieson and Emily J. Hangen, "Stress Reappraisal Interventions: Improving Acute Stress Responses in Motivated Performance Contexts," in Walton and Crum, *Handbook of Wise Interventions*, 239–58; Jeremy P. Jamieson, Wendy Berry Mendes, and Matthew K. Nock, "Improving Acute Stress Responses: The Power of Reappraisal," *Current Directions in Psychological Science* 22, no. 1 (February 2013): 51–56; Robert M. Sapolsky, *Why Zebras Don't Get Ulcers: The Acclaimed Guide to Stress, Stress-Related Diseases, and Coping* (New York: Henry Holt, 2004).

23 Sapolsky, *Why Zebras Don't Get Ulcers*.

24 Richard S. Lazarus and Susan Folkman, *Stress, Appraisal, and Coping* (New York: Springer, 1984); Susan Folkman et al., "Appraisal, Coping, Health Status, and Psychological Symptoms," *Journal of Personality and Social Psychology* 50, no. 3 (March 1986): 571–79; Susan Folkman et al., "Dynamics of a Stressful Encounter: Cognitive Appraisal, Coping, and Encounter Outcomes," *Journal of Personality and Social Psychology* 50, no. 5 (May 1986): 992–1003.

25 Lazarus and Folkman, *Stress, Appraisal, and Coping*; Folkman et al., "Appraisal, Coping, Health Status, and Psychological Symptoms"; Folkman et al., "Dynamics of a Stressful Encounter."

26 Lazarus and Folkman, *Stress, Appraisal, and Coping*; James J. Gross, "Emotion Regulation: Current Status and Future Prospects," *Psychological Inquiry* 26, no. 1 (January 2015): 1–26, https://doi.org/10.1080/1047840X.2014.940781; Jamieson et al., "Capitalizing on Appraisal Processes to Improve Affective Responses to Social Stress."

27 Gross, "Emotion Regulation."

28 Jamieson et al., "Capitalizing on Appraisal Processes to Improve Affective Responses to Social Stress."

29 Blascovich and Mendes, "Social Psychophysiology and Embodiment"; Sally S. Dickerson and Margaret E. Kemeny, "Acute Stressors and Cortisol Responses: A Theoretical Integration and Synthesis of Laboratory Research," *Psychological Bulletin* 130, no. 3 (May 2004): 355–91, https://doi.org/10.1037/0033-2909.130.3.355.

30 Jamieson et al., "Capitalizing on Appraisal Processes to Improve Affective Responses to Social Stress"; Panayotis Fantidis, "The Role of the Stress-Related Anti-inflammatory Hormones ACTH and Cortisol in Atherosclerosis," *Current Vascular Pharmacology* 8, no. 4 (February 2010): 517–25; Michael W. Whitehouse, "Anti-Inflammatory Glucocorticoid Drugs: Reflections after 60 Years," *Inflammopharmacology* 19, no. 1 (February 2011): 1–19.

31 Pranjal H. Mehta and Robert A. Josephs, "Testosterone Change after Losing Predicts the Decision to Compete Again," *Hormones and Behavior* 50, no. 5 (December 2006): 684–92, https://doi.org/10.1016/j.yhbeh.2006.07.001.

32 Jamieson et al., "Capitalizing on Appraisal Processes to Improve Affective Responses to Social Stress"; Blascovich and Mendes, "Social Psychophysiology and Embodiment"; Jim Blascovich et al., "Social 'Facilitation' as Challenge and Threat," *Journal of Personality and Social Psychology* 77, no. 1 (1999): 68–77, https://doi.org/10.1037/0022-3514.77.1.68; Wendy B. Mendes et al., "Challenge and Threat during Social Interactions with White and Black Men," *Personality and Social Psychology Bulletin* 28, no. 7 (2002): 939–52, https://journals.sagepub.com/doi/abs/10.1177/014616720202800707; David S. Yeager et al., "A Synergistic Mindsets Intervention Protects Adolescents from Stress," *Nature* 607, no. 7919 (2022): 512–20.

33 Crum, Jamieson, and Akinola, "Optimizing Stress"; Yeager et al., "A Synergistic Mindsets Intervention Protects Adolescents from Stress"; Jamieson et al., "Capitalizing

on Appraisal Processes to Improve Affective Responses to Social Stress"; Jamieson, Mendes, and Nock, "Improving Acute Stress Responses."

34 제이미슨은 저자의 협력자이며 두 사람은 2012년부터 여러 차례에 걸쳐 관련 내용을 자세하게 논의했다.

35 현재 멘데스는 예일대학교 교수이다. "Wendy Berry Mendes," Department of Psychology, Yale University, accessed March 23, 2024, https://psychology.yale.edu/people/wendy-berry-mendes.

36 Crum, Salovey, and Achor, "Rethinking Stress."

37 Jeremy P. Jamieson et al., "Turning the Knots in Your Stomach into Bows: Reappraising Arousal Improves Performance on the GRE," *Journal of Experimental Social Psychology* 46, no. 1 (January 2010): 208–12, https://doi.org/10.1016/j.jesp.2009.08.015.

38 Jamieson et al., "Turning the Knots in Your Stomach into Bows."

39 Jamieson et al., "Turning the Knots in Your Stomach into Bows."

40 Jeremy P. Jamieson et al., "Reappraising Stress Arousal Improves Affective, Neuroendocrine, and Academic Performance Outcomes in Community College Classrooms," *Journal of Experimental Psychology: General* 151, no. 1 (2021): 197–212, https://doi.org/10.1037/xge0000893; Jeremy P. Jamieson et al., "Reappraising Stress Arousal Improves Performance and Reduces Evaluation Anxiety in Classroom Exam Situations," *Social Psychological and Personality Science* 7, no. 6 (August 2016): 579–87, https://doi.org/10.1177/1948550616644656.

41 Jamieson et al., "Turning the Knots in Your Stomach into Bows."

42 Jamieson et al., "Reappraising Stress Arousal Improves Affective, Neuroendocrine, and Academic Performance Outcomes in Community College Classrooms"; Jamieson et al., "Reappraising Stress Arousal Improves Performance and Reduces Evaluation Anxiety in Classroom Exam Situations."

43 Jamieson et al., "Capitalizing on Appraisal Processes to Improve Affective Responses to Social Stress"; Gross, "Emotion Regulation."

44 J. Kevin Ford, Timothy T. Baldwin, and Joshua Prasad, "Transfer of Training: The Known and the Unknown," *Annual Review of Organizational Psychology and Organizational Behavior* 5 (2018); Brian D. Blume et al., "Transfer of Training: A Meta-Analytic Review," *Journal of Management* 36, no. 4 (July 2010): 1065–1105, https://doi.org/10.1177/0149206309352880.

45 2022년 크레텍 콥은 이 장에 소개한 협력 연구를 공개할 수 있도록 구글에 허가를 요청해서 받았다. 구글과의 협력에 관한 언급은 다음 글에도 실렸다. "Online Mindset Training Protects Adolescents from Stress," *Nature*, (July 2022), d41586-022-01746–4, https://doi.org/10.1038/d41586-022-01746-4.

46 "Introducing ChatGPT."

47 Yeager et al., "A Synergistic Mindsets Intervention Protects Adolescents from Stress."

48 David S. Yeager and Carol S. Dweck, "Mindsets That Promote Resilience: When Students Believe That Personal Characteristics Can Be Developed," *Educational Psychologist* 47, no. 4 (October 2012): 302–14, https://doi.org/10.1080/00461520.20

12.722805; Carol S. Dweck and David S. Yeager, "Mindsets: A View from Two Eras," *Perspectives on Psychological Science* 14, no. 3 (February 2019): 481–96, https://doi.org/10.1177/1745691618804166; Carol S. Dweck and Ellen L. Leggett, "A Social-Cognitive Approach to Motivation and Personality," *Psychological Review* 95, no. 2 (April 1988): 256–73, https://doi.org/10.1037/0033-295X.95.2.256; Daniel C. Molden and Carol S. Dweck, "Finding 'Meaning' in Psychology: A Lay Theories Approach to Self-Regulation, Social Perception, and Social Development," *American Psychologist* 61, no. 3 (2006): 192–203, https://doi.org/10.1037/0003-066X.61.3.192; Yeager et al., "A Synergistic Mindsets Intervention Protects Adolescents from Stress."

49 Crum, Salovey, and Achor, "Rethinking Stress."

50 Clemens Kirschbaum, Karl-Martin Pirke, and Dirk H. Hellhammer, "The 'Trier Social Stress Test'—a Tool for Investigating Psychobiological Stress Responses in a Laboratory Setting," *Neuropsychobiology* 28, no. 1–2 (1993): 76–81, https://doi.org/10.1159/000119004.

51 Sheldon Cohen, Tom Kamarck, and Robin Mermelstein, "A Global Measure of Perceived Stress," *Journal of Health and Social Behavior* 24, no. 4 (December 1983): 385–96, https://doi.org/10.2307/2136404; Dickerson and Kemeny, "Acute Stressors and Cortisol Responses"; Eefje S. Poppelaars et al., "Social-Evaluative Threat: Stress Response Stages and Influences of Biological Sex and Neuroticism," *Psychoneuroendocrinology* 109 (November 2019): 104378, https://doi.org/10.1016/j.psyneuen.2019.104378; Brigitte M. Kudielka and Clemens Kirschbaum, "Sex Differences in HPA Axis Responses to Stress: A Review," *Biological Psychology* 69, no. 1 (April 2005): 113–32.

52 William Lovallo, "The Cold Pressor Test and Autonomic Function: A Review and Integration," *Psychophysiology* 12, no. 3 (May 1975): 268–82.

53 Jack M. Gorman et al., "High-Dose Carbon Dioxide Challenge Test in Anxiety Disorder Patients," *Biological Psychiatry* 28, 189 no. 9 (November 1990): 743–57, https://doi.org/10.1016/0006-3223(90)90510-9.

54 Yeager et al., "A Synergistic Mindsets Intervention Protects Adolescents from Stress."

55 Sian L. Beilock and Erin A. Maloney, "Math Anxiety: A Factor in Math Achievement Not to Be Ignored," *Policy Insights from the Behavioral and Brain Sciences* 2, no. 1 (October 2015): 4–12, https://doi.org/10.1177/2372732215601438.

56 Yeager et al., "A Synergistic Mindsets Intervention Protects Adolescents from Stress."

57 실험 4를 참조하라. Yeager et al., "A Synergistic Mindsets Intervention."

58 David S. Yeager et al., "A National Experiment Reveals Where a Growth Mindset Improves Achievement," *Nature* 573, no. 7774 (August 2019): 364–69, https://doi.org/10.1038/s41586-019-1466-y; Crum et al., "The Role of Stress Mindset in Shaping Cognitive, Emotional, and Physiological Responses to Challenging and Threatening Stress."

59 실험 5를 참조하라. Yeager et al., "A Synergistic Mindsets Intervention Protects Adolescents from Stress."

60 Cameron A. Hecht et al., "When Do the Effects of Single-Session Interventions Persist?

Testing the Mindset + Supportive Context Hypothesis in a Longitudinal Randomized Trial," *JCPP Advances* 3, no. 4 (December 2023): e12191, https://doi.org/10.1002/jcv2.12191.

61 ADVI라고 하는 이 애플리케이션은 메인스테이라는 민간 기업과 텍사스 고등교육 협조위원회라는 정부 기관이 제휴해서 개발했다. 저자는 메인스테이와 다소 이해관계가 있으므로 이 책에서 메인스테이 제품의 효능에 대해서는 언급하지 않았다.

62 2022년 여름에 앤드루 매글리오지와 저자가 나눈 인터뷰.

63 학생들이 상담사들에게 보낸 문자 메시지 약 25건을 스프레드시트에 정리해 에스트라다에게 보냈다. 인간 상담사들의 응답은 제외했다. 에스트라다는 이 중에서 처음 8건에 대답했고 그 내용을 연구 팀과 함께 논의했다. 그다음에 에스트라다가 나머지 메시지에 대답했다. 이렇게 한 목적은 AI가 문자 메시지 묶음을 학습한 다음 에스트라다가 앞으로 쓸 메시지와 비슷한 답변을 작성할 수 있을지 여부를 시험하기 위해서였다.

64 Michaela Jones et al., "Assessing the Ability of Large Language Models to Generate Mindset-Supportive Advisor Messages" (working paper, University of Texas at Austin, August 14, 2023), https:// osf.io/bqt4w/.

65 하위 인터뷰.

8장 목적: 흥미보다 중요한 것

1 Viktor E. Frankl, *Man's Search for Meaning* (New York: Simon & Schuster, 1959).

2 2022년 6월에 데이먼 먼추스와 저자가 나눈 인터뷰.

3 2023년 2월 펄라(가명)와 메건 존슨(저자의 연구소에서 근무하는 행동과학자)이 저자를 대신해 실시한 화상 인터뷰.

4 2023년 6월에 펄라가 가르치는 카운티에 초점을 맞춰 미국 지역사회 조사와 함께 실시한 분석. "American Community Survey (ACS)," US Census Bureau, accessed March 23, 2024, https://www.census.gov/programs-surveys/acs.

5 텍사스 교육청 공식 통계를 이용해 실시한 분석. Texas Assessment Research Portal (Cambium), accessed March 23, 2024, https://txresearchportal.com/.

6 Fellowship Using the Science of Engagement, University of Texas at Austin, accessed March 23, 2024, https://fuse.prc.utexas.edu/.

7 이 조사는 2020년 1월에 제니퍼 포터의 주도로 온램스 프로그램에 따라 실시됐으며, 당시 온램스 연구 책임자였던 매슈 지아니가 분석을 주도했다. OnRamps, University of Texas at Austin, accessed March 23, 2024, https://onramps.utexas.edu/.

8 이 예비 조사의 결과는 다음 논문의 보충 자료에서 찾아볼 수 있다. Stephanie L. Reeves et al., "Psychological Affordances Help Explain Where a Self-Transcendent Purpose Intervention Improves Performance," *Journal of Personality and Social Psychology*, 120, no. 1 (July 2021), https://doi.org/10.1037/pspa0000246.

9 Melanie Shanae Gonzalez, "Race, Socioeconomic Status, and Autonomy Support in the Classroom" (PhD diss., Austin, Texas, University of Texas at Austin, 2021).

10 이는 슈미트 퓨처스가 주최하는 ASU+GSV 서밋 만찬 자리에서 나눈 대화다. "Why We Created ASU+GSV Summit," ASU+GSV Summit, accessed March 23, 2024, https://www.asugsvsummit.com/about-the-summit.

11 Kai Ruggeri et al., "The Globalizability of Temporal Discounting," *Nature Human Behaviour* 6, no. 10 (October 2022): 1386–97, https://doi.org/10.1038/s41562-022-01392-w; Till Grüne-Yanoff, "Models of Temporal Discounting 1937–2000: An Interdisciplinary Exchange between Economics and Psychology," *Science in Context* 28, no. 4 (2015): 675–713.

12 Daniel Kahneman and Amos Tversky, "Prospect Theory: An Analysis of Decision under Risk," *Econometrica* 47, no. 2 (March 1979): 263–92.

13 George Ainslie and Nick Haslam, "Hyperbolic Discounting," in *Choice over Time*, ed. George Loewenstein and Jon Elster (New York: Russell Sage Foundation, 1992), 57–92; Partha Dasgupta and Eric Maskin, "Uncertainty and Hyperbolic Discounting," *American Economic Review* 95, no. 4 (September 2005): 1290–99; David Laibson, "Golden Eggs and Hyperbolic Discounting," *Quarterly Journal of Economics* 112, no. 2 (1997): 443–77; Ariel Rubinstein, "'Economics and Psychology'? The Case of Hyperbolic Discounting," *International Economic Review* 44, no. 4 (November 2003): 1207–16; "Why Do We Value Immediate Rewards More than Long-Term Rewards," The Decision Lab, accessed March 23, 2024, https://thedecisionlab.com/biases/hyperbolic-discounting.

14 Walter Mischel, Yuichi Shoda, and Monica L. Rodriguez, "Delay of Gratification in Children," *Science* 244, no. 4907 (May 1989): 933–38, https://doi.org/10.1126/science.2658056.

15 Tommy C. Blanchard and Benjamin Y. Hayden, "Monkeys Are More Patient in a Foraging Task than in a Standard Intertemporal Choice Task," *PloS One* 10, no. 2 (February 2015): e0117057.

16 Eva H. Telzer, "Dopaminergic Reward Sensitivity Can Promote Adolescent Health: A New Perspective on the Mechanism of Ventral Striatum Activation," *Developmental Cognitive Neuroscience* 17 (February 2016): 57–67; Eva H. Telzer et al., "Neural Sensitivity to Eudaimonic and Hedonic Rewards Differentially Predict Adolescent Depressive Symptoms over Time," *Proceedings of the National Academy of Sciences* 111, no. 18 (2014): 6600–605, https://doi.org/10.1073/pnas.1323014111; Kathy T. Do, João F. Guassi Moreira, and Eva H. Telzer, "But Is Helping You Worth the Risk? Defining Prosocial Risk Taking in Adolescence," *Developmental Cognitive Neuroscience* 25 (June 2017): 260–71, https://doi.org/10.1016/j.dcn.2016.11.008; Lydia Denworth, "Adolescent Brains Are Wired to Want Status and Respect: That's an Opportunity for Teachers and Parents," *Scientific American*, May 1, 2021, https:// www.scientificamerican.com/article/adolescent-brains-are-wired-to-want-status-and-respect-thats-an-opportunity-for-teachers-and-parents/; Zara Abrams, "What Neuroscience Tells Us about the Teenage Brain," *Monitor on Psychology*, July 1, 2022, https://www.apa.org/monitor/2022/07/feature-neuroscience-teen-brain.

17 "More than You Think Possible," EL Education, accessed March 24, 2024, https://eleducation.org/resources/more-than-you-think-possible.

18 "Mathematica School Design Study," EL Education, accessed March 24, 2024, https://eleducation.org/our-results/research-studies/mathematica-school-design-study/.

19 Ron Berger, Leah Rugen, and Libby Woodfin, *Leaders of Their Own Learning: Transforming Schools through Student-Engaged Assessment* (Hoboken, NJ: John Wiley & Sons, 2014); Ron Berger, Libby Woodfin, and Anne Vilen, *Learning That Lasts: Challenging, Engaging, and Empowering Students with Deeper Instruction* (Hoboken, NJ: John Wiley & Sons, 2016); "Models of Excellence," EL Education, accessed March 24, 2024, https://eleducation.org/models-of-excellence; "Attributes of High-Quality Work," EL Education, accessed March 24, 2024, https://eleduca tion.org/resources/attributes-of-high-quality-work/.

20 Berger, Rugen, and Woodfin, *Leaders of Their Own Learning*; Berger, Woodfin, and Vilen, *Learning That Lasts*.

21 2020년 9월에서 2024년 2월 사이에 론 버거와 저자가 나눈 인터뷰 및 이메일 교신.

22 "EL Education-History," accessed March 24, 2024, https://eleducation.org/who-we-are/history.

23 Wikipedia, s.v. "Kurt Hahn," last modified February 1, 2024, https://en.wikipedia.org/w/index.php?title=Kurt_Hahn&ol did=1201646310.

24 Sam Silver, "20 Inspirational Quotes from the Outward Bound Readings Book," *Outward Bound Blog* (blog), March 31, 2020, https://out wardbound.org/blog/20-inspirational-quotes-from-the-outward-bound-readings-book/.

25 Dale T. Miller, "The Norm of Self-Interest," *American Psychologist* 54, no. 12 (1999): 1053–60, https://doi.org/10.1037/0003-066X.54.12.1053.

26 T. Hobbes, *Leviathan*, Barnes and Noble Library of Essential Reading (New York: Barnes & Noble Books, 2004).

27 Dale T. Miller and Rebecca K. Ratner, "The Disparity between the Actual and Assumed Power of Self-Interest," *Journal of Personality and Social Psychology* 74, no. 1 (1998): 53–62.

28 Gonzalez, "Race, Socioeconomic Status, and Autonomy Support in the Classroom."

29 Boyd A. Swinburn et al., "The Global Obesity Pandemic: Shaped by Global Drivers and Local Environments," *Lancet* 378, no. 9793 (August 2011): 804–14; Mohammad H. Forouzanfar et al., "Global, Regional, and National Comparative Risk Assessment of 79 Behavioural, Environmental and Occupational, and Metabolic Risks or Clusters of Risks in 188 Countries, 1990–2013: A Systematic Analysis for the Global Burden of Disease Study 2013," *Lancet* 386, no. 10010 (December 2015): 2287–323, https://doi.org/10.1016/S0140-6736(15)00128-2; Emmanuela Gakidou et al., "Global, Regional, and National Comparative Risk Assessment of 84 Behavioural, Environmental and Occupational, and Metabolic Risks or Clusters of Risks, 1990–2016: A Systematic Analysis for the Global Burden of Disease Study 2016," *Lancet* 390, no. 10100 (September 2017): 1345–422, https://doi.org/10.1016/S0140-6736(17)32366-8.

30 Forouzanfar et al., "Global, Regional, and National Comparative Risk Assessment of 79 Behavioural, Environmental and Occupational, and Metabolic Risks or Clusters of Risks in 188 Countries, 1990–2013"; Gakidou et al., "Global, Regional, and National Comparative Risk Assessment of 84 Behavioural, Environmental and Occupational,

and Metabolic Risks or Clusters of Risks, 1990–2016."

31 Swinburn et al., "The Global Obesity Pandemic"; David A. Kessler, *The End of Overeating: Taking Control of the Insatiable American Appetite*, Reprint edition (Emmaus, PA: Rodale Books, 2010); Michael Moss, *Salt, Sugar, Fat: How the Food Giants Hooked Us* (New York: Random House, 2013).

32 Y. Claire Wang et al., "Health and Economic Burden of the Projected Obesity Trends in the USA and the UK," *Lancet* 378, no. 9793 (August 2011): 815–25.

33 Eric Stice, Heather Shaw, and C. Nathan Marti, "A Meta-Analytic Review of Obesity Prevention Programs for Children and Adolescents: The Skinny on Interventions That Work," *Psychological Bulletin* 132, no. 5 (2006): 667–91, https://doi.org/10.1037/0033-2909.132.5.667.

34 Stice, Shaw, and Marti, "A Meta-Analytic Review of Obesity Prevention Programs for Children and Adolescents."

35 David S. Yeager, Ronald E. Dahl, and Carol S. Dweck, "Why Interventions to Influence Adolescent Behavior Often Fail but Could Succeed," *Perspectives on Psychological Science* 13, no. 1 (January 1, 2018): 101–22, https://doi.org/10.1177/1745691617722620; Christopher J. Bryan et al., "Harnessing Adolescent Values to Motivate Healthier Eating," *Proceedings of the National Academy of Sciences* 113, no. 39 (2016): 10830–35, https://doi.org/10.1073/pnas.1604586113.

36 Moss, *Salt, Sugar, Fat*.

37 Marni Jameson, "Disney Closes New Habit Heroes Exhibit after Criticism for Stigmatizing Fat Kids," *Orlando Sentinel*, March 1, 2012, https://www.orlandosentinel.com/2012/03/01/disney-closes-new-habit-heroes-exhibit-after-criticism-for-stigmatizing-fat-kids/; Piper Weiss, "Disney's Habit Heroes Accused of 'Fat-Shaming,'" Yahoo Life, February 29, 2012, https:// www.yahoo.com/lifestyle/tagged/health/healthy-living/disneys-habit-heroes-accused-fat-shaming-232300194.html; "Disney's 'Tool of Shame': Florida Resort's Habit Heroes Attraction Closed after Being Accused of Stigmatizing Fat Kids," *Daily Mail*, March 1, 2012, https://www.dailymail.co.uk/news/article-2108811/Disneys-tool-shame-Florida-resorts-Habit-Heroes-attraction-closed-accused-stigmatizing-fat-kids.html.

38 Misty Harris, "Disney Anti-Fat Attraction Called 'Horrifying,'" *Gazette* (Montreal), February 25, 2012.

39 Marni Jameson, "Disney Closes New Habit Heroes Exhibit"; "Disney's 'Tool of Shame'"; Sarah Boesveld, "Habit Heroes: Disney Shuts Down Anti-Obesity Exhibit after Critics Decry It for Being Insensitive to Overweight People," *National Post*, March, 2, 2012, accessed March 24, 2024, https://nationalpost.com/news/disney-shuts-down-anti-obesity-exhibit-after-critics-decry-it-for-being-insensitive-to-overweight-people.

40 이 부분에서는 변경한 어트랙션에 관한 공개 정보만을 서술했다. Kristen Kirk, "Habit Heroes Opens at Epcot's Innoventions," *Walt Disney World for Grown Ups* (blog), January 1, 2013, https://www.wdwforgrownups.com/articles/habit-heroes-opens-epcots-innoventions; "Disney World's Reworked Habit Heroes Attraction Opens,"

AllEars.Net (blog), January 22, 2013, https://allears.net/2013/01/22/disney-worlds-reworked-habit-heroes-attraction-opens/; "Habit Heroes Reopens with New Storyline, Characters and Games at Epcot," *Attractions Magazine*, January 19, 2013, https://attractionsmagazine.com/habit-heroes-reopens-with-new-storyline-characters-and-games-at-epcot/.

41 Kirk, "Habit Heroes."

42 Moss, *Salt, Sugar, Fat*.

43 Bryan et al., "Harnessing Adolescent Values to Motivate Healthier Eating"; Christopher J. Bryan, David S. Yeager, and Cintia P. Hinojosa, "A Values-Alignment Intervention Protects Adolescents from the Effects of Food Marketing," *Nature Human Behaviour* 3, no. 6 (June 2019): 596–603, https://doi.org/10.1038/s41562-019-0586-6.

44 David A. Kessler, *The End of Overeating*; Moss, *Salt, Sugar, Fat*; Jennifer L. Harris et al., "A Crisis in the Marketplace: How Food Marketing Contributes to Childhood Obesity and What Can Be Done," *Annual Review of Public Health* 30 (2009): 211–25.

45 Gregory M. Walton and Timothy D. Wilson, "Wise Interventions: Psychological Remedies for Social and Personal Problems," *Psychological Review* 125, no. 5 (2018): 617–55, https://doi.org/10.1037/rev0000115; Elliot Aronson, "The Power of Self-Persuasion," *American Psychologist* 54, no. 11 (1999): 875–84, https://doi.org/10.1037/h0088188; Joshua M. Aronson, Carrie B. Fried, and Catherine Good, "Reducing the Effects of Stereotype Threat on African American College Students by Shaping Theories of Intelligence," *Journal of Experimental Social Psychology* 38, no. 2 (March 2002): 113–25, https://doi.org/10.1006/jesp.2001.1491.

46 Aronson, "The Power of Self-Persuasion."

47 브라이언, 히노호사와 나는 스탠퍼드대학교의 공중보건 연구자이자 의사인 톰 로빈슨 박사에게 이 활동에 관한 아이디어를 얻었다.

48 C. J. Bryan, "Values-Alignment Interventions: An Alternative to Pragmatic Appeals for Behavior Change," in *Handbook of Wise Interventions: How Social Psychology Can Help People Change*, ed. Gregory M. Walton and Alia J. Crum (New York: Guilford Press, 2021), 259–85.

49 Bryan, "Values-Alignment Interventions"; Kurt Lewin, "Group Decision and Social Change," in *Readings in Social Psychology*, ed. Theodore M. Newcomb and Eugene L. Hartley, 2nd ed. (New York: Holt, 1952), 330–44; Lee Ross and Richard E. Nisbett, *The Person and the Situation: Perspectives of Social Psychology*, 2nd ed. (London: Pinter & Martin, 1991).

50 이 장에서 브라이언이 설명한 결과는 다음에서 찾아볼 수 있다. Bryan, "Values-Alignment Interventions."

51 S. E. Hinton, *The Outsiders*, platinum ed. (New York: Penguin Young Readers Group, 1967).

52 William Damon, *The Path to Purpose: Helping Our Children Find Their Calling in Life* (New York: Simon & Schuster, 2008).

53 David S. Yeager et al., "Boring but Important: A Self-Transcendent Purpose for Learning

Fosters Academic Self-Regulation," *Journal of Personality and Social Psychology* 107, no. 4 (October 2014): 559–80, https://doi.org/10.1037/a0037637.

54 Stephanie L. Reeves et al., "Psychological Affordances Help Explain Where a Self-Transcendent Purpose Intervention Improves Performance," *Journal of Personality and Social Psychology* 120, no. 1 (2021): 1–15, https://doi.org/10.1037/pspa0000246; Yeager et al., "Boring but Important."

55 학업근면과제는 시드니 디멜로와 앤절라 더크워스가 개발했다. 저자는 참가자들에게 부과하는 과제 틀을 만드는 데 협력하고 과제를 평가하기 위한 초기 데이터 수집 일부를 주도했으나 학업근면과제를 개발한 공로를 인정받아야 할 사람은 디멜로와 더크워스이다. Brian M Galla et al., "The Academic Diligence Task (ADT): Assessing Individual Differences in Effort on Tedious but Important Schoolwork," *Contemporary Educational Psychology* 39, no. 4 (October 2014): 314–25; Benjamin Lira et al., "Large Studies Reveal How Reference Bias Limits Policy Applications of Self-Report Measures," *Scientific Reports* 12, no. 1 (2022), https://doi.org/10.1038/s41598-022-23373-9.

56 Walter Mischel, *The Marshmallow Test: Why Self-Control Is the Engine of Success* (New York: Little, Brown, 2015).

57 2014년에 발표한 우리 논문의 연구 2였던 이 연구는 개입법 작성과 포네스쿠의 PERTS 플랫폼을 통한 실험 실시라는 양쪽 측면에서 모두 데이브 포네스쿠와 협업했다. 포네스쿠는 이 흥미로운 실험에 크게 기여했다. Yeager et al., "Boring but Important."

58 목적 실험에서 우리가 채택한 접근법과 비슷한 접근법을 채택한 다른 실험도 많다. 이런 실험에서는 참가자들에게 수업(대개 과학)의 관련성을 쓰도록 요청했고, 그 후 시간이 지나면서 학생들이 그 수업에서 더 뛰어난 성적을 거뒀음을 보여줬다. 이 분야에 상당한 영향력을 미친 '관련성' 실험은 위스콘신대학교 매디슨캠퍼스의 주디 해러케비치 박사의 실험실에서 개발했고, 처음에는 해러케비치의 제자인 크리스토퍼 헐먼이 주도했다. Chris S. Hulleman and Judith M. Harackiewicz, "Promoting Interest and Performance in High School Science Classes," *Science* 326, no. 5958 (December 2009): 1410–12, https://doi.org/10.1126/science.1177067; Judith M. Harackiewicz and Stacy J. Priniski, "Improving Student Outcomes in Higher Education: The Science of Targeted Intervention," *Annual Review of Psychology* 69 (January 2018): 409–35, https://doi.org/10.1146/annurevpsych-122216-011725.

59 먼추스 인터뷰.

60 "Damon Munchus," LinkedIn, accessed March 24, 2024, https://www.linkedin.com/in/damon-munchus-444b97/.

61 David Stillman and Jonah Stillman, *Gen Z @ Work: How the Next Generation Is Transforming the Workplace* (New York: HarperCollins, 2017).

62 David S. Yeager and Matthew J. Bundick, "The Role of Purposeful Work Goals in Promoting Meaning in Life and in Schoolwork during Adolescence," *Journal of Adolescent Research* 24, no. 4 (July 2009): 423–52, https://doi.org/10.1177/0743558409336749; David S. Yeager, Matthew J. Bundick, and Rebecca Johnson, "The Role of Future Work Goal Motives in Adolescent Identity Development: A Longitudinal Mixed-Methods Investigation," in "Identity Formation in Educational Settings," special issue,

Contemporary Educational Psychology 37, no. 3 (July 2012): 206–17, https:// doi.org/10.1016/j.cedpsych.2012.01.004.

63 Sian L. Beilock et al., “More on the Fragility of Performance: Choking under Pressure in Mathematical Problem Solving,” *Journal of Experimental Psychology: General* 133, no. 4 (December 2004): 584–600.

9장 소속감: 변화의 가능성을 가늠하는 지표

1 See page 613 in Claude M. Steele, “A Threat in the Air: How Stereotypes Shape Intellectual Identity and Performance,” *American Psychologist* 52, no. 6 (June 1997): 613–29, https:// doi.org/10.1037/0003-066X.52.6.613.

2 Christina Markert (not an alias) is a professor of physics at the University of Texas at Austin and participated in our Texas Mindset Initiative program. “Texas Mindset Initiative—Postsecondary,” Behavioral Science & Policy Institute, University of Texas at Austin, accessed March 24, 2024, https://txbspi.prc.utexas.edu/portfolio/texas-mindset-initiative-postsecondary/.

3 2022년 10월 잉게보그(가명)가 저자에게 한 이야기.

4 Gregory M. Walton and Geoffrey L. Cohen, “A Question of Belonging: Race, Social Fit, and Achievement,” *Journal of Personality and Social Psychology* 92, no. 1 (2007): 82–96, https://doi.org/10.1037/0022-3514.92.1.82.

5 Carol S. Dweck, “From Needs to Goals and Representations: Foundations for a Unified Theory of Motivation, Personality, and Development,” *Psychological Review* 124, no. 6 (November 2017): 689–719, https://doi.org/10.1037/rev0000082; Roy F. Baumeister and Mark R. Leary, “The Need to Belong: Desire for Interpersonal Attachments as a Fundamental Human Motivation,” *Psychological Bulletin* 117, no. 3 (May 1995): 497–529, https://doi.org/10.1037/0033-2909.117.3.497; Kipling D. Williams, “Ostracism: A Temporal Need-Threat Model,” in *Advances in Experimental Social Psychology*, ed. Mark P. Zanna, vol. 41 (Cambridge, MA: Academic Press, 2009), 275–314; Edward L. Deci and Richard M. Ryan, “The ‘What’ and ‘Why’ of Goal Pursuits: Human Needs and the Self-Determination of Behavior,” *Psychological Inquiry* 11, no. 4 (2000): 227–68, https://doi.org/10.1207/S15327965PLI1104_01.

6 Anthony J. DeCasper and William P. Fifer, “Of Human Bonding: Newborns Prefer Their Mothers’ Voices,” *Science* 208, no. 4448 (June 1980): 1174–76; Anthony J. DeCasper and Melanie J. Spence, “Prenatal Maternal Speech Influences Newborns’ Perception of Speech Sounds,” *Infant Behavior and Development* 9, no. 2 (April–June 1986): 133–50; Andrew N. Meltzoff and M. Keith Moore, “Newborn Infants Imitate Adult Facial Gestures,” *Child Development* 54 (1983): 702–09; György Gergely, Harold Bekkering, and Ildikó Király, “Developmental Psychology: Rational Imitation in Preverbal Infants,” Nature 415, no. 6873 (2002): 755; Jacques Mehler et al., “A Precursor of Language Acquisition in Young Infants,” *Cognition* 29, no. 2 (July 1988): 143–78; Olivier Pascalis, Michelle De Haan, and Charles A. Nelson, “Is Face Processing Species-Specific during the First Year of Life?,” *Science* 296, no. 5571 (May 2002): 1321–23.

7 DeCasper and Fifer, "Of Human Bonding."
8 Dweck, "From Needs to Goals and Representations."
9 Jeffry A. Simpson and Jay Belsky, "Attachment Theory within a Modern Evolutionary Framework," in *Handbook of Attachment: Theory, Research, and Clinical Applications*, ed. Jude Cassidy and Phillip R. Shaver, vol. 2 (New York: Guilford Press, 2008), 131–57.
10 Dweck, "From Needs to Goals and Representations."
11 Joseph Henrich and Francisco J. Gil-White, "The Evolution of Prestige: Freely Conferred Deference as a Mechanism for Enhancing the Benefits of Cultural Transmission," *Evolution and Human Behavior* 22, no. 3 (May 2001): 165–96; Eldon E. Snyder, "High School Student Perceptions of Prestige Criteria," *Adolescence* 7, no. 25 (Spring 1972): 129–36; Jerome H. Barkow, "Prestige and Culture: A Biosocial Interpretation," *Current Anthropology* 16, no. 4 (December 1975): 553–72; Joey T. Cheng et al., "Two Ways to the Top: Evidence That Dominance and Prestige Are Distinct yet Viable Avenues to Social Rank and Influence," *Journal of Personality and Social Psychology* 104, no. 1 (2013): 103–25, https://doi.org/10.1037/a0030398; J. K. Maner and C. R. Case, "Dominance and Prestige," in *Advances in Experimental Social Psychology*, ed. James M. Olson and Mark P. Zanna, vol. 54 (New York: Elsevier, 2016), 129–80, https://doi.org/10.1016/bs.aesp.2016.02.001.
12 Walton and Cohen, "A Question of Belonging."
13 이는 저자가 대학 이행 협력 프레젠테이션용으로 작성한 그림을 수정한 것으로, 이후 여러 논문에 게재되었다. David S. Yeager et al.,"Teaching a Lay Theory before College Narrows Achievement Gaps at Scale," *Proceedings of the National Academy of Sciences* 113, no. 24 (2016): E3341–48, https://doi.org/10.1073/pnas.1524360113; Gregory M. Walton and Shannon Brady, "The Many Questions of Belonging," in *Handbook of Competence and Motivation: Theory and Application*, ed. Andrew J. Elliot, Carol S. Dweck, and David S. Yeager (New York: Guilford Press, 2017), 272–93.
14 Stephanie Saul, "At N.Y.U., Students Were Failing Organic Chemistry. Who Was to Blame?," *New York Times*, October 3, 2022, https://www.nytimes.com/2022/10/03/us/nyu-organic-chemistry-petition.html.
15 Saul, "At N.Y.U., Students Were Failing Organic Chemistry."
16 Saul, "At N.Y.U., Students Were Failing Organic Chemistry."
17 Anastasia Makarova, Stephen Dickey, and Dagmar Divjak, eds., *Each Venture a New Beginning: Studies in Honour of Laura A. Janda* (Bloomington, IN: Slavica Publishers, 2017).
18 Laura Janda, "Treating Students With Respect," *Princeton Alumni Weekly*, December 9, 2022, https://paw.princeton.edu/inbox/treating-students-respect.
19 Saul, "At N.Y.U., Students Were Failing Organic Chemistry."
20 라즈 체티가 납세 신고서와 세대 간 부의 이전을 분석한 결과에 따르면, 프린스턴대학교는 아이비리그 대학교 중 부유한 가정 출신 학생 비율이 가장 높은 대학이자 빈곤한 가정 출신 학생 비율이 가장 낮은 대학이었다. 또한 학생이 프린스턴대학교에 다닌 후에 사회경제적 지위가 상승할 가능성을 반영하는 '유동성 지수'에서도 최하위를 기록했다.

프린스턴대학교 학생 중 약 44퍼센트는 가구 수입 상위 5퍼센트 출신이었던 반면, 하위 20퍼센트 출신인 학생의 비율은 2.2퍼센트에 불과했다. 후자의 수치는 가구 수입 상위 0.1퍼센트 출신 학생의 비율(전체 학생 중 3.1퍼센트)보다도 낮다. 전체적으로 프린스턴대학교 학생 중 가구 수입 하위 25퍼센트 가정 출신으로 입학해 나중에 상위 25퍼센트에 들어가는 학생의 비율은 1.3퍼센트에 불과했다.

21 Sarah Brown, "Race on Campus: 'Inclusive Excellence' Is Everywhere. What Does It Mean?," *Chronicle of Higher Education*, February 8, 2022, https://www.chronicle.com/newsletter/race-on-campus/2022-02-08.

22 M. C. Murphy, *Cultures of Growth: How the New Science of Mindset Can Transform Individuals, Teams and Organisations* (London: Simon & Schuster UK, 2024).

23 Elizabeth A. Canning et al., "STEM Faculty Who Believe Ability Is Fixed Have Larger Racial Achievement Gaps and Inspire Less Student Motivation in Their Classes," *Science Advances* 5, no. 2 (February 2019): eaau4734, https://doi.org/10.1126/sciadv.aau4734.

24 Aneeta Rattan and Nalini Ambady, "How 'It Gets Better': Effectively Communicating Support to Targets of Prejudice," *Personality and Social Psychology Bulletin* 40, no. 5 (May 2014): 555–66, https://doi.org/10.1177/0146167213519480.

25 "About Us," It Gets Better, accessed August 22, 2023, https://itgetsbetter.org/about/.

26 M. Jones and S. A. Fleming, *Organic Chemistry* (New York: W. W. Norton, 2014).

27 Gregory M. Walton and Geoffrey L. Cohen, "A Brief Social-Belonging Intervention Improves Academic and Health Outcomes of Minority Students," *Science* 331, no. 6023 (March 2011): 1447–51, https://doi.org/10.1126/science.1198364.

28 Shannon T. Brady et al., "A Brief Social-Belonging Intervention in College Improves Adult Outcomes for Black Americans," *Science Advances* 6, no. 18 (April 2020): eaay3689, https://doi.org/10.1126/sciadv.aay3689.

29 Yeager et al., "Teaching a Lay Theory before College Narrows Achievement Gaps at Scale."

30 Geoffrey D. Borman et al., "Reappraising Academic and Social Adversity Improves Middle School Students' Academic Achievement, Behavior, and Well-Being," *Proceedings of the National Academy of Sciences* 116, no. 33 (2019): 16286–91, https://doi.org/10.1073/pnas.1820317116.

31 Gregory M. Walton et al., "Where and with Whom Does a Brief Social-Belonging Intervention Promote Progress in College?," *Science* 380, no. 6644 (May 2023): 499–505, https://doi.org/10.1126/sci ence.ade4420.

32 "Social Belonging for College Students," PERTS, accessed March 24, 2024, https://www.perts.net/programs/cb.

33 Yeager et al., "Teaching a Lay Theory before College Narrows Achievement Gaps at Scale"; Gregory M. Walton and Timothy D. Wilson, "Wise Interventions: Psychological Remedies for Social and Personal Problems," *Psychological Review* 125, no. 5 (2018): 617–55, https://doi.org/10.1037/rev0000115; David S. Yeager and Gregory M. Walton, "Social-Psychological Interventions in Education: They're Not Magic," *Review of Educational Research* 81, no. 2 (June 2011): 267–301, https://doi.org/10.3102/0034654311405999;

Geoffrey L. Cohen et al., "Recursive Processes in Self-Affirmation: Intervening to Close the Minority Achievement Gap," *Science* 324, no. 5925 (April 2009): 400–403, https://doi.org/10.1126/science.1170769.

34 Cohen et al., "Recursive Processes in Self-Affirmation"; Yeager and Walton, "Social-Psychological Interventions in Education."

35 Yeager et al., "Teaching a Lay Theory before College Narrows Achievement Gaps at Scale."

36 이는 연구 프로젝트 회의 중에 제프리 코헨 박사가 저자에게 얘기한 표현이었다.

37 Yeager and Walton, "Social-Psychological Interventions in Education."

38 다음 소속감 안내서를 참조하라. G. M. Walton et al., "The Social-Belonging Intervention: A Guide for Use and Customization," Beta Draft, January 2017, http://gregorywalton-stanford.weebly.com/up loads/4/9/4/4/49448111/belonging_guide_overview-jan2017.pdf.

39 텍사스 마인드셋 계획(TxMI) 협력 프로그램은 텍사스대학교 오스틴캠퍼스 자연과학대(데이비드 밴던 바웃 학장과 멜리사 테일러 부학장)가 기획했고 크리스틴 패터슨 박사가 공동으로 주도했다.

40 TxMI는 마커트가 이 이야기를 들려주는 모습을 담은 동영상을 보유하고 있다. 저자 및 텍사스 행동과학정책연구소에 신청하면 볼 수 있다.

41 Bill Watterson, *The Complete Calvin and Hobbes*, (Kansas City, MO: Andrews McMeel Publishing, 2005).

42 David S. Yeager et al., "Declines in Efficacy of Anti-Bullying Programs among Older Adolescents: Theory and a Three-Level Meta-Analysis," *Journal of Applied Developmental Psychology* 37 (March–April 2015): 36–51, https://doi.org/10.1016/j.appdev.2014.11.005.

43 Yeager et al., "Declines in Efficacy of Anti-Bullying Programs among Older Adolescents."

44 Robert Faris and Diane Felmlee, "Status Struggles: Network Centrality and Gender Segregation in Same-and Cross-Gender Aggression," *American Sociological Review* 76, no. 1 (2011): 48–73, https://doi.org/10.1177/0003122410396196.

45 Rosalind Wiseman, *Queen Bees and Wannabes: Helping Your Daughter Survive Cliques, Gossip, Boyfriends, and the New Realities of Girl World*, 2nd ed. (New York: Three River Press, 2009); Rosalind Wiseman, *Masterminds & Wingmen: Helping Our Boys Cope With Schoolyard Power, Locker-Room Tests, Girlfriends, and the New Rules of Boy World* (New York: Harmony, 2014).

46 Bruce J. Ellis et al., "The Meaningful Roles Intervention: An Evolutionary Approach to Reducing Bullying and Increasing Prosocial Behavior," *Journal of Research on Adolescence* 26, no. 4 (December 2016): 622–37, https://doi.org/10.1111/jora.12243; Joseph P. Allen, Susan Philliber, and Kathy Herre, "Programmatic Prevention of Adolescent Problem Behaviors: The Role of Autonomy, Relatedness, and Volunteer Service in the Teen Outreach Program," *American Journal of Community Psychology* 22, no. 5 (October 1994): 595–615, https://doi.org/10.1007/BF02506896.

47 Carol S. Dweck, *Mindset: The New Psychology of Success* (New York: Random House,

2006); Carol S. Dweck and David S. Yeager, "Mindsets: A View from Two Eras," *Perspectives on Psychological Science* 14, no. 3 (February 2019): 481–96, https://doi.org/10.1177/1745691618804166.

48 Chi-yue Chiu, Ying-yi Hong, and Carol S. Dweck, "Lay Dispositionism and Implicit Theories of Personality," *Journal of Personality and Social Psychology* 73, no. 1 (1997): 19–30, https://doi.org/10.1037/0022-3514.73.1.19; Cynthia A. Erdley et al., "Relations among Children's Social Goals, Implicit Personality Theories, and Responses to Social Failure," *Developmental Psychology* 33, no. 2 (1997): 263–72, https://doi.org/10.1037/0012-1649.33.2.263; Benjamin M. Gervey et al., "Differential Use of Person Information in Decisions about Guilt versus Innocence: The Role of Implicit Theories," *Personality and Social Psychology Bulletin* 25, no. 1 (January 1999): 17–27, https:// doi.org/10.1177/0146167299025001002; Daniel C. Molden and Carol S. Dweck, "Finding 'Meaning' in Psychology: A Lay Theories Approach to Self-Regulation, Social Perception, and Social Development," *American Psychologist* 61, no. 3 (April 2006): 192–203, https://doi.org/10.1037/0003-066X.61.3.192; David S. Yeager and Hae Yeon Lee, "The Incremental Theory of Personality Intervention," in *Handbook of Wise Interventions: How Social-Psychological Insights Can Help Solve Problems*, ed. Gregory M. Walton and Alia J. Crum (New York: Guilford Press, 2021), 305–23; David S. Yeager et al., "The Far-Reaching Effects of Believing People Can Change: Implicit Theories of Personality Shape Stress, Health, and Achievement during Adolescence," *Journal of Personality and Social Psychology* 106, no. 6 (2014): 867–84, https://doi.org/10.1037/a0036335.

49 Yeager and Lee, "The Incremental Theory of Personality Intervention"; David S. Yeager, Hae Yeon Lee, and Jeremy P. Jamieson, "How to Improve Adolescent Stress Responses: Insights from Integrating Implicit Theories of Personality and Biopsychosocial Models," *Psychological Science* 27, no. 8 (August 2016): 1078–91, https://doi.org/10.1177/0956797616649604; Adriana S. Miu and David S. Yeager,"Preventing Symptoms of Depression by Teaching Adolescents That People Can Change: Effects of a Brief Incremental Theory of Personality Intervention at 9-Month Follow-Up," *Clinical Psychological Science* 3, no. 5 (September 2015): 726–43, https://doi.org/10.1177/2167702614548317; David S. Yeager and Carol S. Dweck, "Mindsets and Adolescent Mental Health," *Nature Mental Health* 1, no. 2 (2023): 79–81; David S. Yeager, Kali H. Trzesniewski, and Carol S. Dweck, "An Implicit Theories of Personality Intervention Reduces Adolescent Aggression in Response to Victimization and Exclusion," *Child Development* 84, no. 3 (May/June 2013): 970–88, https://doi.org/10.1111/cdev.12003.

50 Yeager and Lee, "The Incremental Theory of Personality Intervention."

51 이 이야기 구조의 영감은 아니타 라탄이 주도한 실험에서 얻었다. Aneeta Rattan and Carol S. Dweck, "Who Confronts Prejudice? The Role of Implicit Theories in the Motivation to Confront Prejudice," *Psychological Science* 21, no. 7 (July 2010): 952–59, https://doi.org/10.1177/0956797610374740.

52 Eran Halperin et al., "Promoting the Middle East Peace Process by Changing Beliefs about Group Malleability," *Science* 333, no. 6050 (August 2011): 1767–69, https://doi.org/10.1126/science.1202925; Amit Goldenberg, Tamar Saguy, and Eran Halperin, "How Group-Based Emotions Are Shaped by Collective Emotions: Evidence for Emotional Transfer and Emotional Burden," *Journal of Personality and Social Psychology* 107, no. 4 (October 2014): 581–96, https://doi.org/10.1037/a0037462.

53 Halperin et al., "Promoting the Middle East Peace Process by Changing Beliefs about Group Malleability."

54 David S. Yeager et al., "Adolescents' Implicit Theories Predict Desire for Vengeance after Peer Conflicts: Correlational and Experimental Evidence," *Developmental Psychology* 47, no. 4 (2011): 1090–107, https://doi.org/10.1037/a0023769.

55 David S. Yeager et al., "A National Experiment Reveals Where a Growth Mindset Improves Achievement," *Nature* 573, no. 7774 (August 2019): 364–69, https://doi.org/10.1038/s41586-019-1466-y.

56 David S. Yeager, "Texas Longitudinal Study of Adolescent Stress Resilience and Health, 2016–2019" (Interuniversity Consortium for Political and Social Research [distributor], 2022), https:// doi.org/10.3886/ICPSR38180.v1; Jeni L. Burnette et al., "A Systematic Review and Meta-Analysis of Growth Mindset Interventions: For Whom, How, and Why Might Such Interventions Work?," *Psychological Bulletin* 149, no. 3–4 (March–April 2022): 174–205.

57 Yeager, Trzesniewski, and Dweck, "An Implicit Theories of Personality Intervention Reduces Adolescent Aggression in Response to Victimization and Exclusion."

58 Kipling D. Williams and Blair Jarvis, "Cyberball: A Program for Use in Research on Interpersonal Ostracism and Acceptance," *Behavior Research Methods* 38, no. 1 (February 2006): 174–80, https:// doi.org/10.3758/BF03192765.

59 이 실험에서 공격성은 참가자를 따돌린 또래가 매운 음식을 싫어한다는 사실을 알면서도 뿌린 핫소스의 양으로 측정했다. 이 방법에 대한 자세한 사항은 다음을 참조하라. Joel D. Lieberman et al., "A Hot New Way to Measure Aggression: Hot Sauce Allocation," *Aggressive Behavior* 25, no. 5 (January 1999): 331–48, https://doi.org/10.1002/(SICI)1098-2337(1999)25:5<331::AID-AB2>3.0.CO;2-1. 온라인 보충 자료에서 핫소스를 뿌리는 결정이 현실 세계 공격 행동을 충분히 대리할 수 있는 지표임을 검증했다. Yeager, Trzesniewski, and Dweck, "An Implicit Theories of Personality Intervention Reduces Adolescent Aggression in Response to Victimization and Exclusion."

60 이 실험은 이해연 박사의 공헌이 있었기에 가능했다. Yeager, Lee, and Jamieson, "How to Improve Adolescent Stress Responses."

61 Clemens Kirschbaum, Karl-Martin Pirke, and Dirk H. Hellhammer, "The 'Trier Social Stress Test'—a Tool for Investigating Psychobiological Stress Responses in a Laboratory Setting," *Neuropsychobiology* 28, no. 1–2 (1993): 76–81, https://doi.org/10.1159/000119004.

62 구체적으로 우리 실험에서는 기저선 및 처치집단과 비교할 때 통제 조건에서 코르티솔 증가, 테스토스테론 감소, TPR 증가가 나타났다. Yeager, Lee, and Jamieson, "How to

Improve Adolescent Stress Responses."

63 Yeager, "Texas Longitudinal Study of Adolescent Stress Resilience and Health, 2016–2019."

64 Yeager and Dweck, "Mindsets and Adolescent Mental Health."

65 Jessica Schleider and John Weisz, "A Single-Session Growth Mindset Intervention for Adolescent Anxiety and Depression: 9-Month Outcomes of a Randomized Trial," *Journal of Child Psychology and Psychiatry* 59, no. 2 (February 2018): 160–70; Jessica L. Schleider and John R. Weisz, "Little Treatments, Promising Effects? Meta-Analysis of Single-Session Interventions for Youth Psychiatric Problems," *Journal of the American Academy of Child & Adolescent Psychiatry* 56, no. 2 (February 2017): 107–15, https://doi.org/10.1016/j.jaac.2016.11.007.

66 기존 임상심리학 치료 및 요법과 내가 개발한 1회성 개입법을 비교한 논의는 다음을 참조하라. Jessica Schleider, *Little Treatments, Big Effects: How to Build Meaningful Moments That Can Transform Your Mental Health* (London: Little, Brown, 2023).

10장 모두가 충분히 뛰어나다는 확신

1 2016년 6월에서 2024년 2월 사이에 키반 스태선과 저자가 나눈 인터뷰.

2 스태선 인터뷰 및 2021년 9월에 조시 페퍼와 저자가 나눈 인터뷰. 스태선과 댄은 CBS 탐사보도 프로그램 〈60분〉에도 소개됐다. "Recruiting for Talent on the Autism Spectrum," *60 Minutes*, October 4, 2020, https://www.cbsnews.com/news/autism-employment-60-minutes-2020-10-04/.

3 "About Me," Keivan G. Stassun, Vanderbilt University, accessed March 24, 2024, http://astro.phy.vanderbilt.edu/~stassuk/about.htm.

4 Sarah Brown, "Race on Campus: 'Inclusive Excellence' Is Everywhere. What Does It Mean?," *Chronicle of Higher Education*, February 8, 2022, https://www.chronicle.com/newsletter/race-on-campus/2022-02-08.

5 "All about Us," The Frist Center for Autism and Innovation, Vanderbilt University, accessed July 12, 2020, https://www.vander bilt.edu/autismandinnovation/all-about-us/.

6 "Autism," Newsroom, World Health Organization, November 15, 2023, https://www.who.int/news-room/fact-sheets/detail/autism-spectrum-disorders.

7 "Claire Barnett," Vanderbilt University, accessed October 3, 2019, https://wp0.vanderbilt.edu/tedxvu/previ ousspeakers/claire-barnett/.

8 Claire Barnett, "Why Autistic Unemployment Is So High," TEDxVanderbiltUniversity, posted on YouTube on January 2, 2020, https://www.you tube.com/watch?v=FVZu557_k04.

9 페퍼 인터뷰.

10 Katie Rose Guest Pryal, "When 'Rigor' Targets Disabled Students," *Chronicle of Higher Education*, October 6, 2022, The Review, https://www.chronicle.com/article/when-rigor-targets-disabled-students; Beckie Supiano, "The Redefinition of Rigor," *Chronicle of Higher Education*, March 29, 2022, News, https://www.chronicle.com/article/the-

redefinition-of-rigor.
11 Sarah Brown, "'Race on Campus."
12 Sarah-Jane Leslie et al., "Expectations of Brilliance Underlie Gender Distributions across Academic Disciplines," *Science* 347, no. 6219 (January 2015): 262–65, https://doi.org/10.1126/science.1261375.
13 Leslie et al., "Expectations of Brilliance Underlie Gender Distributions across Academic Disciplines."
14 Casey Miller and Keivan Stassun, "A Test That Fails," *Nature* 510, no. 7504 (June 2014): 303–04.
15 Katie Langin, " 'GRExit' Gains Momentum as Ph.D. Programs Drop Exam Requirement," *Science*, November 29, 2022, accessed March 24, 2024, https://www.science.org/content/article/gre-exit-gains-momentum-ph-d-programs-drop-exam-requirement-amid-pandemic.
16 KIPP Foundation, "College Presidents Convening Panel—Keivan Stassun," posted on Vimeo in 2016, https://vimeo.com/178173553.
17 2022년 3월 텍사스주 오스틴의 텍사스 행동과학정책연구소에서 열린 연구 강연.
18 Fabienne A. Bastien et al., "An Observational Correlation between Stellar Brightness Variations and Surface Gravity," *Nature* 500, no. 7463 (2013): 427–30.
19 이 사실을 비롯한 다른 통계의 출처는 스태선과 나눈 인터뷰이며 다음에서 볼 수 있다. KIPP Foundation, "College Presidents Convening Panel—Keivan Stassun."
20 Miller and Stassun, "A Test That Fails."
21 Francis A. Pearman, "The Effect of Neighborhood Poverty on Math Achievement: Evidence from a Value-Added Design," *Education and Urban Society* 51, no. 2 (February 2019): 289–307, https://doi.org/10.1177/0013124517715066.
22 수학 성적이 전반적으로 낮은 베가의 출신고는 1920년대 당시 샌안토니오 부동산업자들이 백인 구매자에게는 판매할 수 없다고 여겼던 주택가에 있었다. 따라서 대출은 적었고 부동산 가치도 좀처럼 오르지 않았다. 많은 연구가 미국의 인종차별적 불평등의 지독한 구조적 기원을 다뤘다. 지난 세기의 정책에 초점을 맞춘 증거를 요약한 내용을 다음에서 찾아볼 수 있다. Richard Rothstein, *The Color of Law: A Forgotten History of How Our Government Segregated America* (New York: Liveright Publishing, 2017).
23 로라 베가와 관련된 언급은 모두 2021년 9월부터 세 차례에 걸쳐 베가와 저자가 나눈 인터뷰 및 스태선과 나눈 세 차례의 인터뷰에서 나온 내용이다. 베가는 별을 본 이야기를 저자에게 직접 들려줬고, 2년 후에 글로 발표하기도 했다. "First a Bridge Program Graduate, Now a NASA Astrophysicist," *APSNews*, January 2023, http://www.aps.org/publica tions/apsnews/202301/bridge.cfm.
24 2023년 6월에 그레이트스쿨스 웹사이트를 사용해 저자가 실시한 분석.
25 "Eric Schlegel, Ph.D.," College of Sciences, University of Texas at San Antonio, accessed March 24, 2024, https://sciences.utsa.edu/faculty/profiles/schlegel-eric.html.
26 E. M. Schlegel et al., "NGC 5195 in M51: Feedback 'Burps' after a Massive Meal?," *Astrophysical Journal* 823, no. 2 (May 2016): 75, https://doi.org/10.3847/0004-637X/823/2/75.

27 "The Vaughan Family Endowed Professorship in Physics," University of Texas at San Antonio, accessed March 24, 2024, https://www.utsa.edu/endowed/profiles/vaughan-family.html; "Laura Vega," College of Sciences, University of Texas at San Antonio, December 7, 2020, https://sciences.utsa.edu/spotlights/alumni/2020/laura-vega.html.

28 Ronald A. Taylor, "A Degree Of Success: 'Stereotype Vulnerability' Being Overcome As Black Students Raise Their SAT Scores And Collect More Degrees," *Black Issues in Higher Education*, 13, no. 26 (Feb. 1996): 18.

29 2023년 2월에 프래티나 웨어와 저자가 나눈 인터뷰.

30 James Fraser and Jacqueline Jordan Irvine, " 'Warm Demanders': Do National Certification Standards Leave Room for the Culturally Responsive Pedagogy of African-American Teachers?," *Education Week* 17, no. 35 (1998): 55–56.

31 Judith Kleinfeld, "Effective Teachers of Eskimo and Indian Students," *School Review* 83, no. 2 (February 1975): 301–44, https://doi.org/10.1086/443191.

32 Franita Ware, "Warm Demander Pedagogy: Culturally Responsive Teaching That Supports a Culture of Achievement for African American Students," *Urban Education* 41, no. 4 (July 2006): 427–56, https://doi.org/10.1177/0042085906289710.

33 Ware, "Warm Demander Pedagogy."

34 Roger C. Shouse, "Academic Press and Sense of Community: Conflict, Congruence, and Implications for Student Achievement," *Social Psychology of Education* 1, no. 1 (March 1996): 47–68.

35 "High School & Beyond (HS&B)," National Center for Education Statistics, accessed March 24, 2024, https://nces.ed.gov/surveys/hsb/.

36 스태선 인터뷰. 다음도 참조하라. Kevin Waldron, "Astrophysicist Keivan Stassun Wins 2018 AAAS Mentor Award," American Association for the Advancement of Science (AAAS), February 15, 2018, https://www.aaas.org/news/astrophysicist-keivan-stassun-wins-2018-aaas-mentor-award.

37 George P. Chrousos and Alexios-Fotios A. Mentis, "Imposter Syndrome Threatens Diversity," *Science* 367, no. 6479 (February 2020): 749–50.

38 키반 스태선은 2022년 3월에 저자를 방문했다.

11장 영향력 있는 어른들의 이야기

1 "'Justice, Justice You Shall Pursue' Deuteronomy 16:20," *Lerner School* (blog), September 3, 2019, https://lernerschool.org/2019/09/justice-justice-you-shall-pursue/.

2 Marie Barnidge-McIntyre, "Ralph Dalton Cornell, FASLA," *Eden: Journal of the California Garden & Landscape History Society* 17, no. 4 (Fall 2014): 3–8; Brian Tichenor, "Ralph Cornell—California's First Landscape Architect," posted on YouTube by Claremont Heritage, April 23, 2021, https://www.youtube.com/watch?v=Psf71WjTb54; "The Landscape Designs of Ralph Cornell," The Huntington, November 12, 2017, accessed March 24, 2024, https://huntington.org/videos-and-recorded-programs/landscape-designs-ralph-cornell; "Ralph Cornell—Southern California Dean of Landscape Architecture," The Cultural Landscape Foundation, accessed March 24, 2024,

https://www.tclf.org/news/features/ralph-cornell-south ern-california-dean-landscape-architecture; Wikipedia, s.v. "Ralph D. Cornell," last modified March 17, 2023, https://en.wikipedia.org/w/index.php?title=Ralph_D._Cornell&oldid=1145140189.

3 Erik Larson, *The Devil in the White City: Murder,Magic, and Madness at the Fair That Changed America* (New York: Vintage, 2004).

4 Barnidge-McIntyre, "Ralph Dalton Cornell, FASLA"; Tichenor, "Ralph Cornell"; "The Landscape Designs of Ralph Cornell"; "Ralph Cornell—Southern California Dean of Landscape Architecture"; Wikipedia, s.v. "Ralph D. Cornell."

5 Ibid.

6 Ibid.

7 2023년 6월과 7월에 브라이언 티치너, 마리 바니지-매킨타이어와 저자가 나눈 인터뷰.

8 Barnidge-McIntyre,"Ralph Dalton Cornell, FASLA"; "Ralph Cornell—Southern California Dean of Landscape Architecture."

9 Tichenor, "Ralph Cornell"; Ralph D. Cornell et al., "Half a Century as a Southern California Landscape Architect" (Oral History Program, University of California, Los Angeles, 1970), https://static.library.ucla.edu/oralhistory/text/masters/21198-zz0009023k-4-master.html.

10 Cornell et al., "Half a Century as a Southern California Landscape Architect."

11 Cornell et al., "Half a Century as a Southern California Landscape Architect."

12 이 만남은 2023년 2월에 텍사스주 오스틴에서 있었다. 타투 아티스트는 구글 이미지 검색에서 찾은 식물 이미지가 아니라 랠프 코넬의 삽화 이미지를 참고한다고 말했다.

13 Cornell et al., "Half a Century as a Southern California Landscape Architect."

14 2023년 6월 브라이언 티치너와 저자가 나눈 인터뷰. 다음도 참조하라. Tichenor, "Ralph Cornell."

15 Louise A. Mozingo and Linda Jewell, eds., *Women in Landscape Architecture: Essays on History and Practice* (Jefferson, NC: McFarland, 2011).

16 University of Notre Dame, "Daniel Lapsley," Department of Psychology, University of Notre Dame, accessed March 25, 2024, https://psychology.nd.edu/people/daniel-lapsley/.

17 랩슬리에 관한 이 이야기의 출처는 저자와 랩슬리가 나눈 개인적인 대화와 랩슬리가 쓴 글이다. Daniel K. Lapsley, "Strangers, Mentors and Freud," in *The Ones We Remember: Scholars Reflect on Teachers Who Made a Difference*, ed. Frank Pajares and Timothy Urdan, Adolescence and Education (Charlotte, NC: Information Age Publishing, 2008), 189–94. 2023년 가을에 랩슬리가 이 정보의 사실 여부를 직접 확인해줬다.

18 Lapsley, "Strangers, Mentors and Freud."

19 David S. Yeager et al., "Loss of Institutional Trust among Racial and Ethnic Minority Adolescents: A Consequence of Procedural Injustice and a Cause of Lifespan Outcomes," *Child Development* 88, no. 2 (2017): 658–76.

20 Drew H. Bailey et al., "Persistence and Fade-Out of Educational-Intervention Effects: Mechanisms and Potential Solutions," *Psychological Science in the Public Interest* 21, no. 2 (October 2020): 55–97; Drew Bailey et al., "Persistence and Fadeout in the Impacts of

Child and Adolescent Interventions," *Journal of Research on Educational Effectiveness* 10, no. 1 (January 2017): 7–39, https://doi.org/10.1080/19345747.2016.1232459.

21 트레이스만은 미적분학 강의와 더불어 고등교육에서 미적분학의 방향을 변경하는 정책 구상도 주도해왔다. 미적분학이 학생의 학업 진로에 필요 이상으로 영향을 미칠 수 있기 때문이다. 다음은 이 목적을 달성하고자 애쓰는 단체들이 발표한 보고서들이다. 이런 보고서들은 고등교육에서 미적분학이 하는 게이트키핑 역할도 다룬다. Karen Saxe and Linda Braddy, *A Common Vision for Undergraduate Mathematical Sciences Programs in 2025* (Washington, DC: Mathematical Association of America, 2015), https://maa.org/sites/default/files/pdf/CommonVisionFinal.pdf; SusanL. Ganter and William E. Haver, eds., *Partner Discipline Recommendations for Introductory College Mathematics and the Implications for College Algebra* (Washington, DC: Mathematical Association of America, 2011), https://maa.org/sites/default/files/pdf/CUPM/crafty/introreport.pdf; Charles A. Dana Center at the University of Texas at Austin, *Launch Years: A New Vision for the Transition from High School to Postsecondary Mathematics* (Austin, TX: 2020), https://www.utdanacenter.org/sites/default/files/2020-03/Launch-Years-A-New-Vision-report-March-2020.pdf; Pamela Burdman, *Degrees of Freedom: Diversifying Math Requirements for College Readiness and Graduation*, (Oakland, CA: LearningWorks, 2015), https://edpolicyinca.org/sites/default/files/PACE%201%2008-2015.pdf; Pamela Burdman et al., *Multiple Paths Forward: Diversifying Mathematics as a Strategy for College Success* (San Francisco: WestEd & Just Equations, 2018).

22 폴 터프가 유리 트레이스만의 수업을 다룬 책에는 신입생 미적분학 강의를 바라보는 학생의 관점이 잘 나타나 있다. Paul Tough, *The Inequality Machine: How College Divides Us* (New York: Mariner Books, 2021).

23 신입생 대상 미적분학 수업은 게이트키퍼와 같다: Pamela Burdman and Veronica Anderson, "Calculus Acts as a Gatekeeper," *Inside Higher Ed*, September 11, 2022, accessed March 25, 2024, https://www.insidehighered.com/admissions/views/2022/09/12/admissions-offices-need-change-way-they-treat-calculus-opinion.

24 This problem framing was shared by Treisman and his collaborator (and the author's mentor) Tony Bryk, in their work reforming community college math, Anthony S. Bryk and Uri Treisman, "Make Math a Gateway, Not a Gatekeeper," *Chronicle of Higher Education*, April 18, 2010, https://www.chronicle.com/article/make-math-a-gateway-not-a-gatekeeper/.

25 "Philip Uri Treisman," MacArthur Foundation, 1992, https://www.macfound.org/fellows/class-of-1992/philip-uri-treisman.

26 이를 비롯해 워크숍에 관한 모든 데이터는 워크숍을 평가하고 교훈을 이끌어낸 일련의 평가 연구 및 논문에서 찾아볼 수 있다. Uri Treisman, "Studying Students Studying Calculus: A Look at the Lives of Minority Mathematics Students in College," *College Mathematics Journal* 23, no. 5 (1992): 362–72, https://doi.org/10.2307/2686410; Philip Uri Treisman, *Improving the Performance of Minority Students in College-Level Mathematics*, vol. 5 (Washington, DC: Distributed by ERIC Clearinghouse, 1983), n17; Robert E. Fullilove and Philip Uri Treisman, "Mathematics Achievement among

African American Undergraduates at the University of California, Berkeley: An Evaluation of the Mathematics Workshop Program," *Journal of Negro Education* 59, no. 3 (Summer 1990): 463–78; Eric Hsu, Teri J. Murphy, and Uri Treisman, "Supporting High Achievement in Introductory Mathematics Courses: What We Have Learned from 30 Years of the Emerging Scholars Program," in *Making the Connection: Research and Teaching in Undergraduate Mathematics Education*, ed. Marilyn P. Carlson and Chris Rasmussen (Washington, DC: Mathematical Association of America, 2008): 205–20; Rose Asera, "Calculus and Community: A History of the Emerging Scholars Program," *Report of the National Task Force on Minority High Achievement* (New York: College Board, 2001).

27 Treisman, "Studying Students Studying Calculus."

28 2009년 로즈 애지라와 저자가 나눈 인터뷰.

29 이 장에 실은 내용은 15년에 걸쳐 150시간이 넘도록 실시한 관찰과 인터뷰를 바탕으로 작성했다. 저자는 2016~2017년에 트레이스만의 강의를 30~50퍼센트 가량 참관했다. 강의 참관 후에는 매번 트레이스만이나 그의 조교인 에리카 윈터러까지 참석한 자리에서 이야기를 나눴다.

30 저자는 2013년에 폴 터프가 오스틴에 방문했을 때 그를 대신해서 포커스 그룹을 실시했다. 이렇게 해서 터프는 그의 잡지 기사에 소개할 학생을 찾아냈다. Paul Tough, "Who Gets to Graduate?," *New York Times Magazine*, May 15, 2014, https://www.nytimes.com/2014/05/18/magazine/who-gets-to-graduate.html.

31 여기에서 소개한 세부 사항 중 일부는 폴 터프의 훌륭한 책과 보도에서 얻었다. 나머지는 저자의 독자적인 취재와 15년에 걸쳐 트레이스만과 나눈 대화에서 얻었다. 예를 들어 터프도 정육점 주인 루이스에 대해서 썼지만, 트레이스만은 이 장에서 소개한 사연을 따로 저자에게 들려줬고, 터프의 책에서 다룬 내용과는 다른 부분을 강조했다. Tough, *The Inequality Machine*.

32 의심 많은 독자들을 위해 언급하자면, 이 일화는 다소 믿기 힘들지만 세부 사항을 정보원 두 사람에게 확인했고, 이전에도 여러 인쇄 매체에 소개된 내용이다. Joanne Peeples et al., "Yueh-Gin Gung and Dr. Charles Y. Hu Award for 2019 to Philip Uri Treisman for Distinguished Service to Mathematics," *American Mathematical Monthly* 126, no. 3 (March 2019): 195–98, https://doi.org/10.1080/00029890.2019.1551605.

33 Robert Sanders, "Leon Henkin, Advocate for Diversity in Math & Science,Has Died," *BerkeleyNews*, November 9, 2006, https://newsarchive.berkeley.edu/news/media/releases/2006/11/09_henkin.shtml.

34 Cornell et al., "Half a Century as a Southern California Landscape Architect."

35 Cornell et al., "Half a Century as a Southern California Landscape Architect."

36 Cornell et al., "Half a Century as a Southern California Landscape Architect."

37 Cornell et al., "Half a Century as a Southern California Landscape Architect."

38 티치너 인터뷰.

39 Tichenor, "Ralph Cornell"; Barnidge-McIntyre, "Ralph Dalton Cornell, FASLA."

40 Barnidge-McIntyre, "Ralph Dalton Cornell, FASLA."

41 2010년에서 2024년 사이에 유리 트레이스만과 저자가 나눈 인터뷰.

42 Treisman, *Improving the Performance of Minority Students in College-Level Mathematics*.
43 Asera, "Calculus and Community"; Hsu, Murphy, and Treisman, "Supporting High Achievement in Introductory Mathematics Courses"; Fullilove and Treisman, "Mathematics Achievement among African American Undergraduates at the University of California, Berkeley"; Treisman, "Studying Students Studying Calculus"; Kalyn Culler Cohen, "Giving Voice to Ideas: The Role Description Plays in the Diffusion of Radical Innovations" (master's thesis, Massachusetts Institute of Technology, 1999).
44 저자는 이 표현을 UCLA 심리학과 교수 제임스 스티글러에게 처음 들었다. 사이언 베일락과 제라도 라미레스의 연구도 참조하라. Sian L. Beilock and Erin A. Maloney, "Math Anxiety: A Factor in Math Achievement Not to Be Ignored," *Policy Insights from the Behavioral and Brain Sciences* 2, no. 1 (October 2015): 4–12, https://doi.org/10.1177/2372732215601438; Gerardo Ramirez et al., "Teacher Math Anxiety Relates to Adolescent Students' Math Achievement," *AERA Open* 4, no. 1 (February 1, 2018): 1–13, https://doi.org/10.1177/2332858418756052.
45 Cornell et al., "Half a Century as a Southern California Landscape Architect."
46 Cornell et al., "Half a Century as a Southern California Landscape Architect."
47 Tough, *The Inequality Machine*; "The Campus Tour Has Been Cancelled," *This American Life*, March 12, 2021, https://www.thisamericanlife.org/734/the-campus-tour-has-been-cancelled.
48 폴 터프는 자신의 책과 라디오 프로그램 〈디스 아메리칸 라이프(This American Life)〉에서 이본을 소개했다. 저자는 2020년 8월에 이본을 만나서 인터뷰했다. 당시 대학교 4학년이었던 이본은 유리 트레이스만 미적분학 수업의 조교였고, 저자는 트레이스만의 시너지 마인드셋 개입법(8장 참고) 시행을 돕고 있었다. Tough, *The Inequality Machine*; "The Campus Tour Has Been Cancelled."

12장 성장을 위한 서사 만들기

1 "Kurt Hahn Quote," A-Z Quotes, accessed March 25, 2024, https://www.azquotes.com/quote/910872.
2 David S. Yeager et al., "Teaching a Lay Theory before College Narrows Achievement Gaps at Scale;" David S. Yeager et al., "Adolescents' Implicit Theories Predict Desire for Vengeance after Peer Conflicts: Correlational and Experimental Evidence."
3 Richard Whitmire, "How KIPP Learned the Truth about Its Students' College Completion and Inspired Others to Do the Same," *Chalkbeat*, September 12, 2016, https:// www.chalkbeat.org/2016/9/12/21100341/how-kipp-learned-the-truth-about-its-stu dents-college-completion-and-inspired-others-to-do-the-same/.
4 Yeager et al., "Teaching a Lay Theory before College Narrows Achievement Gaps at Scale."
5 이 일은 2010년대 중반 어느 여름날 스티브 배스킨이 스칼렛을 포함한 저자의 가족을 데리고 캠핑에 나섰던 때에 일어났다.
6 커멘츠는 2011년에 저자에게 이 분석을 설명했다. 이는 YES 프렙 차터 스쿨에 다니는 학생들을 대상으로 실시한 분석이었다. 안타깝게도 이 분석은 공표된 적이 없으므로 확

정적인 결과가 아니라 시사하는 바에 그친다.
7 James Youniss and Miranda Yates, *Community Service and Social Responsibility in Youth* (Chicago: University of Chicago Press, 1997).
8 Anne van Goethem et al., "The Role of Reflection in the Effects of Community Service on Adolescent Development: A Meta-Analysis," *Child Development* 85, no. 6 (November/December 2014): 2114–30, https://doi.org/10.1111/cdev.12274.
9 예를 들어 아마드 살레는 훌륭한 연구 조교였다.
10 Gregory M. Walton and Geoffrey L. Cohen, "A Brief Social-Belonging Intervention Improves Academic and Health Outcomes of Minority Students," *Science* 331, no. 6023 (March 2011): 1447–51, https://doi.org/10.1126/science.1198364.
11 David S. Yeager, "Pilot Evaluation of the Effects of Summer Camp on College Enrollment," *Open Science Framework*, August 7, 2021, https:// osf.io/362z5/.
12 Yeager, "Pilot Evaluation of the Effects of Summer Camp."
13 이 인터뷰는 2023년 1월에서 3월 사이에 실시했다. 인터뷰 중에 저자는 캠프 참가자들의 답변에 영향을 끼치지 않도록 인터뷰가 끝날 때까지 캠프 챔피언스와의 관련을 조금도 밝히지 않았다.
14 "Fish Camp," Texas A&M, accessed March 25, 2024, https://fishcamp.tamu.edu/.

부록: 실천하기

1 Rosalind Wiseman, *Queen Bees and Wannabes: Helping Your Daughter Survive Cliques, Gossip, Boyfriends, and the New Realities of Girl World*, 2nd ed. (New York: Three River Press, 2009).
2 Becky Kennedy, *Good Inside: A Guide to Becoming the Parent You Want to Be* (New York: HarperCollins, 2022).
3 2022년 3월 텍사스주 오스틴에서 있었던 대화.
4 Airbnb, "Black@Airbnb Releases Employee Resource Group Manual," *Airbnb Newsroom* (blog), February 28, 2022, https://news.airbnb.com/em ployee-resource-group-manual/.
5 Arthur Aron et al., "The Experimental Generation of Interpersonal Closeness: A Procedure and Some Preliminary Findings," *Personality and Social Psychology Bulletin* 23, no. 4 (1997): 363–77.
6 "36 Questions for Increasing Closeness," Greater Good in Action, accessed March 25, 2024, https://ggia.berkeley.edu/practice/36_questions_for_increasing_closeness.
7 Cameron A. Hecht et al., "Peer-Modeled Mindsets: An Approach to Customizing Life Sciences Studying Interventions," *CBE—Life Sciences Education* 21, no. 4 (December 2022): ar82, https://doi.org/10.1187/cbe.22-07-0143.
8 Nicole M. Stephens, MarYam G. Hamedani, and Mesmin Destin, "Closing the Social-Class Achievement Gap: A Difference-Education Intervention Improves First-Generation Students' Academic Performance and All Students' College Transition," *Psychological Science* 25, no. 4 (2014): 943–53, https://doi.org/10.1177/0956797613518349.
9 National Academies of Sciences, Engineering, and Medicine, *The Science of Effective Mentorship in STEMM* (Washington, DC: National Academies Press, 2019), https://doi.

org/10.17226/25568.

10 Katy Perry, "Super Bowl XLIX Halftime Show," February 1, 2015, posted on YouTube by pntherpaw on February 3, 2015, https://www.youtube.com/watch?v=WmcWZ2Bzoho.

11 "The Office (TV Series 2005–2013)," IMDb, accessed March 25, 2024, https://www.imdb.com/title/tt0386676/.

옮긴이 이은경

연세대학교에서 영어영문학과 심리학을 공부했다. 식품의약품안전처에서 영문에디터로 근무하면서 바른번역 아카데미를 수료한 후 현재 바른번역 소속 번역가로 활동하고 있다. 옮긴 책으로《임포스터 심리학》,《우리는 어떻게 마음을 움직이는가》,《알아두면 쓸모 있는 심리학 상식 사전》,《마음이 아니라 뇌가 불안한 겁니다》,《부모의 문답법》,《히든 스토리》,《진정한 나로 살아갈 용기》,《석세스 에이징》,《인생을 바꾸는 생각들》,《기후변화의 심리학》,《슬픈 불멸주의자》,《나와 마주서는 용기》 등이 있다.

어른의 영향력

초판 1쇄 발행 2025년 1월 3일
초판 2쇄 발행 2025년 1월 27일

지은이 데이비드 예거
옮긴이 이은경
발행인 김형보
편집 최윤경, 강태영, 임재희, 홍민기, 강민영, 송현주, 박지연
마케팅 이연실, 송신아, 김보미 **디자인** 송은비 **경영지원** 최윤영, 유현

발행처 어크로스출판그룹(주)
출판신고 2018년 12월 20일 제 2018-000339호
주소 서울시 마포구 동교로 109-6
전화 070-5080-4037(편집) 070-8724-5877(영업) **팩스** 02-6085-7676
이메일 across@acrossbook.com **홈페이지** www.acrossbook.com

ISBN 979-11-6774-183-7 03180

만든 사람들
편집 최윤경 **교정** 이진숙 **표지디자인** 오필민 **본문디자인** 송은비 **조판** 박은진